Werner Thole | Jens Pothmann | Werner Lindner

Die Kinder- und Jugendarbeit

Grundlagentexte Sozialpädagogik/Sozialarbeit

Werner Thole | Jens Pothmann |
Werner Lindner |

Die Kinder- und Jugendarbeit

Einführung in ein Arbeitsfeld der sozialpädagogischen Bildung

2., grundlegend überarbeitete Auflage

Die Autoren

Thole, Werner, Prof. Dr. phil. habil., Dipl.-Pädagoge und Dipl.-Sozialpädagoge; Hochschullehrer am «Institut für Sozialpädagogik, Erwachsenenbildung und Pädagogik der Kindheit« an der TU Dortmund, bis April 2021 Hochschullehrer an der Universität Kassel. Arbeitsschwerpunkte: Wissenschaft, Profession und Disziplin der Sozialen Arbeit, Theorie und Praxis der Kinder- und Jugendhilfe, insbesondere der Kinder- und Jugendarbeit und der Pädagogik der Kindheit, historische und aktuelle Kindheits- und Jugendforschung, Methodologien qualitativ-rekonstruktiver Forschung. Kontakt: wthole@uni-kassel.de

Pothmann, Jens, Dr. phil., Dipl.-Pädagoge; Leitung der Abteilung Jugend und Jugendhilfe im Deutschen Jugendinstitut. Arbeitsschwerpunkte: Arbeitsfelder der Kinder- und Jugendhilfe, Fachkräfte- und Personalentwicklung, Kinder- und Jugendhilfeforschung, Organisationen und Institutionen der Sozialen Arbeit, Sozialberichterstattung und Sozialstatistiken. Kontakt: pothmann@dji.de

Lindner, Werner, Prof. Dr. phil., Dipl.-Pädagoge, Dipl.-Sozialarbeiter; Hochschullehrer an der Ernst-Abbe-Hochschule Jena. Schwerpunkte: Soziale Arbeit mit den Schwerpunkten Kinder- und Jugendarbeit, Jugendpolitik und Demokratiebildung. Kontakt: Werner.Lindner@eah-jena.de

Dieses Buch ist erhältlich als:
ISBN 978-3-7799-1445-7 Print
ISBN 978-3-7799-4924-4 E-Book (PDF)

2., grundlegend überarbeitete Auflage 2022

in der Verlagsgruppe Beltz · Weinheim Basel
Werderstraße 10, 69469 Weinheim

Herstellung und Satz: Ulrike Poppel
Druck und Bindung: Beltz Bad Langensalza GmbH, Bad Langensalza
Printed in Germany

Weitere Informationen zu unseren Autoren und Titeln finden Sie unter: www.beltz.de

Vorwort

Gut zwei Jahrzehnte nach der Erstausgabe erscheint nun eine Neuauflage der »Kinder- und Jugendarbeit – Eine Einführung«. Dass die Neuauflage so lange auf sich warten ließ, hat vielfältige Gründe.

Ein Grund ist sicherlich darin zu sehen, dass die sozialpädagogische Arbeit mit Kindern und Jugendlichen in Jugendzentren und Jugendhäusern, sozio-kulturellen Zentren und Jugendkunstschulen, in der Jugendverbandsarbeit und den unzähligen politischen, ästhetisch-kulturellen, sportlichen, ökologischen und freizeitbezogenen Angeboten und Projekten zwar eine enorme Bedeutung hat, diese jedoch in den politischen wie zivilgesellschaftlichen Diskussionen nicht durchgehend gewürdigt wird. Das scheint sich seit einigen Jahren – erneut – zu ändern. Der Bedeutungsgewinn, den die Kinder- und Jugendarbeit erfährt, drückt sich vielleicht auch darin aus, dass in der zurückliegenden Zeit wieder vermehrt Signale zu vernehmen waren, die eine Neuauflage der Einführung anfragten oder gar anmahnten. Dass derartige Stimmen jedoch nicht sogleich motivierten, die »alte« Einführung zu überarbeiten und eine Neuauflage vorzubereiten, hängt sicherlich damit zusammen, dass andere Projekte immer wichtiger erschienen, aber auch damit, dass die Komposition der Einführung sich gegenüber einer schnellen Überarbeitung als sperrig erwies.

Die im Jahr 2000 erschienene Einführung in die »Kinder- und Jugendarbeit« war getragen von dem Bemühen, nicht nur programmatisch und konzeptionell in die Kinder- und Jugendarbeit einzuführen. Intention war auch, empirisch ausgewiesen und nachvollziehbar zu dokumentieren, wie vielfältig und lebendig dieses sozialpädagogische Handlungsfeld ist, dass die immer wieder diagnostizierte Unübersichtlichkeit durchaus eine gewisse Systematik vorweist und diese sich auch darstellen lässt. Die Kinder- und Jugendarbeit ist also keineswegs ein statisches, sondern wie die Kindheits- und Jugendphase ein sich dynamisch veränderndes Feld. Wie die Kinder und Jugendlichen, die heute an den Projekten der Kinder- und Jugendarbeit teilnehmen und das »Gesicht« dieses Handlungsfeldes gestalten, ist auch die Kinder- und Jugendarbeit nicht mehr durchgehend identisch mit der von vor mehr als zwanzig Jahren. Der »alte« Einführungsband war schlicht und einfach nicht nur zu aktualisieren, sondern die empirischen Befunde umfänglich neu zu sichten, zu bewerten und darauf sich beziehende Texte neu zu schreiben. Die gesellschaftliche Wirklichkeit hat sich seit dem Zeitpunkt des Erscheinens der Erstauflage verändert und entsprechend veränderten sich Praktiken, Konzepte und Theorien der Kinder- und Jugendarbeit

Das Wissen um diese Veränderungen bremste die mit einer Neuauflage verbundene Euphorie – und die einiger studentischer Mitarbeiter*innen, insbesondere die von Nina Geis, die schon vor Jahren akribisch den »alten« Text durcharbeitete, korrigierte und auf die Notwendigkeit hinwies, die Daten unbedingt zu aktualisieren. Aber nicht nur sozialpädagogischen Handlungsfelder, auch die wissenschaftlichen Formate und die Arbeitsweisen veränderten sich. Wissenschaftliche Themen und Publikationen entstehen heute nicht mehr in stiller Einzelarbeit. Wissenschaft ist zunehmend mehr ein kollektiver Vorgang, geprägt von unterschiedlichen Sichtweisen, Diversitätszunahmen, kulturellen Freisetzungen sowie von Verflüssigungen von fachlichen, disziplinären und teildisziplinären Wissensbeständen und Zugängen. Dies antizipierend, jedoch sicherlich auch die Strapazen einer erneuten, allein verantworteten Neuauflage fürchtend, entstand die Idee, die Neuauflage im Kollektiv zu planen und zu realisieren.

Jens Pothmann und Werner Lindner erklärten sich – nach einer verständlichen Phase des Zögerns – dann relativ schnell bereit, an dem Publikationsprojekt mitzuwirken und ihre Sicht auf »die« Kinder- und Jugendarbeit und ihre Expertise für die Neubearbeitung der Einführung zur Verfügung zu stellen. Beiden möchte ich danken für ihren würdigenden Blick auf »den alten Text« und für ihren emphatischen Umgang mit meinem nicht immer gut begründetem Festklammern an »alten« Textfragmenten – denn die Sympathie für einzelne Textpassagen erzeugte hin und wieder Renitenz gegenüber klug und begründet vorgetragenen Modifikationsideen.

Auch im Namen von Jens Pothmann und Werner Lindner möchten ich mich bei allen bedanken, die am Entstehungsprozess dieser Neuauflage beteiligt waren. Unser besonderer Dank gilt Seline Henkel und Stefanie Schlebrowski, die unsere, häufig unzureichenden Hinweise auf Publikationen im Text recherchierten und die Literaturliste korrigierten, Ulrike Poppel für die Umsetzung des Manuskriptes in eine Druckfassung und Frank Engelhardt vom Verlag Beltz Juventa für die souveräne Begleitung der Neuauflage.

Entstanden ist eine neue Einführung in die Kinder- und Jugendarbeit. Auch wenn die ehemalige Struktur der jetzt »alten« Einführung noch zu erkennen ist, ist die neue Einführung doch eine andere. Leser*innen können und werden unterschiedliche Sichtweisen erkennen, denn die von den jetzt drei Autoren favorisierten Perspektiven und theoretischen Vorlieben schimmern in dem Text durch und laden – hoffentlich – auch zum Diskurs ein, vielleicht an dem einen oder anderen Ort auch mit den Autoren persönlich.

Kassel und Mettmann, Juni 2021
Werner Thole

Inhaltsübersicht

Einleitung

Die Kinder- und Jugendarbeit ist ein vielfältiges, bunt ausdifferenziertes sozialpädagogisches Handlungsfeld, dessen Besonderheiten erst bei näherer Betrachtung sichtbar werden. In Alltagsgesprächen scheint die Kinder- und Jugendarbeit weitgehend bekannt: Jugendzentren und Jugendhäuser, »Offene Türen« und Jugendclubs, die Jugendverbandsarbeit, bei der ja immer auch die verbandliche Arbeit mit Kindern mit gemeint ist, und zuweilen noch die kirchliche Kinder- und Jugendarbeit werden als Orte der Kinder- und Jugendarbeit genannt. Doch damit sind keineswegs alle Arbeitsbereiche einer modernen Kinder- und Jugendarbeit identifiziert. Und geklärt ist damit auch nicht, was Kinder- und Jugendarbeit ist. So wird zwar einerseits immer häufiger von Kinder- und Jugendarbeit gesprochen, jedoch andererseits werden die sozialen Räume dieser »Arbeit« weiterhin mit einem Begriff beschrieben – das Jugendhaus, das Jugendzentrum, der Jugendverband –, der lediglich die Altersgruppe der Jugendlichen adressiert. Ob Straßensozialarbeit auch Jugendarbeit und ob ein Jugendzentrum, dessen Träger ein Jugendverband ist, als Jugendverbandsarbeit oder als einrichtungsbezogene Kinder- und Jugendarbeit oder als offene Jugendarbeit bezeichnet werden sollte, bleibt weiterhin zu diskutieren. Und auch Fragen nach den speziellen Methoden und Theorien, nach den Lebensformen und Lebenslagen der Besucher*innen und die Frage, über welche Qualifikation die in der Kinder- und Jugendarbeit beruflich engagierten Mitarbeiter*innen verfügen sollten, können erörtert werden.[1] Die Liste von Fragen ließe sich fast beliebig erweitern.

Einführungen sind unumgänglich mit der Erwartungshaltung konfrontiert, derartige Fragen sowie die zugehörigen Antworten systematisch wie überschaubar sortiert zu präsentieren. In die Kinder- und Jugendarbeit einzuführen ist mithin einerseits eine ambitionierte Aufgabe, denn aufgrund der hohen Komplexität und der unübersichtlichen Konturierung des Handlungsfeldes ist es andererseits ein Vorhaben, das auch irritieren kann. Denn es ist relativ schnell zu erkennen, dass diverse Wissens- und Forschungslücken zu diesem sich unablässig wandelnden Arbeitsfeld weiterhin bestehen. Ist für die eine Frage eine Antwort gefunden,

1 In dieser Einführung wird den Anforderungen einer gendergerechten Schreibweise mit einem hochgestellten Sternchen nachzukommen versucht. In zitierten Passagen wird die in der Originalfassung verwendete Schreibweise allerdings beibehalten. Unsicher, zu welchen Zeiten und in welchen Kontexten Personen welchen Geschlechts in welchen Funktionen sich in der Kinder- und Jugendarbeit engagierten, verzichteten wir allerdings weitgehend darauf, die von uns favorisierte Schreibweise auch in den auf die Geschichte der Kinder- und Jugendarbeit sich beziehenden Ausführungen zu verwenden.

stellen sich sogleich auch schon die nächsten. Die Kinder- und Jugendarbeit erscheint weiterhin ein verzweigtes, zuweilen sogar ein unentwirrbar anmutendes Gebilde zu sein.

Der Blick auf das sich ständig verändernde gesellschaftliche und politische Umfeld der Kinder- und Jugendarbeit erhöht zudem den Komplexitätsgrad. So wird die Kinder- und Jugendarbeit einerseits als pädagogisches Handlungsfeld zur Bewältigung von Herausforderungen des Kindes- und Jugendalters, als Ressource der Lebensführung, Verselbständigung, Selbst-Positionierung und Orientierung von der Gesellschaft gefordert und gefördert. Andererseits wird ihre gesellschaftliche Notwendigkeit durch gegenläufige Entwicklungen und Entscheidungen immer wieder konterkariert, nicht zuletzt in den Jahren 2020 und 2021 im Rahmen der coronabedingten Maßnahmen, die das gesellschaftliche und soziale Zusammenleben auch in den Institutionen des Bildungs-, Sozial- und Erziehungswesens massiv erschwerten. Jedoch auch unabhängig von diesem Einbruch schimmern in den Diskussionen um die Kooperationsformen zwischen Schulen und nicht-schulischen Projekten, aber auch um die Angebote einer verlässlichen Ganztagsbetreuung, in denen der Kinder- und Jugendarbeit schon über den Begriff eine betreuende, keineswegs eine eigenständige Bildungsfunktion zugewiesen wird, die bestehenden Unsicherheiten bezüglich der Bedeutung der Kinder- und Jugendarbeit durch.

Dabei geben aktuelle Entwicklungen, etwa um eine »Neue und Eigenständige Jugendpolitik« (NEJ), die mit Vehemenz und kontrovers diskutierte Migrationsfrage, eine fortschreitende, auf digitale Kommunikation setzende und polarisierende Gesellschaftsentwicklung wie auch demokratiepolitische und -pädagogische Erfordernisse, vielfältige Hinweise auf eine künftig erheblich gewandelte, mit neuen Akzentuierungen versehene Kinder- und Jugendarbeit und einen in der Folge sich vorsichtig abzeichnenden Bedeutungszuwachs.

Im Gefolge diverser gesellschaftlicher Neu-Formatierungen und aktueller Herausforderungen sieht sich die Kinder- und Jugendarbeit fortwährend neuen Herausforderungen ausgesetzt, die jedenfalls ein passives Zuwarten oder ein bloßes Driften in den gewohnten Bahnen abweisen. Nach manchen Jahren der Stagnation kommt diesem sozialpädagogischen Handlungsfeld offensichtlich weiterhin eine gewichtigere Rolle im gesellschaftlichen Modernisierungsprozess zu – diese neue Rolle mitsamt neuen Anforderungen und Zumutungen wird aber nicht durch passives Zuwarten prämiert, sondern immer auch durch selbstbewusstes, aktiv-offensives Mitwirken der hier engagierten Akteure.

Die Vielfalt und die damit verbundenen Möglichkeiten der Kinder- und Jugendarbeit, aber auch die Bezüge zu gesellschaftlichen und politischen Veränderungen machen möglicherweise die Kinder- und Jugendarbeit zu einem nach wie vor interessanten Arbeitsfeld mit einer vorhandenen, wenn auch vermutlich noch nicht voll entfalteten Anziehungskraft für Soziale Berufe. Ältere wie neuere Studien, aber auch Hinweise aus Self-Assessment-Zugängen mancher Hochschule zeigen, dass die Attraktivität der Kinder- und Jugendarbeit bei Studierenden immer noch gegeben ist, sei es aus der eigenen biografischen und altersbezogenen Nähe der Studierenden zu ihren Adressat*innen, sei es aus der Motivation, das eigene »Hobby zum Beruf« machen zu wollen (Piroth 2013, S. 37). Diese, vielleicht zunächst naiv anmutenden Interessen sind nach wie vor aktuell. Solche und weitere aktuelle Entwicklungen lassen es jedenfalls als erforderlich erscheinen, weiterhin theoretische, konzeptionelle und fachliche Energie in dieses Arbeitsfeld zu investieren. Dies gilt umso mehr angesichts der Tatsache, dass nach der ersten Einführung von Hermann Giesecke (1975) und auch nach über 20 Jahren seit Erscheinen einer weiteren, inzwischen allerdings auch nicht mehr durchgängig aktuellen Einführung in die Kinder- und Jugendarbeit (Thole 2000) keine Publikation mehr vorgelegt wurde, die die Kinder- und Jugendarbeit oder aber auch nur die Jugendarbeit unter Beachtung von historischen, rechtlichen und institutionellen, konzeptionellen und theoretischen, träger- und angebotsspezifischen Aspekten sowie der quantitativen und qualitativen Personalressourcen umfassend vorstellt, die sowohl die Diskurse als auch die soziale Wirklichkeit der Kinder- und Jugendarbeit darstellt.

Der Versuch, die Kinder- und Jugendarbeit in ihren wesentlichen Facetten darzustellen und zu diskutieren, macht das Besondere dieser Einführung aus. Die Kinder- und Jugendarbeit wird hier weder auf die »Praxis« oder ein konkretes Arbeits- und Handlungsfeld noch auf einen theoretischen Zugang oder den Diskurs reduziert. Unter ihr wird auch mehr und anderes gefasst als eine simple Benachteiligungs-, Gefährdungs-, Präventions-, Defizit-, Integrations- oder Devianzpädagogik. Das Feld wird nicht sozialintegrativ verengt auf »marginalisierte« oder sonst wie als »problematisch« attribuierte Kinder und Jugendliche.

Die hier vorgelegte Einführung in das Arbeitsfeld Kinder- und Jugendarbeit zeichnet sich ferner dadurch aus, dass sie die Generationsphase Kindheit nicht nur implizit mit in die Überlegungen einbezieht, sondern sich der Aufgabe stellt, Kinder als eine Adressatengruppe der »Kinder- und Jugendarbeit« durchgängig mitzudenken. Dies bedarf sowohl einer Erläuterung wie auch einer Relativierung.

Im Gegensatz zur Bezeichnung Jugendarbeit, bei der inzwischen mehr als nur eine interessierte Fachöffentlichkeit wissen sollte, dass damit nicht die berufliche Tätigkeit von Jugendlichen, sondern die pädagogische Arbeit mit ihnen gemeint ist und darüber hinaus ein sozialpädagogisches Arbeitsfeld adressiert wird, provoziert die Formulierung »Kinder- und Jugendarbeit« möglicherweise Unverständnis. Denn der bloße Begriff »Kinderarbeit« lässt an die Arbeit von Kindern in industriellen, landwirtschaftlichen und handwerklichen Produktionsstätten denken und nicht an ein sozialpädagogisches Handlungsfeld. Um entsprechende Assoziationen weitgehend auszuschließen, wird der Begriff »Kinderarbeit« in dieser Einführung nur im Zusammenhang mit »Jugendarbeit« verwendet, denn es fehlt an einem weithin akzeptablen Begriff für das, was im Folgenden mit »Kinder- und Jugendarbeit« umschrieben wird.

Dies gilt beispielsweise für den Rückblick in die Geschichte, denn möglicherweise wurden Kinder unter dem Etikett »Jugendarbeit« immer schon implizit mitgedacht. Zumindest für die 1920er Jahre sprechen einige Indizien für diese Annahme. Die Jugendverbände und auch Teile der staatlichen Jugendpflege adressierten ihre Angebote schon vor inzwischen fast 120 Jahren auch an Kinder und hielten für diese sogar eigenständige Angebote vor. Dennoch blieb die Generationsphase Kindheit in der einschlägigen Literatur zur Jugendarbeit bisher überwiegend ausgespart. So wird es auch in dieser Einführung nicht durchgängig gelingen, den Anspruch einzulösen, alle Facetten sowohl der pädagogischen Arbeit mit Kindern als auch mit Jugendlichen zu beachten. Zuweilen wird von der pädagogischen Arbeit mit Kindern und Jugendlichen die Rede sein und doch der Blick vornehmlich auf die Älteren konzentriert bleiben. Die Alternative jedoch, weiterhin von Jugendarbeit zu reden und die Pädagogik mit Kindern lediglich implizit mitzudenken, erscheint wenig zukunftsfähig. Denn es kann nicht ignoriert werden, dass sich die Lebensphase Kindheit im Verlauf des letzten Jahrhunderts durch gesellschaftliche Modernisierungen zu einer eigenständigen Lebensphase emanzipiert hat, auch wenn sich die biografischen Übergänge von der Kindheit zur Jugend zugleich verflüssigten. Die Kindheit hat sich jedoch nicht nur zu einer eigenständigen Lebensphase entwickelt, sondern Kinder auch zu einer spezifischen Adressatengruppe der sozialpädagogischen Arbeit. Bedingt also durch die Verjüngung der altersgemäßen Aufgaben und Orientierungen, durch den heute schon bei Kindern erkennbaren und frühzeitig einsetzenden Autonomisierungsprozess, aber auch durch die Zunahme der Belastungs- und Risikopotentiale, die Kinder und Jugendliche inzwischen zu bewältigen haben, sowie durch die hierüber zum Teil sich begründende Öffnung der Jugendarbeit für jüngere Jugendliche und ältere Kinder spricht vieles dafür, die enge terminologische Fassung »Jugendarbeit« aufzugeben und von »Kinder- und Jugendarbeit« zu sprechen.

Die Entscheidung, diese Einführung derart breit anzulegen, ist diskussionswürdig, auch weil sie eine Reihe von theoretischen, rechtlichen und darstellungssystematischen Problemen zur Folge hat. Immer wieder bestand und besteht die Anforderung, Diskurse und Inhalte aus angrenzenden Fach- und Themengebieten (Migration, Inklusion, Gender, Politik, Theorien wie z. B. Diversity oder Poststrukturalismus) zu sichten, zu verfolgen und daraufhin zu prüfen, ob und wenn ja in welchem Ausmaß und welcher Thementiefe diese für die Kinder- und Jugendarbeit aufbereitet werden können. Insofern bleibt die vorliegende Einführung unumgänglich ein Vorhaben, das durch bestimmte Zurichtungen, Themenverflechtungen, aber auch Ausblendungen gekennzeichnet ist. Einige dieser Probleme und Herausforderungen werden nachfolgend diskutiert, andere lediglich erwähnt, ohne sie zu vertiefen. Wiederum andere werden möglicherweise die Leser*innen erst entdecken.

Eine besondere Schwierigkeit besteht sicherlich auch darin, das Thema selbst wissenschaftlich zu erfassen, also die Vielfältigkeit der Kinder- und Jugendarbeit unter verschiedenen Perspektiven theoretisch darzustellen und empirisch zu vermessen. Die vorliegende Einführung stellt mithin keine Theorie der Kinder- und Jugendarbeit dar, sondern sie nimmt mit theoretisch abgefederten und empirisch ausgewiesenen Argumenten die Kinder- und Jugendarbeit als Ganzes in den Blick und stellt auf diese Weise das facettenreiche Arbeitsfeld für pädagogische Berufe vor. Gleichwohl ist die Idee, die Kinder- und Jugendarbeit als ein Handlungsfeld der Bildung vorzustellen, motiviert durch eine theoretische Annahme. Das diese Einführung durchziehende Grundverständnis ist, dass alle Bereiche der Kinder- und Jugendarbeit darüber komponiert werden, Kindern und Jugendlichen Möglichkeiten zu präsentieren, ihre Selbst- und Weltverständisse zu erweitern und ihre sozialen, interpersonellen Beziehungen zu reflektieren.

Zu Beginn dieser Einführung steht ein Versuch, das Spektrum der Kinder- und Jugendarbeit einzugrenzen und zu definieren (vgl. Kap. 1). Die zuvor angedeuteten Schwierigkeiten, die der Begriff »Kinder- und Jugendarbeit« transportiert, werden hier aufgegriffen und, so die Hoffnung, verständlich und nachvollziehbar geklärt. Um die historischen Wurzeln und die zentralen Entwicklungslinien geht es anschließend. Eingegangen wird in dieser, auf wesentliche Aspekte konzentrierten Geschichte der Kinder- und Jugendarbeit sowohl auf sozialgeschichtliche Dimensionen wie auch auf deren Theorie- und Ideengeschichte (vgl. Kap. 2). Das daran anschließende Kapitel widmet sich den rechtlichen, administrativen und trägerbezogenen Grundlagen sowie den Finanzen (vgl. Kap. 3). Die systematische Klarheit, die dieses Kapitel gliedert, verwässert sich allerdings in dem folgenden Kapitel. Hier geht es um die verschiedenen Angebotstypen, -formate und -formen, um Einrichtungen, in denen die Kinder- und Jugendarbeit stattfindet, um Aktivitäten und Maßnahmen, die durchgeführt werden und um die Projekte, die sie konzipiert und anbietet (vgl. Kap. 4). Im Anschluss wird der Fokus auf die Mitarbeiter*innen gerichtet und es wird danach gefragt, wer, wie, wo und mit welchen Qualifikationen in der Kinder- und Jugendarbeit tätig ist (vgl. Kap. 5), sodann werden die Adressat*innen vorgestellt, die die Orte und Einrichtungen besuchen und an den Aktionen und Maßnahmen teilnehmen (vgl. Kap. 6).

Eine Darstellung der Aktionsorte und der Maßnahmen der Kinder- und Jugendarbeit ist weiterhin voraussetzungsvoll, denn nicht jede Bildungsmaßnahme, nicht jede sportliche oder kulturpädagogische Aktion verweist auf einen eindeutigen institutionalisierten Ort. So können erlebnispädagogische Angebote sowohl als ein Aktionsfeld der Kinder- und Jugendarbeit als auch als eine ausgewiesene Methode gesehen werden. Gleiches trifft auch auf niedrigschwellige Angebote der Kinder- und Jugendarbeit wie auch auf die Straßensozialarbeit, sozialraumbezogene oder akzeptierende Projekte und Angebote zu. Nicht durchgängig konnte eine befriedigende Form der Systematisierung gefunden werden. Dies trifft auch auf die Ausführungen zu, in denen es um Theorien und Konzepte

(Kap. 7) sowie um die orientierenden Prämissen, Leitlinien und methodischen Zugänge und Verfahren (Kap. 8) einer modernen Kinder- und Jugendarbeit geht.

Insbesondere die Systematisierungen im vierten und achten Kapitel sind neu. Sie sind inspiriert von dem Bemühen, etwas Licht in den Dschungel der Angebotsorte und Arbeitsfelder (Kap. 4) wie der Handlungsformate und -methoden zu bringen. Nachdrücklich besteht die Aufforderung, beide Vorschläge zu diskutieren, um vielleicht in einer produktiven Auseinandersetzung einen Vorschlag für kluge und gemeinsam getragene Systematisierungen zu finden.

Im abschließenden Kap. 9 werden die Perspektiven für die Kinder- und Jugendarbeit diskutiert. Dabei stellt sich die aktuelle Situation der Kinder- und Jugendarbeit wieder einmal fragil, diffizil, dynamisch und auch widersprüchlich dar – im Übrigen nicht zuletzt durch ein Ereignis, das während der Erstellung dieses Bandes die Kinder- und Jugendarbeit in den Jahren 2020 und 2021, aber womöglich auch noch längerfristiger vor erhebliche Herausforderungen gestellt hat und noch weiter stellen wird. Gemeint sind die schon erwähnten, vielfältigen Einschränkungen sozialer Kontakte aufgrund der Sars-CoV-2 Pandemie. Die damit verbundenen Zäsuren, die beispielsweise auch von der Kommission zur Erstellung des 16. Kinder- und Jugendberichts aufgegriffen werden (vgl. Deutscher Bundestag 2020, S. 518 f), zeigen einmal mehr und möglicherweise sogar besonders deutlich, dass die Kinder- und Jugendarbeit in diverse Dynamiken eingebunden ist, die nicht von »ihr« gesteuert werden können. Markierungspunkte dieser Spannungsfelder liegen zwischen Zeitgeistkonformität und Repolitisierung, zwischen Abschied von den »alten« bildungs- und emanzipationsorientierten Intentionen vergangener Dekaden des letzten Jahrhunderts einer sogenannten »außerschulischen« Jugendarbeit und aktuellen revitalisierenden Herausforderungen für die Entwicklungen des sozialpädagogischen Bildungsprojektes »Kinder- und Jugendarbeit« (vgl. Thole, Pothmann & Lindner 2021).

Diese Einführung setzt nicht zwingend voraus, sie Seite für Seite durchzuarbeiten. Die einzelnen Kapitel sind so verfasst, dass sie jeweils auch für sich gelesen werden können. Dies ist jedoch nur um den Preis einiger Wiederholungen möglich. Insbesondere in dem Kapitel zu den Einrichtungen und Aktionsorten sind Doppelungen mit anderen Abschnitten zu erkennen. Allerdings sei auch denjenigen, die sich entschieden haben, nur einzelne Ausschnitte zu lesen, das Kapitel zur Gegenstandsbestimmung der Kinder- und Jugendarbeit (Kap. 1) vor dem Einstieg in weitere Kapitel und Abschnitte zur Lektüre empfohlen. Die wenigen Exkurse dieser Einführung dürften insbesondere für diejenigen interessant sein, die sich mit einzelnen Aspekten vertiefend beschäftigen möchten.

Am Ende einzelner Abschnitte – manchmal auch erst im Anschluss an einzelne Kapitel – sind Literaturhinweise notiert, die sich zur vertiefenden Lektüre empfehlen. Genannt werden hier sowohl grundlegende als auch aktuelle Publikationen zu den jeweils erörterten Themen.

Nicht alle Facetten, Fragen und Probleme der angezeigten Um- und Neuorientierungen können in dieser Einführung befriedigend aufgegriffen werden. Für die Darstellung vieler Themenkomplexe waren Kompromisse zu finden. Auch deswegen bleibt diese Einführung ein Versuch, gangbare Pfade für das unübersichtliche Gelände der Kinder- und Jugendarbeit zu finden. Kinder- und Jugendarbeit ist und bleibt ein dynamisches, sich fortwährend mit neuen Inhalten und Bedeutungen performativ veränderndes Gewebe. Wenn es gelungen sein sollte, die einzelnen Basis-Elemente zu beschreiben und zu einem plausiblen Gebäude zu komponieren, dann konnte zumindest eine an dieses Buch adressierte Aufgabe bewältigt werden.

Der vorliegende Band ist selbst Teil eines Diskurses. Die hier referierten und favorisierten Systematisierungen, Beurteilungen und Positionen sind nicht unabhängig von gesellschaftlichen, fachlichen und politischen Entwicklungen zu sehen. Aber auch Gegenwartsdiagnosen bilden die Realität nicht einfach ab, sondern sind selbst kontingente und stets umstrittene Selektionen aus einem Spektrum vorhandener Problematisierungen, Wertvorstellungen und Wissensordnungen. Der Band ist somit selbst Teil wie Produzent eines Diskurses inmitten sich beständig bewegender Komplexitäten.

Diese Einleitung wie auch die nachfolgenden Kapitel und Abschnitte orientieren sich strukturell wie inhaltlich an den Ausführungen der Erstausgabe. Nicht alles, was ehemals formuliert wurde, erwies sich als revisions- oder aktualisierungsbedürftig. Die nach zwanzig Jahren notwendigen und überfälligen Aktualisierungen sprechen jedoch keineswegs dagegen, manche Hinweise und vor allem geschichtliche Erkenntnisse erneut zu notieren. Andere Überlegungen votieren – wie beispielsweise bereits der Untertitel andeutet – für Neuakzentuierungen, auch um den Veränderungen und den Weiterentwicklungen der Kinder- und Jugendarbeit gerecht zu werden. Um die Rezipierbarkeit nicht zu erschweren, wird darauf verzichtet, Überarbeitungen jeweils explizit als solche auszuweisen.

Dieses Buch reklamiert, eine »Einführung in ein Sozialisationsfeld der sozialpädagogischen Bildung« zu sein. Partiell neu komponiert, gänzlich durchgesehen und überarbeitet ist es eine Neuauflage der »Kinder- und Jugendarbeit« (vgl. Thole 2000), eine Vermessung des sozialpädagogischen Arbeitsfeldes, das hier bezeichnet wird als Kinder- und Jugendarbeit.

1 Die Kinder- und Jugendarbeit – Annäherungen

Im Zentrum dieses Kapitels stehen unterschiedliche Aspekte. In einer ersten Sichtung wird versucht, den Gegenstand der Kinder- und Jugendarbeit inhaltlich zu umgrenzen und zu definieren. Dazu werden die Diskurse, also die publizierten Ideen zum Thema kritisch gesichtet und danach angefragt, ob und, wenn ja, welche inhaltliche Bestimmung der Kinder- und Jugendarbeit sie vorschlagen. Konfrontiert werden diese Überlegungen mit der beobachteten Wirklichkeit der Kinder- und Jugendarbeit. Ergebnis dieser Sichtung ist eine entsprechend begründete Erläuterung, was Kinder- und Jugendarbeit ist (vgl. Kap. 1.1). In einem zweiten Abschnitt wird reflektiert, was gegenwärtig die wissenschaftliche und praxisbeobachtende Beschäftigung mit der Kinder- und Jugendarbeit an Informationen bereithält sowie die darauf bezogenen Diskussionen zumindest exemplarisch aufgegriffen werden. In diesem Zusammenhang wird auch die wissenschaftliche Verortung der Kinder- und Jugendarbeit zu erörtern sein (vgl. Kap. 1.2). Ein dritter Abschnitt mit ersten Einschätzungen zur politischen Lage der Kinder- und Jugendarbeit – ihren Herausforderungen und besonderen Problemstellungen – beschließt die »Annäherungen« (vgl. Kap. 1.3).

1.1 Kinder- und Jugendarbeit – was ist das?

Erste Hinweise – historische Rückblicke und Einblicke in die Praxis

Die Kinder- und Jugendarbeit, so ist hier einleitend zu betonen, lässt sich nicht abschließend und wohl auch nicht so beschreiben, dass alle, die sich mit diesem sozialpädagogischen Handlungsfeld theoretisch oder praktisch beschäftigen, der gefundenen Definition zustimmen würden. Die vorliegenden Begriffsklärungen für die Kinder- und Jugendarbeit gehören mit zur Geschichte dieses Arbeitsfeldes und müssen wohl auch immer in ihrem zeitgeschichtlichen Kontext betrachtet werden. Klaus Mollenhauer (1964) bestimmte die Jugendarbeit vor über fünfzig Jahren als ein institutionalisiertes und bewegliches Erziehungsfeld. Helmut Kentler (1964), dessen wissenschaftliches Wirken aufgrund seiner sexualpädagogischen Schriften und seiner diesbezüglichen Aktivitäten kritisch anzusehen ist (vgl. Nentwig 2019), zum selben Zeitpunkt als ein Arbeitsfeld der »Bildung in Freiheit zur Freiheit« und C. Wolfgang Müller (1964) als eine Reaktion auf eine »bestimmte Erscheinungsform der industriellen Gesellschaft«. Zwanzig Jahre später beschrieb Burkhard Bierhoff (1983) Jugendarbeit als »Freizeitarbeit mit

Jugendlichen, gründend auf Freiwilligkeit und Freiheit«, also als eine relativ repressionsarme, herrschaftsfreie Sozialisationsinstanz.

Reflektieren wir diese Aussagen, dann scheint die Jugendarbeit bzw. die »Kinder- und Jugendarbeit« als Ganzes ein gesellschaftlich gewolltes, institutionalisiertes pädagogisches Handlungsfeld zu sein, das sich wesentlich durch »Offenheit«, »Freiwilligkeit«, und »Herrschaftsabstinenz« charakterisiert. Ist damit beantwortet, was Jugendarbeit, Kinder- und Jugendarbeit ist? Ist Kinder- und Jugendarbeit »Arbeit« von, für oder mit Kindern und Jugendlichen? Kann sie zu jeder Zeit an jedem Ort stattfinden? Benötigt sie keinen theoretischen Rahmen und kein besonderes Arrangement?

Nicht alle Publikationen zur Kinder- und Jugendarbeit stellen sich diesen oder anderen Fragen im Rahmen einer Begriffsklärung. Sie diskutieren den Gegenstand eher immanent. So gibt es einige Beispiele aus den 1980er bzw. 1990er Jahren, in denen davon ausgegangen wird, dass sich die Kinder- und Jugendarbeit quasi von selbst erschließt, also keiner näheren begrifflichen Bestimmung bedarf (vgl. u. a. Böhnisch & Münchmeier 1987; Müller 1993; Krieger & Mikula 1994; Böhnisch, Rudolph & Wolf 1998). Allerdings enträtselt sich der Gegenstand nicht aus sich selbst heraus, wie die nachfolgenden, zum Teil älteren Episoden aus der Kinder- und Jugendarbeit dokumentieren. Weder klären sie hinreichend auf, was Kinder- und Jugendarbeit ist (relativierend ist allerdings einzugestehen, dass sie zu diesem Zweck auch nicht geschrieben wurden), noch dokumentieren sie ohne weiteres sichtbar ein gemeinsames Fundament. Zum Teil verbergen sie sogar, an welchem Ort die jeweilige Tätigkeit oder das jeweilige Angebot stattfand, provozieren demzufolge sogar die Frage, ob es sich bei der einen oder anderen Situationsbeschreibung wirklich um eine Variante der Kinder- und Jugendarbeit handelt.

- *»Das Konzept zielt darauf ab, durch angeleitetes Experimentieren und schrittweises Sich-Fort-Entwickeln dem einzelnen die ihm innewohnende Kraft bewußt zu machen. So gibt es für Kinder eigene Bereiche für Jazz- und Stepptanz, Ballett, Pantomime und Trommeln. Hier können früh eigene Ausdrucksmittel erprobt werden. Durch das Entfalten von Ideen und Mitgestalten von Stücken in der Gruppe wird das aktive, kreative und soziale Verhalten von Kindern und Jugendlichen gefördert.«* (Lowinski 1994, S. 130)
- *»Auf das Projekt aufmerksam wurde ich durch einen Besuch der Künstlerinnen Alice Ferl und Birgit Günster in unserer Schule. Das erste Projekttreffen fand im Jugendzentrum statt, das ich bis dahin nicht kannte. Dort lernten wir die anderen Teilnehmerinnen und Teilnehmer kennen und schnell bildete sich eine bunte Gruppe. Es folgten weitere Besuche in Museen, aber auch Konzerte und Theaterstücke standen auf dem Programm. Wir wurden auch dazu eingeladen, uns die Generalprobe eines Stücks von Morgan Nardi anzusehen, welches ich persönlich sehr beeindruckend fand und das mich auch für den zweiten Teil des*

Projekts inspiriert hat. Wir waren dabei nicht nur Voyeure, sondern durften auch mit der Kunst interagieren, z. B. bei unserer Koch-Aktion im Jugendzentrum, wo wir uns mit Lebensmitteln und ihrer Erscheinung auseinandersetzten. All diese Erlebnisse haben wir in unserem ›Tagebuch‹, das wir zu Anfang des Projekts bekommen hatten, dokumentiert. Zusätzlich bekamen wir auch verschiedene Aufgaben. (…) Ich persönlich habe in dem Projekt ganz neue Dinge erlebt und bin auf ganz neue Ideen gekommen. Meine Wahrnehmung bezüglich des kulturellen Angebots in meiner Stadt hat sich dabei definitiv verändert. Ich versuche, diesen jetzt mehr Aufmerksamkeit zu schenken. Museen erscheinen mir plötzlich nicht mehr so einschüchternd, seitdem ich mich einmal darauf eingelassen habe.« (Zehetner & Schneider 2016)

- *»Eine Stunde an den Rechnern »arbeiten«, danach raus ins Viertel, um zu schauen, wer auf der Straße ist, parallel dazu Foto- und Videoaufnahmen machen, dann eineinhalb Stunden am Computer an den Multimedia-Seiten produzieren, danach gemeinsam Spaghetti kochen, Quatsch machen, sich untereinander unterhalten, raus gehen, recherchieren, schwätzen, zurückkommen, Bilder speichern, bearbeiten und wiederum intensiv an den Seiten arbeiten. Dazwischen wird geschaut, was die anderen so machen. Wenn die Entwürfe der anderen gefallen, werden deren Impulse als Anregung für die eigenen Seiten verwendet.«* (Röll 2009, S. 274)
- *»Den sogenannten Dirt Park mit verschiedenen Untergründen, die Teerfläche mit Rampen und Beton suchen bei guter Wetterlage täglich einhundert Kinder, Jugendliche und junge Erwachsene auf, die auf Rollen und Rädern ihr Können demonstrieren und ko-konstruktiv erweitern. Nicht zuletzt die Ausrichtung diverser Contests, Events und Workshops dürfte ferner maßgeblich dazu beigetragen haben, dass das Flensburger Jugendareal sich inzwischen in der BMX- und Skateboardszene bundesweiter Bekanntheit erfreut sowie vermehrt von Jugendlichen aus dem südlichen Dänemark als Aktionsraum wahrgenommen wird. (…) Das Mitmachprojekt eSport versucht an die Interessenlage der auf dem Jugendareal aktiv Heranwachsenden anzuknüpfen und unter medienpädagogischer Begleitung Online-Medien zu szenerelevanten Themen in gemeinschaftlicher Autorenschaft herzustellen. Die konkrete Auseinandersetzung mit Multimedia-Formaten zielt gleichzeitig auf eine spielerische Auseinandersetzung der audiovisuellen Zeichensprache. (…) Die BMXer und Skateboarder produzieren ihre Bilderwelten in Teilen nicht nur selbst, sondern setzen (Online-)Videos, Digitalkameras, Soft- und Hardware darüber hinaus fortlaufende für ko-konstruktive Vermittlungsprozesse in der Gruppe ein.«* (Schwier 2015, S. 202)
- *»Bei einer Auftaktveranstaltung während der Pause wurden alle Schülerinnen* und Schüler* mittels der Methode ›Aufstellung‹ befragt, ob sie sich Änderungen am Schulalltag und Beteiligung im darauffolgenden Prozess wünschen. Es kristallisierte sich eine Gruppe heraus, die sich bereit erklärte, für ihre Interessen*

aktiv zu werden. (...) Im darauffolgenden Schuljahr starteten regelmäßige Treffen mit der Klasse, dem Lehrer, der Schulsozialarbeit, Pädagogen vom FEZI und Honorarkräften (je nach Thema). Die Klasse arbeitete viel an ihrer Klassengemeinschaft und an Themen, die ihr die Schülerschaft mitgegeben hatte, wie z. B. Essenauswahl am Kiosk, Gestaltung der Pause, Schulfeste und Kommunikation in der Schule. Die Schüler und Schülerinnen* wurden zu Lehrerkonferenzen geladen und konnten ihre Themen/ Projekte vorstellen und in der Lehrerschaft um Mitstreiter ringen.«* (Feige & Jaschkowitz 2019)

- *»Das Mädchenpodest grenzt auf der einen Seite direkt an die Theke an und ist gleichsam eine Art Vorzone vor der Toilette. Es ist vom restlichen Café durch eine kleine, hüfthohe Zwischenwand abgegrenzt, die in Richtung Café mit einer Metalloberfläche veredelt ist. Auf das Podest gelangt man über eine zweistufige schwarze Treppe. Auf dem Podest steht ein kleiner schwarzer Tisch, an dem fünf bis sechs Personen Platz haben. Dieser Tisch steht damit vom Rest des Cafés einerseits separiert, andererseits aber auch gut erreichbar und einsehbar, weil die am Tisch sitzenden Personen etwas höher platziert sind. An der Wand hinter dem Tisch gibt es auffällige Accessoires: Neben der Tür ist ein kleines Fenster angebracht, das ca. einen Meter breit, aber nur ca. zwanzig Zentimeter hoch ist. Durch seine außergewöhnliche Form ist es zwar möglich, in den dahinterliegenden Toilettenraum hineinzugucken. Die Höhe und die Größe des Fensters ermöglichen aber keinen Blick im Vorbeilaufen, sondern es bedarf des Vorsatzes, um einen wirklichen Einblick in den Raum dahinter zu erlangen.«* (Cloos, Köngeter, Müller & Thole 2009, S. 108)
- *»So ist, als ein Beispiel aus der praktischen Arbeit, eine solch scheinbar banale Aktion wie das Basteln von Papierflugzeugen oder -schiffchen mit den geflüchteten Kindern und Jugendlichen eine in vielerlei Hinsicht sinnvolle Tätigkeit. Die Pädagogen erklären den Kindern und Jugendlichen in einfachen Begriffen, was das Ziel der Aktion ist. Zudem wird anhand mitgebrachter Modelle auch schon einmal gezeigt, wie das fertig gebastelte Produkt später aussehen soll. Die Kinder und Jugendlichen erlernen und erleben dabei multisensorisch: sie lernen nicht nur, ein Papierflugzeug oder -boot zu basteln, sondern erweitern gleichzeitig ihr Vokabular. Danach spielen sie mit den gebastelten Flugzeugen und Schiffchen gemeinsam in der Gruppe.«* (Zaminer & Bethmann 2018, S. 52)
- *»Die Kinder und Jugendlichen waren in den die Werkschau begleitenden Workshops aufgefordert, sich zu überlegen, welche Themen bei ihnen persönlich das meiste Interesse weckte. Um einen analytischen Blick auf die Ausstellung zu unterstützen, wurden die Kinder als ‚Forscher_innen' angesprochen. In ihre Rollen als Forscher_innen sollten sie auch äußerlich schlüpfen, indem ihnen von den Pädagog_innen Namensschilder (›Forscherausweis‹) und Umhängebänder sowie Klemmbretter, Raumpläne und Stifte ausgehändigt wurden – ähnlich wie Wissenschaftler_innen auf einer Konferenz. Im Format der*

›Konferenz‹ sollten sich die Kinder und Jugendlichen am Ende gegenseitig ihre Ergebnisse präsentieren und darüber diskutieren. Die ausgehändigten Raumpläne boten Orientierung. Darauf waren sämtliche Themenbereiche bzw. die darin befindlichen Mitmach-Stationen benannt. Hier trugen die Kinder nicht nur ihre Namen ein, sie sollten sich auch, ganz in Forscher_innen-Manier Notizen zu Inhalten machen.« (Busche u. a. 2018, S. 88)

In den Schilderungen ist die Rede von Kindern und Jugendlichen, die moderne Tänze zu Experimenten mit ihren Ausdrucksmöglichkeiten nutzen und von Kindern, die in den Ferien Projekte durchführen. Berichtet wird über ein Bewegungsprojekt, eine Kooperation mit Schule und Museum, einen PC-Workshop, ein sport- und bewegungsbezogenes Multimediaangebot und über eine kleine sozialwissenschaftliche Untersuchung. Dargestellt werden Szenen, in denen kleine Lern-Animationen angebahnt und über spezielle Arrangements neue Perspektiven ermöglicht, aber auch, welche Zugänge von Jugendlichen mit Migrationserfahrungen gefordert werden. Diese stichwortartigen Memos geben allerdings ebenso wenig wie die Alltagsepisoden selbst durchgängig Auskunft über den Charakter und die Art der Kinder- und Jugendarbeit, in der die Angebote und Projekte stattfanden. Das Tanzprojekt könnte in einem Volkshochschulkurs ebenso stattgefunden haben wie im Wochenendworkshop eines Jugendverbands. Kochen würde man eher der Gastronomie zuordnen, nicht aber einem Projekt der Kinder- und Jugendarbeit. Die Szene am sogenannten »Mädchenpodest« hätte sich auch in einer Gaststätte beziehungsweise einem Freizeitpark ereignen können, das Basteln von Papierflugzeugen mit geflüchteten Jugendlichen dokumentiert Verflechtungen von Freizeitpädagogik, beiläufigem Fremdsprachenerwerb und weiteren Integrationsfaktoren.

Die Praxissituationen spiegeln zwar Facetten eines Spektrums der Kinder- und Jugendarbeit, jedoch nicht so präzise, dass sie auch auf den ersten Blick mitteilen, welchem Zusammenhang sie entstammen. Illustriert wird aber, dass von einer bestimmten Angebotsform kaum auf den Ort ihrer Realisierung geschlossen werden kann (vgl. hierzu auch Kap. 1 u. 4). Bezüglich einer Einkreisung des Gegenstands »Kinder- und Jugendarbeit« sind die Episoden insofern fruchtbar, als dass sie nahelegen, zwischen Einrichtungen und Angebotsformen der Kinder- und Jugendarbeit ebenso zu unterscheiden wie zwischen Methoden, Konzepten und einzelnen Handlungsfeldern. Denn ob die Erlebnispädagogik als eigenständiges Handlungsfeld ausbuchstabiert oder als Methode verstanden wird, ist zunächst einmal eine Frage der Definition (vgl. hierzu das Kap. 7). Die Klärung der Frage, was »Kinder- und Jugendarbeit« ist, können sie immerhin illustrieren, wenngleich es weiterer tiefergehender Erläuterungen bedarf.

Aus diesen ersten Rück- und Einblicken können bereits einige grundsätzliche Erkenntnisse herausgestellt werden, bevor eine – zumindest vorläufige – Begriffsklärung vorgeschlagen wird:

- Erstens ist festzuhalten, dass es unterschiedliche und sich keineswegs ausschließende Perspektiven und Möglichkeiten gibt zu klären, was Kinder- und Jugendarbeit ist. Die Kinder- und Jugendarbeit kann *erstens* aufgabenbezogen, inhaltlich definiert werden, wie es zu Beginn dieses Kapitels versucht worden ist. *Zweitens* kann eine Definition über eine Betrachtung der Arbeitsfelder und Angebotsformen anvisiert werden, wie es mithilfe der Episoden versucht wurde. Damit sind die Definitionsmöglichkeiten allerdings noch nicht erschöpft; denn eine inhaltliche Zuordnung kann sich *drittens* an rechtlichen Vorgaben orientieren, also die Kinder- und Jugendarbeit auf der Basis des Achten Sozialgesetzbuches (SGB VIII) bestimmen. Eine weitere, *vierte* Variante kann der Geschichte der Kinder- und Jugendarbeit nachspüren und das recherchierte Material für einen Definitionsversuch heranziehen. *Fünftens* kann die Kinder- und Jugendarbeit auch theoretisch, beispielsweise unter Rückgriff auf erziehungswissenschaftliche, soziologische oder psychologische Wissensbestände definiert werden, möglicherweise mit dem Ergebnis, dass es sich hier im Kern um ein pädagogisches, sozialintegratives beziehungsweise entwicklungspsychologisch bedeutsames gesellschaftliches Teilsystem handelt. Letztendlich *sechstens* kann die Kinder- und Jugendarbeit aus einer gesellschaftstheoretischen Perspektive betrachtet und bestimmt werden.
  Alle Definitionen können hier nicht durchdekliniert, sondern allenfalls angedeutet werden. Auf einige Perspektiven wird zu einem späteren Zeitpunkt eingegangen, so beispielsweise auf die juristische Codierung der Kinder- und Jugendarbeit (vgl. Kap. 3), auf theoretische Bestimmungsversuche (vgl. Kap. 7) oder auch auf Aspekte der historischen Genese der Kinder- und Jugendarbeit (vgl. Kap. 2).
- Darüber hinaus ist zweitens festzuhalten und klarzustellen, dass längst nicht mehr von der »Jugendarbeit«, sondern von der »Kinder- und Jugendarbeit« als zu definierendem Gegenstand gesprochen werden muss. Gleichwohl war die heutige Kinder- und Jugendarbeit vor allem historisch betrachtet in erster Linie Jugendarbeit, auch wenn durch einzelne Angebote schon immer auch Kinder adressiert worden sind. Die Kindheit geriet jedoch erst in den letzten Jahrzehnten als eigenständige Lebensphase mit in den Fokus wissenschaftlicher Annäherungen. Damit ist nicht ausgesagt, dass es zuvor keine selbständige Kindheitsphase gab (vgl. Kap. 2). Thematisiert wurde sie jedoch vornehmlich unter entwicklungspsychologischen und biologischen, nicht jedoch unter sozialwissenschaftlichen Prämissen. Erst unter dem sozialwissenschaftlichen Blick, der ab Ende des 20. Jahrhunderts Prominenz erlangte, konnte Kindheit in allen Ausprägungen zum Gegenstand von Forschungsprozessen werden; so wurden nicht mehr nur kindliche Reifungsprozesse, sondern auch das kindliche Freizeitverhalten, kulturelle Orientierungen und Autonomiewünsche erforscht. Parallel zu dieser Erweiterung des forschenden Interesses wurden Kinder zu einer eigenständigen Adressat*innen- respektive Nut-

zer*innengruppe der »Jugendarbeit« und diese damit zur »Kinder- und Jugendarbeit«. Daraus nun allerdings zu schließen, Kinder wären erst in den letzten Jahrzehnten als potentielle Adressat*innen der Jugendarbeit entdeckt worden, ist nur zum Teil richtig. Sicherlich spielen Kinder seit vielen Jahren eine immer bedeutsamere Rolle in der aktuelleren Jugendarbeit – wie noch zu zeigen sein wird –, aber auch schon in den 1910er und insbesondere in den 1920er Jahren richteten sich die Angebote der staatlichen Jugendpflege und der unterschiedlichen Jugendverbände eben auch an Kinder. Insbesondere in den sozialistisch und kommunistisch orientierten, aber auch in den naturbezogenen und kirchlichen Bewegungen entstanden eigene Kindergruppen. Belegt ist dies hinreichend, unter anderem über die Beschreibungen der Praxis einer »proletarischen« Kindererziehung (vgl. u. a. Hoernle 1969; Rühle 1975). An die Traditionen der »proletarischen Kinderbewegung« knüpfen dann Initiativen Ende der 1960er, Anfang der 1970er Jahre bewusst an (vgl. u. a. Autorenkollektiv am Psychologischen Institut 1971) und es gründeten sich Aktionsgruppen, die für außerschulische, kinderbezogene Freizeitmöglichkeiten warben und diese beispielsweise auch in Form von Bau- und Abenteuerspielplätzen oder Kinderhäusern etablierten (vgl. u. a. Voigts 2018).
Diese Hinweise illustrieren demnach bei allen historischen und zeitgeschichtlichen Episoden einer auf Freiwilligkeit basierenden (sozial)pädagogischen Arbeit mit Kindern ab dem Schulalter, aber jenseits des Schulunterrichts, dass bis in die 1980er Jahre hinein die »Kinder- und Jugendarbeit« im Wesentlichen und zuvorderst erst einmal sozialpädagogische Arbeit mit Jugendlichen, also »Jugendarbeit« war. Allerdings erweiterte und differenzierte sich das Arbeitsfeld seit den letzten Jahrzehnten deutlich in zweierlei Hinsicht aus: Zum einen ist eine generative Ausdehnung wahrzunehmen und zum anderen eine Verbreiterung und Ausdifferenzierung der Angebotspalette, so dass heute nicht mehr nur ältere, sondern auch jüngere Heranwachsende (wahlweise als »Lücke-Kinder«, »Teenager« oder »Teenies« bezeichnet) adressiert werden. Die klassische »Jugendarbeit« hat sich zur modernen »Kinder- und Jugendarbeit« entwickelt, allerdings ohne, dass die Angebote für Kinder und jüngere Jugendliche durchgehend auch als Angebote für diese Altersgruppen ausgewiesen werden (vgl. Voigts 2014).

- Die Kinder- und Jugendarbeit besteht drittens primär aus den nicht kommerziellen Freizeiteinrichtungen für Heranwachsende, also den Kinder- und Jugendfreizeitheimen, Jugendhäusern, Jugendcafés, Freizeitstätten und Jugendclubs sowie der kommunalen Jugendpflege und der Jugendverbandsarbeit. Daneben sind heute allerdings weitere, quantitativ kleinere Handlungsfelder mit speziellen Schwerpunkten zur Kinder- und Jugendarbeit zu zählen: die soziale, politische, ökologische respektive naturkundliche, gesundheitsorientierte und kulturelle Bildungsarbeit in Jugendbildungs- und Jugendtagungsstätten, die Kinder- und Jugendarbeit in Erholungsstätten, Zeltlagern,

Ferienfreizeiten und bei -aktionen sowie auf Abenteuer- und Bauspielplätzen, die Stadtranderholung, die ästhetisch-kulturelle Arbeit der Jugendkunst-, Mal- und Kreativitätsschulen, die Kinder- und Jugendarbeit in Soziokulturellen Zentren, die Kinder- und Jugendberatung, die arbeitswelt- und familien- bzw. generationsbezogene Jugendarbeit sowie die schulbezogene Kinder- und Jugendarbeit.
Und auch Formen der internationalen Arbeit, der Straßensozial- und Fußballfangruppenarbeit, der aufsuchenden und niedrigschwelligen Kinder- und Jugendarbeit wie die mobile Kinder- und Jugendarbeit können als integraler Teil der Kinder- und Jugendarbeit identifiziert werden, wenngleich die Grenzen zu beispielsweise Bereichen der Jugendsozialarbeit fließend sind. Hingegen zählen Shopping-Malls, Freizeitparks oder auch Heime für Geflüchtete, auch wenn hier spezielle Angebote für Kinder und Jugendliche durchgeführt werden sollten, zunächst einmal nicht zum Arbeitsfeld »Kinder- und Jugendarbeit«, können aber etwa zu relevanten Orten von Formen einer aufsuchenden oder mobilen Kinder- und Jugendarbeit werden. Auch Formen einer berufsbezogenen Jugendsozialarbeit oder Aktivitäten im Bereich des erzieherischen Kinder- und Jugendschutzes sind zwar vielleicht im Kern nicht als genuiner Teil der Kinder- und Jugendarbeit anzusehen, zeigen aber gleichwohl mindestens Schnittstellen zur Kinder- und Jugendarbeit und zu angrenzenden sozialpädagogischen Arbeitsfeldern.

- Generell und deutlich muss jedoch viertens die Kinder- und Jugend*hilfe* von der Kinder- und Jugend*arbeit* unterschieden werden: Kinder- und Jugendarbeit ist im Gegensatz zu einer immer mal wieder zu beobachtenden Alltagsauffassung nicht mit der Kinder- und Jugendhilfe identisch. Diese schließt zwar auch die Kinder- und Jugendarbeit ein, umfasst jedoch die Sozialpädagogik mit Kindern und Jugendlichen insgesamt, von Kindertageseinrichtungen, die zusammen mit anderen Einrichtungen ein eigenständiges, vorschulisches und tendenziell dem formalen Bildungssektor nahestehendes Arbeitsfeld mit einem ausgewiesenen theoretischen Diskurs darstellen, bis hin zu den erzieherischen Hilfen in und außerhalb von Familien, denen primär die Aufgabe zukommt, familiale Sozialisationsdefizite abzufedern sowie eine dem Wohl des Kindes entsprechende Erziehung, Begleitung und Bildung zu ermöglichen.

Kinder- und Jugendarbeit – eine Definition

Was können nun die bisherigen Erläuterungen zum Arbeitsfeld sowie die Annäherungen an ein Begriffsverständnis, aber auch die Vorschläge für Ab- und Eingrenzungen des Arbeitsfeldes für die Beantwortung der Frage nach einer Definition für moderne Kinder- und Jugendarbeit beitragen? Bei der Antwort ist zu beachten, dass die Schnittpunkte zwischen den unterschiedlichen Arbeitsfeldern der Kinder- und Jugendarbeit nicht zu eng gefasst werden sollten. Dies birgt die Gefahr, dass die »Unbestimmtheit der gegenwärtigen Praxis durch gewaltsame Definitionen bestimmter« (Giesecke 1971, S. 14) gemacht wird als sie ist, so dass unter Umständen Bereiche der Kinder- und Jugendarbeit aus einem gemeinsamen Kanon ausgegrenzt werden. Um also nicht etwas zu eng zu definieren, erscheint eine inhaltliche Bestimmung der Kinder- und Jugendarbeit notwendig, die einerseits breit genug ist, um alle Handlungsfelder und Projekte zu umschließen, andererseits jedoch mehr ist als eine nur wenig aussagekräftige Hülle. Wird versucht, die Breite und Vielfalt einer modernen Kinder- und Jugendarbeit definitorisch zu fassen, dann bietet sich die nachfolgende Formulierung an:

Kinder- und Jugendarbeit – Arbeitsdefinition

Kinder- und Jugendarbeit umfasst

- alle bildungs-, nicht primär unterrichtsbezogenen und nicht ausschließlich berufsbildenden, freizeit- und erholungsbezogenen, sozialen, ökologischen, politischen, kulturellen und sportlichen,
- mehr oder weniger pädagogisch und sozial gerahmten,
- von freien und öffentlichen Trägern, Initiativen und Arbeitsgemeinschaften,
- an Kinder und Jugendliche adressierte Angebote und Projekte,
- an unterschiedlichen Orten.

Kinder ab dem Schulalter und Jugendliche können hier

- selbständig, mit Unterstützung oder in Begeleitung von ehrenamtlichen und oder beruflichen Mitarbeiter*innen,
- individuell oder in Gruppen,
- zum Zweck der Bildung sowie Freizeit und Erholung
- einmalig, sporadisch, über einen turnusmäßigen Zeitraum oder für eine längere, zusammenhängende Dauer zusammenkommen und sich engagieren.

Die Kinder- und Jugendarbeit konstituiert damit ein gesellschaftlich vorgehaltenes und verantwortetes, freiwilliges Bildungsangebot. Weder können Kinder und Jugendliche zu einer Teilnahme verpflichtet werden noch können sie ihre Teilnahme einklagen.

Die Begriffsbestimmung (siehe Kasten) schließt an einen Vorschlag von Hermann Giesecke (1971, S. 16) an, wonach

> »Jugendarbeit (...) diejenigen von der Gesellschaft Jugendlichen und Heranwachsenden angebotenen« und im bis zu Beginn der 1990er Jahre gültigen Jugendwohlfahrtsgesetz »katalogisierten Lern- und Sozialisationshilfen bezeichnet, die außerhalb von Schule und Beruf erfolgen, die Jugendliche unmittelbar (...) ansprechen und von ihnen freiwillig wahrgenommen werden«.

Die Kinder- und Jugendarbeit ist somit ein sozialpädagogisches, nicht primär schul- oder berufsbezogenes Arbeitsfeld. Damit grenzt sie sich – trotz differenzierter Kooperationsbezüge – deutlich vom primären, sekundären und tertiären

Bildungssystem ab. Im Gegensatz zur Schule kann die Kinder- und Jugendarbeit auf ihren Freiwilligkeitscharakter verweisen und im Kontrast zum berufsbildenden System findet hier genuin keine berufliche Qualifizierung statt, gleichwohl sie partiell Kooperationsort von berufsvorbereitenden und -orientierenden Maßnahmen sein kann.

Im Unterschied zu privat und informell organisierten, autonomen und selbstorganisierten Gleichaltrigengruppen und Szenen (vgl. Kap. 6) ist das Zusammentreffen von Kindern und Jugendlichen in den Arrangements der Kinder- und Jugendarbeit öffentlich und formell organisiert von sogenannten Trägern (vgl. Kap. 3); das heißt von Kommunen und Landkreisen, von staatlichen Institutionen, aber vor allem auch von Wohlfahrtsverbänden, Initiativen und Jugendverbänden, die in der Regel aus der Zivilgesellschaft kommend und auf der Grundlage eines korporatistischen Ordnungsrahmens und des Subsidiaritätsprinzips als sogenannte intermediäre Organisationen Projekte der Kinder- und Jugendarbeit anbieten und organisieren. Die Träger befinden sich in einer Art Verantwortungsgemeinschaft mit zum Teil erheblichen gegenseitigen Abhängigkeiten. Gestaltet werden die Angebote dieser unterschiedlichen Träger im Spektrum von ehrenamtlichen, also unbezahlt und freiwillig sich engagierenden und in der Regel nicht einschlägig fachlich ausgebildeten Personen, von nebenamtlichen, also neben dem Beruf oder dem Studium stundenweise in der Kinder- und Jugendarbeit Tätigen, bis hin zu hauptberuflich Beschäftigten, die zumindest zu einem großen Teil über sozialpädagogische Ausbildungen qualifizierte Mitarbeiter*innen sind (vgl. Kap. 5).

Im Gegensatz zu schulpädagogischen Settings werden hier Kinder und Jugendliche in eigenen *sozial*pädagogischen erfahrungsbezogenen, non-formal organisierten Settings und Räumen zu Lern- und Bildungsprozessen angeregt. Diese realisieren sich vornehmlich in interessens-, freizeit- und erholungsorientierten Angebotsformen. Fokussiert sich Schule auf curriculare kognitive Leistungen und deren Messung, geht es in der Kinder- und Jugendarbeit, sowohl unabhängig wie auch in kontrastierender Ergänzung zu Schule primär um eine Anregung, Förderung bzw. Stabilisierung von Potenzialen zur Lebensgestaltung und Lebensbewältigung. Die Kinder- und Jugendarbeit ist entsprechend dieser Kernprämissen ein zentrales sozialpädagogisches, öffentlich organisiertes und institutionalisiertes Arbeitsfeld moderner Gesellschaften.

Deutlich wird dabei die dieser Definition zugrundeliegende Konstruktionsleistung, die – in spezifischer Fokussierung auf das Arbeitsfeld Kinder- und Jugendarbeit – darüber Auskunft gibt,

> »wie Kinder und Jugendliche in der Sozialpädagogik erfasst werden, wie auf sie eingegangen wird, wer dabei wie in den sozialpädagogischen Aufmerksamkeitsbereich einrückt sowie wie und welches Kind-Sein bzw. Jugend-Sein ermöglicht werden« (Schmidt 2020, S. 67)

soll. Damit weiterhin verbunden sind spezifische Differenzierungen wie auch Grenzziehungen, die thematisieren, dass in der Kinder- und Jugendarbeit

> »auf Kinder und Jugendliche in besonderer Weise eingewirkt wird, Kinder und Jugendliche mit spezifischen Bedürfnissen und Erfordernissen der Bearbeitung ihrer Lebensführung adressiert werden und damit Mensch-Sein in bestimmter Weise in Form gebracht wird« (Schmidt 2020, S. 68; für die spezifische Adressierung Jugendlicher vgl. auch Scherr 2020a; Ritter 2020).

Relativierungen – zur (Un)Bestimmbarkeit des Arbeitsfeldes

Die bisherigen Ausführungen zur Gegenstandsbestimmung der Kinder- und Jugendarbeit können angesichts der bereits angedeuteten beachtlichen Heterogenität des Arbeitsfeldes sowie erheblicher Entwicklungsdynamiken, aber auch angesichts zu beachtender internationaler Perspektiven sogleich wieder relativiert werden (vgl. auch den Exkurs »Youth Work« in diesem Kapitel):

- Erstens besteht bis heute allenfalls partielle Einigkeit darüber – das haben die Ausführungen in den bisherigen Abschnitten zu den Annäherungen bereits mehrfach deutlich gemacht –, welche Handlungsfelder einer modernen Kinder- und Jugendarbeit zuzurechnen sind. Ein markantes Beispiel ist hierfür die Verhältnisbestimmung zu Schule und Unterricht. Insbesondere die vermeintlich identitätsverbürgende Abgrenzung der Kinder- und Jugendarbeit zur Institution Schule – mit der zur gleichen Zeit vielfältigste Kooperationsbeziehungen bestehen –, die oftmals zu beobachtende (Selbst)Etikettierung der Kinder- und Jugendarbeit als nicht schulisches oder »außerschulisches Handlungsfeld«, welches Schule als lediglich negativen Identifikationspunkt wählt, und die damit verbundenen Professions-, Institutions-, Finanzierungs- und Statusfragen absorbieren immer noch ein gehöriges Quantum diskursiver und reflexiver Energien.
  Weitgehend ungeklärt ist beispielsweise ferner, ob überhaupt und, wenn ja, mit welchem Profil die Jugendsozialarbeit ein Segment der Kinder- und Jugendarbeit respektive der außerschulischen Pädagogik darstellen könnte bzw. wo Anschluss- und/oder Schnittstellen verlaufen könnten. Auf einer etwas abstrakteren Ebene ist auch unklar, ob die Begriffe »Kinder- und Jugendarbeit« und beispielsweise »außerschulische Pädagogik« synonym verwendet werden können, oder ob sie nicht doch Unterschiedliches zu beschreiben beabsichtigen.
  Ferner ist auch fraglich, inwiefern der Begriff »Offene Jugendarbeit« heute noch von Bedeutung ist und das betreffende Praxisfeld noch hinreichend umgrenzt und definiert. Weiterhin wäre auch abschließend einmal zu klären, inwiefern es inzwischen als Konsens angesehen werden kann, dass Jugend-

kunstschulen, Soziokulturelle Zentren und vielleicht auch Musikschulen zur Kinder- und Jugendarbeit gehören.

Auf diese und andere Fragen werden immer noch unterschiedliche Antworten gegeben. Umso wichtiger ist es, dass 2017 die Sachverständigenkommission des 15. Kinder- und Jugendberichts diese und andere Fragen zur Kinder- und Jugendarbeit neu thematisiert und die Diskussionsstränge darüber hinaus aktualisiert hat (vgl. Deutscher Bundestag 2017a). Beschrieben werden dort multiple Tendenzen der Entgrenzung. Die Kinder- und Jugendarbeit, so wird ausgeführt, »erweist sich (…) möglicherweise als das am wenigsten vorab festgelegte, pädagogisch gerahmte und öffentlich verantwortete Feld im institutionellen Gefüge des Aufwachsens« (Deutscher Bundestag 2017a, S. 67).

Der Kinder- und Jugendarbeit wird zudem zugeschrieben, von den Spannungsfeldern Offenheit, Heterogenität und eigenem Profil, den Interessen Jugendlicher und den Ansprüchen der Gesellschaft, jugendlicher Selbstorganisation und pädagogischen Angeboten, Ehrenamt und Verberuflichung und schließlich in Verflechtungen mit anderen Arbeitsfeldern wie der Jugendsozialarbeit oder der (Ganztags)Schule tangiert zu sein (vgl. Deutscher Bundestag 2017a, S. 400 f; Voigts 2017). Im Kern, so wird resümierend konstatiert, geht es um »die Frage, wie viel Heterogenität ermöglicht werden kann, ohne das eigene Profil aufzugeben« (Deutscher Bundestag 2017a, S. 402).

- Die solchermaßen zunächst womöglich verwirrende Pluralität, Mannigfaltigkeit und Vielfalt von Zugängen, Ansätzen und Verortungen der Kinder- und Jugendarbeit könnte zweitens schnell für Irritationen sorgen, zumal in einem Einführungsband, der Orientierung und Überblick zu geben beansprucht. An dieser Stelle kann zunächst nicht mehr als nur die Unmöglichkeit konzediert werden, die Kinder- und Jugendarbeit monolithisch auf eine einzige Grundlage zurückzuführen und auf ein klares Feld zu begrenzen, an dem sich ihre sämtlichen Ausprägungen zu bemessen hätten. Weil diesbezüglich Uneinheitlichkeit bestand, war schon das Jugendwohlfahrtsgesetz aus dem Jahr 1922 bemüht zu definieren, was genau als »Jugendpflege« gefördert werden solle. Für die 1960er Jahre weist Martin Faltermaier (1983a, S. 227) auf die »außerordentliche Vielfältigkeit und Unterschiedlichkeit all dessen« hin, »was unter dem Firmenzeichen ›Jugendarbeit‹ zusammengefasst wird: eine Vielfalt in den Inhalten und eine Vielfalt in den Methoden« und zitiert weitere Texte, die gleichfalls von einer »hochgradigen Vielfalt der Erscheinungsformen« sprechen.

Diese Hinweise mögen hier hinreichen, die Einschätzung zu illustrieren, dass es »die« Kinder- und Jugendarbeit nicht gibt und sie »ein integraler Bestandteil multipler, pluraler und entgrenzter Lebenswelten« (Rauschenbach 2002, S. 39) ist. Und so ist es nur folgerichtig, der Kinder- und Jugendarbeit eine »hybride«

respektive vielleicht sogar »transversale« (Welsch 1995) Identität zuzuschreiben, was durchaus mehr intendiert, als aus der Not der Unübersichtlichkeit eine Tugend zu machen. Eine solche Beschreibung gewinnt an Plausibilität, wenn darauf rekurriert wird, dass selbst der Identitätsbegriff nicht ohne die Annahme eines steten Veränderungsprozesses auskommt und wird sodann untermauert durch die Beobachtung dass Hybridität, also Mischungen, Gemenge, Legierungen in einschlägigen wissenschaftlichen Werken (vgl. u. a. Mecheril 2003; Latour 2007; Reckwitz 2008; Bröckling u. a. 2015; Kron 2015; Betz 2017) keineswegs als Mangel oder Defizit gesehen werden, sondern als angemessene Form der Erfassung von Komplexität, Diversität, Polyperspektivität und damit eingehenden Verflechtungen.[2] Kinder- und Jugendarbeit wäre insofern zu verstehen als eine bewegliche und hybride[3] Architektonik von Theorien, Konzepten, Institutionen und Praktiken.

In eine vergleichbare Richtung gehen die Überlegungen von Andreas Reckwitz (2003, 2008), demzufolge sich die soziale Welt aus »sehr konkret benennbaren, einzelnen, aber miteinander verflochtenen Praktiken im Plural« zusammensetzt. Ohne hier ausführlich an die Arbeiten und das Denken von Bruno Latour und dessen Akteur-Netzwerk-Theorie zu erinnern, scheint dessen Überlegung als adäquate Anregungen zum Verständnis gerade der Kinder- und Jugendarbeit geeignet, etwa wenn er ausführt, dass für ihn »die Regel Performanz« ist (Latour 2007, S. 63). Das Denken von Latour entfaltet eine Plausibilität und eine spezifische Homologie zur Kinder- und Jugendarbeit, weil Diskontinuitäten, Assoziationen, Figurationen und komplexe Handlungsrepertoires nicht als Mangel beschrieben werden, sondern als Bereicherung, als »buntscheckige Assemblagen« (Latour 2007, S. 359): »Sozial ist kein Ort, kein Ding, keine Domäne oder irgendeine Art von Stoff, sondern eine provisorische Bewegung neuer Assoziationen« (Latour 2007, S. 410).

Angesichts dieser Sichtweisen, die Unübersichtlichkeit nicht als Defizit, sondern als einen Ausdruck moderner Gesellschaften identifizieren, ist die bisweilen herausfordernde Vielfalt und »Anarchie« der Kinder- und Jugendarbeit nicht als hilflose Entgrenzung, Chaos oder gar Profillosigkeit zu beklagen, sondern geradezu ein Indikator für ihre spezifischen Qualitäten, die in besonderem Maße auf

---

2 Eine solche Entwicklung stellt nicht nur für theoretische Überlegungen, sondern insbesondere auch für die quantitativ-empirische Forschung, also für Statistiken zur Kinder- und Jugendarbeit eine enorme Herausforderung dar, kommt es doch darauf an, dieses permanent bewegliche und flexible Handlungsfeld immer wieder neu mit angemessenen Indikatoren zu erfassen.

3 Zum Begriff der Hybridität existiert eine breite Debatte insbesondere in den Kulturwissenschaften sowie den Postcolonial Studies. Hybridität ist demnach »alles, was sich einer Vermischung von Signifikantenketten verdankt, was unterschiedliche Diskurse und Technologien verknüpft, was durch Techniken der *collage*, des *samplings*, des Bastelns zustande gekommen ist« (Bronfen 1997 zit. n. Ette & Wirth 2014, S. 11).

der Höhe der Zeit und ihren Herausforderungen stehen. Damit produziert und reproduziert die Kinder- und Jugendarbeit einen zentralen Code der Moderne, denn diese ist den Untersuchungen Reckwitz zufolge

> »ein Hybridphänomen, was sich nicht zuletzt an hybriden Formen des modernen Subjekts zeigt. Die Dominanz von Hybridkulturen bedeutet Dominanz ›unreiner‹ kultureller Formen, die sich jedoch regelmäßig als rein und einheitlich präsentieren. Tatsächlich ist es für die moderne Kultur kennzeichnend, dass sie beständig neue Hybridgebilde produziert und diese in Universalisierungsstrategien als homogen und alternativlos darstellt« (Reckwitz 2020, S. 626).

Gleichwohl ist diese hybride, rhizomartige[4] Beschaffenheit der Kinder- und Jugendarbeit nicht zu verwechseln mit Beliebigkeit. Die Beschreibung der Kinder- und Jugendarbeit als ein hybrides, wenig klar umgrenztes und zugleich in sich hoch ausdifferenziertes sozialpädagogisches Feld ist also nicht zu verwechseln mit der Annahme, hier handele es sich um einen Aufgabenbereich der unverbindlichen Vagheit und des ziellosen Relativismus. Denn sehr wohl können für die Kinder- und Jugendarbeit begründete Maximen, einsichtige Theorien und triftige eigene Handlungsprinzipien identifiziert werden (vgl. Kap. 7). Als das Genom, die DNA der Kinder- und Jugendarbeit, kann eine Quadriga aus erstens Freiheit und Freiwilligkeit, zweitens Bildung, drittens Anerkennung[5] sowie viertens Partizipation angesehen werden. Diese Kernprinzipien der Kinder- und Jugendarbeit sind mit einer Vielzahl weiterer Prinzipien und Prämissen sowie auch Grundbegriffen verbunden, beispielsweise: Akzeptanz, Aneignung, Anregung, Arrangieren, Förderung, Selbstwirksamkeit.

Vor diesem Hintergrund sind die zahlreichen Grenzdebatten als unumgängliche und notwendige Vergewisserungen zu verstehen und mithin konstitutiver Bestandteil der Diskurse und der Praxis der Kinder- und Jugendarbeit. Komplexität und Unschärfe sind folglich nicht länger als Problem zu thematisieren, sondern als Lösung. Eine solche Perspektive korrespondiert mit etlichen Formulierungen dieser Einführung und entspricht der aktuell von Thomas Rauschenbach vorgetragenen Wahrnehmung, der zufolge

---

4 Der Begriff »Rhizom« bezieht sich auf das gleichnamige Werk von Gilles Deleuze und Felix Guattari (1976), entstammt der Botanik und meint eine sprossenartige Pflanze, deren Wurzel- und Blattwerk sich sowohl unter der Erde als auch dicht über dem Boden erstreckt: »Ein Rhizom kann an jeder beliebigen Stelle gebrochen und zerstört werden, es wuchert entlang seiner eigenen oder anderer Linien weiter« (Deleuze & Guattari 1976, S. 16).

5 Keineswegs soll unterschlagen werden, dass die für die Kinder- und Jugendarbeit maßgeblichen Leitbegriffe, wie z. B. ›Anerkennung‹ oder ›Subjektorientierung‹, insbesondere aus Positionen der poststrukturalistischen Erziehungswissenschaft als machtgeleitete Konstruktionen kritisiert werden (vgl. Wimmer 2019, S. 217 u. 259).

»sich die Kinder- und Jugendarbeit in einer Phase des Umbaus befindet, in der angestammte Bereiche erodieren und das Profil des vollzeittätigen Profis in der Kinder- und Jugendarbeit sich auflöst, während zugleich neue Stellenprofile, Aufgabenbereiche und Personalkonstellationen hinzukommen« (Rauschenbach 2018, S. 25).[6]

»Youth Work«: Diskurs über eine europäische Jugendarbeit und -politik – ein Exkurs

Wird der Blick auf die internationalen oder genauer europäischen Betrachtungen auf das Praxis- und Politikfeld »Youth Work« konzentriert, so werden einerseits Gemeinsamkeiten, aber auch Unterschiede zu den bisherigen Umschreibungen deutlich. So setzt der im vorherigen Abschnitt erarbeitete Definitionsversuch im Vergleich zum europäischen Diskurs über »Youth Work« verhältnismäßig enge und konkrete Markierungen. Zwar meint der Begriff Kinder- und Jugendarbeit auch das, was in den internationalen, englischsprachigen Diskussionen als »Youth Work« bezeichnet wird, doch geht die aktuelle Verständigung im europäischen Raum weit darüber hinaus, insbesondere mit Blick auf Differenzierungen zwischen Jugendarbeit, Jugendpolitik und Jugendarbeitspolitik oder auch hinsichtlich diverser anderer Abgrenzungen, beispielsweise zwischen Jugendarbeit und Jugendsozialarbeit.[7] Zumindest zeigt das eine Analyse des Deutschen Jugendinstituts von Papieren des Europarates sowie der Europäischen Union und ihr angeschlossener Organisationen, wie die folgenden Punkte illustrieren sollen (vgl. DJI 2020):

- Dieser Rekonstruktion zufolge umfasst »Youth Work« Beiträge im Rahmen eines Empowerments, aber auch von sozialer Inklusion und Eingliederung zu einem von Bündel von gesellschaftlichen Herausforderungen wie z. B. Ausgrenzungen, Benachteiligungen oder gesellschaftliche Spaltungen, aber auch Wohlbefinden (well-being) oder den Klimawandel.
- Zum Begriff gehört ferner auf der individuellen Ebene die zentrale Aufgabe der Unterstützung bei der Persönlichkeitsentwicklung inklusive des Erwerbs von Fähigkeiten und Kompetenzen. Dabei werden einerseits alle jungen Menschen adressiert, aber andererseits auch besonders förderungsbedürftige Gruppen junger Menschen.

---

6 Diese, zweifellos zutreffende, Auffassung beantwortet aber nicht die weitaus interessantere Fragestellung, wer bzw. was genau die Treiber und was die impliziten und expliziten Motive dieses »Umbaues« sind, welche Akteure hier welche Positionen und Interessen einnehmen und inwiefern die aufgezeigten Entwicklungen aus fachlicher und fachwissenschaftlicher Sicht eher kritisch oder eher positiv zu bewerten wären.

7 Vgl. hierzu auch die Hinweise zum Diskurs über eine europäische Jugendarbeit und -politik sowie zur internationalen Jugendarbeit im Kapitel 4.3.

- Schließlich werden Eigenschaften einer Struktur- und Prozessqualität des Praxis- und Politikfeldes »Youth Work« sowie Strategien zur deren Stärkung und einer besseren Sichtbarkeit aus den Dokumenten herausgearbeitet. Dazu gehören bekannte Kernprinzipien wie beispielsweise Flexibilität und Offenheit, Freiwilligkeit, Vielfalt, aber auch spezielle Arbeitsweisen und konzeptionelle Ansätze sowie Themen der Qualitätsentwicklung und der Professionalisierung des Feldes inklusive Fragen der Ausbildung und Qualifizierung.

Notwendige Relativierungen bisher vorgenommener Begriffsbestimmungen zum Terminus »Kinder- und Jugendarbeit« sind aber bei weitem nicht allein vor dem Hintergrund des europäischen Diskurses notwendig, wie auch die folgenden konzeptionellen und theoretischen Aspekte des deutschsprachigen Diskurses über die Kinder- und Jugendarbeit verdeutlichen Der Prozess für eine europäische Jugendpolitik (»Youth Work«) ist sowohl in Europa insgesamt als auch konkret in Deutschland mit einer Fülle von Institutionen, Programmen und Gremien verbunden: Offene Methode der Koordinierung, Nationalagentur JUGEND für Europa, IJAB, Nationale Koordinierungsstelle beim Deutschen Bundesjugendring, Forschungsgruppe Jugend und Europa am Centrum für angewandte Politikforschung, Transferstelle und der Arbeitsstelle für europäische Jugendpolitik beim Deutschen Jugendinstitut, Bund-Länder-Arbeitsgruppe usw.

In Ergänzung zu den bisherigen Ausführungen ist auf einige wesentlichste Facetten der Programmentwicklung sowie der fachlichen Impulse (z. B. vom »interkulturellen Lernen« zur »reflexiven Internationalität«) hinzuweisen. Zu erwähnen ist zumindest der Prozess zur Entwicklung einer Europäischen Jugendarbeit, der über eine Europäische Charta zu lokaler Jugendarbeit[8] schließlich hinführte zur im Dezember 2020 durchgeführten 3. Konferenz der Europäischen Jugendarbeit (3rd European Youth Work Convention), welche mit ihrer Abschlusserklärung »Signposts for the Future« (www.eywc2020.eu/en/) u. a. nachfolgende Entwicklungsziele anvisiert:

- Stärkung einer Politik für »Youth Work« – durch die Einbettung von »Youth Work« als wesentlichen Bestandteil in Jugendpolitik auf allen Ebenen – von lokal bis europäisch.
- Kompetenzaufbau in »Youth Work« – durch eine kohärente Aus- und Fortbildungsstrategie für »Youth Work« und durch die Zusammenführung von nicht formalen und formalen Bildungswegen für Jugendarbeiter*innen.

8 Vgl. https://www.jugendpolitikineuropa.de/beitrag/staerkung-lokaler-jugendarbeit-in-europa-beteiligen-sie-sich-an-der-konsultation.10758/ [Zugriff 04. 01. 2021].

- Entwicklung einer evidenzbasierten politischen Praxis für und durch »Youth Work« – durch besseres Sammeln von Wissen sowie durch mehr Forschung.
- Stärkung von Partnerschaften – durch transversale und sektorübergreifende Politik und Praxis auf allen Ebenen der »Governance« und Umsetzung.
- Bereitstellung und Sicherstellung der Angebote von »Youth Work« – durch bessere Verankerung, mehr Ressourcen und weitergehende Unterstützung, auch durch die europäischen Institutionen.
- Erweiterung und Vertiefung der Wahrnehmung und Anerkennung von »Youth Work« innerhalb und außerhalb der »Community of Practice« durch transparente Information, Kommunikation und aktive Interessenvertretung.

Zum Weiterlesen – Literaturhinweise

Deutscher Bundestag (2017). *15. Kinder- und Jugendbericht. Bericht über die Lebenssituation junger Menschen und die Leistungen der Kinder- und Jugendhilfe* (S. 365–426). Berlin: Eigenverlag.

Kiesel, D., Scherr, A., & Thole, W. (Hrsg.) (1998). *Standortbestimmung Jugendarbeit. Theoretische Orientierungen und empirische Befunde.* Schwalbach i. Ts: Wochenschau Verlag.

Lindner, W., Thole, W., & Weber, J. (Hrsg.) (2003). *Kinder- und Jugendarbeit als Bildungsprojekt.* Opladen: Budrich Verlag.

Rauschenbach, T. (2018). Kinder- und Jugendarbeit 2016 – Potenziale erkennen, Zukunft gestalten. In T. Rauschenbach (Hrsg.), *Kinder- und Jugendarbeit. Potenziale Erkennen. Zukunft gestalten* (S. 15–29). Dortmund: Technische Universität Dortmund.

Sturzenhecker, B., & Richter, E. (2010). Die Kinder- und Jugendarbeit. In W. Thole (Hrsg.), *Grundriss Soziale Arbeit* (3. überarbeitete und erweiterte Auflage, S. 469–475). Wiesbaden: Springer VS Verlag.

1.2 Im Spiegel der Forschung – oder: Was wissen wir über die Kinder- und Jugendarbeit?

In der schon zitierten, zu einem Standardwerk avancierten, gegenwärtig aber in Vergessenheit geratenen Einführung in »Die Jugendarbeit« aus dem Jahre 1971 betont Giesecke (1971, S. 9), dass es zwar die Jugendarbeit seit Beginn des 20. Jahrhunderts in Form eines mehr oder weniger pädagogisch ausgeprägten Praxisfeldes gibt, »nicht jedoch in Gestalt relevanter erziehungswissenschaftlicher Arbeiten oder gar einer eigenen erziehungswissenschaftlichen Disziplin«. Für die Jugendarbeit liegen inzwischen zwar eine Vielzahl theoretischer Entwürfe vor (vgl. u. a. Krieger & Mikulla 1994; Scherr & Thole 1998; Lindner 2006; Deinet & Sturzenhecker 2013; Deinet, Sturzenhecker, v. Schwanenflügel & Schwerthelm 2021) und auch an konzeptionellen Vorschlägen besteht sicherlich kein Mangel (vgl. Kap. 7 und 8). Doch wenn diese nicht nur hinsichtlich ihrer theoretischen Stringenz, sondern auch dahingehend angefragt werden, welchen disziplinären, fachwissenschaftlichen Zugang sie favorisieren und wie sich dieser herstellt und begründet, wird es schwierig. Giesecke sah die Jugendarbeit noch in der Erziehungswissenschaft verwurzelt. Andere, kritische, in den 1970er Jahren an marxistische Traditionen anknüpfende Einwürfe sahen für die Jugendarbeit in einer pädagogisch aufgelockerten Soziologie eine disziplinäre Heimat (vgl. Lessing & Liebel 1974).

Inwiefern die Kinder- und Jugendarbeit als Handlungsfeld ohne eindeutigen fachlichen Ort anzusehen ist und sie wahlweise zwischen diversen fachwissenschaftlichen Optionen oszilliert, ist offen. Weitgehend Konsens dürfte jedoch insofern herzustellen sein, dass sie

- als »eigenständiges Fachgebiet« mit einem eigenständigen Theoriebildungsdiskurs und eigenen Forschungsambitionen,
- als erziehungswissenschaftliches Teilgebiet,
- als sozialpädagogische »Subdisziplin«,
- als Bestandteil der Jugend- und Erwachsenenbildung,
- als Teil der Sozialwissenschaft

oder

- als Praxisfeld ohne »disziplinären Ort«

angesehen und diskutiert wird. Die Frage der disziplinären Zugehörigkeit wird hier nicht weiter vertieft. Wenn jedoch die Häufigkeit der gewählten Orientierungen den wissenschaftlichen Ort der Kinder- und Jugendarbeit bestimmen könnte, dann wäre von einer disziplinären Verortung im Kontext der Sozialpädagogik auszugehen. Zwar ist auch die Sozialpädagogik disziplinär in permanenter Bewegung, etwa zwischen einer Zuordnung zu der Erziehungswissenschaft und den Sozialwissenschaften oder der Ausrufung einer autonomen Sozialarbeitswissenschaft (vgl. u. a. Thole 1995b; Rauschenbach 1999). Allerdings bestehen für die Sozialpädagogik Positionierungen und triftige Gegenstandsbestimmungen etwa in den Arbeiten von Carsten Müller (2005), Michael Winkler (1988, 2018a), Franz Hamburger (2012) oder Christian Niemeyer (2003, 2010), die eine weiterhin allzu quälerische Selbstbefragung zugunsten einer doch einigermaßen belastbaren Verortung mildern dürften.

Vor dem Hintergrund der Vielfältigkeit und Differenziertheit der Kinder- und Jugendarbeit kann es nicht verwundern, dass bis heute keine allseits akzeptierte, systematisch gegliederte und theoretisch präzise Gesamtübersicht zur Sozialpädagogik mit Kindern und Jugendlichen vorliegt (vgl. Kap. 7). Die Kinder- und Jugendarbeit bildet in der sozialwissenschaftlichen und -pädagogischen Publikationslandschaft allerdings keine Leerstelle. Neben historischen Rekonstruktionen (vgl. bereits Giesecke 1981; Krafeld 1984; Naudascher 1990), die allerdings Formen der außerschulischen, (sozial)pädagogischen Arbeit mit Kindern nur streifen, liegen das Arbeitsfeld theoretisch vermessende und verortende »Klassiker« vor (vgl. u. a. Müller u. a. 1964; Rössner 1967; Giesecke 1971; Lessing

& Liebel 1975; Damm 1980; Kiesel, Scherr & Thole 1998). Unter forschungsbezogenen Gesichtspunkten ist insbesondere auf Publikationen hinzuweisen, die das Arbeitsfeld der Kinder- und Jugendarbeit vor dem Hintergrund einer sich sukzessive modernisierten Kindheit und Jugend skizzieren (vgl. u. a. Baacke 1985b; Böhnisch 1992; Thole 1995a) oder aber über die Geschichte, den historischen Standort, konzeptionelle Entwicklungen und Orientierungen sowie die augenblickliche Praxis in zum Teil einführenden Überblicken informieren (vgl. etwa Lessing u. a. 1986; Böhnisch & Münchmeier 1987, 1990; Bauer 1991; Krieger & Mikulla 1994; Fimpler & Hannen 2016).

Bezüglich der Jugendverbandsarbeit (vgl. Böhnisch, Gängler & Rauschenbach 1991; Fauser, Fischer & Münchmeier 2008; Grotlüschen 2015; Oechler & Schmidt 2014; Schwab 2019), des erzieherischen Kinder- und Jugendschutzes (vgl. Nikles, Roll & Umbach 2013), der mobilen, aufsuchenden Jugendarbeit (vgl. Huber 2014; Schlenker & Reutlinger 2017; LAG Mobile Jugendarbeit/Streetwork Baden-Württemberg 2020), der politischen Jugendbildungsarbeit (vgl. Hafeneger 1997, Hafeneger & Widmaier 2014) und der »Offenen Jugendarbeit« (Deinet, Sturzenhecker, v. Schwanenflügel & Schwerthelm 2021; Schmidt 2011) existieren thematische Sammelbände und systematisch strukturierte Handbücher. Darüber hinaus liegen Arbeiten vor, die die öffentlich geförderten Maßnahmen bzw. Angebote der Kinder- und Jugendarbeit im Rahmen der Kinder- und Jugendhilfe quantitativ analysieren (vgl. Thole 1997; Pothmann & Thole 1999; Mühlmann & Pothmann 2018, 2019a); quantitative und qualitative Informationen über die in der Kinder- und Jugendarbeit tätigen Mitarbeiter*innen präsentieren (vgl. u. a. Knoll-Krist 1985; Rauschenbach 1991; Hafeneger 1992; Thole 1995a; Thole & Küster-Schapfl 1997; Seckinger u. a. 2016; Mühlmann & Pothmann 2019a; Pothmann & Thole 2020) und das Verhältnis von ehrenamtlichen zu hauptamtlichen Mitarbeiter*innen und ihre Qualifikation respektive Motivation untersuchen (vgl. Hamburger u. a. 1982; Reichwein & Freund 1992; Brenner 1996). Kinder- und Jugendarbeit als stadtteil- und sozialräumliches Projekt (vgl. Krisam & Tegethoff 1977; Pohl et al. 2019; Krisch & Schröer 2020) oder einzelne Handlungsfelder des Arbeitsfeldes (Kinder- und Jugendkulturarbeit: Thole & Kolfhaus u. a. 1994, insbesondere Beiträge in Bockhorst u. a. 2012; Braun, Fuchs & Zacharias 2015; Josties & Menrath 2018 sowie die Internetplattform kubi-online.de) und Adressat*innengruppen (geschlechtsspezifische Angebotsformen: vgl. u. a.; interkulturelle, migrationssensible Pädagogik:) oder Angebotsformen (Computer in der Jugendarbeit: Böcker & Schillo 1995; Medienarbeit: Brenner & Niesyto 1993; Steiner & Goldoni 2013; Umweltpädagogik: Brenner & Waldmann 1994; Rauschenbach & Borrmann 2013) werden in weiteren Untersuchungen programmatisch, verstärkt aber auch empirisch untersucht.

An Bedeutung gewinnen seit Beginn des 21. Jahrhunderts für die Praxisentwicklung, aber auch für die Forschung als Untersuchungsgegenstand die so genannten »Bildungslandschaften«. Die vorliegenden Studien deuten an, dass inhaltlich sehr unterschiedliche Ausrichtungen zu beobachten sind (vgl. z. B. Bollweg 2018; Forschungsprojekt MABEV 2017; Schmachtel 2017; Stolz 2017; Bollweg, Coelen, Buchna & Otto 2020; Gosse 2020; Gumz & Thole 2021), sie ganz unterschiedlichen Steuerungslogiken folgen (vgl. Reutlinger 2011; Schubert 2018) und sich in den verfolgten Zielperspektiven an den jeweils von den Akteur*innen vor Ort definierten Herausforderungen orientieren.

Wird dieser ohne Anspruch auf Vollständigkeit zusammengestellte Überblick zusammengefasst, so sind einerseits vorzeigbare Forschungsleistungen zu einem breiten Themenspektrum zu konstatieren. Andererseits wird jedoch auch eine Forschungskultur erkennbar. Gleichwohl ist der vorhandene Forschungsbedarf und sind die weiterhin unbeantworteten Fragen ebenfalls beträchtlich (vgl. hierzu Scherr & Thole 1998; Thole 2004; Schmidt 2011; Cloos & Schulz 2011; Corsa, Lindner & Pothmann 2018). So besteht ein dringender Bedarf empirischer Vergewisserungen für Fragen nach feststellbaren Wirkungen von Kinder- und Jugendarbeit. Versteht man derartige Anfragen nicht ausnahmslos als neoliberales Teufelszeug, sondern vielmehr als nach innen und außen gerichtete Form der Pädagogikfolgenabschätzung, dann ist hier eine seit Jahren existierende Leerstelle zu identifizieren, die womöglich für die weitere Profilbildung ungenutzt bleibt. Hier ist die Kinder- und Jugendarbeit, genauer die Forschung respektive die Disziplin nicht über einige Zusammenfassungen und verstreute Einzelstudien hinausgekommen (vgl. Lindner 2008, 2015; Liebig 2012; Balzter & Schröder 2014; Ilg 2015; Wendt 2010; Stuckert, Rohde, Züchner & Thole 2018; Begemann, Bleck & Liebig 2019).

Als Erklärung hierfür wäre es sicherlich zu einfach, sich lediglich damit herauszureden, dass Wirkungsmessungen in einem solch heterogenen Feld wie der Kinder- und Jugendarbeit mindestens diffizil sind, aber eigentlich auch völlig unmöglich, aussichtslos und abwegig. Ganz so ist es dann doch nicht. So existieren differenzierte und anspruchsvolle Arbeiten wie die von Cathleen Grunert (2012, S. 161 f), die das »Wirkungsthema« nicht nur aufgreifen, sondern die damit verbundenen Herausforderungen auch skizzieren, anstatt das Thema zu tabuisieren. Das bei Grunert (2012) vorgestellte Forschungsdesign entspricht eher einer Forschungsheuristik und umfasst mehrere Ebenen (Subjektebene, Programmebene, instrumentelle Ebene, soziale Ebene), eine Kombination aus quantitativen und qualitativen Datenerhebungen inklusive rekonstruktiver, komparativer und triangulativer Strategien sowie ein hierauf abgestimmtes Paneldesign (Längsschnittperspektive). Solch ein Forschungsprogramm wäre für die Kinder- und Jugendarbeit ein weiterer großer Schritt auf dem Weg zu einer eigenständigen Forschungskultur. Sie könnte hiermit ihre vielfältigen Leistungen besser unter Beweis stellen. Andernfalls bleiben es eben nur »Potenziale«: Bildungspotenziale, Verantwortungspotenziale, Integrationspotenziale, Gemeinschaftspotenziale (Rauschenbach 2018, S. 16 f). Hierzu braucht es allerdings nicht zuletzt auch finanzielle Ressourcen, die oftmals aber von einer Politik, die gleichzeitig Kinderund Jugendarbeit auffordert, sich empirisch zu legitimieren, nicht zur Verfügung gestellt werden. Von einer dafür notwendigen auch politischen Bereitschaft ist allerdings häufig genug nichts zu verspüren (vgl. auch den kritischen Exkurs am Ende von Kap. 3.3).[9]

Bei allen noch ausstehenden Entwicklungen einer Forschungskultur im Kontext der Kinder- und Jugendarbeit ist zu konstatieren, dass bereits einige relevante Veröffentlichungsorte für empirische und theoretische Beiträge vorhanden sind. Aktuelle, auch empirische Entwicklungen der Kinder- und Jugendarbeit werden in der monatlich erscheinenden Zeitschrift »deutsche jugend« (Juventa Verlag, Weinheim & München), in der vierteljährlich erscheinenden Zeitschrift »Offene Jugendarbeit« (BAG OKJE Berlin) oder im »FORUM – unsere Fachzeitschrift vom »Verband der Kinder- und Jugendarbeit Hamburg« diskutiert. In unregelmäßiger Folge erscheinen darüber hinaus Beiträge zur Kinder- und Jugendarbeit in den Fachzeitschriften »neue praxis« (Verlag neue praxis, Neuwied), »Sozialmagazin« (Juventa Verlag, Weinheim & München), »Sozial Extra« (Springer VS Verlag, Wiesbaden) oder »Unsere Jugend« (Reinhard Verlag, München). Hinzuweisen ist auch auf die periodisch erscheinenden Hefte der Arbeitsstelle Kinder- und Jugendhilfestatistik (KOM^DAT Jugendhilfe) mit kommentierten Daten auch zur Kinder- und Jugendarbeit und etlichen Einzelstudien des Deutschen Jugendinstituts (DJI) in München. Ein exzellenter, aber in der Zwischenzeit auch schon wieder fortschreibungsbedürftiger Überblick zum Forschungsstand zur Kinder- und Jugendarbeit bis immerhin zum Ende des ersten Jahrzehnts des 21. Jahrhunderts liegt von Holger Schmidt (2011) vor (vgl. auch Cloos & Schulz 2011).

1.3 Herausforderungen und Problemstellungen – Notizen zur »Lage« der Kinder- und Jugendarbeit

Der Versuch zu beschreiben und zu definieren, was die Kinder- und Jugendarbeit ist und wie sie sich von anderen Arbeitsfeldern abgrenzt sowie die Hinweise auf ältere Forschungsarbeiten wie auf die aktuelle Forschungssituation halten weitgehend Distanz zu Unternehmungen, die gegenwärtige Bedeutung der Kinder- und Jugendarbeit zu skizzieren. Eine weitere Annäherung an die Kinder- und Jugendarbeit nimmt Bezug auf den politischen Raum respektive die politi-

9 Auf mögliche Gründe wird an dieser Stelle nicht weiter eingegangen. Es ließe sich in diesem Zusammenhang aber sicher auch über die prägnante Aussage des vormaligen Bundestagspräsidenten Norbert Lammert diskutieren: »Wenn wir bestehende Probleme nicht lösen, dann nicht, weil sie zu groß wären, sondern weil wir es nicht wollen« (Süddeutscher Zeitung vom 21. 02. 2017, S. 6).

sche Dimension der Kinder- und Jugendarbeit. Folgendes ist diesbezüglich zu notieren:

- *Größere Sichtbarkeit der Kinder- und Jugendarbeit in den Kinder- und Jugendberichten:* War die Kinder- und Jugendarbeit über einen längeren Zeitraum hinweg wenig mehr als ein mitlaufendes Arbeitsfeld im Rahmen der Kinder- und Jugendhilfe, so hat sich in den letzten Jahren – trotz immer wieder konstatierter Forschungs- und Wahrnehmungsdefizite – die politische Aufmerksamkeit ausweislich der letzten Kinder- und Jugendberichte der Bundesregierung gewandelt: Im 12. Kinder- und Jugendbericht (Deutscher Bundestag 2005), der die Institution der (Ganztags)Schule fokussiert, wird der Kinder- und Jugendarbeit unter Verweis auf ihre spezifischen Bildungsaufgaben ein wesentlicher Beitrag zum damals anstehenden Ausbau sowie zur Modernisierung des deutschen Schulsystems attestiert:
  »Mit der Jugendarbeit wird ein Bereich der Kinder- und Jugendhilfe thematisiert, der eine explizite, auch gesetzlich verankerte, Bildungsaufgabe hat. Bildungsangebote und -leistungen der Jugendarbeit weisen, im Gegensatz zu vielen formalen Bildungsinstitutionen, einen hohen Grad an Selbstorganisation durch Jugendliche auf. Sie sind durch eine Aneignungs- und Vermittlungsstruktur gekennzeichnet, in der lebensweltliche und sozialräumliche Bedingungen und Gegebenheiten zum unverzichtbaren Bestandteil gehören« (Deutscher Bundestag 2005, S. 36 u. 362 f).
- Im 14. Kinder- und Jugendbericht (vgl. Deutscher Bundestag 2013) wird die Adressat*innengruppe der Jugendlichen unter dem Titel »Das Jahrzehnt der Verselbständigung« genauer betrachtet und erstmals die Renaissance einer eigenständigen Jugendpolitik unter dem Titel »Von der vergessenen zur wiederentdeckten Jugendpolitik« (Deutscher Bundestag 2013, S. 415 f) begründet. Der nachfolgende 15. Kinder- und Jugendbericht (Deutscher Bundestag 2017a) widmet sich schließlich explizit den Lebenslagen Jugendlicher sowie einer darauf abzielenden neuen und eigenständigen Jugendpolitik: »Jugend ermöglichen als zentrale gesellschaftliche Aufgabe der Zukunft« (Deutscher Bundestag 2017a, S. 69) und attestiert in diesem Zusammenhang der Kinder- und Jugendarbeit eine spezifische »sozialpolitische Verantwortung« (Deutscher Bundestag 2017a, S. 73). Wird zudem zur Kenntnis genommen, dass der im Jahre 2020 erschienene 16. Kinder- und Jugendbericht die »Förderung demokratischer Bildung im Kinder- und Jugendalter« fokussiert, so wird damit abermals eine zentrale Handlungsmaxime auch der Kinder- und Jugendarbeit zum Gegenstand bundespolitischer Aufmerksamkeit (Deutscher Bundestag 2020).
- Es scheint sich mithin etwas gewandelt zu haben in der politischen und gesellschaftlichen Bedeutsamkeit von Jugendlichen, und dies berührt zweifellos auch die Kinder- und Jugendarbeit. Sicherlich macht es einen Unterschied,

ob Jugend ein Status »als strategisch relevante Gruppe im gesellschaftlichen Modernisierungsprozess« (Scherr 1995, S. 187) aberkannt wird und sie vor einiger Zeit noch als »blinder Fleck der Politik« (Rauschenbach 2005, S. 16 f) eingeschätzt wurde oder ob 13 Jahre später das zuständige Bundesministerium bekannt gibt: »Jugend ist eine eigenständige Lebensphase, die besonderer gesellschaftlicher Aufmerksamkeit bedarf.«[10] Zwar entwickelt sich das Themen- und Diskursfeld aus Jugend, Jugendarbeit und Jugendpolitik zögerlich, diskontinuierlich, widersprüchlich und ungleichzeitig über die diversen Politikebenen hinweg, aber die Zäsur ist einstweilen gesetzt – wobei ausdrücklich zu betonen ist, dass damit kein stringenter Entwicklungspfad oder gar Automatismus verbunden ist, sondern allenfalls eine erste Trendwende, die durchaus auch wieder revidiert, zurückgedreht und – aus Sicht der Kinder- und Jugendarbeit – auch wieder verspielt werden kann. Hier sind kontinuierliche Evaluationen notwendig, in denen beispielsweise zu bilanzieren sein wird, wie sich die Kinder- und Jugendarbeit in einem gesellschaftspolitischen Raum geschlagen hat, der sich in den Jahren 2020 und 2021 weitgehend durch den coronabedingten Krisenmodus ausgezeichnet hat.

- *Fehlende empirische Grundlagen für den politischen Raum:* Nicht zuletzt wurden und werden über die Kinder- und Jugendberichte der Bundesregierung, als gewiss nicht den einzigen, aber dennoch prominenten Diskurselementen, der Kinder- und Jugendarbeit inzwischen wieder erhöhte Aufmerksamkeiten zuteil. Die dabei sogleich und seit Jahren zu beobachtende Disparität insbesondere im Hinblick auf die einstweilen in west- und ostdeutsch sowie länderspezifisch vielfach gespaltene empirische Lage dieses Arbeitsfeldes und seine gleichermaßen seit Jahren wiederkehrend beklagte unzureichende Qualität in puncto Empirie, Ausbildung und Forschung können dabei allerdings nicht unerwähnt bleiben (vgl. Lindner 2017a). Beide Dimensionen, der Diskurs und die empirisch wahrgenommene Wirklichkeit, sind Teil der Widersprüchlichkeiten der Kinder- und Jugendarbeit. Gegenwärtig bleibt offen, inwiefern sich eine Weiterentwicklung abzeichnet, also inwiefern sich über die gegenwärtig zu beobachtenden erhöhten bundes- und auch europapolitischen Akzentsetzungen (Entschließung des Rats der Europäischen Union zur Europäischen Jugendstrategie 2019-2027) auch mittelfristige positive Effekte für das Arbeitsfeld selbst nachweisen lassen werden.
- Mit ein Grund dafür ist, dass bei allen Fortschritten im Bereich der Kinder- und Jugendarbeitsforschung (vgl. Kap. 1.2) immer noch in einem nur sehr bescheidenen Umfang die notwendigen empirischen Aufarbeitungen für die Ausdifferenzierungen der Kinder- und Jugendarbeit so vorliegen, dass das

10 Pressemitteilung BMFSFJ vom 24. 09. 2018 (https://www.bmfsfj.de/bmfsfj/jugendstrategie-gemeinsam-entwickeln-/128452 [Zugriff 22. 02. 2020].

Gesamttableau oder mitunter auch nur einzelne Segmente der Kinder- und Jugendarbeit quantitativ und qualitativ umfassend dargestellt werden können. Gemeint sind dabei nicht zuletzt empirische Befunde zu den Adressat*innen und Besucher*innen, zu den Angeboten, Projekten und Maßnahmen, zu den institutionellen und strukturellen Eckpfeilern, den Methoden und Interaktionsnetzwerken sowie zu den kooperativen, angebots- und feldübergreifendenden Querverbindungen innerhalb der Kinder- und Jugendarbeit. Die wissenschaftliche Inblicknahme der Kinder- und Jugendarbeit interessierte sich hingegen stets mehr für die inhaltlichen Angebote, Programme und Zielsetzungen, für die pädagogisch denkbaren Möglichkeiten und Grenzen dieses sozialpädagogischen Handlungsfeldes als für die empirische, anhand von »harten Fakten« zu notierende soziale Realität. Im Ergebnis ist die Kinder- und Jugendarbeit bei allen zu konstatierenden Fortschritten empirisch immer noch ein Arbeitsfeld mit zu vielen weißen Flecken.

- *Übersetzungsdefizite zwischen empirischen Daten und politischem Handeln:* Sicherlich läuft die naive Annahme einer prompten Übersetzung von empirischen Daten in politisches Handeln fehl (vgl. Weingart & Wagner 2015; Wagner 2015). Das allgemeine Forschungsdefizit aber ist – im wechselseitigen Verbund mit den oben genannten Faktoren, zu denen nicht zuletzt auch die unzureichende Hochschulausbildung für dieses Arbeitsfeld zu zählen ist (vgl. Thole, Wegener & Küster 2005; BAGLJÄ 2017) – auch mit dafür verantwortlich, dass sowohl politische als auch pädagogische Debatten über Aufgaben, Möglichkeiten und das erforderliche Ausmaß der Kinder- und Jugendarbeit seit Jahren hinter den realen Möglichkeiten dieses Arbeitsfeldes zurückbleiben. Für eine Weiterentwicklung von Theorien zur Kinder- und Jugendarbeit wird es vor diesem Hintergrund entscheidend sein, ob es gelingt, die bestehenden Ansätze so auszubauen, dass schrittweise eine gesicherte Wissensbasis entsteht, die es im Übrigen auch erlaubt, die zukünftige Theoriebildung empirisch zu fundieren und zu begutachten. Erforderlich scheint auch, das handlungspraktische Profil, die Möglichkeiten und Chancen, vielleicht in diesem Kontext auch die Grenzen der Kinder- und Jugendarbeit zu kommunizieren und damit für die politischen Entscheidungsträger zugänglich zu machen: »Für die Jugendarbeit werden damit neue Fragen expliziter 'Datenpolitik' (also auch einer Re-Politisierung von Daten) eröffnet, die bislang kaum hinreichend thematisiert worden sind, aber – so die These – für deren Weiterentwicklung von höchstem Interesse sein dürften« (Lindner 2016, S. 69).
- *New Public Management und Managerialismus:* Die Kinder- und Jugendarbeit steht seit mindestens vierzig Jahren auch im politischen Raum unter dem fluktuierenden, aber nachdrücklichen Einfluss mehrerer, sich wechselseitig verstärkender problematischer Einflüsse, welche dieses Arbeitsfeld in seiner Entwicklung hemmen und ablenken. So wird dieses Praxisfeld seit geraumer

Zeit dominiert von den Imperativen des »New Public Management« beziehungsweise der sogenannten »Neuen Steuerung«, die unter dem Schlagwort des »Managerialismus« und den damit verbundenen betriebswirtschaftlichen Ursprüngen neue Regulierungen in Form von u. a. Produktbeschreibungen, Produktbereichen, Budgetierungen und dezentraler Ressourcenverantwortung kontinuierlich erzwingen und aktuell unter dem Stichwort »Governance« weitergeführt werden. Nach Jahren der anfänglichen Innovations- und Implementationsbegeisterung ist hier mittlerweile allerorten erhebliche Ernüchterung zu verzeichnen. Die anempfohlenen Produktkataloge werden zwar kaum noch zu Steuerungszwecken ein-, die Personalentwicklung durch Leistungsanreize wenig umgesetzt und auch das Verhältnis Politik-Verwaltung hat sich kaum verändert, zumal Berichts- und Kennzahlenwesen sowie Kosten-Leistungs-Rechnung die Rahmenbedingungen für die gesamtstädtische Entwicklung vielleicht in der Wahrnehmung der Politik, nicht aber tatsächlich verbessert haben. Gleichwohl bestehen die seinerzeit etablierten Strukturen und Mentalitäten in vielen ihrer Dysfunktionalitäten einstweilen fort (vgl. Bogumil 2008; Chassé & Lindner 2013; vgl. auch die Hinweise in Kap. 3.3).

Ermöglicht werden diese Diskussionen auch durch die nicht durchgängig und zweifelsfrei akzeptierte rechtliche Stellung der Kinder- und Jugendarbeit als kommunale Pflichtaufgabe gemäß SGB VIII, wo zwar kein subjektiver Rechtsanspruch formuliert wird, gleichwohl aber klare Qualitätsmaßstäbe zu erkennen sind (vgl. Kunkel 2001; vgl. auch in diesem Band Kap. 3).

2 Von den Anfängen bis zur Gegenwart – Impressionen aus der Geschichte der Kinder- und Jugendarbeit

Zum besseren Verständnis der Kinder- und Jugendarbeit – gerade auch des Status quo sowie aktueller Entwicklungen – kann ein Blick zurück in die Geschichte des Arbeitsfeldes zuweilen hilfreich sein. Ein Anfangs- oder auch Geburtsdatum für die Kinder- und Jugendarbeit festzulegen ist zwar nicht möglich, aber diese Geschichte begann um die vorletzte Jahrhundertwende herum in unterschiedlichen gesellschaftlichen Zusammenhängen. Wird der Geschichtsschreibung gefolgt, ist ferner festzustellen, dass am Ende des vorletzten Jahrhunderts lediglich die Historie der Jugendarbeit ihren Anfang fand. Der bisher niedergeschriebenen Geschichte zufolge scheint die sozialpädagogische Arbeit mit Kindern außerhalb von schulischen und vorschulischen Institutionen keine »eigene«, an der Schwelle zum 20. Jahrhundert angesiedelte Tradition zu haben.

Betrachten wir das bekannte Wissen zur Geschichte der Kinder- und Jugendarbeit, können wir feststellen, dass die heutige Gesamtgestalt der institutionalisierten, pädagogischen Beschäftigung mit Kindern und Jugendlichen außerhalb der klassischen Bildungseinrichtungen im Wesentlichen in drei, ungefähr zeitgleich am Ende des vorletzten Jahrhunderts entstandenen Bewegungen wurzelt. Die drei Ursprünge sind:

a) die freizeitorientierten, sportlichen, politischen und konfessionellen Jugendvereinigungen und -verbände,
b) die staatliche Jugendpflege sowie
c) die bürgerliche Jugendbewegung bzw. die hiervon inspirierten musisch-kulturellen Bildungsbemühungen.

Diese Wurzeln werden nach einigen notwendigen Vorbemerkungen zur Geschichtsschreibung (vgl. Kap. 2.1) sowie sporadischen Einblicken in die Vorläufer der Kinder- und Jugendarbeit aus der Zeit der Vormoderne (vgl. Kap. 2.2) anschließend (Kap. 2.3) referiert. Es folgt ein Exkurs zu den Anfängen des erzieherischen Kinder- und Jugendschutzes bis in die 1930er Jahre hinein im Kap. 2.4, der nicht nur zeitgleich zur Kinder- und Jugendarbeit entstand, sondern seit jeher Anknüpfungspunkte und Schnittstellen zum Arbeitsfeld der Kinder- und Jugendarbeit aufzuweisen hat. Der Streifzug durch die Geschichte der Kinder- und Jugendarbeit verweist anschließend mit kursorischen Hinweisen auf die Zeit des Nationalsozialismus und auf das Scheitern der Jugendarbeit in der Weimarer

Republik (vgl. Kap. 2.5). Die Nachkriegsgeschichte zur Kinder- und Jugendarbeit wird zunächst für die alte »BRD« betrachtet, differenziert nach den 1950er und 1960er Jahren auf der einen sowie die 1970er und 1980er Jahre auf der anderen Seite (vgl. Kap. 2.6 und 2.7). Anschließend referiert werden Impressionen der Kinder- und Jugendpädagogik der »DDR« vom Ende der 1940er Jahre bis zum Ende der 1980er Jahre (vgl. Kap. 2.8). Daran anschließend wird die Zeit der 1990er Jahre bis zur letzten Jahrtausendwende resümiert und insbesondere der so genannte »Aufbau Ost« sowie die Auswirkungen der »Neuen Steuerung« der öffentlichen Verwaltung betrachtet (vgl. Kap. 2.9).

2.1 Geschichtsschreibung zur Kinder- und Jugendarbeit – Vorbemerkungen

Entdeckung von Kindheit und Jugend

Damit die Kinder- und Jugendarbeit als für Bildung, Freizeit und Erholung gesellschaftlich zuständige Institution, deren Angebote von jungen Menschen in Anspruch genommen werden können, entstehen und sich entwickeln konnte, war die »Entdeckung« und gesellschaftliche breite Anerkennung der Lebensphasen »Kindheit« und »Jugend« eine notwendige Voraussetzung. Die Entdeckung von Kindheit und Jugend als eigenständige und spezifische Lebensabschnitte ist ebenso wie der Beginn der Inblicknahme dieser Altersphasen durch die Pädagogik (vgl. u. a. Gstettner 1981; Mitterauer 1986; Peukert 1986; Levi & Schmitt 1997; Baader, Eßer & Schröer 2014; Fangmeyer & Mierendorff 2017) auf die zweite Hälfte des 19. Jahrhunderts zu datieren. Im biologischen Sinn gab es eine Kindheit und Jugend natürlich auch schon vorher. Doch die Gesellschaft hatte bis dato kein spezifisches Gefühl für und auch keine exklusiven Umgangsformen mit den Heranwachsenden entwickelt. Noch in den mittelalterlichen Gemeinschaften trugen Kinder die gleiche Kleidung wie Erwachsene und verrichteten dieselben Tätigkeiten. Es existierte kein den Kindern exklusiv zugestandener Lebensbereich, gleichwohl es Räume gab, die vornehmlich von den Heranwachsenden belebt wurden. Erst im Verlauf des 18. Jahrhunderts mit der sich allmählich herausbildenden moderneren und sich allmählich demokratisierenden Zivilisation sowie der sukzessiven Etablierung eines Schulsystems entwickelten sich zaghafte Schranken zwischen der Kinder- und Erwachsenengeneration.

Die endgültige Festschreibung dieser Generationsgrenze durch entsprechende gesellschaftliche Semantiken sowie die allseitige gesellschaftliche Entdeckung der Jugendphase fand sogar noch später statt. Erst Mitte des 19. Jahrhunderts gewann Jugend als eigenständige Lebenslaufphase nach und nach an Kontur und reklamierte Selbständigkeit als generative Formation in Abhängigkeit von den jeweiligen gesellschaftlichen Bedingungen. Das heißt aber auch umgekehrt, dass parallel dazu eine gesellschaftliche Vorstellung vom Konstrukt »Jugend« sich entwickelt hat und sich seither weiter fortschreibt (vgl. Münchmeier 1998; aktuell Scherr 2020a). Das heißt aber auch: Bis vor gut 170 Jahren waren Kinder und Jugendliche noch kein allumfassendes »Objekt« von außerfamilialen Erziehungsprozessen (Roth 1983; de Mause 1979), womit eine notwendige Voraussetzung für eine institutionalisierte Kinder- und Jugendarbeit erst seit einem vergleichsweisen kurzen Zeitraum besteht.

Fanden jedoch Kinder schon Mitte des 19. Jahrhunderts vereinzelt eine intensivere pädagogische Aufmerksamkeit und etablierten sich mit den Bewahrstuben, Kinderkrippen, Kindergärten und Schulen auch sukzessive außerfamiliale erzieherische Institutionen für diese Lebensphase, gerieten die Jugendlichen erst etwas später in den Fokus pädagogischer Aufmerksamkeiten, gleichwohl ihnen auch schon zuvor zuweilen Orte überlassen wurden, an denen sie sich aufhalten konnten. Auf diese konnten sie allerdings keinen ausschließlichen Anspruch erheben. Mit anderen Worten: Die Entdeckung von Kindheit und Jugend als eigenständigen Lebensphasen vollzog sich zwar erst in den letzten zweihundert Jahren, die gesellschaftliche Herausbildung dieser Altersphasen begann jedoch schon Jahrhunderte zuvor und der Unterschied zwischen den Generationen prägte die Geschichte der Menschheit von jeher – mal mehr, mal weniger – mit.

Narrative der Geschichtsschreibung und ihre Schlüsselthemen

Der nachfolgende historische beziehungsweise zeitgeschichtliche Rückblick bis zur vorletzten Jahrhundertwende setzt jeweils die Entdeckung von Kindheit und Jugend als eigenständigen Lebensphasen voraus. Ohne diese hätten sich die Wurzeln der Jugendarbeit, aber auch die der außerschulischen, pädagogischen »Kinderarbeit« nicht entwickeln können. Auf diese Wurzeln wird im Folgenden immer wieder zurückgekommen (vgl. insbesondere auch Kap. 2.3). Dabei ist zu berücksichtigen, dass die inzwischen miteinander verzahnten und zugleich spezialisierten Entwicklungsstränge einer angebotsbezogenen, pädagogisch und sozial gerahmten Arbeit mit Kindern und Jugendlichen jenseits des schulischen Unterrichts und der beruflichen Bildung das Resultat von vier wesentlichen Modernisierungsschüben sind (vgl. auch Münchmeier 1992). Gekennzeichnet ist die Geschichte der Kinder- und Jugendarbeit

- *erstens* durch einen Wandel von geschlossenen und festen zu offeneren, flexiblen, aktions- und themenorientierten Angebots- und Organisationsformen, also durch einen Prozess der *Ausdifferenzierung*,
- *zweitens* durch einen Prozess der *Standardisierung*, d. h. die Kinder- und Jugendarbeit wurde im Verlauf der letzten 100 Jahre immer mehr zu einem gesellschaftlichen Normalangebot,

- *drittens* durch einen Prozess der *Verberuflichung*, d. h. ehrenamtliches und nebenberufliches Engagement wurde durch hauptamtliche Mitarbeiter*innen ergänzt und partiell ersetzt (vgl. hierzu auch Kap. 5)

und

- *viertens* durch einen Prozess der vordergründigen *Entdisziplinierung* respektive der *Pädagogisierung*, d. h. sozialdisziplinierende, partiell sogar autoritäre und normative Absichten wurden im Verlauf der Geschichte der öffentlichen Jugendarbeit und Jugendpflege zugunsten von autonomie- und partizipationsorientierten Intentionen immer mehr zurückgedrängt und durch tendenziell pädagogisch angelegte Zugänge abgelöst (wobei subtile und implizite Reglementierungen z. B. durch vielfältige Subjektivierungs-, Präventions- und Kompetenzkonzepte parallel mitliefen).

Darüber hinaus werden die Geschichte sowie die Bestimmung der heutigen Funktion der Kinder- und Jugendarbeit zentral geprägt durch die »Autonomiefrage« bei gleichzeitiger Integrationserwartung, formuliert zentral im § 1 SGB VIII als »Recht auf Förderung seiner Entwicklung und auf Erziehung zu einer eigenverantwortlichen *und* gemeinschaftsfähigen Persönlichkeit«. Das Spannungsverhältnis zwischen den Selbstartikulations- und Selbstvertretungsansprüchen der Heranwachsenden (unter Berücksichtigung widersprüchlicher Adressierungen eines gesellschaftlich zugestandenen Moratoriums bei gleichzeitiger Unterstellung von Erziehungsbedürftigkeit und der Erwartung einer sukzessiven Einmündung in den – fraglos erwerbszentrierten – Erwachsenenstatus) und den sozialregulierenden bzw. -disziplinierenden Diktionen der staatlichen und teils auch der verbandlichen Kinder- und Jugendarbeit durchzieht die bisherige Geschichte dieses Arbeitsfeldes wie ein roter Faden, obwohl die offenen Spannungen zwischen den »autonomen« Jugendkulturen und der öffentlichen Jugendarbeit weitgehend verschwommen und durch neue Ambivalenzen ersetzt zu sein scheinen. Dennoch ist das Spannungsverhältnis zwischen Jugendbewegungen und -kulturen und einer tendenziell auf soziale Integration setzenden Kinder- und Jugendarbeit bis heute virulent, auch wenn sich die Konfliktlinien deutlich verschoben haben. In den letzten Jahren hat sich das Erscheinungsbild von vormals Eigensinn und Autonomie beanspruchenden Jugendkulturen, die immer auch als Protestkulturen sichtbar wurden, vielfach pluralisiert, zerstreut, medialisiert, kommerzialisiert und in sogenannten Szenen bisweilen auch global verflüssigt (Roth & Rucht 2000; Hitzler, Bucher & Niederbacher 2002; Villanyi, Witte & Sander 2007; Farin 2011). Dennoch: Die widersprüchliche Ambivalenz zwischen den Autonomie-, Selbstvertretungs- und Partizipationsansprüchen von Heranwachsenden und dem wiederum spannungsreichen gesellschaftlichen Auftrag der Kinder- und Jugendarbeit, die soziale Integration der Kinder und Jugendlichen zu fördern und im Konfliktfall auch mit Interventionen oder Präventions- oder Partizipationsaktivitäten zu bewirken, ist im Kern auch heute noch aktuell (vgl. Scherr 2020a; Ritter 2020). Der Durchgang durch die Geschichte wird hierauf zurückkommen und diesen Gedanken hoffentlich weiter verdeutlichen.

Die bisherige Geschichtsschreibung widmet der Frage der »Autonomie« breiten Raum. Von Hermann Giesecke, er beschäftigte sich umfassend mit der historischen Entwicklung der Jugendarbeit, wird die Jugendarbeit sogar als eine Bewegung der Gegen-Emanzipation rekonstruiert, also als eine Bewegung, die sich deutlich gegen den Selbstvertretungsanspruch der Jugendlichen wandte. Sowohl die bürgerliche, die sich in der deutschen Wandervogelbewegung wie in Jugendverbänden zusammenschloss, als auch die proletarische, primär die Arbeiterjugend organisierende Jugendbewegung proklamierten den Autonomiegedanken und traten für die Emanzipation der Jugend beziehungsweise die Emanzipation der unterdrückten Klassen ein. Anders verhielt sich die öffentliche, staatlich organisierte Jugendpflege. Sie votierte und handelte nach Giesecke gegen den Selbstorganisationsanspruch dieser beiden Jugendbewegungen. Ihr ging es immer darum, die »herrschenden Normen von Staat und Gesellschaft zu erhalten und zu garantieren« (Giesecke 1971, S. 18; vgl. auch Giesecke 1981) und die Kontrolllücke zwischen Schule und Beruf oder Militärdienst zu schließen. An der von Giesecke vorgeschlagenen dreiteiligen Betrachtung der Entwicklung der Jugendarbeit – zwischen bürgerlicher und proletarischer Jugendbewegung und öffentlicher Jugendpflege zu unterscheiden – orientiert sich auch Franz Josef Krafelds »Geschichte der Jugendarbeit« (1984). Diese Dreigliederung hat aber ihre Tücken. Die bürgerliche Jugendbewegung findet sich sowohl in der Wandervogelbewegung als auch in der Jugendverbandsarbeit wieder. Und eine vergleichbare Unterscheidung ist auch bei der proletarischen Jugendbewegung festzustellen. Eine Unterscheidung zwischen der Wandervogelbewegung, der Jugendverbandsarbeit und der öffentlichen Kinder- und Jugendarbeit erscheint so sinnvoller. Krafeld hält allerdings im Wesentlichen an der von Giesecke vorgetragenen Einteilung fest; auch er beschreibt die Geschichte der Jugendarbeit für die bürgerliche Jugendbewegung, die Arbeiterjugendbewegung und die staatliche Jugendpflege jeweils getrennt und gliedert diese in fünf historische Etappen: Von den Anfängen bis 1914, die Entwicklungen zwischen 1914 und 1933, die Jugendarbeit im Faschismus, deren Entwicklung von 1945 bis 1968 und von 1968 bis zu den 1980er Jahren.

Mit guten Argumenten beginnen die Geschichtsschreibungen zur Jugendarbeit im letzten Jahrzehnt des vorletzten Jahrhunderts. Allerdings war diese in ihren Ursprüngen keineswegs ausschließlich eine pädagogische Praxis, sondern auch, vielleicht sogar wesentlich geprägt von sozialpolitischen Beweggründen (vgl. Naudascher 1990):

> »Am Beginn dieses Jahrhunderts setzte sich die Einsicht durch, daß die von der Industrialisierung geschaffenen Bedingungen des Heranwachsens neue Risiken und Ge-

fährdungen für einen Großteil der städtischen proletarischen Jugend mit sich brachten und deshalb eine Erweiterung der jugendfürsorgerischen Maßnahmen durch den Bereich der Jugendpflege geboten erschien« (Münchmeier 1992, S. 372).

Doch auch schon vor dieser Zeit interessierte sich die Öffentlichkeit für die Heranwachsenden und überließ in einigen Regionen der heutigen Bundesrepublik Deutschland älteren Kindern und Jugendlichen Räumlichkeiten für Freizeitaktivitäten. Solche Orte waren beispielsweise die Spinnstuben des späten Mittelalters. Hier fanden sicherlich keine Aktivitäten statt, die mit denen der heutigen Kinder- und Jugendarbeit direkt vergleichbar sind. Und doch waren es Örtlichkeiten, die einerseits von den Heranwachsenden, aber zum Teil auch von den Erwachsenen relativ frei ausgestaltet werden konnten, die jedoch andererseits auch von den Erwachsenen und staatlichen Behörden kontrolliert wurden. Bevor also die oben genannten drei klassischen Ursprünge – die bürgerliche Wandervogelbewegung, die Jugendverbandsarbeit und die öffentliche Kinder- und Jugendarbeit – vorgestellt werden, soll auf diese Vorform der Kinder- und Jugendarbeit ebenso eingegangen werden wie auf die sogenannten Schnapskasinos, den »selbstverwalteten« Zentren der jugendlichen Immigranten in den neuen Industriezonen der frühen Moderne.[11]

2.2 »Jugendarbeit« in der Vormoderne – Spinnstuben und Schnapskasinos

Begreift man Jugendarbeit nicht ausschließlich als bewusste, pädagogisch inszenierte Beschäftigung von Jugendlichen außerhalb von Familie und Schule, schaut quasi hinter die Kulissen der modernen Kinder- und Jugendarbeit, sind Gemeinwesen zu entdecken, die den Heranwachsenden Orte für Freizeitaktivitäten zur Verfügung stellten, ohne diese im eigentlichen Sinn als pädagogische Orte auszuzeichnen. Was dem »Hof« der Ballsaal war, war dem »Volk« und insbesondere den Jugendlichen zumindest ab der frühen Neuzeit die Spinnstube. Die städtische und dörfliche Spinnstube eröffnete »dem Volk« der frühen Neuzeit Möglichkeiten, Kultur im öffentlichen Raum zu praktizieren (vgl. u. a. Mitterauer 1986). Die Spinnstuben des ausgehenden 17. bis 18. Jahrhunderts waren die abendlichen Treffpunkte der zumeist älteren, aber noch unverheirateten Dorf- und Stadtjugend. Bevorzugten die Älteren, ihre Abende im familiären Kreis in der Wohnküche zu verbringen, zog es die Jungen und insbesondere die Mädchen

11 Hinweise zur jüngeren Theoriegeschichte sind zudem in dem Kapitel zu den »Theorien« (vgl. Kap. 7) und in dem Abschnitt zur Verberuflichung der Kinder- und Jugendarbeit in den Ausführungen zu den »Mitarbeiter*innen« (vgl. Kap. 5) zu finden.

in die Kulturzentren der Dörfer oder der städtischen Quartiere, in die Spinnstuben, Lichtbuden, Rockenstuben, Kunkelstuben oder wie sie auch immer genannt wurden. Sie waren Kristallisationspunkte des dörflichen wie städtischen jugendkulturellen Gemeinschaftslebens (vgl. Medick 1980).

Das abendliche Leben und Treiben in diesen Zentren hatte vielerlei Gestalt. Es wurde getanzt, gegessen und getrunken, über den Alltag palavert, gesungen und musiziert, gespielt, getobt und gerauft, gewitzelt und geflirtet. Neueste Gerüchte und Informationen wurden ausgetauscht. Die Arbeit an den Spinn- und Webstühlen spielte nur eine sekundäre Rolle, war lediglich Anlass zum gemeinsamen, gemütlichen Beisammensein der Jugend zur wilden »Gugelfuhr«. Keineswegs verbrachten die männlichen und weiblichen Jugendlichen den ganzen Abend gemeinsam. Vielerorts trafen sich die jungen Männer schon am frühen Abend in »Gunkels«, in jugendlichen Freundschaftsgruppen mit einem hierarchisch strukturierten Normenkodex. Initiationsrituale durchzogen die Treffen. Die erwachsenen Verkehrs- und Verhaltensformen imitierend, spielten die Heranwachsenden Karten, räsonierten über politische Ereignisse, lasen aus Zeitungen vor oder bereiteten die anstehenden Festlichkeiten des Dorfes bzw. des städtischen Quartiers vor. Im Anschluss an die informellen Treffen stolzierten sie gemeinsam – ein ungeschriebenes Gesetz verbot den Mitgliedern der männlichen Peers individuelles Vorrennen – zu den Mädchen in die Spinnstuben. Der Chronist konzentriert seine Mitteilung auf den für ihn wesentlichen Inhalt des Spinnstubengeschehens, auf das Zusammentreffen von Jungen und Mädchen und die damit verbundenen »erotischen Ausschweifungen«, die Züge einer »allgemeinen Orgie« annahmen, wenn das Licht bei einem Spinnabend häufiger erlosch (vgl. Eduard Fuchs 1909 [1912]). Die Spinnstuben waren das Pendant zu der entsinnlichten, Sexualität lediglich im Geheimen und nur zum Zweck der Fortpflanzung duldenden feudalstaatlichen Wirklichkeit.

Moraltheologen, aber auch die Apologeten der feudal-merkantilistischen Obrigkeitssysteme sahen sich angesichts der entmoralisierenden Spinnstubenkultur immer wieder zu Reglementierungen veranlasst. Weniger das Spinnstubenleben als vielmehr die Angst, die dort gelebte Kultur könnte auf das allgemeine Leben übergreifen, erregte die staatlichen und kirchlichen Autoritäten. Doch weder staatliche Verbote und Reglementierungen noch die Repressionen der Gewerbe- und Sittenpolizei konnten das volkskulturelle Leben in den Stuben einschränken oder gar zerstören.

Hier stoßen wir auf wiederholte und paradoxe Muster bürgerlicher Moralvorstellungen, die durch die parallele Wirtschafts- und Gesellschaftsentwicklung konterkariert wurden: Einerseits galt es, den fortschreitenden gesellschaftlichen Wandlungsprozessen entgegenzutreten. Gewachsene dörfliche wie städtische Kulturpraxen schienen auf der Ebene des Alltags geeignet, dem Eindringen der bürgerlichen Moderne trotzen zu können. In diesem Sinne galt es, den volkstümlichen Alltag als Fokus antibürgerlicher Stimmungen zu bewahren. Andererseits wollte man jedoch auch auf ihn einwirken, war er doch nicht nur Ort der Brauchtumspflege, sondern gleichfalls Ort einer expressiven Jugendkultur, die die gewachsene Ordnung von unten zu zersetzen drohte. Die Ambivalenz zwischen dem jugendlichen Streben nach Autonomie und der obrigkeitsstaatlichen Intention, das Verlangen nach Selbständigkeit sozial zu disziplinieren, spiegelt sich somit schon in den Vorformen der heutigen Kinder- und Jugendarbeit.

1910, also Jahrzehnte nach dem sozialen Tod der Spinnstuben, wurde z. B. in Essen erneut eine Spinnstube gegründet. In ihr war von dem Leben und Treiben früherer Jahre jedoch nichts mehr zu spüren. Die Essener Spinnstube wurde in »hochherzigster Weise« von der Stadtverwaltung unterstützt. Was nicht verwundert, denn die Gründung der Essener Spinnstube erfolgte mit dem Ziel, die Jugend vor den »Schundgesängen der heutigen Zeit zu bewahren«, ihr die »Augen und Ohren für die Schönheit des echten, zweistimmigen Volksliedes zu öffnen« (vgl. Gerdes & Koch 1914). Die in den Spinnstuben ehemals ansässige Widerborstigkeit und kulturelle Vielfalt war jedoch mittlerweile erheblich reglementiert worden. Jugendpflegerische Intentionen dominierten, und ihre Gründer sprachen sich ausdrücklich gegen eine Integration der autonomen jugendlichen Praxen aus, zu denen sie insbesondere die »unfeinen Schieber- und Wackeltänze«, die »die gute Sitte in unserem Volke nur untergraben«, zählten.

Vergleichbare Entwicklungen zu den Spinnstuben zeigten sich bei den so genannten »Schnapskasinos«, die vor allem ab ca. 1890 im Ruhrgebiet vorzufinden waren. Unter dem Primat der industriellen Entwicklung wurde die soziale und kulturelle Reproduktion vernachlässigt; und wo keine öffentlichen Orte für (auch jugendliche) Freizeit-, Geselligkeit- und Kulturbedürfnisse vorhanden waren, wurden diese »in Selbsthilfe« errichtet. Einem Bericht des Dortmunder Oberbergamts zufolge gab es 1894 im Ruhrgebiet 110 Schnapskasinos. Da sie keine öffentliche Schankerlaubnis hatten, war der Zutritt nur den Mitgliedern des jeweiligen Konsumkasinos gestattet. Über 16.000 hauptsächlich jüngere Bergleute gehörten 1894 den Kasinos an. Da in diesen Schankgaststätten Tanzfeste, Vereinsfeiern, Geselligkeitsabende und Kinderfeste stattfanden, erregten sie das Misstrauen von Pädagog*innen, Kirche und Obrigkeit, die dort Verwahrlosung, Genusssucht, Gefährdung und Sittenverfall mutmaßten und mit Auflagen, Verboten und Behinderungen reagierten (vgl. Brüggemeier & Niethammer 1978).

Zum Weiterlesen – Literaturhinweise

Brüggemeier, F.-J., & Niethammer, L. (1978). Schlafgänger, Schnapskinos und schwerindustrielle Kolonie. In J. Reulecke & W. Weber (Hrsg.), *Fabrik, Familie, Feierabend* (S. 135–175). Wuppertal: Peter Hammer.

Medick, H. (1980). Spinnstuben auf dem Dorf. In G. Huck (Hrsg.), *Sozialgeschichte der Freizeit* (S. 19–50). Wuppertal: Peter Hammer.

Mitterauer, M. (1986). *Sozialgeschichte der Jugend*. Frankfurt a. M.: Suhrkamp.

2.3 Die Wurzeln der Jugendarbeit in der Moderne

Die Spinnstuben, Schnapskasinos und ähnliche Orte können sicherlich nicht als direkte Ursprünge der Kinder- und Jugendarbeit angesehen werden. Dennoch dokumentieren diese beiden, zu unterschiedlichen Zeiten und keineswegs mit identischen Motiven gegründeten sozial- wie jugendkulturellen Orte, dass schon vor der umfassenden Durchsetzung des sozialpädagogischen Blicks auf die Generation der Heranwachsenden Initiativen existierten, die darauf zielten, Kindern und Jugendlichen im Zentrum der Gesellschaft Kommunikationsmöglichkeiten und Räume bereit zu stellen. Gegenüber diesen geschaffenen »Jugendräumen« artikulierten jedoch gleichzeitig normative und kontrollierende Instanzen ihre Bedenken, votierten für die Einhaltung der rituell und gesetzlich kodifizierten Regeln und bei Verstößen gegen diese für Sanktionen. Auch in Protest zu solchen sozialdisziplinieren Eingriffen und mit der Hoffnung verbunden, die Heranwachsenden über neue Ideale und durch erzieherische Einflussnahmen zu erreichen und weniger mit autoritärer Kontrolle zu belegen, entwickelte sich in den 1890er Jahren mit der bürgerlichen Wandervogelbewegung die erste Jugendbewegung. In etwa zeitgleich entstanden auch die ersten Jugendverbände sowie die staatliche Jugendpflege.

»Wandervogel« und musisch-kulturelle Jugendbewegung

Die Wandervogelbewegung, die erste historisch belegte autonome Jugendbewegung, entstand im letzten Jahrzehnt des 19. Jahrhunderts. In Renitenz zu der feudal-bürgerlichen Plüschkultur des Kaiserreichs wie zu den durchrationalisierten industriellen Modernisierungserscheinungen war sie bis Anfang der 1950er Jahre zwar nicht zahlenmäßig, jedoch mit ihrem Credo von einem autonomen, generationsübergreifenden Jugendreich inhaltlich für die gesamte Jugendarbeit prägend (vgl. Koebner, Janz & Trommler 1985; Herrmann 2006). Die zentralen Merkmale und Grundübereinkünfte der bürgerlich-autonomen Jugendbewegung werden von Ulrich Herrmann (1991, S. 36) in Anlehnung an Theodor Wilhelm (1963) beschrieben:

- »das Erlebnis nach Gemeinschaft in der 'Unmittelbarkeit und Ungezwungenheit' Gleichgesinnter und Gleichgestimmter;
- das Erlebnis der inneren Bindung auf der Grundlage von Vertrauen und Freundschaft, bewährt durch die Häufigkeit, Intensität und Festigkeit der Beziehungen untereinander;
- die Überschaubarkeit und kreativ musisch-ästhetische Gestaltung des Gemeinschaftslebens;
- die absolute Selbstverpflichtung zur Einhaltung der Grundsätze neuer Lebensführung, so daß 'Organisation' überflüssig und Mitläufertum ausgeschlossen war.«

Jugendbewegung, so resümiert Giesecke (1981, S. 25), »ist der Sammelbegriff für alle Protestformen Jugendlicher gegen die Ansprüche gesellschaftlicher Institutionen«. Die Wandervogelbewegung und die späteren autonomen Jugendbünde aktivierten sich durch Fahrten, gemeinsames Singen und Musizieren sowie durch andere, vornehmlich künstlerische Tätigkeiten. Im Verlauf der Entwicklung kam es in diesem Spektrum der Jugendgeschichte zu vielfältigen Spaltungen und Neugründungen, die zum Teil politisch, aber in vielen Fällen auch persönlich motiviert waren. Im Kern ging es jedoch allen Gruppierungen jeweils darum, ihre Unabhängigkeit von der Erwachsenenwelt und der staatlichen Obrigkeit zu dokumentieren. Um insbesondere ihre Distanz zur herrschenden Politik und Kultur des Kaiserreichs zu dokumentieren, organisierten Teile der Wandervogelbewegung unter Führung der sogenannten »Freideutschen« 1913 als eine Art Gegenveranstaltung zu den offiziellen Feierlichkeiten zum 100. Jahrestag der Völkerschlacht bei Leipzig ihren Jahrestag auf dem Hohen Meißner und verabschiedeten hier die berühmte »Meißner Formel«:

> »Die Freideutsche Jugend will aus eigener Bestimmung, vor eigener Verantwortung mit innerer Wahrhaftigkeit ihr Leben gestalten. Für diese innere Freiheit tritt sie unter allen Umständen geschlossen ein. Zur gegenseitigen Verständigung werden Freideutsche Jugendtage abgehalten. Alle gemeinsamen Veranstaltungen der Freideutschen sind alkohol- und nikotinfrei.«

Die proklamierte Geschlossenheit existierte jedoch weder vor noch nach dem Meißner Jugendtag und nach 1919 potenzierten sich die Spaltungen und Trennungen in einem nicht mehr zu rekonstruierendem Umfang. Zahlenmäßig blieb die bündische Jugendbewegung auch in den 1920er Jahren recht überschaubar. Auch zu ihren Hochzeiten vermochte sie nie mehr als insgesamt 30.000 Jugendliche zu organisieren. Als ein »pädagogischer« Arm der autonomen Jugendbewegung – viele Lehrer*innen, die Sozialpädagogik beeinflussende Praktiker*innen der Wohlfahrtspflege sowie Hochschullehrer*innen der 1920er Jahre hatten sich in ihrer Jugendzeit im Wandervogel engagiert – entwickelte sich, auch geprägt durch die Ideen der Reformpädagogik, die Jugendmusikbewegung mit ihrem Anliegen, die Jugend in den ästhetischen Ausdrucksformen – Theater, Musik, Malerei, Literatur – zu bilden. Formen und Methoden der kulturellen Kinder- und Jugendarbeit haben hier ihren historischen Ursprung; insbesondere die Ausdruckskraft der Musik wurde gegenüber der Sprache glorifiziert (vgl. Jöde 1918).

War in den ersten Ausführungen und Schriften zur musikalischen Jugendkultur noch von musikalischer Erziehung die Rede, so wurde etwa ab Mitte der 1920er Jahre der Begriff offener definiert (vgl. Seidenfaden 1962). Fortan war die Rede von musischer Erziehung und Bildung. Musische Bildung wurde als spielerisches Lernen im Kontext der »Erziehung zur Volksgemeinschaft« gegen die

Zweckrationalität des Alltags verstanden (vgl. hierzu u. a. Hodek 1977; Kolland 1979).

Zum Weiterlesen – Literaturhinweise

Giesecke, H. (1981). *Vom Wandervogel zur Hitler-Jugend*. München: Juventa.

Herrmann, U. (Hrsg.) (2006). *»Mit uns zieht die neue Zeit…« Der Wandervogel in der deutschen Jugendbewegung*. Weinheim & Basel: Beltz Juventa.

Laqueur, W. (1978). *Die Deutsche Jugendbewegung. Eine historische Studie*. Köln.

Kobner, Th., Janz, R.-P., & Trommler, F. (Hrsg.) (1985). *»Mit uns zieht die neue Zeit.« Der Mythos Jugend*. Frankfurt a. M.: Suhrkamp.

Zur frühen Geschichte der organisierten Jugendarbeit in Verbänden und sonstigen Vereinigungen

Die ersten, mit den heutigen Vereinen und Verbänden vergleichbaren Initiativen, in denen Jugendliche sich in ihrer Freizeit treffen konnten, entstanden Mitte des vorletzten Jahrhunderts in konfessionellen, ländlichen und städtischen Lebenslagen und Milieus sowie über sportliche und politische Aktivitäten. Den intensivsten Expansionsschub erfuhren in dieser Phase die evangelischen und die katholischen Jugendvereinigungen und -verbände (vgl. Dehn 1929). Von Anbeginn profitierten die kirchlichen, weltanschaulichen, sportlichen und freizeitbezogenen wie auch die politischen Vereinigungen wesentlich von der autonomen Jugendbewegung, also von der zuvor beschriebenen Wandervogel- und später dann von der bündischen Jugendbewegung. Der ausdifferenzierte Organisationsprozess der Jugendvereine und -verbände erfolgte standes- und milieuspezifisch quer durch die gesamte Gesellschaft,

> »indem sich Erwachsenenorganisationen Jugendorganisationen schufen, in denen Jugendliche in durchaus unterschiedlich beschaffenen Freiräumen ihre Freizeit verbringen konnten« (Gängler 1995, S. 179).

Schon am Ende des vorletzten Jahrhunderts konnten die Jünglingsvereine auf eine stattliche Mitgliederzahl verweisen. Der 1895 gegründete »Verband der katholischen Jünglingsvereine« organisierte zu Beginn des 20. Jahrhunderts schon 300.000 männliche und 400.000 bis 500.000 weibliche Mitglieder. Immerhin 125.000 männliche Mitglieder und auch 40.000 weibliche Jugendliche konnten die evangelischen Jugendvereinigungen binden. In den sportlichen Vereinen waren 320.000 Jugendliche unter 18 Jahren organisiert und eine nicht näher ausgewiesene Anzahl von Jugendlichen aktivierte sich in den diversen nicht-konfessionellen, freien oder von Wohlfahrtsvereinigungen gegründeten Jugendbünden.

Die politischen Vereinigungen, insbesondere Arbeiterjugendorganisationen, schlossen sich in organisierten Strukturen erstmals ab 1903 zusammen; verlässliche Mitgliedszahlen über das erste Jahrzehnt des 20. Jahrhunderts fehlen allerdings (vgl. Wendt 1991). Doch 1912 organisierten sich in den vorwiegend sozialdemokratisch orientierten Institutionen und Verbänden der proletarischen Jugend bereits über 12.000 Jugendliche. Nochmals ungefähr ebenso viele aktivierten sich in gewerkschaftlichen Jugendorganisationen. Anders als die konfessionellen und freien Jugendvereinigungen und Verbände konnten sie auf keine staatliche Förderung hoffen. Im Gegensatz zu den konfessionellen Verbänden verstanden sie sich als Interessenvertretung der proletarischen Jugendlichen und erhoben sozialpolitische Forderungen. Deutlicher als alle anderen jugendlichen Vereinigungen belebten sie die Auffassung, dass die Jugend ihre Anliegen und Interessen selbständig zu vertreten hat (vgl. Zwerschke 1963).

Was die formale Mitgliedschaft betraf, blieben die konfessionellen Vereinigungen jedoch stärker. In den über 3.800 katholischen Jugendvereinen wurden 1916 über 360.000 jugendliche Männer gezählt und in den 2.000 Vereinen, die sich im Zentralverband der katholischen Jungfrauenvereinigungen Deutschlands zusammengeschlossen hatten, waren zum selben Zeitpunkt etwa 400.000 weibliche Jugendliche organisiert.

Bis zum Beginn der Weimarer Republik hatte sich das Spektrum der Jugendorganisationen weitgehend auch gesellschaftlich etabliert. Doch die eigentliche Blütezeit erreichten die Jugendverbände erst in der Weimarer Republik mit einem Organisations- und -aktivitätsgrad, auf den die Jugendverbände noch heute mit Neid zurückschauen. Weder jedoch für den hier skizzierten Zeitraum noch für die nachfolgenden Jahrzehnte kann von »der« Geschichte der Jugendvereinigungen und -verbände gesprochen werden. Die Heterogenität der weltanschaulichen, religiösen und politischen Grundauffassungen, aber auch die unterschiedlichen Organisationsformen und Aktivitätsschwerpunkte favorisieren im Grunde verbandsspezifische Darstellungen. Systematisch lassen sich dennoch einige den meisten Jugendverbänden gemeinsame Merkmale ausmachen:

> »Entstehung und Erfolg der Jugendverbände seit Beginn des zwanzigsten Jahrhunderts verdanken sich nicht zuletzt der engen Bindung an sozial-moralische Milieus.
> Ihre Organisationsform ist – obwohl staatlich angeregt und gefördert – eine privatrechtliche, überwiegend in Vereinen organisierte.
> Ihre Personalstruktur ist von Anfang an überwiegend ehrenamtlich geprägt. Im Gegensatz etwa zu den Wohlfahrtsverbänden entwickeln die Jugendverbände erst spät Formen der Verberuflichung.
> Sie stellen eine Institutionalisierung des Generationenverhältnisses außerhalb von Familie, Schule und Berufsausbildung dar und werden daher auch als dritte Bildungs- und vierte Sozialisationsinstanz bezeichnet.
> Sie entwickeln eine eigene 'corporate-identity', eigene pädagogische Formen und Methoden, von denen insbesondere die Arbeit mit Gruppen herausragende Bedeutung

gewinnt. Sie organisieren Jugendliche vornehmlich in Gesellungsformen Gleichaltriger.« (Gängler 1995, S. 191)

Auch wenn einige der genannten Strukturmerkmale sicherlich nicht in gleicher Form auf alle Jugendverbände zutrafen – zum Beispiel erhielten die Organisationen der Arbeiterjugend zum Teil keine staatliche Unterstützung und wurden zeitweise sogar verboten – sind es die genannten Aspekte, die die Jugendverbände zum Teil heute noch gemeinsam kennzeichnen.

Zum Weiterlesen – Literaturhinweise

Benecke, J. (2020). *Außerschulische Jugendorganisationen: eine sozialisationstheoretische und bildungshistorische Analyse.* Weinheim & Basel: Beltz Juventa.

Gängler, H. (1995). Staatsauftrag und Jugendreich: Die Entwicklung der Jugendverbände vom Kaiserreich zur Weimarer Republik. In Th. Rauschenbach, Ch. Sachße & Th. Olk (Hrsg.), *Von der Wertgemeinschaft zum Dienstleistungsunternehmen* (S. 175–200). Frankfurt a. M.: Suhrkamp.

Giesecke, H. (1981). *Vom Wandervogel zur Hitler-Jugend.* München: Juventa.

Krafeld, F. J. (1984). *Geschichte der Jugendarbeit.* Weinheim & Basel: Beltz Juventa.

Ursprünge der staatlichen Jugendpflege und Jugendarbeit

Der Entstehungszeitraum der staatlichen Jugendpflege – und damit der dritten Wurzel der heutigen Kinder- und Jugendarbeit – liegt in den ersten Jahren des zwanzigsten Jahrhunderts, obwohl schon zuvor in Lehrlings- und Handwerkerheimen sowie in Fortbildungsschulen – Vorläufer der heutigen Berufsschulen – die schulentlassene Jugend vor »schädlichen« Einflüssen »bewahrt« werden sollte. Nachdem von Jugendpflege erstmals im Preußischen Fürsorgegesetz von 1900 die Rede war, fand sie eine erste rechtliche und strukturelle Rahmung in dem – heute als die »Geburtsurkunde« der Jugendarbeit angesehenen – Erlass des preußischen Kultusministers zur Jugendpflege von 1911 in Bezug auf die männliche sowie 1913 für die weibliche Jugend. Der Preußische Erlass legte die Grundlage für die staatliche Institutionalisierung der bis dahin fast ausschließlich von den freien, konfessionellen und politischen Wohlfahrts- und Jugendorganisationen durchgeführten Jugendpflege. In dem Erlass des preußischen Kultusministers zur Jugendpflege vom 18. Januar 1911 hieß es:

> »Die in den letzten Jahren erfolgte Veränderung der Erwerbsverhältnisse mit ihren nachteiligen Einflüssen auf das Leben in Familie und Gesellschaft hat einen großen Teil der Jugend in die Lage gebracht, die ihr leibliches und noch mehr ihr sittliches Gedeihen auf schwerste gefährdet.«

Ausdrücklich hinzuweisen ist in diesem Zusammenhang auf die nachfolgende Passage, weil sie entgegen dem eher problem- und besorgnisdominierenden

Duktus eine insbesondere für Jugendliche und auch für die Jugendarbeit fundamentale und zeitenübergreifende Wendung und Zielstellung beinhaltet:

»Immer ernster wird daher die allgemeine Durchführung von Maßnahmen gefordert, welche dem heranwachsenden Geschlecht ein fröhliches Heranreifen (...) ermöglichen (...). Auch die Königliche Staatsregierung betrachtet deshalb die Jugendpflege wegen ihrer hohen Bedeutung für die Zukunft unseres Volkes als eine der wichtigsten Aufgaben der Gegenwart und hat deren Förderung dem mir unterstellten Ministerium übertragen« (zit. nach Ganzer 1912).

In einer beigefügten Anlage wurden die Ziele des Erlasses ausführlich kommentiert:

»1. Aufgabe der Jugendpflege ist die Mitarbeit an der Herausbildung einer frohen, körperlich leistungsfähigen, sittlich tüchtigen, von Gemeinsinn und Gottesfurcht, Heimat- und Vaterlandsliebe erfüllten Jugend. Sie will die Erziehungstätigkeit der Eltern, der Schule und Kirche, der Dienst- und Lehrherrn unterstützen, ergänzen und weiterführen« (vgl. Ganzer 1912; auch Giesecke 1971, S. 48).

Zur Einlösung dieser Ziele sollten Räume zur Einrichtung von Jugendheimen bereitgestellt, Wanderfahrten, Lese-, Theater- und Musikabende durchgeführt, Werkstätten errichtet und, wo angebracht, Jugendpflegeausschüsse gegründet werden.

Der preußische Erlass fokussierte die jugendpflegerischen Diskussionen der Folgezeit. Ihn galt es lediglich durch nuanciert vorgetragene, die jeweiligen weltanschaulichen Optionen berücksichtigende Interpretationen auszudeuten. Eine der Interpretationen sah die Bedeutung des Erlasses in der – auch schon im Erlass selbst betonten – Notwendigkeit zur Erziehung der volksschulentlassenen Jugend:

»Mit dem 14. Lebensjahr verläßt der Knabe die Schule und vermeintlich auch das Elternhaus. Wenn auch der Junge in der Schule nicht viel gelernt hat – je nach seiner Veranlagung und der Persönlichkeit des Lehrers –, so hat er doch durch munteres Spiel eine jugendliche Frische erhalten. Mit dem Verlassen der Schule und des Elternhauses tritt er in den Dienst als Knecht, oder er lernt ein Handwerk, oder er sucht seinen Erwerb in den Fabriken, Bergwerken usw. Auf eigene Füße gestellt betrachtet sich der 15- und 16jährige Knabe als freier Mann, der seine Arbeitskraft nach Belieben hier und dort anbieten kann und damit auch das Recht erworben hat, über seinen Verdienst und seine freie Zeit uneingeschränkt zu verfügen. Und wenn es unter dem großen Heere der jungen Leute gewiß manchen gibt, der davon nur im besten Sinne Gebrauch macht, so birgt doch die Selbständigkeit große Gefahren in sich. (...) Wir müssen somit Veranstaltungen treffen, durch die wir unsere Jugend wieder an uns ziehen, sei es beim fröhlichen Spiele auf grünem Rasen, in belehrender Unterhaltung oder in heiterer, unschuldiger Geselligkeit. Wir müssen und wollen Einrichtungen treffen zum Schutze derer, die unseres Volkes Zukunft sind« (Hemprich 1914, S. 4 f).

Karl Hemprich wusste sich hier mit Pagel (1911, S. 513 f) einig, der die Fürsorge für die normale Jugend zwischen dem 14. und 18. Lebensjahr zu einer »Fundamentalfrage« der »gesamten Kultur- und Menschenentwicklung« erkor, zu einer »Volkserziehungsfrage im großen Stil«, die gleichberechtigt eine »gründliche Berufsausbildung« wie die Anleitung der Jugend zur »zweckdienlichen Ausnutzung der arbeitsfreien Zeit durch die Pflege edler Geselligkeit und freier Fortbildung« zu betonen habe.

Als Adressat*innenkreis die arbeitende Jugend im Visier, intendierte die Jugendpflege, diese durch körperliche Betätigungen, Tisch- und Zimmerspiele, musikalische, theatralische und literarische Übungen und Vorführungen in konfessionellen Jugend- und Jünglingsvereinen, Volksheimen, Lehrlings-, Sonntags- und Jugendheimen und in den Jugendbünden in Fortsetzung der Schulerziehung vor dem Eintauchen in den »Großstadtsumpf« zu bewahren. Gleichfalls dazu beitragen sollten Kriegsspiele, Exerzier- und andere vormilitärische Übungen, wobei den militärischen Übungen, vertraut man zeitgenössischen Quellen, nur eine geringe Bedeutung zukam, obwohl sie implizit als eine wesentliche Aufgabe hervorgehoben wurden. Die pädagogische Begründung und implizite Rechtfertigung der patriotisch-militärischen Jugendpflege lieferte insbesondere Hanno Bohnstedt (1914). Dieser, auf Friedrich Paulsens »System der Ethik« (1908) sich beziehend, beklagte die Nivellierung der monarchistisch-klerikalen Autoritätsverhältnisse durch einen demokratisch-bürgerlichen Individualismus, propagierte als Ziel der Jugendpflege die »Rettung und Gewinnung gefährdeter und abirrender junger Menschen« durch eine dem Christentum verpflichtete sittliche Erziehung und diskutierte scharf gegen Positionen, die prononciert für die Trennung von militärischen Übungen und jugendpflegerischer Erziehung votierten.

Gegen die Synthese von pädagogischen und militärischen Intentionen opponierte, wenn auch vorsichtig, ebenso der Berliner Pastor Günther Dehn (1919). Er betonte die Differenz von pädagogischen und militärischen Prinzipien und warnte vor der Illusion, durch jugendpflegerisch-militärische die jugendpflegerisch-erzieherische Jugendarbeit absorbieren zu können. Die »Militärische Jugendvorbereitung«, so Dehn, bewusst den Begriff Erziehung vermeidend, verdrehe den Gedanken der Jugendpflege, in dem sie vorgibt, der Staat diene der Jugend, drehe in Wahrheit das Verhältnis jedoch um, und verlange autoritär von der Jugend, dem Staat zu dienen. Dehn interpretierte den Standpunkt der Jugendpflege patriotisch-pädagogisch und betonte das Desinteresse der Jugendpflege, »sich um die Einführung der militärischen Jugendpflege besonders zu kümmern« (Dehn 1919, S. 18). Und noch in einem weiteren Punkt akzentuierte er eine Differenz zu der patriotisch-militärischen Position. Für ihn gehörte auch die sozialistische Jugendbewegung, »trotz mancher Abweichungen«, zum Kreis der Jugendpflege.

Auch wenn Dehns Einlassungen zur Jugendpflege nur geringe Beachtung fanden, wurden seine »Typen der Volksjugend« umso intensiver rezipiert und hier vor allem seine deskriptive Skizze vom jugendlichen Halbstarken (vgl. Dehn 1919, S. 82 f), von dem »degenerierten« Teil der Volksjugend und den »verlorenen Kindern des vierten Standes«. Sie, für die es nichts Spannenderes mehr gab als die Abwechslungen des gerade gelebten Augenblicks und die Auflehnung gegen die Staatsgewalt, präsentierten den von der Jugendpflege nicht zu integrierenden Teil (vgl. Dehn 1919).

Deutlicher als bei Dehn wird die damals angestrebte Ausgrenzung des Fremden in der Gestalt des »unnormalen« Jugendlichen bei Clemens Schultz (1912, S. 34):

> »Diese Halbstarken, die aus allen Kreisen der menschlichen Gesellschaft kommen, bilden den Mob, sind eine furchtbare, grauenerregende Macht, zumal im großstädtischen Leben; ein Schlamm, der immer nach unten sinkt, wenn das soziale Leben in ruhigen Gleisen fortfließt, sich am Boden der Gesellschaft festsetzt. Dieser Mob ist viel schlimmer und verderblicher als einzelne sogenannte Verbrecher. Gegen sie kann man sich schützen, jene Kräfte der Finsternis aber wirken vernichtend, verpestend, viel schlimmer als alle ansteckenden Seuchen. Es ist – es mag gleich hier bemerkt werden – Pflicht des Staates, gegen diese furchtbaren Elemente einzuschreiten; wenn der Staat weiter hier gleichgültig bleibt, so duldet er seine allerschlimmsten Feinde.«

Ob Schultz die wilhelminische Plüschkultur in Gefahr sah, mag dahingestellt bleiben; zumindest sorgte er sich um die von den Halbstarkenkulturen attackierte gesellschaftliche Ordnung. Nur vereinzelt meldeten sich kritische Einwände gegen diesen ausgrenzenden Konsens. Dass der oppositionell-renitente Alltag der Halbstarken, quasi das städtisch-proletarische Pendant zur alternativbürgerlichen Wandervogelbewegung, in der Jugendpflege keine Heimat fand, so mutmaßt Otto Ganzer (1912), lag auch an deren Struktur und ihren inhaltlichen Vorgaben. Im Gegensatz zur patriotisch-militärischen und patriotisch-pädagogischen Argumentation dachte er Jugendpflege als einen Verstehensprozess:

> »Der Jugendpfleger muß die Arbeiterbewegung in ihren Ursachen und Wirkungen durch eigenes Erfahren und tätiges Erleben zu verstehen suchen und bereit sein, dem einzelnen in seiner besonderen Not zu helfen« (Ganzer 1912, S. III).

Darüber hinaus wies er der Jugendpflege eine Bildungsaufgabe zu, die auch die Sozial- und Erfahrungsräume der Jugend und deren Anregungen und Wünsche mitbedachte:

> »Durch bloße Belehrung, durch Vorträge und Ansprachen werden keine Kräfte (für die Jugendpflege, d. Verf.) gewonnen (...). Wer der Jugend helfen will, der gebe ihr Gelegenheit zu eigener Tat; aber es darf keine aufgenötigte, mit Unlust geübte Tätigkeit sein; nur der freie Entschluß gibt ihr den bildenden Wert. Darum mußte der Jugendpfleger ein weites Feld der Tätigkeit abstecken, auf dem jeder tun darf, wozu ihn seine Liebe treibt, weil das der einzige und sichere Antrieb des Wollens ist« (Ganzer 1912, S. 31).

Den Veränderungen der industriellen und handwerklichen Erwerbsverhältnisse und des daraus resultierenden Wandels der Familie und der Gesellschaft Rechnung tragend, sollte die Jugendpflege die Erziehungstätigkeiten der Eltern, der Schulen und der beruflichen Ausbildungsstätten unterstützen, die schulentlassene, aber noch nicht in den Militärdienst eingetretene beziehungsweise verheiratete Jugend vor »Verwahrlosung und Verrohung« schützen. Insbesondere sollten Jugendliche zu paramilitärischen Übungen und zum Lesen ausgesuchter Lektüre, zu sportlichen und musisch-kulturellen Vorführungen und Wettkämpfen, Tisch- und Zimmerspielen zusammenkommen.

Diese Entwicklungen der Jugendpflege wurden bestärkt durch eine damals insgesamt erhöhte Aufmerksamkeit des Themenspektrums von Jugend, Jugendforschung und Jugendpädagogik. Im Jahre 1919 veröffentlichte der Geheime Admiralitätsrat Paul Felisch seine Schrift über »Wesen und Aufgaben der Jugendpolitik«, in welcher er – unter dem Eindruck des verlorenen I. Weltkrieges – einen gesellschaftlichen Neuanfang wesentlich über die Etablierung einer spezifischen Jugendpolitik forderte und wie folgt definiert:

> »Jugendpolitik ist die auf der Staatswissenschaft beruhende Staatskunst, die als ein Teil der allgemeinen Politik mit den Mitteln des Erreichbaren die besten Maßnahmen und Einrichtungen für die Jugend im Staate trifft« (Felisch 1919, S. 16).

Die Schrift von Felisch ist in einem Diskurszusammenhang aus weiteren, sich wechselseitig bestärkenden Elementen zu sehen: die Reformpädagogik (Dudek 2009) und mit ihr die erstmalige Erklärung einer so genannten »Jugendkultur« (Wyneken 1914) nahm ihren Aufschwung; Jugendliche wurden wiederholt Gegenstand wahlweise begeisterter oder besorgter öffentlicher Erörterungen; erste Ansätze der modernen Jugendkunde/ Jugendforschung setzten ein (Abels 1993, S. 27 ff.; Dudek 2012), die ersten großen Klassenzimmerbefragungen, Schulaufsatzanalysen, Interviews und Gruppendiskussionen begannen und alles zusammen trug bei zu einer spezifisch aufkeimenden sozialpädagogischen Jugenddebatte:

> »Die Weimarer Zeit – soweit sie immer wieder die Problematik der jungen Generation zur Sprache bringt – war (...) Schauplatz eines vielfältigen und leidenschaftlichen sozialpädagogischen Diskurses: Dieser ging nicht von der akademischen Sozialpädago-

gik aus, wenngleich es sich sozialpädagogisch verstehende JugendkundlerInnen waren, die diesen Diskurs – als Herausforderung an die Pädagogik wahrnahmen. Nur: Dieser Diskurs entfaltete sich nicht in der Verlängerung der inzwischen sozialpädagogisch aufbereiteten Erfahrung der Jugendbewegung, sondern angesichts des Aufbrechens und Aufbruchs einer jungen Generation, die nicht pädagogisch geformt und im herkömmlichen Sinne formbar war, sondern im Prozeß einer eruptiven Modernisierung soziologisch freigesetzt wurde« (Böhnisch 1997, S. 237).

Die Jugendlichen strömten allerdings zu keinem Zeitpunkt in Scharen zu den Angeboten der Jugendpflege. Damit ist ein bis heute fortdauernder Konflikt benannt, denn die autonomen, territorialen, also gebietsorientierten Jugendkulturen zeigten nur äußerst selten eine ungebrochene Harmonie mit den wohlgemeinten Bemühungen und Aktivitäten der außerschulischen Jugendarbeit, ja betonten häufig ihren sozialkulturellen Eigensinn in bewusster Absetzung von den jugendpädagogischen Ansprachen und Absichten.

Zum Weiterlesen – Literaturhinweise

Giesecke, H. (1981). *Vom Wandervogel zur Hitler-Jugend.* München: Juventa Verlag.
Krafeld, F. J. (1984). *Geschichte der Jugendarbeit.* (S. 49–53 & S. 102–128). Weinheim & Basel: Beltz Juventa.
Peukert, D. J. K. (1986). *Grenzen der Sozialdisziplinierung. Aufstieg und Krise der deutschen Jugendfürsorge von 1878–1932.* Köln: BUND.

2.4 Aus den Anfängen des Kinder- und Jugendschutzes – Exkurs

Wiederkehrend wird diskutiert, inwiefern Interventionen Kinder und Jugendliche vor den Einflüssen der »Welt« schützen können. Seit Beginn des 21. Jahrhunderts stehen die digitalen Medien im Zentrum solcher Beobachtungen und damit immer auch in der Kritik. Einerseits sollen sie als moderne Medien beispielsweise für den Schulunterricht herangezogen werden; andererseits wird ihr »schädlicher« Einfluss erörtert. In diesem Exkurs wird an einige, frühe Episoden des erzieherischen Kinder- und Jugendschutzes erinnert, der fast zeitgleich zur freien und öffentlichen Jugendpflege und Jugendarbeit entstand. Deutlicher und schonungsloser als in der Jugendarbeit illustriert die Geschichte des Jugendschutzes das Bemühen, durch normative Rhetoriken – konkreter: durch Verbote unerwünschter Literatur und »bewegter Bilder« in den Kinomatographentheatern – Kinder und Jugendliche sozial zu disziplinieren.

»Schmutz und Schund« in Wort und Bild zu Beginn des 20. Jahrhunderts

Mit moralischem Zeigefinger argumentierten die Jugendschützer und die wenigen Jugendschützerinnen ab der Jahrhundertwende gegen den Konsum von Nikotin und Alkohol, gegen den Besuch von Schank- und Tanzlokalen, Kirmessen und Lunaparks, gegen Heftromanserien und bebilderte Zeitschriften, gegen das Automatenspiel, gegen Aufklärungs-, Kriminal- und Abenteuerfilme. Im Zentrum des insbesondere von den örtlichen Jugend- und Jugendfürsorgevereinen geführten Kampfes stand der sogenannte Schmutz und Schund in Kolportageliteratur und -film.

Karl Brunner (1909), der wohl bekannteste Moralist und Befürworter einer reinen Jugendliteratur zu jener Zeit, publizierte eine erste Liste mit »Giftgetränken« aus der »Teufelsküche« der Kolportageliteratur. Mit Blick auf die »Pflege vaterländischer, sittlicher und religiöser Ideale« und zur Verhinderung der weiteren Jugendverwilderung gab die »Allgemeine Jugendschriftenvereinigung, Essen«, im Auftrag der Königlichen Regierung in Düsseldorf für den rheinisch-westfälischen Industriebezirk 1916 eine ähnliche Zusammenstellung heraus. Der Liste lag von Schüler*innen an sämtlichen Essener Schulen gesammeltes Material zugrunde. Jede Klasse, die 100 und mehr Hefte sammelte, erhielt einen Tag schulfrei. 100.000 Hefte wurden zusammengetragen. Zusätzlich wurden die Verbotslisten der stellvertretenden Generalkommandos, die 1915 erstmalig erschienen, herangezogen. Bis dato hatte es diverse Vorschläge für eine Zensurliste gegeben, insbesondere von der Berliner Zentrale für Jugendschutz. Die gesetzlichen Regelungen des Reichsstrafgesetzbuches erlaubten jedoch nur Verbote gegen Literatur, die direkt unzüchtig oder schamlos wirkte.

Nach dem Ersten Weltkrieg sahen sich »Schund- und Schmutzgegner« wieder isoliert. Die in der Kriegszeit von den stellvertretenden Generalkommandos erlassenen Verbotsvorschriften und Verfügungen hatten ihre Gültigkeit verloren. Lederstrumpf, John Spurlock, Heinz Brand und Horst Kraft und wieder und immer noch Karl Mays Abenteuerhelden Winnetou, Old Shatterhand, Kara Ben Nemsi und Hadschi Halef Omar waren nun die Favoriten der Groschenheftkonsument*innen. Neue Vertriebsmöglichkeiten eröffneten sich in Bahnhofskiosken und Buchhandlungen, bei Trödelhändlern und Leihbibliotheken. Sogar in Fleischereien und Bäckereien war die Trivialliteratur jetzt käuflich zu erwerben. In den Städten und Gemeinden des westlichen Ruhrgebietes bildeten sich zu Beginn der 1920er Jahre zum Schutz der deutschen Jugend örtliche Ausschüsse zur Bekämpfung der »Schundliteratur«.

Die Ausschüsse, in denen häufig sogar Vertreter*innen der Papier- und Schreibwarenhändler*innen mitarbeiteten, organisierten Kampagnen für das gute Buch und das hieß zugleich immer auch gegen die vermeintlich schlechte Lektüre. Doch die Mehrheit der Kioske, Straßenhändler*innen und sonstigen Vertriebsstellen verkaufte weiter, sah keinen Anlass, den Bitten der Jugendschützer*innen zu entsprechen und auf die lukrativen Einnahmen durch Illustrierte und Groschenhefte zu verzichten. Erst 1926 konnte durch das vom Reichstag verabschiedete Gesetz »Zur Bewahrung der Jugend vor Schund- und Schmutzschriften« das Vorgehen der örtlichen Polizei- und Jugendwohlfahrtsbehörden vereinheitlicht werden. Das Gesetz präzisierte – obgleich es keine Definition der formalen und textlichen Gestaltung sogenannter Schundschriften enthielt – die bis dato den »Schmutz- und Schundkampf« nur unzulänglich legitimierenden Paragraphen des Reichsstrafgesetzbuches (wie der § 184, der sich gegen das »direkt unzüchtige«, der § 184 a, der sich gegen das »schamlose«, und der § 56, Ziffer 12 der Gewerbeordnung, der sich gegen das »ärgerniserregende« Buch wendete).

Betroffen von den Verboten waren Illustrierte und Zeitschriften wie die Blätter für galante Kunst mit dem Namen »Reigen«, »Die Freundin«, »Jugend«, »Die Ehelosen und Eheverbundenen«, »Lachendes Leben« und »Licht-Land« (vgl. Rheinische Jugend 1927). Ausgesprochene Verbote hatten für jeweils drei, sechs oder zwölf Monate Gültigkeit. Häufig erschien die Lektüre jedoch in der Zeit ihres Verbotes unter einem anderen Titel weiter. Die Indizierung von »schlechter Lektüre« gestaltete sich für die Jugendschützer*innen in der Tat unbefriedigend. Denn standen 1916 135, im Mai 1917 228, im Juni 1918 97 Titel auf dem Index, so wurden 1931, also fünf Jahre nach Wiedereinführung der gesetzlich abgesicherten Verbotsliste, nur 18 Titel auf der Liste der Leipziger Oberprüfstelle geführt. Infolgedessen wurde das Gesetz 1934 außer Kraft gesetzt. Für den nach der nationalsozialistischen Machtübernahme mit Vehemenz durchgeführten völkischen Kulturkampf stellte sich das Gesetz eher als Blockade denn als hilfreiches Instrument heraus. Das Fußvolk der nationalsozialistischen Bewegung und mit ihr im Gleichschritt die örtlichen Polizeibehörden brauchten das Gesetz nicht mehr.

In den 1930er Jahren konnten die Jugendschützer*innen jene Intentionen rechtlich fixieren, die sie schon zu Beginn des Jahrhunderts formulierten. Selbstmorde von Jugendlichen, Prostitution, Vergewaltigung, Diebstahl und Hehlerei, jugendliche Wanderlust und Schulschwänzerei wurden weiterhin direkt auf den Einfluss von Literatur und Film zurückgeführt. Zwischen jugendlicher »Verwahrlosung« und »Verwilderung« und jugendlichem Konsum von »Schund« in Wort und Lichtstreifen wurde ein direkter Zusammenhang hergestellt, obwohl empirische Forschungen diese Annahme nicht stützen konnten.

Kinokultur – aus der Frühgeschichte der Kinozensur

Die Geschichte der Kinozensur begann in den ersten Jahren des 20. Jahrhunderts und erlangte ihre ersten »Höhepunkte« in der Zeit kurz vor und nach dem ersten Weltkrieg, obwohl mit dessen Ende und der Beendigung der rechtlichen Militärdiktatur zum Bedauern der Jugendschützer*innen die Erlasse der regionalen Generalkommandos zur Kinozensur ihre Gültigkeit verloren hatten.

Geleitet von der Einflusslosigkeit ihres Engagements, orientierten sich die Jugendschützer*innen und Zensurbehörden gegen Ende der 1920er Jahre um. Auf den Verbotslisten standen nun politische Filme wie »Mutter Krausens Fahrt ins Glück«, »Sacco und Vanzetti«, »Salamander«, »Jenseits der Straße« und »Kuhle Wampe«.

Wohlwollend beobachteten viele national-konservative Jugendschützer*innen den nationalsozialistischen Streifendienst ab 1933 vor den Kinos, setze dieser doch durch, was vorher zwar gesetzlich vorgeschrieben, aber unüblich war: die Kontrolle der Ausweise von jugendlichen Kinobesucher*innen. Diese Praxis wurde nach einer kurzen, »liberaleren« Übergangszeit jedoch überflüssig. Gemäß dem Motto, dass auch ein »ausgesprochenes Tendenzwerk ein großes Kunstwerk sein kann« (Goebbels), wurde die Filmproduktion der Aufsicht des »Reichsverbandes Deutsche Bühne« untergeordnet. Das alte Filmgesetz von 1920 wurde 1934 durch ein Gesetz mit schärferen Zensurvorschriften abgelöst. Unabhängig von der Zensur führte man eine präventive Kontrolle ein. Alle Drehbücher mussten vor Produktionsbeginn dem Reichsdramaturg zur Genehmigung vorgelegt werden: »Wir wollen die Rhythmik der Seele vernehmen und nicht mehr den Takt des Gleichschritts internationaler Intellektualisten«, verkündete der Literat Reinhold. C. Muschler als Programm nationalsozialistischer Kulturpolitik (vgl. Benjamin 1977, S. 167).

Unbehelligt exerzierten die staatlich beauftragten wie selbsternannten Jugendschützer*innen ihre Anliegen. Erst gegen Ende der 1920er, Anfang der 1930er Jahre, zu einem Zeitpunkt, wo der Schundkampf sich allgemein von der puritanischen Mentalität des Wilhelminismus löste, aber gleichzeitig auch politisierte, brach die gemeinsame Front der Schundkampffraktionen auf. Bis hierhin hatten sie den Weg gemeinsam zurückgelegt, stets dem Ideal verpflichtet, das bürgerliche, klassisch-humanistische Kulturleben gegen die alltagskulturellen Praxen der Jugendlichen, die nur der Zerstreuung dienten, durchzusetzen.

Zum Weiterlesen – Literaturhinweise

Peukert, D. J. K. (1986). *Grenzen der Sozialdisziplinierung. Aufstieg und Krise der deutschen Jugendfürsorge von 1878–1932* (S. 175–194). Köln: BUND.

2.5 Von der Konsolidierung zur Ideologisierung und nationalsozialistischen Standardisierung der Kinder- und Jugendarbeit

Nach Beendigung des Ersten Weltkrieges waren nicht mehr die Kultus- und Wissenschaftsministerien, sondern jetzt die Ministerien für Volkswohlfahrt in den Ländern der Weimarer Republik für die Jugendarbeit zuständig. Doch weder der Ressortwechsel noch das 1922 im Reichstag verabschiedete und im April 1924 mit Einschränkungen in Kraft getretene, bis 1990 mehrfach novellierte Reichsjugend- und später ab 1961 das Jugendwohlfahrtsgesetz (RJWG bzw. JWG) änderten die strukturellen und rechtlichen Bedingungen der Jugendarbeit grundlegend (vgl. Naudascher 1990 sowie Kap. 3.3).

Dennoch konnte sich die Jugendarbeit in den 1920er Jahren quantitativ und qualitativ fortentwickeln. Neue Spiel- und Sportplätze, Turn-, Schwimm- und Badeanlagen, Jugendheime und Jugendherbergen sowie Werkstätten für arbeitslose Jugendliche wurden gebaut. Neben sportlichen und geselligkeitsorientierten Aktivitäten, jugendschützerischen, berufs-, arbeitsvorbereitenden und -ersetzenden Angeboten gewannen kulturell-ästhetische (musische) Akzente in der staatlichen, verbandlichen, aber auch in den Angeboten der politischen Jugendverbände an Bedeutung. Damit war die Hoffnung verbunden, den quantitativ unbedeutenden, inhaltlich jedoch sehr einflussreichen, wenn auch wenig geliebten Bünden der autonomen Jugendbewegung an Attraktivität zu entsprechen.

In fast allen Gebietskörperschaften des deutschen Reiches wurden Orts-, Stadt-, Kreis- und Bezirksjugendpfleger*innen eingestellt (vgl. hierzu auch Kap. 5) und der seit der Wende zum 20. Jahrhundert begonnene Bau von Jugendheimen wurde intensiviert. Doch auch weiterhin verzichteten viele Jugendliche auf den Besuch der Jugendheime und versuchten ihren Alltag vor pädagogischen Reglementierungen zu schützen. Denn weder die mit militärisch-administrativer Gewalt vorgetragenen Bemühungen in den 1910er Jahren noch die ab Mitte der 1920er Jahre zu beobachtenden reformpädagogischen Anstrengungen wohlgesonnener Fürsorger*innen konnten die subkulturellen jugendlichen Milieus in das sozialstaatliche Netz integrieren. Ein Großteil der Jugend zeigte wenig Neigung, die Straße, das Kino und die Wirtshäuser gegen die formelle Geselligkeit eines Jugendheims oder Jugendverbandes einzutauschen. Der Selbstbehauptungs- und Selbstbestimmungswillen vieler Jugendlicher sperrte sich gegen die Annäherungsversuche der staatlichen Jugendpflege. Zwar wurden weiterhin städtische Jugendheime gebaut, aber diese wurden lediglich für die organisierte Jugend zu Zentren ihrer kulturellen Aktivitäten. Der nicht organisierte Teil der Jugend besuchte diese nur partiell. Ihnen blieben die Straße, das Wirtshaus und andere kommerzielle Lokalitäten. Auch die organisierte Arbeiterbewegung fühlte sich aufgefordert, auf die »Unordnung und Zerstreuung« und die Ausdehnung von kommerziellen Freizeitangeboten mit Alternativen zu reagieren. Ziel der von ihnen eröffneten, zumeist genossenschaftlich organisierten Häuser war, entsprechend der sozialen Realität der Arbeiterschaft, Räume anzubieten, in denen diese ihre kulturellen wie politischen Projekte leben und planen konnten. Die bündische Jugendbewegung organisierte sich hingegen seit dem Ersten Weltkrieg geschlossener, artikulierte sich partiell auch politischer, setzte jedoch weiterhin auf die Kunstformen Tanz, Dichtung und Musik.

Die Hoffnung, mit dem neugeschaffenen jugendpflegerischen Dienstleistungsnetz endlich die bisher der Jugendarbeit Ferngebliebenen zu erreichen, erfüllte sich nicht (vgl. Hirtsiefer 1930). Jugendliche aus sozial und materiell marginalisierten Milieus, arbeitslose Jugendliche, aber auch die städtische »Jugendbohème« nahmen an den Angeboten der Jugendarbeit auch weiterhin nicht teil. Auch die Tatsache, dass in den zeitweise circa hundert Jugendverbänden, die in den 1920er Jahren reichsweit ihre Anliegen in einem zentralen Ausschuss koordinierten und in denen verschiedenen Quellen zufolge bis zu fünf Millionen Kinder und Jugendliche ab Mitte der 1920er Jahre organisiert waren, veränderte diese Situation nicht grundlegend. Die auf soziale Integration setzende Vergesellschaftungspolitik der Weimarer Republik schaffte kein Netz, das Kinder und Jugendliche umfassend an die neu errichteten Institutionen zu binden vermochte. So mussten und wollten viele Kinder und Jugendliche in der Zwischenkriegszeit weiterhin auf die »flüchtigen Netze informeller Solidarität« (Peukert 1986a) vertrauen.

Trotz aller Modernisierungen konnte die außerschulische Pädagogik mit Jugendlichen in den Jahren zwischen 1918 und 1933 insgesamt wenig dazu beitragen, jugendliche Lebenswelten am Ausgang der Weimarer Republik zu stabilisieren, so dass diese bereit und fähig gewesen wären, den ideologischen, autoritär-ordnungspolitischen Erlassen, Maßnahmen und Vereinheitlichungsversuchen der Generationsgestalt Jugend ab 1933 zu widerstehen. Auch die staatliche Jugendpflege und die Mehrzahl der großen Jugendverbände waren nicht durchgängig bereit, in der Lage oder willens, sich den nationalsozialistischen Erziehungsvorstellungen zu widersetzen. Die in der Weimarer Republik aufgebaute staatliche Jugendpflege wurde fast gänzlich aufgelöst, viele Jugendverbände und Teile der bündischen Jugendbewegung lösten sich selber auf, traten in nationalsozialistische Organisationen über oder wurden wie die kommunistischen und sozialistischen Kinder- und Jugendorganisationen gezwungen, sich aufzulösen. Lediglich die katholischen Jugendverbände wahrten noch eine Zeitlang ihre Unabhängigkeit.

Die nationalsozialistische Machtergreifung leitete insgesamt eine Ära der besonderen Prägung schulischer wie außerschulischer Erziehungsöffentlichkeiten ein. Inhalte und Formen der Weimarer Jugendarbeit kopierend, organisierten die nationalsozialistischen Jugendorganisationen mittels Einführung der Jugenddienstpflicht in der zweiten Hälfte der 1930er Jahre 8,7 Millionen der 8,87 Millionen 10- bis 18-jährigen weiblichen und männlichen Jugendlichen (vgl. Hellfeld & Klönne 1985, S. 35). Neben den bestehenden Bildungsgängen gründeten die Funktionäre des nationalsozialistischen Staates Ausbildungsstätten für die anvisierte zukünftige Elite, unter anderem die Nationalpolitischen Erziehungsanstalten, die Adolf-Hitler-Schulen und die Ordensbruderschaften der NSDAP.

Ziel der alle gesellschaftlichen Bereiche umfassenden nationalsozialistischen Erziehung war, die Kinder und Jugendlichen aus ihren traditionellen sozialen Bindungen herauszulösen und in das nationalsozialistische Vergesellschaftungssystem zu integrieren, um sie dort mit der nationalsozialistischen, völkisch-nationalen Ideologie zu konfrontieren. Die nationalsozialistischen Zucht- und Erziehungs-Maßnahmen, auch dort, wo sie sich als Erholung, Freizeit und Geselligkeit inszenierten, richteten sich ausschließlich an die deutsche und arische Jugend. Andere Jugendmilieus wurden konsequent diskriminiert, kriminalisiert, verfolgt und schließlich in die Gefangenen- und Vernichtungslager überführt. Autonome jugendliche Artikulationen waren kaum noch möglich und selbst das eigenständige, von den nationalsozialistischen Massenorganisationen unabhängig organisierte Wandern in Gruppen war untersagt.

Doch nicht alle Jugendlichen, auch nicht alle, die der Hitlerjugend (HJ) oder dem Bund Deutscher Mädchen (BDM) angehörten, standen dem nationalsozialistischen Staat unkritisch gegenüber. Neben den Zustimmenden, den Kindern und Jugendlichen, die begeistert an den Aktivitäten teilnahmen und noch heute, im Rückblick auf ihre Kindheit und ihre Jugendzeit, die HJ oder den BDM mythologisieren, befand sich unter den Mitgliedern eine sicherlich nicht kleine Gruppe der »Durchmogler*innen«, die den Weg durch die nationalsozialistischen Jugendorganisationen als Teil einer gesellschaftskonformen Normalbiographie annahmen. Nur wenige Jugendliche fanden einen Weg in die verbotenen oppositionellen Zusammenschlüsse der autonomen Jugendbewegung, der Kittelbach- und Edelweißpiraten oder der Swing-Jugend, der Arbeiterjugendbewegung oder auch der konfessionellen Milieus. Erst verstärkt in den 1940er Jahren formierten sich unabhängig von den wertgebundenen Oppositionsbewegungen regionale, im Kern oftmals unpolitische sowie gegen die Autoritarisierung des Alltags aufbegehrenden Jugendcliquen (vgl. u. a. Krüger 1987; vgl. auch Kap. 5).

Zum Weiterlesen – Literaturhinweise

Benecke, J. (2020). *Außerschulische Jugendorganisationen: eine sozialisationstheoretische und bildungshistorische Analyse.* Weinheim & Basel: Belz Juventa.

Giesecke, H. (1981). *Vom Wandervogel zur Hitler-Jugend.* München: Juventa.

Klönne, A. (1984). *Jugend im dritten Reich – Die Hitler-Jugend und ihre Gegner.* Köln: Papyrossa.

Peukert, D. J. K. (1986). *Grenzen der Sozialdisziplinierung. Aufstieg und Krise der deutschen Jugendfürsorge von 1878–1932.* Köln: BUND.

2.6 Zur Geschichte der Jugendarbeit nach 1945: Neuaufbau und erste »Theoretisierung« der Jugendarbeit in der BRD

Die Hoffnung, insbesondere der nationalsozialistischen Opposition, dass die Jugendarbeit in ihren diversen Ausprägungen (staatlich, verbandlich, politisch, kulturelle, sozial, sportlich) nach dem 8. Mai 1945 die schmalen Spuren jugendlichen Antinationalsozialismus fortsetzt, erfüllten sich nicht. Stattdessen prägten drei andere Bezugspunkte die Geschichte der Jugendarbeit in der Anfangsphase nach dem Zweiten Weltkrieg: Erstens wurden die Erfahrungen der Jugendpflege der Weimarer Republik reaktiviert, zweitens erlebten die Formen und Gestaltungen der Jugendarbeit zwischen 1933 und 1945 eine entpolitisierte Renaissance und drittens wurde vereinzelt versucht, an internationale Formen der Jugendarbeit anzuknüpfen.

Der Aufbau der Jugendarbeit wurde in den ersten Jahren nach 1945 federführend von Personen getragen, die vor oder sogar während des Nationalsozialismus in der staatlichen Jugendpflege, der Jugendverbandsarbeit und insbesondere in der bündischen Jugendbewegung aktiv waren, auf die Initiierung von formellen Jugendgruppen setzten und hierzu einem Jugendbild den Vorrang gaben, nach dem die Jugend trotz ihrer prekären Lebenslage zu dieser Zeit abermals als Hoffnungsträger für eine bessere Zukunft auserkoren blieb (vgl. Münchmeier 1995).

Die Neukonstitution der Jugendarbeit auf allen Ebenen wurde bestimmt durch eine nur leicht modernisierte Traditionspflege; Ideen und Praxis jugendlicher Opposition gegen den Nationalsozialismus fanden nur wenig Anerkennung (vgl. u. a. Klönne 1991): »Das Problem, mit dem sich die Jugendarbeit der Nachkriegsjahre (...) herumschlagen mußte, lag darin, daß die von der Jugendbewegung entwickelten Inhalte kanonisiert, heiliggesprochen wurden« (Faltermaier 1983b, S. 21) und die ideellen Grundlagen der Jugendbewegung als wesentliche Orientierungspunkte der neuen staatlichen wie freien Jugendarbeit angesehen wurden.

Nachdem die Alliierten Besatzungsmächte anfänglich insbesondere die Kriminalitätsrate unter Kindern und Jugendlichen zu senken versuchten, dachten sie ab 1946/1947 verstärkt daran, demokratische Impulse zu initiieren. Auf ihre Initiative hin wurden bis Anfang der 1950er Jahre über 300 »German Youth Activity-Heime«, quasi offene Jugendzentren, in den amerikanischen und britischen Besatzungszonen gegründet. Allein bis zum August 1946 entstanden in der amerikanischen Besatzungszone 186 Jugendausschüsse und 2.866 lizensierte Gruppen mit knapp einer halben Million jugendlicher Mitglieder. Die öffentliche Jugendpflege fand zunehmend Verbreitung und Ende 1948 wurde die Zahl der in die verschiedenen Programme involvierten Jugendlichen bereits auf 2,5 Millionen geschätzt; mehr als 1.300 kleinere Jugend- und Gemeinschaftsräume wurden errichtet (vgl. Füssl 1995).

Doch die Stimmung des Aufbruchs erlosch bald; insgesamt gelang es der Jugendarbeit bis weit in die 1950er Jahre hinein nicht, sich entsprechend des wirtschaftlichen Wandels wie auch der alsbald einsetzenden kulturellen Restauration inhaltlich neu zu formieren. Beispielhaft hierfür galten die Wortführer*innen der musischen Bildung: Die Gleichschaltungspraxis des NS-Staates wurde gehuldigt und die Zwangsintegration in die Hitlerjugend als ein Faktum beschönigt, das die Jugend endlich zur »schöpferischen Gestaltung der Freizeit« befähigte:

»Wie man auch zum totalen Staat Adolf Hitlers stehen, welche Erfahrungen man auch im einzelnen in ihm gemacht haben mag, es ist nicht zu bestreiten: In diesen Jahren ist es weithin gelungen, das Grundanliegen der Jugendbewegung zu erfüllen und ein tätiges, eigenständiges Leben der Jugend zwischen der Kinderzeit und der Zeit des Erwachsensein zu verwirklichen. (…) Das Entscheidende ist, daß es damals gelungen ist, die Jugend zu einem gemeinsamen Tun, zu schöpferischer Gestaltung der Freizeit zu gewinnen. Es ist auch kein Geheimnis, daß sich viele Führer der Jugend- und auch der Singbewegung (selbst wenn sie dem Nationalsozialismus als Skeptiker oder Gegner gegenüberstanden) bewußt in diese Arbeit hineingestellt haben, weil dies der einzige Weg war, im Dritten Reich die Jugend zu erreichen« (Vötterle 1952).

Ohne Selbstzweifel knüpfte also die kulturelle Bewegung der musischen Bildung in den 1950er Jahren an ihre traditionellen Bezüge an. Unter Fortbestand sozialer Probleme und Belastungen orientierten sich viele Jugendliche im Zuge der ökonomischen Konsolidierung in den 1950er Jahren neu. Schneller als die Jugendarbeit dies vermochte, fanden viele Jugendliche neue Orientierungen und entwickelten Karrierepläne, eroberten neue soziale und kulturelle Handlungs- und Artikulationsformen. Verantwortlich hierfür war ein, nicht zuletzt durch die US-amerikanischen Alliierten eingeführtes und bereitwillig übernommenes Ensemble von technischer, kultureller und kommerzieller Modernisierung. Ein allmählicher »Übergang vom moralischen zum kommerziellen Code in der Jugendfrage« und der »Wandel kultureller Machtbalancen« war hier in seinen Anfängen zu beobachten. (Krüger 1985; Maase 1992; Siegfried 2006)

Bis Ende der 1950er Jahre zeigte sich die Jugendarbeit, insbesondere die Jugendverbandsarbeit hiervon allerdings wenig beeindruckt; erst zu Beginn der 1960er Jahre deuteten sich erste Verunsicherungen an und Diskussionen begannen, die die Jugendarbeit bis zu Beginn der 1980er Jahre mitbestimmen sollten, ihre Verberuflichung einleiteten, sie von autoritär-normativen Diktionen entlasteten und darüber öffneten. In den Jugendverbänden wurde über eine Öffnung der Arbeit nachgedacht, die politische Bildung experimentierte mit neuen Themen und Veranstaltungsformen, die Jugendhäuser gaben »Rockern« und »Halbstarken« Raum zum Treffen und die Jugendkulturbewegung verabschiedete sich langsam von ihrem musischen »Laienspielhabitus« und entwickelte sich zur Jugend- und später zur Kinder- und Jugendkulturarbeit.

Die vielfältigen, kleinen Veränderungen in der Praxis der Jugendarbeit ab dem Ende der 1950er Jahre fanden in dem bis heute verwendeten Begriff »Offene Jugendarbeit« ihre Bezeichnung. Im gewollten Kontrast zur geschlossenen und verregelten verbandlichen Jugendarbeit fanden sich unter dem Dach »Offene Jugendarbeit« jene Angebote und Konzepte der Kinder- und Jugendarbeit zusammen, die neue soziale Milieus und Zielgruppen für die außerschulische Pädagogik gewinnen wollten. Zum Teil gilt das auch für die heutige »Offene Kinder- und Jugendarbeit«, wobei allerdings die Grenzziehungen zur Jugendverbandsarbeit heute unschärfer bzw. mitunter auch gar nicht mehr möglich sind. Beispielsweise spricht man heute in der Kinder- und Jugendarbeit nicht mehr von »geschlossenen« Handlungsfeldern sowie ganz konkret empirisch Jugendverbände auch Träger von Angeboten der offenen Kinder- und Jugendarbeit sind (vgl. auch Kap. 3).

Damals jedoch kristallisierte sich in diesem begrifflichen Wandel eine enorme Sprengkraft, die am Ende der 1950er Jahre insbesondere im Kontext der Jugendverbände ihren Ausgang fand. Getrieben durch öffentliche Kritik sahen sie sich veranlasst, ihre bisherigen Formen der Jugendarbeit zu überdenken. In der »Erklärung von St. Martin« fassten sie dann ihr neues, modifiziertes Verständnis von Jugendarbeit zusammen. Nach Giesecke verdienen insbesondere folgende Aspekte Beachtung:

> »Das ursprünglich vor allem politische Selbstverständnis wird mit einem pädagogischen zu einem politisch-pädagogischen verbunden (...).
> Die jugendliche Gruppe ist nicht mehr sich selbst genug. (...) Die Jugendarbeit übernimmt ausdrücklich die Funktion, den Übergang von der Kindheit in die Erwachsenenwelt pädagogisch zu gestalten.
> Dabei wird die Funktion der Gruppe neu bestimmt. Die kontinuierliche, durch feste Mitgliedschaft gekennzeichnete Heimabendgruppe gilt nur noch als eine Möglichkeit. Gerechtfertigt wird darüber hinaus auch die informelle, wenig verbindliche, an den spezifischen Interessen gebundene und auf bestimmte Zeit terminierte Gruppe, wie sie sich im Typus der offenen Arbeit bildete. (...)
> (...) Im Unterschied zur überlieferten deutschen Vorstellung von der Funktion der Gruppe, nach der die Gruppe eher zur kollektiven Indoktrination von außen kommender Intentionen dient, ist nach diesem neuen Verständnis die Gruppe grundsätzlich Gleichberechtigter eine optimale Sozialform zur Lösung gemeinsamer Probleme.
> (...) Jugendarbeit wurde zur dritten Erziehungsinstitution neben Elternhaus und Schule bzw. Betrieb.« (Giesecke 1971, S. 81)

Mit der »Erklärung von St. Martin« versuchte sich die Jugendverbandsarbeit den Jugendlichen wieder zu öffnen und signalisierte, dass sie gewillt war, an der Neugestaltung einer plural gegliederten Landschaft der Jugendarbeit mitzuwirken. Insbesondere durch die im § 1 der Erklärung aufgeführten Passage: »Die Jugendverbände verstehen sich als Glieder der Gesellschaft« wurden die jugendlichen Autonomieansprüche, utopische Energien und jugendlicher »Eigensinn«, wie brüchig und diffus sie immer gewesen sein mochten, aufgegeben; die Jugendverbände »vergesellschafteten« sich gleichsam selbst.

Gleichwohl waren damit nicht alle Probleme gelöst und die Praxis der Jugendverbandsarbeit noch lange nicht an den durch gesellschaftliche Veränderungsprozesse initiierten Gestaltwandel der Kindheits- und Jugendphase angepasst. Denn die unorganisierte Jugend fand in den Städten, Gemeinden und

Kreisen zunehmend mehr Jugendhäuser und Jugendfreizeitstätten, die eine Alternative zu den immer noch auf das Gruppenprinzip setzenden Jugendverbänden boten. Schon 1953 hatten sich die Träger von »Heimen der offenen Tür« auf Einladung der »Arbeitsgemeinschaft für Jugendpflege und Jugendfürsorge« (AGJJ), der heutigen »Arbeitsgemeinschaft für Kinder- und Jugendhilfe« (AGJ), auf die sogenannten »Gautinger Beschlüsse« verständigt und festgehalten, dass »das Heim der offenen Tür eine Freizeiteinrichtung und Begegnungsstätte im freien Erziehungsraum ist und die Erziehung im Elternhaus, in der Schule und im Beruf ergänzt« (Rössner 1967, S. 28).

Die drei Kernbewegungen der Kinder- und Jugendarbeit – die autonome Jugendbewegung und mit ihr die musisch-kulturelle Tradition, die Jugendverbandsarbeit sowie die Jugendpflege und staatliche Jugendarbeit – realisierten also ab Mitte der 1950er Jahre mit zunehmender Dynamik umfangreiche Reformen. Trotzdem verstummten die kritischen Stimmen nicht, denn die angekündigten Veränderungen bei den Jugendverbänden verwirklichten sich nur sehr langsam und zum Teil auch nur sehr halbherzig. Die musisch-kulturelle Bewegung verlor deutlich an Einfluss und konzentrierte sich wieder stärker auf ihre traditionellen Handlungsfelder; und die Expansion der offenen Arbeit in den Jugendfreizeitstätten und Jugendheimen verlief nur sehr zaghaft. Zudem bezogen sich die Reformbemühungen im Kern auf strukturelle Fragen und diskutierten nicht den ebenfalls notwendigen Modernisierungsbedarf hinsichtlich der grundsätzlichen Orientierungen der pädagogischen Arbeit mit Jugendlichen (vgl. hierzu auch die Hinweise in Kap. 7).

In den Diskussionsbeiträgen von Kentler, Müller, Giesecke und Mollenhauer, zu Beginn der 1960er Jahre in der Zeitschrift »deutsche jugend« (C. W. Müller u. a. 1964) publiziert, fand die Jugendarbeit im Anschluss an die tendenziell praxisorientierten Überlegungen erstmals einen Ort erziehungswissenschaftlicher Reflexion (vgl. hierzu auch Kap. 7). Ihre Vorschläge, die traditionellen und sozialintegrativen Konzeptionen mit emanzipativen Grundlegungen zu konfrontieren, bildeten die kontrovers diskutierte Basis für die Bemühungen um eine Theorie der Jugendarbeit, insbesondere in Bezug auf die außerschulische Jugendarbeit in Jugendfreizeiteinrichtungen, von denen es in Westdeutschland Mitte der 1960er Jahre 1.148 gab (vgl. Lüdtke 1972, S. 185). Neben kritisch-produktiven Anmerkungen (vgl. etwa Hornstein 1965) sahen sie sich jedoch schon bald mit Entgegnungen konfrontiert, die aus der Feder von Autor*innen stammten, welche ihre politische und sozial-kulturelle Sozialisation in den Milieus der »antiautoritären« Schüler*innen-, Student*innen- und Lehrlingsbewegung erfahren hatten und theoretisch wie auch praktisch für eine stärker politisch engagierte, antikapitalistische Jugendarbeit plädierten (vgl. etwa Lessing & Liebel 1975).

Nach den wenigen bewegten Jahren (1965-1969, vgl. Frei 2018; Siegfried 2018; Lindner 1996, S. 86 f) einer vornehmlich durch Student*innen ausgelösten »Kulturrevolution« im Gewand einer so genannten »Außerparlamentarischen

Opposition« (APO) zeigte sich die weitere, auch für die Jugendarbeit prägende Entwicklung in verschiedenen Grundströmungen. Die bisherigen lethargisch-restaurativen Tendenzen der »langen 1950er Jahre« waren nachhaltig erschüttert worden, unter dem markanten Motto »Mehr Demokratie wagen« dominierten Zuversicht und Fortschrittsoptimismus:

> »Die Aufbruchsstimmung, die mit der Regierungsübernahme der sozialliberalen Koalition unter Parolen wie ›Sicher in die 70er Jahre‹ und ›Wir schaffen das moderne Deutschland‹ einsetzte, zielte eine grundlegende Reform aller Gesellschaftsbereiche an. Fundamentale Reformziele erstreckten sich auf einen Zuwachs an demokratischer Teilhabe und sozialer Chancengleichheit, die soziale Lernprozesse und politische Bewußtwerdung miteinander verkoppeln sollten. Der Plan konzertierter Bemühungen bestand zunächst darin, die gesamte bundesdeutsche Politik in ihren informatorischen, organisatorischen und finanziellen Ressourcen zu modernisieren. Die Umwandlung des Obrigkeits- zum (Dienst)Leistungsstaat ging in der Anlaufphase einher mit der Konzeptionierung wirkungsvollerer Organisation, effizienterer Verwaltung, (sowie) optimierter Verwendung und Kontrolle öffentlicher Mittel (…)« (Lindner 1996, S. 250).

Allerdings wurde der »Aufbruch in eine andere Gesellschaft« (Brand, Büsser & Rucht 1983) alsbald durch eine Reihe wirtschaftlicher (»Ölschock«, Arbeitslosigkeit, Lehrstellenmisère) und gesellschaftlicher Rückschläge (»Terrorismus«, Radikalenerlass) empfindlich gestört; das vormalige Protestpotential der Student*innen wich sukzessive einer Krisenstimmung, die sich als Bewusstseinsverdüsterung, Resignation und Ohnmacht artikulierte.

Besonders der Radikalenerlass sorgte im Zusammenhang mit der Beunruhigung über den aufkommenden Terrorismus der RAF Mitte der 1970er Jahre für Angst, Irritationen und einen tiefgreifenden Vertrauensverlust bei einer Vielzahl von Studierenden und Jugendlichen. Nachdem sich das fortschrittliche Gestaltungspotential in etlichen Reformbereichen erschöpft hatte, verlief die weitere Entwicklung unter den Vorzeichen von Utopieverlust und Sachzwanglogik:

> »Scheitern der Bildungsreform, der Reform der Berufsausbildung, Stopp der Jugendhilferechtsreform. (...) Jugend (ist) vom mobilisierenden Element aktiver Gesellschaftspolitik zum Objekt einer wieder kontrollierenden und vorbeugenden Sozialpolitik abgerutscht« (Böhnisch, Münchmeier & Sander 1976, S. 67).

Die studentisch-revolutionären Verunsicherungen hatten die Jugendarbeit zumindest insofern erreicht, als dass verschiedenste progressive und anti-autoritäre Versatzstücke wie kritische Aufklärung, Protestsongs, Popmusik, vielfältige Projekt-, Aktions-, Initiativ- sowie ad-hoc-Gruppen und Arbeitskreise in deren Alltagspraxis Eingang fanden und dort nun auch über Sexualität, Klassenbewusstsein, Emanzipation und Fragen von Theorie und Praxis diskutiert wurde.

2.7 Vom politisierten Protest zur kommunalen Infrastruktur – Jugendarbeit in der BRD in den 1970er und 1980er Jahren

Für kurzzeitige Irritationen sorgten Pläne der Bund-Länder-Kommission 1971 zur Einrichtung flächendeckender Ganztagsschulen, welche die Kinder- und Jugendarbeit aufgelöst und mehr oder minder in Form von Schulsozialarbeit überführt hätten. Allerdings wurde die geplante Bildungsreform alsbald (1973) unter Abweisung jeglicher sozialpädagogischer Impulse (vgl. Hornstein 1971, 2006) gestoppt und fortan überlagert durch sozialpolitische Akzentsetzungen, bei denen Jugend nunmehr vornehmlich als Problemfall und Jugendarbeit als Kompensation und Reparaturdienst diskutiert wurde. Die bis dahin bestehenden Jugendeinrichtungen waren gekennzeichnet durch zahlreiche Reglementierungen, kurze Öffnungszeiten, vielfältige Kontrollen und eine weitgehende Angebotsorientierung, die sich kaum an den Bedürfnissen der Besucher*innen und deren Forderungen nach z. B. Mitsprache oder Selbstbestimmung orientierten. Impulse für die Jugend(verbands)arbeit gingen zum einen durch die Verabschiedung von Jugendbildungsgesetzen in verschiedenen Bundesländern aus, die eine eigenständige Förderung der Jugendarbeit vorsahen und diese absicherten.

Die weitaus größeren Veränderungen aber waren durch das Aufkommen der so genannten »Jugendzentrumsbewegung« zu verzeichnen, die in etlichen Städten, aber vor allem auch in ländlichen Regionen mit Gebäudebesetzungen einher gingen. Von verschiedenen Hausbesetzungen – zunächst in Köln (SSK Köln 1970), Hannover (Arndtstraße 1971) und Berlin (Georg-von-Rauch-Haus 1971) – ausgehend wurden diese Inbesitznahmen durch Jugendliche, z. T. in Kooperation mit Sozialarbeiter*innen, in etlichen Regionen, Kleinstädten und Dörfern nachgeahmt. Im Flugblatt der Initiativgruppe, die in Hannover ein leerstehendes Bürohaus besetzte, hieß es:

> »Wir haben es satt, unsere Freizeit nur gestalten zu lassen. In Freizeitheimen können wir uns nur unter Kontrolle bewegen. In Pinten werden wir durch Saufzwang ausgebeutet. Das lassen wir uns nicht länger gefallen!« (zit. n. Siegfried 2006, S. 655).

Nachdem sich die Nachrichten über erste Hausbesetzungen in Frankfurt und Berlin weiterverbreitet hatten, wurden vergleichbare Aktionen auch in Mittel- und Kleinstädten nachvollzogen, in denen sich lokale Initiativen auch ohne direkte Beteiligung von Student*innen, dafür mit anderen interessierten Unterstützern (Jusos, Lehrlinge) gebildet hatten. Die Aktionen kristallisierten sich um die Einrichtung von selbstverwalteten Räumlichkeiten, die nur in manchen Fällen mit direkten Hausbesetzungen einhergingen. Weitere Parallelen zur Hausbesetzerbewegung ergaben sich auch aus dem Wechselspiel von Solidarität und Heterogenität. Wie aus Beschreibungen hervorgeht, waren die ersten Phasen charakterisiert von Besetzungseuphorie, Aktionslust und Phantasie kollektiver

Aktionen, die sich als konkrete Befreiungsakte, als Mixtur aus überwundener Angst, Provokation und Erfolgserlebnissen darstellten. Besetzungen richteten sich in erster Linie gegen untätige Verwaltungen in Städten und Gemeinden; revolutionäre Programmatiken wurden oft erst in einem zweiten Schritt artikuliert. Im Vordergrund stand das konkrete Gelingen, und nur dies war der Garant für die Beteiligung Jugendlicher. Die aufbrechende Heterogenität einer anfänglich klaren Aktionsrichtung erstreckte sich dann über die Forderung nach Freizeit ohne Kontrollen, Selbstverwaltung, Kampf gegen Ausbeutung und Unterdrückung bis zu selbstorganisierten Arbeitsformen. Wie immer Besetzungen in Verlauf, Erfolg oder Konfrontation variierten, so mündeten sie in Eskalationen, sobald die Polizei zur »Problemlösung« auftrat. So sollten in Berlin durch eine gemeinsame Aktion mit Eltern und Jugendlichen erforderliche Freiräume erkämpft werden:

> »Für 5.000 Jugendliche im Märkischen Viertel in Westberlin sind keine Freizeiträume da. Gleichzeitig stehen tausende Quadratmeter Räumlichkeiten leer: Fabrikgebäude, Gewerberäume, Baubaracken und Lauben. Bittschriften, Unterschriftensammlungen etc. blieben ohne Erfolg. Eltern und Jugendliche zogen daraus Konsequenzen. Sie forderten die Stadträtin für Jugend und Sport auf, bis zum 1. Mai leerstehende Räume endlich den Jugendlichen zur Verfügung zu stellen. Die Stadträtin ließ sich nicht blicken. Daraufhin beschlossen 200 Männer, Frauen, Jugendliche und Studenten, ihre Forderungen am 1. Mai selbst zu verwirklichen. Entschlossen zogen sie vom Zentrum des Viertels zu einem leerstehenden Haus. Unterwegs bemerkten sie, daß das Haus von Polizisten umstellt war. Weil sie die Konfrontation mit der Polizei vermeiden wollten, machten sie Halt und wandten sich zwei Fabrikhallen zu. Diese Hallen waren schon mehrmals als Freizeiträume versprochen worden. (...) Friedlich versammelte man sich in der Fabrik und kam überein, im Interesse der Arbeiter nichts an den Arbeitsplätzen zu beschädigen. Daß dort noch gearbeitet wurde, war bei den vorhergehenden Verhandlungen mit dem Bezirksamt verheimlicht worden. Die Polizei beendete die Diskussion. Die etwa 100 Polizisten stürmten mit gezogenen Knüppeln herein, umringten die Anwesenden und fingen sofort an, brutal auch auf Frauen und Kinder loszuschlagen« (zit. n. Lindner 1996, S. 273).

In der Nacht vom 8. auf den 9. Dezember 1971 besetzten Mitglieder der so genannten Basisgruppe für Heim- und Lehrlingsarbeit sowie eine weitere Gruppe aus Jungarbeiter*innen, Lehrlingen und Schüler*innen nach einer Veranstaltung für den kurz zuvor erschossenen Georg von Rauch ein Gebäude und benannten es sogleich zum »Georg-von-Rauch-Haus« um. Ziel war einerseits die Einrichtung eines Wohnkollektivs, zugleich aber die sozialpädagogische Arbeit mit jugendlichen Trebegängern. Nachdem das Bezirksamt Kreuzberg die Aktion zunächst missbilligt hatte, entschloss man sich sodann zur Duldung der Fakten, ohne jedoch auf die üblichen Kriminalisierungsstrategien (wie z. B. Hausdurchsuchungen aus vorgeschobenen Motiven) zu verzichten. All dies geschah unter stets lebhafter Anteilnahme der Springer-Presse; so auch am 19. April 1972, als die Polizei um 4 Uhr morgens anrückte:

> »Die Jugendlichen berichteten von 800 Polizisten mit Mannschaftswagen, Streifenwagen, Zivilfahrzeugen, Feldküche und Krankenwagen. Das Rauch-Haus wurde verdächtigt, im Zusammenhang mit einem Bombenanschlag auf den britischen Yachtclub in Berlin am 2.2.1972 zu stehen. Bei der Hausdurchsuchung verhielten sich die Polizisten wie Bullen. Die Jugendlichen dokumentieren ihre Äußerungen:
> ›Halt die Schnauze, du bist sowieso nur ein Schwein, wie du lebst. Du bist kein Mensch, sondern ein Tier. Wenn du jetzt nicht die Schnauze hältst, kriegst du eins übergezogen, du alte Votze, die will wohl gefickt werden, die würde ich mir nicht nackend vor den Bauch binden.‹
> Auch von den Vorstandsmitgliedern des Rauch-Hauses verlangte Hausdurchsuchungsbefehle wurden von den Polizisten verweigert. In brutaler Weise wurden 28 Personen festgenommen, davon mußten 23 am Nachmittag wieder freigelassen werden; gegen zwei Personen wurde Haftbefehl erlassen, gegen eine Person ein Ermittlungsverfahren eingeleitet. Gegenstände wie Isolierband, Benzin, Batterien, Wecker wurden beschlagnahmt. Nicht nur in Berlin informierte die Presse über diese vermuteten Sprengstoffkörper. Selbst in der Rheinischen Post (Düsseldorfer CDU-Blatt) wurde berichtet, daß sich das Gebäude als Unterschlupf für Anarchisten entpuppte« (zit. n. Lindner 1996, S. 272 f).

Die bundesweite Anzahl dieser neuen Jugendeinrichtungen schwankt in Schätzungen von 800 bis zu 3.000 Gruppen (vgl. Krafeld 1984, S.184) Siegfried (2006, S. 657) spricht von ca. 1.000 dieser Initiativen. Etwa ein Drittel derartiger Initiativen hatten ein Jugendzentrum erreicht (in Hessen wurden einige Einrichtungen modellhaft gefördert), anderswo zunächst provisorische Lösungen erkämpft. Nach der ersten Besetzungsphase folgte auch hier unspektakulärer Alltag zwischen Freizeitgestaltung, Entspannung und weiterer Konsolidierung. Während viele Jugendliche die Jugendhäuser, die oftmals aus Sperrmüll-Einrichtungen in Mischformen aus Teestube, Kneipe und Werkstatt bestanden, als bloße Treffpunkte zur Unterhaltung, Erholung und Geselligkeit nutzten, engagierte sich der »progressive Kern« in Selbstverwaltungsaktivitäten und Vollversammlungen, in vielfältigsten Aktions-, Initiativ- und Diskussionsgruppen, themenbezogenen Musik-, Theater-, Video- oder Motorradgruppen sowie Schüler*innen-, Lehrlings- und Arbeitslosengruppen. Beeinträchtigungen der Jugendzentrumsarbeit standen immer dann an, wenn die stets misstrauische Kommunalverwaltung ihre Auflagen missachtet sah oder verschiedene Gruppen die Intentionen der Jugendzentrumsidee allzu arg strapazierten und konterkarierten. Mit der Drohung zur Kürzung oder Streichung von Fördermitteln verbanden sich zähe Verhandlungen über öffentliche Zuschüsse, Fördermittel und Finanzhilfen sowie interne Debatten über die Einlösung der Autonomie- und Selbstverwaltungsansprüche. Bisweilen gerieten Jugendhäuser in den Sog schwieriger Problemgruppen, wie Drogen- und Alkoholabhängigen, Rockern oder Obdachlosen, die dort ihre internen Konflikte ausagierten. Bisweilen wurden einfach längere Schließzeiten in der Hoffnung eingeführt, bestimmten Gruppierungen den Treffpunkt zu nehmen und sie dadurch loszuwerden. Aber auch interne Widersprüche sorgten dafür, dass immer wieder Frust und Enttäuschung um sich griffen, so beispielsweise in Pinneberg 1974:

> »Wir waren auf Schwierigkeiten, Spannungen und Konflikte vorbereitet, aber was mit der Eröffnung des Jugendzentrums wirklich auf uns zukam, damit hat niemand rechnen können (...) schon bald gab es erste Konfrontationen zwischen den ›normalen‹ Jugendlichen und den verhaltensauffälligen Jugendlichen, da diese Gruppen zu unterschiedliche Interessen vertreten, als dass sie sich ohne Weiteres integrieren ließen. Die verhaltensauffälligen Jugendliche nannten die anderen ›Hascher‹ und machten sich über sie lustig, weil sie in der Teestube saßen, redeten, Musik hörten, Schach, Halma oder Karten spielten und sich sehr ruhig verhielten. Die normalen Jugendlichen schimpften darüber, dass die verhaltensauffälligen Jugendlichen zu laut seien, sie anpöbelten oder sogar körperlich bedrohten. Mehrere Male kam es sogar zu tätlichen Auseinandersetzungen, d. h. Schlägereien, bei denen die verhaltensauffälligen Jugendlichen natürlich die Überlegenen waren. Dieses führte dazu, dass immer mehr Jugendliche sich aus dem Haus zurückzogen und auch die Aufsichtspersonen nicht länger so mitmachen wollten...« (Planungsgruppe »Offene Jugendarbeit«, Neue Freizeitangebote in Pinneberg, Februar 1974 zit. n. David Templin 2015, S. 349).

Dennoch entstanden zwischen Disko, Aktionsgruppen und politischen Reibereien oft unter schwierigsten Rahmenbedingungen eine Vielzahl von alternativen Aktivitäten: Arbeitslosenprojekte, Beratungsprojekte, Werkstattinitiativen, Kulturinitiativen und verschiedenste Selbsthilfegruppen. Wo reformfreundliche Kommunalpolitiken existierten, wurden Besetzungen im Nachhinein legalisiert, indem dort beispielsweise Richtlinien zur »Förderung von Jugendmodellclubs« oder »Förderrichtlinien für Jugendzentrumsinitiativgruppen« verabschiedet wurden.

Nach den eher ungeregelten Anfangsphasen der Jugendzentrumsbewegung bestand die übliche Teilnehmerstruktur etlicher Jugendhäuser mehrheitlich zum einen aus den Aktivist*innen, die wesentlich dem Schüler*innen- und Student*innenmilieu zuzurechnen waren und zum anderen aus jüngeren Jugendlichen, Hauptschüler*innen, jungen Berufstätigen und Lehrlingen wie auch arbeitslosen Jugendlichen, die mit ihren unterschiedlichen Lebensbewältigungsanforderungen manche emanzipativen Vorstellungen ins Leere laufen ließen und stattdessen Debatten darüber auslösten, ob eher Gruppenarbeit, Beratung oder lediglich das Anbieten von offenen Freiräumen bzw. das Ziel, »die Jugendlichen von der Straße zu holen«, Priorität genießen sollte. Ausgehend von anfangs emanzipativen Ideen orientierten sich viele Jugendhäuser mehr und mehr an kompensatorischen und sozialintegrativen Vorstellungen; die hierbei einsetzende Gestellung von Sozialarbeiter*innen, eine wiederholt als Domestizierung empfundene Befriedungsstrategie, setzte sich wiederholt durch und leitete von »revolutionärer« Opposition in sozialpädagogisch professionalisierte Arbeitsfelder über:

> »Mit und ohne Sozialpädagogen firmierten derartige Jugendzentren als ›selbstverwaltet‹. Dies war die ›Zauberformel‹ der Bewegung und der entscheidende Unterschied zu den Verhältnissen noch in den späten 60er Jahren, als die Programme der Freizeiteinrichtungen daran krankten, dass sie, wie es in einer zeitgenössischen Beurteilung hieß ›ohne Mitwirkung von Jugendlichen allein von Erwachsenen gemacht werden und zu einer Art Unterwerfung und Vergehorsamung hin tendieren.‹ Nicht nur in der Theorie, sondern auch in der Praxis erwiesen sich viele Jugendzentren als Orte mit relativ weit entwickelter Partizipation – auch wenn sich die ambitionierteren Politisierungshoffnungen, die mit ihnen noch in der Entstehungszeit verbunden waren, nicht erfüllten« (Siegfried 2006, S. 660).

Die in groben Grundzügen skizzierten Zentralaspekte der Entwicklung der Jugendarbeit ließen die Aufmerksamkeit für die etwa zeitgleich aufkeimenden Neuen Sozialen Bewegungen verblassen, welche in ihrem politischen Gehalt von der Jugendarbeit weitgehend ignoriert, im Hinblick auf methodische Impulse allenfalls vereinzelt aufgegriffen und adaptiert wurden. Nicht zuletzt die kulturellen Projekte, Initiativen und Experimente, die sich ab Anfang der 1970er Jahre unter dem Signum einer »Alternativkultur« (vgl. Siegfried 2006, S. 645 f) spärlich, danach aber immer zahlreicher entwickelten, förderten diesen Wandel. Parallel sahen sich die klassischen musisch-kulturellen Tanz-, Spiel-, Rhythmik-, Sing-, Theater-, Mal- und Literaturprojekte mit neuen, nicht mehr nur die individuellen Ausdrucksformen des einzelnen fördernden Experimentierens konfrontiert: Die musische Bildung emanzipierte sich zur soziokulturellen Animation. Diese galt jetzt nicht mehr nur als kulturpädagogische Elitebildung, sondern formulierte sich als Teil des kulturellen Alltagslebens (»Kultur für alle«).

Mit den selbstverwalteten Jugendzentren und Kommunikationszentren, später dann auch mit den kommunalen Kulturzentren, waren soziale Räume erkämpft und geschaffen worden, die dazu prädestiniert waren, zu vollziehen, was konzeptionell teils unabhängig, teils aber auch an den traditionellen Orten der musischen Bildung an neuer Kulturarbeit erdacht und etabliert worden war. Dennoch zeigte sich ein sehr brüchiger, ambivalenter Annäherungsprozess zwischen den Ideen der sozialkulturellen Animation und dem Konzept kommunikativer Zentren. Die Idee von Soziokultur entstand in der traditionellen, bürgerlichen Kulturdiskussion; hingegen sahen sich die Initiatoren*innen der

Kommunikationszentren in der Tradition oppositioneller Bewegungen der 1950er und späten 1960er Jahre, die gegen den gesellschaftlichen Zeitgeist aufbegehrten und die Inhalte der geförderten Kultur kritisierten (vgl. Krüger 1985; Niess 1984). So können sich noch heute die Betreiber*innen von Kommunikationszentren mit der Kennzeichnung ihres Zentrums als moderne Variante der mittelalterlichen Spinnstube (vgl. auch Kap. 2.2) oder des Jazz-Kellers der 1950er Jahre eher identifizieren als mit dem Hinweis, ihre Kulturangebote würden vieles vom dem realisieren, was musische Bildung, insbesondere jedoch soziokulturelle Animation intendierte.

Auch die theoretischen, gesellschaftskritischen Überlegungen für eine andere Jugendarbeit wurden zur Disposition gestellt. Theorie-Modelle wie die bedürfnisorientierte Jugendarbeit, die situative, die erfahrungsbezogene Jugendarbeit, die progressive Jugendarbeit (vgl. Bierhoff 1974) bis hin zu Varianten der sozialräumlichen, der lebensweltlichen oder der akzeptierenden Jugendarbeit wurden vorgestellt und häufig wieder verworfen (vgl. u. a. Thole 1991; Krieger & Mikulla 1994). In der Unentschiedenheit verschiedener Auffassungen von Jugendarbeit inmitten von Erosions- und Umbruchsprozessen, die zudem durch massive finanzielle Restriktionen noch verschärft wurden, entstand die erste Analyse zu »Jugendfreizeitheime(n) in der Krise« (Grauer 1973), die sich als periodisch auf- und abschwellendes Kontinuum durch die Entwicklung der Kinder- und Jugendarbeit bis in die Gegenwart hineinziehen sollte.

Der von Krafeld (1984, S. 214 f) seinerzeit ausgemachte »Funktionsverlust bisheriger Jugendfreizeitarbeit und Jugendbildung« ging einher mit dem »Funktionsverlust bisheriger pädagogischer und institutioneller Selbstverständnisse von Jugendarbeit« und manifestierte sich zunächst in der klassischen Paradoxie der Sozialen Arbeit, der immer genau dann die Finanzmittel fehlen, wenn sie diese am dringendsten benötigt. Die Wirtschaftskrise der 1970er Jahre und die in ihrem Gefolge wegbrechenden Ressourcen führten dazu, dass etliche Jugendhäuser nicht länger als kreativ-emanzipative Experimentierräume bewertet wurden, sondern als entbehrliche Unruhestifter, deren Untauglichkeit am ehesten mit Schließungen zu beantworten wäre.

Inmitten dieser öffentlichen, politischen und auch fachwissenschaftlichen Infragestellungen hatten die Jugendhäuser zu registrieren, dass die Mehrzahl der Besucher*innen in besonderem Umfang von gesellschaftlichen Risiken betroffen war. Ein derartiger Problemandrang warf Fragen nach dem Selbstverständnis von Jugendarbeit auf, die sich hier reduziert und deplatziert sah als Auffang-, Anlaufstation und »Durchlauferhitzer« für eine allenfalls verweisende Instanz an weitere sozialarbeiterische, sozialtherapeutische, arbeitstherapeutische, kompensationsreduzierte oder repressionsorientierte Spezialbehandlungen (Krafeld 1984, S. 215). Zugleich sah sich die Jugendarbeit in ihren emanzipations-orientierten Ansprüchen reduziert auf Kompensationen und Hilfestellungen beim Zugang zu einem seinerseits krisenhaften Ausbildungs- und Arbeitsmarkt, die ihre

Bildungsansprüche deformierte zu Berufswahl- oder Bewerbungstrainings. Jugendarbeit unterlag damit der typischen »Sozialpädagogisierung« gesellschaftlicher Problemstellungen: Jugendlichen keine Perspektiven mehr bieten zu können als bloße Anpassung an eine Gesellschaft, die selbst nur noch mit utopievergessenem Durchwursteln beschäftigt ist.

Festzuhalten ist jedoch bei alledem, dass viele, auch für die aktuelle Kinder- und Jugendarbeit immer noch zentralen Konzepte und Orientierungen in den 1970er Jahren ihre Initiationsphasen erfuhren: Programmziele wie Selbstverwaltung, Emanzipation, Basisdemokratie, politische Bildung und Mitbestimmung sowie das Einfordern von »Freiräumen« zur alternativen bzw. »sinnvollen« Freizeitgestaltung gehörten zum unbedingten Selbstverständnis der damaligen Jugendarbeit:

> »Das selbstverwaltete Jugendzentrum soll (...) (den) Jugendlichen bei der Ausbildung von Kritikfähigkeit und Ich-Stärke unterstützen, ihm helfen, Angst vor Ungehorsam abzubauen, Selbstbewusstsein und Selbstvertrauen zu gewinnen (...) Ein Jugendzentrum in Selbstverwaltung will den jungen Menschen von sozialen Vorurteilen befreien, die soziale Isolation und Kontaktarmut des Einzelnen überwinden helfen und zu solidarischem Handeln (sic) anregen« (zit. n. Templin 2015, S. 421).

Mit dem Auftauchen von Kindern/Teenies und südeuropäischen Migrant*innenjugendlichen waren zudem erstmals neue und zusätzliche Nutzer*innengruppen in den bisherigen Angebotsstrukturen zu berücksichtigen, welche die Kinder- und Jugendarbeit fortan mitprägen sollten.

Ab 1973 waren auch die ersten Anfänge der Mädchen- und Frauenarbeit zu notieren, die auch mit so genannten »doppelt unterdrückten proletarischen Arbeitermädchen« arbeiteten:

> »Wir (...) hatten oft genug beobachtet und uns geärgert, dass Mädchen in der Regel nur als Anhängsel ihrer Freunde einen Platz im Jugendzentrum haben, dass sie ohne Freunde nicht in die Clique aufgenommen werden, dass sie ihre Freundinnen als Konkurrentinnen erleben, dass die Jungen den Dreck machen und die Mädchen ihn wegmachen. (...) Deshalb wollten wir mit Mädchen über ihre aber auch unsere mädchen- bzw. frauenspezifischen Probleme sprechen« (Mädchengruppe Witzenhausen 1979 zit. n. Templin 2015, S. 435).

Die bis heute in der Kinder- und Jugendarbeit vorzufindende Unterteilung in ›Offene Angebote‹ und ›Gruppenarbeiten‹ begann und vielfältigste kulturelle Aktivitäten (Musikfestivals, Film-AG, Foto-AG, Siebdruck, Batiken, Emaillieren, Theater- und Musikgruppen) sowie sportliche Angebote (Tischtennis, Karate, Volleyballangebote, Fußballturniere) hielten Einzug in die pädagogischen Programme der Jugendarbeit.

Zusammenfassend zeigen sich die zentralen Bestimmungsfaktoren der Jugendarbeit in den 1970er Jahren:

- in einer Übergangsphase inkonsistenter Modernisierung von tradierten hin zu theoretisch-politisch-emanzipativen Orientierungen (vgl. Brücher 1981; Sudmann 1981; Bierhoff 1981; Schröder 1981);
- in weiteren Debatten, die Kinder- und Jugendarbeit als ›außerschulische Jugendbildung‹ bzw. als »pädagogischer Spezialfall der Jugendhilfe« (Schröder 1981, S. 37) zu explizieren;
- in den Umarbeitungen des politisierenden »Erbes der APO« auch durch Jugendliche selbst im Zuge einer breit angelegten Jugendzentrumbewegung;
- zugleich aber durch die Rahmungen einer krisenhaften Wirtschafts- und Gesellschaftsentwicklung (Ölkrise, [Jugend-]Arbeitslosigkeit, Lehrstellen- und Sozialabbau, RAF-Terrorbekämpfung, Radikalenerlass) und damit verbundenen sozialintegrativen Erwartungen/Zumutungen der »Sozialpädagogisierung« gesellschaftlicher Problemlagen).

Das Abflauen der Gestaltungsenergien in der Kinder- und Jugendarbeit der 1970er Jahre wurde bewirkt durch ein Ineinander-Greifen aus Prozessen der Entpolitisierung aufgrund des einsetzenden Generationswechsels der ursprünglichen Aktivistenmilieus, der Professionalisierung durch hauptamtliches Personal, damit verbunden der Institutionalisierung und Kommunalisierung, d. h. auch Verrechtlichung und Disziplinierung bei gleichzeitiger finanzieller Auszehrung/Prekarisierung etlicher Häuser und dem damit insgesamt um sich greifenden gesellschaftlichen Utopieverlust, der wiederum partiell durch die so genannten »Neuen Sozialen Bewegungen« weitergeführt wurde. Diese, für die 1970er Jahre angerissenen Themenlinien setzten sich in den nachfolgenden 1980er Jahren unter verschärften Vorzeichen mehr oder weniger fort. Weit davon entfernt, diese Zeit ebenso detailliert aufzuarbeiten, können nunmehr lediglich einige ausgewählte thematische und gesellschaftliche Eckpunkte aufgezählt werden:

Als Helmut Kohl am 13. Oktober 1982 seine erste Regierungserklärung hält, sieht er Deutschland im vielumfassenden Krisenkoma: Wachstumskrise, Beschäftigungskrise, Staatsfinanzkrise. Die reformerischen Gestaltungspotenziale der Vorgängerregierungen hatten sich erschöpft, die allgemeine Stimmung war eingetrübt durch die Nachwirkungen der Ölkrise, durch Themen wie Strukturwandel, Anti-Terrorkampf, Waldsterben, Zukunftssorgen, Sicherheitsfragen, durch Debatten über die ›Ausländerpolitik‹ und diverse Skandale. Nun wurde unter dem Schlagwort einer »geistig-moralischen Wende« (Biebricher 2018) ein historischer Neuanfang propagiert, der insbesondere den immer noch nachwirkenden »Geist von 1968« austreiben sollte. Zugleich wurde im Nacheifern der wirtschaftspolitischen Vorbilder Ronald Reagan und Margret Thatcher bestehende Ansätze der Sozialpolitik ausgebremst. Die in den 1980er Jahren weiter sich ausbreitenden Entwicklungen der Differenzierung, Pluralisierung, Entgrenzung, Individualisierung, Globalisierung, Beschleunigung, Ökonomisierung und Digitalisierung/Mediatisierung im Signum von »Postmoderne« (Wellmer 1985), »Neue(r) Unübersichtlichkeit« (Habermas 1985) und »Risikogesellschaft« (Beck 1986) führten zu einer gesellschaftlichen Konstellation der unstrukturierten Pluralität, in der sich Neues und Altes, Norm und Abweichung neu amalgamierten. Dieser Übergang von der Ersten zur Zweiten bzw. »reflexiven« Moderne war charakterisiert durch die zunehmende »Bewältigung selbstgeschaffener Probleme (...). Indem Modernisierung reflexiv wird, gerät sie in Widerspruch zu ihren eigenen Selbstbeschreibungsformeln« (Beck & Holzer 2004, S. 165 u. 191).

Für die Situation Jugendlicher, deren Statusmerkmal »Jugend« fortan nur noch als Plural zu erfassen war, lösten sich in dieser Zeit die »festen Fahrpläne« in das Erwachsenenalter zusehends auf und erzeugten einen erhöhten Orientierungs- und Vergewisserungsbedarf. Die Bewältigungsanforderungen Jugendlicher angesichts der Erosion biografischer Sicherheiten führten vielfach zu Strategien des »Irgendwie Durchkommens« und wurden zugleich zu subjektiven Verarbeitungsaufgaben umgeformt:

> »Jugendliche sind heute in der Regel früher selbstständig, sie können argumentieren, sich ihre Meinung bilden; darüber hinaus beanspruchen sie größere Autonomie im emotional-sozialen Bereich. Sie zeigen ein gewisses Selbstbewusstsein und den Anspruch, dieses Selbstbewusstsein in Handlungen umzusetzen. Dabei erfahren sie jedoch immer wieder, daß sie gegängelt, kontrolliert, für unmündig erklärt werden. Sie erfahren, daß ihr Engagement nicht anerkannt, negativ sanktioniert wird« (Baacke & Heitmeyer 1985, S. 17).

Das Ungleichgewicht von Bewältigungszumutungen und gesellschaftlich zur Verfügung gestellten Bewältigungsressourcen wurde durch einseitige Zuschreibungsmuster der »Jugend als Problem« (Hornstein 1979) gefestigt und wie folgt charakterisiert:

> »Jugendliche werden im politischen Raum vor allem dann zum Thema, wenn sie – zumeist negativ – auffallen, wenn sie Anlass für Befürchtungen, Unsicherheiten und Zweifel sind. (...) Aber seitdem die provozierenden und z. T. gewalttätigen Ausbrüche von Protest und Widerstand, die unkonventionellen Artikulationen von Problemen, Ängsten und Sorgen der Jugendlichen abgeflaut sind, fällt auch die Politik wieder in ihren ›geschäftsmäßigen Gang‹ der Dethematisierung und Vernachlässigung von Jugendfragen und -problemen zurück, ist Jugend kein zentrales Thema politischer Auseinandersetzungen mehr. (...) Das Thema Jugendprobleme und Jugendproteste‹ eignet sich wieder einmal allenfalls als Anlass für selbstgefällige Leistungsdarstellungen der jeweils amtierenden Bundesregierung oder als Anlass für parteipolitische Profilierungen, etwa anlässlich von Wahlkämpfen« (Olk 1987, S. 197 f).

Angesicht dieser Rahmenbedingungen erfolgten die theoretisch-konzeptionellen Weiterentwicklungen der Jugendarbeit gleichermaßen als Anforderungen nach Neu-Orientierung und Selbstvergewisserung, die sich in der programmatischen Frage »Wozu Jugendarbeit?« (Böhnisch & Münchmeier 1987) manifestierte und wie folgt begründet wurden:

> »Seit mehreren Jahren wird in Aufsätzen und auf Tagungen wieder der Ruf nach einer ›Konzeption für die Jugendarbeit‹ laut, die angesichts der gewandelten Rahmenbedingungen Orientierung und Perspektiven schaffen. Es besteht heute ein breiter Verständigungsbedarf, der sich von den Konzeptionsdebatten der siebziger Jahre deutlich unterscheidet. Wurde damals vor allem nach den Zielen und Funktionen der Jugendarbeit gefragt, also danach, was Jugendarbeit sein soll (emanzipatorisch, antikapitalistisch, bedürfnisorientiert), so scheint es heute wieder eher um die Fragen von 1964 zu gehen, also darum, was Jugendarbeit – heute – eigentlich ist« (Böhnisch & Münchmeier 1987, S. 10).

Der Band von Böhnisch und Münchmeier stellt eine maßgebliche Scharnierstelle zwischen ›alter‹ und ›neuer‹ Jugendarbeit dar; dessen wesentliche gedankliche Neuerungen, bis heute auf die Kinder- und Jugendarbeit ausstrahlen und wie folgt skizziert werden:

- Wahrnehmung und Anerkennung der Tatsache, dass die Jugendarbeit sich von ihren protest-, emanzipations- und politikgeprägten Ursprüngen entfernt und sich »vergesellschaftet« hat, bzw. worden ist und sich damit vom »Zweck zum Mittel« (Böhnisch & Münchmeier 1987, S. 18), weg von einer sozialen Bewegung hin zu Form und Funktion einer prinzipiell für alle Jugendlichen erreich- und nutzbaren kommunalen sozialstaatlichen Infrastruktur gewandelt hat.[12]
- Mit dem Brüchigwerden von biografieoptimistischen Lebensentwürfen Jugendlicher verschieben sich die Funktionen der Jugendarbeit weg von der rein pädagogischen Fachlichkeit hin zu einem Profil als Dienstleister im Modus sozialinfrastruktureller Ressourcen der Lebens- und Alltagsbewältigung.
- Es erfolgt die Re-Aktualisierung von (sozial)raumtheoretischen Grundierungen der Jugendarbeit, die später insbesondere von Ulrich Deinet (1992, 1998) sowie Deinet und Krisch (2006), aber aktuell auch von Krisch und Schröer

---

12 Der Hintersinn einer solchen Neuorientierung besteht u. a. im Unterlaufen des bestehenden Legitimationsdrucks in Gestalt von Anfragen nach Besuchs- und Nutzerzahlen. Die damit verbundene Paradoxie der (Kommunal)Politik, einerseits eine leistungsfähige und attraktive Jugendarbeit zu fordern, deren Ergebnisse und Wirkungen möglichst noch messbar sein sollen und ihr zur gleichen Zeit die hierfür erforderlichen Finanzen und Ressourcen zu verweigern, besteht bis zum heutigen Tage fort.

(2020) aufgegriffen und unter Verwendung des Aneignungsbegriffs weiter ausgearbeitet worden sind; die darauf aufbauenden professionellen Begründungen der Jugendarbeit werden in der »Funktion von Jugendarbeit als sozialer Raum und Ort der Lebensbewältigung« (Böhnisch & Münchmeier 1987, S. 201) zusammengefasst. In diesem Zusammenhang werden insbesondere auch ländliche Räume mit neuer Aufmerksamkeit bedacht (vgl. Herrenknecht 1977, 1981; Böhnisch & Winter 1990).
- Es ergeht der Hinweis auf die explizit kommunalpolitische Verankerung der Jugendarbeit, die sich mit neuen »kommunalpolitischen Motivationen« verbindet, darauf abzielt »Jugendliche als ›strategische Gruppe‹ der Regionalentwicklung« (Böhnisch & Münchmeier 1987, S. 271) zu definieren und der professionellen Jugendarbeit die Aufgabe der »kommunalpolitischen Aufklärung« (Böhnisch & Münchmeier 1987, S. 273) zumisst, d. h. den Fachkräften die Verpflichtung auferlegt, sich selbst und die Themen der Jugendlichen im Bewusstsein der Kommunalpolitiker*innen zu verankern.

Mit und ohne Verweis auf den vorgenannten Band sind für die Kinder- und Jugendarbeit weitere Arbeiten zu den Themen Lebensbewältigung (vgl. Böhnisch 1992), zur so genannten Alltagsorientierung in der Jugendarbeit (vgl. Funk & Lösch 1980; Lange, Müller & Ortmann 1980), aber auch zu neuen Adressat*innengruppen wie Kinder (vgl. Deinet 1987a), Lücke-Kinder (vgl. Friedrich 1989) oder Jugendcliquen (vgl. Thole 1991) und Jugendgruppenarbeit (vgl. Schröder 1990) zu verzeichnen, die das Bild dieses Handlungsfeldes ab den 1980er Jahren prägen.

Schließlich ist noch ein wesentlicher, ab Ende der 1980er Jahre einsetzender Einflussfaktor in Gestalt der so genannten »Neuen Steuerung« bzw. des so genannten »New Public Management« zu erwähnen, der die Kinder- und Jugendarbeit erheblich irritierte, beschäftigte und bis zum heutigen Tage nachdrücklich beeinflusste. Auch wenn aus heutiger Sicht der Widersinn[13] und die weitgehende Untauglichkeit dieser im Kern betriebswirtschaftlich-ökonomischen Um-Orientierung belegt sind (vgl. Bogumil, Grohs & Kuhlmann 2006; Holtkamp 2007), ist nicht zu verkennen, in welchem Ausmaß die damit verbundenen Auseinandersetzungen und Implementierungen beträchtliche Energien absorbierten:

> »Insgesamt wird deutlich, dass eine wirklich neue Steuerung, also ein umfassender „Paradigmenwechsel“ in der deutschen Kommunalverwaltung nicht erkennbar ist.

13 Dies gilt insbesondere für das durchaus nicht unerfolgreiche Bemühen, das Problem der gesellschaftlichen, sozialen und ökologischen Verwerfungen durch kapitalistische Wirtschaftsordnungen, welche die Existenz Sozialer Arbeit überhaupt erst begründen über die Instrumente der »Qualitätssicherung« wie Markt- und Kundenorientierung, ISO-Normierung, Produktbeschreibungen, Outputorientierung, Budgetierung etc.) nunmehr als Lösung zu verkaufen.

> Das NSM entwickelte sich zu einer „Reformhülse“, unter der alle möglichen und sehr unterschiedlichen Reformelemente und -ansätze verstanden wurden, die mit dem ursprünglichen Konzept oft nur wenig gemein hatten, und aus dem sich die Kommunen mehr oder weniger eklektisch bedienten. Zwischen der Ankündigungsrhetorik und der tatsächlichen Umsetzung bestand von Anfang an in vielen Fällen eine erhebliche Differenz, nicht zuletzt weil viele Städte Verwaltungsmodernisierung unter dem Schlagwort des NSM als Marketing-Thema entdeckt hatten.« (Werner Jann 2018, S. 135)

Den Schlagworten vom »schlanken« (später dann »aktivierenden«) Staat sowie dem für erforderlich gehaltenen »Abbau staatlicher Leistungen und überflüssiger Bürokratie« folgend wurde unter dem Pseudo-Diktat vorgeblich »leerer Kassen« fortan die Betriebswirtschaftslehre als neuer Hoffnungsträger für Kommunalverwaltungen, Soziale Arbeit und Kinder- und Jugendarbeit etabliert. Themen und Fragestellungen wie »Haushaltskonsolidierung durch Aufgabenkritik und Sparmaßnahmen« oder »Kann man eine Kommunalverwaltung wie eine Firma führen?« (Banner 1986) bereiteten das Terrain für eine in den folgenden Jahren insbesondere durch die Gutachten der KGST (Kommunale Gemeinschaftsstelle für Verwaltungs*vereinfachung* [!], Betonung d. Verf., ab 2005: Kommunale Gemeinschaftsstelle für Verwaltungsmanagement) geprägten Ökonomisierungsmodus, der seinen Höhepunkt allerdings erst in den 1990er Jahren erreichen sollte (vgl. hierzu auch Kap. 2.9).

2.8 Vom Nationalsozialismus bis zur »Wendezeit« – FDJ und Jugendklubbewegung in der DDR

In der DDR wurde bereits 1947 die Einheit von Jugendpflege und -fürsorge aufgegeben. 1950 wurde zwar die Jugendförderung als gesellschaftliche Aufgabe höchster Priorität gesetzlich fixiert, jedoch nicht als Teil der Jugendhilfe. Unter Ausschaltung der pluralen Strukturen – und damit des Subsidiaritätsprinzips – entstand die Freie Deutsche Jugend (FDJ) als einheitliche Jugendorganisation. Sie entwickelte sich zum zentralen Ort der außerschulischen Pädagogik und der knapp 40-jährigen DDR-Jugendpolitik. Der Organisationsgrad der DDR-Jugend stieg kontinuierlich von 42,2 % im Jahre 1950 bis zum Höchststand 1987, als über 86 % der Kinder und Jugendlichen in einer der FDJ-Organisationen eingebunden waren (vgl. Zilch 1992). Die Kinder- und Jugendarbeit in den Pionierorganisationen und der FDJ war eng an die Schulen gebunden (vgl. hierzu Kap. 5). Neben Schule, Familie und dem nach Altersstufen getrennt organisierten Mitwirken bei den Jungpionieren, den Thälmannpionieren oder bei der Freien Deutschen Jugend waren die Jugendclubs für die Kinder- und Jugendgenerationen ab 1970 ein wesentliches Sozialisationsfeld. Die breite Jugendklublandschaft der DDR am Ende der 1980er Jahre basierte auf einem, auch von jugendlichen Selbstinitiativen mitgetragenem expansiven Aus- und Neubau von Jugendfreizeiteinrichtungen, partiell auch von Kinderfreizeiteinrichtungen, ab Mitte der 1970er bis Mitte der 1980er Jahre. Die Ausweitung realisierte sich demnach mit einer zeitlichen Verzögerung in demselben Jahrzehnt, in dem in den alten Ländern der Bundesrepublik die offene Kinder- und Jugendarbeit personell und räumlich ihre bisher intensivste Expansionsphase erlebte.

Die Angaben über die tatsächliche Anzahl der Jugendclubeinrichtungen in der DDR variieren leicht. Ausgegangen wird allgemein von ca. 10.000 Jugendclubhäusern, Mehrraumjugendclubs und Jugendclubzimmern (vgl. Lindner 1991; Müller 1990). Die offizielle Statistik des Amtes für Jugendfragen der DDR erfasste 1988 nur 9.499 Jugendclubeinrichtungen in der Trägerschaft von Betrieben, Schulen, Universitäten und Hochschulen, von staatlichen Organisationen und Kommunen. Allein 6.797 ehrenamtlich verwaltete Jugendclubeinrichtungen befanden sich in kommunaler Trägerschaft. Die 823 hauptamtlich geleiteten Jugendclubs unterstanden ebenfalls zumeist den kommunalen Räten (vgl. Weicht & Weicht 1992). Insbesondere in dem Zeitraum zwischen 1981 und 1985 entstanden neue Clubeinrichtungen. Die Schaffung dieser Einrichtungen erfolgte im Rahmen eines damals neuen Wohnungsbauprogramms und stützte sich auf Meinungsumfragen, die festhielten, dass die qualitative Ausgestaltung und Beschaffenheit von Wohnumfeldern im starken Maße die Wohnzufriedenheit und das familiale Zusammenleben, aber auch die Art der kulturellen Aktivitäten beeinflusst (vgl. Aßmann & Winkler 1987). Die sozialistische Idealvorstellung, der zufolge mit der Aufhebung des Privateigentums an Produktionsmitteln die entfremdende Differenz von Arbeit und Freizeit sich gleichfalls negiert und die Verwirklichung der individuellen Bedürfnisse zur gesellschaftlichen Aktivität avanciert, beförderte in diesem Zeitraum die Idee des Ausbaus von staatlichen und halbstaatlichen Dienstleistungsangeboten in eine höhere Planungspriorität. Die Etablierung eines breitflächigen Freizeitangebots entsprach somit vollends der programmatischen Intention, die Entwicklung der sozialistischen Lebensweise durch »sinnvolle« kulturelle Gestaltungen der Freizeit und »gesellschaftlich nützliche« Tätigkeiten zu fördern und zu sichern:

> »Im Sozialismus ist auch der Lebensbereich Freizeit auf soziale Sicherheit gegründet und gerichtet auf die Realisierung und Entwicklung ihres materiellen und kulturellen Lebensniveaus. Die Freizeit umfaßt vornehmlich die individuelle Lebenssphäre der Bürger und ihrer Familien, die nicht isoliert von anderen Bereichen der Gesellschaft, sondern in Wechselwirkung mit ihnen steht. Diese Wechselwirkung bereichert und entfaltet die Freizeit der Bürger. (...) Um freie Zeit überhaupt sinnvoll verwenden und genießen zu können und immer bessere Bedingungen ihrer Gestaltung zu erhalten, wird ein stetig wachsender Anteil gesellschaftlicher Arbeitszeit für die Schaffung, Erhaltung und Erweiterung gesellschaftlicher Voraussetzungen zur Bedürfnisbefriedi-

gung der Bürger im Freizeitbereich aufgewandt« (Aßmann & Winkler 1987, S. 138 f; vgl. auch Akademie der Pädagogischen Wissenschaften 1978).

Die Freizeitkultur wurde als eigendynamisches Feld neben der ökonomischen Sphäre entdeckt, wenn auch nicht unabhängig davon, und erhielt eine eigenständige Bedeutung jenseits der sozialistischen Agitations- und Aufmarschkultur. Die »Bitterfelder Formel« (1959) »Greif zur Feder Kumpel, die sozialistische Nationalliteratur braucht dich!« erfuhr hierüber zu Beginn der 1980er Jahre eine modernistisch gefärbte kulturpolitische Korrektur (vgl. Meuschel 1992).

Der Freizeitbereich war folglich mit einem hohen Bildungsanspruch belegt – zumindest auf der Proklamationsebene. Und so existierten neben den Jugendfreizeiteinrichtungen in nahezu allen größeren Kommunen der DDR Volkshochschulen; Musikschulen waren an 89 Orten zu finden. Im »Kulturbund«, einem Zusammenschluss von kulturellen Organisationen und Kulturschaffenden, waren neben den (Alltags-)Künstler*innen und Literat*innen auch die Briefmarkenfreunde und Münzsammler*innen organisiert. Der vom für die Kulturarbeit zuständige Kulturbund, aber auch die von den Kommunen, Betrieben und Gewerkschaften betriebenen 670 Kulturhäuser bildeten eine eigene Kulturraumlandschaft neben den Kultur»palästen« der staatlichen Organisationen, Polizei und Armee sowie den sieben kulturellen Zentren des Ministeriums für Staatssicherheit. Zusammen mit den 1.663 Volks-, Kinder-, Gewerkschafts- und Betriebsbibliotheken, den 66 Theatern und 450 Museen konstituierten sie das räumlich-institutionalisierte Tableau der Kulturarbeit in der DDR (vgl. Groschopp 1991). Und auch die quantitativ durchaus beachtliche »Kleingärtner-, Siedler- und Kleintierzüchterkultur« mit eigenen Bildungs- und Kulturhäusern prägte die Spezifik der realsozialistischen Alltagskultur unterhalb der Verlautbarungskultur ebenso mit wie die kleinen, aber durchaus lebendigen autonomen Jugendkulturen, Literat*innen- und Künstler*innenszenen. Darüber hinaus gab es 1986 etwa 2.400 künstlerische Interessengemeinschaften mit über 37.000 Teilnehmer*innen in den diversen Freizeiteinrichtungen. Die hier entwickelten »künstlerisch-kulturellen« Initiativen entsprachen allerdings nicht durchgängig den Erwartungen des zentralistischen Staats- und Parteiapparats. Die Selbstinitiative und die Eigenaktivitäten in den Projekten der kulturellen Arbeit wurden kritisch angefragt und zum Forschungsfeld. Unter anderem interessierte, welche

> »Gestaltung des Erziehungsprozesses zu beachten ist, wenn ein aktives Verhalten zu den Zielen und Aufgaben der Pionierorganisationen auf dem künstlerisch-kulturellem Gebiet herbeigeführt werden soll« (Geidel 1978, S. 8).

Die Ergebnisse der Untersuchungen hielten fest, dass »die Herausbildung von Initiative in der kulturell-künstlerischen Tätigkeit« von den Leitungen der Pioniergruppen optimaler zu fördern ist, wenn die »kulturellen Beziehungen im Kollektiv bewußter« und »stets in Verbindung mit den politischen Anliegen des Pionierauftrages gestaltet werden« (Geidel 1978, S. 11).

Eine vergleichbar angeleitete »Selbstinitialphase« hatte die »Jugendclubbewegung« nicht nötig. Über 90 % der Jugendclubgründungen ging eine Initiative von Jugendlichen voraus und annähernd ebenso viele unterstanden einer jugendlichen »Selbstverwaltung« (vgl. Müller 1990). Trotz eines hohen Selbstverwaltungsanteils waren die Jugendfreizeiteinrichtungen bis 1989 aber keineswegs politik- oder ideologiefreie Zonen.

Die im Verlauf der 1980er Jahre zunehmende Präsenz der staatlichen Organisationen kann als eine sich sukzessive verstärkende Form sozialer und politischer Kontrolle interpretiert werden (vgl. Lindner 1991; Weicht & Weicht 1992). Resultat dieser Einmischung war, dass viele aktive Clubbesucher*innen sich gegängelt und gemaßregelt fühlten, die Lust und das Interesse an der Clubarbeit verloren und sich zurückzogen. Dem entgegen hebt Müller (1990) den relativ eigenaktiven Freiraum in den DDR Jugendclubs auch noch in den 1980er Jahren hervor. Der Widerspruch zwischen diesen beiden Deutungsweisen ist hier nicht aufzuklären. So muss offenbleiben, wie direkt und intensiv kulturpolitische Vorgaben auf die Programme und die Freizeitgestaltungsmöglichkeiten von Kindern und Jugendlichen in den Jugendclubeinrichtungen einzuwirken vermochten.

Eindeutig ist hingegen, dass nur die wenigsten hauptamtlichen Mitarbeiter*innen in den kommunalen Jugendclubeinrichtungen gegen Ende der 1980er Jahre über eine pädagogische oder geisteswissenschaftliche Hochschulqualifikation verfügten, also über eine einschlägige fachliche oder gar akademische Qualifikation. Zu kämpfen hatten die DDR-Jugendarbeiter*innen dennoch mit ähnlichen Problemen wie ihre sozialpädagogisch ausgebildeten Berufskolleg*innen in den Jugendhäusern der damaligen Bundesrepublik: Cliquenbildung in den Einrichtungen, Alkoholprobleme und Desinteresse an den kulturellen Agit-Prop-Veranstaltungen. Interessant ist auch, dass das ostdeutsche Personal anscheinend auf den »Alltagsfrust« in den Kinder- und Jugendfreizeiteinrichtungen in identischer Art und Weise reagierte wie die »westdeutschen Kolleg*innen«: Sie begaben sich nicht zu den Aktivitätsorten der Kinder und Jugendlichen hin, sondern hielten sich in den Büros auf, empfanden ihre Bezahlung als ungenügend, waren demotiviert und versuchten, in die »reine« Kulturarbeit umzusteigen oder in staatlichen Organisationen »ihre« Karriere fortzusetzen (vgl. Thole 1990; Weicht & Weicht 1992).

Zum Weiterlesen – Literaturhinweise

Krüger, H.-H. (1994). »Wie Ernst Thälmann treu und kühn«. In H.-H. Krüger & W. Marotzki (Hrsg.), *Pädagogik und Erziehungsalltag in der DDR* (S. 275–294). Opladen: Leske + Budrich.

Schefold, W. (1995). Das schwierige Erbe der Einheitsjugend. In Th. Rauschenbach, Ch. Sachße & Th. Olk (Hrsg.), *Von der Wertgemeinschaft zum Dienstleistungsunternehmen* (S. 404–426). Frankfurt a. M.: Suhrkamp.

Mählert, U., & Stephan, G.-R. (1996). *Blaue Hemden – Rote Fahnen. Die Geschichte der Freien Deutschen Jugend.* Opladen: Leske + Budrich.

2.9 Kinder- und Jugendarbeit in Deutschland ab den 1990er Jahren – Notizen zur »Neuen Steuerung« sowie zum »Aufbaus Ost«

Die Organisation der Kinder- und Jugendarbeit der 1990er Jahre war nach Anfängen in den 1980er Jahren (vgl. Kap. 2.7) deutschlandweit geprägt durch das Konzept der »Neuen Steuerung«, und zwar sowohl bei öffentlichen als auch bei freien Trägern. Die damit zu beobachtenden Ökonomisierungstendenzen gingen auf Gutachten der KGSt zurück, beispielsweise: »Dezentrale Ressourcenverantwortung. Überlegungen zu einem neuen Steuerungsmodell« (KGSt 1991) oder auch »Das neue Steuerungsmodell. Begründungen. Konturen. Umsetzungen« (KGSt 1993). Sie waren der Ausgangspunkt für zu beobachtende Strategien der Marktorientierung, die Einführung von Wettbewerbselementen, die Übernahme privatwirtschaftlicher Managementmethoden, die Schaffung dezentraler Führungs- und Organisationsstrukturen, eine stärkere Beachtung von Kontraktmanagementprozessen, die Nutzung von Benchmarkinginstrumenten, bis hin zu einer »Stärkung dezentraler Ressourcen- und persönlicher Ergebnisverantwortung«, auch als »Output-Steuerung« bezeichnet. Dies wurde auch für die Kinder- und Jugendarbeit umgesetzt und führte dort, aber auch für die Kinder- und Jugendhilfe bzw. die Soziale Arbeit insgesamt zu einer stark ökonomisch geprägten Qualitätsdebatte.

Neben den für die Kinder- und Jugendarbeit zu beobachtenden Auswirkungen der Ökonomisierung wurde das Arbeitsfeld in den 1990er Jahren ebenfalls geprägt durch den einsetzenden Bedeutungsverlust von Themenfeldern wie »Jugend« und »Jugendpolitik« (vgl. Hafeneger 1994, Rauschenbach & Züchner 2006) – eine Entwicklung, die sich erst in der zweiten Hälfte der 2010er Jahre wieder umdrehen sollte (vgl. u. a. Kap. 1, 3 oder 9). Hinzu kamen Friktionen der realwirtschaftlichen Entwicklung, insbesondere markiert als De-Ökonomisierung mit sozialen, regionalen und urbanen Polarisierungen; und hiermit verbunden der demographischen Entwicklung in einer wiederum heterogenen Mixtur komplexer, ungleichzeitiger Prozesse aus Geburteneinbruch, Ab- und Binnenwanderungen (vgl. Lindner 2010; Burmeister 2012; Kurzke 2012).

Speziell im Osten Deutschlands standen die 1990er Jahre ganz im Zeichen des »Beitritts der DDR zum Geltungsbereich der Bundesrepublik« – so der offizielle Wortlaut – oder waren – kritischer betrachtet – geprägt durch eine einseitige Implantation westdeutsch-kapitalistisch-demokratischer Staatsregeln in eine Gesellschaft mit einer vollständig anderen Grundordnung. Im Rahmen eines umfassenden Strukturtransfers von West nach Ost gelangte auch die Übernahme des gerade eben erst verabschiedeten Kinder- und Jugendhilfegesetzes hinzu, welches zwar auch für die alte BRD Neuland war, dort aber immerhin auf den bisherigen Strukturen aufbauen konnte. Hiermit verbunden waren auch der Neuaufbau und die Umorganisation einer Kinder- und Jugendarbeit für die so genannten »neuen Bundesländer«.

Insgesamt führte das Ende der DDR auch in Bezug auf die Kinder- und Jugendarbeit zu vielfältigen Veränderungen. Die Jugendverbandsstruktur der Freien Deutschen Jugend löste sich auf und viele Einrichtungen der Kinder- und Jugendarbeit sowie der Kulturarbeit schlossen. Mit dem Zerbersten der zentralbürokratischen Organisationsgesellschaft Deutsche Demokratische Republik standen nicht nur die politischen und ökonomischen Systeme vor der Aufgabe, sich neu und anders zu organisieren, sondern ein bis dato zumindest äußerlich funktionierendes Netzwerk von Sozialstrukturen und sozialer Absicherung geriet ins Wanken. Die staatlichen und jugendpolitischen Organisationen, die zu DDR-Zeiten die Biographien der Heranwachsenden wesentlich begleiteten und abstützten, verloren für die Kinder und Jugendlichen ihre inhaltliche und strukturierende Bedeutung. Das Altbewährte konnte keine verlässlichen Sicherheiten mehr bereitstellen; durch Freisetzungen von dem Gewohnten konnte das Leben zwar eigenaktiver und selbstverantwortlicher gestaltet werden, war aber zugleich mit sozialen Risiken verknüpft, deren unmittelbare Folgen nicht voraussehbar, schon gar nicht bearbeitbar waren. Doch vorerst wurde mit den neuen Möglichkeiten experimentiert.

So erlebte unter anderem der Wunsch, selbstverantwortlich das gesellschaftliche, politische, soziale und kulturelle Leben mitzugestalten eine kurze, aber intensive Blütezeit. In der noch zukunftsungewissen Herbstzeit des Jahres 1989 stand diese Idee der Gründung Pate für eine Vielzahl von kleineren neuen kirchlichen, studentischen, parteinahen, kulturellen und sozialen Jugendinitiativen und -verbänden. Aus dem »Runden Tisch der Jugend« heraus entstand im Frühjahr 1990 die Arbeitsgemeinschaft »Demokratischer Jugendbund« mit 33 Mitgliedsorganisationen und dem Anspruch, die unterschiedlich ausgerichteten Jugendinitiativen in den neuen Bundesländern zu fördern sowie deren Probleme und Interessen gemeinschaftlich zu artikulieren – ein aus der Rückblende weder gescheiterter noch gelungener Orientierungsversuch. Denn die offiziellen Angaben des Demokratischen Jugendbundes von über zwei Millionen Mitgliedern wurden schon bald kritisch angefragt; realistischere Schätzungen gingen fortan davon aus, dass sich in keinem der neuen Jugendverbände mehr als 10 % der angegebenen Mitglieder engagierten (vgl. Pogundke 1991).

In der sogenannten Wendezeit gründeten sich viele Landes-, Kreis- und Stadtjugendringe, lösten sich wegen Inaktivität wieder auf, gründeten sich erneut und lösten sich wieder auf, noch bevor sich inhaltliche und strukturelle Konturen herauszubilden vermochten. Der Reorganisationsprozess der kinder- und jugendverbandlichen Landschaft in den neuen Bundesländern zeigt so noch heute ein gebrochenes Bild. Doch es deutet sich auch an, dass der Wandel von reinen

Mitgliedsorganisationen hin zu Verbänden und Initiativen, die Dienstleistungen für Kinder und Jugendliche anbieten, sich in den neuen Bundesländern deutlicher und schneller durchzusetzen vermochte und zum Programm wurde als in den Ländern der Alt-Bundesrepublik. Bis in die heutige Zeit sind vielfache strukturelle Unterschiede in Ost- und Westdeutschland noch sichtbar und erweisen einen anhaltenden Nachhol- und Modernisierungsbedarf (vgl. DJI 2012; Simon 2013; Seckinger u. a. 2016)

Die erste Zeit nach der Wende war somit auch eine Phase des Experimentierens (vgl. Schefold 1995). Insbesondere jedoch die partiell zu schnelle und unreflektierte Übernahme westdeutscher Strukturen überdeckte eine Zeitlang die DDR-typische Ausformulierung von Angeboten für Kinder und Jugendliche. Die noch in DDR-Sozialisationskontexten gewonnenen kulturellen Kompetenzen konnten sich unter den neuen sozialpolitischen Bedingungen nicht mehr überall wie früher entfalten. Die Kulturzirkel der DDR hatten eine breite Kleinkunstlandschaft entwickelt, die im ersten Jahrzehnt nach der »Wende« schon fast vergessen war. Auch die Verzahnung von Schule und Freizeit, schulischen und außerschulischen Freizeitangeboten, die in der DDR eine entwickelte Tradition vorweisen konnte, verschwand zunächst und wird erst seit den 2010er Jahren wieder zu reaktivieren versucht. Dem Bundesland Sachsen-Anhalt, das schon in den 1990er Jahren ein landesweites Programm für Schulsozialarbeit aufgelegte, kam diesbezüglich sicherlich eine Modellfunktion zu.

Insbesondere zwei impulsgebende Initiativen für die Kinder- und Jugendarbeit in den neuen Bundesländern sind herauszuheben: Zum einen das »Jugendpolitische Programm des Bundes zum Aus- und Aufbau freier Träger der Jugendhilfe in den neuen Bundesländern« (AFT), das den freien Trägern ab 1992 für fünf Jahre Ressourcen zur Verfügung stellte, um flächendeckend Einrichtungen und Aktionen der Kinder- und Jugendarbeit zu initiieren. Zum anderen ist das sehr umstrittene »Aktionsprogramm gegen Aggression und Gewalt« (AgAG) zu nennen, das im selben Zeitraum zirka 140 »gewaltpräventive« Projekte in Kinder- und Jugendfreizeiteinrichtungen, der Straßensozialarbeit und der Jugendsozialarbeit förderte. Dabei wurde insbesondere die Etatisierung von Planstellen für die Kinder- und Jugendarbeit eher zurückhaltend angegangen; Projektmittel und Förderprogramme konnten wegen ihrer zeitlich begrenzten Dauer die offensichtlichen Angebotslücken nur kurz- bis mittelfristig kompensieren. Hierdurch wurde die Organisation einer kontinuierlichen und konstanten sowie konzeptionell langfristig und grundlegend angelegten (Sozial-)Pädagogik des Kindes- und Jugendalters immer wieder hinausgeschoben.

Auch in den neuen Bundesländern kommt den Kinder- und Jugendfreizeiteinrichtungen ihre Bedeutung als freizeitkulturelle Treffpunkte für die heranwachsende Generation zu. Für viele Kinder und Jugendliche sind die kommunalen Einrichtungen – neben öffentlichen Treffpunkten wie die »Straße« – vielfach die einzigen Orte, an denen sie sich mit Gleichaltrigen treffen können.

Bis mindestens in die 2000er Jahre hinein ist der Aufbau einer institutionell gefestigten Struktur der Sozialpädagogik im Kontext der Jugendhilfe noch nicht abgeschlossen; er wird vielmehr unstet und fragil gestaltet durch ein Wechselspiel von Abbrüchen, Stagnationen, befristeten Projektvorhaben und innovativen Inseln:

> »Etliche Landes- und Kommunalpolitiken haben die Jugendpolitik und mit ihr die Kinder- und Jugendarbeit einer jahrelangen und tiefgreifenden Verwahrlosung ausgesetzt und sie – wenn überhaupt – allenfalls betrieben als vages Versteckspiel mit prinzipienlosem Durchlavieren« (Lindner 2010, S. 16).

Lediglich Konturen des zukünftig Möglichen schimmern in den sich punktuell abzeichnenden Optionen einer eigenständigen Jugendpolitik Ostdeutschlands durch, welche zum aktuellen Zeitpunkt lediglich in Thüringen und Sachsen-Anhalt zur Umsetzung ansteht. In den anderen ostdeutschen Bundesländern werden zwar zahlreiche Positionspapiere, Forderungen und Programmschriften zur Weiterentwicklung der Kinder- und Jugendarbeit publiziert, noch immer aber ist nicht eindeutig auszumachen, welche inhaltlichen und strukturellen Formen der Umbau- und Reorganisationsprozess letztendlich annehmen wird. Die Dynamik der Neuorganisation der Kinder- und Jugendarbeit in den vor 30 Jahren neuen Bundesländern verlief insgesamt nicht ungebrochen, aber auch nicht völlig ohne erkennbares Profil. Ob sie erfolgreich war, bedarf umfassender historischer Analysen.

Zum Weiterlesen – Literaturhinweise

Krafeld, F. J. (1984). *Geschichte der Jugendarbeit.* Weinheim & Basel: Beltz Juventa.

Lindner, W. (1996). *Jugendprotest seit den 50er Jahren. Dissidenz und kultureller Eigensinn.* Opladen: Leske + Budrich.

Templin, D. (2015). *Freizeit ohne Kontrollen: die Jugendzentrumsbewegung in der Bundesrepublik der 1970er Jahre.* Göttingen: Wallstein.

Krüger, H.-H. (1994). »Wie Ernst Thälmann treu und kühn«. In H.-H. Krüger & W. Marotzki (Hrsg.), *Pädagogik und Erziehungsalltag in der DDR* (S. 275–294). Opladen: Leske + Budrich.

Schefold, W. (1995). Das schwierige Erbe der Einheitsjugend. In Th. Rauschenbach, Ch. Sachße & Th. Olk (Hrsg.), *Von der Wertgemeinschaft zum Dienstleistungsunternehmen* (S. 404–426). Frankfurt a. M.: Suhrkamp.

Mählert, U., & Stephan, G.-R. (1996). *Blaue Hemden – Rote Fahnen. Die Geschichte der Freien Deutschen Jugend.* Opladen: Leske + Budrich.

Lehmann, S. (2018). *Jugendpolitik in der DDR.* Baden-Baden: Nomos.

3 Recht – Finanzen – Trägerstrukturen

Ebenso wie die anderen Leistungen und Angebote der Kinder- und Jugendhilfe ist auch der Rahmen der Kinder- und Jugendarbeit in Deutschland insbesondere durch das Achte Buch des Sozialgesetzbuches (SGB) – kurz: SGB VIII – und hier wiederum im Wesentlichen im Kinder- und Jugendhilfegesetz (KJHG) gesetzlich kodifiziert (vgl. Kap. 3.1). In diesem Gesetz werden die Aufgaben, Leistungen und Schwerpunkte der Kinder- und Jugendarbeit rechtlich kodifiziert sowie die Aufgaben für Bund, Länder und kommunale Jugendämter beschrieben. Inwieweit und wie der rechtlich fixierte Rahmen für sozialpädagogische Einrichtungen und Angebote der Kinder- und Jugendarbeit konkret in den Kommunen und Kreisen auszufüllen ist, ist nicht Gegenstand des Gesetzes, sondern ist Teil der Umsetzung des geltenden Rechts durch Träger der öffentlichen und freien Kinder- und Jugendhilfe in der Gesamtverantwortung der kommunalen Jugendämter. Die Bundesländer haben laut Grundgesetz die Möglichkeit, Landesausführungsgesetze zur Konkretisierung oder auch Spezifizierung des bundesweiten rechtlichen Rahmens zu verabschieden (vgl. Kap. 3.2). Darüber hinaus haben die obersten Landesjugendbehörden genauso wie die oberste Bundesjugendbehörde eine Anregungs- und Förderfunktion, aber auch Aufgaben der Weiterentwicklung unter Beachtung regionaler Unterschiede. Die Landesjugendämter wiederum, die organisatorisch mitunter zur gleichen Ministerialbehörde gehören wie die oberste Landesjugendbehörde, haben eine Koordinierungs-, Beratungs- und Ergänzungsfunktion für die Kinder- und Jugendhilfe im Allgemeinen und die Kinder- und Jugendarbeit im Besonderen (vgl. Abb. 3.1).[14]

Für die Umsetzung und Gestaltung des Auf- und Ausbaus sowie der Weiterentwicklung der Kinder- und Jugendarbeit sind finanzielle Ressourcen notwendig. Sie ermöglichen eine bedarfsgerechte Ausgestaltung der Kinder- und Jugendarbeit vor Ort. Hierzu wiederum gibt es eine Vielzahl von Finanzierungsinstrumenten (vgl. Kap. 3.3). Seitens der öffentlichen Gebietskörperschaften sind dies der Kinder- und Jugendplan des Bundes (KJP), aber auch die Länder haben eigene Förderinstrumente – kurz: »Landesjugendpläne« (vgl. Abb. 3.1). Vor allem aber die Kommunen finanzieren über die kommunalen Haushaltspläne die Kinder- und Jugendarbeit.

---

14 In Baden-Württemberg sowie in Nordrhein-Westfalen sind die Landesjugendämter keine so genannten »staatlichen« Landesjugendämter. Vielmehr gehören sowohl der Kommunalverband für Jugend und Soziales in Baden-Württemberg als auch in Nordrhein-Westfalen das LVR-Landesjugendamt Rheinland und das LWL-Landesjugendamt Westfalen zur so genannten »kommunalen Familie«, sind also »kommunale« Landesjugendämter.

Der finanzielle Rahmen für die Praxis der Kinder- und Jugendarbeit wird also bei weitem nicht ausschließlich durch die Bundesebene vorgegeben (vgl. Abb. 3.1). Vielmehr haben auch die Länder fiskalische Gestaltungsspielräume durch eigene Förderstrukturen. Diese umfassen neben Förderrichtlinien in zahlreichen Bundesländern auch Landesjugendpläne, die zusammen mit den einzelnen Landeshaushalten verabschiedet werden und die Finanzierung der Kinder- und Jugendarbeit für das jeweilige Haushaltsjahr festschreiben. Die größte Bedeutung für die Finanzierung der Kinder- und Jugendarbeit haben allerdings die auf kommunaler Ebene verfügbaren finanziellen Ressourcen und Förderinstrumente respektive -verträge. Für einzelne Gemeinden, Kreise und Städte liegen Förderrichtlinien vor, die die Verteilung der für die Kinder- und Jugendarbeit reservierten, kommunalen Mittel steuern sollen (vgl. Kap. 3.3). Hieraus werden Angebote von öffentlichen und freien Trägern finanziert (vgl. Kap. 3.4).

Abb. 3.1: Zuständigkeiten, rechtliche Kodierungen und finanzielle Förderung der Kinder- und Jugendarbeit in Bund, Ländern und Kommunen

	Bund	**Länder**	**Kommunen**
Zuständigkeit	Oberste Bundesjugendbehörde (BMFSFJ)[1]	Oberste Landesjugendbehörden (Ministerien), Landesjugendämter	Kommunale Jugendämter in Kreisen, kreisfreien Städten[2]
Rechtliche Grundlagen	Insbes. SGB VIII Kinder- u. Jugendhilfegesetz	Ausführungsgesetze zum SGB VIII u. a. m.	Keine eigene Gesetzgebungskompetenz
Aufgaben	Anregungs- und Förderungskompetenz (§ 83)	Oberste Landesjugendbehörde: Anregung, Förderung, Weiterentwicklung, Ausgleich regionaler Unterschiede (§ 82). Landesjugendämter: Koordinierungs-, Beratungs- und Ergänzungsfunktion (§ 85)	Gesamtverantwortung für die Kinder- und Jugendhilfe inklusive der Kinder- und Jugendarbeit durch die Jugendämter (§ 79)
Förderung (Beispiele)	Kinder- und Jugendplan des Bundes	Landesjugendpläne	Kinder- und Jugendförderpläne (z. B. für NRW)

1 BMFSFJ: Bundesministerium für Familie, Senioren, Frauen und Jugend
2 In einigen Bundesländern können auch kreisangehörige Gemeinden kommunale Jugendämter für ihren Zuständigkeitsbereich einrichten (z. B. Baden-Württemberg, Nordrhein-Westfalen)

Quelle: Eigene Darstellung

3.1 Die bundesgesetzlichen Regelungen – das Kinder- und Jugendhilfegesetz im SGB VIII

Die Kinder- und Jugendarbeit findet sich nunmehr bereits seit ca. 30 Jahren zusammen in dem 1990 in den damals neuen sowie 1991 in den alten Bundesländern in Kraft getretenen Kinder- und Jugendhilfegesetz im SGB VIII platziert. Der entsprechende Abschnitt, der die Regelungen zur Kinder- und Jugendarbeit beinhaltet, umfasst zudem die Paragrafen zur Jugendsozialarbeit sowie zum erzieherischen Jugendschutz – ein Hinweis auf die Nähe und Schnittstellen dieser Arbeitsfelder zur Kinder- und Jugendarbeit, worauf noch zurückzukommen sein wird.

Das SGB VIII als zwar nicht die einzige, aber zentrale Rechtsgrundlage für die Kinder- und Jugendhilfe insgesamt sieht in den §§ 11 und 12 SGB VIII eigenständige Regelungen zur Kinder- und Jugendarbeit sowie zur Förderung der Jugendverbände als besondere Akteure vor. Insbesondere hierüber konstituiert sich das eigenständige pädagogische Feld Kinder- und Jugendarbeit mit einer Vielzahl von Angeboten und Maßnahmen, Einrichtungen und Trägern sowie nicht zuletzt einem eigenständigen Bildungsauftrag (vgl. u. a. Sturzenhecker & Deinet 2018).

Die Jugendarbeit – das vor etwa 30 Jahren in Kraft getretene SGB VIII verwendet nicht den Terminus »Kinder- und Jugendarbeit« – wird in § 2 Abs. 2 SGB VIII als eine genuine Aufgabe der Kinder- und Jugendhilfe genannt. Der Gesetzgeber benennt an dieser Stelle auch die Jugendsozialarbeit (§ 13 SGB VIII) und den erzieherischen Kinder- und Jugendschutz (§ 14 SGB VIII), also die beiden bereits benannten Arbeitsfelder mit einer großen Nähe und zahlreichen Schnittstellen zur Kinder- und Jugendarbeit. Ferner stehen die Regelungen zum Arbeitsfeld der Kinder- und Jugendarbeit neben denen für die bildungsorientierte Kindertagesbetreuung oder auch denen für die Hilfen zur Erziehung, den Hilfen für junge Volljährige und denen für die Eingliederungshilfen. In einem nachfolgenden Absatz umfasst das SGB VIII aber auch die Darstellung so genannter »anderer Aufgaben« der Kinder- und Jugendhilfe. Damit sind nicht zuletzt auch hoheitliche Aufgaben wie die der Inobhutnahmen gemeint.

Die nachfolgenden Ausführungen zu den rechtlichen Grundlagen bleiben im Rahmen dieser Einführung in die Kinder- und Jugendarbeit unvollständig. Sie umfassen in erster Linie die Darstellung und Kommentierung der zentralen Regelungen des SGB VIII für das Arbeitsfeld, während auf andere rechtliche Grundlagen mit un- und mittelbaren Bezügen wie beispielsweise das Jugendschutzgesetz, das Jugendfreiwilligendienstgesetz u. a. m. bis hin zum Vereins- und Steuerrecht, aber auch bis hin zum Grundgesetz, zur UN-Kinderrechtskonvention oder auch zu den Menschenrechten (vgl. auch Kap. 9.2) hier nicht näher, sondern allenfalls sporadisch eingegangen wird. Eine Spezifizierung der Regelungen zur Kinder- und Jugendarbeit erfolgt insbesondere in den §§ 11 und 12 im zweiten Kapitel des SGB VIII. Damit werden die folgenden Ausführungen beginnen. Die damit einhergehenden oder in Verbindung stehenden gesetzlichen Regelungen wie beispielsweise die generellen Zielsetzungen der Kinder- und Jugendhilfe (§ 1 SGB VIII), die Beteiligung junger Menschen (§ 8 SGB VIII), aber auch die Berücksichtigung der Bedürfnisse der jungen Menschen und die

Gleichberechtigung der Geschlechter (§ 9 SGB VIII) werden dabei mit erörtert. Weitere Teile dieses Unterkapitels beinhalten einige Hinweise zu den rechtlichen Grundlagen für die Jugendsozialarbeit und den erzieherischen Kinder- und Jugendschutz, wobei sich die Ausführungen jeweils nur auf das SGB VIII beschränken werden.

Kinder- und Jugendarbeit, Jugendverbandsarbeit und Förderung des ehrenamtlichen Engagements

Zunächst wird der Blick gerichtet auf die Regelungen des § 11 SGB VIII – eine »Generalklausel« für den weit gefassten Bereich der Jugendarbeit (vgl. Wabnitz 2014, Rn. 1). Hierüber wird immerhin eine objektiv-rechtliche Verpflichtung institutionalisiert, Angebote der Kinder- und Jugendarbeit vorzuhalten und durchzuführen. Zwar ist das weniger als ein subjektiver Rechtsanspruch auf Angebote der Kinder- und Jugendarbeit, aber es besteht eine Verpflichtung für Angebote der Kinder- und Jugendarbeit. Damit ist Kinder- und Jugendarbeit keine freiwillige Aufgabe oder Leistung (vgl. Struck & Wiesner 2015a, Rn. 1 f). Im § 11 SGB VIII heißt es im ersten Absatz:

> »Jungen Menschen sind die zur Förderung ihrer Entwicklung erforderlichen Angebote der Jugendarbeit zur Verfügung zu stellen. Sie sollen an den Interessen junger Menschen anknüpfen und von ihnen mitbestimmt werden, sie zur Selbstbestimmung befähigen und zu gesellschaftlicher Mitverantwortung und zu sozialem Engagement anregen und hinführen.«

Folgen wir einschlägigen Kommentaren zu dieser allgemeinen Zielbestimmung, dann ist festzuhalten (vgl. Wabnitz 2014; Struck & Wiesner 2015a; Schäfer & Weitzmann 2019a):

- Die Kinder- und Jugendarbeit erfährt in dieser rechtlichen Kodifizierung keine statische, den qualitativen und den quantitativen Zuschnitt der Angebote dimensionierende Festschreibung. Die offenen Formulierungen entsprechen der Tatsache, dass die Angebote der Kinder- und Jugendarbeit ständigen Veränderungen unterliegen. Gleichwohl ist die Kinder- und Jugendarbeit insbesondere auch durch die Regelungen im SGB VIII ein eigenständiges, rechtlich kodifiziertes Arbeitsfeld der Kinder- und Jugendhilfe.
- Die stets freiwillige Nutzung der entsprechenden Angebote und der damit verbundenen Infrastruktur konstituieren insbesondere abgeleitet aus dem § 11 SGB VIII ein Feld sozialen Lernens mit einer emanzipatorischen, aber auch einer kompensatorischen Funktion (vgl. Struck & Wiesner 2015a, Rn. 5 f). Damit wird im Übrigen auch § 8 SGB VIII »Beteiligung von Kindern und Jugendlichen« in besonderer Weise Rechnung getragen bzw. bietet um-

gekehrt die Kinder- und Jugendarbeit besondere Möglichkeiten der Mitbestimmung und Mitgestaltung (vgl. Wiesner & Wiesner 2015b, Rn. 24).

- Die Nutzung von Angeboten der Kinder- und Jugendarbeit soll die Persönlichkeitsentwicklung junger Menschen unterstützen. Damit lässt sich eine unmittelbare Verbindung zwischen der Zielsetzung des § 11 SGB VIII Kinder- und Jugendarbeit zur Programmatik der Kinder- und Jugendhilfe insgesamt ziehen, nach der

  »jeder junge Mensch (...) ein Recht auf Förderung seiner Entwicklung und auf Erziehung zu einer eigenverantwortlichen und gemeinschaftsfähigen Persönlichkeit« (§ 1 SGB VIII) hat (vgl. auch Wabnitz 2014, Rn. 8a).

  Bleibt man noch bei dieser ersten Rechtsvorschrift des SGB VIII, so hat auch die Kinder- und Jugendarbeit mit Blick auf § 1 Abs. 2 Nr. 4 SGB VIII einen Auftrag, dazu beizutragen »positive Lebensbedingungen für junge Menschen und ihre Familien sowie eine kinder- und familienfreundliche Umwelt zu schaffen«. Hierzu gehört auch die Wahrnehmung einer anwaltlichen Funktion für die Belange und Interessen junger Menschen, aber auch ein politisches Mandat (vgl. Wiesner & Wiesner 2015a, Rn. 42).
- Adressat*innen der Kinder- und Jugendarbeit sind laut § 11 SGB VIII alle jungen Menschen. Damit sind jedoch nicht nur Jugendliche gemeint. Junge Menschen sind gemäß § 7 Abs. 1 SGB VIII Kinder, die das 14. Lebensjahr noch nicht überschritten haben, Jugendliche ab 14 Jahren, die jedoch das 18. Lebensjahr noch nicht vollendet haben, und junge Volljährige der Altersgruppe zwischen 18 und 27 Jahren. Dementsprechend kennt die Kinder- und Jugendarbeit rein rechtlich keine untere Altersgrenze, gleichwohl diese faktisch bei etwa 6 Jahren liegen dürfte. Aber auch die angegebene obere Altersgrenze ist flexibel, da in § 11 Abs. 4 SGB VIII ausdrücklich festgehalten wird, dass auch Personen, die über 27 Jahre alt sind, in einem angemessenen Umfang in die Angebote der Jugendarbeit mit einbezogen werden können. Damit ist es Projekten der Jugendarbeit grundsätzlich möglich, Angebote für Adressat*innengruppen zu konzipieren und zu realisieren, die über 27 Jahre alt sind. Gemeinwesenbezogene, stadtteil- und lebensweltorientierte Formen der Kinder- und Jugendarbeit werden so rechtlich aus dem Kanon der Jugendarbeit nicht herausdefiniert, sondern werden – im Gegenteil – im § 11 Abs. 2 SGB VIII explizit erwähnt.
- Interpretationsbedürftig bleiben die Ausführungen insofern, als die Zielformulierungen im § 11 SGB VIII – »an den Interessen junger Menschen anknüpfen«, »ihrer Entwicklung erforderliche Angebote (...) zur Verfügung stellen«, sie »zur Selbstbestimmung befähigen« und zu »sozialem Engagement anregen und hinführen« – unbestimmte Rechtsformulierungen darstellen. Tendenziell wird hier einer Forderung entsprochen, die seit Mitte der

1970er Jahre in den Diskussionen zu unterschiedlichen Reformbemühungen des damals noch gültigen Jugendwohlfahrtsgesetzes (JWG) vorgetragen wurden. Insbesondere von Vertreter*innen einer emanzipativen und bedürfnisorientierten Kinder- und Jugendarbeit wurde eine Stärkung der Subjektstellung des Jugendlichen in der Jugendarbeit reklamiert (vgl. Böhnisch, Dieckerhoff & Grieser 1974; Swoboda 1974; Giesecke 1998). Es sollte allerdings auch nicht übersehen werden, dass der Kinder- und Jugendarbeit – einmal abgesehen von ihren realen Möglichkeiten – in Bezug auf die Aktivierung von Selbstbestimmungspotentialen und sozialem Engagement seitens des Gesetzgebers Grenzen gesetzt werden. Markiert werden diese einerseits durch das im § 1 Abs. 2 SGB VIII herausgestellte und zudem grundgesetzlich manifestierte »natürliche Recht der Eltern« auf Erziehung (Artikel 6 GG) sowie andererseits durch die Prämisse im SGB VIII, wonach der »Erziehung zu einer eigenverantwortlichen und gemeinschaftsfördernden Persönlichkeit« nachzukommen ist. Trotz einer im Kern undefinierten Rolle ist die Förderung von sozialem Engagement und Selbstbestimmung somit gebunden an die Konformität der Gemeinschaften (vgl. Mollenhauer 1982).[15]

- Die rechtlichen Formulierungen lassen offen, welcher Bedarf an Kinder- und Jugendarbeit sich aus dem § 11 Abs. 1 SGB VIII ableiten lässt. Bei der Kinder- und Jugendarbeit handelt es sich dem § 11 nach nicht um individuelle Leistungen, sondern es geht dabei nach Struck und Wiesner (2015a, Rn. 3) um die Möglichkeit der Teilnahme an allgemein zugänglichen Veranstaltungen oder auch die Nutzung öffentlicher Einrichtungen. Ein einklagbarer subjektiver Rechtsanspruch auf die Möglichkeiten der Teilnahme und Nutzung entsprechender Angebote lässt sich nicht aus den gesetzlichen Grundlagen ableiten (vgl. Wabnitz 2014, Rn. 2c – 2e). In Verbindung mit § 79 Abs. 2 SGB VIII besteht aber mit Blick auf die Ausstattung der Kinder- und Jugendarbeit eine unzweifelhafte Verpflichtung des örtlichen Trägers der öffentlichen Kinder- und Jugendhilfe, Angebote der Kinder- und Jugendarbeit in einem bedarfsgerechten Umfang entweder selbst zur Verfügung zu stellen oder aber im Rahmen der Gesamtverantwortung dafür zu sorgen, dass diese unter Berücksichtigung des Subsidiaritätsprinzips zur Verfügung gestellt werden (vgl. auch Kap. 3.3). Zwar ist damit die Kinder- und Jugendarbeit für Kommunen eindeutig keine so genannte »freiwillige Leistung«, gleichwohl bestehen hinsichtlich des Umfangs der Ausstattung große kommunale Gestaltungsspielräume. Diese werden für die »Öffentliche Hand« zumindest durch die Vorgaben der Gesamtverantwortung im § 79 SGB VIII und der darauf

15 Nicht weiter diskutiert werden an dieser Stelle Bezüge zur Umsetzung der UN-Kinderrechtskonvention sowie zu den Bestrebungen, die Kinderrechte im Grundgesetz zu verankern. Hierüber könnten sich die hier angedeuteten Grenzziehungen verändern.

basierenden Jugendhilfeplanung nach § 80 SGB VIII strukturiert (vgl. Struck & Wiesner 2015a, Rn. 4).[16]

Im zweiten Absatz der Rechtsvorschrift § 11 SGB VIII werden institutionelle Akteure der Kinder- und Jugendarbeit benannt – »Jugendarbeit wird angeboten von Verbänden, Gruppen und Initiativen der Jugend, von anderen Trägern der Jugendarbeit und den Trägern der öffentlichen Jugendhilfe« (§ 11 Abs. 2 SGB VIII) – sowie weiter mit »bestimmten Angeboten für Mitglieder«, der »offenen Kinder- und Jugendarbeit« und den »gemeinwesenorientierten Angeboten« Erbringungsformen aufgelistet werden.

Die allgemeinen Ziele der Kinder- und Jugendarbeit sollen also durch Angebote freier Träger – gemeint sind Wohlfahrts- und Jugendverbände, Gruppen und Initiativen oder andere gemeinnützige und privatgewerbliche Träger –, aber auch im Rahmen von partnerschaftlicher Zusammenarbeit (Korporatismus) und des Subsidiaritätsprinzips (§§ 3, 4 SGB VIII) durch die Öffentlichen Trägern verwirklicht werden (vgl. auch Kap. 3.4).

Mit dieser Rahmung werden auch mit Blick auf das im § 5 SGB VIII verankerte Wunsch- und Wahlrecht der jungen Menschen begünstigende Voraussetzungen für ein plurales Trägerspektrum geschaffen. Ausdrücklich ermöglicht wird es auch, dass Initiativen, Gruppen und Einrichtungen außerhalb des »klassischen« Trägerspektrums sich im Kontext der Kinder- und Jugendarbeit engagieren (vgl. Wabnitz 2014, Rn. 11). In den Genuss einer Förderung können sie allerdings nur gelangen, sofern sie gemäß § 74 SGB VIII die fachlichen Voraussetzungen erfüllen, Gewähr bieten, die Mittel angemessen und wirtschaftlich zu verwenden, gemeinnützige Zwecke verfolgen sowie eine angemessene Eigenleistung erbringen und entsprechend der Ziele des Grundgesetzes handeln. Handelt es sich um eine auf Dauer angelegte Förderung, ist zudem eine Anerkennung als Träger der freien Kinder- und Jugendhilfe nach § 75 SGB VIII notwendig (vgl. von Boetticher & Münder 2019a).

Bei den Angebotsformen sowie den Handlungsfeldern im Rahmen der Kinder- und Jugendarbeit sind laut § 11 Abs. 2 SGB VIII Angebote für Mitglieder der jeweiligen Verbände bzw. Initiativen, Projekte der Offenen Kinder- und Jugendarbeit sowie gemeinwesenorientierte Maßnahmen für einen Stadtteil oder ein

16 In der ersten Auflage dieser Einführung findet sich auch vor diesem Hintergrund noch ein Abschnitt zur kommunalen Jugendhilfeplanung. Für die aktuelle Auflage soll an dieser Stelle die Feststellung genügen, dass die Jugendhilfeplanung zweifellos eine unverzichtbare Funktion für eine bedarfsgerechte Ausgestaltung der Kinder- und Jugendarbeit haben kann, wenngleich es diesbezüglich in den Kommunen erhebliche Umsetzungsdefizite gibt. Als einführende Literatur zur Jugendhilfeplanung ist beispielsweise der Herausgeberband von Stephan Maykus und Reinhold Schone (2010) zu empfehlen, aber auch der Beitrag von Franz Herrmann (2018) im Kompendium Kinder- und Jugendhilfe.

Quartier zu unterscheiden. Damit werden allerdings weniger die Methoden und Arbeitsformen der Kinder- und Jugendarbeit systematisch benannt, sondern vielmehr markiert der Gesetzgeber hierüber auch heute noch wesentliche Handlungsfelder der Kinder- und Jugendarbeit (vgl. Schäfer & Weitzmann 2019a, Rn. 24 f).

Im Rahmen der im Absatz 2 benannten Handlungsfelder werden in § 11 Abs. 3 SGB VIII Schwerpunkte der Kinder- und Jugendarbeit hinzugefügt: Zu ihnen gehören in einer nicht abschließenden Aufzählung die »außerschulische Jugendbildung mit allgemeiner, politischer, sozialer, gesundheitlicher, kultureller, naturkundlicher und technischer Bildung«, die »Jugendarbeit in Sport, Spiel und Geselligkeit«, die »arbeitswelt-, schul- und familienbezogene Jugendarbeit, die »innerdeutsche und die internationale Jugendarbeit«, »Kinder- und Jugenderholung« sowie die »Jugendberatung«. Der im Gesetz aufgeführte, dabei im Übrigen keineswegs unumstrittene Kanon von Schwerpunkten hat zum einen beispielhaften und zugleich entwicklungsoffenen Charakter, ist aber zum anderen auch nur konturenhaft gegenüber anderen Leistungs- und Schwerpunktbereichen abgegrenzt.[17]

Mit dieser alles in allem zumindest aus juristischer Perspektive offen gehaltenen Schwerpunktbestimmung wird auch den Anforderungen entsprochen, die sich durch § 9 SGB VIII für die Kinder- und Jugendarbeit ergeben. Demnach hat die Kinder- und Jugendhilfe im Allgemeinen sowie die Kinder- und Jugendarbeit im Besonderen die Herkunft, die Fähigkeiten und Wertvorstellungen der jungen Menschen, aber auch die unterschiedlichen Lebenslagen zu berücksichtigen (vgl. Wiesner & Wiesner 2015c, Rn. 23 f). Dies hat auch mit dem Ziel zu geschehen, lebenslagenspezifische Ungerechtigkeiten zu verkleinern. Damit sind nicht nur, aber auch die unterschiedlichen Lebenslagen junger Menschen gemeint. Die Einrichtung von jungen- oder mädchenfreien Zonen, die Reservierung von Räumen und Zeiten sowie die Vorhaltung von Maßnahmen ausschließlich für Mädchen oder Jungen in den Einrichtungen und Projekten der Kinder- und Jugendarbeit erfahren hierdurch eine rechtliche Kodifizierung. Ferner ist diese gesetzliche Vorschrift neben § 1 SGB VIII auch der zentrale Anknüpfungspunkt für eine diversitätsorientierte und geschlechtergerechte Kinder- und Jugendarbeit, die auch LSBT*Q-Jugendliche adressiert (kurz auch »queere Jugendarbeit«).

Neben § 11 ist § 12 SGB VIII eine zentrale Vorschrift für die gesetzliche Verankerung und die Strukturen des Arbeitsfeldes Kinder- und Jugendarbeit. Bei aller Heterogenität des Trägerspektrums (vgl. auch Kap. 3.4) wird dadurch den Jugendverbänden vom Bundesgesetzgeber eine Sonderrolle eingeräumt. So heißt es im § 12 Abs. 1 SGB VIII:

---

17 Schwerpunkte der Kinder- und Jugendarbeit sind immer abhängig von aktuellen gesellschaftlichen Entwicklungen. So sind in den letzten 30 Jahren für die Kinder- und Jugendarbeit Schwerpunkte hinzugekommen, während andere an Bedeutung verloren haben. Dieser Entwicklungsprozess ist kontinuierlich und nicht abschließend.

»Die eigenverantwortliche Tätigkeit der Jugendverbände und Jugendgruppen ist unter Wahrung ihres satzungsgemäßen Eigenlebens nach Maßgabe des § 74 zu fördern.«

Die exklusive Erwähnung der Jugendverbände und Jugendgruppen in einem eigenständigen Paragrafen verdeutlicht die besondere Stellung dieser Trägergruppe der Kinder- und Jugendarbeit im »Kanon« der freien Träger, zumal aus dieser Rechtsvorschrift eine Förderverpflichtung ableitbar ist (vgl. Struck & Wiesner 2015b, Rn. 1 f). Nicht abzuleiten sind aus dieser Vorschrift jedoch Hinweise über die Höhe der Unterstützung oder aber darüber, dass es sich dabei um finanzielle Mittel handeln muss (vgl. Schäfer & Weitzmann 2019b, Rn. 7 f).

Mit den Formulierungen im § 12 Abs. 2 SGB VIII sind nach Struck und Wiesner (2015b, Rn. 11 f) zumindest keine unmittelbaren Rechtsfolgen verbunden. Sie beschreiben vielmehr Strukturmerkmale und -prinzipien für die Jugendverbandsarbeit, und zwar: Selbstorganisation über vor allem ehrenamtliches/freiwilliges Engagement, Kontinuität, auf vor allem Mitglieder ausgerichtete Angebote, Interessenartikulations- und -vertretungsfunktion. Zu diskutieren ist allerdings, inwieweit diese immerhin im Fachgesetz verankerte Darstellung auch heute noch mit der Wirklichkeit korrespondiert.

Für die Jugendverbandsarbeit im Besonderen, aber auch für die Kinder- und Jugendarbeit im Allgemeinen hat das ehrenamtliche, freiwillige Engagement einen hohen Stellewert. Dies räumen auch Kommentator*innen der einschlägigen Paragrafen des SGB VIII im Kontext der Vorschrift zu den Jugendverbänden ein (vgl. z. B. Struck & Wiesner 2015b, Rn. 16). Vor diesem Hintergrund muss mit Blick auf die gesetzliche Rahmung der Kinder- und Jugendarbeit im Allgemeinen sowie der Jugendverbandsarbeit im Besonderen der § 73 SGB VIII erwähnt werden. Hier wird festgehalten, dass alle in der Kinder- und Jugendhilfe »ehrenamtlich tätigen Personen bei ihrer Tätigkeit angeleitet, beraten und unterstützt werden« sollen. Aus dieser allgemeinen Formulierung ist zwar nur schwer ein Rechtsgut abzuleiten, dennoch ist die explizite Erwähnung des freiwilligen, unbezahlten Engagements insbesondere für die Kinder- und Jugendverbandsarbeit, aber auch für die Kinder- und Jugendarbeit insgesamt bedeutsam, wird doch zumindest so der quantitativ und qualitativ nicht unbedeutsamen Tätigkeit von Ehrenamtlichen in diesen Organisationen und Verbänden entsprochen.

Mit Blick auf die hohe Bedeutung des ehrenamtlichen, freiwilligen Engagements hat insbesondere in den letzten Jahren mit dem § 72a SGB VIII eine weitere Vorschrift des SGB VIII an Bedeutung für Träger der Kinder- und Jugendarbeit gewonnen. Bereits vor Inkrafttreten der Novellierung des SGB VIII durch das Bundeskinderschutzgesetz zum 01. 01. 2012 hatte der Gesetzgeber geregelt, dass keine einschlägig vorbestraften Personen wegen insbesondere Verletzung der Fürsorge- oder Erziehungspflicht, sexuellem Missbrauch oder Nötigung, Kinderpornografie, Misshandlung von Schutzbefohlenen oder auch Kinder- bzw. Menschenhandel in der Kinder- und Jugendarbeit beschäftigt werden. Mit dem Bundeskinderschutzgesetz und den Änderungen der §§ 72a Abs. 3 ff. SGB VIII wurde diese Regelung explizit auch auf neben- und ehrenamtlich tätige Personen ausgeweitet, wobei in der Umsetzung »Art, Intensität und Dauer des Kontakts dieser Person mit Kindern und Jugendlichen« (§ 72a Abs. 3 SGB VIII) berücksichtigt werden sollen. Die Umsetzung dieser Regelungen erfolgt durch die Träger und die Einsichtnahme in die jeweiligen polizeilichen Führungszeugnisse. Insbesondere für die Kinder- und Jugendarbeit stellt die Umsetzung dieser Regelung die Träger allerdings vor große Herausforderungen und hat zu erheblichen Schwierigkeiten und einer mitunter sehr heterogenen Praxis geführt (vgl. Mühlmann, Pothmann & Kopp 2015, S. 129; Wiesner & Wiesner 2015d, Rn. 34 f), so dass der Bundesgesetzgeber diesbezüglich einen gesetzgeberischen Handlungsbedarf in Richtung einer Verbesserung der praktischen Umsetzbarkeit und Rechtssicherheit eingeräumt hat, ohne diesen allerdings zeitnah umsetzen zu können (vgl. Deutscher Bundestag 2017b, S. 63).

Zum Weiterlesen – Literaturhinweise

Wiesner, R. (2015). *SGB VIII. Kinder- und Jugendhilfe*. München: C. H. Beck.

Münder, J., Meysen, Th., & Trenczek, Th. (2019). *Frankfurter Lehr- und Praxiskommentar zum Kinder- und Jugendhilfegesetz*. Weinheim & München: Beltz Juventa.

Die Jugendsozialarbeit

Eine weitere so genannte Legaldefinition für die Jugendsozialarbeit enthält § 13 SGB VIII. Die Ausführungen des Gesetzgebers schließen für die Jugendsozialarbeit Hilfsangebote zur schulischen und beruflichen Ausbildung und Eingliederung sowie zur sozialen Integration von sozial oder individuell benachteiligten respektive beeinträchtigen jungen Menschen mit ein. Im Gegensatz zu den in § 11 SGB VIII aufgelisteten sozialpädagogischen Angeboten der Förderung werden die im Gesetzestext formulierten sozialpädagogischen Maßnahmen abschließend aufgeführt. Gleichwohl betont der 14. Kinder- und Jugendbericht in seinen Ausführungen zur Jugendsozialarbeit das »breit gefächerte Feld unterschiedlicher Angebote und Arbeitsansätze« (Deutscher Bundestag 2013, S. 324). Die Angebote zielen auf verschiedene sozialpädagogische Angebote zur sozialen, schulischen und beruflichen Unterstützung und Integration junger Menschen (vgl. Jordan, Maykus & Stuckstätte 2012, S. 155 f).

Im Kontrast zur »allgemeinen« Kinder- und Jugendarbeit richten sich die Angebote der Jugendsozialarbeit nicht an alle Kinder, Jugendliche und junge Volljährige. Sie wenden sich ausschließlich an diejenigen, die bezüglich ihrer schulischen Qualifizierung, ihrer Eingliederung in berufliche Ausbildungsmaßnahmen oder das Berufssystem und bezüglich ihrer sozialen Integration in existierende gesellschaftliche Netzwerke auf Förderung sowie sozialpädagogische Begleitung und Unterstützung angewiesen sind. Das Ziel der Jugendsozialarbeit ist allgemein, die sprachliche, schulische, berufliche und soziale Integration junger Menschen zu fördern.

Die unterschiedlichen Angebote und Maßnahmen der Jugendsozialarbeit haben somit vor allem die Aufgabe, Jugendliche mit Benachteiligungen in den Bereichen schulische Bildung, berufliche Ausbildung oder auch der sozialen Integration gezielt zu fördern und zu unterstützen. Dieser Zuschnitt der gesetzlichen Regelungen birgt allerdings eine Ambivalenz: Einerseits sind die genannten Aufgaben in den Bereichen der (Aus)Bildung, Förderung und Unterstützung gesellschaftlich bzw. jugend- und sozialpolitisch von hoher Priorität und unverzichtbar, andererseits sind die hierüber geschaffenen institutionellen Kontexte und die sich auch hierüber reproduzierenden Normalitätsmuster aus sozialpädagogischer Perspektive auch problematisch. Kritisch zu hinterfragen sind in diesem Zusammenhang Konzepte von Angeboten, die im Rahmen einer notwendigen Orientierung an z. B. den Erfordernissen des Arbeitsmarktes oder auch der Schule, die Vermittlung von lebensweltlichen Kompetenzen oder solche zur Alltagsbewältigung vernachlässigen oder diese sogar gänzlich unberücksichtigt lassen (vgl. auch Thole 2000, S. 80 ff.; aktuell Dahmen 2020).

Die rechtlichen Grundlagen für die Jugendsozialarbeit mit ihren heterogenen Handlungsfeldern finden sich allerdings nicht nur im SGB VIII (Kinder- und Jugendhilferecht), sondern in mehreren Büchern des SGB, und zwar im Einzelnen mitunter im SGB XII (Sozialhilfe) oder auch im SGB II und III für die von der Bundesagentur finanzierten Arbeitsmarktmaßnahmen im Rahmen der Jugendberufshilfe (vgl. Pingel 2018, S. 740 f). Diese Vielfalt und zum Teil auch Diffusität der rechtlichen Grundlagen zeigt die organisatorische Zergliederung der Jugendsozialarbeit. Dies drückt sich auch in unterschiedlichen Handlungsfeldern unter dem Oberbegriff der Jugendsozialarbeit aus, und zwar:

- die Jugendberufshilfe,
- die Arbeit mit jugendlichen Migrant*innen,
- das sozialpädagogisch begleitete Jugendwohnen,
- die Schulsozialarbeit – hier nicht zuletzt auch die Arbeit mit »schulmüden« Jugendlichen sowie Schulverweigerer*innen –

oder auch

- die aufsuchende Jugendsozialarbeit bzw. die Streetwork-Arbeit.

Manche der genannten Handlungsfelder zur Jugendsozialarbeit weisen zumindest Schnittstellen, mitunter auch Überlappungen zu Handlungsfeldern der Kinder- und Jugendarbeit auf. Dies gilt beispielsweise für die Schulsozialarbeit als Teil der Jugendsozialarbeit und Angeboten der Kinder- und Jugendarbeit und Schule oder auch für die Streetwork-Arbeit als Teil der Jugendsozialarbeit und die Angebote der mobilen Kinder- und Jugendarbeit (vgl. Kap. 4). Vor diesem

Hintergrund erscheint bei der Umsetzung der gesetzlichen Grundlagen für die Kinder- und Jugendarbeit und Jugendsozialarbeit in der Praxis vor Ort die Zuordnung diverser Angebote zu entweder § 11 SGB VIII Kinder- und Jugendarbeit oder § 13 SGB VIII Jugendsozialarbeit nicht immer kohärent.

Andere Handlungsfelder der Jugendsozialarbeit sind hingegen sehr viel besser von der Kinder- und Jugendarbeit abgrenzbar. Beispielsweise stellt die in § 12 Abs. 2 SGB VIII rechtlich kodifizierte Jugendberufshilfe ein nicht nur eigenständiges, sondern auch einen von der Kinder- und Jugendarbeit vergleichsweise gut abgrenzbaren Bereich dar. Diesbezüglich ist eher zu beobachten, dass die über den § 78 SGB VIII rechtlich abgesicherten Verzahnungsmöglichkeiten zwischen der Jugendberufshilfe und der Kinder- und Jugendarbeit über so genannte »Arbeitsgemeinschaften« noch besser genutzt werden könnten. Gleichwohl zeigt sich für die in § 13 SGB VIII angedeuteten Handlungsfelder der Jugendsozialarbeit eine zunehmende Kooperationsbereitschaft mit anderen Agenturen des Bildungs-, Erziehungs- und Sozialwesens.

Zum Weiterlesen – Literaturhinweise

Pingel, A. (2018). Jugendsozialarbeit. In K. Böllert (Hrsg.). *Kompendium Kinder- und Jugendhilfe* (Bd. 1, S. 737–754). Wiesbaden: Springer VS.

Wiesner, R. (2015). *SGB VIII. Kinder- und Jugendhilfe*. München: C. H. Beck.

Der erzieherische Kinder- und Jugendschutz

Der Schutz von Kindern und Jugendlichen gehört grundsätzlich zu den Querschnittsfunktionen und Kernaufgaben der Kinder- und Jugendhilfe (vgl. Struck & Wiesner 2015c, Rn. 3). Dies ist aber nicht mit dem hier zu betrachtenden erzieherischen Kinder- und Jugendschutz gleichzusetzen. Der Rechtskommentar unterscheidet vielmehr in diesem Zusammenhang zwischen einem umfassenden, strukturellen Kinder- und Jugendschutz mit Bezug auf § 1 SGB VIII und dem im § 14 SGB VIII rechtlich kodifizierten erzieherischen Kinder- und Jugendschutz. Dies zeigen auch Vermessungen von Nikles (2018, S. 772 f) zum so genannten »weiteren Kinder- und Jugendschutz«, wenn zwischen dem straf- und ordnungsrechtlichen Jugendschutz auf vor allem der Grundlage des Jugendschutzgesetzes, den hier noch näher zu betrachtenden Regulierungen zum erzieherischen Kinder- und Jugendschutz, dem strukturellen Jugendschutz sowie dem Schutz von Kindern und Jugendlichen vor Vernachlässigungen und Misshandlungen unterschieden wird.

Speziell der im § 14 SGB VIII rechtlich kodifizierte erzieherische Kinder- und Jugendschutz als Aufgabe mit aktuell nach wie vor großer Nähe und zahlreichen Schnittstellen zur Kinder- und Jugendarbeit ist schon historisch betrachtet insbesondere aus Kontexten der Kinder- und Jugendarbeit heraus entstanden (vgl. hierzu auch die Ausführungen bei Thole 2000; vgl. auch Kap. 2). Diese Bezüge sind neben denen zur Familienbildung auch heute noch vielerorts konstitutiv für das mit dem erzieherischen Kinder- und Jugendschutz verbundene Informations- und Beratungsangebot. Das zeigt auch der Blick auf Verwaltungsstrukturen, die den erzieherischen Kinder- und Jugendschutz oftmals organisatorisch im Kontext der Kinder- und Jugendarbeit verankern (vgl. Nikles 2018, S. 779 f). Allerdings zeigen empirische Erhebungen zum Beispiel für Baden-Württemberg auch, dass der erzieherische Kinder- und Jugendschutz nicht in allen Jugendämtern gefördert wird bzw. die Höhe der finanziellen Ressourcen explizit für dieses Handlungsfeld marginal ausfällt im Vergleich zu den Etats für die Kinder- und Jugendarbeit (vgl. KJVS 2019, S. 51 f).

In der Umsetzung der rechtlichen Grundlagen geht es in der Praxis des erzieherischen Kinder- und Jugendschutzes um Informationsangebote sowie um Formen einer Sensibilisierung für und Aufklärung über potenzielle Gefährdungen. Die Angebote zielen auch auf eine Änderung von Verhaltensweisen bei Eltern, aber vor allem auch jungen Menschen ab, damit diese sich auf diese Weise vor diversen Gefährdungslagen schützen bzw. zumindest besser mit ihnen umgehen können. Erzieherischer Kinder- und Jugendschutz basiert dabei zumindest weitestgehend nicht auf repressiven Maßnahmen, sondern vor allem auf präventiver Arbeit. Das heißt, Gefährdungen und daraus resultierende Schädigungen sollen einerseits frühzeitig erkannt sowie verhindert und vermieden werden (vgl. Nikles 2018, S. 775). Anderseits sollen jungen Menschen die notwendigen Kompetenzen für einen eigenverantwortlichen Umgang mit diversen Gefährdungslagen vermittelt werden. Gemeint sind dabei beispielsweise Gewaltgefährdungen, Mediengefährdungen, Suchtgefährdungen, Gefährdungen in der Freizeit, ideologische Gefährdungen oder auch Umweltgefährdungen (vgl. Struck & Wiesner 2015c, Rn. 7 f).

Vor dem Hintergrund einer Zunahme und Ausweitung von Gefährdungslagen, aber auch einer gewachsenen Unsicherheit bei Eltern in Erziehungsfragen sowie einem gestiegenen Informations- und Beratungsbedarf hat der erzieherische Kinder- und Jugendschutz als Aufgabe der Kinder- und Jugendhilfe an Bedeutung gewonnen (vgl. Nikles 2018, S. 776). Dies ist auch auf die Entwicklungen im Rahmen einer Digitalisierung der Lebenswelten und den damit verbundenen Auswirkungen auf Medienverhalten und -konsum bei jungen Menschen zurückzuführen. Hier ist der erzieherische Kinder- und Jugendschutz als eine eingangs erwähnte Säule eines erweiterten Kinder- und Jugendschutzes vor allem mit Blick auf eine Vermittlung und Förderung von Konsum- und Medienkompetenz gefordert.[18]

18 Die Bedeutungszunahme wird auch durch die 2017 zwar vom Bundestag, aber nicht vom Bundesrat verabschiedete Novellierung des SGB VIII durch das so genannte »Kinder- und Jugendstärkungsgesetz« illustriert. Der nicht umgesetzte Gesetzesentwurf sieht folgende

Zum Weiterlesen – Literaturhinweise

Nikles, B. W. (2018). Erzieherischer Kinder- und Jugendschutz. In K. Böllert (Hrsg.), *Kompendium Kinder- und Jugendhilfe* (S. 771–782). Wiesbaden: Springer VS.

Nikles, B. W., Roll, S., & Umbach, K. (2013). *Kinder- und Jugendschutz – Eine Einführung in Ziele, Aufgaben und Regelungen*. Opladen: Barbara Budrich.

3.2 Länderspezifische gesetzliche Regelungen – Ausführungsgesetzgebung zum SGB VIII

Die bundesgesetzliche Basis des SGB VIII kann durch Ausführungsgesetze der Bundesländer konkretisiert werden. Inwieweit und mit welchen konkreten Inhalten, Schwerpunkten, Angeboten in welchen Handlungsfeldern und Projekten die Kinder- und Jugendarbeit, die Jugendsozialarbeit und der erzieherische Kinder- und Jugendschutz in den Städten, Gemeinden und Kreisen realisiert oder gefördert werden, ist auch mit abhängig von den Regelungen in den diversen Ausführungsgesetzen der einzelnen Bundesländer. Durch den § 15 SGB VIII wird die weitere Regelkompetenz in Bezug auf die in §§ 11 bis 14 SGB VIII aufgeführten Leistungen der Kinder- und Jugendhilfe den Bundesländern übertragen. Dies ist allerdings keine Verpflichtung für die Bundesländer, sondern vielmehr sind Landesrechtsvorbehalte im SGB VIII grundsätzliche deklaratorische Hinweise für die Gesetzgebung in den Bundesländern – hier mit Blick auf die Kinder- und Jugendarbeit, die Jugendsozialarbeit sowie den erzieherischen Kinder- und Jugendschutz. Landesausführungsbestimmungen zur Kinder- und Jugendarbeit sind ein Politikum und dementsprechend mit unterschiedlichen Interessenslagen verbunden. So wird doch von den Trägern, Praktiker*innen und partiell auch von sozial- und jugendpolitisch engagierten Politiker*innen gehofft, dass diese Bestimmungen helfen, die Kinder- und Jugendarbeit durch konkrete Schwerpunktsetzungen und verbindliche Aufgabenbeschreibungen verbindlich abzusichern (vgl. Schäfer & Weitzmann 2019c; Struck & Wiesner 2015d).

Die landesspezifischen rechtlichen Regelungen beziehen sich insbesondere auf die Kinder- und Jugendarbeit und deutlich seltener auf die Jugendsozialarbeit oder gar den erzieherischen Kinder- und Jugendschutz (vgl. Deutscher Bundestag 2013, S. 262). Die bestehenden Regelungen zur Kinder- und Jugendarbeit fallen in den Ländern zumindest in Teilen sehr unterschiedlich aus. Sie bestimmen dabei zusammen mit Rechtsverordnungen und Verwaltungsvorschriften und neben den Landesjugendplänen die länderspezifischen Ordnungen zur Kinder-

---

Ergänzung von § 14 Abs. 2 SGB VIII vor: »Von diesen Maßnahmen ist auch die Vermittlung von Medienkompetenz umfasst« (Deutscher Bundestag 2017c, S. 11).

und Jugendarbeit, und zwar durchaus wirkungsvoll, wenn man beispielsweise entsprechende Untersuchungen hierzu zur Kenntnis nimmt. So kommen bereits Engelhardt und Formann (2004) zu dem Ergebnis, dass die unterschiedlichen Strukturen für die Kinder- und Jugendarbeit in den Bundesländern auf die Verteilung von behördlichen Zuständigkeiten, landesspezifische Förderschwerpunkte sowie nicht zuletzt eben auch auf eine mehr oder weniger detaillierte Gesetzgebung zurückzuführen sind.

Die Bundesländer lassen sich hinsichtlich einer Ausführungsgesetzgebung zur Kinder- und Jugendarbeit in drei Kategorien unterscheiden:[19]

- In einigen Bundesländern ist ein gesondertes Ausführungsgesetz für die Kinder- und Jugendarbeit, die Jugendsozialarbeit und/oder den erzieherischen Kinder- und Jugendschutz in den letzten drei Jahrzehnten erarbeitet, verabschiedet und mitunter auch bereits (mehrfach) novelliert worden. Hierzu gehören beispielsweise die Bundesländer Baden-Württemberg, Hessen, Mecklenburg-Vorpommern, Niedersachsen oder auch Nordrhein-Westfalen. Für Hessen und Baden-Württemberg gilt dies ebenfalls, allerdings mit der Besonderheit, dass sich hier die Ausführungsgesetzgebung kategorial nicht auf die Kinder- und Jugendarbeit, sondern auf das Feld der »außerschulischen Jugendbildung« bezieht.[20] Für Nordrhein-Westfalen gilt die Besonderheit, dass das entsprechende Ausführungsgesetz ganz im Sinne des § 15 SGB VIII explizit Regelungen für die Kinder- und Jugendarbeit, aber auch für die Jugendsozialarbeit und den erzieherischen Kinder- und Jugendschutz trifft.
- In anderen Bundesländern ist man seitens des Gesetzgebers nicht den Weg gegangen, ein gesondertes Ausführungsgesetz für die Kinder- und Jugendarbeit, die Jugendsozialarbeit und/oder den erzieherischen Kinder- und Jugendschutz zu verabschieden; vielmehr gibt es Regelungen zu den genannten Bereichen in einem Landesausführungsgesetz, das auch zu Struktur- und Organisationsfragen sowie zu diversen anderen Feldern und Themen der Kin-

19 Es wird im Folgenden auf eine detaillierte Schilderung der Ausführungsgesetzgebung zur Kinder- und Jugendarbeit sowie zur Jugendsozialarbeit und des erzieherischen Kinder- und Jugendschutzes verzichtet (vgl. hierzu den Kommentar und die Rechtssammlung in Form einer Loseblattsammlung von Krug & Riehle 2019 sowie die Linksammlung im Rahmen des Jugendhilfeportals: http://www.jugendhilfeportal.de/recht/gesetze-des-bundes-und-der-laender/ [Zugriff 30. 03. 2021]). Ferner wird an dieser Stelle ebenfalls nicht näher eingegangen auf landesspezifische rechtliche Regelungen zur Freistellung bzw. Sonderurlaub für Ehrenamtliche, ein rechtlicher Regelungsbereich, der insbesondere für die Jugendverbandsarbeit von großer Bedeutung ist.

20 Für Baden-Württemberg wird dabei beispielsweise in § 14 Abs. 7 des zentralen Ausführungsgesetzes zum SGB VIII (LKJHG) auf das eigenständige Jugendbildungsgesetz des Landes und seine Relevanz für Regelungen zur Kinder- und Jugendarbeit verwiesen.

der- und Jugendhilfe Regelungen enthält. Dies ist beispielsweise für Brandenburg, Schleswig-Holstein oder auch Thüringen der Fall. Die hier getroffenen Regelungen sowie die Regelungsdichte fallen dabei sehr unterschiedlich aus. So sieht beispielsweise Brandenburg lediglich eine Regelung zu kommunalen Jugendförderplänen vor (§ 24 AGKJHG des Landes Brandenburg), während Schleswig-Holstein in seinem Ausführungsgesetz – dem Jugendförderungsgesetz (JuFöG) – alleine 18 Paragrafen für die Kinder- und Jugendarbeit sowie einen für die Jugendsozialarbeit vorsieht und in einem weiteren Abschnitt mit Hilfe von vier Paragrafen weitere Regelungen für den erzieherischen Kinder- und Jugendschutz trifft.
- In Bundesländern wie beispielsweise in Sachsen oder Sachsen-Anhalt finden sich hingegen keine weiteren Landesausführungsbestimmungen zu den §§ 11 bis 14 SGB VIII. Die Gesetzgebung dieser Bundesländer verzichtet somit auch auf weiterführende gesetzliche Regelungen zur Kinder- und Jugendarbeit.

Eine Einführung in die Kinder- und Jugendarbeit kann nicht der Ort sein, die gesetzlichen Kodifizierungen und Regelungen aller Bundesländer im Detail zu beschreiben. Auf eine typisch bayerische Besonderheit ist aber dennoch ausdrücklich hinzuweisen. Die Aufgaben des Landesjugendamts in Bezug auf die Kinder- und Jugendarbeit werden hier vom Bayerischen Landesjugendring, also einem überregionalen Trägerdachverband, wahrgenommen. Der Bayerische Landesjugendring und die Jugendringe in Bayern insgesamt haben als Körperschaften des öffentlichen Rechts eine Sonderstellung und ein Alleinstellungsmerkmal (vgl. auch Peucker, Pluto & van Santen 2019). Für Bayern wurden bereits Mitte des letzten Jahrhunderts in der Nachkriegszeit Aufgaben des Landesjugendamtes für die Kinder- und Jugendarbeit auf den Bayerischen Jugendring übertragen (vgl. Loos & Wiesner 2015, Rn. 35). Zu den Aufgaben des Bayerischen Jugendringes gehört somit – legitimiert durch die Ausführungsgesetzgebung – der Erlass von Förderrichtlinien, die Fachberatung der Träger, die Fortbildung der Mitarbeiter*innen, aber auch die Verteilung der Finanzmittel, die für die Kinder- und Jugendarbeit von der bayerischen Landesregierung zur Verfügung gestellt werden.

Zum Weiterlesen – Literaturhinweise

Fachkräfteportal der Kinder- und Jugendhilfe. *Info-Pool Recht.* Verfügbar unter www.jugendhilfeportal.de [Zugriff 15. 04. 2021].

Münder, J., Meysen, Th., & Trenczek, Th. (2019). *Frankfurter Lehr- und Praxiskommentar zum Kinder- und Jugendhilfegesetz.* Weinheim & München: Beltz Juventa.

3.3 Finanzierung und Ausgabenvolumen

Neben dem Recht sind finanzielle Ressourcen für die Ausgestaltung und in Teilen auch die Steuerung der Kinder- und Jugendarbeit von zentraler Bedeutung. Die Finanzierung der Kinder- und Jugendarbeit zeichnet sich durch einen so genannten »Mix«, also divergierenden Zusammensetzungen von unterschiedlichen Finanzquellen aus. Grob unterschieden werden können dabei die zunächst in diesem Unterkapitel betrachteten finanziellen Beiträge der öffentlichen Gebietskörperschaften für eigene Angebote oder auch solche von freien Trägern von den anschließend hier näher in den Blick genommenen Eigenmitteln der freien Träger in Form von Mitglieds- oder Teilnahmebeiträgen sowie weiteren, aus unterschiedlichen Finanzquellen akquirierten Geldern. Diese im Folgenden näher zu betrachtenden Finanzierungsstrukturen beinhalten allerdings einige grundlegende und strukturelle Probleme, die in Form eines kritischen Kommentars zum Abschluss dieses Unterkapitels aufgearbeitet werden.

Beitrag von Bund, Ländern, Kommunen

Die Finanzierungsstrukturen werden maßgeblich durch das in der Kinder- und Jugendhilfe geltende Subsidiaritätsprinzip mitbestimmt. Demnach ist für die Kinder- und Jugendhilfe insbesondere die kommunale Ebene zuständig. Hier tragen die Kreise und kreisfreien Städte sowie mitunter die einzelnen Gemeinden die Gesamtverantwortung für die Aufgabendurchführung. Die kommunalen Jugendämter sind dabei gem. § 79 Abs. 2 SGB VIII dazu verpflichtet, einen angemessenen, allerdings nicht näher bestimmten Anteil der Ausgaben für die Finanzierung von Einrichtungen, Maßnahmen und Projekten im Feld der Kinder- und Jugendarbeit aufzuwenden (vgl. Wiesner & Wiesner 2015 f, Rn. 13).

Laut den Ergebnissen der amtlichen Kinder- und Jugendhilfestatistik haben die öffentlichen Gebietskörperschaften im Jahre 2019 für die Kinder- und Jugendarbeit knapp 2,1 Mrd. Euro aufgewendet. Das entspricht einem Anteil von nicht mehr ganz 4 % an den Ausgaben für die Kinder- und Jugendhilfe insgesamt von 54,9 Mrd. Euro – eine Quote, die sich auch aufgrund der deutlichen Ausgabensteigerungen bei den Hilfen zur Erziehung und vor allem der Kindertagesbetreuung seit Beginn der 2000er Jahre nahezu stetig reduziert hat (vgl. Mühlmann & Pothmann 2019a, S. 120). Blendet man die Ausgabenentwicklung in den anderen Arbeitsfeldern allerdings aus, so sind die Aufwendungen der öffentlichen Gebietskörperschaften für die Kinder- und Jugendarbeit seit etwa Mitte der 2000er Jahre gestiegen, und zwar sowohl absolut als auch bezogen auf die Zahl der 6- bis unter 27-Jährigen (vgl. Abb. 3.2).

Abb. 3.2: Ausgaben der öffentlichen Gebietskörperschaften für die Kinder- und Jugendarbeit (Deutschland; 2000-2019; Angaben absolut und pro jungen Menschen im Alter von 6 bis unter 27 Jahren

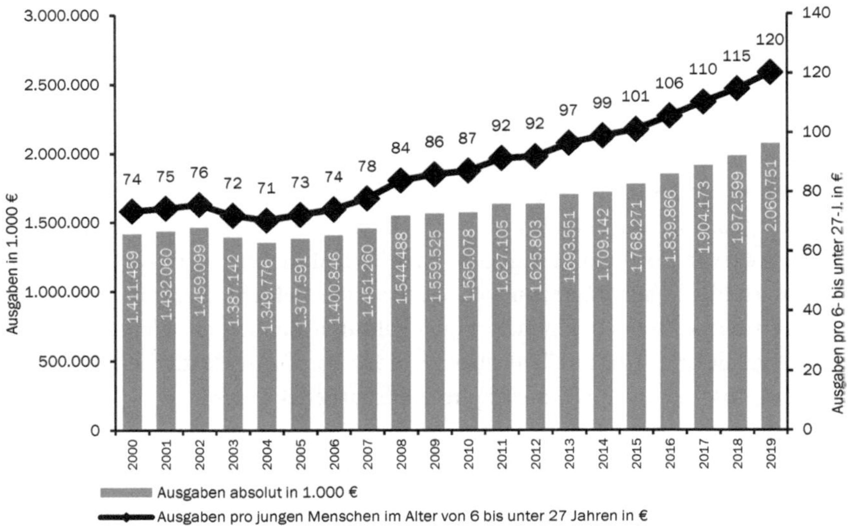

Quelle: Statistisches Bundesamt: Statistiken der Kinder- und Jugendhilfe – Ausgaben und Einnahmen, versch. Jahrgänge; Zusammenstellung und Berechnung Arbeitsstelle Kinder- und Jugendhilfestatistik

Bei der Ausgestaltung einer Infrastruktur für die Kinder- und Jugendarbeit soll der öffentliche Träger im Sinne des Subsidiaritätsprinzips von eigenen Maßnahmen absehen, sofern anerkannte freie Träger dazu in der Lage sind, Einrichtungen zu betreiben bzw. notwendige Projekte und Angebote durchzuführen (§ 4 SGB VIII). Die Träger der freien Kinder- und Jugendhilfe sind dabei insbesondere nach § 74 SGB VIII im Rahmen der verfügbaren Haushaltsmittel nach pflichtgemäßem Ermessen finanziell zu unterstützen. In der Finanzierungspraxis sind solche Zuwendungen für die Kinder- und Jugendarbeit (institutionelle oder projektbezogene) nach wie vor das klassische Finanzierungsinstrument. Gleichwohl haben mittlerweile andere Finanzierungsinstrumente – z. B. Leistungsverträge auf der Grundlage des § 77 SGB VIII – eine weitaus höhere Bedeutung (vgl. Patjens 2017, S. 173 f oder speziell für die Kinder- und Jugendarbeit bereits Weitzmann 2009).[21]

21 Zumindest illustrativ soll hier ein Beispiel genannt werden, zumal es keine bundesweiten statistischen Erhebungen über den Einsatz von Finanzierungsinstrumenten in der Kinder- und Jugendarbeit gibt. So sehen die Richtlinien zur Förderung der Jugend- und Sozialarbeit für die Stadt Offenburg beispielsweise sowohl das Instrument der Leistungsverträge als auch pauschale Förderungen für vor allem anerkannte Träger der freien Wohlfahrtspflege

Die Bewertung dieser Entwicklung ist ambivalent (vgl. auch den kritischen Exkurs zur Finanzierung und strukturellen Absicherung der Kinder- und Jugendarbeit in diesem Unterkapitel, S. 119). Auf der einen Seite wird beobachtet, dass sich freie Träger zumindest formal in eine größere Abhängigkeit zum öffentlichen Träger begeben, da mit dem vereinbarten Leistungsaustausch der freie Träger einen Autonomieverlust gegenüber dem öffentlichen Träger erleiden kann (vgl. Kunkel 2015). Auf der anderen Seite werden Leistungsverträge als Chance für die Umsetzung einer tatsächlich partnerschaftlichen Zusammenarbeit von öffentlichen und freien Trägern bewertet (vgl. Patjens 2017, S. 245 f). Umstritten und nicht abschließend geklärt, aber gleichwohl auch Teil der Finanzierungspraxis ist auch die Ausschreibung solcher Leistungsverträge nach vergaberechtlichen Grundlagen. Es bestehen unterschiedliche Auffassungen darüber, inwiefern insbesondere bei Leistungsverträgen das Vergaberecht und daran geknüpfte Ausschreibungsverfahren zu beachten sind (vgl. hierzu z. B. AGJ 2014; Meysen u. a. 2014; Pfadenhauer 2011; Wiesner & Wiesner 2015e; von Boetticher & Münder 2019b).

Der größte Anteil der Finanzierung der Kinder- und Jugendarbeit wird von den Kommunen getragen. Greift man auf die Ergebnisse der Bildungsfinanzberichterstattung zurück, so werden laut Ergebnissen der Jahresrechnungsstatistiken der öffentlichen Haushalte pro Jahr etwa zwei Drittel der finanziellen Mittel seitens öffentlicher Gebietskörperschaften auf der kommunalen Ebene für die Kinder- und Jugendarbeit und die Jugendverbandsarbeit geleistet (vgl. Abb. 3.3). Die Anteile von Bund und Ländern sind zuletzt etwa ähnlich hoch ausgefallen, wobei vor allem die Finanzierung durch die Bundesebene seit Mitte der 2000er Jahre an Bedeutung hinzugewonnen hat. Der Anteil der kommunalen Finanzierung ist tendenziell zurückgegangen, wobei zwischen 2006 und 2019 unterschiedliche Entwicklungen zu beobachten sind. Allerdings ist der Anteil der kommunalen Finanzierung 2019 so niedrig wie zumindest seit Mitte der 2000er Jahre nicht mehr ausgefallen. Ferner ist auffällig, dass der Beitrag des Bundes zur Finanzierung der Kinder- und Jugendarbeit zumindest für die Jahre 2018 und 2019 höher ausfällt als der der Länder.

vor (https://www.offen burg.de/html/richtlinien_fuer_die_foerderung_der_jugend_und_sozialarbeit_i.html [Zugriff 15. 12. 2020]).

Abb. 3.3: Anteile von Bund, Ländern und Kommunen an den Aufwendungen für die Kinder- und Jugendarbeit insgesamt (Deutschland; 2006-2019; Angaben in %

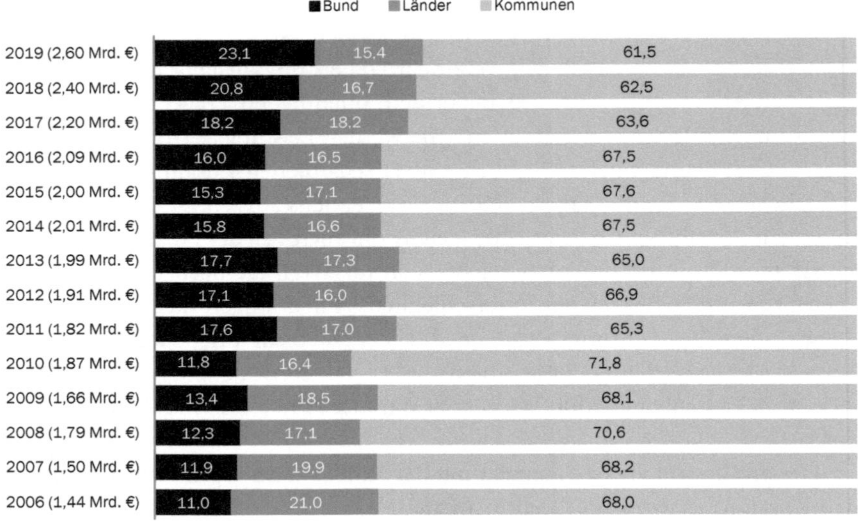

Quelle: Zusammenstellung in Anlehnung an Mühlmann & Pothmann 2019a, S. 121, sowie Statistisches Bundesamt 2019 auf Basis der Jahresrechnungsstatistik der öffentlichen Haushalte

Doch wie sieht die Finanzierung der Kinder- und Jugendarbeit durch die staatlichen Ebenen konkret aus? Zumindest schlaglichtartig sollen im Folgenden einige Finanzierungsinstrumente benannt oder aber zumindest umschrieben werden:

- Die Finanzierung der Kinder- und Jugendarbeit auf der Bundesebene durch die oberste Bundesjugendbehörde geschieht insbesondere durch den Kinder- und Jugendplan des Bundes (KJP) und die damit verbundenen Förderrichtlinien (vgl. Struck & Wiesner 2015e, Rn. 17 f). Aus den Mitteln des KJP werden in der Regel Projekte gefördert und in Ausnahmefällen werden aus den Geldern auch institutionelle Förderungen bestritten, z. B. für die »Fachstelle für internationale Jugendarbeit« oder auch für die »Akademie der Kulturellen Bildung des Bundes und des Landes NRW«. Der KJP unterscheidet bei der Projektförderung nach einzelnen Handlungsfeldern. Hierzu gehört die Kinder- und Jugendarbeit, aber auch die Jugendsozialarbeit sowie die Integration oder auch die Förderung anderer Arbeits- und Handlungsfelder der Kinder- und Jugendhilfe. Die Daten des KJP sind Bestandteil des Bundeshaushalts und damit öffentlich.[22] Neben dem KJP fördert der Bund auch darüber hinaus

22 Die Angaben des KJP sind mit enthalten im so genannten Einzelplan 17 des Bundeshaushalts (siehe beispielsweise für das Haushaltsjahr 2019 online unter: https://www.bundes-

gehend Modellprojekte oder legt zusätzliche kinder- und jugend(hilfe)politische Programme auf, beispielsweise zu Maßnahmen gegen Rechtsextremismus oder auch zur Förderung von Toleranz und Demokratie (vgl. Lüders & Peyk 2013, S. 61).

- Die länderbezogene Förderungspraxis ist äußerst unterschiedlich geregelt und wird maßgeblich mitbestimmt durch die hiesige Landesausführungsgesetzgebung zu den §§ 11 bis 14 SGB VIII (vgl. Kap. 3.2), aber auch durch die jeweilige Haushaltsgesetzgebung. In Bundesländern wie z. B. Baden-Württemberg, Bayern, Nordrhein-Westfalen oder Thüringen basiert die Landesförderung auf einem Landesjugendplan und den dazugehörigen Richtlinien.[23] In anderen Bundesländern ist die Förderung weniger institutionalisiert und besteht lediglich aus einzelnen Förderrichtlinien zu unterschiedlichen Finanzierungsinstrumenten der Landesregierung und damit verbundenen Haushaltstiteln (z. B. Mecklenburg-Vorpommern oder auch Schleswig-Holstein).
- Eine besondere Form der Förderung der Kinder- und Jugendarbeit durch das Land ist die in einigen Bundesländern wie Sachsen oder Thüringen institutionalisierte »Jugendpauschale«. Damit ist gemeint, dass seitens des Landes für die Kinder- und Jugendarbeit, aber auch angrenzende Arbeitsfelder wie die Jugendsozialarbeit oder den erzieherischen Kinder- und Jugendschutz ein Pauschalbetrag an die Jugendämter, also im Falle von Sachsen und Thüringen an die Kreise und kreisfreien Städte gezahlt wird. Die Höhe des Pauschalbetrags orientiert sich dabei an der Anzahl der jungen Menschen in der Kommune und ist bisweilen an kommunale Komplementärleistungen gebunden, um zu verhindern, dass dort die Landesmittel an anderer Stelle wieder eingespart werden. Dieses Förderinstrument ist mitunter hoch umstritten und Gegenstand kontroverser jugend(hilfe)politischer Debatten, wie sich beispielsweise am Land Sachsen anhand der Kinder- und Jugendberichterstattung (vgl. z. B. SMS 2014, S. 123 f) oder auch an der veröffentlichten massiven Kritik des Sächsischen Rechnungshofes zu diesem Finanzierungsinstrument (vgl. SRH 2015, S. 153 f) zeigen lässt.

---

haushalt.de/fileadmin/de.bundeshaushalt/content_de/dokumente/2020/soll/epl17.pdf [Zugriff am 15. 12. 2020]).

23 Die Bezeichnungen für dieses institutionalisierte, zentrale Förderinstrument der Landesebene in den Bundesländern sind unterschiedlich. So ist in Baden-Württemberg oder auch Rheinland-Pfalz von einem Landesjugendplan die Rede, für Bayern wird hingegen von einem Kinder- und Jugendprogramm, für Nordrhein-Westfalen von einem Kinder- und Jugendförderplan, für Thüringen wiederum von einem Landesjugendförderplan gesprochen. Eine Übersicht über die Förderungen der Länder findet sich unter: https://www.jugendhilfeportal.de/foerdermittel/foerderung/foerderung-durch-bund-laender-und-kommunen/foerderung-durch-die-laender/ [Zugriff am 15. 12. 2020].

- Ohne an dieser Stelle systematisch auf weitere Unterschiede oder Besonderheiten der jeweiligen Landesförderung für die Kinder- und Jugendarbeit und angrenzende Arbeitsfelder herauszuarbeiten, lässt sich festhalten, dass über die Landesebene mit Blick auf die tätigen Personen hauptamtliche Strukturen, aber auch ehrenamtliches Engagement und Freiwilligendienste unterstützt werden. Hinsichtlich der Infrastruktur werden ferner Einrichtungen mit überregionaler Bedeutung gefördert und es können Investitionen für Umbau- und Neubaumaßnahmen beantragt werden. Schließlich bestehen auch Landesförderungen zur Unterstützung von zahlreichen Einzelprojekten und -angeboten; die fachlich-konzeptionellen Schwerpunkte sind in den Landesjugendplänen und Förderrichtlichtlinien aufgeführt. Hierzu gehören beispielsweise die Jugendverbandsarbeit, die offene Kinder- und Jugendarbeit, die außerschulische Jugendbildung mit ihren unterschiedlichen thematischen Schwerpunkten, die internationale Jugendarbeit und das Jugendreisen, die Fort- und Weiterbildung von ehrenamtlichen Mitarbeiter*innen der Kinder- und Jugendarbeit (z. B. die Juleica-Ausbildung), Maßnahmen und Projekte im Rahmen einer schulbezogenen Kinder- und Jugendarbeit sowie Mädchen- und Jungenarbeit, aber auch Handlungsfelder der Jugendsozialarbeit – z. B. Jugendberufshilfe, Schulsozialarbeit, Arbeit mit Migrant*innen – werden von der Landesebene mit öffentlichen Mitteln unterstützt.
- Trotz der Förderung mit Bundesmitteln und der Finanzierung der Kinder- und Jugendarbeit durch bundeslandspezifische Regelungen erfährt die Kinder- und Jugendarbeit ihre primäre finanzielle Unterstützung in der Regel durch die Kommunen und Kreise (vgl. Abb. 3.3). Organisation und Durchführung der kommunalen Finanzierung von Angeboten und Strukturen der Kinder- und Jugendarbeit sind sehr unterschiedlich und können hier nicht systematisch dargestellt werden.[24] Es bietet sich aber an, sich bei Fragen zu örtlichen Finanzierungs- und Förderbedingungen direkt mit der Kommune in Verbindung zu setzen. Die kommunalen Förderstrukturen umfassen in der Regel nicht allein die Mittel aus den kommunalen Haushaltsplänen. Hierzu gehören auch Mittel von freien Trägern oder beispielsweise auch Fördermöglichkeiten über Sparkassen (Stiftungen), Volks- und Raiffeisenbanken u. a. m.
- Neben Bund, Ländern und Kommunen werden Projekte und Initiativen in Feldern der Kinder- und Jugendarbeit auch aus europäischen Fördertöpfen finanziert. Die Bedeutung der hier geschaffenen Möglichkeiten zur Akquise öffentlicher Gelder ist zwar in den letzten Jahren für die Träger nicht zuletzt auch im Rahmen einer Bedeutungsaufwertung der europäischen Jugendpoli-

24 In Nordrhein-Westfalen sind das beispielsweise die kommunalen Kinder- und Jugendförderpläne.

tik gestiegen, gleichwohl sind die finanziellen Förderdimensionen für hiesige Vorhaben nach wie vor erheblich niedriger als die des Bundes und der Länder sowie erst recht niedriger als die der Kommunen. Einen wichtigen Beitrag für eine europäische Jugendarbeit leistet insbesondere das Programm »Jugend in Aktion« im Rahmen von »Erasmus+«, das von der Agentur Jugend für Europa in Deutschland betreut wird. Zu nennen sind in diesem Zusammenhang aber auch das Europäische Jugendwerk (EJW), der Europäische Sozialfonds (ESF), die Europäische Jugendstiftung oder auch das Programm Europa für Bürgerinnen und Bürger sowie Europeans for Peace. Der hier vorgegebene Rahmen reicht allerdings nicht aus, um sämtliche öffentliche Finanzierungsmöglichkeiten und Fördertöpfe der europäischen Ebene, aber auch von Bund sowie vor allem Ländern und Gemeinden zu benennen, geschweige denn systematisch darzustellen.[25]

Eigenmittel der Träger der Freien Kinder- und Jugendhilfe

Öffentliche Mittel sind für die Finanzierung einer Infrastruktur zur Kinder- und Jugendarbeit nicht nur rechtlich garantiert, sondern auch unverzichtbar. Gleichwohl bedarf es seitens der Freien Träger auch eigener finanzieller Mittel. Präzise lassen sich die Anteile der Eigenmittel der Freien Träger nicht beziffern, da es nicht möglich ist, die für die Kinder- und Jugendarbeit verausgabten Eigenmittel der Träger bundesweit auszuweisen. Diesbezüglich fehlt es an einer flächendeckenden verlässlichen Datengrundlage. Gleichwohl gehören zu den bereits angesprochenen divergierenden und mitunter komplexen und komplizierten Förderstrukturen neben den dargestellten Mitteln der öffentlichen Gebietskörperschaften sowie der benannten europäischen Fördertöpfe auch die Eigenmittel der Träger.

Zumindest einen Anhaltspunkt über die quantitative Relevanz dieser Mittel erhält man beim Blick in das Bildungsbudget zu den öffentlich geförderten Einrichtungen der Kinder- und Jugendarbeit. Hier wird zur Finanzierung dieses Teils der Infrastruktur der Kinder- und Jugendarbeit der Anteil der Eigenmittel freier Träger mit etwas mehr als 5 % beziffert (vgl. Statistisches Bundesamt 2019, S. 109). In den Blick genommen wird hierüber allerdings nur ein Teil der Kinder- und Jugendarbeit, anderen empirischen Quellen zufolge wird damit der Anteil der Eigenmittel vermutlich eher unterschätzt.

Die Eigenmittel der freien Träger speisen sich aus zahlreichen, zwar mitunter nicht immer sehr ergiebigen, aber dennoch angesichts einer in der Regel keines-

25 Siehe hierzu auch: https://www.jugendhilfeportal.de/foerdermittel/foerderung/europa-und-internationale-jugendarbeit/europaeische-programme-und-stiftungen/ [Zugriff am 15. 12. 2020].

falls bedarfsdeckenden öffentlichen Förderung notwendigen Finanzquellen, z. B. Spenden, Teilnahmegebühren, Mitgliederbeiträge, Einnahmen aus Veranstaltungen, Zuschüsse oder Fördergelder von Lotterien, Stiftungen oder auch privatrechtlich organisierten Unternehmen bis hin zu Bußgeldern.[26]

Neben den vagen Hinweisen aus den Angaben des Bildungsbudgets liegen einige empirische Hinweise zu einzelnen Handlungsfeldern der Kinder- und Jugendarbeit über die Höhe der Finanzierung von Angeboten und Einrichtungen durch Eigenmittel freier Träger vor. Zusammen mit den Aufwendungen der öffentlichen Gebietskörperschaften wird hieran deutlich, dass sich der »Finanzierungsmix« je nach Handlungsfeld für die Kinder- und Jugendarbeit noch einmal deutlich unterscheiden kann. So geht Norbert Hubweber (2013, S. 673) beispielsweise für die Offene Kinder- und Jugendarbeit davon aus, dass etwa 90 % der Betriebskosten von Einrichtungen durch öffentliche Gelder gedeckt werden und 10 % der benötigten Mittel aus Eigenmitteln der Träger kommen (z. B. Eintrittsgelder, Verkäufe von Getränken oder Speisen, Teilnahmebeiträge, Vermietungen, Spenden und Sponsorengelder). Diese Verteilung deckt sich mit Ergebnissen von Jugendamtsbefragungen für Nordrhein-Westfalen u. a. zur Finanzierung von Einrichtungen der Offenen Kinder- und Jugendarbeit, wonach der Anteil der Eigenmittel an den Gesamtaufwendungen für die Offene Kinder- und Jugendarbeit für 2017 bei etwa 10 % gelegen hat (vgl. Mühlmann, Pothmann & Volberg 2019, S. 35). Eine seitens des DJI (Deutsches Jugendinstitut) durchgeführte Befragung von Jugendzentren arbeitete jedoch auch heraus, dass je nach Einrichtung der »Finanzierungsmix« ganz unterschiedlich ausfallen kann. Rund 40 % der befragten Einrichtungen bezifferten den Anteil der zusätzlichen Mittel auf weniger als 5 %, aber knapp 10 % auf immerhin über 50 %. Ferner weist die Studie auf eine Sponsoringpraxis von Jugendzentren hin, um zusätzliche Angebote in den Einrichtungen finanzieren zu können (vgl. Seckinger u. a. 2016, S. 54 f; Mairhofer 2019).

Die Jugendverbandsarbeit kommt in der Regel mit einem niedrigeren Budget aus und zudem ist der Finanzierungsanteil durch die »öffentliche Hand« aller Voraussicht nach deutlich geringer. Damit erhöht sich aber im Vergleich zur Offenen Kinder- und Jugendarbeit die Notwendigkeit eigener finanzieller Ressourcen bzw. das Einwerben zusätzlicher Finanzmittel jenseits der öffentlichen Förderung (vgl. Gadow & Pluto 2014, S. 142 f). Bei einer Befragung der Jugendverbände seitens des Deutschen Jugendinstitutes (DJI) Ende der 2000er Jahre – aktuellere bundesweite Ergebnisse liegen hierzu nicht vor – zeigt sich, dass für jeden dritten Jugendverband Eigenmittel die wichtigste Finanzierungsquelle dar-

26 Auch hierzu bietet das Jugendhilfeportal eine übersichtliche Aufbereitung von entsprechenden Informationen, und zwar unter: https://www.jugendhilfeportal.de/foerdermittel/foerderung [Zugriff am 15. 12. 2020].

stellen (vgl. Seckinger u. a. 2009, S. 118 f). Zudem basiert die gesamte Jugendverbandsarbeit auch auf einem erheblichen Maß an ehrenamtlichem, freiwilligem Engagement, um nicht zuletzt auch fehlende Finanzierungen zu kompensieren (vgl. auch Gadow & Pluto 2014, S. 142).

Eine Befragung von Jugendringen aus dem Jahre 2015 seitens des DJI verweist auf einige Konsequenzen dieser Finanzierungsstrukturen in der Jugendverbandsarbeit: Es ergeben sich hieraus erstens Einschränkungen mit Blick auf nachhaltige und stabile Finanzierungsstrukturen für dieses Handlungsfeld der Kinder- und Jugendarbeit. Gleichzeitig ergibt sich hieraus zweitens aber auch ein erhöhter Beratungs- und Unterstützungsbedarf von Jugendorganisationen bei Finanzierungsfragen sowie beim Projektmanagement. Drittens ist zu konstatieren, dass gerade auch die Jugendringe selbst auf einen breiten »Finanzierungsmix« angewiesen sind, um ihre Aufgaben und Funktionen im Rahmen der Jugendverbandsarbeit wahrzunehmen (vgl. Peucker, Pluto & van Santen 2019).

Gleichwohl sind auch für Organisationen im Bereich der Jugendverbandsarbeit die öffentlichen Träger – und zwar insbesondere auch auf der kommunalen Ebene – wichtige und unverzichtbare Bestandteile des »Finanzierungsmix« unterschiedlicher Einnahmequellen. Von den Ende der 2000er Jahre befragten Jugendverbänden gaben nur 29 % an, keine finanziellen Zuschüsse oder andere Formen der Unterstützung seitens des Jugendamtes in Anspruch zu nehmen (vgl. Seckinger et al. 2009, S. 120 f). Zu diesem Ergebnis kommt auch eine 2015 durchgeführte Befragung von Jugendringen durch das DJI, die in diesem Kontext auch auf die Zusammenhänge zwischen einer finanziellen Förderung und möglichen Einschränkungen hinsichtlich der Unabhängigkeit von Organisationen hinweist (vgl. Peucker, Pluto & van Santen 2019, S. 18).

Die auch aufgrund der Finanzierungsstrukturen des Arbeitsfeldes in der Regel notwendige Akquise von Drittmitteln, um die Arbeit neben der öffentlichen Förderung durch Eigenmittel auskömmlich zu finanzieren, bedeutet für die Träger ein zusätzliches Engagement und weiteren Ressourceneinsatz für Projekt- und Modellentwicklung, die Teilnahme an Ausschreibungen und Wettbewerben sowie insgesamt für Aufgaben im Bereich des Drittmittelmanagements. Auf der einen Seite können Träger hierdurch Handlungsspielräume, aber auch Unabhängigkeit gegenüber einer öffentlichen Finanzierung gewinnen. Ferner bieten sich hierüber Möglichkeiten innovativer Weiterentwicklungen des Arbeitsfeldes. Auf der anderen Seite sind aber auch negative Auswirkungen zu beobachten:

- So entlasten beispielsweise zusätzliche Fördermittel von Stiftungen oder anderen privaten Spendern die »Öffentliche Hand« im Rahmen der Finanzierungsverantwortung, womit aber gleichzeitig auch eine öffentliche Verantwortung für eine auskömmliche Finanzierung negiert oder zumindest relativiert wird.

- Es ist zu beobachten, dass erhebliche Energien und Ressourcen, die an anderer Stelle folglich nicht eingesetzt werden können, durch eine permanente Suche nach Fördermitteln und einem damit einhergehenden Drittmittelmanagement – bestehend aus Prüfung und Entscheidung für oder gegen eine Projektbeantragung, die Antragsstellung selbst, die Projektdurchführung selbst sowie deren Dokumentation in Form von Sachbericht und Verwendungsnachweis – eingesetzt werden muss.
- Ferner ist zu beachten, dass solche Projektvorhaben eine erhebliche personelle Fluktuation erzeugen (können) und mit Blick auf notwendige Befristungen prekäre Beschäftigungsverhältnisse befördern. Damit verbunden ist wiederum ein erhöhter Ressourceneinsatz für Aufgaben der erneuten Personalgewinnung und -entwicklung bei Trägern der Kinder- und Jugendarbeit.
- Für das Arbeitsfeld selber ist zu beobachten, dass Vorhaben oder auch konzeptionelle Ansätze in der Kinder- und Jugendarbeit nicht über den Status von Modellprojekten hinauskommen, wie beispielsweise Programme gegen Rechtsextremismus zeigen (vgl. u. a. Möller 2014). Der Übergang von verschiedenen Formen der Projekt- und Sonderfinanzierungen hin zu einer strukturellen Finanzierung in der Fläche (Rollout) gelingt zu selten, so dass Träger nicht nur um Formen eines »Projekt-Hoppings« oder eine »Projektitis« nicht herumkommen, sondern dieses möglicherweise – inhaltlich weniger innovativ bis substanzlos – nur hinsichtlich eines sich immer mal wieder ändernden Labels noch als kreativ bezeichnet werden kann und zumindest in der Gefahr steht, sich in ein »Klein-Klein der befristeten Förderprojekte und der darauf bezogenen Förderinstrumente verstricken zu lassen« (Schäfer 2019, S. 167).

Finanzierung und strukturelle Absicherung der Kinder- und Jugendarbeit – ein kritischer Exkurs

Die Kinder- und Jugendarbeit ist im Vergleich zu den beiden großen Arbeitsfeldern der Kinder- und Jugendhilfe – den Kindertagesstätten und Hilfen zur Erziehung – strukturell weniger umfänglich abgesichert. Das hat sowohl mit den in diesem Kapitel dargestellten rechtlichen Grundlagen als auch mit den daraus zum Teil resultierenden Finanzierungsstrukturen zu tun. Die damit einhergehenden Schwierigkeiten und Unzulänglichkeiten für eine Absicherung der bestehenden sozialen Infrastruktur in Form von Angeboten der Kinder- und Jugendarbeit sowie ihrer bedarfsgerechten Ausgestaltung lassen sich bereits im Zusammenhang mit dem Inkrafttreten des Reichsjugendwohlfahrtsgesetzes (RJWG) in den 1920er Jahren beobachten. Bereits beim Inkrafttreten des damaligen RJWG nach dessen Verabschiedung im Jahre 1922 wurde ein hohes Maß an Verbindlichkeit der Aufgabenerfüllung der Kinder- und Jugendarbeit – damals noch als Jugendpflege bezeichnet – auf Betreiben des Deutschen Städtetages wegen finanzieller Probleme im Jahre 1924 sogleich wieder suspendiert (vgl. auch Kap. 2.5). Der seinerzeit für seine Schriften zur Jugendpolitik bekannt gewordene Admiralitätsrat Paul Felisch kommentierte diesen Vorgang sarkastisch:

»Fast mit dem gleichen Rechte, mit dem man sagen kann, es sei das Reichsgesetz für Jugendwohlfahrt am 1. April 1924 in Kraft getreten, kann man behaupten, es sei an diesem Tage außer Kraft gesetzt worden« (zit. n. Gräser 1995, S. 56).

In anderen historischen Arbeiten heißt es dazu beispielsweise:

»In den Jugendämtern, den mit dem Reichsjugendwohlfahrtsgesetz geschaffenen Exekutivorganen der Jugendwohlfahrt blieb die Jugendpflege immer in der Randposition. (...) Der unbestimmte Aufgabenbereich der Jugendpflege (...) war und blieb (...) Manövriermasse, abhängig von der jeweiligen Finanzlage des Staates und der Gemeinden und abhängig vom Wohlwollen der politischen Entscheidungsträger« (Faltermeier 1983c, S. 351 f).[27]

Die hierüber markierte strukturelle Schlechterstellung der Kinder- und Jugendarbeit bei Finanzierungsfragen gegenüber anderen Arbeitsfeldern – aktuell insbesondere die Kindertagesbetreuung oder die Hilfen zur Erziehung – durchzieht die Geschichte des Arbeitsfeldes wie ein »roter Faden« (vgl. z. B. Sudmann 1981; Gräser 1995; Gedrath & Schröer 2002) und hat sich auch mit dem Inkrafttreten des SGB VIII nicht substanziell geändert. Die Kinder- und Jugendarbeit ist nach geltendem Kinder- und Jugendhilferecht zwar eine gesetzliche Pflichtaufgabe, bei der aber den Kommunen ein hoher Ermessensspielraum hinsichtlich einer bedarfsgerechten Ausgestaltung eingeräumt wird. Ein subjektiver Rechtsanspruch für junge Menschen auf Angebote der Kinder- und Jugendarbeit besteht hingegen nicht (vgl. Kap. 3.1).

Eine solche kommunale Pflichtaufgabe mit einem vergleichsweise schwachen Verpflichtungsgrad wie bei der Kinder- und Jugendarbeit ist in besonderer Weise kinder- und jugendhilfepolitischen Debatten und Beschlüssen ausgesetzt. So kann beispielsweise im Falle einer angespannten Haushaltslage die Kinder- und

27 »Das Gesetz von 1922 und die Verordnung von 1924 überlassen die finanzielle Planung der Jugendpflege den Ländern und Gemeinden nach Maßgabe der öffentlichen Mittel.« (Naudascher 1990, S. 65). »Das im Jahre 1922 verabschiedete Reichsjugendwohlfahrtsgesetz (RJWG) hatte für die Jugendpflege wenig praktische Bedeutung. Es war im Wesentlichen von den Aufgaben der Jugendfürsorge her konzipiert. Das zu diesem Zweck geschaffene Jugendamt als Basisbehörde sollte zwar nach § 4 auch Jugendpflegeaufgaben wahrnehmen, wobei allerdings die privaten Träger Vorrang hatten. Aber nach der Notverordnung von 1924 bestand für die Träger der Jugendhilfe keine Verpflichtung mehr, die in § 4 bezeichneten jugendpflegerischen Aufgaben durchzuführen.« (Giesecke 1981, S. 143)

Jugendarbeit darunter leiden, dass zunächst subjektive Rechtsansprüche wie bei den Hilfen zur Erziehung und vor allem der Kindertagesbetreuung bei den Jugendämtern im Rahmen der Wahrnehmung ihrer Gesamtverantwortung höher priorisiert und finanziert werden (müssen) (vgl. auch Mairhofer 2019, S. 310). Andererseits weisen Kommentierungen des § 79 SGB VIII auch darauf hin, dass die Ausgaben den Aufgaben folgen sollten und nicht umgekehrt eine Kinder- und Jugendhilfe respektive die Umsetzung des SGB VIII nach Kassenlage erfolgen darf; oder anders mit Blick auf den § 79 SGB VIII zur Gesamtverantwortung der kommunalen Jugendämter formuliert:

> »Die Erfüllung der Aufgaben der Jugendhilfe steht nicht etwa unter dem Vorbehalt des Haushaltsplans, sondern umgekehrt, steht der Haushaltsplan unter dem Vorbehalt des § 79 Abs. 2« (Tammen 2019, S. 939, Rn. 13).

Immerhin können Verweise auf diverse Rechtskommentierungen in diesem Zusammenhang die Position der Kinder- und Jugendpolitik politisch stärken, auch wenn mitunter am Ende politischer Prozesse Unterschiede zwischen »Recht haben« und »Recht bekommen« gerade auch am Beispiel der Kinder- und Jugendarbeit offensichtlich werden (vgl. auch Hinweise bei Lindner 2018). Dennoch stellen rechtliche Begründungen sowie Ab- und Herleitungen für eine kommunale Pflichtaufgabe der »Kinder- und Jugendarbeit« (vgl. zusätzlich u. a. Wiesner & Schlüter 2016)[28] bis hin zu einem Rechtsanspruch für Träger auf öffentliche Förderung (vgl. Patjens 2017, S. 151 f) mindestens starke Argumentationshilfen dar – die notfalls auch einzuklagen wären. Dass diese nicht immer zum Erfolg führen, kann viele Gründe haben, oftmals lokale, aber auch strukturelle sowie mitunter beide Ebenen ineinander übergehen:

- Dazu können Unzulänglichkeiten bei den Trägern von Angeboten der Kinder- und Jugendarbeit gehören, wenn diese möglicherweise aufgrund strategischer Überlegungen oder auch angesichts fehlender Kapazitäten davor zurückschrecken, gegen Kürzungsbeschlüsse vorzugehen, sofern notwendig auch bis zur Klage bei einem Verwaltungsgericht. Unter Umständen befürchten Träger sogar, bei einer solchen juristischen Vorgehensweise von der Kommune insofern sanktioniert zu werden, als dass bei zukünftigen Förderungen bzw. Vergaben Benachteiligungen drohen oder vielleicht auch eine komplette Nichtbeachtung. Allerdings fehlen hierzu sowie konkret zu einzel-

28 So heißt es hier: »Die Erfüllung der Aufgaben der Jugendhilfe steht grundsätzlich nicht unter dem Vorbehalt des Haushaltsplans, sondern umgekehrt steht der Haushaltsplan unter dem Vorbehalt der Wahrnehmung der Gesamtverantwortung nach Maßgabe von § 79 Abs. 2 SGB VIII (Kunkel in FK-SGB VIII § 79 Rn. 19 m. w. N) sowie der dazu erlassenen Rechtsvorschriften« (Wiesner & Schlüter 2016, S. 11).

nen Klageverfahren eine umfassende empirische Datenbasis oder auch systematische Dokumentationen zu solchen Einzelfällen.

- Die oben gemachten Hinweise zu § 79 Abs. 2 SGB VIII sowie die Kommentierungen von Tammen (2019) machen deutlich, dass die Ausgestaltung der Kinder- und Jugendarbeit mit zur kommunalen Gesamtverantwortung der kommunalen Jugendämter als zweigliedriger Behörde aus Jugendamtsverwaltung und Jugendhilfeausschuss, aber auch mit zur örtlichen Kinder- und Jugendhilfeplanung (§ 80 SGB VIII) gehört. Auch hierbei handelt es sich um eine kommunale Pflichtaufgabe, deren reale Leistungsfähigkeit jedoch weder den Potenzialen dieses Instrumentes noch den Ansprüchen des Bundesgesetzgebers entsprechen dürfte (vgl. z. B. Daigler 2018, S. 5 f), weil die Kinder- und Jugendarbeit bereits in den Planungsprozessen oftmals nur unzureichend berücksichtigt wird (vgl. z. B. Merchel 2012; Struck 2018, S. 90; Trede 2018, S. 223 f). Hinzu kommt ferner, dass dieser wichtige Aufgabenbereich sich gerade in ländlichen Räumen als undurchsichtiger »Verschiebe-Bahnhof« der Aufgabenerfüllung zwischen Landkreis (als zuständigem örtlichen Träger der Kinder- und Jugendhilfe) und kreisangehörigen Städten und Gemeinden zeigt (vgl. Günther 2018).[29]
- Die bereits benannten kommunalen Jugendhilfeausschüsse als eine Säule des zweigliedrigen Jugendamtes haben die Möglichkeiten sowohl auf eine Stärkung der Jugendhilfeplanung als auch auf eine bedarfsgerechte Ausgestaltung der Kinder- und Jugendarbeit hinzuwirken (vgl. z. B. Kammerer & Prölß 2012; Kammerer 2018). Allerdings muss auch die Arbeit des Jugendhilfeausschusses (JHA) differenziert betrachtet werden. Die strukturellen Herausforderungen für den JHA im Zusammenspiel mit der Jugendamtsverwaltung sowie der kommunalen Vertretungskörperschaft ergeben sich aus § 71 Abs. 2 und 3 SGB VIII. Sie bestehen zwischen einerseits der Möglichkeit für den JHA, sich mit allen Fragen der Kinder- und Jugendhilfe zu befassen und einem weitgehenden Beschlussrecht zu den jeweiligen Angelegenheiten. Andererseits geben die jeweilige Satzung des Jugendamtes, der bewilligte finanzielle Rahmen sowie bislang gefasste Beschlüsse der kommunalen Vertretungskörperschaft Rahmungen für die Arbeit des JHA vor.

29 Mit Blick auf die gesetzlich vorgeschriebene kommunale Jugendhilfeplanung deuten Erfahrungsberichte mitunter darauf hin, dass man zumindest in Einzelfällen auch im Kontext dieser Aufgabenwahrnehmung durch die Jugendämter über Pflichtverletzungen oder -verweigerungen der zuständigen Jugendämter diskutieren könnte (vgl. z. B. Brenner 2012). Es liegen bislang allerdings noch keine umfassenderen Erfahrungswerte darüber vor, wie die Kommunalaufsicht in den Ländern die Umsetzung des § 80 SGB VIII seitens der Jugendämter bewerten (vgl. Lemmerer 2019, S. 27) – möglicherweise auch vor dem Hintergrund, dass solche Eingaben bislang allenfalls die Ausnahme sein dürften.

- Hinzu kommt aber vielerorts auch eine fehlende Fachlichkeit der Ausschussmitglieder, aber die bisweilen fragwürdige Qualität der Arbeit der Jugendhilfeausschüsse sowie Maßnahmen zur deren Verbesserung sollen an dieser Stelle nicht weiter ausgeführt werden (vgl. hierzu Nonninger 2017).

So zeigen sich eine ganze Reihe von wenig zufriedenstellenden Rahmenbedingungen und Strukturproblemen mit Blick auf die organisatorische, politische und rechtliche Verankerung der Kinder- und Jugendarbeit. Dabei hat sich die Bundesregierung in ihrer Stellungnahme zum 15. Kinder- und Jugendbericht deutlich zur Kinder- und Jugendarbeit bekannt:

> »Die Kinder- und Jugendarbeit ist ein unentbehrlicher Bestandteil der sozialen Infrastruktur. (…) Die Bundesregierung sieht in der Kinder- und Jugendarbeit einen maßgeblichen Akteur für eine jugendgerechte Gesellschaft« (Deutscher Bundestag 2017a, S. 18).

Und mehr noch: Mit Blick auf die finanzielle Ausstattung der Kinder- und Jugendarbeit hatte sich der Bundesrat bei seiner Sitzung im März 2017 wie folgt zum 15. Kinder- und Jugendbericht positioniert (nachträgliche Ergänzung zum Protokoll):

> »Da die Angebote der Jugendarbeit, Jugendsozialarbeit und des erzieherischen Jugendschutzes eine herausragende Bedeutung haben, damit Jugendliche und junge Erwachsene die aufgeführten Kernherausforderungen verwirklichen können, betrachtet der Bundesrat diese Bereiche als soziale Infrastrukturangebote, die im Sinne der öffentlichen Daseinsvorsorge grundsätzlich vorzuhalten und damit auch finanziell abzusichern sind. Eine SGB VIII-Reform muss das mit einbeziehen. Hier ist insbesondere die Bundesregierung gefordert, die in den §§ 11 bis 14 SGB VIII beschriebenen Leistungen so auszugestalten, dass diese im Kanon aller Aufgaben der Kinder- und Jugendhilfe nicht hinter der Bedeutung und Regelungsqualität zum Beispiel der Bereiche frühkindliche Bildung und Erziehung sowie erzieherische Hilfen zurückbleiben. Auch würde damit die eigenständige Jugendpolitik, die der 15. Kinder- und Jugendbericht ausdrücklich fordert, finanziell untermauert« (Ergänzung der Protokollführung: 956. Sitzung des Bundesrates am 17. März 2017, Punkt 4).

Die ernüchternde Realität aber ist, dass auch dieser sich an die Bundesregierung und Sachverständigenkommission des 15. Kinder- und Jugendberichts anschließende Appell eines wichtigen Verfassungsorgans nicht aufgegriffen wurde. Und auch bei der zwischenzeitlich vollzogenen Reform des SGB VIII hat die Kinder- und Jugendarbeit keine oder allenfalls eine marginale Bedeutung, wenn es um die Ausgestaltung einer inklusiven Kinder- und Jugendhilfe insgesamt geht (vgl. Deutscher Bundestag 2021; Deutscher Bundesrat 2021).

Allerdings ist bei aller kritischen Betrachtung des Status quo einzuräumen, dass im Falle einer gesetzlichen und damit auch strukturellen Besserstellung der Kinder- und Jugendarbeit die Frage der konkreten Umsetzung zumindest zurzeit noch unbeantwortet scheint, denn:

- Die bisweilen als Lösung in der Debatte vorgetragene Idee zur Festlegung von bestimmten Bundes- oder Landesstandards (etwa 1 Jugendhaus auf 5.000 Jugendliche oder 2 sozialpädagogische Fachkräfte der Kinder- und Jugendarbeit pro 10.000 Jugendliche) ist zum Scheitern verurteilt, weil die Lebenslagen und strukturellen Rahmenbedingungen von Kindern und Jugendlichen in den Kommunen, Landkreisen, Regionen, Dörfern und Gemeinden sehr heterogen sind.
- Auch eine Konkretisierung respektive Quantifizierung der im § 79 Abs. 2 SGB VIII vorzufindenden Bestimmung, dass »(v)on den für die Jugendhilfe bereitgestellten Mitteln (ein) angemessene(r) Anteil für die Jugendarbeit zu verwenden« ist, bietet zumindest bislang keine praktikable Lösung, weil ebendieser »angemessene« Anteil weder bekannt ist noch ermittelbar scheint. So musste der konkrete Versuch einer »10-Prozent-Regel« in Berlin 2019 wegen Erfolglosigkeit beendet werden.[30] Entsprechende Debattenbeiträge sind also sicherlich der Kinder- und Jugendarbeit gewogen, aber möglicherweise doch eher Ausdruck einer gewissen Hilflosigkeit, zumal der reale Anteil an den Gesamtausgaben für die Kinder- und Jugendhilfe derzeit bundesweit bei weniger als 4 % liegt (vgl. auch Pothmann 2019a, S. 8).
- Auch der immer wieder eingeforderte subjektive Rechtsanspruch auf Leistungen und Angebote der Kinder- und Jugendarbeit ist einstweilen problematisch, zumal die Ausgestaltung und damit verbundene Rechtsfolgen noch weitgehend ungeklärt scheinen. So stellt sich beispielsweise die Frage, ob es im Falle eines individuellen Rechtsanspruchs auch so etwas wie eine individuelle Bedarfsfeststellung mit einem vom Gesetzgeber vorgegebenen Instrument analog zur Hilfeplanung (§ 36 SGB VIII) braucht. Aber auch jenseits dieser Fragen ist eine solche Stärkung der Kinder- und Jugendarbeit und damit auch ihrer Adressat*innen bislang auch schlicht am ›politischen Willen‹ gescheitert, wohingegen ein individueller Rechtsanspruch auf einen Ganztagsschulplatz, wenn auch vorerst vor allem für Kinder im Grundschulalter, sehr wohl diskutiert wird (vgl. z. B. AGJ 2020).[31]

---

30 Siehe auch die Pressemitteilung der Senatsverwaltung für Bildung, Jugend und Familie vom 07. 06. 2019: »Meilenstein für die Jugendarbeit: Abgeordnetenhaus beschließt Jugendförder- und Beteiligungsgesetz« (https://www.berlin.de/sen/bjf/service/presse/pressearchiv-2019/presse mitteilung.818111.php).

31 Folgt man allerdings an dieser Stelle der Argumentation der AGJ (2020), so könnte die Kinder- und Jugendarbeit bei der Ausgestaltung eines Rechtsanspruchs auf einen Ganz-

In dieser widersprüchlichen und mitunter auch verfahren wirkenden Gemengelage aus verschiedensten Aspekten, Interessen, Rahmenbedingungen und Strukturen erweist sich mithin der »politische Wille« als entscheidender Faktor für die Ausgestaltung der Kinder- und Jugendarbeit vor Ort. Dieser ist jedoch keine abstrakte oder statische Größe, sondern eher eine kontingente, plastische Konstellation, die zahlreichen Einflüssen unterliegt, aber auch aktiv und erfolgreich (mit)gestaltet werden kann (vgl. Neu, Steinberg & Lindner 2016; Lindner & Pletzer 2017).[32] Wenn dies aber so ist, wäre für eine hinreichende Ausstattung und Ausgestaltung der Kinder- und Jugendarbeit eine stärkere Politisierung der Profession notwendig, zu der auch die kommunale Politikberatung durch Interessenvertreter*innen der Kinder- und Jugendarbeit gehört. Das heißt: Entscheidend sind die – auf der Basis präziser Sachkenntnisse (z. B. Politikfeldanalysen) – jeweils konkret anzuvisierenden Kontakt- und Kommunikationsstrategien mit den zentralen Politiker*innen in den jeweiligen Kommunen.[33]

Zum Weiterlesen – Literaturhinweise

Fachkräfteportal der Kinder- und Jugendhilfe. *»Info-Pool« Fördermittel.* Verfügbar unter www.jugendhilfeportal.de [Zugriff 15. 04. 2021].

Hubweber, N. (2013). Die öffentliche Finanzierung der Offenen Kinder- und Jugendarbeit. In U. Deinet & B. Sturzenhecker (Hrsg.), *Handbuch Offene Kinder- und Jugendarbeit* (4. Aufl., S. 673–683). Wiesbaden: Springer VS.

Pothmann, J., & Rauschenbach, Th. (2010). Finanzierung der Jugendbildung jenseits von Schule und Beruf. In H. Barz (Hrsg.), *Handbuch Bildungsfinanzierung* (S. 261–272). Wiesbaden: Springer VS.

---

tagsplatz im Kontext einer kinder- und jugendgerechten Ganztagsbildung aufgrund ihrer Potenziale von einer solchen kinder- und jugendhilfepolitischen Weichenstellung profitieren. Dies setzt gleichwohl bei Verbänden und Trägern wiederum fachpolitische Klärungs- und Vergewisserungsprozesse voraus, inwiefern sie sich an diesen Gestaltungsaufgaben mitbeteiligen können bzw. wollen.

32 Hierzu gehört beispielsweise auch die Argumentationsfigur, die Finanzaufwendungen für die Kinder- und Jugendarbeit niemals als ›Lasten‹, sondern wahlweise ›Zukunftsinvestitionen‹ (was Konsequenzen zum Nachweis des ›Ertrags‹ bzw. des Nutzens nach sich ziehen könnte und weitere Kommunikationsstrategien erfordert) oder aber als ›zukunftsweisende kommunale Gestaltungsaufaufgaben‹ auszuweisen (vgl. Grohs 2019).

33 In der Umsetzung kann dabei auf allgemeine Wissensbestände der strategischen Gesprächs- und Verhandlungsführung zurückgegriffen werden (vgl. z. B. Maizière 2019, S. 52 f; Grüter 2015; IFK 2013; Althaus 2011), die jedoch für die Kinder- und Jugendarbeit konkretisiert und präzisiert werden müssen.

3.4 Trägerspektrum

Für die Kinder- und Jugendhilfe im Allgemeinen sowie die Kinder- und Jugendarbeit sind Träger von entscheidender Bedeutung. Sie erbringen Leistungen bzw. halten die notwendigen Angebote vor und schaffen Strukturen in den Sozialräumen. Es handelt sich bei Trägern in der Regel um Rechtspersonen. Das können einerseits Gebietskörperschaften sein – also Gemeinden, Städte oder auch Kreise – oder aber andererseits auch Vereine, Genossenschaften sowie Kapital- und Personengesellschaften. Die Träger haben mit Blick auf Fachlichkeit, Finanzen und Personal jeweils die Verantwortung für Angebote, Dienste und Einrichtungen. Im Folgenden werden zunächst öffentliche und freie Träger für die Kinder- und Jugendarbeit eingeführt. Im zweiten Teil des Unterkapitels werden kurz einige empirische Befunde zum Trägerspektrum der Kinder- und Jugendarbeit vorgestellt.

Öffentliche und freie Träger

Träger der Kinder- und Jugendarbeit sind öffentliche Institutionen und »frei« im Sinne von nichtstaatlichen Trägerorganisationen. Die kommunalen Jugendämter – in kleineren Gebietskörperschaften auch Gemeinden ohne Jugendamt und partiell auch auf Kreis- und Bezirksebene institutionalisierte Sozial- und Jugendbehörden – sowie die Landesjugendämter und (obersten) Landesjugendbehörden in den Bundesländern bilden die Gruppe der öffentlichen Träger (vgl. auch Bettmer 2012). Laut amtlicher Statistik zu den öffentlich geförderten Angeboten der Kinder- und Jugendarbeit gibt es 4.132 öffentliche Träger (23%) sowie 14.210 freie Träger (77%), die im Berichtsjahre 2019 Angebote der Kinder- und Jugendarbeit durchgeführt haben.[34] Der Bund oder das für Jugend zuständige Bundesministerium sind ebenfalls den öffentlichen Gebietskörperschaften zuzurechnen, treten aber nicht als Träger von Angeboten der Kinder- und Jugendarbeit in Erscheinung, sondern vor allem als Fördergeldgeber.

Gleichwohl die öffentlichen Träger den weitaus kleineren Teil der Angebote durchführen, werden die kommunalen Jugendämter für die Erfüllung der Aufgaben nach dem SGB VIII und damit auch für ein bedarfsgerechtes Angebot an Kinder- und Jugendarbeit in die Gesamtverantwortung (§ 79 SGB VIII) genommen (vgl. Kap. 3.1). Die Abteilungen für Kinder- und Jugendarbeit sind in der Regel Teile des kommunalen Jugendamtes und der jeweiligen kommunalen Gebietskörperschaften. Die Kinder- und Jugendarbeit ist hier Teil der Kinder- und Jugendförderung, der Kinder- und Jugendpflege o. Ä., mitunter zusammen mit der Jugendsozialarbeit dem erzieherischen Kinder- und Ju-

34 Quelle: Statistisches Bundesamt: Statistiken der Kinder- und Jugendhilfe – Öffentlich geförderte Angebote der Jugendarbeit, 2019; eigene Berechnungen.

gendschutz oder auch kommunalen Aufgaben im Rahmen der Freiwilligendienste (vgl. Kap. 4.2). »Klassisch« hierfür ist eine Amtsbezeichnung unter der Ordnungsnummer 51, die für das kommunale Jugendamt verwendet wird. Die kommunale Organisation hat sich allerdings in den letzten Jahrzehnten erheblich ausdifferenziert. Beispielsweise wurden in vielen Kreisen, Gemeinden und kreisfreien Städten durch verwaltungsinterne Umstrukturierungen die bisherigen Ämter- und Abteilungszuordnungen verändert oder gar ganz aufgelöst und sind in eigenständige Organisationseinheiten überführt worden (vgl. Deutscher Bundestag 2013, S. 291 f).

Auch für die Landesebene wird immer wieder diskutiert, mit welchen Strukturen die von den Landesjugendämtern wahrzunehmenden Aufgaben am besten organisiert werden können. Die sogenannte Föderalismusreform I aus dem Jahre 2006, die den Ländern grundsätzlich das Recht zugestanden hat, von bundeseinheitlichen Vorgaben bei der Behördeneinrichtung und den Verwaltungsverfahren abzuweichen zu können, hatte den Handlungsspielraum für die Länder deutlich erhöht (vgl. Schmid & Wiesner 2006a, 2006b, 2006c). Einige Länder haben von dieser Möglichkeit Gebrauch gemacht und das Landesjugendamt zwischenzeitlich ganz abgeschafft – beispielsweise in Niedersachsen für die Jahre 2007 bis 2014 – oder aber der überörtliche Träger wurde mit seinen Aufgaben weitgehend in die Oberste Landesjugendbehörde eingegliedert (vgl. Deutscher Bundestag 2013, S. 292). Den Landesjugendämtern obliegt für das Arbeitsfeld der Kinder- und Jugendarbeit oftmals die Verwaltung und Verteilung der Länderzuschüsse, aber auch die Initiierung neuer Angebote und Projekte sowie die Durchführung von zentralen Veranstaltungen der Fort- und Weiterbildung (vgl. Abb. 3.1). Als eigenständiger Träger von Angeboten der Kinder- und Jugendarbeit treten sie hingegen kaum in Erscheinung.

Für die Funktionalität des korporatistischen Ordnungsrahmens der Kinder- und Jugendhilfe im Allgemeinen sowie der Kinder- und Jugendarbeit im Besonderen ist eine »Landschaft« von öffentlichen und freien Trägern notwendig. Damit werden freie Träger einerseits in ihrer Funktion als Interessenvertretung mit in die politische Gestaltung eingebunden sowie sie andererseits bei Angeboten und Strukturen für in diesem Falle die Kinder- und Jugendarbeit im Rahmen des so genannten »Subsidiaritätsprinzips« in besonderer Weise mit einzubeziehen sind (vgl. Jordan, Maykus & Stuckstätte 2012, S. 302 f).

Dieser Rahmen bedeutet nicht nur eine erhebliche Aufwertung für die zumeist zivilgesellschaftlichen Organisationen, sondern ermöglicht eine gewisse Pluralität im Spektrum der freien Träger (vgl. Bauer, Dahme & Wohlfahrt 2012). Zu der Landschaft der freien Träger in der Kinder- und Jugendarbeit gehören:

- *Erstens* Träger der in der Bundesarbeitsgemeinschaft der Freien Wohlfahrtspflege organisierten Wohlfahrtsverbände: Arbeiterwohlfahrt, Diakonisches Werk, Caritas, Deutsches Rotes Kreuz, Der Paritätische – Gesamtverband sowie die Zentralwohlfahrtsstelle der Juden in Deutschland.

- *Zweitens* Träger, die vor allem in den kommunalen Jugendringen, Landesjugendringen und dem Bundesjugendring zusammengeschlossenen sind, also Jugendverbände wie u.a.: die christlich orientierten Jugendorganisationen (z. B. AEJ und BDKJ), die »Sozialistische Jugend Deutschlands« (Die Falken), die Jugend der »Deutschen Lebens-Rettungs-Gesellschaft« (DLRG), die Sportjugendorganisationen, die gewerkschaftlichen Jugendverbände oder die diversen Pfadfinder*innenverbände. Die politischen Jugendorganisationen haben in der Regel einen eigenen Status und arbeiten in Ringen der politischen Jugendverbände zusammen. Die Jugendverbände sind ebenfalls größtenteils eigenständig bundes- und landesweit sowie kommunal organisiert.
- *Drittens* Träger, die als lokale und überregionale Arbeitsgemeinschaften, Verbände, Initiativen, Vereine oder auch Projekte der Kinder- und Jugendarbeit organisiert sind.
- *Viertens* privatgewerbliche Träger, gleichwohl ihre quantitative Bedeutung gering ist (vgl. Tab. 3.1).

Der »Deutsche Bundesjugendring« (DBJR) ist der bundesweite Zusammenschluss der Jugendverbände. Der DBJR organisiert als bundesweite Arbeitsgemeinschaft und Interessenvertretung 29 bundesweit aktive Jugendverbände, die 16 Landesjugendringe sowie 6 so genannte »Anschlussverbände« (https:// www.netzwerk-ebd.de/mitglieder/dbjr/ [Zugriff am 15. 12. 2020]). Jugendverbände können hier Mitglied werden, wenn sie sich laut Satzung des DBJR vom Oktober 2014 zu den Menschenrechten und zur freiheitlich-demokratischen sowie sozialen Grundordnung der Bundesrepublik bekennen, über 25.000 Jugendliche organisiert haben, in der Mehrheit der Bundesländer aktiv sind und aufgrund einer eigenen Jugendsatzung eigenständig Handeln und unabhängig entscheiden können. Auf der kommunalen und kreisbezogenen Ebene sowie in den einzelnen Bundesländern haben sich die Jugendverbände zu Jugendringen zusammengeschlossen, wenngleich nicht überall solche Dachorganisationen für die Jugendverbandsarbeit existieren (vgl. Peucker, Pluto & van Santen 2019, S. 11). Auf der kommunalen Ebene gehören ferner Vertreter*innen der freien Trägergruppen mit zu den Mitgliedern der örtlichen Kinder- und Jugendhilfeausschüsse.

Organisiert sind allerdings nicht nur die Jugendverbände, sondern auch Träger von offenen Angeboten der Kinder- und Jugendarbeit. Bundesweit haben sich etwa 1.000 Träger mit ca. 5.000 Einrichtungen in der Bundesarbeitsgemeinschaft Offener Kinder- und Jugendeinrichtungen zusammengeschlossen (www.offene-jugendarbeit.net [Zugriff 15. 12. 2020]).[35] Darüber hinaus gibt es zahlreiche andere Dach- und Fachverbände im Feld der Kinder- und Jugendar-

35 Die Zugriffe auf die in diesem Absatz genannten Internetlinks erfolgten ebenfalls zuletzt am 15. 12. 2020.

beit, z. B. der ABA Fachverband für vor allem Nordrhein-Westfalen (www.aba-fachverband.org), die Landesarbeitsgemeinschaft Offene Jugendbildung Baden-Württemberg, kurz LAGO (www.lago-bw.de) mit z. B. der Arbeitsgemeinschaft Jugendfreizeitstätten in Baden-Württemberg (www.agjf.de) und in Sachsen (www-agjf-sachsen.de) oder auch der Bund der Jugendfarmen und Aktivspielplätze e. V. (www.bdja.org). Diese übernehmen nicht ausschließlich, aber überwiegend verbandliche Funktionen in Form von Unterstützungen für ihre Mitgliedsorganisationen.

Trägerspektrum im Zahlenspiegel am Beispiel der Einrichtungen der Kinder- und Jugendarbeit

Anfang der 2000er Jahre gab es in der Bundesrepublik Deutschland insgesamt 17.372 Einrichtungen der Kinder- und Jugendarbeit, folgt man an den Angaben der amtlichen Statistik. Etwas mehr als ein Drittel dieser Einrichtungen wurden von öffentlichen und entsprechend nicht ganz zwei Drittel der Einrichtungen von freien Trägern betrieben. Dabei handelt es sich vornehmlich um freigemeinnützige Träger, während privatgewerbliche Träger so gut wie keine Rolle spielten (vgl. Tab. 3.1). Dieses Verhältnis von einem Drittel der Einrichtungen in öffentlicher Trägerschaft sowie zwei Dritteln der Einrichtungen bei freien Trägern hat sich zwischen Anfang der 2000er und Ende der 2010er Jahre so gut wie nicht verändert.

Für differenziertere Analysen nach Trägergruppen kann an dieser Stelle nur auf die 2016er Ergebnisse zurückgegriffen werden, da für das Berichtsjahr 2018 die Daten nicht in der notwendigen Differenzierung seitens des Statistischen Bundesamtes veröffentlicht worden sind. Dabei zeigt sich, dass bei den freien Trägern vor allem katholische und evangelische Träger, aber auch die Jugendverbände eigene Einrichtungen unterhalten. Immerhin rund 10 % der 2016 erfassten rund 15.000 Einrichtungen waren in Trägerschaft der Caritas bzw. eines katholischen Trägers inklusive der Kirchengemeinden. Mit etwa 11 % fällt dieser Anteil für die Diakonie bzw. die Evangelische Kirche Deutschlands etwa ähnlich hoch aus. Die Jugendverbände und -vereine unterhielten ebenfalls knapp 10 % der erfassten Einrichtungen, u. a. auch solche, die der offenen Kinder- und Jugendarbeit zuzurechnen sind (Jugendzentren, Jugendfreizeitheime usw.). Dabei ist allerdings zu berücksichtigen, dass die Grenzen und die Zuordnung der Angebote zu den konfessionellen Jugendverbänden, Organisationseinheiten von Diakonie oder Caritas, aber vor allem auch den Kirchengemeinden nicht immer eindeutig sind und mitunter fließend verlaufen.

Tab. 3.1: Einrichtungen der »Kinder- und Jugendarbeit« nach Trägergruppen (Deutschland; 2002–2018; Verteilung in %

<table>
<tr><th></th><th>2002
(N = 17.372)</th><th>2006
(N = 17.966)</th><th>2010
(N = 16.725)</th><th>2014
(N = 14.726)</th><th>2016
(N = 15.025)</th><th>2018
(N = 14.587)</th></tr>
<tr><td>Öffentliche Träger</td><td>36,5</td><td>33,4</td><td>34,5</td><td>36,2</td><td>38,5</td><td>37,6</td></tr>
<tr><td>Freigemeinnützige Träger</td><td>62,6</td><td>66,1</td><td>65,0</td><td>60,5</td><td>58,8</td><td rowspan="2">62,4</td></tr>
<tr><td>Privatgewerbliche Träger</td><td>0,9</td><td>0,5</td><td>0,5</td><td>3,4</td><td>2,7</td></tr>
</table>

Anmerkungen: Zwischen 2010 und 2014 haben sich die Merkmalsausprägungen beim Item »Art des Trägers« mit Blick auf die Erfassung der privatgewerblichen Träger verändert. Diese Veränderung beim Erhebungsinstrument sollte bei der Veränderung des Anteilswerts für die privatgewerblichen Träger mitberücksichtigt werden. Die nominal deutliche Zunahme der privatgewerblichen Träger ist also zumindest zum Teil ein statistischer Effekt (vgl. Deutscher Bundestag 2017a, S. 370).
Für das Berichtsjahr 2018 liegen über die Standardtabellen der amtlichen Statistik anders als für die vorherigen Berichtsjahre keine differenzierten Informationen für Einrichtungen in freigemeinnütziger sowie in privatgewerblicher Trägerschaft vor. Dies ist auf eine veränderte Geheimhaltungspraxis für die Daten seitens des Statistischen Bundesamtes zurückzuführen.

Quelle: Statistisches Bundesamt: Statistiken der Kinder- und Jugendhilfe – Einrichtungen und tätige Personen (ohne Tageseinrichtungen für Kinder); versch. Jahrgänge; eigene Berechnungen

Zum Weiterlesen – Literaturhinweise

Bauer, R., Dahme, H.-J., & Wohlfahrt, N. (2012). Freie Träger. In W. Thole (Hrsg.), *Grundriss Soziale Arbeit* (4. Aufl., S. 813–829). Wiesbaden: Springer VS.

Bettmer, F. (2012). Die öffentlichen Träger der Sozialen Arbeit. In W. Thole (Hrsg.), *Grundriss Soziale Arbeit* (4. Aufl., S. 795–812). Wiesbaden: Springer VS.

Deutscher Bundestag (Hrsg.) (2017). *15. Kinder- und Jugendbericht. Bericht über die Lebenssituation junger Menschen und die Leistungen der Kinder- und Jugendhilfe in Deutschland.* Drucksache 18/11050 (Kapitel 6.2). Berlin: Eigenverlag.

4 Angebote, Handlungsfelder und Kooperationen

Werden Studierende in Lehrveranstaltungen der Bildungswissenschaften oder Sozialen Arbeit gebeten, aufzuschreiben, in welchen Zusammenhängen und an welchen Orten Kinder- und Jugendarbeit stattfindet, so wird man von den Nennungen nicht selten überrascht. Oftmals werden Orte wie die »klassischen« Jugendzentren und Jugendhäuser genannt, aber mitunter auch Drogenberatungsstellen, Einrichtungen der Hilfen zur Erziehung oder auch Institutionen des Jugendstrafvollzugs auf der einen Seite bis hin zu Sportvereinen oder auch Musikschulen auf der anderen Seite. Durch solche kleinen, sicherlich nicht repräsentativen Seminarbefragungen wird einmal mehr bestätigt, dass es gar nicht so einfach zu sein scheint, zu bestimmen, was Kinder- und Jugendarbeit ist, wo sie ihre Orte hat, was pädagogisches Handeln in diesem Arbeitsfeld umfasst oder auch welche Formate zur Kinder- und Jugendarbeit gehören. Ganz ähnlich problematisiert auch die Sachverständigenkommission zum 15. Kinder- und Jugendbericht die Darstellbarkeit der Angebote der Kinder- und Jugendarbeit (vgl. Deutscher Bundestag 2017a, S. 367). Eine Unterscheidung zwischen Einrichtungen, Gruppen sowie Projekten und Veranstaltungen oder auch weiteren Formaten sowie Konzepten und Trägern gelingt mitunter nicht oder nur ansatzweise. Auch die folgenden Ausführungen werden diese Leerstelle nicht vollständig ausfüllen können, aber immerhin werden Sortierversuche unternommen, Systematisierungen angeboten sowie Binnendifferenzierungen vorgeschlagen.

Die Differenzierung zwischen Einrichtungen, Arbeitsbereichen und Angebotsformen ist einerseits plausibel (vgl. auch Abb. 4.1), zumal den meisten bekannt ist, dass zum Beispiel politische Bildungsmaßnahmen nicht nur in Bildungsstätten, sondern beispielsweise auch in Jugendfreizeiteinrichtungen durchgeführt werden, kulturelle Aktivitäten nicht nur in Jugendkunstschulen, sondern u. a. auch in Bürgerhäusern und Jugendheimen stattfinden – hierzu später mehr. Andererseits könnte gegen diese Differenzierung angeführt werden, dass sie bei manchen Angeboten tautologisch und unnötig verkomplizierend erscheinen, beispielsweise bei der weitestgehend weder kanonisierten noch einem Curriculum folgenden offenen Arbeit mit Kindern und Jugendlichen in einer für jeden zugänglichen Jugendfreizeitstätte oder auch der kontinuierlichen kinder- und jugendverbandlichen Arbeit in festen Gruppen eines einschlägigen Verbandes.

In diesem Kapitel wird die facettenreiche Praxis der Kinder- und Jugendarbeit betrachtet – im Ganzen, aber auch aus unterschiedlichen Perspektiven. Diese Rahmungen bleiben den Kindern und Jugendlichen gleichwohl in aller Regel verborgen. Wahrnehmbar und erlebbar für die Kinder und Jugendlichen sind lediglich die Handlungskontexte der Praxis selbst, also das situative Interieur der unmittelbaren, direkten pädagogischen Aktion, des Angebots, der Veranstaltung oder des Projekts. Dennoch sind die genannten Ebenen von Einrichtungen oder Orten, Arbeitsbereichen und Angeboten der allgegenwärtige und zugleich unsichtbare Hintergrund der Praxis. Diese Ebenen sind allerdings immer wieder miteinander verkoppelt und es existieren fließende Übergänge zwischen ihnen, bisweilen sind auch hybride Mehrfachzuordnungen vorzufinden, wenn etwa das Jugendzentrum sowohl als Ort wie auch als Angebot aufzufassen ist.

Das notwendige Gerüst für die folgende Betrachtung der Kinder- und Jugendarbeit stammt zum Teil aus der Konzeption empirischer Erhebungen, die regelmäßig über die Kinder- und Jugendarbeit im Rahmen der amtlichen Kinder- und Jugendhilfestatistik durchgeführt werden. Hier wird für verschiedene Erhebungen unterschieden zwischen Einrichtungstypen, Arbeitsbereichen und Angebotsformen. Ferner gehört zu einer solchen Vermessung der Kinder- und Jugendarbeitspraxis die »Kinder- und Jugendförderung« mit ihren z. T. historischen Bezügen zur »Jugendpflege« sowie den aktuellen Schnittstellen zur kommunalen Jugendhilfeplanung, etwa in Form von Kinder- und Jugendförderplänen (vornehmlich in NRW). Im Rahmen der Kinder- und Jugendförderung werden Angebote und Strukturen der Kinder- und Jugendarbeit vor Ort koordiniert und ausgestaltet. Darüber hinaus gehören zur modernen Kinder- und Jugendarbeit verschiedenste Kooperationsbezüge sowie die Verortung der Kinder- und Jugendarbeit in Netzwerken, insbesondere zuletzt den Bildungslandschaften, in denen nicht nur mit der Schule zusammengearbeitet wird, sondern je nach Netzwerk auch mit dem Gesundheitsbereich, dem Allgemeinen Sozialen Dienst (ASD), der Polizei oder auch Agenturen aus dem Bereich der Jugendsozialarbeit (vgl. Abb. 4.1).

Die Überblicksdarstellung (vgl. Abb. 4.1) sortiert die Inhalte dieses Kapitels. In einem ersten Unterkapitel werden zunächst Einrichtungstypen und Arbeitsschwerpunkte der Beschäftigten auf der Grundlage von Ergebnissen der amtlichen Kinder- und Jugendhilfestatistik dargestellt (vgl. Kap. 4.1). Der zweite Teil des Kapitels befasst sich mit der Kinder- und Jugendförderung inklusive der Schnittstellen zur Jugendhilfeplanung (vgl. Kap. 4.2). Ein dritter Teil nimmt Angebote der Kinder- und Jugendarbeit in den Blick. Auf der einen Seite wird hier ebenfalls auf Zahlen der amtlichen Statistik zurückgegriffen, auf der anderen Seite werden die Angebote konzeptionell und zum Teil theoretisch, aber auch empirisch dargestellt und bisweilen in Praxisbeispielen illustriert, darunter auch das breite Spektrum der offenen Kinder- und Jugendarbeit, die verschiedenen Formate der Veranstaltungen und Projekte, aber auch die Kinder- und Jugendverbandsarbeit (Kap. 4.3). Es folgt ein Unterkapitel zu Kooperationsbezügen unter besonderer Berücksichtigung des besonderen Arbeitszusammenhangs von Kinder- und Jugendarbeit und Schule sowie den vielfältigen Kooperationsbezügen der Kinder- und Jugendarbeit in »sogenannten« Bildungslandschaften (Kap. 4.4.).[36]

Abb. 4.1: Institutionelle Bezüge, Kontexte und Settings– Orte, Arbeitsbereiche und Angebote der der Kinder- und Jugendarbeit

Einrichtungen und Orte (vgl. Kap. 4.1)	**Arbeitsbereiche (vgl. Kap. 4.2)**	**Angebote (vgl. Kap. 4.3)**
• Jugendzentren, Jugendfreizeitheime, Offene Türen • Jugendheime, -räume • Jugendberatungsstellen • Jugendkunstschule, kulturpädagogische Einrichtungen • Pädagogisch betreute Spielplätze • Jugendherbergen, Jugendgästehäuser, Erholungseinrichtungen • Einrichtungen der Stadtranderholung • Kinder- und Jugendferienstätten, Jugendzeltplätze • Jugendtagungs- und Jugendbildungsstätten	• Einrichtungsbezogene, offene Kinder- und Jugendarbeit • Mobile Jugendarbeit • Spielplatzwesen • Jugendberatung • Außerschulische Jugendbildungsarbeit • Kulturelle Kinder- und Jugendbildungsarbeit • Sportbezogene Kinder- und Jugendarbeit • Politische Jugendarbeit • Jugendverbandsarbeit • Kinder- und Jugenderholung • Internationale Jugendarbeit (IJA)	• Einrichtungsbezogene, offene Angebote • Jugendzentrum • Jugendclub, -treff • Jugendfarm, Abenteuerspielplatz • Jugendkulturzentrum, Jugendkunstschule • Agenturen, Initiativen der mobilen Jugendarbeit • Gruppenbezogene Angebote • Veranstaltungen und Projekte inkl. Internationale Angebote • Freizeiten • Bildungsmaßnahmen • Aus- u. Fortbildungen, Seminare und Kurse • Projekte, beispielsweise Fußballfanarbeit • Feste, Feiern, Konzerte • Sport- und Kulturveranstaltungen

Anmerkung: Die hier vorgenommenen Unterscheidungen und Kategorisierungen auf der Angebotsebene gehen zurück auf die konzeptionellen und zum Teil auch theoretischen Überlegungen bei der Neuentwicklung der amtlichen Statistik zu den öffentlich geförderten Angeboten der Kinder- und Jugendarbeit (vgl. z. B. Pothmann 2020).

Quelle: Eigene Darstellung

36 Wie jeder Systematisierungsversuch hat auch die hier gewählte Darstellung ihre Schwächen. So werden konzeptionelle und theoretische Grundlagen einzelner Angebotsformen des Arbeitsfeldes hier gar nicht bzw. nicht ausreichend berücksichtigt. Hierfür wird auf die Ausführungen (vgl. Kap. 7 und 8) verwiesen, die sich umfassend mit Theorien, Konzepten, Methoden, aber auch Leit- und Handlungsmaximen des Arbeitsfeldes auseinandersetzen.

4.1 Einrichtungstypen und Arbeitsschwerpunkte – statistische Annäherungen

Wie viele Jugendzentren, Jugendheime und Jugendkunstschulen gibt es überhaupt in Deutschland? Arbeiten mehr Mitarbeiter*innen in Jugendheimen, also in kleineren Jugendeinrichtungen, oder in großen Jugendzentren? Wie hat sich die Zahl der Einrichtungen über die letzten Jahrzehnte hinweg entwickelt? Inwiefern findet Kinder- und Jugendarbeit auch an anderen Orten jenseits von mehr oder weniger »klassischen« Einrichtungen der Kinder- und Jugendarbeit statt? Diese und ähnlich gelagerte Fragen werden im Folgenden beantwortet. Dabei wird zunächst der Blick auf die Einrichtungen der Kinder- und Jugendarbeit gerichtet sowie anschließend auf die Arbeitsbereiche der Beschäftigten und die institutionellen Orte der Kinder- und Jugendarbeit. Im Blick zu behalten ist dabei stets, dass alle empirischen Daten keine Naturereignisse sind, sondern letztlich Resultate – stets kontingenter, also immer auch anders möglicher – gesellschaftlicher Entwicklungen, pädagogischer Trends, spezifischer Förderprogramme und administrativer bzw. politischer Entscheidungen (vgl. Kap. 3).

Einrichtungen der Kinder- und Jugendarbeit

Bei der Erhebung zu den Einrichtungen und tätigen Personen zum Ende des Jahres 2018 werden zu den außerschulischen Einrichtungstypen der Kinder- und Jugendarbeit insgesamt 14.587 Einrichtungen erfasst (vgl. Tab. 4.1), darunter 7.424 Jugendzentren und Jugendfreizeitheime, 3.555 Jugendheime und kleinere Jugendklubs ohne hauptamtliches Personal – hierunter dürften auch die von jungen Menschen selbstverwalteten Jugendzentren fallen –, 954 Einrichtungen oder Initiativen der mobilen Jugendarbeit, 214 Jugendbildungs- und -tagungsstätten, 334 pädagogisch betreute Spielplätze oder auch 324 Jugendkunstschulen bzw. kulturpädagogische Einrichtungen. Ferner gehören hierzu auch 975 Einrichtungen aus den Bereichen Kinder- und Jugenderholung respektive des Kinder- und Jugendreisens – beispielsweise Kinder- und Jugendferienerholungsstätten, Jugendzeltplätze oder auch Jugendherbergen.

Von den Ende 2018 erfassten Einrichtungen befanden sich knapp 10.800 in Westdeutschland (einschließlich Berlin) sowie rund 3.800 in den ostdeutschen Flächenländern (vgl. Tab. 4.1). Im Rückblick auf insbesondere die 2000er Jahre ist unter zeitvergleichender Perspektive festzuhalten, dass zwischen 2006 und 2014 ein Rückgang bei der einrichtungsbezogenen Kinder- und Jugendarbeit zu beobachten ist, während für den Zeitraum 2014 bis 2018 sich die Zahlen konsolidiert haben. Das heißt unter Beachtung der unterschiedlichen Entwicklungen in Ost- und Westdeutschland im Einzelnen (vgl. Tab. 4.1).

- Nachdem sich bis 2006 der Einrichtungsbestand bundesweit auf einem vergleichsweise hohen Niveau von bis zu knapp 18.000 konsolidiert hatte, reduzierte sich die Anzahl bis zum Jahre 2014 auf rund 14.700.[37] Zwar ist im gleichen Zeitraum auch die potenzielle Adressatengruppe junger Menschen im Alter von 6 bis unter 27 Jahren zurückgegangen, aber das erklärt allenfalls sporadisch und keineswegs systematisch den Einrichtungsrückgang. So hat sich auch die Zahl der Einrichtungen im Verhältnis zur Altersgruppe der 6- bis unter 27-Jährigen zwischen 2006 und 2014 deutlich reduziert. Erst zwischen den Jahren 2014 und 2018 ist sowohl absolut als auch bevölkerungsrelativiert wieder eine Stabilisierung festzustellen.
- Die Fläche, auf die sich diese Einrichtungen verteilen, – die »Einrichtungsdichte« – ist ein weiterer relevanter Kennwert. Diesbezüglich zeigt sich eine ähnliche Entwicklung, also eine Art Ausdünnung des Angebots an Kinder- und Jugendarbeit zwischen Mitte der 2000er und der 2010er Jahre. Für den Zeitraum 2006 bis 2014 ist pro 1.000 Quadratkilometern, also einer Fläche von nicht ganz 32 mal 32 Kilometern, – statistisch gesehen – die Zahl der Einrichtungen von 50 auf 41 zurückgegangen. Zwischen 2014 und 2018 hat sich dieser Trend allerdings nicht weiter fortgesetzt.
- Der Abbau von Einrichtungen der Kinder- und Jugendarbeit ist vor allem eine für Westdeutschland zu beobachtende Entwicklung. Hier ist die Zahl der Einrichtungen pro 100.000 der 6- bis und 27-Jährigen zwischen 2006 und 2014 von 88 auf 72 gesunken, zeigt sich seither aber ebenfalls konstant. Für Ostdeutschland liegt ein deutlicher Rückgang der Einrichtungen schon länger zurück und ist insbesondere für den Zeitraum 2002 bis 2006 zu beobachten. Für die Erhebungszeitpunkte seit Ende 2010 weisen die Erhebungsergebnisse hingegen konsolidierte Einrichtungszahlen aus, was angesichts einer rückläufigen Zahl junger Menschen eine Zunahme bei den Einrichtungen pro 100.000 der 6- bis unter 27-Jährigen bedeutet.

---

37 Bei der Betrachtung der Entwicklung der Einrichtungszahlen muss allerdings methodisch berücksichtigt werden, dass die Zunahme zwischen 2002 und 2006 sowie der Rückgang zwischen 2006 und 2010 bei den Einrichtungen in starkem Maße mit durch die Entwicklungen bei Jugendräumen und Jugendheimen ohne hauptamtliches Personal in einem Umfang von 1.600 bis 1.700 Jugendheimen bzw. -räumen beeinflusst worden sind. Dies scheint nicht ausgeschlossen, wenn beispielsweise kurzfristig kleinere Einrichtungen und Räumlichkeiten in Gemeinden und Pfarrhäusern, aber auch bei den Wohlfahrts- und Jugendverbänden Kindern und Jugendlichen nicht mehr oder dann kurzfristig wieder zur Verfügung gestellt werden. Mit ins Kalkül muss jedoch auch gezogen werden, dass gerade eine vollzählige Erfassung dieser Art von Einrichtungen mit besonderen erhebungspraktischen Herausforderungen verbunden ist. Als weiterer Indikator für eine Ausdehnung bzw. Reduzierung der Kinder- und Jugendarbeit muss vor diesem Hintergrund gleichermaßen die Zahl der tätigen Personen (vgl. Kap. 5) sowie das Volumen der finanziellen Aufwendungen (vgl. Kap. 3) berücksichtigt werden.

- Im Vergleich von Ost- und Westdeutschland zeigt sich Ende 2018, dass im Verhältnis zur Zahl der jungen Menschen die Kinder- und Jugendarbeit in Ostdeutschland über weitaus mehr Einrichtungen verfügt als der Westen. Pro 100.000 der 6- bis unter 27-Jährigen werden im Westen 71 sowie im Osten 180 Einrichtungen der Kinder- und Jugendarbeit gezählt. Bei der Fläche stellt sich dies anders dar: Pro 1.000 Quadratkilometer werden in Westdeutschland 43 Einrichtungen und in Ostdeutschland 35 erfasst.

Tab. 4.1: Einrichtungen der Kinder- und Jugendarbeit (Deutschland; 2002–2018)

		2002	2006	2010	2014	2016	2018[1]
Anzahl absolut	Deutschland	17.372	17.966	16.725	14.726	15.025	14.587
	Westdeutschland[2]	12.832	14.058	12.926	10.922	11.226	(10.752)
	Ostdeutschland	4.540	3.908	3.799	3.804	3.799	(3.835)
Angaben pro 10.000 der 6- bis unter 27-Jährigen	Deutschland	91	95	93	85	86	85
	Westdeutschland[2]	80	88	83	72	73	(71)
	Ostdeutschland	143	141	158	177	177	(180)
Angaben pro 1.000 qkm[3]	Deutschland	49	50	47	41	42	41
	Westdeutschland[2]	51	56	52	44	45	(43)
	Ostdeutschland	42	36	35	35	35	(35)

1 Für das Berichtsjahr 2018 liegen über die Standardtabellen der amtlichen Statistik anders als für die vorherigen Berichtsjahre keine differenzierten Informationen für sämtliche Einrichtungsarten nach Ländern vor. Dies ist auf eine veränderte Geheimhaltungspraxis für die Daten seitens des Statistischen Bundesamtes zurückzuführen. Vor diesem Hintergrund handelt es sich bei den hier eingeklammerten Ergebnissen für Ost- und Westdeutschland um zum Teil geschätzte Werte. Dabei wurde für die geheim zu haltenden Werte für einzelne Einrichtungsarten nach Ost- und Westdeutschland auf die Verteilung der Einrichtungen zum 31. 12. 2016 zurückgegriffen.

2 Westdeutschland inklusive Berlin

3 Bei der Berechnung der Angaben pro 1.000 qkm für das Jahr 2018 wurden die Flächenangaben des Jahres 2016 zugrunde gelegt.

Quelle: Statistisches Bundesamt: Statistiken der Kinder- und Jugendhilfe – Einrichtungen und tätige Personen (ohne Tageseinrichtungen für Kinder); versch. Jahrgänge; Zusammenstellung und Berechnung Arbeitsstelle Kinder- und Jugendhilfestatistik

Einschränkend sollte allerdings bei diesen Zahlen berücksichtigt werden, dass die hier ausgewiesene Zahl der Einrichtungen insgesamt inklusive von »Räumen« für junge Menschen ohne hauptamtliches Personal nur eine Annäherung an die Ausstattung einer Infrastruktur im Bereich Kinder- und Jugendarbeit darstellt. Hierbei spielen weitere Aspekte, wie etwa Einrichtungsgröße, Öffnungszeiten, Erreichbarkeit, Zielgruppen oder auch Programmvielfalt eine wichtige Rolle. Darüber hinaus ist zu beachten, dass gruppenbezogene Angebote bei dieser Betrachtung unberücksichtigt bleiben sowie Angebote in der vereins- und verbandsbezogenen Kinder- und Jugendarbeit über die hier präsentierten Daten allenfalls ausschnitthaft in den Blick kommen (vgl. auch Deutscher Bundestag 2017a, S. 370).

Arbeitsbereiche und Orte der Kinder- und Jugendarbeit

Es kann nicht häufig genug betont werden: Die Kinder- und Jugendarbeit ist ein ausdifferenziertes, nicht auf ein Angebot oder ein Leistungsprofil zu fokussierendes sozialpädagogisches Handlungsfeld. Diese Tatsache wird umso augenscheinlicher, je näher das in den Blick rückt, was alltagssprachlich als die »Praxis« definiert wird. Über die im letzten Abschnitt vorgestellten Einrichtungen und Handlungsfelder der Kinder- und Jugendarbeit ist nicht immer zu erkennen, was in der Kinder- und Jugendarbeit tatsächlich »passiert«. Wenn wir uns beispielsweise in einem Jugendhaus befinden, sagt diese Tatsache wenig darüber aus, welche Art von Veranstaltungen hier stattfindet. Sowohl kulturelle Aktivitäten als auch freizeitbezogene Veranstaltungen sind in den jeweiligen Programmen zu finden. Und in einer Bildungsstätte sind die Mitarbeiter*innen nicht ausschließlich mit der Initiierung von politischen, sozialen, kulturellen oder ökologisch orientierten Bildungsprozessen beschäftigt.

Was in der Kinder- und Jugendarbeit an den einzelnen Aktionsorten und in den verschiedenen Einrichtungen real stattfindet, ist also nicht unbedingt zwingend aus dem Typus des jeweiligen pädagogischen Raumes zu erschließen. Zwar kann davon ausgegangen werden, dass in Jugendkunstschulen oder kulturpädagogischen Einrichtungen vorwiegend kulturelle Kinder- und Jugendarbeit stattfindet oder dass in Kinder- und Jugend(freizeit)zentren offene Kinder- und Jugendarbeit initiiert und gestaltet wird, aber das gilt eben nicht ausnahmslos, sondern vielmehr ist die Kinder- und Jugendarbeit in den Einrichtungen oftmals vielfältiger, als die Bezeichnung des Ortes dies vermuten lässt.

Die Einrichtungs- und Personalstatistik des Statistischen Bundesamtes ermöglicht dazu einen differenzierteren Einblick. Es wird dargestellt, wie sich für ausgewählte Arten von Einrichtungen der Kinder- und Jugendarbeit die Arbeitsbereiche der pädagogischen Fachkräfte und Mitarbeiter*innen verteilen. So zeigen sich auf der einen Seite Schwerpunktsetzungen der pädagogischen Arbeit in den Einrichtungen, aber es werden auch zusätzliche Arbeitsbereiche deutlich sowie die Zahlen Aufschluss über die Bedeutung von Leitungs- und Verwaltungsaufgaben geben (vgl. Tab. 4.2).

Tab. 4.2: Personal in ausgewählten Einrichtungen und Arbeitsbereichen der Kinder- und Jugendarbeit (Deutschland; 31.12.2016; Angaben absolut, in %)

Einrichtungen / Arbeitsbereiche	Kinder und Jugend-zentum	Kulturpäd. Einrich-tungen	Jugend-beratungs-stellen	Päd. betr. Spielplatz	Mobile Jugend-arbeit	Jugend-erholung
Insgesamt	19.104	2.177	1.221	1.028	2.653	2.019
in %	100,0	100,0	100,0	100,0	100,0	100,0
Offene KJA	14.909	0	0	940	239	64
in %	78,0	0,0	0,0	91,4	9,0	3,2
Kulturelle KJA	502	1.594	0	0	47	26
in %	2,6	73,2	0,0	0,0	1,8	1,3
Mobile JA	297	0	45	0	1.823	0
in %	1,6	0,0	3,7	0,0	68,7	0,0
K ' u. Ju'bildung	1.135	217	0	0	85	202
in %	5,9	10,0	0,0	0,0	3,2	10,0
Erholung	81	6	0	0	3	859
in %	0,4	0,3	0,0	0,0	0,1	42,5
Ju'beratung	55	0	399	0	60	0
in %	0,3	0,0	32,7	0,0	2,3	0,0
Ju'soz. (m. SSA)	482	0	600	0	154	0
in %	2,5	0,0	49,1	0,0	5,8	0,0
Leitung	622	124	53	38	80	374
in %	3,3	5,7	4,3	3,7	3,0	18,5
Verwaltung	487	201	79	45	79	487
in %	2,5	9,2	6,5	4,4	3,0	24,1
Sonst. Arbeitsb.	534	35	45	5	83	7
in %	2,8	1,6	3,7	0,5	3,1	0,3

Anmerkungen: Als Einrichtungsarten werden berücksichtigt Kinder- und Jugendzentren, -freizeitheime inkl. Häuser der offenen Tür sowie Jugendkunstschulen und kulturpädagogische Einrichtungen sowie Jugendberatungsstellen sowie pädagogisch betreute Spielplätze sowie Organisationen der mobilen Jugendarbeit sowie Einrichtungen der Kinder- und Jugenderholung (insbesondere Jugendherbergen, Kinder- und Jugendferien- bzw. -erholungsstätten oder auch Einrichtungen der Stadtranderholung).
Bei den Arbeitsbereichen wird unterschieden zwischen offener Kinder- und Jugendarbeit (inkl. Spielplatzwesen), kultureller Jugend(bildungs)arbeit, mobiler Jugendarbeit, Kinder- und Jugendbildung (inkl. internationale Jugendarbeit und Jugendverbandsarbeit), Kinder- und Jugenderholung, Jugendberatung (gem. § 11 SGB VIII), Jugendsozialarbeit inkl. Schulsozialarbeit, Leitung, Verwaltung sowie sonstigen Arbeitsbereichen der Kinder- und Jugendhilfe.

Quelle: Statistisches Bundesamt: Statistiken der Kinder- und Jugendhilfe – Einrichtungen und tätige Personen (ohne Tageseinrichtungen für Kinder); 31. 12. 2016; Zusammenstellung und Berechnung: Arbeitsstelle Kinder- und Jugendhilfestatistik.

Zum Weiterlesen – Literaturhinweise

Deutscher Bundestag (2017). *Bericht über die Lebenssituation junger Menschen und die Leistungen der Kinder- und Jugendhilfe in Deutschland – 15. Kinder- und Jugendbericht* (Kap. 6.2: »Was wird angeboten? Die institutionelle Seite der Kinder- und Jugendarbeit«, S. 367–381). Berlin: Eigenverlag.

Mühlmann, T., & Pothmann, J. (2019). *Kinder- und Jugendarbeit, in: Autorengruppe Kinder- und Jugendhilfestatistik: Kinder- und Jugendhilfereport 2018* (S. 106–122). Opladen: Barbara Budrich.

4.2 Kinder- und Jugendförderung und ihre Arbeitsbereiche

Das Handlungsfeld, welches hier als Kinder- und Jugendförderung bezeichnet wird, begann einstmals als »Jugendpflege« und entwickelte sich später zur »Kinder- und Jugendpflege«. Ursprünglich bezeichnete die »Jugendpflege« das Feld der öffentlich organisierten Jugendarbeit in Abgrenzung zur Jugendverbandsarbeit und zu den verschiedenen Jugendbewegungen. Zugleich kennzeichnete Jugendpflege jedoch auch die Gesamtheit der freien Jugendarbeit und grenzte diese von der Jugendfürsorge, also den familienunterstützenden und insbesondere den familienersetzenden sozialpädagogischen Aufgabenfeldern ab, also dem, was man in der modernen Kinder- und Jugendhilfe vor allem auch als Hilfen zur Erziehung bezeichnet (vgl. Kap. 2).

Die heutige Kinder- und Jugendförderung bezeichnet allerdings nicht mehr die außerschulischen, freizeit- und bildungsbezogenen Angebote und Aktivitäten als Ganzes, sondern einen nach wie vor nicht unwesentlichen Kernbereich vor allem kommunaler Aufgaben im Kontext der Kinder- und Jugendarbeit. In der Regel handelt es sich dabei um die auf einen Bezirk oder Stadtteil, eine Stadt insgesamt, aber auch einen Kreis oder eine Gemeinde bezogenen allgemeinen Aufgaben für die Ausgestaltung der Kinder- und Jugendarbeit, welche bisweilen auch administrativ als Fachdienste oder Jugendreferate bzw. Jugendreferent*innen bezeichnet werden. Der kommunalen Jugendförderung obliegt es vielerorts, sämtliche Angebote der Kinder- und Jugendarbeit in einem jeweils näher spezifizierten Territorium zu vernetzen und aufeinander abzustimmen. Dies geschieht mitunter in Formaten bzw. Instrumenten wie beispielsweise Kinder- und Jugendförderplänen und weist unmittelbare Schnittstellen Kinder- und Jugendhilfeplanung gemäß § 80 SGB VIII auf bzw. finden sich mitunter dazu auch Parallelstrukturen.

Zu beobachten ist also ein uneinheitliches Nebeneinander verschiedener Bezeichnungen: In Großstädten finden wir neben der sogenannten Stadtjugendpflege/Jugendförderung, die häufig eine eigenständige Abteilung innerhalb des Jugendamtes bildet, mehrere Bezirksjugendpfleger*innen. Neben der Dienst- und Fachaufsicht über die Mitarbeiter*innen der Kommune haben sie die gesamte Kinder- und Jugendarbeit in dem Stadtteil oder den Stadtteilen, für die sie zuständig sind, zu koordinieren. Entsprechend der städtischen Organisationsstruktur kommt ihnen somit eine mittlere Leitungsfunktion zu, beispielsweise als Unterarbeitungsleitungen. In kleineren Städten und Gemeinden sind die Aufgaben der Kinder- und Jugendförderung häufig noch wesentlich vielfältiger; hier kommt ihnen mitunter auch noch die Leitung von Kinder- und Jugendfreizeiteinrichtungen zu. Darüber hinaus sind Vertreter*innen der Kinder- und Jugendförderung auf den verschiedenen Ebenen auch die kommunalen Fachvertreter*innen für die Kinder- und Jugendarbeit in den Kinder- und Jugend(hilfe)ausschüssen der Städte, Gemeinden und Kreise.

Die für die Kinder- und Jugendförderung zuständigen Fachkräfte haben somit in den Gebietskörperschaften Aufgaben der Planung und Konzeptualisierung von Angeboten in einer Stadt, einer Gemeinde oder auch eines Kreises. Hierzu gehört bisweilen auch die Zuständigkeit für den Kinder- und Jugendschutz (gem. § 14 SGB VIII) und die Jugendsozialarbeit (gem. § 13 SGB VIII), die Geschäftsführung des Stadt- oder Gemeindejugendrings, die Initiierung von Aktionen, die Beratung und Unterstützung von Gruppen, die Koordinierung von Maßnahmen der unterschiedlichen Träger, die allgemeine Öffentlichkeitsarbeit und die Vertretung der Belange der Kinder- und Jugendarbeit in den politischen Gremien.[38]

Aufgabe der Kinder- und Jugendförderung ist schließlich auch, Heranwachsende zu unterstützen, ihre eigenen Interessen auch auf der politischen Bühne zu vertreten und Kinder und Jugendliche mit den bestehenden gesellschaftlichen demokratischen Macht- und Mehrheitsverhältnissen bekannt zu machen. Hierauf verwies bereits Müller (1989, S. 77), stellte aber auch die Sachverständigenkommission zum 15. Kinder- und Jugendbericht 2017 einmal mehr heraus:

> »Interessenvertretung aus der Kinder- und Jugendarbeit heraus wird auch von kommunalen Jugendpflegerinnen und Jugendpflegern übernommen. Ihre Rolle kann dabei vielfältig sein, z. B. Unterstützung zu leisten, Entwicklungen zu begleiten, als Multiplikatorinnen und Multiplikatoren zu fungieren, vernetzend zu wirken sowie eine Art Scharnierfunktion zu den unterschiedlichen Politikbereichen und in der Verwaltung wahrzunehmen« (Deutscher Bundestag 2017a, S. 420).

38 Die Kinder- und Jugendförderung ist aber nicht nur eine kommunale Aufgabe, sondern sie findet sich auch bei den konfessionellen Trägern in Form der kirchlichen Kinder- und Jugendpflege oder auch für einzelne Handlungsfelder. So sind Aufgaben und Funktionen, wie sie hier für die allgemeine »Kinder- und Jugendpflege« dargestellt werden, sporadisch in der Praxis auch in Form eines koordinierenden Service für kulturpädagogische Angebote und Initiativen zu beobachten. Diese beraten auf regionaler oder örtlicher Ebene zu Themen und Formaten der kulturellen Kinder- und Jugendbildung, koordinieren Veranstaltungen oder schaffen auch Kooperationszusammenhänge und Netzwerkstrukturen (vgl. Thole 2000, S. 126 f).

Die Fachkräfte der Kinder- und Jugendförderung nehmen heute genauso wie in den vergangenen Jahrzehnten in vielen kommunalen und kreisbezogenen Bereichen der Kinder- und Jugendarbeit sowie der Kinder- und Jugendhilfepolitik insgesamt eine Schlüsselstellung ein (vgl. auch die Beiträge in Lindner & Pletzer 2017). Für die Erfüllung der Aufgaben im Rahmen der Kinder- und Jugendförderung sind politische, sozialwissenschaftliche und pädagogische Kenntnisse erforderlich sowie Kommunikations-, Organisations- und Personalführungskompetenzen verlangt werden. Es handelt sich um eine fachlich ausgesprochen anspruchsvolle Aufgabe, die zudem auch ein hohes Maß an Flexibilität verlangt. (vgl. Wendt 2016, 2017; Bayerischer Jugendring 2016; Biewers Grimm 2020)

Zum Weiterlesen – Literaturhinweise

Bayerischer Jugendring (2016). *Arbeitsprofil Gemeindejugendpfleger/-innen: Aufgaben und Rahmenbedingungen der Tätigkeit von Jugendpfleger/-innen in kreisangehörigen Städten, Märkten und Gemeinden Bayerns.* München: BJR.

Lindner, W., & Pletzer, W. (Hrsg.) (2017). *Kommunale Jugendpolitik.* Weinheim & Basel: Beltz Juventa.

4.3 Angebote der Kinder- und Jugendarbeit

Die »Landschaft« der Angebote in der Kinder- und Jugendarbeit ist unübersichtlich. Es wird an dieser Stelle weder der Anspruch einer vollständigen Vermessung erhoben noch wird der Anspruch erhoben, dass die hier gewählte Herangehensweise alternativlos sei – im Gegenteil: Die Möglichkeiten der Klassifizierung der Angebotslandschaft scheinen vielfältig, aber – so auch der 15. Kinder- und Jugendbericht – es deutet sich auch keine an, die als allgemeingültig oder auch »richtig« im Gegensatz zu allen anderen bezeichnet werden könnte. Dies ist nicht zuletzt auch darauf zurückzuführen, dass sich das Arbeitsfeld und die Handlungsfelder durch Vielfalt und fließende Übergänge auszeichnen (vgl. Deutscher Bundestag 2017a, S. 403 f). Vielmehr wird erstens auf offene (a), zweitens auf gruppenbezogene Angebote und dabei auch ausführlicher auf die Kinder- und Jugendverbandsarbeit (b) sowie drittens auf Projekte und Veranstaltungen (c) ausführlicher eingegangen (vgl. auch von der Gathen, Pothmann & Schramm 2013).

Bei der Betrachtung dieser sehr allgemein gehaltenen Angebotstypen, die dafür aber zumindest den allergrößten Teil von Angeboten der Kinder- und Jugendarbeit erfassen sollte und bei jungen Menschen eine zumindest nicht unerhebliche Reichweite vorweisen können (vgl. Tab. 4.3), wird zunächst ein jeweils quantitativ-empirischer Zugang über die Daten der amtlichen Kinder- und Jugendhilfestatistik gewählt. Davon ausgehend folgen ausgewählte tiefergehende Einblicke in die Angebotsbereiche mit Hilfe von Forschungsergebnissen, Praxiserfahrungen und -beobachtungen oder auch konzeptionellen Überlegungen.

Tab. 4.3: Eckwerte zur Inanspruchnahme und zur Reichweite von Angeboten der Kinder- und Jugendarbeit (Deutschland; 2015–2019)

	2015	2017	2019
Einrichtungsbezogene, offene Angebote			
Anzahl der Angebote	19.339	22.430	24.323
Anzahl d. Stammbesuchenden (Sb)	753.182	881.219	950.155
Sb pro 100 der 6- bis unter 27-J.	4,3 %	5,1 %	5,5 %
Median d. Sb pro Angebot	20	18	/
Anteil Angebote mit unter 10-J.[1]	46,6 %	47,0 %	46,3 %
Anteil Angebote mit 18-J. u. Älteren[2]	40,3 %	38,2 %	/
Gruppenbezogene Angebote			
Anzahl der Angebote	23.841	26.444	26.475
Anzahl der Teilnehmenden (TN)	619.983	841.363	805.536
Median der TN pro Angebot	12	13	/ 4
Anteil der TN unter 10 Jahren	26,5 %	29,7 %	31,1 %
Anteil der TN 18 Jahre und älter	17,3 %	16,4 %	16,1 %
Veranstaltungen und Projekte			
Anzahl der Freizeiten	30.282	34.486	35.291
Anzahl der TN von Freizeiten	1.361.106	1.514.364	1.473.999
Anzahl Fortbildungen/Seminare	26.182	22.506	23.655
Anzahl der TN an Fortb./Seminaren	669.404	583.888	622.321
Anzahl sonstige Veranstaltungen[3]	40.884	41.398	46.918
Anzahl der TN an sonst. Veranst.[3]	4.019.106	4.680.793	4.735.948

1 Anteil Angebote, die auch von unter 10-Jährigen genutzt werden.
2 Anteil der Angebote, die auch von über 18-jährigen Jugendlichen genutzt werden.
3 (Groß-)Veranstaltungen und sonstige Projekte
4 Diese Angabe ist über die allgemein zugänglichen Standardtabellen nicht verfügbar, sondern muss mithilfe der beim Forschungsdatenzentrum der Statistischen Ämter des Bundes der Länder (FDZ) vorliegenden Mikrodaten berechnet werden. Die Angaben für das Berichtsjahr 2019 lagen bei Manuskriptabgabe noch nicht im FDZ vor.

Quelle: Autorengruppe Kinder- und Jugendhilfestatistik (2021) auf der Grundlage Statistisches Bundesamt: Statistiken der Kinder- und Jugendhilfe – Angebote der Jugendarbeit, verschiedene Jahrgänge

Offene Kinder- und Jugendarbeit – einrichtungsbezogene Kinder- und Jugendarbeit

So selbstverständlich und scheinbar eindeutig »Offene Kinder- und Jugendarbeit« als Terminus technicus auch verwendet wird, so undeutlicher wird der Bedeutungsgehalt bei näherer Betrachtung. »Offene Kinder- und Jugendarbeit« ist zumindest theoretisch nicht hinreichend bestimmt und eine allgemeingültige Begriffsbestimmung steht noch aus. So besteht schon kein allgemeingültiges Verständnis darüber, wie »offen« in diesem Kontext zu verstehen ist bzw. welche Dimensionen damit gemeint sind – die Zielgruppen, die Zeitstrukturen, die Angebote, die methodischen Konzepte oder vielleicht doch die thematische Ausrichtung (vgl. Rauschenbach u. a. 2010, S. 151 f). Der Begriff »einrichtungsbezogene Kinder- und Jugendarbeit« scheint das, was gemeint ist, präziser zu bezeichnen und auch zu beschreiben.

Im Rahmen der folgenden empirischen Annäherung gehören zu den Angeboten der einrichtungsbezogenen Kinder- und Jugendarbeit, also der sogenannten Offenen Kinder- und Jugendarbeit Kinder- und Jugendzentren sowie Jugendtreffs, sogenannte »Offene Türen«, pädagogisch betreute Spielplätze sowie Spiel- oder Sportmobile, aber auch verschiedene Formen mobiler, aufsuchender Kinder- und Jugendarbeit. Diese Angebote zeichnen sich durch in der Regel auf Dauer angelegt Angebote aus, die oftmals an festen Orten stattfinden (z. B. Räumlichkeiten, bestimmte öffentliche Plätze). Zu unterscheiden sind in diesem Zusammenhang eher einrichtungsbezogene Angebote sowie aufsuchende und mobile Angebote; das heißt:

> »Unter offenen Angeboten werden solche mit einer Komm- und/oder Geh-Struktur verstanden, die im Grundsatz keinen festen Teilnehmerkreis aufweisen. Die Teilnahme an diesen offenen Angeboten erfordert keine Mitgliedschaft und ist in aller Regel voraussetzungslos. Die offenen Angebote können in eigenen, angemieteten oder zur Verfügung gestellten Räumlichkeiten sowie an öffentlichen Plätzen und pädagogischen Settings außerhalb von Räumlichkeiten stattfinden. Die Dauer des Aufenthalts bzw. der Teilnahme an diesen Angeboten ist freigestellt, sofern sie nicht durch Öffnungs- bzw. Präsenzzeiten beschränkt wird« (von der Gathen-Huy, Pothmann & Schramm 2013, S. 393 f).

Bei den offenen Angeboten besteht somit kein fester Kreis von teilnehmenden Personen und keine verpflichtende Mitgliedschaft; die Teilnehmenden und Besucher*innen kommen und gehen nach Belieben, gleichwohl haben beispielsweise Jugendzentren oder Jugendfreizeitheime Stammbesu-cher*innen, die regelmäßig Angebote in Anspruch nehmen bzw. besuchen.[39] Der grundsätzliche Anspruch, »offen« für alle jungen Menschen zu sein, bedeutet aber nicht, dass auch »alle« Kinder und Jugendlichen gleichermaßen in den Einrichtungen und

---

39 Es besteht keine allgemeingültige Definition für »Stammbesucher/-innen« von Angeboten der offenen Kinder- und Jugendarbeit. Zumindest orientieren kann man sich an der Definition für die Erhebung zur amtlichen Kinder- und Jugendhilfestatistik. Hier heißt es: »In Bezug auf offene Angebote sind die jungen Menschen zu fassen, die regelmäßig über einen Zeitraum von mindestens 3 Monaten an bestimmten Öffnungstagen oder mehrmals in der Woche das offene Angebot besuchen. (…) Als Teilnehmende bzw. Stammbesucherinnen/Stammbesucher mobiler Angebote werden hier junge Menschen gefasst, die regelmäßig über einen Zeitraum von mindestens 3 Monaten ein solches mobiles Angebot wahrnehmen« (Erläuterungen zum Erhebungsinstrument unter https://www.forschungsdaten zentrum.de/sites/default/files/kjh_22531_2017_on-site_eb.pdf, S. 3 [Zugriff 15. 03. 2021].

Angeboten der Kinder- und Jugendarbeit vorzufinden sind. Zu berücksichtigen ist, dass sich jenseits dieses Offenheitspostulates über konzeptionelle und zielgruppenspezifische Differenzierungen explizite oder auch implizite Exklusionseffekte, z. B. bei Kindern und Jugendlichen mit Behinderungen, oder durch negative Image-Effekte ergeben können sowie andererseits auch – jenseits aller Akzeptanzpostulate – bewusste Zugangsbeschränkungen, z. B. für antidemokratisch und rechts-nationalistisch eingestellte Jugendliche erhoben werden können (vgl. Seckinger u. a. 2016, S. 209 ff.).

Die Zahl der 2019 über die amtliche Statistik erfassten Angebote der offenen Kinder- und Jugendarbeit liegt bei 24.323.[40] Grob können diese nach einrichtungsbezogenen und mobilen Angeboten unterschieden werden. Demnach weisen 81 % der Angebote einen Einrichtungsbezug auf, rund 19 % haben einen mobilen Charakter. Die Statistik weist ferner aus, dass diese Angebote von 950.155 Stammbesucher*innen genutzt werden. Bezieht man diese Zahl auf junge Menschen im Alter von 6 bis unter 27 Jahren, also die potenziellen Zielgruppen dieser Angebote, sind es zwischen 5 % und 6 % dieser Kinder, Jugendlichen und jungen Erwachsenen, die im Jahre 2019 regelmäßig ein solches Angebot der »Offenen« Kinder- und Jugendarbeit genutzt haben.[41]

Angesichts der hier breit gewählten Altersspanne von gerade schulpflichtig gewordenen Kindern bis zu jungen Erwachsenen ist davon auszugehen, dass diese Reichweitenquote je nach Alter der jungen Menschen höher ausfallen dürfte. So kommt der 15. Kinder- und Jugendbericht zu dem Ergebnis, dass ca. 8 % bis 10 % der Jugendlichen im Teenageralter zumindest 1 Mal pro Woche ein Jugendzentrum besuchen, in anderen Untersuchungen ist von 5 % bis 10 % für die Altersgruppe der 12- bis unter 18-Jährigen die Rede (vgl. zusammenfassend Pothmann 2017).

Die Offene Kinder- und Jugendarbeit ist nicht nur von zentraler Bedeutung für die Ausgestaltung eines lokalen Angebots im Bereich der Kinder- und Jugendarbeit – mitunter wird in diesem Zusammenhang auch von einer Art von Grundversorgung gesprochen (vgl. bereits Wensierski 1999, S. 39) –, sondern sie stellt auch ein facettenreiches Handlungsfeld dar. Generelle und bundesweit fachlich anerkannte Differenzierungen der Offenen Kinder- und Jugendarbeit existieren auch vor diesem Hintergrund weder heute noch bestanden diese in der Vergangenheit (vgl. Grauer 1973, S. 27). Immerhin einen Vorschlag für eine Typisierung einer einrichtungsbezogenen offenen Kinder- und Jugendarbeit macht

40 Diese und die nachfolgenden statistischen Angaben dieses Abschnitts beziehen sich auf: Statistisches Bundesamt: Statistiken der Kinder- und Jugendhilfe – Angebote der Jugendarbeit.

41 Dabei wird angenommen, dass ein junger Mensch nur einmal bei einem offenen Angebot pro Jahr als Stammbesucher/-in gezählt worden ist.

das Handbuch Offene Kinder- und Jugendarbeit in einer älteren Auflage. In der dritten Auflage wird unterschieden zwischen »zentralen Großeinrichtungen«, kleineren Einrichtungsformen (Jugendheime, Jugendtreffs, Stadtteiltreffs), der Kinder- und Jugendkulturarbeit in Jugendkunstschulen, Jugendkulturzentren und soziokulturellen Zentren, selbstverwalteten Jugendzentren, Abenteuerspielplätzen, aber auch Spielmobilen als Typus einer aufsuchenden offenen Arbeit (vgl. Deinet & Sturzenhecker 2005, S. 353 f).[42]

Diese Differenzierung wird im Folgenden aufgegriffen. Es wird auf die Arbeit in Jugendzentren und Jugendfreizeiteinrichtungen genauso eingegangen wie auf die Angebote von Kinder- und Jugendkulturzenten oder auch Kinder- und Jugendkunstschulen sowie auf pädagogisch betreute Spielplätze (Bau-, Abenteuer- und Aktivspielplätze inklusive der Kinder- und Jugendfarmen) und weitere einrichtungsbezogene Angebote wie die Soziokulturellen Zentren, aber daneben auch auf aufsuchende und mobile Angebote in diesem Bereich.

Kinder- und Jugendzentren, Kinder- und Jugendfreizeiteinrichtungen, Kinder- und Jugendclubs

Die sozialpädagogische Arbeit in Kinder- und Jugendzentren, Kinder und Jugendhäusern, -treffs und -clubs, aber auch sogenannten »Offenen Türen« und Häusern für Kinder und Jugendliche gehören zu den Kernbereichen der offenen, aber auch der Kinder- und Jugendarbeit insgesamt (vgl. Seckinger u. a. 2016; Meyer & Rahn 2020). Für das Jahr 2019 weist die amtliche Kinder- und Jugendhilfestatistik 14.501 dieser Angebote aus – etwa 60 % aller für dieses Jahr erfassten offenen Angeboten – und erfasst dazu 486.118 Stammbesucher*innen. Davon entfallen 5.475 Angebote mit 227.171 Stammbesucher*innen auf Jugendzentren bzw. zentrale Großeinrichtungen, also auf Einrichtungen, deren Einzugsbereich über den sozialem Nahraum hinausgeht und überregional sein kann, ggf. auch im Sinne übergreifender soziokultureller Zentren. Die übrigen 9.026 Angebote mit 258.947 Stammbesucher*innen weist die Statistik für Jugendclubs, Jugendtreffs und Stadtteiltreffs mit einem unmittelbaren sozialräumlichen Bezug aus.[43]

---

42 Im Rahmen förderungstechnischer Bestimmungen können Unterscheidungen zwischen verschiedenen Einrichtungstypen und institutionellen Settings der Offenen Kinder- und Jugendarbeit vorgenommen werden (siehe hierzu: http://www.jugendhilfeportal.de/foerdermittel [Zugriff 30. 11. 2020]). Deren Relevanz für eine fachlich tragfähige Binnendifferenzierung der Offenen Kinder- und Jugendarbeit ist allerdings in der Regel begrenzt.

43 Die erläuternden Informationen zu den genannten Merkmalsausprägungen dieser offenen Angebote wurden dem Erhebungsbogen der amtlichen Statistik zu öffentlich geförderten Angeboten der Kinder- und Jugendarbeit entnommen, nachzulesen unter: https://www.forschungsdatenzentrum.de/sites/default/files/kjh_22531_2017_on-site_eb.pdf [Zugriff 15. 03. 2021]. Die hier vorgenommenen Berechnungen zur amtlichen Statistik

Die Geschlechterverteilung der regelmäßig teilnehmenden jungen Menschen ist bei etwa 50 % der Angebote in etwa ausgeglichen, bei nicht ganz 15 % überwiegen Mädchen sowie bei rund 35 % die Jungen. Es überwiegt also die Zahl der Angebote mit zumindest überwiegend männlichen gegenüber denen mit mehrheitlich weiblichen Teilnehmenden. Besonders deutlich ist dies bei medienpädagogischen, sportbezogenen Schwerpunkten, aber auch bei Gewaltprävention oder Beratung. Hingegen überwiegt die Zahl der Angebote mit mehrheitlich weiblichen Teilnehmenden beim Themenkomplex Aufklärung und Sexualität.[44]

Das Altersspektrum der Besucher*innen dieser zentralen Einrichtungsformen der Offenen Kinder- und Jugendarbeit ist breitgestreut. Es kann zwischen einem Kinderbereich, einem Bereich für Teenies und jüngere Jugendliche sowie dem Bereich für Jugendliche und junge Erwachsene unterschieden werden. Das heißt konkret:

- Über die amtliche Statistik wird ausgewiesen, dass – Stand 2017 – jeweils über 70 % der Angebote von 10- bis unter 14- sowie 14- bis unter 18-Jährigen regelmäßig genutzt werden. Dieser Befund ist anschlussfähig an das Ergebnis einer Sekundäranalyse empirischer Untersuchungen von Schmidt (2011), nach der die Kernklientel für die Offene Kinder- und Jugendarbeit junge Menschen im Alter von 12 bis 17 Jahre sind. Auch die Sachverständigenkommission zum 15. Kinder- und Jugendbericht bestätigt diesen Befund und beruft sich dabei auf Surveydaten zum Besuch von Jugendzentren und Jugendtreffs (vgl. Deutscher Bundestag 2017a, S. 382 f).
- Über 40 % der Angebote werden laut amtlicher Statistik von unter 10-Jährigen in Anspruch genommen. Dabei wird für die letzten Jahrzehnte, vor allem seit etwa der 1990er Jahre von einer allmählichen »Verjüngung« der Besucher*innen in den Einrichtungen ausgegangen (vgl. Voigts 2018, S. 212 f).
- Ähnlich hoch wie der Anteil für die unter 10-Jährigen, nämlich mehr als 40 %, ist der Anteil der Nutzung dieser einrichtungsbezogenen Angebote seitens der 18- bis unter 27-Jährigen sowie immerhin noch etwa 7 % der genannten Einrichtungen auch von Personen im Alter von 27 Jahren und älter regelmäßig besucht werden.
- Diese Verteilung deutet im Übrigen auf eine hohe Zahl von Mehrfachnennungen bei der Inanspruchnahme der verschiedenen Altersgruppen hin. Es ist also von zahlreichen Angeboten auszugehen, bei denen differenzierte, auf

---

beziehen sich auf: Statistisches Bundesamt: Statistiken der Kinder- und Jugendhilfe – Angebote der Jugendarbeit; 2019; eigene Berechnungen.

44 Bei der Erhebung der öffentlich geförderten Angebote der Kinder- und Jugendarbeit erfasst die amtliche Statistik die Zusammensetzung der Teilnehmenden lediglich nach männlich und weiblich. Nicht erhoben wird darüber die Zusammensetzung mit Blick auf die Angabe »divers« oder auch ohne Angabe im Sinne von § 22 Abs. 3 Personenstandsgesetz (PStG).

das Alter der jungen Menschen abgestimmte Angebote unter deinem Dach organisiert werden (vgl. auch Deutscher Bundestag 2017a, S. 383), während es andernorts möglicherweise so organisiert ist, dass sich Einrichtungen auf bestimmte Altersgruppen konzentrieren.

Es ist laut vorliegenden Untersuchungen jenseits der amtlichen Statistik davon auszugehen, dass insbesondere Jugendliche mit einem Migrationshintergrund in der Offenen Kinder- und Jugendarbeit insgesamt, aber auch bei den regelmäßigen Besucher*innen von Jugendzentren, -freizeitheimen oder -treffs überrepräsentiert sind. Zu diesem Ergebnis kommt zumindest die Sachverständigenkommission zum 15. Kinder- und Jugendarbeit nach Sichtung des Forschungsstandes (vgl. Deutscher Bundestag 2017a, S. 384).

Die Öffnungs- und Angebotszeiten der Einrichtungen sind von unterschiedlichen Faktoren abhängig. Einfluss nehmen dürften beispielsweise die Ziel- und Altersgruppen der Besucher*innen oder auch die organisatorische Einbindung des Angebots in die konzeptionelle Ausrichtung des Trägers. Hierauf kann an dieser Stelle nicht im Einzelnen eingegangen werden, aber es plausibilisiert die erhebliche Bandbreite der Angebots- und Öffnungszeiten. Laut amtlicher Statistik 2019 sind Jugendzentren im Durchschnitt an 3 Tagen pro Woche insgesamt für 14 Stunden geöffnet, die Jugendclubs und -treffs kommen im Durchschnitt auf ebenfalls 3 Tage mit 12 Stunden. Diese Mittelwerte verdecken allerdings erhebliche Unterschiede zwischen zusammengenommen etwa 40 % der Einrichtungen, die an nur einem Tag geöffnet haben, sowie ca. 27 %, die an 5 und mehr Tagen pro Woche für junge Menschen offen sind.[45]

Kern einer Angebotsstruktur eines institutionellen Settings der Offenen Kinder- und Jugendarbeit ist zumeist ein offen zugänglicher Treffpunkt bzw. eine Aufenthaltsmöglichkeit, um sich zu unterhalten, um Bekannte und Freunde zu treffen oder auch um Musik zu hören. Dies könnten Cafés, Teestuben oder ein anderer offen gestalteter Freizeitbereich sein. Hieran angeschlossen sind oftmals wiederum offen zugängliche spiel- und/oder sportbezogene Angebote wie beispielsweise Billard, Darts, Gesellschaftsspiele, Kicker, Tischtennis, Spiel(e)konsolen, WLAN. Damit ist unter dem Signet »Offene Angebote« der normale, zumeist unstrukturierte Bereich der Alltagsarbeit in den frei zugänglichen Zonen und Bereichen der Einrichtungen skizziert.

---

45 Je nach erfasstem Ausschnitt der Offenen Kinder- und Jugendarbeit können sich die Verteilungen nach Angebotsstunden für die Erhebungen allerdings unterschiedlich darstellen. Beispielsweise erfasst die so genannte »Strukturdatenerhebung OKJA NRW« einen weitaus geringeren Teil von »kleinen« Angeboten mit kurzen Öffnungszeiten, so dass der prozentuale Anteil von einrichtungsbezogenen Angeboten mit beispielsweise mindestens 11 Stunden pro Woche erheblich höher ausfällt (vgl. ausführlicher Mühlmann & Pothmann 2019b).

Laut den Angaben der Träger offener Angebote zur amtlichen Statistik sind bei 49 % der hier betrachteten einrichtungsbezogenen Angebote spielbezogene thematische Schwerpunkte mitbestimmend. Es folgen bei den Angaben, zu der pro Angebot 3 Nennungen abgegeben werden können, sportbezogene Schwerpunkte (27%) und der Bereich Kunst und Kultur (23%) sowie Gesellschaft, Religion und Kultur (14%). Explizit medienbezogene Aktivitäten umfassen 11 % der Angebote, wobei hier künftig eine zunehmende Verwischung konzeptioneller Grenzen zu erwarten ist, da sich – insbesondere während und nach der Corona-Pandemie – medienbezogene Settings als allgemeine Querschnittstruktur sämtlicher Angebotsformen etablieren dürften. Als eine Reaktion auf die coronabedingten Einschränkungen hat sich nicht zuletzt die Offene Kinder- und Jugendarbeit auf den Weg gemacht, ihre Angebote zunehmend auch in den digitalen Raum zu verlagern (vgl. Voigts 2020).

Zu den institutionellen Settings der einrichtungsbezogenen Offenen Kinder- und Jugendarbeit in Jugendzentren, Jugendtreffs oder -clubs gehören auch teiloffene Angebote und Gruppenangebote; auch diese werden im Rahmen der normalen Öffnungszeiten organisiert und zeichnen sich durch ihren unverbindlichen Charakter aus. Hierzu zählen von den Mitarbeiter*innen in den Einrichtungen organisierte Spiele, spontan organisierte Unternehmungen und zeitlich begrenzte, flexible Projekte ohne deutlich fixierte Verbindlichkeiten.[46],

Zwar gibt es konzeptionell Einrichtungen, die zumindest für sich eine überregionale Reichweite beanspruchen, tatsächlich aber sind Jugendzentren, Jugendtreffs, Jugendclubs u. a. m. vor allem Angebote, die vornehmlich von Kindern und Jugendlichen aus den unmittelbaren Umgebungen der jeweiligen Einrichtungen wahrgenommen werden. Das zumindest ist das übereinstimmende Ergebnis zahlreicher empirischer Studien und bedeutet, dass in der Regel Einrichtungen der Offenen Kinder- und Jugendarbeit stark im Sozialraum verankert sind (vgl. Schmidt 2011, S. 56 f). Dieser Befund ist nicht zu unterschätzen, wenn es beispielsweise um die Gestaltung von Netzwerken und Kooperationsstrukturen für junge Menschen geht – beispielsweise im Rahmen von lokalen Bildungslandschaften (siehe hierzu für Nordrhein-Westfalen: www.bildungsgestalten.de [Zugriff 30. 11. 2020] oder auch Kap. 4.4).

Insgesamt ist für die Jugendzentren, Jugendclubs und Jugendtreffs herauszustellen, dass die Palette der Angebote und der thematischen Vielfalt eine beacht-

46 Gegenüber diesen »teiloffenen Angeboten« dokumentieren die Gruppenangebote ein höheres Maß an Verbindlichkeit. Die Themenpalette für die Gruppenangebote ist dabei ebenso breit und bunt wie insgesamt die thematische und strukturelle Angebotspalette in den Jugendfreizeiteinrichtungen. Auf die Gruppenangebote als eigenständiges Format der Kinder- und Jugendarbeit wird später noch einzugehen sein. Eine exemplarische Illustration eines Angebotsspektrums einer Einrichtung der Offenen Kinder- und Jugendarbeit findet sich in der ersten Auflage dieser Einführung (vgl. Thole 2000, S. 105).

liche Bandbreite erreicht hat. Auch wenn es auf der einen Seite Streichungen und Kürzungen in einzelnen Angebotsbereichen gegeben haben dürfte, so gab es eben auch beständige Weiterentwicklungen, Differenzierungen und Ausweitungen des Angebots. So gesehen hat sich auch die Reichweite der Offenen Kinder- und Jugendarbeit über diese Angebote verbessert – nicht flächendeckend und überall, aber adressiert werden können beispielsweise schon längst nicht mehr nur männliche und weibliche junge Menschen, sondern auch junge LSBTQ*-Menschen, oder erreicht werden auch junge Menschen aus ganz unterschiedlichen Kulturen mit einem Migrationshintergrund oder auch eigener Migrationserfahrung (vgl. Seckinger u. a. 2016, S. 190 f).

Angebote hingegen, die mit Blick auf junge Menschen mit einer Behinderung oder Handicap inklusiv arbeiten, haben demgegenüber noch Nachholbedarf, der sich insbesondere am Vorliegen entsprechender Konzeptionen bemisst:

> »Die Ergebnisse der bundesweiten Erhebung bei Jugendzentren zeigt, dass obwohl es keinen entwickelten Fachdiskurs zu der Frage gibt, wie gut es gelingt, Kinder und Jugendliche mit Behinderung in die offene Jugendarbeit zu integrieren, erstaunlich viele Einrichtungen der offenen Jugendarbeit von Kindern und Jugendlichen mit Behinderung genutzt werden.(…) Es zeigt sich auch (….), wenn konzeptionelle Überlegungen vorliegen, so werden die Einrichtungen der offenen Jugendarbeit nicht nur von mehr Kindern und Jugendlichen mit einer Beeinträchtigung genutzt, sondern es gibt auch insgesamt mehr Hinweise auf eine verbesserte Öffnung für diese Zielgruppe.«
> (Seckinger u. a. 2016, S. 228).

Hier scheinen gleichwohl intensiviertere Bemühungen erforderlich, zumal eine zum Zeitpunkt der Manuskripterstellung diskutierte Novelle des SGB VIII im Rahmen einer inklusiven Ausrichtung der Kinder- und Jugendhilfe explizit auch die Kinder- und Jugendarbeit adressiert (vgl. Deutscher Bundestag 2021, S. 76).

Zum Weiterlesen – Literaturhinweise

Bauer, W. (1991). *JugendHaus. Geschichte, Standort und Alltag Offener Jugendarbeit.* Weinheim & Basel: Beltz Juventa.

Deinet, U., Sturzenhecker, B., v. Schwanenflugel, L., & Schwerthelm, M. (Hrsg.) (2021). *Handbuch Offene Kinder- und Jugendarbeit.* 5., komplett überarb. und erneuerte Auflage Wiesbaden: Springer VS.

Meyer, Th., & Rahn, S. (2020). Jugendzentren, Jugendhäuser, Jugendtreffs und Co – Jugendfreizeit und Jugendbildungseinrichtungen. In Th. Meyer & R. Patjens (Hrsg.), *Studienbuch Kinder- und Jugendarbeit* (S. 67–114). Wiesbaden: Springer VS.

Seckinger, M., Pluto, L., Peucker, C., & Santen, v. E. (2016). *Einrichtungen der offenen Kinder- und Jugendarbeit. Eine empirische Bestandsaufnahme.* Weinheim & Basel: Beltz Juventa.

Kinder- und Jugendkulturzenten, Kinder- und Jugendkunstschulen, Musikschulen, Kinder- und Jugendmuseen

> »Die kulturelle Kinder- und Jugendarbeit bildet (...) ein Segment der kulturellen Bildungsarbeit von Kindern und Jugendlichen. Sie benennt und umgrenzt diejenigen Erfahrungsfelder kultureller Bildung von Kindern und Jugendlichen, die in bewusster Absicht kulturelle Bildung vermitteln oder/und zu kulturellen Bildungsprozessen anregen: Kulturelle Kinder- und Jugendarbeit ist demnach ein ausdifferenziertes Handlungsfeld, in dem Kinder- und Jugendliche in einem organisierten Kontext zu kultureller Bildung angeregt, neue kulturelle Erfahrungs- und Aneignungsformen angeboten werden« (Thole 1994, S. 237).

Heute umfasst die kulturelle Kinder- und Jugendbildung viele künstlerische Sparten (u. a. Musik, Rhythmik, Theater, Tanz, Spiel, Zirkus, bildende Kunst, Design, Architektur, Medien und Literatur) und setzt diese Themen analog zur allgemeinen Kinder- und Jugendarbeit in vielfältigen Formaten um, darunter insbesondere Kurse, Workshops und Kreativangebote. Spezielle Orte kultureller Kinder- und Jugendbildung sind Museen, Theater, Musikschulen, Jugendkunstschulen, Bibliotheken, Opern- und Konzerthäuser, aber auch Jugend- und Kulturzentren oder Musikschulen. Daneben gibt es mobile Angebote sowie solche, die beispielsweise in Schulen oder auch in Kindertageseinrichtungen durchgeführt werden.

Arbeitsansätzen der kulturellen Bildung stellt sich die Aufgabe, in diversen spartenbezogenen Schwerpunkten (Tanz, Musik, Zirkus, Theater inkl. Cross-Over-Projekten) Angebote zu machen, in denen Kinder und Jugendliche ihre Alltags- und Lebenserfahrungen mit ästhetischen und künstlerischen Mitteln bearbeiten, reflektieren und erweitern können. Dabei sollen die kulturell-medialen und sonstigen Alltagserfahrungen und Alltagspraxen der Adressat*innen und das je spezifische »kulturelle Kapital« der Kinder und Jugendlichen selbst anerkannt und berücksichtigt werden.

Laut amtlicher Daten zu den öffentlich geförderten Angeboten 2019 ist bundesweit von 482 Angeboten auszugehen, die in der amtlichen Statistik der Kategorie »Jugendkulturzentrum, Jugendkunst- oder -musikschule« zugeordnet werden. Diese einrichtungsbezogenen Angebote aus dem künstlerischen und kulturellen Bereich erreichten im besagten Jahr 28.046 junge Menschen – immerhin statistisch betrachtet 58 Stammbesucher*innen pro Angebot. Bei der überwiegenden Anzahl der Angebote sind dabei Jungen und Mädchen in etwa gleichermaßen vertreten (57%), bei etwa einem Fünftel überwiegen eher die Jungen (18%) und bei einem Viertel eher die Mädchen (25%).[47]

---

47 Diese und die nachfolgenden statistischen Angaben dieses Abschnitts beziehen sich auf: Statistisches Bundesamt: Statistiken der Kinder- und Jugendhilfe – Angebote der Jugend-

Das Alter dieser jungen Menschen ist breit gestreut und reicht grundsätzlich von unter 10-jährigen Kindern bis hin zu Personen im Alter von 27 Jahren und älter; es können also mit diesen Angeboten junge Menschen aller Altersgruppen erreicht werden. Auffällig ist aber, dass der Anteil der Älteren bei diesen kulturpädagogischen Angeboten höher als in der offenen Kinder- und Jugendarbeit in Jugendzentren, Jugendfreizeiteinrichtungen oder Jugendtreffs ist. Konkret bedeutet dies, dass laut amtlicher Statistik 2019 knapp 51 % der Angebote von unter 10-Jährigen regelmäßig genutzt werden, für nicht ganz 58 % der Angebote werden 10 bis unter 14-jährige Kinder ausgewiesen. An fast 55 % der Angebote nehmen auch 14- bis unter 18-Jhrige teil. Ebenfalls hoch ist noch der Anteil von Angeboten mit 18- bis unter 27-Jährigen (41%), aber auch von Personen im Alter von 27 Jahren und älter (19 %).

Die Kinder- und Jugendkulturzentren oder Kinder- und Jugendkunstschulen sind in der Regel keine (werk)täglich über mehrere Stunden geöffnete Angebote. Vielmehr sind es vielfach temporäre kulturpädagogische Angebote für junge Menschen in Einrichtungen bzw. Räumen, die auch zu anderen Zwecken als für eine offene Kinder- und Jugendkulturarbeit genutzt werden. So liegen die Öffnungs- und Angebotszeiten im Durchschnitt pro Woche bei 2 Tagen bzw. 11 Stunden. Knapp 59 % der erfassten Angebote findet an 1 Tag pro Woche statt; nicht ganz 64 % umfassen eine Dauer von bis zu 7 Stunden. Etwa ein Drittel der erfassten einrichtungsbezogenen Angebote findet an 5 und mehr Tagen pro Woche statt.

Die über empirische Befunde deutlich werdende thematische Schwerpunktsetzung auf jugendkulturelle sowie künstlerisch kreative Schwerpunkte wie Basteln, künstlerisches Gestalten, aber auch Musik, Tanz Theater oder Konzerte) ist kein überraschendes Ergebnis. Bei etwa 72 % der in der amtlichen Statistik 2019 erfassten Angebote trifft dies zu, gefolgt von spielbezogenen Themenschwerpunkten (23 %) sowie bei 15 % der Angebote der Bereich »Medien« als Schwerpunkt ausgewiesen wird.

Die Kategorien der amtlichen Statistik verweisen auf einschlägige Einrichtungen der kulturellen Kinder- und Jugendbildung. Dies sind Kinder- und Jugendkulturzentren, aber auch Musikschulen sowie Kinder- und Jugendkunstschulen und Kinder- und Jugendmuseen. Auf letztgenannte Orte wird im Folgenden ausführlicher eingegangen.

Kinder- und Jugendkunstschulen sind zentrale Orte kultureller Kinder- und Jugendarbeit. Die Geschichte dieser Einrichtung begann vor 50 Jahren, also Ende der 1960er Jahre. Damals wurde beklagt, dass die Schulen zu wenig sinnliches Lernen vermitteln, dass Musik- und Kunstunterricht einen Lückenbüßerplatz im

---

arbeit (https://www.destatis.de/DE/Themen/Gesellschaft-Umwelt/Soziales/Jugendarbeit/_inhalt.html [Zugriff 15. 03. 2021]).

Fächerkanon einnehmen, dass Theater, Tanz, plastisches Gestalten u. a.m. gar nicht in den Schulen angeboten wurde. Auf der Suche nach einem Modell, das diese Defizite ausgleichen könnte, stieß man auf Projekte in einigen osteuropäischen Staaten und in den Beneluxländern. Die Anregungen waren mitbestimmend für das Konzept »Jugendkunstschulen«, das im März 1967 zum ersten Mal der Öffentlichkeit vorgestellt wurde.

An dem Jugendkunstschulkonzept war zweierlei neu: zum einen die Öffnung für alle künstlerischen Medien – im Gegensatz etwa zu der eindimensionalen Ausrichtung der bestehenden Musikschulen –, zum anderen die Öffnung für Interessent*innen aus unterschiedlichen sozialen Milieus. Vor allem wollten Jugendkunstschulen denjenigen Kindern und Jugendlichen Angebote machen, die, aus welchen Gründen auch immer, Schwierigkeiten mit dem betont kognitiven Lernen in der Schule hatten. Insgesamt sind die Angebotsprofile von Jugendkunstschulen sehr unterschiedlich – kaum eine Jugendkunstschule gleicht der anderen:

> »›Jugendkunstschule‹ ist der Name für ein Einrichtungskonzept, das 1967 mit der ›Denkschrift Jugendkunstschule‹ in die Bildungsreformdiskussion eingeführt wurde und seither um seine bundesweite Profilierung und Durchsetzung ringt. Im Kern handelt es sich um außerschulische, spartenübergreifende, mithin ›multimediale‹ Einrichtungen der Kulturellen Kinder- und Jugendbildungsarbeit, (…), die mit vielfältigen Konzepten und Methoden Kindern und Jugendlichen aller Altersstufen und aller familiären, kulturellen und sozialen Hintergründe (...) Experimentier- und Entfaltungsangebote mit und in den Künsten unterbreiten« (Kamp & Nierstheimer 2012, S. 674).

In den Kinder- und Jugendkunstschulen geht es darum, die eigene schöpferische Fähigkeit nicht nur für sich allein, sondern auch in Auseinandersetzung mit anderen zu entdecken und zu entfalten. Die kulturpädagogischen Angebotsformate reichen vom Zeichenkurs bis zum Handyfilmprojekt, von der Installation im öffentlichen Raum bis zum Tanzprojekt. Hierüber wird kulturelles Wissen vermittelt, aber auch künstlerisch-handwerkliche Praxen und Ausdrucksmöglichkeiten.

Kinder- und Jugendmuseen sind ein weiteres Arbeitsfeld der kulturpädagogischen Arbeit innerhalb der Kinder- und Jugendhilfe (vgl. König 2012).[48] Zwar wurden schon im zweiten Jahrzehnt des letzten Jahrhunderts Kinder und Jugendliche als besondere Zielgruppe von einigen Museen entdeckt, die Idee eigen-

---

48 Eine umfangreiche Literatur- und Materialsammlung findet sich auf der Homepage des Bundesverbandes Deutscher Kinder- und Jugendmuseen: www.bv-kindermuseum.de/literatur/ [Zugriff 28. 12. 2020].

ständiger Kindermuseen ist in Deutschland aber relativ neu und wurde aus Nordamerika importiert. Darüber, was Kinder- und Jugendmuseen sind oder sein können, existieren zwar keine allgemeingültige oder verbindliche Definition, aber immerhin Beschreibungen dieser »Einrichtungslandschaft«:

> »So gibt es heute die Kinderakademie, das Kinderreich, das Museum für Kinder, das Kindermuseum und das Jugendmuseum nebeneinander. Nach wie vor stehen diese Bezeichnungen für ein und denselben Inhalt: Es sind Orte kinderakzentuierter Lern- und Erfahrungsformen mit Dingen, die den Museumsgattungen (historische Museen, Naturkundemuseen, Kunstmuseen etc.) schwerpunktmäßig unterschiedlich verbunden sind, immer mit der Botschaft „hier wird gelernt, aber anders!" Das Kindermuseum, verstanden als neues, eigenständiges Format am Ort Museum in einem erweiterten Kontext von Kultur, Bildung, Spielen und Lernen, Experimentieren und Interagieren« (Lorbeer 2015).

In der Regel zeichnen sie sich gegenüber anderen Museen dadurch aus, dass sie den Besucher*innen einen freien Zugriff auf die Ausstellungsobjekte ermöglichen und sich primär nicht durch einen bestimmten Darstellungsschwerpunkt, sondern über die Generation der Heranwachsenden auszeichnen.

Mittlerweile liegen für die zurzeit existierenden 51 eigenständigen Kinder- und Jugendmuseen[49] je ausdifferenzierte Informationen vor. Die Ausstellungsinhalte reichen dabei von gesundheitlichen und körperbezogenen Fragestellungen über kinder- und jugendkulturelle, stadtgeschichtliche, kunst- und kulturgeschichtliche Themen bis zu technischen und naturgeschichtlichen Fragestellungen. Kinder- und Jugendmuseen sind konzeptionell verflochten mit der »Entdeckung der Kindheit«, damit verbunden auch der Orientierung an Kinderrechten und neueren pädagogischen Konzepten (z. B. »Museum für alle«), welche die tradierten Museumsvorstellungen überschreiten und neue Entwicklungsdimensionen eröffnen unter Schlagworten vom Museum als »contact zone«, als Anfang, als politischer Ort, als Brutstätte, als Möglichkeit, als Haltung, oder als Spiel (vgl. v. Schirach & Rinklebe 2018). Exemplarisch deutlich wird das Konzept Kinder- und Jugendmuseum anhand der Beschreibung des Kindermuseums ALICE in Berlin:

> »Im ALICE - Museum für Kinder im FEZ-Berlin sind Berühren und Berührt-Werden ausdrücklich erwünscht. Kinder können leibhaftig eingreifen, Fragen stellen und ungewöhnliche Themen, die sich in ihrem Alltag verstecken, aufspüren und im Mitmachen eigene Antworten finden. Überraschungen des Alltags, Eigensinniges, Nachdenkliches und Gewagtes werden in unseren Ausstellungen sinnlich begreifbar und erlebbar gemacht. (…) Ausstellen statt Hinstellen, Begreifen und Mitma-

49 Vgl. http://www.bv-kindermuseum.de/museum/?no_cache=1 [Zugriff 28. 12. 2020].

chen, Lernen mit allen Sinnen - das zeichnet unser Kindermuseum aus. Seit 2002 entwickeln wir (Wander-)Ausstellungen für Kinder, Jugendliche und Familien. Wir übersetzen komplexe gesellschaftliche Themen aus Alltag, Geschichte, Kunst und Naturwissenschaft in lebendige Erfahrungsräume, die man erforschen und bespielen kann. Damit wollen wir unseren Besuchern die Möglichkeit geben, die Welt in ihrer Vielfalt kennenzulernen und in ihrer Komplexität besser zu verstehen. Dies soll dazu beitragen, dass sie sich zu selbstbewussten und eigenverantwortlichen Menschen entwickeln. (…) Das Alice – Museum für Kinder im FEZ-Berlin sieht sich als kreatives und junges Museum, das die Themen unserer Welt aufgreift. Neben Hands-on, Mitmachen und Experimentieren, zielt unser Konzept auf das „Sehen-Lernen", das genaue Hinschauen und Verstehen von unterschiedlichen Phänomenen. Dabei suchen wir immer wieder eine eigene Sprache, schaffen unterschiedliche Raumatmosphären und entwickeln im engen Austausch mit Partnern aus Wissenschaft, Kunst und Kultur einen nachhaltigen Ort des Begegnens, Entdeckens und des Dialogs« (www.alice-museum-fuer-kinder.fez-berlin.de/ueber-uns/bildung-unsere-philosophie/ [Zugriff 29. 12. 2020)].

Zum Weiterlesen – Literaturhinweise

Eickhoff, M. (2003). *Jugendkunstschule: das Handbuch. Konzepte, Strukturen, Organisation. Ratgeber für kulturelle Initiativen und kulturpädagogische Einrichtungen.* Unna: LKD.

Kamp, P., & Nierstheimer, J. (2012). Alle Künste unter einem Dach – Jugendkunstschule als konzeptioneller Rahmen. In H. Bockhorst, V.-I. Reinwand & W. Zacharias (Hrsg.), *Handbuch Kulturelle Bildung* (S. 674–679). München: kopead.

König, G. (2012). Kinder- und Jugendmuseen und Museen als Orte für alle Generationen. In H. Bockhorst, V.-I. Reinwand & W. Zacharias (Hrsg.), *Handbuch Kulturelle Bildung* (S. S.669–671). München: kopead.

Pädagogisch betreute Spielplätze – Bau-, Abenteuer- und Aktivspielplätze, Kinder- und Jugendfarmen

Pädagogisch betreute Spielplätze zeichnen sich als Angebot der offenen Kinder- und Jugendarbeit durch eine große Fläche aus. Auf dem Gelände braucht es zwar auch ein Gebäude für Werk- und Lagerstätten, aber sowohl die pädagogische Arbeit mit den jungen Menschen findet in einem freien und naturnahen Rahmen statt als auch dort die notwendigen Freiräume geschaffen werden. Ferner zeichnen sich die pädagogisch betreuten Spielplätze dadurch aus, dass

> »das Angebot (...) offen (ist) und (..) von den Kindern mitgestaltet und weiterentwickelt werden (kann). Die pädagogischen Betreuer sind Organisatoren, Planer und Animateure, als Erzieher sind sie Freunde, Spielgefährten und Interessenvertreter der Kinder (…). Standardangebote sind Hüttenbau, Feuerstellen, Wasser, Sand, Tierhaltung, aber auch Töpfern, Kletterwände, Theater, Trendsportbereiche, Medien« (Kammerer 2017, S. 974).

Die ersten Abenteuerspielplätze entstanden Ende der 1960er Jahre durch Student*nnen- und Bürgerinitiativen (Deimel 2013) im gewollten Kontrast zu den ab dem ausgehenden 19. Jahrhundert gegründeten konventionellen Gerätespielplätzen. Ihren Ursprung haben sie in Skandinavien, genauer in Dänemark, wo 1943 der erste »Skrammelegeplads« (Gerümpelspielplatz) eröffnet wurde. Pädagogisch betreute Spielplätze sind eine Sammelkategorie für institutionelle Settings der offenen Kinder- und Jugendarbeit wie Bau-, Abenteuer- und Aktivspielplätze. Hinzu kommen noch die Kinder- und Jugendfarmen. Folgt man amtlichen Daten zu den Angeboten der Kinder- und Jugendarbeit 2019, so entfallen bundesweit auf die Erhebungskategorie »Jugendfarm, Abenteuerspielplatz« 719 Angebote mit 38.105 Stammbesucher*innen, also im Schnitt 53 pro Angebot.

Abenteuerspielplätze sowie Kinder- und Jugendfarmen sind insbesondere ein Angebot für Kinder. Rund 95 % der in der amtlichen Statistik erfassten Angebote werden Kinder im Alter von unter 10 Jahren gezählt, an 88 % Kinder von 10 bis unter 14 Jahren. Die Gruppe der 14- bis unter 18-Jährigen zählt hingegen nur bei etwa jedem dritten Angebot zu den Stammbesucher*innen (31 %) und die Gruppe der jungen Volljährigen ist lediglich bei bis zu 16 % der Angebote vertreten. Bei ca. zwei Drittel dieser Angebote werden ungefähr gleich viele Jungen wie Mädchen erreicht (66 %), bei nicht ganz 21 % überwiegen zumindest die Jungen sowie bei 13 % mehrheitlich Mädchen als regelmäßige Teilnehmende genannt werden.[50]

Die über die amtliche Statistik erfassten Formen der pädagogisch betreuten Spielplätze sind offene Angebote, die im Durchschnitt an 4 Tagen die Woche mit insgesamt 15 Stunden geöffnet sind. Nicht ganz die Hälfte der Angebote hat 5 und mehr Tage pro Woche geöffnet (47%). Es handelt sich also bei den Abenteuerspielplätzen sowie den Kinder- und Jugendfarmen um Angebote, die zu einem nicht unerheblichen Teil nicht nur sporadisch in der Woche für ihre Adressat*innen, also insbesondere Kinder verfügbar sind.

Die Themenschwerpunkte der pädagogischen Angebote sind laut Statistik eindeutig und liegen in den Bereichen Natur und Umwelt, Handwerk und Technik sowie Gruppenspiele, Outdoorgames u. ä. m. Bei mindestens der Hälfte der 2019 erfassten Angebote bis wird zumindest einer der von den oben genannten Themenbereichen genannt. Bau- und Abenteuerspielplätze sind freiflächenbezogene, in der Regel wenig strukturierte, die Selbstaktivierungsfähigkeiten von Kindern und jüngeren Jugendlichen fördernde Angebote der Kinder- und Jugendarbeit. Obwohl inzwischen auch viele Abenteuer- und Bauspielplätze auf

---

50 Diese und die nachfolgenden statistischen Angaben dieses Abschnitts beziehen sich auf: Statistisches Bundesamt: Statistiken der Kinder- und Jugendhilfe – Angebote der Jugendarbeit (https://www.destatis.de/DE/Themen/Gesellschaft-Umwelt/Soziales/Jugendarbeit/_inhalt.html [Zugriff 15. 03. 2021].

eine rege Tierhaltung verweisen können, sind es doch insbesondere die Kinder- und Jugendfarmen, die Kindern und Jugendlichen die Möglichkeit bieten, Erfahrungen im Umgang mit Tieren zu sammeln.

Im Hinblick auf die pädagogische Arbeit mit Kindern – und partiell auch die Arbeit mit Jugendlichen – soll auf den pädagogischen Spielplätzen unter Berücksichtigung der Lebensbedingungen von Heranwachsenden die Vernetzung von Spielräumen und -orten unterstützt werden und so den Partizipationsinteressen von Kindern entsprochen werden. Als Besonderheit von Aktiv- und Abenteuerspielplätzen wird insbesondere ihre offene Struktur herausgestellt, die zugleich ein »learning by doing« ermöglicht.

Zu den Intentionen der Abenteuer- und Bauspielplatzbewegung gehört bereits seit Jahrzehnten, Kindern auf den Abenteuer- und Bauspielplätzen Freiräume zur Verfügung zu stellen, die sie nutzen können, um sich »auszuspielen«; hierüber können neue Lernerfahrungen gemacht werden. Durch unterschiedliche Aktivitäten und Materialien sollen sie ihre Wahrnehmungs- und Aneignungsfähigkeiten weiterentwickeln sowie im Umgang mit anderen Kindern neue Verhaltensweisen und Möglichkeiten des sozialen Lernens mit Gleichaltrigen verschiedener Nationalitäten und gesellschaftlicher Schichten experimentell erproben.[51]

Als offensive Interessenvertretung der bundesweiten Abenteuer-, Bau- und Aktivspielplätze sowie der Jugendfarmen und Spielmobile gilt die Arbeitsgemeinschaft »ABA Fachverband Offene Arbeit mit Kindern e. V.«, Dortmund, sowie der »Bund für Jugendfarmen und Abenteuerspielplätze e. V., Stuttgart. Diese Verbände haben über die jeweiligen Landesgrenzen hinaus fachliche Anerkennung erlangt. Laut Satzung des nordrhein-westfälischen Verbands sollen Kinder, Jugendliche und Erwachsene in die Lage versetzt werden, die gesellschaftliche Wirklichkeit zu erfassen, zu durchschauen und mitzugestalten sowie die Möglichkeiten gesellschaftlicher Veränderung zu erkennen.

Wer sich mittels neuerer Literatur mit diesem Handlungsfeld der Kinder- und Jugendarbeit bekannt machen möchte, wird allerdings enttäuscht. In den letzten zwei Jahrzehnten gerieten die Abenteuer- und Bauspielplätze aus dem Blick von wissenschaftlichen, aber auch von praxisbeschreibenden Reflexionen; hier und da finden sich allenfalls Aktualisierungen, die neuere Entwicklungen der Kinder- und Jugendhilfe aufnehmen, wie z. B. Bildung, Resilienz, Kinder-

51 In den 1980er Jahren wurden viele Aktiv- und Abenteuerspielplätze mit Einrichtungen und Räumlichkeiten versehen, die Bauwagen und feste Hütten mit ihrem provisorischen Charakter ersetzten. Parallel etablierten sich häufig feste Kurs-, Spiel- und Freizeitangebote, um auch in den Wintermonaten, dann wenn die Freiflächen aufgrund der Witterungsverhältnisse nicht bebaut werden können, den Kindern und jüngeren Jugendlichen Angebote offerieren zu können.

rechte, politische Einmischung, Diversität oder Inklusion (vgl. Klomann & Frieters-Reermann 2017; Bund der Jugendfarmen und Aktivspielplätze e. V. 2019).[52]

Zum Weiterlesen – Literaturhinweise

Bund der Jugendfarmen und Aktivspielplätze e. V. (Hrsg.) (2018). *Lasst die Kinder frei! Pädagogisch betreute Spielplätze als Lern- und Erfahrungsräume: Ein Buch für Kinder- und Erwachsene.* Stuttgart: Eigenverlag.

Bund der Jugendfarmen und Aktivspielplätze e. V. (Hrsg.) (2019). *Spielfalt – Inklusion auf pädagogisch betreuten Spielplätzen: Offene Spielräume für alle!* Stuttgart: Eigenverlag.

Deimel, R. (2013). Abenteuerspielplätze. In U. Deinet & B. Sturzenhecker (Hrsg.), *Handbuch Offene Kinder- und Jugendarbeit* (4. Aufl.) (S. 747–752). Wiesbaden: Springer VS.

Offene Spielräume. *Zeitschrift des Bundes der Jugendfarmen und Aktivspielplätze.* Stuttgart.

Soziokulturelle Zentren und weitere einrichtungsbezogene Angebote

Die Offene Kinder- und Jugendarbeit ist ein eigenständiges, aber keineswegs in sich abgeschlossenes Handlungsfeld der Kinder- und Jugendarbeit. Daher wird die Einrichtungslandschaft der Offenen Kinder- und Jugendarbeit mit den bislang in den Blick genommenen Kinder-, Jugendfreizeit- und -kulturzentren sowie den vielfältigen institutionalisierten und einrichtungsgebundenen Kinder- und Jugendtreffs und den pädagogisch betreuten Spielplätzen keineswegs vollständig und umfassend abgebildet sein. Darüber hinaus gibt es weitere, vielfältige einrichtungsbezogene Formate der offenen Kinder- und Jugendarbeit, beispielsweise soziokulturelle Zentren, Stadtteiltreffs, Bauwagen u. a. m. Die Abgrenzungen zu den bisher genannten Formaten sind dabei nicht immer eindeutig, sondern vielmehr fließend.

Über die amtliche Statistik zu den öffentlich geförderten Angeboten der Kinder- und Jugendarbeit werden 4.028 sogenannte »sonstige einrichtungsbezogene Angebote« mit 162.778 Stammbesucher*innen, also etwa 40 pro Angebot, ausgewiesen.[53] Über die Erläuterungen des Erhebungsinstrumentes liegen zwar keine Anhaltspunkte vor, um welche Einrichtungen oder Angebote in Einrichtungen es sich dabei handeln könnte, aber über die amtlichen Daten bekommt man zumindest Hinweise um welche Formate es dabei gehen könnte.

---

52 Hinzuweisen ist an dieser Stelle auf die in den letzten Jahren beachtlich angewachsene »Konkurrenz« kommerzieller, erlebnisbezogener Themen-, Freizeit- und Indoor-Spielpark (vgl. www.parkscout.de/portal/freizeitparks [Zugriff 10. 05. 2021]).

53 Diese und die nachfolgenden statistischen Angaben dieses Abschnitts beziehen sich auf: Statistisches Bundesamt: Statistiken der Kinder- und Jugendhilfe – Angebote der Jugendarbeit (https://www.destatis.de/DE/Themen/Gesellschaft-Umwelt/Soziales/Jugendarbeit/_inhalt.html [Zugriff 15. 03. 2021].

- Stärker als Kinder- und Jugendzentren, Kinder- und Jugendfreizeitheime oder die Häuser der offenen Tür adressieren die sonstigen einrichtungsbezogenen Angebote Kinder im Alter von unter 10 Jahren. Bei immerhin mehr als der Hälfte der Angebote zählen Kinder dieser Altersgruppe zu den Stammbesucher*innen (52%). Bei fast 62 % der Angebote zählen 10- bis unter 14-jährige Kinder zu den Stammbesucher*innen. Geringer ist der Anteil der Angebote mit Stammbesucher*innen im Alter von 14 bis unter 18 Jahren (48%). Junge Volljährige gehören ebenfalls deutlich seltener zu den Stammbesucher*innen – bei 32 % der erfassten Angebote trifft das auf die 18- bis unter 27-Jährigen zu, bei 16 % auf Personen im Alter von 27 Jahren und älter.
- Bei fast zwei Dritteln dieser sonstigen Angebote werden ungefähr gleich viele Jungen wie Mädchen erreicht (63 %), bei 18% der Angebote überwiegend oder ausschließlich Jungen sowie bei knapp 25 % zumindest mehrheitlich Mädchen.
- Etwa ein Fünftel dieser Einrichtungen machen pro Woche an 5 oder mehr Tagen ein offenes Angebot (22 %). Vielmehr ist bei über der Hälfte dieser Einrichtungen das offene Angebot auf 1 Tag pro Woche beschränkt (56 %). Für 68 % dieser Einrichtungen summiert sich das offene Angebot pro Woche auf nicht mehr als 7 Stunden.
- Bei den thematischen Schwerpunkten dieser Angebote werden die spielbezogenen am häufigsten genannt – bei etwas mehr als 37 % dieser Angebote in Einrichtungen werden diese angegeben, gefolgt von (gesellschafts-)politischen, historischen, arbeitsweltbezogenen, interkulturellen, weltanschaulichen und religiösen Schwerpunkten mit 25 % sowie dem Bereich Sport mit 24 %.

Welche Einrichtungen sich nun konkret hinter der statistischen Kategorie der »sonstigen einrichtungsbezogenen Angebote« verbergen, muss an dieser Stelle offenbleiben. Zu vermuten wäre aber, dass zumindest ein Teil der Soziokulturellen Zentren hierunter fallen, auch wenn möglicherweise ein anderer Teil sich im Kontext von Kinder- und Jugendzentren oder auch Kinder und Jugendkulturzentren verortet haben wird. So stellt der 15. Kinder- und Jugendbericht unter der Überschrift »Entgrenzungstendenzen und Schnittstellen zu anderen Feldern« neue Formen institutionenübergreifender Angebote fest:

> »In diesem Sinne lassen sich in der Arbeit der soziokulturellen Zentren, der Bürgerhäuser und kommunalen Kultureinrichtungen, also Orten, die man auf den ersten Blick nicht der Kinder- und Jugendarbeit zuordnen würde, zahlreiche Parallelen zur und Schnittstellen mit der Kinder- und Jugendarbeit beobachten. Parallelen bedeutet dabei in vielen Fällen, dass Arbeitsformen der Kinder- und Jugendarbeit in diese Felder übernommen und angepasst worden sind« (Deutscher Bundestag 2017a, S. 405).

Soziokulturelle Zentren sind auch als Bürgerhäuser oder Kommunikationszentren bekannt. Sie sind größtenteils Einrichtungen für Bürger*innen aller Altersgruppen einer Stadt, eines Stadtteils, einer Gemeinde oder Region. Sie bieten Raum für kommunikatives Miteinander, für kulturelle und politische Aktivitäten und zeichnen sich durch einen offenen Zugang aus. Laut einer Statistik der »Bundesvereinigung Soziokulturelle Zentren e. V.« für das Jahr 2018 hat diese 566 Mitgliedseinrichtungen. Frequentiert werden diese Einrichtungen zu etwa 18 % von jungen Menschen im Alter von bis zu 20 Jahren – das entspricht in etwa ihrem Anteil an der Bevölkerung insgesamt (vgl. Bundesvereinigung Soziokultur 2019).

Die Gründung der ersten Kommunikationszentren und Bürgerhäuser, selbstverwalteten Treffs, Stadtteilzentren und kulturellen Werkstätten, also von Projekten, für die sich vor 50 Jahren der Begriff »Soziokulturelle Zentren« als einheitlicher, zumindest übergreifender durchsetzte, geht auf die frühen 1970er Jahre zurück. Zu den historischen Vorfahren der Soziokulturellen Zentren können neben den Gewerkschafts- und Volkshäusern der 1920er Jahre die Dorfgemeinschafts- und Freizeitheime der 1950er und 1960er Jahre gezählt werden (vgl. Nahrstedt u. a. 1990; Knoblich 2018, S. 83 f). Die »Fabrik« in Hamburg, die »Börse« in Wuppertal, das »Komm« in Nürnberg, die »Lagerhalle« in Osnabrück, das 1987 geschlossene »Eschhaus« in Duisburg und die »Altstadtschmiede« in Recklinghausen gehören mit zu den ersten Zentrumsgründungen in den alten Bundesländern.

Nach der deutsch-deutschen Wiedervereinigung setzte sich die Soziokultur auch in den damaligen neuen Bundesländern durch (vgl. Knoblich 2018, S. 155), und zwar zunächst in Gestalt dreier Verzweigungen in Form

> »freier, selbstbestimmter kultureller Aktivitäten und als Anknüpfen an Traditionen und Werte kulturellen Tätigseins aus der DDR- und Wendezeit (…) Eine dritte Quelle der Soziokultur im Osten (…) bildeten die in der Wendezeit entstandenen neuen kulturellen und kulturpädagogischen Einrichtungen, die entweder DDR-Ansätze aufgriffen oder, was häufiger der Fall war, sie bewusst negierten und sich an westdeutschen Vorbildern orientierten. Soziokulturelle Zentren, kulturpädagogische und jugendkulturelle Einrichtungen gehören vor allem hierzu« (Wagner 2001, S. 6).

Soziokulturelle Zentren haben sich somit bundesweit etabliert. Das zeigt auch eine Vielzahl von (Neu)Gründungen in nahezu allen ostdeutschen Städten. Ferner dokumentiert die Gründung von (ostdeutschen) Landesverbänden für dieses Handlungsfeld die hohe Attraktivität wie auch die Anschlussfähigkeit soziokultureller Konzepte und Ideen. Parallel haben sich die Entwürfe und Konzepte der Soziokultur auch in ländliche Regionen hinein entwickelt (Kegler 2020).[54]

54 Neben den selbstorganisierten, freien Soziokulturellen Zentren entstanden seit Mitte der 1970er Jahre Kulturhäuser und dezentrale Freizeitzentren in kommunaler Trägerschaft, die

Diese wenigen Anmerkungen dokumentieren nicht nur die quantitativ durchaus beachtliche kulturelle Bedeutung der Soziokulturellen Zentren, sondern auch die durch sie gegebenen wirtschafts- und arbeitsmarktpolitischen Effekte. Die jahrelangen Auseinandersetzungen um die Etablierung und Einrichtung Soziokultureller Zentren sind heute größtenteils vergessen. Dass viele Zentren ihre Institutionalisierung einem Kampf verdanken, ist in den Kommunen heute nur noch denjenigen gegenwärtig, die ehemals aktiv in die Auseinandersetzungen einbezogen waren. Genauso wenig wie die Geschichte der ersten Bürgerinitiativen und Zentrumsgründungen einheitlich ist, kann aktuell ein einheitliches, genaues und umfassendes Bild der Soziokulturellen Zentren gezeichnet werden. Die real gegebenen kommunalen kultur- und sozialpolitischen Bedingungen sowie die räumlichen Gegebenheiten formen die Praxis in den einzelnen Zentren ebenso mit wie die divergenten internen Strukturen.

Insgesamt sind aber neben Tendenzen der Verberuflichung und Professionalisierung der Arbeit in den Soziokulturellen Zentren seit den letzten zwanzig Jahren umfassende Modernisierungen festzustellen. Sowohl im Hinblick auf die eigenen pädagogischen (Weiter)Bildungsformate wie auch im Hinblick auf neue Themen (z. B. Interkultur, Geschichts- und Erinnerungskultur, Demokratiearbeit) sind hier vergewissernde und vorwärtsweisende Impulse, aktuell z. B. im Kontext einer soziokulturellen Methodenkompetenz zu verzeichnen (vgl. Blumenreich u. a. 2019). Hierbei hat wiederum die kulturelle Bildung an Bedeutung gewonnen:

> »Dass die Kulturelle Bildung in der Soziokultur eine herausragende Rolle spielt, belegen auch die Ergebnisse der Befragung der Mitgliedseinrichtungen der Bundesvereinigung Soziokultureller Zentren. Befragt nach den Schwerpunkten ihrer Arbeit führte in der 2017er Erhebung die „Kulturelle Bildung" mit 89 Prozent die Liste der Aufgabenschwerpunkte der soziokulturellen Einrichtungen an, auf den Plätzen zwei und drei folgen mit deutlichem Abstand der interkulturelle Austausch (66 %) und die regionale Vernetzung (63 %)« (Blumenreich u. a. 2019, S. 221).

---

allerdings nicht mehr vorbehalts- und ausnahmslos dem Bereich der Offenen Kinder- und Jugendarbeit zugerechnet werden können. Im Kontrast zu der offenen Struktur der freien Zentren orientieren sich diese Zentren vielmehr stärker an der örtlichen und städtischen Vereinskultur und verstehen sich als Veranstaltungs- und Kulturhäuser für Verbände, Vereine und Initiativen sowie als dezentrale Veranstaltungsorte. Zumindest teilweise können diese kommunalen Kulturhäuser eindeutig von Soziokulturellen Zentren und Kulturzentren aufgrund ihres Profils unterschieden werden. Mitunter ist das Spektrum der selbstorganisierten Zentren aber auch uneinheitlich konturiert, so dass Grenzziehungen für die Offene Kinder- und Jugendarbeit schwierig bis unmöglich werden.

Diese Trends haben bei den politisch Verantwortlichen in den Kommunen und Regionen zu mehr Akzeptanz der Zentren beigetragen. In vielen Städten und Gemeinden haben sich die alternativen Kulturzentren und Soziokulturellen Häuser in die Kulturlandschaft eingepasst oder sind integriert worden. Sie sind vielerorts zu einem akzeptierten, wenn auch partiell zu einem kommunalpolitisch kritisch beäugten Teil der städtischen Kulturszene geworden, und es entstanden vielfältige Kooperationen zwischen ihnen und verschiedensten anderen Trägern und Anbietern von Kultur auf kommunaler Ebene. Dadurch haben sich in den Kommunen mancherorts auch die Konfrontationslinien zwischen »Hoch«- und Alternativkultur verschoben.

Typologisierende Unterscheidungen der Zentren haben heute kaum noch Bedeutung. Soziokulturelle Zentren, die sich früher stärker als autonome Jugendzentren, als Bürger- und Stadtteilzentren bzw. als kulturelle Bildungseinrichtungen verstanden, haben sich heute dem »multikulturellen Vorbild« der größeren Zentren angenähert. Generell ist festzustellen, dass die Zentren sich seit den letzten Jahrzehnten den neuen gesellschaftlichen Entwicklungen nicht nur angepasst, sondern diese auch produktiv aufgenommen haben. Die Veranstaltungen, Projekte, Kurse und Workshops in den Soziokulturellen Zentren sind professioneller geworden, aber auch stärker orientiert an den jeweiligen Moden der Zeit, was zu allfälligen Spannungen zwischen soziokulturell-kommunalpolitisch-pädagogischen Zielen und attraktivitäts-, »markt-« und einnahme-orientierten Zwecksetzungen führt. Das Belastungsfeld zwischen befristeten Projektfinanzierungen im Rahmen von prekären bis fragilen Trägerstrukturen und einem hierdurch quasi aufgenötigten »Innovationszwang« hat sich verstetigt und dazu geführt, dass die Zentren in all ihrer Vielfalt und Buntheit gleichwohl zu Bestandteilen der städtischen bzw. auch regionalen (Kultur-)Infrastruktur avanciert sind.

Zum Weiterlesen – Literaturhinweise

Blumenreich, U., Kröger, F., Pfeiffer, L., Sievers, N., & Wingert, C. (2019). *Neue Methoden und Formate der soziokulturellen Projektarbeit.* Bonn: Institut für Kulturpolitik der Kulturpolitischen Gesellschaft e. V.

Claßen, L., Krüger, H.-H., & Thole, W. (Hrsg.) (1989). *In Zechen, Bahnhöfen und Lagerhallen. Zwischen Politik und Kommerz – Soziokulturelle Zentren in Nordrhein-Westfalen.* Essen: Klartext.

Knoblich, T. J. (2018). *Programmformeln und Praxisformen von Soziokultur: Kulturpolitik als kulturelle Demokratie.* Wiesbaden: Springer VS.

Mobile und aufsuchende Angebote

Unter Angeboten der mobilen bzw. aufsuchenden offenen Kinder- und Jugendarbeit sind solche zu verstehen, bei denen die adressierten jungen Menschen bzw. deren Treffpunkte aufgesucht werden. Die vor Ort gemachten Angebote können individuelle, aber auch gruppen- und cliquenbezogene Beratungs- und Unterstützungsformen umfassen; sportorientierte Freizeitangebote können genauso dazugehören wie Spielmobile. Darüber hinaus gehören zu den Prinzipien einer aufsuchenden offenen Kinder- und Jugendarbeit die Orientierung am Sozialraum, aber auch den dort anzutreffenden in der Regel vielfältigen Jugendkulturen und -gruppen. Zudem sollten sich die Angebote auszeichnen durch Verlässlichkeit, Verbindlichkeit, die Aktivierung und Förderung junger Menschen, aber auch deren Beteiligung und Mitbestimmung. Gemeint sind hier Angebote der Kinder- und Jugendarbeit im Sinne des § 11 SGB VIII, die bei allen Abgrenzungsschwierigkeiten im Praxisalltag von Streetwork-Arbeit im Kontext einer Jugendsozialarbeit (§ 13 SGB VIII) zu unterscheiden sind, (vgl. auch Kap. 3).[55]

Die amtliche Kinder- und Jugendhilfestatistik 2019 weist 4.593 dieser Angebote der Kinder- und Jugendarbeit mit 249.382 regelmäßigen Teilnehmenden, also den Stammbesucher*innen aus. Das entspricht im Durchschnitt 54 jungen Menschen pro Angebot. Bei 61 % dieser Angebote werden ungefähr gleiche viele Jungen wie Mädchen erreicht, bei 27 % der Angebote überwiegend oder ausschließlich Jungen sowie bei knapp 13 % zumindest mehrheitlich Mädchen. Knapp 45 % dieser Angebote erreichen Kinder im Alter von unter 10 Jahren, fast 54 % 10 bis unter 14-Jährige. Bei ebenfalls mehr als der Hälfte der Angebote gehören 14- bis unter 18-Jährige zu den regelmäßigen Teilnehmer*innen (54 %). Nur unwesentlich seltener adressieren die Angebote junge Volljährige, immerhin rund 48% die 18- bis unter 27-Jährigen: bei immerhin rund einem Viertel der Angebote werden auch 27-Jährige und ältere von den Angeboten erreicht (27 %).[56]

---

55 Das beachtliche Spektrum von Angeboten von einerseits einer mobilen, aufsuchenden Offenen Kinder- und Jugendarbeit sowie andererseits einer Streetwork-Arbeit im Rahmen der Jugendsozialarbeit weist zahlreiche unübersichtliche Konstellationen, Verflechtungen und wechselseitige Durchdringungen mit zum Teil sehr unterschiedlichen Arbeitsansätzen auf. Die daraus zwangsläufig resultierenden Erfordernisse einer Begriffsklärung und Angebotssortierung stehen immer auch in der Gefahr, zu kategorisch auszufallen. So verschwimmen die Grenzen zwischen Kinder- und Jugendarbeit und Jugendsozialarbeit nicht nur institutionell und organisatorisch, sondern auch im pädagogischen Handeln, zumal es teilweise eine Vielzahl von Gemeinsamkeiten gibt (Partizipation, Beziehungsarbeit, sozialräumliche Orientierung, Lebensweltorientierung, Sozialraumorientierung). Gleichwohl müssen – ohne dies hier weiter auszuführen – unterschiedliche historische Wurzeln (vgl. Meyer 2020, S. 206 f) genauso beachtet werden wie die zum Teil nicht unumstrittenen rechtlichen Verortungen der beiden Handlungsfelder (vgl. u. a. Meyer 2020, S. 215 f; Keppeler, Bollig & Reuting 2020, S. 54).

56 Diese und die nachfolgenden statistischen Angaben dieses Abschnitts beziehen sich auf: Statistisches Bundesamt: Statistiken der Kinder- und Jugendhilfe – Angebote der Jugendarbeit (https://www.destatis.de/DE/Themen/Gesellschaft-Umwelt/Soziales/Jugendarbeit/_inhalt.html [Zugriff 15. 03. 2021].

Die Angebotszeiten der mobilen aufsuchenden Settings sind in der Regel kurz. Etwa 52 % der Angebote werden an einem Tag pro Woche durchgeführt, 22 % an 5 oder mehr Tagen. Bei 59 % liegt die wöchentliche Angebotszeit nicht über 7 Stunden. Diese Angebotszeiten müssen vor dem Hintergrund der Zusammenhänge von Offener Kinder- und Jugendarbeit in Einrichtungen sowie der mobilen, aufsuchenden Arbeit gesehen werden. Träger, die sowohl einrichtungsbezogene als auch mobile, aufsuchende Angebote im Bereich der Offenen Kinder- und Jugendarbeit machen, sprechen für den letztgenannten Bereich auch von »heraus- oder hinausreichender Arbeit« (vgl. Deinet & Krisch 2013, S. 416).

Die thematischen Schwerpunkte der mobilen, aufsuchenden Angebote unterscheiden sich auch mit Blick auf ihre quantitative Gewichtung nicht grundlegend von einrichtungsbezogenen offenen Angeboten in beispielsweise Kinder- und Jugendzentren oder Kinder- und Jugendfreizeiteinrichtungen. Bei etwa 4 von 10 Angeboten werden spielbezogene Schwerpunkte angegeben (40%), bei immer noch 32 % liegt zumindest einer der thematischen Schwerpunkte im Bereich Sport.[57] Mit knapp 39 % fällt die Kategorie »Sonstige« für die aufsuchenden, mobilen Angeboten besonders hoch aus – ein Hinweis darauf, dass Themen und Inhalte der mobilen Angebote über das Kategoriensystem der amtlichen Statistik noch schwerer zu fassen ist als für die einrichtungsbezogenen Angebote.

Auch wenn mit dem Blick auf aufsuchende und mobile Angebote grundsätzlich ein Blick weg von der einrichtungszentrierten »Komm-Struktur« hin zu einer so genannten »Geh-Struktur« erfolgt, so ist diese Aufteilung in der Praxis längst beidseitig in einer wechselseitigen Integration durchbrochen worden. Im Format des so genannten »herausreichenden Arbeitsansatzes« werden mobile Angebote ausgehend von einer Jugendeinrichtung konzipiert; umgekehrt sind auch die Angebote von aufsuchender und mobiler Jugendarbeit keineswegs »ortlos«, sondern verbinden sich mit »stationären« Settings wie Bauwägen, Jugend-

57 Die zu Beginn der 1970er Jahre entstandenen Projekte für Spielmobile und flexible Spielaktionen illustrieren mobile Angebote mit einem spielbezogenen Schwerpunkt sowie Möglichkeiten sportlicher Aktivitäten – in der DDR hießen sie »Spielwagen«. Es handelt sich bei Spielmobilen heute z. B. um zu mobilen »Spielhäusern« umgebaute Bauwagen, um entsprechend ausgestattete Kleintransporter, Omnibusse oder Lastkraftwagen. Sie machen Station auf Schulhöfen, städtischen Freiflächen oder auch in der Nähe von Spielplätzen und verweilen dort einen Tag lang bis hin zu mehreren Wochen. Hierüber werden junge Menschen adressiert, mit dem Ziel, ihnen Umgang und Spiel mit den im Mobil mitgeführten Materialien und Geräten zu ermöglichen und sie hierfür zu begeistern.
Seit 1992 besteht die Bundesarbeitsgemeinschaft Spielmobil e. V. (www.spielmobile.de [Zugriff 05. 01. 2021]), die auch die Fachzeitschrift »Spielmobilszene« herausgibt, eine Deutschlandkarte mit Spielmobilen zur Verfügung stellt und in unregelmäßigen Abfolgen bundesweite Spielmobilkongresse veranstaltet. In aktuellen Entwicklungen haben sich Spielmobile e. V. international erweitert und der International Play Association (IPA) angeschlossen, sich mit Bildungsfragen befasst (Knecht & Lusch 2011) und hierüber auch Anschluss an lokale Bildungslandschaften gefunden (Knecht & Guthmann 2014).

einrichtungen, Fußgängerzonen, Parks, Beratungsstellen, Bibliotheken, Szenetreffs, Einkaufszentren etc., die sowohl im öffentlichen wie im halböffentlichen Raum – z. B. auch im Vernetzungsrahmen von Bildungslandschaften – vorzufinden sind (Krafeld 2004, S. 49 ff.; Fregin & Schoppe 2020).

Bei den konzeptionellen Zugängen aufsuchender und mobiler Angebote einer vornehmlich sozialpädagogisch und bildungsorientierten Kinder- und Jugendarbeit wird im Folgenden insbesondere Bezug auf die Arbeiten von Franz-Josef Krafeld (2004) sowie Ulrich Deinet und Richard Krisch (2013) genommen. Die Arbeiten von Krafeld (2004) werden zunächst deshalb ausführlicher gewürdigt, weil sie von ihrem Verfasser ausdrücklich unter Überschriften wie »Aufsuchende Jugendarbeit als neues Feld von Jugendarbeit« und »Das spezifische Profil aufsuchender Jugendarbeit« (Krafeld 2004, S. 42 ff. u. S. 47 ff.) eingeführt und mit spezifischen pädagogischen Ansätzen (z. B. Beziehungsarbeit, Raumaneignung, Subjektorientierung, Förderung, Cliquen, Gerechtigkeit) begründet werden. Krafeld hatte der Jugendarbeit u. a. die Förderung von Raumaneignung sowie die Entwicklung hinausreichender und aufsuchender Anteile anempfohlen, allerdings auch eine Zuständigkeit für junge Menschen und deren Problemlagen einbezogen. Das spezielle Selbstverständnis seines Ansatzes wird deutlich in der Konturierung aufsuchender Arbeit

> *»als alltagskonkret werdende Lebensweltorientierung, die in den Lebenswelten den zentralen Ort subjektgeleiteter Entfaltung und produktiver Realitätsverarbeitung junger Menschen sieht (und die pädagogisch definierten Einrichtungen unterstützende, ergänzende und effektivierende Funktion zuschreibt)«* (Krafeld 2004, S. 48; kursiv i. O.).

Hierauf aufbauend, erfolgt aufsuchende Arbeit als

- *»produktive Verbindung von personenbezogenen Angeboten und Einmischung in die Bedingungen des Aufwachsens*
- *Förderung und Begleitung junger Menschen in deren Streben nach*
- *eigener Entfaltung und*
- *nach gesellschaftlicher Teilhabe,*
- *und zwar auf der Basis unveräußerlicher Menschenrechte für alle,*
- *Förderung der Aneignung von Umwelt als unverzichtbarem Bestandteil der Entwicklung junger Menschen,*
- *Besondere Konzentration auf diejenigen jungen Menschen, die durch stationäre Angebote nicht (oder nicht mehr) ausreichend erreicht werden können* (wobei Konzentration eine Priorität meint, keine Ausschließlichkeit)« (Krafeld 2004, S. 48).

Im Weiteren werden von Krafeld noch die »parteiliche Einmischung in sozialräumliche und lebensweltliche Bedingungen des Aufwachsens junger Menschen« genannt (was aktuell eher in die Dimension des »Politischen« übersetzt werden müsste) sowie die – bisweilen missverstandene und zudem aus der Arbeit mit rechtsextremen Jugendlichen stammende – Kategorie der »Akzeptanz«. Die Basiszugänge aufsuchender Kinder- und Jugendarbeit gehen einher mit weiteren Techniken und Formaten (z. B. Ausweitung von Nutzungsformen und -zeiten, Sozialraumanalysen, Stadtteilbegehungen, Veranstaltungen im öffentlichen Raum, Aufbau von Vernetzungszugängen). Beide Konzeptvarianten haben allerdings insbesondere die neueren medialen, digitalen und virtuellen Lebenskontexte von Kindern und Jugendlichen gar nicht bzw. nur unzureichend im Blick, welche in der Konsequenz den bisherigen öffentlich-sichtbaren Raum unterlaufen, diesen überführen in ein stetiges Oszillieren zwischen Offline- und Online-Aspekten und insofern eigen darauf abgestimmte Angebotsformen (z. B. ePartizipation, Orte mit kostenlosem WLAN) einfordern (vgl. Bollig & Keppeler 2015; Fuchs & Goldoni 2013; Steiner & Goldoni 2013; Ketter 2014; Bollig & Huber 2020).

Ein aussichtsreiches, in den bisher vorliegenden Konzeptionen zu aufsuchenden Angebotsformaten aber kaum zureichend gewürdigtes Gesamtkonzept, welches lokale, mobile und virtuelle Raumbezüge aufeinander bezieht, liegt vor im Ansatz der »Multilokalität« von Tully (2009) (vgl. hierzu Kap. 8).

Zum Weiterlesen – Literaturhinweise

Deinet, U., & Krisch, R. (2013). Mobile, aufsuchende Ansätze der Offenen Jugendarbeit. In U. Deinet & B. Sturzenhecker (Hrsg.), *Handbuch Offene Kinder- und Jugendarbeit* (4. Aufl., S. 415–419). Wiesbaden: Springer VS.

Krafeld, F.-J. (2004). *Grundlagen und Methoden aufsuchender Jugendarbeit*. Wiesbaden: Springer VS.

Landesarbeitsgemeinschaft Mobile Jugendarbeit/Streetwork Baden-Württemberg e. V. (Hrsg.) (2020). *Praxishandbuch Mobile Jugendarbeit*. Stuttgart: Franke & Timme.

Meyer, T. (2020). Aufsuchende Ansätze der Jugendarbeit – Arbeitsformen, theoretische Grundlagen und Vorgehensweisen. In T. Meyer & R. Patjens (Hrsg.), *Studienbuch Kinder- und Jugendarbeit* (S. 197–252). Wiesbaden: Springer VS.

Gruppenbezogene Angebote

Die (sozial)pädagogische Arbeit in und mit Gruppen gehört mit zu den Grundlagen, aber auch mit zu den historischen Wurzeln der Kinder- und Jugendarbeit. Bereits vor mehr als 100 Jahren zu Zeiten der »Jugendbewegung« und der »Wandervogelbewegung« gehörte die Organisation in Gruppen mit zu den wesentlichen Merkmalen der damaligen Kinder- und Jugendarbeit (vgl. Kap. 2). Die Gruppe ermöglicht es, sich selbst in Interaktion und Kommunikation mit anderen zu erleben. Dies gehört mit zur Persönlichkeitsentwicklung und Identitätsbildung; es werden Erfahrungen mit Peers ermöglicht, die wiederum wichtig sind für Selbstorganisation oder auch Selbstbestimmung (vgl. Schrapper 2009). Die Erfahrungs- und Entwicklungspotenziale von Gruppen für die beteiligten Akteure können gezielt durch gruppenpädagogisches Arbeiten von Fachkräften, aber auch qualifizierten Ehrenamtlichen/Freiwilligen genutzt werden.

Die Bedeutung der Gruppenarbeit für die Kinder- und Jugendarbeit wird auch darin deutlich, dass die offizielle Statistik für dieses Arbeitsfeld die gruppenbezogene Kinder- und Jugendarbeit als eigenständigen Angebotsbereich erfasst:

> »Unter gruppenbezogenen Angeboten werden solche verstanden, die in regelmäßigen Abständen, d. h. mindestens einmal im Monat, in einem zeitlich begrenzten Rahmen durchgeführt werden. Im Rahmen der Arbeit von Jugendverbänden und Jugendgruppen haben die gruppenbezogenen Angebote, die von jungen Menschen selbst organisiert, gemeinschaftlich gestaltet und mit verantwortet werden, eine zentrale Bedeutung (…). Gruppenbezogene Angebote sind (…) auf Dauer angelegt. Als Teilnehmer/innen einer Gruppe gelten junge Menschen, die regelmäßig, d. h. in etwa an mindestens der Hälfte der Gruppentreffen, teilnehmen. Die Teilnehmer/innen sind in der Regel durch eine Beziehung zueinander (z. B. persönliches Zugehörigkeitsgefühl) und/oder eine Verbindung zum Träger (z. B. formale Mitgliedschaft, Quasi-Mitgliedschaft) gekennzeichnet« (von der Gathen-Huy, Pothmann & Schramm 2013, S. 394).

Die Angebote einer gruppenbezogenen Kinder- und Jugendarbeit sind genau wie die der offenen Kinder- und Jugendarbeit auf Dauer angelegt. Die über das Zitat deutlich werdenden Merkmale, dass sich die gruppenbezogenen Angebote durch regelmäßige Veranstaltungen oder Treffen auszeichnen, dass die Treffen jeweils in einem in der Regel vordefinierten zeitlich begrenzten Rahmen stattfinden, dass für den jungen Menschen durch die Teilhabe an der Gruppe so etwas wie ein persönliches Zugehörigkeitsgefühl entsteht und/oder dadurch auch eine mehr oder weniger formale Verbindung zum durchführenden Träger besteht, verweist auf den Teil der Kinder- und Jugendarbeit, der hierüber vor allem auch statistisch sichtbar gemacht werden soll: die Kinder- und Jugendverbandsarbeit. So sollen hierüber die dortigen regelmäßigen Gruppenstunden oder auch die auf Dauer angelegten Arbeitsgruppen und -kreise erfasst werden. Auf diesen zentralen Ausschnitt der Arbeit mit Gruppen in der Kinder- und Jugendarbeit wird im Rahmen eines Exkurses am Ende dieses Unterkapitels eingegangen.

Die amtliche Statistik weist für das Jahr 2019 26.475 dieser gruppenbezogenen Angebote im Bereich der Kinder- und Jugendarbeit mit 805.536 Teilnahmen aus. Im Durchschnitt entspricht das 30 Teilnahmen pro Gruppenangebot. Am häufigsten, d. h. bei immerhin fast jedem dritten zur amtlichen Statistik gemeldeten Angebot, wird eine Gruppengröße von 6 bis 10 Personen angegeben (30%). Addiert man die in der Kinder- und Jugendhilfestatistik mit am häufigsten genannten 3 Gruppengrößen, so liegt die Teilnehmerzahl bei etwa zwei Dritteln (65%) der Gruppenangebote zwischen 6 und 20 Personen. Summiert man die Gruppengrößen bis zu 15 Teilnehmenden auf, kommt man auf einen ähnlich hohen Anteil von 61%.[58] Diese Quoten scheinen belastbar zu sein, zumal im Rahmen einer Aufarbeitung des Forschungsstandes zur Jugendverbandsarbeit von 65 % der Jugendgruppen mit einer Teilnehmerzahl von bis zu 15 Personen ausgehen (Gadow & Pluto (2014, S. 140).[59]

Der überwiegende Teil der Gruppenangebote (57%) findet typischerweise drei bis vier Mal im Monat statt, also in etwa wöchentlich – ein plausibler Befund, der beispielsweise seitens einer Vollerhebung der Evangelischen Landeskirchen in Baden-Württemberg für die gruppenbezogene Arbeit mit Kindern und Jugendlichen bestätigt wird (vgl. Ilg, Heinzmann & Cares 2014). Ein solches Gruppentreffen dauert laut amtlicher Statistik in der Regel zwischen 1 und 2 Stunden (57%). Jeweils etwas mehr als 20 % der Gruppenangebote liegen unter bzw. über diesem Korridor.

Die gruppenbezogenen Angebote der Kinder- und Jugendarbeit decken nicht nur eine breite Themenpalette ab, sondern verfolgen auch unterschiedliche Bildungsziele, wobei bei einigen eher die informelle und bei anderen eher die nonformale Bildung im Mittelpunkt stehen. Pro Angebot können auch für die Erfassung der gruppenbezogenen Angebote bis zu drei thematische Schwerpunkte genannt werden. Damit lassen sich zumindest Anhaltspunkte für die Leitthemen der Gruppen finden, auch wenn die Angaben fast zwangsläufig der Vielfalt und Kreativität der Angebote nur begrenzt gerecht werden können. Etwa ein Drittel der gruppenbezogenen Angebote hatte u. a. spielbezogene Schwerpunkte (34 %), gefolgt von jugendkulturellen und künstlerischen sowie kreativen Schwerpunkten (28 %). Die Beschäftigung mit Themen aus Gesellschaft und Religion ist für ein Viertel der Gruppenangebote ein Schwerpunkt (25 %) – ein etwas höherer Anteil als für Schwerpunkte aus dem Bereich des Sports (23 %). Zu jedem statistisch erfassten Angebot können bei der Frage nach den thematischen Schwerpunkten bis zu drei Angaben gemacht werden.

58 Diese und die nachfolgenden statistischen Angaben dieses Abschnitts beziehen sich auf folgende Quelle: Statistisches Bundesamt: Statistiken der Kinder- und Jugendhilfe – Angebote der Jugendarbeit (https://www.destatis.de/DE/Themen/Gesellschaft-Umwelt/Soziales/Jugendarbeit/_inhalt.html [Zugriff 15. 03. 2021]).

59 Allerdings bestehen laut amtlicher Statistik immerhin auch etwa ein Fünftel der Gruppenangebote (20%) aus 26 und mehr Teilnehmenden. Der ausgewiesene Mittelwert zur Gruppengröße liegt bei 30 jungen Menschen. Dies verweist nicht nur für 2019, sondern auch für die vorherigen Berichtsjahre auf eine ungewöhnlich hohe Zahl von Angeboten mit weit mehr als 26 Teilnehmenden (vgl. auch Mühlmann & Pothmann 2019a, S. 108).

Bedeutung der Gruppenarbeit für die Kinder- und Jugendverbandsarbeit – ein Exkurs

Gruppenbezogene Angebote, die von jungen Menschen selbst organisiert, gemeinschaftlich gestaltet und mit verantwortet werden, haben für die Arbeit von Kinder- und Jugendverbänden eine große Bedeutung. Allerdings helfen die oben bereits zitierten Zahlen der amtlichen Statistik nur bedingt weiter, um dies empirisch zu belegen, zumal in der Kinder- und Jugendhilfestatistik nur die öffentlich geförderten Angebote der Kinder- Jugendarbeit erfasst werden. Genau dieses Kriterium trifft allerdings auf einen nicht unerheblichen Teil der Gruppenarbeit von Kinder- und Jugendverbänden nicht zu. Wenn also über die amtliche Statistik 2019 eine Zahl von 5.996 Gruppenangeboten seitens der Jugendverbände und Jugendringe mit 310.386 Teilnehmenden dokumentiert wird, so handelt es sich dabei allenfalls um eine Untergrenze. Die tatsächliche Zahle dürfte weitaus höher liegen. Gleichwohl handelt es sich dabei um immerhin 23 % aller erfassten Gruppenangebote sowie immerhin 40 % der von Gruppenangeboten erreichten jungen Menschen, die auf Angebote der Kinder- und Jugendverbände und -ringe zurückzuführen sind.[60]

Die vereinsmäßig organisierte und in weiten Teilen nach wie vor milieugebundene Kinder- und Jugendverbandsarbeit gehört aber nicht nur aufgrund ihrer umfassenden Gruppenangebote, sondern auch aufgrund ihres insgesamt breiten Angebotsspektrums zu den zentralen Bausteinen der Kinder- und Jugendarbeit. Die einschlägigen Organisationen wie beispielsweise die »Arbeitsgemeinschaft der Evangelischen Jugend (aej)«, der »Bund Deutschen Katholischen Jugend (BDKJ)«, die »Sozialistische Jugend Deutschlands« (Die Falken), die Jugend der »Deutschen Lebens-Rettungs-Gesellschaft« (DLRG), die Sportjugendorganisationen, die gewerkschaftlichen Jugendverbände oder die diversen Pfadfinder*innenverbände[61] sind nicht nur ein unverzichtbares Strukturelement im Trägerspektrum der Kinder- und Jugendarbeit, wie es nicht zuletzt auch seitens des Gesetzgebers mit Blick auf § 12 SGB VIII »Förderung der Jugendverbände« intendiert wird (vgl. Kap. 3.1, 3.4). Darüber hinaus ist die Geschichte der Kinder- und Jugendarbeit untrennbar mit der Entstehung und Entwicklung der

60 Diese statistischen Angaben beziehen sich auf: Statistisches Bundesamt: Statistiken der Kinder- und Jugendhilfe – Angebote der Jugendarbeit (https://www.destatis.de/DE/Themen/Gesellschaft-Umwelt/Soziales/Jugendarbeit/_inhalt.html [Zugriff 15. 03. 2021]).

61 Eine Auflistung von Jugendorganisationen, darunter auch Kinder- und Jugendverbände, findet sich bei Wikipedia unter https://de.wikipedia.org/wiki/Liste_von_Jugendorganisationen_in_Deutschland (05. 01. 2021), gleichwohl hier gewählte Sortierungen und Zuordnungen wenig überzeugend bzw. mitunter auch falsch sind. Eine Auflistung der Mitgliedsverbände des Deutschen Bundesjugendrings bzw. der einzelnen Landesjugendringe ist auf den jeweiligen Online-Portalen nachzulesen.

Jugendverbandsarbeit Ende des 19. und Anfang des 20. Jahrhunderts verbunden (vgl. Kap. 2.3).

Die hier näher betrachteten Gruppenangebote gehören mit zu den zentralen Formaten der Kinder- und Jugendverbände, um für ihre Adressat*innen soziale sowie kulturelle Bildungs- und Freizeitorte zur Verfügung zu stellen.[62] Die Gruppenangebote der Kinder- und Jugendverbände bieten Räume und Gelegenheiten der Begegnung und Gemeinschaft, der Auseinandersetzung mit Sinn- und Wertfragen sowie der Unterstützung. Das hierüber aufgerufene Spektrum von Themen ist vielfältig, beispielsweise mit Blick auf Gesellschaft und Religion, Kunst und Kultur, Handwerk und Technik, Rettungs- und Hilfstechniken, aber auch Sport und Spiele. Konstitutiv für diese zu einem erheblichen Teil von jugendlichen und erwachsenen Ehrenamtlichen und Freiwilligen organisierten Gruppenangebote sind eine Freiwilligkeit der Teilnahme, eine aktive Mitarbeit und Mitbestimmung der Teilnehmenden bis hin zu Formen der Selbstorganisation. (vgl. Düx 2018, S. 188).

Die Organisation und die inhaltliche Gestaltung der Kinder- und Jugendverbandsarbeit in den letzten mehr als 100 Jahren inklusive der gruppenbezogenen Angebote als ein Teil des »Markenkerns« hat im Horizont eines gesellschaftlichen Wandels diverse Herausforderungen zu beachten und zu bewältigen:[63]

- Die auf ehrenamtliches und freiwilliges Engagement angewiesene Kinder- und Jugendverbandsarbeit ist seit jeher mit einer »Rekrutierungsfrage« konfrontiert, also mit der Frage nach einer hinreichenden Attraktivität der einschlägigen Organisationen und ihrer Angebote, damit sich ausreichend junge Menschen und Erwachsene engagieren. Diese Anziehungskraft scheint einerseits mit Blick auf z. B. zu beobachtende Enttraditionalisierungen und Kommerzialisierungstendenzen, aber auch hinsichtlich einer Scholarisierung eher geringer zu werden, während sich aber auf der anderen Seite durch veränderte Interessenslagen junger Menschen, beispielsweise zu ökologischen Fragen, möglicherweise neue Potenziale erschließen lassen.

62 Der 15. Kinder- und Jugendbericht zeigt dabei mit Blick auf vorliegende empirische Untersuchungen sowie auf Basis eines Surveys des Deutschen Jugendinstituts zum Aufwachsen in Deutschland (AID:A) bei allen methodischen Schwierigkeiten und Ungenauigkeiten, dass »unter dem Strich (...) von einer zahlenmäßigen Bedeutsamkeit der Jugend-(Verbandsarbeit) gesprochen werden (kann)« (Deutscher Bundestag 2017a, S. 387).

63 Diese Prozesse werden bislang nur unzureichend empirisch beobachtet. Die Kinder- und Jugendverbandsarbeit ist von großer Vielfalt bei gleichzeitigen Forschungslücken und durchaus lückenhafter fachwissenschaftlicher Durchdringung gekennzeichnet. So wurde ein bereits 1991 veröffentlichtes Handbuch Jugendverbände (vgl. Böhnisch, Gängler & Rauschenbach 1991) seitdem nicht mehr aktualisiert. Stattdessen existieren etliche Einzelpublikationen zu einzelnen Verbänden und/oder mit je segmentierten Themenstellungen (Kaiser u. a. 2013; Ahlrichs 2018; Kaupp & Höring 2019; Breyvogel & Bremer 2020).

- Zu dem für die Kinder- und Jugendverbandsarbeit gehörenden ehrenamtlichen und freiwilligen Engagement gehört auch die Beantwortung der Frage nach der Ausgestaltung des Verhältnisses von Ehrenamt und Hauptamt. Hierzu liegen Hinweise vor, dass im Lichte sukzessiv gestiegener Anforderungen der Vereins- und Programmarbeit inklusive einer damit einhergehenden Interessenvertretung und Lobbyarbeit für alle Kinder- und Jugendlichen, aber auch eines herausfordernden Förder- und Finanzierungsmanagements die Bedeutung von hauptamtlichen Fachkräften zunimmt, zumal bisherige ehrenamtliche Strukturen zunehmend überfordert sind. Kurzum: Ehrenamt braucht Hauptamt – was neue Kooperations-, aber auch Konfliktzonen mit sich bringen kann (vgl. Peucker, Pluto & van Santen 2019, S. 12).
- »Inklusion« und »Exklusion« sind zentrale Kategorien für die Beschreibung von Kinder- und Jugendverbandsarbeit. Dies geht einher mit den diversen milieuorientierten und wertgebundenen Kinder- und Jugendverbänden. Dabei werden die zu beobachtenden Exklusionstendenzen immer wieder kritisch betrachtet, beispielsweise hinsichtlich geschlossener verbandlicher Milieus, einer fehlenden Ansprache für Migrant*innen oder auch einer unzureichenden Adressierung von Kindern und Jugendlichen aus sozial weniger gut integrierten Milieus. Eine Reaktion hierauf sind neu gegründete Migrantenjugendselbstorganisationen (MJSO) oder auch Verbände junger Menschen mit Migrationshintergrund (VJM), wie z. B. der Jungverband der türkischen Gemeinden in Deutschland bezeugen (vgl. Peucker, Pluto & van Santen 2019, S. 64 ff.).
- Symptomatisch für eine sich ständig im Wandel befindende Kinder- und Jugendverbandsarbeit sind die verwendeten Bezeichnungen für erreichte junge Menschen, und zwar insgesamt für die Aktivitäten der Kinder- und Jugendverbände, aber auch speziell für die Gruppenangebote. Die Begrifflichkeiten diffundieren, wenn in diesem Zusammenhang von Mietgliedern, Nutzer*innen, Teilnehmer*innen, Konsument*innen, Stammkund*innen, Akteur*innen u. a. m. die Rede ist (Patjens & Hettler 2020, S. 126).
- Das Themenspektrum der Kinder- und Jugendverbandsarbeit verändert sich. Es kommen Themen hinzu, während andere verschwinden sowie sich immer wieder inhaltliche Akzentuierungen ergeben. So sind beispielsweise gerade auch die Gruppenangebote der Kinder- und Jugendverbände mit Themen der Demokratieförderung in Verbindung zu bringen, denkt man beispielsweise an Metaphern wie »Demokratiewerkstätten« oder »Orte der gelebten Demokratie«.[64] Diese Themen haben zuletzt wieder an Bedeutung gewonnen,

64 Dabei wird die Umsetzung demokratischer Maximen in der Kinder- und Jugendverbandsarbeit mitunter auch kritisch betrachtet (vgl. Sturzenhecker 2014), gleichwohl das Thema

blickt man auf Veröffentlichungen des Deutschen Bundesjugendrings zur politischen Bildung in der Jugendverbandsarbeit (vgl. DBJR 2020), den 16. Kinder- und Jugendbericht zum Thema »Förderung demokratischer Bildung im Kindes- und Jugendalter« (Deutscher Bundestag 2020) oder auch auf empirische Beobachtungen (vgl. van Santen , Seckinger & Pluto 2017; Peucker, Pluto & van Santen 2019).

Die hier dargestellte Kinder- und Jugendverbandsarbeit ist ohne den kinder- und jugendpolitischen Raum undenkbar. Auf dieser Bühne hat sich die Kinder- und Jugendverbandsarbeit zu präsentieren, hier hat sie sich zu positionieren und nimmt Einfluss. Dies gilt für sämtliche föderalen Ebenen.

Zum Weiterlesen – Literaturhinweise

Deutscher Bundesjugendring (2012). *Handbuch 2013.* Berlin: Eigenverlag.

Deutsches Jugendinstitut (2009). *Jugendverbandserhebung. Befunde zu Strukturmerkmalen und Herausforderungen.* München: DJI.

Oechler, M., & Schmidt, H. (Hrsg.) (2014). *Empirie der Jugendverbandsarbeit.* Wiesbaden: Springer VS.

Patjens, R., & Hettler, I. S. (2020). Jugendverbände. In T. Meyer & R. Patjens (Hrsg.), *Studienbuch Kinder- und Jugendarbeit* (S. 115–138). Wiesbaden: Springer VS.

Peucker, C., Pluto, L., & Santen, E. v. (2019). *Status Quo Jugendringe. Bundesweite empirische Befunde zu Situation und Perspektiven.* München DJI.

Veranstaltungen und Projekte

Veranstaltungen und Projekte der Kinder- und Jugendarbeit charakterisieren sich auch im Unterschied zu den offenen und gruppenbezogenen Angeboten dadurch, dass sie auf einen eingegrenzten Zeitraum mit einem Beginn und einem Ende festgelegt sind. Dieser Zeitraum kann einige Stunden oder auch mehrere Veranstaltungstage bzw. -wochen umfassen, muss aber beispielsweise im Falle von Veranstaltungsreihen an unterschiedlichen Wochenenden nicht zeitlich zusammenhängend sein. Eine Teilnahmezusicherung (Anmeldung) kann, muss jedoch nicht vorliegen. Die Teilnahme ist freiwillig und kann gegebenenfalls auf bestimmte Personengruppen oder Zielgruppen beschränkt sein (vgl. von der Gathen-Huy, Pothmann & Schramm 2013, S. 394). Beispiele für Veranstaltungen und Projekte können sein: Ferienangebote (Freizeiten, Stadtranderholungen, Ferienspiele, Ferienpassaktionen), Wochenendfahrten, Seminare, Juleica-Ausbildungen und Juleica-Fortbildungen oder auch (Weiter-)Bildungsmaßnahmen sowie Feste, Konzerte, aber auch themenzentrierte Projekte (z. B. eine Umwelt-

---

zuletzt wieder durch den 16. Kinder- und Jugendbericht eine Bedeutungsaufwertung erfahren hat (vgl. Deutscher Bundesjugendring 2020; Deutscher Bundestag 2020).

woche). Ebenfalls gehören hierzu auch Angebote der internationalen Jugendarbeit.

Bevor auf einzelne Formate näher eingegangen wird, werden Freizeiten, Seminare sowie themenzentrierte Projekte durch einige Eckdaten gerahmt.[65]

- Im Bereich Freizeiten haben die anerkannten Träger der Kinder- und Jugendhilfe im Jahr 2019 35.291 Angebote für junge Menschen durchgeführt. Im Durchschnitt nahmen daran jeweils 42 Personen teil, insgesamt 1.473.999 junge Menschen. Eine Freizeit dauerte im Durchschnitt 6 Tage, wobei knapp 65 % der Angebote höchstens 5 Tage dauerten. Diese Eckwerte korrespondieren weitgehend mit Ergebnissen von einschlägiger Studien, u. a. auch dem Bereich der Kinder- und Jugenderholung (Buschmann 2010, S. 79 f).
- Die 23.655 Seminare und andere Angebote zur Aus-, Fort- und Weiterbildung – insbesondere auch für Ehrenamtliche bzw. freiwillig Engagierte, beispielsweise im Rahmen der Juleica-Ausbildung – erreichten jeweils durchschnittlich 26 Teilnehmende, insgesamt rund 622.321 Personen. Zum Vergleich: Auf der Basis der Daten von Ilg, Heinzmann & Cares (2014, S. 139) zu Bildungsmaßnahmen der Evangelischen Landeskirchen in Baden-Württemberg ergibt sich ein Durchschnittswert von 23 Teilnehmenden pro Angebot. Eine über die amtliche Statistik erfasste Veranstaltung dauerte im Durchschnitt 3 Tage, dies deutet auf einen hohen Anteil von Wochenendseminaren hin.
- Die über die KJH-Statistik erfassten 16.790 themenzentrierten Projekte der Kinder- und Jugendarbeit verzeichneten im Durchschnitt 51 Teilnehmende pro Angebot – insgesamt 859.709. Thematische Schwerpunkte waren besonders häufig gesellschaftspolitische oder religiöse bzw. weltanschauliche Themen (33 %) sowie solche aus Kunst und Kultur (32 %). Mit durchschnittlich 7 Tagen Dauer umfassten diese Projekte im Mittel zwar eine ähnliche Dauer wie Freizeiten, allerdings ist der Anteil eintägiger Veranstaltungen mit 41 % deutlich höher. Dieser Veranstaltungstyp umfasst also viele kurze, aber augenscheinlich auch einige sehr lang andauernde Projekte.
- Es fehlen noch 30.128 Feste, Feiern, Konzerte sowie Sportveranstaltungen oder auch sonstige Veranstaltungen mit zusammengenommen 3.876.239 Teilnahmen, also im Durchschnitt 129 Teilnahmen pro Angebot. Dabei werden auf der einen Seite 54 % der Angebote mit bis zu 30 Teilnehmenden durchgeführt sowie auf der anderen Seite 32 % mit mehr als 51 Teilnehmenden.

65 Die nachfolgenden statistischen Angaben beziehen sich auf folgende Quellenangabe: Statistisches Bundesamt: Statistiken der Kinder- und Jugendhilfe – Angebote der Jugendarbeit (https://www.destatis.de/DE/Themen/Gesellschaft-Umwelt/Soziales/Jugendarbeit/_inhalt.html [Zugriff 15. 03. 2021]).

Dies zeigt die z. T. sehr unterschiedlichen institutionellen Settings und heterogenen Organisationsformen bei diesen Angeboten.

Die Darstellung der Vielfalt an Formaten, Settings und Themen von Projekten und Veranstaltungen der Kinder- und Jugendarbeit beschränkt sich im Folgenden auf illustrative Beispiele zu einzelnen Handlungsfeldern der Kinder- und Jugendarbeit. Es besteht also kein Anspruch auf eine systematische oder gar vollständige Vermessung der »Landschaft«, sondern exemplarisch in den Blick genommen wird der Bereich der Kinder- und Jugenderholung sowie der der »Internationalen Jugendarbeit«.

Kinder- und Jugenderholung – von der Stadtranderholung bis zum Jugendreisen und Jugendtourismus

Laut den Ausführungen von Klaus Schäfer und Gabriele Weitzmann im »Frankfurter Kommentar« zu § 11 Abs. 3 Nr. 5 SGB VIII »Jugenderholung«, hat die Kinder- und Jugenderholung eine wachsende Bedeutung und gehört zu den zentralen Handlungsfeldern der Kinder- und Jugendarbeit. Es engagieren sich in diesem auf Projekten und Veranstaltungen basierenden Bereich sowohl öffentliche als auch freie Träger, nicht zuletzt auch die Kinder- und Jugendverbände (vgl. Schäfer & Weitzmann 2019a, Rn. 37). Die Sachverständigenkommission zum 15. Kinder- und Jugendbericht formuliert zu diesen Angeboten:

> »Ihre Formate sind vielfältig: Sie reichen von Wochenendfahrten, Feriencamps und Ferienspielprojekten bis hin zu mehrwöchigen Auslandsfahrten und internationalen Jugendbegegnungen. Die Teilnahme an Ferienfreizeiten ist dabei in aller Regel nicht an eine Vereinsmitgliedschaft gebunden. Sie wird häufig offen ausgeschrieben oder ist gezielt an bestimmte Wohngegenden oder Zielgruppen gerichtet, z. B. an benachteiligte Kinder« (Deutscher Bundestag 2017a, S. 389).

Unter Rückgriff auf Daten des Surveys AID:A 2014 führt die Sachverständigenkommission weiter aus, dass bei den 12- und 13-Jährigen mehr als 50%, bei den 14- und 15-Jährigen über 40 % und bei den 16- bis 17-Jährigen immer noch über 30 % an einer solchen Freizeit teilgenommen haben. Hieraus lässt sich in Anlehnung an den 15. Kinder- und Jugendbericht schlussfolgern, dass dieser Art der Freizeitgestaltung mit den damit einhergehenden Lern- und Bildungseffekten ein wichtiger Stellenwert zukommt – für das institutionelle Gefüge der Kinder- und Jugendarbeit, aber vor allem auch für das Aufwachsen der jungen Menschen (vgl. Deutscher Bundestag 2017a, S. 389). Die Kinder- und Jugenderholung scheint somit das Segment der Kinder- und Jugendarbeit zu sein, über das die Heranwachsenden mit am niedrigschwelligsten und womöglich auch am häufigsten in Kontakt mit der Kinder- und Jugendarbeit kommen. Hieraus ergibt sich nahezu zwangsläufig, dass viele der heute in der Kinder- und Jugendarbeit hauptamtlich Beschäftigten ihre »Karriere« als Teamer*in oder Betreuer*in Projekten oder Veranstaltungen aus dem Bereich der Kinder- und Jugenderholung begonnen haben.

Das oben aufgeführte Zitat aus dem 15. Kinder- und Jugendbericht verdeutlich, dass der Bereich der Kinder- und Jugenderholungen selber wiederum ein breites Spektrum an unterschiedlichen Projekten und Veranstaltungen umfasst. Dazu gehören sowohl Ferienaktionen sowie Ferienerholungs- und Stadtrandfreizeiten oder auch Stadtranderholungen ohne Übernachtungen als auch Ferienfreizeiten mit Übernachtungen, also das Kinder- und Jugendreisen mit seinen Schnittstellen zum kommerziellen Kinder- und Jugendtourismus. Zumindest kursorisch sollen im Folgenden einige Eckpunkte zu den Formaten genannt werden:

- Örtliche Ferienprogramme oder auch der vielerorts vorhandene »Ferienpass« umfassen Aktionen wie Fahrten in nahegelegene Freizeitparks oder Zoos sowie Projekte aus den Bereichen Kunst und Kultur (z. B. klassische die Töpfer-, Mal- und Bastelkurse), aber auch Outdoorgames sowie Sportveranstaltungen, -kurse und Zirkusprojekte. Die Formate und thematischen Schwerpunkte der einschlägigen Projekte oder Veranstaltungen sind somit sehr unterschiedlich. Dazu gehören auch solche Angebote, die für unterschiedliche z. B. kulturell-ästhetische, künstlerische und zum Teil auch konsumorientierte Aktionen einen thematischen Rahmen bieten. Die Teilnahme bedeutet aber für die jungen Menschen ein experimentelles, erfahrungsbezogenes Bildungsereignis, also mehr als nur ein konsumtives Erlebnis. Stadtranderholungen können auf eine lange Tradition im Kontext der Kinder- und Jugendarbeit zurückblicken, sind aber im Vergleich dazu in der fachwissenschaftlichen Auseinandersetzung allenfalls ein Nischenthema (vgl. Hübner 2010, S. 122).
- Mehrtägige oder auch -wöchige Ferienfreizeiten werden definiert als »generell gruppenbezogene Mobilitätsaktivitäten an der Schnittstelle von Freizeit und Bildung« und beziehen sich auf ein

  > »räumlich wie sozial außergewöhnliches und hinsichtlich der Teilnahme formal freiwilliges Angebot an eine begrenzte Anzahl (junger) Menschen, sofern es mindestens eine auswärtige Übernachtung einschließt und neben einer expliziten Themenstellung implizit das Ziel geselliger Vergemeinschaftung verfolgt« (Ilg & Dubski 2015, S. 20).

- Die Ferienfreizeiten gehören zum Bereich des Kinder- und Jugendreisens. Hierzu wiederum zählen Fahrten- und Ferienlager, Städtereisen, Workcamps, Zeltlager, Aufenthalte in Jugendherbergen, Jugendbildungsstätten,

Naturfreundehäusern etc. Sie sind zwar in der Praxis ein fester Bestandteil der Kinder- und Jugendarbeit, spielen allerdings im (sozial)pädagogischen Diskurs eine eher randständige Bedeutung.[66] Gleichwohl haben sich im »BundesForum Kinder- und Jugendreisen« gemeinnützige Jugendverbände und Reiseveranstalter vernetzt. Der konzeptionelle Rahmen bezieht sich auf ein Freizeitreiseverständnis mit sozialpädagogischen und erziehungswissenschaftlichen Bezügen.[67] Empirische Untersuchungen zu diesem Handlungsfeld zeigen zudem Erfolgsfaktoren für diese Angebote auf, um von einem pädagogisch anspruchsvollen Format sprechen zu können, und zwar ein großes Spektrum an Aktivitäten, ein guter Betreuungsschlüssel oder auch intensive Beziehungen zwischen Teilnehmenden und Mitarbeitenden.

- Der Bereich des Kinder- und Jugendreisens umfasst auch den kommerziellen Jugendtourismus – ein Bereich, der mitunter zwischen Ergänzung und Konkurrenz zu den Ferienfreizeiten von gemeinnützigen Trägern changiert. Ein vornehmlich kommerziell geprägter Zusammenschluss von Jugendreiseveranstaltern mit Brückenkopf-Verbindungen zu Jugend- und Sozialverbänden wie auch Förderungen durch öffentliche Institutionen findet sich im Deutschen Fachverband für Jugendreisen (www.www.reisenetz.org/ [Zugriff 12. 01. 2021]), der sich nach eigenen Angaben als »unabhängiges Netzwerk gewerblicher und gemeinnütziger Organisationen aus dem In- und Ausland« präsentiert. Damit ist der Übergang vom (sozialpädagogischen) Kinder- und Jugendreisen zum (kommerziellen) Kinder- und Jugendtourismus als nunmehr eigenem Marktsegment vollzogen. Hier wird ein genuin pädagogischer Qualitätsbegriff durch »Service« und vertrauensbildende Maßnahmen (in punkto Sicherheit und Aufsichtspflicht) bei den zahlenden Kunden, also in der Regel den Eltern ersetzt; einschlägige Marktanalysen finden sich etwa in einer Studie »Zukunftsprojekt Kinder- und Jugendtourismus« des Bundesministeriums für Wirtschaft und Energie (vgl. BMWi 2014).

---

66 Das war zwar nicht immer so (vgl. Kentler, Leithäuser & Lessing 1969; Müller 2015), könnte aber darauf zurückzuführen sein, dass Kinder- und Jugendferienreisen sich seit jeher sperrig gegenüber theoretischen Präzisierungen und methodisch-didaktischen Konzepten zeigen. Sie generieren sich sozusagen als »Praxis pur« und sind allenfalls Gegenstand von praxisorientierten Handreichungen, Leitlinien und Verhaltensregelungen. Ob damit allerdings dem realen Angebot, der Bedeutung und der wachsenden Nachfrage an Kinder- und Jugendreisen entsprochen wird, scheint zumindest fragwürdig. Vor diesem Hintergrund sind Bemühungen um empirische Betrachtungen zum Feld der Ferien- und Jugendfreizeiten zu begrüßen (vgl. z. B. Ilg & Dubiski 2015 sowie www.freizeitenevaluation.de).

67 Hierzu gehören Kriterienbereiche wie die pädagogische Begleitung, die methodische Unterstützung, die Qualifikation von haupt- und nebenberuflichen sowie ehrenamtlichen Teamer*innen (vgl. Drücker, Fuß & Schmitz 2014, S. 13). Aktuelle Informationen unter: https://bundesforum.de/ [Zugriff 12. 01. 2021].

Zum Weiterlesen – Literaturhinweise

Drücker, A., & Brinks, P. (2014) (Hrsg.). *Wegweiser Kinder- und Jugendreisepädagogik: Potenziale, Forschungsergebnisse, Praxiserfahrungen.* Schwalbach i. Ts.: Wochenschau-Verlag.

Ilg, W., & Dubski, J. (2015). *Wenn einer eine Reise tut: Evaluationsergebnisse von Jugendfreizeiten und internationalen Jugendbegegnungen.* Schwalbach i. Ts.: Wochenschau-Verlag.

Korbus, Th., Nahrstedt, W., Porwohl, B., & Teichert, M. (Hrsg.) (1997). *Jugendreisen – Vom Staat zum Markt. Analysen und Perspektiven.* Bielefeld: Institut f. Freizeitwissenschaft und Kulturarbeit.

Korbus, Th. (2012). *Jugendreisen 2.0.* Bielefeld: ruf akademie.

Internationale Jugendarbeit und Jugendbegegnungen

Internationale Jugendarbeit umfasst solche Projekte und Veranstaltungen, die im In- oder Ausland stattfinden und an denen vor allem Personen aus dem In- und Ausland teilnehmen. Formate der Internationalen Jugendarbeit sind Aktivitäten im Bereich des Jugendaustauschs, Workcamps sowie internationale Jugendbegegnungen. Internationale Jugendbegegnungen gehören laut rechtlicher Kodifizierung mit zu den Schwerpunkten der Kinder- und Jugendarbeit (§ 11 Abs. 3 Nr. 4 SGB VIII). Folgt man den kommentierenden Ausführungen von Schäfer & Weitzmann (2019a), so handelt es sich bei internationalen Jugendbegegnungen um Projekte und Veranstaltungen, die jungen Menschen Gelegenheiten geben,

> »ein Verständnis für die unterschiedlichen Kulturen zu vermitteln, die unterschiedlichen Bedingungen des Aufwachsens kennen zu lernen und persönliche Kontakt zu knüpfen« (Schäfer & Weitzmann 2019a, S. 211).[68]

Im gesamten Angebotsspektrum der Kinder- und Jugendarbeit nehmen Angebote der Internationalen Jugendarbeit (im Folgenden auch mit »IJA« abgekürzt) nach Maßgabe aktuell zur Verfügung Daten der amtlichen Statistik nur einen vergleichsweise bescheidenen Anteil von ca. 2 % ein (vgl. Pothmann 2019b).[69]

Es gibt mehrere Gründe für eine ausführlichere Betrachtung der Internationalen Jugendarbeit für die hier vorgenommene Auswahl von Projekten und Ver-

68 Die nachfolgenden Ausführungen beschränkten sich auf die IJA als Handlungsfeld der Kinder- und Jugendarbeit. Hingegen wird auf eine Einordnung als Methode, denkt man insbesondere an die internationalen Jugendbegegnungen weitgehend verzichtet (vgl. auch Thimmel 2013, S. 483).

69 Zum Zeitpunkt der Manuskripterstellung liegen 3 Erhebungen der Statistik zu den öffentlich geförderten Angeboten der Kinder- und Jugendarbeit vor, und zwar für die Berichtsjahre 2015, 2017 und 2019. Der Anteil der Angebote der Internationalen Jugendarbeit an allen Projekten und Veranstaltungen wird jeweils mit etwa 2 % ausgewiesen, zuletzt – für das Berichtsjahr 2019 – 2.059 von 105.864 Projekten und Veranstaltungen (Statistisches Bundesamt: Statistiken der Kinder- und Jugendhilfe – Angebote der Jugendarbeit 2019; eigene Berechnungen). Bei dieser Vermessung sind jedoch Untererfassungen und Verzerrungen zu vermuten (vgl. Pothmann 2019b).

anstaltungen trotz ihrer quantitativen Randständigkeit. Dazu gehören insbesondere das Merkmal der Internationalität und die damit verbundene Bedeutung europapolitischer Aspekte, aber auch die für die Kinder- und Jugendarbeit insgesamt bedeutsamen theoretisch-konzeptionellen Bezüge sowie nicht zuletzt die bereits erwähnte explizite Erwähnung der internationalen Jugendbegegnungen in den gesetzlichen Grundlagen des § 11 Abs. 3 SGB VIII zu den Schwerpunkten der Kinder- und Jugendarbeit.

Die Projekte und Veranstaltungen der IJA sind einerseits ein Teil der Kinder- und Jugendarbeit, stellen aber wiederum andererseits nur einen Teilbereich internationaler Jugendaustauschformate neben anderen (z. B. Schul- und Städtepartnerschaften, internationale Workcamps jenseits einschlägiger Aktivitäten von Trägern der Kinder- und Jugendarbeit) dar. Die Angebote der IJA sind eingewoben in eine Architektur aus europäischen und nationalen Programmstrukturen, Leitlinien und Aktionsfeldern, die ihrerseits in permanentem Wandel begriffen sind.

Es würde zu weit führen, diese Strukturen hier dezidiert aufzuführen. Zumindest beispielhaft soll in diesem Zusammenhang auf das Programm »Erasmus+« verwiesen werden, über das Jugendbegegnungen, Mobilitätsmaßnahmen und Jugendpartizipationsprojekte gefördert werden können (https://www.jugend-in-aktion.de/foerderung/leitaktion-1/jugendbegegnungen [Zugriff 15. 03. 2021]). Dieses Programm umfasst u. a. folgende Aspekte:

- Gemeinschaftliche Programmplanung und -durchführung seitens der Teilnehmenden aus den unterschiedlichen Ländern – in der Regel zwischen 16 und 30 junge Menschen im Alter von 13 und 30 Jahren,[70]
- Möglichkeiten der Kompetenzerweiterung durch Gelegenheiten gegenseitigen Lernens im Rahmen der Begegnungsformate (bi-, tri- oder multilateral),
- zusätzliche Erfahrungen im Bereich Interkulturalität sowie Erfahrungen von Solidarität und europäischem Miteinander,
- Entdeckung und Herausarbeitung von sozialen sowie kulturellen Gemeinsamkeiten und Unterschieden,
- Sensibilisierung für europäische Themen sowie für eine europäische Bürgerschaft.

Weitere Rahmungen und Inhalte können anhand der Schilderung eines Praxisbeispiels – im Folgenden einem speziellen Austausch für benachteiligte, »austauschferne« Jugendliche[71] – illustriert werden:

70 Das Programm ist in der Regel ein Mix aus Workshops, Übungen, Debatten, Rollenspielen, Simulationen, Outdoor-Aktivitäten usw.

71 Die Ambivalenz eines solchen Formates zwischen Niedrigschwelligkeit/Vertrautheit und Stigmatisierung kann hier nur als Anmerkung eingefügt werden.

»Das Rahmen-Programm wird von der einladenden Gruppe skizziert, dann mit Wünschen und Ideen der anderen Teilnehmenden ergänzt, mit viel Spielraum für spontane Ideen versehen und beim Vorbereitungsseminar fertig gebastelt; es besteht aus vor allem aus Bildern und Symbolen. Das detaillierte Programm wird täglich fein abgestimmt und frisch gemalt. (...) Zum verlässlichen Rhythmus des Programms gehören Namens- und andere Kennenlern-Spiele am Anfang, der Hug Workshop, (bei dem wir unter dem Motto ›Hugs – my favourite drugs‹ (...) verschiedene Umarmungen ausprobieren), Sexopoly, der interkulturelle Abend mit einem Buffet selbstgekochter Lieblingsspeisen, ein Empfang im Rathaus, das ‚Spiegel-Spiel' zur Gruppenevaluation zur Halbzeit, das Bananenspiel kurz vor dem Abschied, vielfältige Methoden für individuelle und gemeinsame Evaluation und die Wäscheleine mit Briefhüllen in Regenbogenfarben – alles spielerische Methoden, um Identität, Zuneigung und Freundschaft auszudrücken und zu kommunizieren« (Kimmich 2019, S. 223 f).

Bis ein solches Austauschformat als »Oase der Völkerverständigung« (Kimmich 2019, S. 223) funktionieren kann, sind eine Reihe von Voraussetzungen sowie Qualitätskriterien zu berücksichtigen, die auch für andere Angebote der Kinder- und Jugendarbeit gültig sind. Dabei sind Kooperationsbeziehungen, das Team, die Programmgestaltung inklusive der methodischen Umsetzung, die Räumlichkeiten, aber auch die PR-Arbeit zu beachten.

Die Stärke internationaler Jugendbewegungen sind die Möglichkeiten tiefgreifender und nachhaltiger Erfahrungen. Das haben auch wissenschaftliche Langzeitstudien gezeigt (vgl. Thomas, Chang & Abt 2007; Perl & Heese 2008), illustriert sich aber auch über konkrete Rückmeldungen von Teilnehmenden:

»Was auch cool war, dass wir so viel gespielt haben, da verstand man alles. (Califo, Sierre Leone)
Als ich zur internationalen Jugendbegegnung kam, bin ich zuerst all meinen Ängsten wieder begegnet. Bei e.p.a. (der Name des Projekts, d. Ver f) haben sie sich liebevoll um mich gekümmert und ich hab' gelernt, Gefühle mitzuteilen und hab' mich willkommen gefühlt (Ahmad, Syrien) (...)
Das Motto find ich echt gut, wir sind alle so verschieden, Hautfarbe, Charakter (und) so, das ist leichter zu akzeptieren, weil wir auch alle die gleichen Rechte haben. (Belmira, Lisboa)« (Kimmich 2019, S. 224)

Diese eindrücklichen Skizzen positiver Rückmeldungen sollen aber keineswegs den Blick auf die auch widersprüchlichen Zielsetzungen zwischen Jugendarbeit und EU-Realpolitik sowie den hochkomplexen, planungsintensiven, tendenziell exkludierenden und bürokratielastigen Rahmenbedingungen solcher Angebote verstellen. (vgl. dazu ausführlicher Wisser, Siebel & Wicke 2012; Thimmel 2013, 2018, 2020; Schäfer 2021).

Die Entwicklung der Internationalen Jugendarbeit hat sich über mehrere

Jahrzehnte seit dem Ende des II. Weltkrieges, beginnend mit dem Reeducation-Programm der Alliierten über verschiedene programmatische Schlagworte (Wiedergutmachung und Sühne, Völkerverständigung, positives Deutschlandbild, gute Nachbarschaft, neuer Teil auswärtiger Kulturpolitik, Unterstützung der Handelsbeziehungen, Europäische Wirtschaftspolitik, Europäische Integration etc.) hin entwickelt und war stets von politischen wie von pädagogischen Zielsetzungen gekennzeichnet. Ihre Konturierung und Profilierung war und ist stets mit den Entwicklungen der Europäischen Union verkoppelt und über verschiedene Phasen, von ersten jugendpolitischen Initiativen des Europarats und ersten Ideen zur multilateralen jugendpolitischen Kooperation (ab 1960), ein Weißbuch Jugend (2001), über einen Europäischen Pakt für die Jugend (2006), einer EU-Jugendstrategie (2010–2018) bis hin zur Entwicklung einer eigenständigen europäischen Jugendpolitik nachzuzeichnen (vgl. Wisser, Siebel & Wicke 2012; vgl. aktuell die »Entschließung für einen gemeinsamen Rahmen zu einer Europäischen Jugendarbeitsagenda«[72]).

Zum Weiterlesen – Literaturhinweise

IJAB – Fachstelle für Internationale Jugendarbeit in der Bundesrepublik Deutschland (Hrsg.) (2019). *Internationale Jugendarbeit – Zugänge, Barrieren, Motive.* Bonn: IJAB.

Thimmel, A. (2013). Internationale Jugendarbeit. In U. Deinet & B. Sturzenhecker. (Hrsg.), *Handbuch Offene Kinder- und Jugendarbeit* (4. Aufl., S. 483–487). Wiesbaden: Springer VS.

Thimmel, A., & Becker, H. (Hrsg.) (2019). *Die Zugangsstudie zum internationalen Jugendaustausch: Zugänge und Barrieren.* Frankfurt a. M.: Wochenschau.

Schäfer, S. (2021). *Internationale Jugendarbeit und politische Theorie.* Frankfurt a. M.: Wochenschau.

4.4 Kooperationen

Die Kinder- und Jugendarbeit als hybrides und in sich hoch ausdifferenziertes sozialpädagogisches Arbeitsfeld bietet durch seine Beschaffenheit vielfältige Anknüpfungspunkte und Schnittstellen für Kooperationsbezüge mit anderen Agenturen des Bildungs-, Erziehungs-, Gesundheits- und Sozialwesens. Dazu gehören Schulen, wie in einem ersten Teil dieses Unterkapitels beleuchtet wird, aber auch Einrichtungen und Dienste der Drogenhilfe, der Erziehungshilfen, der Jugendberufshilfe, der Jugendgerichtshilfe, der Bewährungshilfe oder auch Jugendmigrationsdienste, aber auch die Polizei und die hier angesiedelten Präventionsräte. Diese Kooperationsbezüge werden in diesem Unterkapitel nicht jeweils einzeln aufgerufen und differenziert dargestellt. Vielmehr wird im zweiten Teil auf die

---

72 Vgl. www.jugendfuereuropa.de/news/11013-entschliessung-des-eu-rates-zur-europaeischen-jugendarbeitsagenda-eine-grundlage-fuer-den-bonn-prozess/; [Zugriff 04. 01. 2021].

Kinder- und Jugendarbeit in regionalen Bildungslandschaften näher eingegangen.

Kinder- und Jugendarbeit und Schule

Die Geschichte der Kooperation von Kinder- und Jugendarbeit und Schule zeigt ihre historischen Wurzeln bereits in der Weimarer Republik (vgl. Aden-Grossmann 2016), hat aber in der neueren Zeit insbesondere nach den, wiederum miteinander verbundenen Entwicklungsschüben aus PISA-Studie, Ganztagsschulentwicklung und der (Wieder-)Entdeckung des eigenständigen Bildungsauftrags der Kinder- und Jugendarbeit eine neue Qualität erhalten, die sich zunächst im 12. Kinder- und Jugendbericht (Deutscher Bundestag 2005) manifestierte. Seitdem hat sich die Kooperation der Kinder- und Jugendarbeit mit der Institution Schule (als in sich wiederum komplex untergliedertes und ausdifferenziertes Bildungssystem) in vielfältige Themenkreise, Diskurse, Handlungsfelder, Konzeptvarianten und institutionelle Verfeinerungen zergliedert. Im Folgenden wird die Kooperation der Kinder- und Jugendarbeit mit (Ganztags-) Schulen näher betrachtet.

Die Bedeutsamkeit schulbezogener Kooperationen zeigt sich etwa dort, wo die Angebote der Kinder- und Jugendarbeit im Jahr 2015 zu 30 % aus solchen mit Schulkooperationen angezeigt wurden (Mühlmann & Pothmann 2019a, S. 104). Aus umgekehrter Sichtweise kooperieren Ganztagsschulen und andere Schulen zu 52 % bzw. 48 % mit Sportvereinen, zu 28 % bzw. 24 % mit Kunst- und Musikschulen und zu 7 % bzw. 21 % mit Jugendzentren/-treffs (Deutscher Bundestag 2017a, S. 358). Die Kooperation mit der Schule ist somit genuiner Bestandteil der Kinder- und Jugendarbeit.

Dies ist allerdings mit erheblichen Herausforderungen verbunden. Mit Blick auf diesen nicht unerheblichen Anteil von Angeboten der Kinder- und Jugendarbeit, bei denen mit mindestens einer Schule kooperiert wird, ist auf grundsätzliche strukturelle und konzeptionelle Unterschiede dieser beiden verschiedenen pädagogischen Institutionen hinzuweisen (vgl. Abb. 4.2).

Gegenübergestellt wird ohne Anspruch auf Vollständigkeit und mit einem besonderen Fokus auf die Differenzen die Kinder- und Jugendarbeit und die »sozialpädagogische Bildung« in Kontrast zur Schule mit ihrem besonderen Fokus auf den Unterricht und der »schulpädagogischen Bildung«. Die Gegenüberstellung führt die kulturellen Unterschiede vor Augen, die für ein funktionierendes Arbeitsbündnis bzw. für ein gelingendes Kooperationsverhältnis überwunden werden müssen. Hinzu kommen oftmals zu beobachtende Befürchtungen der Kinder- und Jugendarbeit, dass die eigenen Prinzipien, Sozialformen, kulturellen Gegebenheiten sowie Raum- und Zeitvorstellungen sich denen einer unterrichtsgeprägten Schule unterordnen müssen und/oder von der Schule funktionalisiert werden.

Abb. 4.2: Unterschiede von Kinder- und Jugendarbeit und »Sozialpädagogischer Bildung« sowie Schule und »Schulpädagogische Bildung«

Kinder- und Jugendarbeit	**Schule (Unterricht)**
Sozialpädagogische Bildung	Schulpädagogische Bildung
Rechtliche Grundlagen	
Bundesgesetz SGB VIII und Landesausführungsgesetze	Schulgesetze der Länder
Prinzipien	
Freiwilligkeit, Pluralität, flexible Settings und Arrangements	Verpflichtung, Standardisierung, machtbezogene Strukturierung
subjektorientierte Anerkennung als Kind oder Jugendlicher in lebensweltlichen und gesellschaftlichen Kontexten	Anerkennung limitiert auf die Schülerrolle
Mitbestimmung und Partizipation als querschnittsbezogenes Strukturmerkmal	Mitbestimmung und Partizipation limitiert in segmentierten Umsetzungen
pädagogischer Bezug eher partnerschaftlich	pädagogischer Bezug eher formalisiert, autoritär
offene Aushandlung und Wahrnehmung vielfältiger Bildungsthemen und -anlässen unter Einbezug aller ästhetischen Dimensionen	curricular vorgeprägte Bildungsinhalte
Bindungen	
Flexibilität, Spontanität, lose Kopplung	Stabilität, Konstanz, Formalisierung
Sozialformen	
Individuelle und gruppenbezogene Formate mit Feedbackkulturen, Gemeinschaftserlebnisse	Klassen(zwangs)verband, kollektive Ansprache, Einzelbewertung
Kultur	
Wertrationalität (insbes. Jugendverbände) mit hoher Übereinstimmung	Zweckrationalität, Disziplin
Raum	
lokaler Bezug sowie mobile, regionale und internationale Aktivitäten	universalistischer Blick, ortsgebundener Unterricht
Zeit	
Gegenwartsbezug, Prozessorientierung, multimodale Aneignungen	Zukunftsperspektive, Leistungs- und Ergebnisorientierung

Anmerkung: Die hier aufgeführten Charakteristika sozialpädagogischer Bildung sind auch für sich ohne den Bezug auf Schule relevant (vgl. Kap. 7), werden aber hier kompakt als Kontrast dargestellt. Mit diesem Schaubild werden keine absoluten Größen, sondern tendenzielle Schwerpunkte beider Institutionen markiert.

Quelle: Eigene Darstellung in Anlehnung an Coelen (2020, S. 1291)

Es besteht also seitens der Kinder- und Jugendarbeit die Sorge einer möglichen »Verzweckung« der eigenen Arbeit für schulische Ziele. Es bleibt unter dem Strich die Herausforderung der Überbrückung der Struktur- bzw. Kulturunterschiede zwischen Kinder- und Jugendhilfe und Schule (vgl. Tab. 4.4) mit dem Ziel, einen Rahmen der wechselseitigen Wertschätzung und Offenheit zu entwickeln – eine Konstellation, die sicherlich nach wie vor noch zu selten gelingt.

Nach wie vor unzureichend sind für die Kinder- und Jugendarbeit als Bündnispartner für die Schule die Bereitstellung und dauerhafte Sicherung ausreichender personaler, sächlicher und finanzieller Ressourcen zur Ausgestaltung von Kooperationen. Hinzu kommt eine fehlende Sicherung der aufgaben- und organisationsbezogenen Klarheit beider Professionen, aber auch eine Verlässlichkeit hinsichtlich der mittelfristigen Anstellung des nicht-unterrichtenden pädagogischen Personals, um Kontinuität in den Angeboten und in der Kooperation zu ermöglichen.

Kooperationen der Kinder- und Jugendarbeit mit Schule sind idealtypisch zu unterteilen in solche, die am Ort Schule und solche, die in den Räumen der Kinder- und Jugendarbeit selbst stattfinden Bei Angeboten der Kinder- und Jugendarbeit am Ort (Ganztags-)Schule verfließen die Grenzen zwischen beiden Institutionen, was bisweilen als »Sozialpädagogisierung« der Schule beschrieben wird (vgl. u. a. Giesecke 1995; Helsper u. a. 2001). Dies sollte jedoch nicht darüber hinwegtäuschen, dass die Schule hierbei die »Zügel« fest in der Hand hält: sie entscheidet, welcher Träger, welche Angebote zu welchen Zeiten, in welchem Umfang und an welchen Orten mit welchen Schüler*innen zu welchen finanziellen Rahmenbedingungen durchführt. Die bildungskonzeptionell geforderte Verzahnung von Unterricht und außerschulischen Angeboten bleibt oftmals illusionär, weil die gestresste Lehrerschaft jede willkommene Chance zur eigenen Entlastung nutzt und es an geeigneten Konzepten zur Umsetzung fehlt.[73]

In Kooperationen am Ort Schule werden durch die Kinder- und Jugendarbeit einzelne projektförmige Angebote z. B. zu Themen wie Medien, sexuelle Bildung oder Jugendschutz, im Weiteren Bildungs- und Freizeitangebote im Rahmen des

---

73 Diese Verknüpfung unter den Stichworten »Betreuung und Schulöffnung« und »Gemeinschaft, soziales Lernen, Persönlichkeitsentwicklung« hat ein Drittel der Schulen nicht in ihren Konzepten verankert. Was die Verknüpfung von Unterricht und außerunterrichtlichen Angeboten angeht, erklärt die Hälfte der Schulleitungen, dass dies kaum geschehe. Es fehlt etwa bei zwei Drittel der Schulen an der Entwicklung von Profilen für die Verbindung von Unterrichts- und Angebotsbereichen bzw. der Vertiefung von Unterrichtsinhalten in den außerunterrichtlichen Angeboten (vgl. StEG 2016, S. 15). Oder anders formuliert: »Die geringe Einbindung der außerschulischen Partner*innen oder Träger*innen in schulische Prozesse und Kommunikationsstrukturen lässt sich darauf zurückführen, dass die Partizipation strukturell häufig nicht vorgesehen ist. Zum Teil hängt dies mit rechtlichen Regelungen auf Länderebene zusammen, zum Teil mit Entscheidungen auf der einzelschulischen Ebene. Gut die Hälfte der Kooperationsbeziehungen ist von einem additiven Verhältnis geprägt, d. h. die Angebote und der Unterricht sind nur teilweise miteinander verbunden. Eine Abstimmung von Inhalten der Angebote mit dem Unterricht, gemeinsames konzeptionelles Arbeiten oder das gemeinsame Durchführen von Angeboten von Schule und Partner/-in finden nur selten statt« (Arnoldt & Züchner 2020, S. 1089 f). Daraus folgt wiederum: »Eine systematische inhaltliche Zusammenarbeit und Integration entsprechender Bildungsvorstellungen in ein übergreifendes und neues systematisches Bildungsverständnis von Schulen zeichnet sich – viele einzelne gute Beispiele auf lokaler Ebene hintenangestellt – (...) bislang nicht ab« (Arnold & Züchner 2020, S. 1092).

erweiterten Ganztagsangebotes durchgeführt, bei denen nicht immer klar ist, ob diese inhaltlich eher als Bildung oder eher als nachunterrichtliche Betreuung (inklusive Mittagsessen sowie Beaufsichtigungen der Mittagspause) zu bewerten sind. Gleichwohl gehen diese Kooperationen tendenziell zulasten der fachlichen Identität der Kinder- und Jugendarbeit, denn entgegen deren Freiwilligkeitsmaxime gilt hier die Schul- bzw. Anwesenheitspflicht. In der Folge werden die Sozialpädagog*innen von den Schüler*innen als Teil von Schule wahrgenommen (vgl. Sauerwein 2018a, S. 53). Diese Schüler*innen bewerten hingegen die Qualität solcher Angebote umso besser, je mehr dort genuin sozialpädagogische Maximen wie Freiwilligkeit, Partizipation und pädagogische Beziehungen eine Rolle spielen (Sauerwein 2018b, StEG 2016, S. 22).

Nicht minder schwierig erscheint die Kooperation von Schule und Kinder- und Jugendarbeit in den Einrichtungen der Kinder- und Jugendarbeit selbst, und wiederum insbesondere dort, wo auch diese der schulischen Anwesenheitspflicht unterliegen. Damit dominieren originär schulische Maximen die Kinder- und Jugendarbeit sogar in ihren eigenen Settings. Durch Katharina Gosse (2020) konnte nachgezeichnet werden,

> »dass das schulische Verständnis von Aufsichtspflicht – auch aufgrund des Betreuungsdiskurses, der eine Schutzbedürftigkeit von Kindern nahelegt – dort präsent ist. (…) Die Schule setzt die Begriffe und das Jugendzentrum wird zugleich auf die Betreuungsdienstleistung verwiesen« (Gosse 2020, S. 298 u. 305).

Eine solche Praxis kann mitunter dem Anerkennungsverständnis in der Kinder- und Jugendarbeit konträr gegenüberstehen. Und vollends problematisch wird eine solche Kooperation, wenn Akteure der Kinder- und Jugendarbeit auch noch die Schulaufgabenbetreuung übernehmen, ohne hierbei über die erforderlichen fachdidaktischen Qualifikationen zu verfügen. Im Ergebnis ihrer Forschungen konnte Gosse (2020) beobachten,

> »dass die Jugendzentrumsleute ihre Arbeit überwiegend situativ, auf Schule reagierend gestalten (müssen), anstatt sie etwa konzeptionell-prozessorientiert, wie es im Sinne eines jugendarbeiterischen Bildungsverständnisses wünschenswert wäre, zu steuern. Das heißt, sie reagieren überwiegend, statt im Sinne eines eigenständigen Professionalitätsverständnisses die Initiative zu ergreifen und selbstbewusst und klar zu agieren« (Gosse 2020, S. 308).

Angemerkt sei, dass die Kinder- und Jugendarbeit hier als (untauglicher) »Ausfallbürge« für Schule und Eltern agiert und dies als unkompliziert-helfende Reaktion auf die ersichtliche »Schulnot« von Kindern und Jugendlichen notfalls dort legitimiert werden kann, wo keine anderen strukturellen Abhilfen zur Verfügung stehen. Allerdings kann eine solche Hilfe keineswegs als strukturelle Daueraufgabe erfolgen, ohne parallel die originäre Verantwortlichkeit der Schule (»Schulaufgaben«) zu adressieren und hierfür qualitativ ausreichende und geeignete Unterstützungsangebote einzufordern.

Bilanziert man die Kooperation mit Schule aus Sicht der Kinder- und Jugendarbeit, so fällt diese ambivalent aus. Da wären auf der einen Seite Befunde und Beobachtungen für die Kinder- und Jugendarbeit,

- Schulkooperationen aus strategischen Gründen einzugehen, um hierdurch einen Reputationsgewinn zu erzielen,
- neue Kinder- und Jugendliche als Nutzergruppen zu gewinnen,
- die eigenen Angebote auszubauen bzw. auszuweiten und
- Schüler*innen in den Jugendfreizeiteinrichtungen einen Eindruck alternativer pädagogischer Bildungserfahrungen zu ermöglichen.

Diese Beobachtungen werden allerdings relativiert durch die Erfahrungen,

- dass die Kooperation mit Schule durchweg asymmetrisch ist,
- dass solche Kooperationen bei erhöhtem eigenem Engagement (und gleichzeitig geringerem Personal) wesentlich zulasten der eigenen Ressourcen und Kern-Angebote gehen,
- dass in Befragungen der Jahre 2011 und 2018 lediglich knapp die Hälfte der befragten Einrichtungen angab, durch Angebote der Schulkinderbetreuung auch die Zahl der Nutzer*innen erhöht zu haben (Mairhofer, Peucker, Pluto & v. Santen 2019, S. 25)[74],
- dass das originär jugendarbeiterische Setting in den Jugendfreizeiteinrichtungen dergestalt überformt wird, dass »die Schule die gesellschaftspolitische Vereinnahmung ihrer ‚Auftragnehmer' für die Betreuungsfunktion transportiert und somit delegiert und auslagert – und zwar im eigenen Haus« (Gosse 2020, S. 310),
- wohin gegen ein greifbarer (Bildungs- oder Erfahrungs-)Nutzen durch die Kinder und Jugendlichen selbst bislang nicht festgestellt, geschweige denn zureichend systematisch evaluiert wurde.

Angesichts solcher Befunde ist den Akteuren der Kinder- und Jugendarbeit – gerade im Horizont eines künftigen Rechtanspruchs auf einen Ganztagsschulplatz – jedenfalls anzuraten, die Kooperationen mit Schule möglichst stringent am Paradigma der sozialpädagogischen Bildung auszurichten und hierfür die Institu-

74 In einer Befragung aus dem Jahr 2011 hatten 70 % der Jugendzentren mindestens eine positive, 45 % der Jugendzentren hingegen mindestens negative Auswirkung angegeben (Seckinger u. a. 2016, S. 255)

tion Schule heraus- und die dazu erforderlichen Rahmenbedingungen insbesondere auf der kommunalen Ebene einzufordern; dabei sind insbesondere die kommunalpolitischen Einflusszonen auf die Schule (Schulentwicklungsplanung, kommunale Mitfinanzierung von Schulstrukturen wie z. B. Gebäude, Personal etc.) offensiv anzufragen und einzubeziehen.

Kinder- und Jugendarbeit in regionalen Bildungslandschaften

Bildungslandschaften haben seit dem beginnenden 21. Jahrhundert Konjunktur. Der Terminus »Bildungslandschaft« hat sich in den letzten Jahren sowohl als Begriff wie auch als Konzept und Strategie etabliert, um die Vernetzung von schulischen und nichtschulischen Akteuren und Institutionen innerhalb eines Raumes zu beschreiben (vgl. u. a. Bollweg 2018). Der Begriff mit seinen unterschiedlichen Variationen[75] ist dennoch schillernd und entsprechend schwer greifbar, erfreut sich aber mittlerweile einer hohen Akzeptanz.

So konnten im Rahmen einer Studie 497 Bildungslandschaften identifiziert werden, die aufgrund ihrer dokumentierten Aktivitäten als aktiv anzusehen sind (vgl. Gumz & Thole 2021). Die weit überwiegende Mehrzahl der Bildungslandschaften und Netzwerke konnte im Rahmen von Bundes- oder Landesprogrammen entstehen. Knapp 70 % der gelisteten Bildungslandschaften werden kommunal oder kreisbezogen, also öffentlich verantwortet koordiniert und gesteuert (vgl. auch Tab. 4.4). Zuweilen sind dies allerdings sehr kleinräumige, sozialräumliche Netzwerke, in denen nichtschulische Angebote und Einrichtungen mit einer oder mehreren Schulen kooperieren. Auch übernehmen an einigen Orten kommunale Bildungsbüros zentral die Herstellung von Kooperationen. Ebenfalls in öffentlicher Verantwortung wird eine etwas andere, zweite Form von Bildungsnetzen gesteuert. Vornehmlich dient hier die Vernetzung formaler und non-formaler Einrichtungen, also beispielsweise Kindertageseinrichtungen und Grundschulen, dazu, Kindern und Jugendlichen die Gestaltung von Bildungsübergängen zu erleichtern. Obschon auch Formen öffentlich verantworteter Netzwerke zivilgesellschaftliche Akteure einbinden, sind Netzwerke, in denen freien Trägern, Institutionen und Einrichtungen auf der Ebene der Steuerung eine wesentliche Bedeutung zugestanden wird, als Koordinationsform seltener anzutreffen. Zivilgesellschaftliche Akteure und Einrichtungen erlangen in Bildungsnetzwerken anscheinend vor allem dort Bedeutung, wo sie in Förderprogrammatiken vorgesehen sind oder wo aufgrund der Tätigkeit im selben Sozialraum bzw. gemeinsamer Tätigkeit zu einem eng begrenzten Themenbe-

75 Nahezu synonym werden auch Termini verwendet wie »Lokale Bildungslandschaften«, »Regionale Bildungslandschaften« oder auch »Kommunale Bildungslandschaften«. Im vorliegenden Abschnitt ist von lokalen oder regionalen Bildungslandschaften die Rede.

reich sich unterschiedliche Einrichtungen und zivilgesellschaftliche Akteure zusammenfanden und ihre Arbeit zu koordinieren respektive zu vernetzen versuchen. Neben Kooperationen, die im Kern lediglich punktuell entstehen, jedoch kein kontinuierlich arbeitendes Netzwerk zu bilden anstreben, konnten Netzwerke identifiziert werden, mit denen die strukturelle Fusion aus verschiedenen sozialen Programmatiken, Angeboten und Projekten angestrebt wird und Ziele konkreter über unterschiedliche Themen hinweg ausformuliert werden

Der Zwölfte Kinder- und Jugendbericht hatte bereits Mitte der 2000er Jahre darauf hingewiesen, dass lokale Bildungslandschaften einen wichtigen Beitrag zur Gestaltung, Begleitung und Förderung des Aufwachsens von Kindern und Jugendlichen in öffentlicher Verantwortung leisten können (vgl. Deutscher Bundestag 2005, S. 243). Es wird an dieser Stelle insbesondere auch für die Kinder- und Jugendhilfe im Allgemeinen sowie die Kinder- und Jugendarbeit im Besonderen herausgearbeitet, dass regionale Bildungslandschaften weit mehr als die Öffnung von Schulen sowie deren Ausbau zu ganztägigen Lernangeboten bedeuten, sondern sich vielmehr durch ein Zusammenspiel der unterschiedlichen Bildungsakteure und -institutionen vor Ort sowie einer integrierten lokalen Bildungsplanung vor dem Hintergrund eines erweiterten Bildungsbegriffs auszeichnen. Dabei soll sowohl den gesellschaftlichen Erfordernissen der Bildung und Befähigung der nachwachsenden Generation als auch den individuellen Bedürfnissen der jungen Menschen in ihren persönlichen, sozialen, schulischen, familiären, freizeitbezogenen und sozialräumlichen Orientierungen und Voraussetzungen Rechnung getragen werden (vgl. Rauschenbach u. a. 2010, S. 302 f).[76]

In den Netzwerken der Bildungslandschaften kommt der Schule eine zentrale Bedeutung zu. So bedarf es vor, neben und nach der unterrichtsbasierten Schule eines übergreifenden, lokal koordinierten, systematischen und verlässlichen Angebots an Bildungs- und Freizeitaktivitäten. Dazu ist die Mitwirkung aller öffentlichen und zivilgesellschaftlichen Akteure im Bereich von Bildung, Betreuung und Erziehung vor Ort erforderlich, damit diese weiterentwickelt, inhaltlich-fachlich aufeinander abgestimmt sowie organisatorisch und konzeptionell vernetzt werden können (vgl. Mack 2020). Ein solches Gesamtkonzept mit dem Leitbild einer gemeinsamen Verantwortung für das Wohlbefinden, die Bildung und Befähigung der jungen Generation ist nur durch gezielte, ressortübergreifende Kooperationen sowie eine gemeinsame Handlungsausrichtung möglich.

---

76 Allerdings beinhaltet der Terminus »Lokale Bildungslandschaft« auch Probleme. Er lässt alles in allem ein einheitliches, verbindliches und klar abgrenzbares Verständnis weitgehend vermissen. Vielmehr ist dieser Terminus in den aktuellen Debatten nur schwer einzugrenzen (vgl. Mindermann, Schmidt & Wippler 2012, S. 10). Es handelt sich dabei vielmehr um so eine Art »Containerbegriff« mit all den damit verbundenen Gefahren, in die Beliebigkeit abzurutschen.

Tab. 4.4: Beteiligte Arbeitsfelder und Sparten an regionalen, lokalen und kommunalen Bildungslandschaften

Beteiligung an Bildungslandschaften / Arbeitsfelder und Sparten	Bildungslandschaften insgesamt [Angaben von n = 388]	Regionale Bildungslandschaften[5] [n = 148]	Kommunale Bildungslandschaften[5] [n = 86]	Lokale Bildungslandschaften[5] [n = 154]
Kindertageseinrichtungen [1]	69 %	65 %	60 %	77 %
Kinder- und Jugendarbeit [2]	61 %	50 %	53 %	77 %
Museen, Volkshochschulen, Bibliotheken	57 %	66 %	47 %	54 %
Feld der Hilfen zur Erziehung [3]	48 %	51 %	42 %	50 %
Jugendverbände [4]	47 %	46 %	42 %	52 %
Kunst- und Musikschulen, kulturell-ästhetische Projekte	35 %	18 %	28 %	55 %
Sportvereine und -verbände	41 %	47 %	31 %	42 %

Quelle: Gumz & Thole 2021

1 Einrichtungen und Angebote von Tageseinrichtungen für Kinder und Kindertagespflege nach § 22 SGB VIII in öffentlicher und freier Trägerschaft. sowie Fachbereiche des Jugendamtes mit explizit ausgewiesener Zuständigkeit für diesen Bereich.
2 Fachbereiche des Jugendamtes mit explizit ausgewiesener Zuständigkeit für Angebote nach §§ 11 und 212 sowie Einrichtungen und Angebote einrichtungsbezogener Kinder und Jugendarbeit in öffentlicher und freier Trägerschaft nach § 11 SGB VIII inklusive aufsuchender und mobiler Angebote sowie Verbände und Angebote von für Mitglieder bestimmten Angeboten für Kinder und Jugendliche nach §§ 11 und 12 SGB VIII (Jugendverbandsarbeit).
3 Einrichtungen und Angebote der erzieherischen Hilfen nach §§ 27- 35 und 41 in öffentlicher und freier Trägerschaft sowie Fachbereiche des Jugendamtes mit explizit ausgewiesener Zuständigkeit für diesen Bereich.
4 Verbände und Angebote von für Mitglieder bestimmten Angeboten für Kinder und Jugendliche nach §§ 11 und 12 SGB VIII
5 Bildungsnetzwerke wurden als „lokal" gefasst, wenn ihre räumliche Dimensionierung kleiner als die des zuständigen Jugendamtsbezirkes ist. Wenn die räumliche Dimensionierung des Bildungsnetzwerkes identisch mit dem Zuständigkeitsbereich des jeweiligen Jugendamtsbezirkes ist, werden sie als „kommunal" bezeichnet, wenn es sich beim Jugendamtsbezirk um eine kreisfreie Stadt handelt und als „regional", wenn der Jugendamtsbezirk auf Landkreis-Ebene liegt.

Die Kinder- und Jugendarbeit hat in Netzwerken die Möglichkeit, sich als Bildungsakteur zu positionieren und in vielfältiger Form die Chance, mit anderen, bildungsorientierten Anbietern und Akteuren zu kooperieren (vgl. Tab. 4.4). Sobald sich die Kinder- und Jugendarbeit an einer derartigen lokalen und regionalen Neuausrichtung beteiligt, erwächst ihr eine neue strategische Bedeutung im Kontext des Aufwachsens von Kindern und Jugendlichen in öffentlicher Verantwortung. Als möglicher Kooperationspartner ist sie im Zuge des Ganztagsschulausbaus allerdings keineswegs immer die erste Wahl, sondern vielleicht eher die zweite oder dritte. Vor diesem Hintergrund ist zu konstatieren, dass die Kinder- und Jugendarbeit in Kooperationsstrukturen regionaler Bildungslandschaften häufig strukturell nicht ausreichend eingebunden ist, zumal ihr hierfür oftmals auch die dafür notwendige Ausstattung einer Infrastruktur genauso fehlt wie eine angemessene Ausstattung mit nicht zuletzt auch finanziellen Ressourcen (vgl.

Rauschenbach u. a., 2010, S. 351 f). Allerdings gelingt es der Kinder- und Jugendarbeit gegenwärtig nicht durchgehend oder zumindest nicht in angemessener Form, als wichtiger Partner und unverzichtbarer Agentur bei der Organisation eines Aufwachsens in öffentlicher Verantwortung wahrgenommen zu werden.

Kinder- und Jugendarbeit ist sicherlich mehr als nur Bildung und bringt auch andere Potenziale mit in die lokalen Bildungslandschaften ein. Benannt werden können in dieser Hinsicht die Verantwortungspotenziale, Gemeinschaftspotenziale sowie Integrationspotenziale der Kinder- und Jugendarbeit:

- *Verantwortungspotenziale:* Verantwortungsbereitschaft und Verantwortungsübernahme, Beteiligung und Mitwirkung spielen seit jeher eine wichtige Rolle in der Kinder- und Jugendarbeit. Dabei ist Verantwortungsübernahme in einem mehrfachen Sinne zu verstehen. Gemeint ist damit zum einen Verantwortung für die eigene Person und das eigene Tun; dies umfasst auch die Verantwortung für soziale Folgen des eigenen Handelns, z. B. für die Elternschaft oder die Pflege von Freundschaften. Und darüber hinaus bezieht sich Verantwortungsübernahme zum anderen ebenso auf ein Engagement im Gemeinwesen, auf den sozialen Kontext und eine damit verbundene gesellschaftliche Ebene. Und diese Verantwortungsübernahme ist geradezu konstitutiv für eine lebendige Demokratie, für die Existenzfähigkeit gemeinnütziger Organisationen – einschließlich der Jugendverbände. Aber es ist zugleich ein gesellschaftlich viel zu wenig beachteter Bestandteil eines gelingenden Aufwachens.
- *Gemeinschaftspotenziale:* Empirische Untersuchungen zur Kinder- und Jugendarbeit zeigen, dass ein zentrales Motiv für die Teilnahme und das Engagement in diesem Feld, in dem Wunsch nach sozialer Zugehörigkeit, nach Geselligkeit und Gemeinschaft mit Anderen liegt (vgl. beispielsweise Fauser, Fischer & Münchmeier 2006). Speziell für junge Menschen ist die damit verbundene Orientierung an Gleichaltrigen ein zentraler Prozess der biografischen Neuorientierung, der die Ablösung vom Elternhaus und die Suche nach neuen personalen und sozialen Orientierungen unterstützt. Die Kinder- und Jugendarbeit kann dementsprechende Gelegenheitsstrukturen bieten. Die Gemeinschaft in Jugendgruppen im Rahmen der Jugendverbandsarbeit etwa ermöglicht sozialen Anschluss, sozialemotionalen Halt, gemeinsames Erlebnis sowie den Aufbau und die Stabilisierung der eigenen Identität. Die Bedeutung dieser Möglichkeiten der Kinder- und Jugendarbeit können für die Zukunft auch im Kontext lokaler Bildungslandschaften gar nicht überschätzt werden. Gemeinschaft in diesem Sinne wird als eine öffentliche Inszenierungsaufgabe immer wichtiger werden. Dabei liegt es nahe, dass nicht zuletzt die Akteure der Kinder- und Jugendarbeit (z. B. die Jugendverbände) sich mit einer höheren Intensität als bisher dieser Aufgabe annehmen werden. Dies gilt umso mehr, als dass die schulischen Klassenverbände als mehr

oder minder formale Pflichtgemeinschaften diesbezüglich weitaus weniger Möglichkeiten eröffnen als durch die Gestaltungsoptionen und Freiheitsgrade der Kinder- und Jugendarbeit.

- *Integrationspotenziale:* Bei den Integrationspotenzialen müssen mehrere Dimensionen unterschieden werden. Erstens führen die Gemeinschaftspotenziale zu einer Integration in soziale Netzwerke, was mit der Herstellung gemeinsamer Interessen, Gewohnheiten oder Einstellungen verbunden ist. Zweitens trägt die Kinder- und Jugendarbeit zur gesellschaftlichen Integration junger Menschen bei, insofern Teilhabe und Teilnahme an den einschlägigen Angeboten auch bedeutet, sich mit verbindlichen sozialen Normen und Werten auseinanderzusetzen. Und drittens erbringt die Kinder- und Jugendarbeit auf einer sozialräumlichen Ebene Integrationsleistungen für das Gemeinwesen. Vor diesem Hintergrund ist sie ein wichtiger Bestandteil einer kleinräumigen Inklusionspolitik, die aus der Perspektive der Teilnehmenden vielfältige Aneignungsprozesse des jeweiligen sozialräumlichen Umfelds befördert und zugleich aus der Perspektive des Gemeinwesens kind- und jugendgemäße Ausdrucksformen in Lebens- und Sozialräume integriert.

Vor dem Hintergrund dieser Potenziale der Kinder- und Jugendarbeit sind die Träger von zentraler Bedeutung für die lokalen Bildungslandschaften. Umgekehrt sind diese Netzwerke eine wichtige Perspektive für die Kinder- und Jugendarbeit, eröffnen sich hierüber doch zusätzliche Handlungsoptionen (vgl. Rauschenbach 2010). Allerdings nur dann, wenn Kooperationsbezüge und Arbeitsbündnisse auf Augenhöhe funktionieren – im Übrigen auch mit der Schule.

Wird von den hier herausgearbeiteten Potenzialen ausgegangen, stellt sich die Frage nach Perspektiven und Herausforderungen. Um diese Frage zu beantworten, sollte Kinder- und Jugendarbeit als Akteur in einem Netzwerk zunächst ihr Selbstverständnis und ihre eigene öffentliche Rolle für das Aufwachsen von jungen Menschen klären und gegebenenfalls neu bestimmen. Die Bereitstellung von Möglichkeiten, Bildung zu erwerben, wird zuweilen allerdings auf die Intention des Kompetenzerwerbs reduziert. Die identifizierten inhaltlichen Schwerpunkte und Grundintentionen von Bildungslandschaften (vgl. Gumz & Thole 2021) empfehlen davon auszugehen, dass die Schaffung von Bildungsanlässen nicht durchgehend und deutlich markiert als Kern von Bildungslandschaften ausgewiesen wird. Zuweilen wird den an die Bildungswelten herangetragenen Optimierungswünschen lediglich eine Idee entgegengesetzt, die auf eine Effektivierung der vorgehaltenen Kompetenzförderungsanliegen, nicht jedoch auf eine Reaktivierung oder Ausweitung der über die Angebote möglichen Bildungsanliegen setzt. Nicht alle Bildungslandschaften formulieren den Anspruch, die selbstreflexiven Potentiale und die Selbstwirksamkeit von Kindern und Jugendlichen anzuregen und zu qualifizieren und die Selbst- und Weltperspektiven der Beteiligten zu erweitern oder zu verändern, neues Wissen anzueignen. Nicht überall, so zeigen die Befunde des Forschungsvorhabens, ist, wo »Bildungslandschaft« draufsteht, auch anzutreffen, was adressiert wird, nämlich Bildung.

Im Kern geht es den lokalen Bildungslandschaften darum, in origineller und für das Arbeitsfeld authentischen Art und Weise einen Ort des Aufwachsens zu organisieren. Durch Netzwerke wie lokale Bildungslandschaften können neue, niedrigschwellige Zugänge zu Adressat*innen eröffnet werden, auch Kindern und Jugendlichen, die mit den klassischen Angeboten vielleicht nicht erreicht werden.

Zum Weiterlesen

Bollweg, P., Buchna, J., Coelen, T., & Otto, H.-U. (Hrsg.) (2020). *Handbuch Ganztagsbildung* (2. erw. Aufl.). Wiesbaden: Springer VS.

Münderlein. R. (2014). *Erfolgreiche Schulkooperationen. Eine doppelperspektivische Studie zur Zusammenarbeit von Schule und Jugendarbeit.* Wiesbaden: Springer VS.

Speck, K. (2020). *Schulsozialarbeit: eine Einführung* (4. Aufl.). München: Reinhardt.

Zipperle, M., & Rahn, S. (2020). Schulsozialarbeit. In T. Meyer, & R. Patjens (Hrsg.), *Studienbuch Kinder- und Jugendarbeit* (S. 253–281). Wiesbaden: Springer VS.

5 Die Mitarbeiter*innen

Auch wenn Jugendlichen und immer mehr auch älteren Kindern weitestgehend Autonomie und Eigenverantwortlichkeit zugestanden und ihre Selbstverwaltungsinteressen und Selbstbestimmungsbemühungen akzeptiert werden und sie mehr als je zuvor darauf achten, sich optimal zu präsentieren (vgl. Thole & Schildknecht 2020), ist das, was unter Kinder- und Jugendarbeit verstanden wird, ohne Erwachsene undenkbar. Lehrer*innen, Pastoren, Offiziere, Jurist*innen und Verwaltungsbeamt*innen bildeten zu Beginn der Kinder- und Jugendarbeit das Potential der Mitarbeiter*innen. Aber nicht nur sie, auch Handwerkermeister und Unternehmer*innen, Arbeiter*innen, Landwirte und Landfrauen stellten sich zu Beginn des 20. Jahrhunderts die Aufgabe, die Jugend vor Schmutz und Schund, vor Verwahrlosung und vor dem adoleszenten Vagabundieren, vor dem allzu exzessiven Verweilen in Kaffeehäusern, Konditoreien und Schanklokalen, vor dem Alkohol und dem Fußballspiel zu »bewahren« (vgl. Blum 1908). Bis heute engagieren sich verschiedene Berufsgruppen ehren-, neben- und hauptamtlich in der Kinder- und Jugendarbeit.

Als hauptamtliche Mitarbeiter*innen der Kinder- und Jugendarbeit sind diejenigen anzusehen, die mindestens mit der Hälfte der tarifrechtlich geregelten wöchentlichen Arbeitszeit für einen längeren Zeitraum bei einem freien, öffentlichen oder privatrechtlichen Träger angestellt sind. Nebenamtliche Mitarbeiter*innen, zuweilen auch als Honorarkräfte bezeichnet, sind mit weniger als die Hälfte der tarifrechtlich geregelten wöchentlichen Arbeitszeit in der Kinder- und Jugendarbeit gegen Entgelt tätig. Als ehrenamtliche Mitarbeiter*innen werden diejenigen bezeichnet, die ohne Entgelt Aufgaben oder Funktionen innerhalb der Kinder- und Jugendarbeit freiwillig wahrnehmen. Darüber hinaus sind Praktikant*innen der unterschiedlichsten Ausbildungswege sowie Personen, die ihr Freiwilliges Soziales Jahr oder ein Bundesfreiwilligenjahr absolvieren, in der Kinder- und Jugendarbeit tätig.

»Es hängt in der Jugendpflege nicht weniger als alles von der Person des Jugendpflegers ab«, konstatierte Günther Dehn (1929) Ende der 1920er Jahre. Mit dem organisatorischen Ausdifferenzierungsprozess der Jugendverbände, der Entwicklung der staatlichen Jugendpflege zu einem breiten Dienstleistungsangebot und der Etablierung immer neuer Angebotsvarianten sowie der weiteren rechtlichen Kodifizierung der »außerschulischen Jugendarbeit«, unter anderem durch das 1924 in Kraft getretene Reichsjugendwohlfahrtsgesetz (RJWG), gewannen die vielfältigen Formen der »Erziehung« und Bildung, Begleitung und Organisation von Jugendlichen außerhalb von Familie, Schule und Betrieb nicht nur an gesellschaftlicher Akzeptanz (vgl. Giesecke 1971; Gängler 1995) und erfuhren ihren ersten Vergesellschaftungsschub, sondern auch die Frage der Mitarbeiter*innen mitsamt ihrer Ausbildung und Qualifikation wurde auf Tagungen der Kreis- und Bezirksjugendpfleger*innen und in der Literatur erörtert. Dehn ging sogar soweit, das Profil der gesamten Jugendpflege von der Person des Jugendpflegers abhängig zu machen und hierüber zu konkretisieren, denn

> »je mehr Jugendpflege Volkssache wird, je mehr also Jugendpflegersein ein erlernter Beruf wird, desto stärker sollte sein 'charismatischer', d. h. sein von Gott gegebener Charakter betont werden, damit er nicht einer öden Betriebstechnik zum Opfer falle. (…) Ich meine (…), daß eine Verbundenheit der Seele des Leiters mit der des Jugendlichen vorhanden sein muß, die nicht nur auf pädagogischen Vorsätzen und sittlichen Erwägungen beruht, sondern die irgendwie eine natürliche Grundlage hat. (…) Neben dieser Anlage muß aber freilich noch beim Jugendpfleger, aus dieser Reife und Überlegenheit herauswachsend, die pädagogische Befähigung treten, ohne die er nichts weiter als Bandenführer wäre« (Dehn 1929, S. 109).

Dehn befürchtete, dass sich mit der professionellen Verberuflichung eine Eliminierung der erzieherischen Intuition vollzieht und die »natürlichen« erzieherischen Ressourcen im Zuge einer Verberuflichung des Pädagogischen verloren gehen. Diese Positionierung fokussiert die Frage, ob pädagogisches und soziales Handeln in institutionellen Handlungsräumen einen anderen Handlungstypus fordert als das Handeln in Alltagssituationen. Wieviel Verberuflichung kann die außerschulische Kinder- und Jugendarbeit verkraften, ohne ihre »natürlichen personellen Strukturen« zu verlieren; das ist die von Dehn aufgeworfene und bis heute aktuelle Frage.

Aus einer professionsinteressierten Perspektive provoziert derselbe Fragekomplex allerdings ein diametral anders gelagertes Aufklärungsinteresse. Nicht die Frage, »ob« die außerschulische Pädagogik überhaupt Verberuflichungsprozesse aushalten könne, sondern die Frage nach dem »wie« der professionellen Gestalt verberuflichter Pädagogik in den Handlungsfeldern der Kinder- und Jugendarbeit ist dann das Thema. Und nicht zuletzt werden in den politischen Räumen und aus den Administrationen von Landes- und Kommunalverwaltungen die Strukturen, Inhalte und Konzepte der Kinder- und Jugendarbeit kritisch angefragt sowie, über eine intensivere Unterstützung ehrenamtlichen Engagements nachgedacht. Vor dem Hintergrund der hier aufgezeigten Themenkomplexe werden Fragen nach den Qualifikationsprofilen, die von Mitarbeiter*innen in den Handlungsfeldern der Kinder- und Jugendarbeit zu erwarten sind, und des Verhältnisses der drei Mitarbeiter*innentypen untereinander das Folgende wie eine Art roter Faden durchziehen.

Im Folgenden wird zunächst kurz an die Geschichte der Mitarbeiter*innen in der außerschulischen Kinder- und Jugendarbeit erinnert und als eine stetig sich weiter verberuflichende und auf der Ebene der formalen Ausbildungsabschlüsse sukzessiv sich konsolidierende Entwicklung skizziert (vgl. Kap. 5.1). Wie sehr sich dieser Prozess insbesondere seit den 1970er Jahren dynamisiert hat und welche Berufsgruppen heute das Bild der Mitarbeiter*innen in der Kinder- und Jugendarbeit konturieren, wird daran anschließend dokumentiert und erörtert (vgl. Kap. 5.2). Inwieweit die Verberuflichung der Kinder- und Jugendarbeit sowie der statistisch belegbare Akademisierungsprozess parallel auch zu einer Professionalisierung dieses Handlungsfeldes geführt hat, wird hieran anschließend diskutiert (vgl. Kap. 5.3). Hierüber angeregt wird die Frage nach dem »Handwerkszeug«, das die Mitarbeiter*innen in der Kinder- und Jugendarbeit benötigen, um fachlich abgesichert und begründet ihre Angebote und Projekte planen, durchführen und organisieren zu können (vgl. Kap. 5.4).

5.1 Vom Ehrenamt zum Beruf

Mit leichter Verzögerung konstituierte sich im Prozess der Herausbildung von Jugend als eigenständige Lebenslaufphase und Generation im 19. Jahrhundert über die Gründung von Jugendverbänden, die Entstehung der bürgerlich-autonomen Jugendbewegung und der staatlichen Jugendpflege jenes Handlungsfeld, das heute als Kinder- und Jugendarbeit bezeichnet wird (vgl. auch Kap. 2). Und immer mischten auch Erwachsene mit, strukturierten und organisierten diesen Konstitutionsprozess maßgeblich mit, waren es nicht nur Jugendliche – und später dann auch Kinder –, die sich selbständig in unterschiedlichen Konstellationen und Organisationsvarianten zusammenfanden.

Pfarrer, Lehrer*innen und Landfrauen – die ersten Jugendarbeiter*innen

Bereits zu Beginn dieses Kapitels wurde darauf hingewiesen, dass Lehrer*innen, Pastoren und Pfarrer, Offiziere, Jurist*innen und Verwaltungsbeamt*innen, die zumindest von dem schon zitierten Pastor Hemprich besonders angesprochen wurden, um »die Jugend für die hohen Ziele der Gesellschaft, des Staates und des Vaterlandes zu erziehen« (Hemprich 1914, S. 10), aber auch Handwerkermeister und Unternehmer*innen, Arbeiter*innen, Landwirte und Landfrauen in den Anfängen der Kinder- und Jugendarbeit das Potential der Mitarbeiter*innen bildete.

»In einer geradezu erfreulichen Weise zeigt sich in der Gegenwart das Interesse und die Begeisterung für die Jugendpflege«, schrieb Hemprich (1906) weiter in dem erstmals 1906 publizierten »Handbuch und Wegweiser für die Arbeit der Jugendpflege«. Die in Entstehung befindliche Jugendpflege wurde zur nationalen Aufgabe erklärt und bedurfte »vor anderen des Wohlwollens und der opferwilligen Mithilfe aller Vaterlandsfreunde in allen Ständen und Berufsklassen«

(Hemprich 1914, S. 8; vgl. auch Blum 1908), um die Jugend vor Schmutz und Schund, vor Verwahrlosung und vor dem adoleszenten Vagabundieren, vor dem allzu exzessiven Verweilen in Kaffeehäusern, Konditoreien und Schanklokalen, vor dem Alkohol und dem Fußballspiel zu »bewahren«.

Obwohl Personen beiderlei Geschlechts mit unterschiedlichen Berufen in Jugendverbänden, Jugend- und Handwerkerheimen, Jugendklubs und -vereinigungen sich aktivierten, so wie es auch in dem preußischen »Ministerialerlaß betreffend der Fürsorge für die schulentlassene gewerbliche männliche Jugend« vom 24. November 1901 angeregt wurde, waren es doch im wesentlichen Lehrer*innen von Volks- und Fortbildungsschulen, wie am 24. Oktober 1905 in einem weiteren Erlass zu lesen war, die »in dankenswerter Weise ihre Kräfte in den Dienst der vorstehend bezeichneten Bestrebungen« stellten (Minister der geistlichen, Unterrichts- und Medizinalangelegenheiten 1905). Dass insbesondere Lehrer*innen, neben den hauptamtlichen Geistlichen beider großen Konfessionen, neben Offizieren und Staatsbeamten immer wieder aufgefordert wurden, sich an den Bestrebungen der Jugendpflege zu beteiligen, ist der Erkenntnis geschuldet, dass die Arbeit mit der »degenerierten Volksjugend« (Dehn 1919) wie mit der »normalen, nicht durch besondere Umstände gefährdeten oder schon zu Fall gekommenen Jugend« (Blum 1908, S. 4) auch schon damals als eine pädagogische Aufgabe verstanden wurde. Sie erforderte nicht nur Bereitschaft, sondern darüber hinaus eine durch Ausbildung erworbene Qualifikation. Lehrer*innen schienen für diese Aufgabe somit prädestiniert, obgleich zuweilen darauf hingewiesen wurde, dass die unterrichtliche Tätigkeit in den Schulen anderer Gestalt ist als die Arbeit in der außerschulischen Jugendpflege,

> »es dabei bleiben muß, daß der Lehrer in erster Linie Lehrer der Jugend seiner Schule ist« und ein virtuoses Engagement in der Jugendpflege auch das »Betreten einer abschüssigen Bahn« bedeuten kann, »denn leichter und bequemer als intensive Unterrichtsarbeit ist Jugendpflege in ihren lockeren, dem Belieben des einzelnen zur Wahl gestellten Formen« (Bohnstedt 1914, S. 107).

Um die Lehrer*innenschaft von ihrem Engagement in der Jugendpflege zu entlasten, aber auch, um die hier Tätigen mit den Spezifika der Arbeit mit Jugendlichen bekannt zu machen, sie über die Wünsche und Bedürfnisse der Heranwachsenden und über mögliche Angebote mit ihnen zu informieren, wurden in der Entstehungsphase der Kinder- und Jugendarbeit Kurse für die ausschließlich noch ehrenamtlichen Tätigen der Jugendarbeit durchgeführt. Den ersten, dokumentierten »Kursus für Leiter von Vereinigungen für die schulentlassene männliche Jugend« veranstaltete 1902 die Berliner »Zentralstelle für Arbeiter-Wohlfahrtsvereinigungen« (vgl. Hemprich 1914). Weitere Informations- und Schulungskurse für Leiter*innen von Jugendvereinigungen, -heimen und Klubs in den verschiedenen preußischen Provinzen folgten.

Eine entscheidende sozialpolitische Aufwertung und Akzentuierung erfuhr die Jugendarbeit durch den »Jugendpflegeerlaß« vom 18. Januar 1911 und den diesen ergänzenden Erlass vom 30. April 1913, der ausdrücklich und erstmals auch die Förderung der weiblichen Jugend anregte (vgl. hierzu auch Kap. 2). Ausdrücklich wird in den Erlassen die Ehrenamtlichkeit der Jugendpflege hervorgehoben und zugleich die Wichtigkeit von Fortbildungskursen eindringlich betont und erneut ausdrücklich erwähnt, dass an diesen in Zukunft verstärkt »auch nicht dem Lehrerstande angehörige« teilnehmen sollten, um die Jugend unter anderem – und darin offenbart sich der patriotisch-nationale Grundtenor der Erlasse – über die »Darstellungen des Heldentums auf den verschiedenen Gebieten, einer in ihrem Berufe sich aufopfernden Krankenpflegerin« auch mit der Kriegsgeschichte und ihrer begeisternden Wirkung vertraut zu machen. Die in der Regel ein- bis zweiwöchigen Fort- und Weiterbildungsmaßnahmen für ehrenamtliche Leiter*innen von Jugendgruppen und -clubs, für örtliche und bezirkliche Jugendpfleger*innen und die wenigen, zumeist bei den konfessionellen Jugendvereinigungen angestellten neben- und hauptberuflich tätigen Jugendarbeiter*innen wurden intensiviert. Im Jahr der Veröffentlichung des »Jugendpflegeerlasses« 1911 fanden 366 Aus- und Fortbildungskurse statt. An den 434 Kursen des darauffolgenden Jahres nahmen schon 22.139 Personen teil, darunter 11.755 Lehrer und 2.870 Lehrerinnen, 277 Schulaufsichtsbeamt*innen, 686 Geistliche und 834 Beamt*innen sowie einige Teilnehmer*innen mit den unterschiedlichen Berufen (vgl. Samter 1913; u. a. auch Rauschenbach 1991b).

Obgleich von den verschiedensten Stellen Stimmen laut wurden, dass die Aufgaben der Jugendpflege nicht mehr von ehrenamtlichen und nebenberuflichen Mitarbeiter*innen zu bewältigen sind, erste freie Initiativen Ausbildungen für das Segment der Sozialen Berufe durchführten und 1911 erstmals staatlich anerkannte Jugendleiter*innen die ebenfalls freien Fachseminare verließen und einzelne Lehrer*innen vom Schuldienst für die Aufgaben der Jugendpflege freigestellt wurden (vgl. Giesecke 1981), arbeitete die weit überwiegende Anzahl der Jugendarbeiter*innen ehrenamtlich und ohne grundständige Qualifizierung.

Herausbildung beruflicher Strukturen – Jugendarbeiter*innen in der Weimarer Republik

Für den ehemaligen Freistaat Preußen, und damit für weite Landstriche der Weimarer Republik, wurde die Jugendpflege schon vor dem Inkrafttreten des Reichsjugendwohlfahrtsgesetzes (RJWG) 1924 über Erlasse zur Jugendpflege vom 17. Dezember 1918 und vom 22. November 1919 rechtlich neu geregelt. Im Wesentlichen wurden in den beiden Erlassen die inhaltlichen Schwerpunkte neu akzentuiert und von allzu offensichtlichen militärisch-patriotischen ideologischen Floskeln befreit. An den bewährten Methoden sollte allerdings festgehalten werden. An dem in der Regel ehrenamtlichen Status der Jugendarbeiter*innen in den

Jugendvereinigungen, Jugendheimen und -klubs, Jugendverbänden und -organisationen sowie der kommunalen und bezirklichen Jugendpflege sollte sich weder über die Erlasse noch durch das neue RJWG, auch durch die rigide Sparpolitik in der Weimarer Republik zusätzlich bedingt, vorerst nichts grundlegend verändern. Nachdrücklich drängten sozial- und jugendpolitische Gremien in der Folgezeit darauf, die Jugendarbeit in all ihren Verzweigungen mit einem zumindest minimal verberuflichten Unterbau auszustatten. In einer Petition an den Preußischen Landtag fordert der »Vorstand des Landesverbandes der Bezirks- und Kreisjugendpfleger in Preußen« für jeden Regierungsbezirk zumindest die Anstellung eines hauptamtlichen Bezirksjugendpflegers respektive einer Bezirksjugendpflegerin (vgl. Hafeneger 1992, S. 51). Von den preußischen Jugendpfleger*innen wird auf ihren ersten Vertreter*innentagungen der durch das RJWG getroffene Rechtsstatus kritisiert, weil die Bedeutung der Jugendpflege und die Arbeit der Jugendpfleger*innen nicht genügend gewürdigt und eine erfolgreiche Wahrnehmung von jugendpflegerischen Tätigkeiten durch Ehrenamtliche nicht gewährleistet werden kann. Konsequenterweise fordert die Vertreter*innenversammlung »die ehrenamtliche Tätigkeit auf dem Gebiete der Jugendpflege (…) durch die Anstellung von Jugendpflegern im Hauptberuf« zu ergänzen (Ratgeber für Jugendvereinigungen 1924, S. 242).

Neben der grundsätzlichen Würdigung der Arbeit der örtlichen, kreisbezogenen und bezirklichen Jugendpflegeausschüsse war aber auch Kritik aus dem zuständigen preußischen Ministerium zu vernehmen. Insbesondere mit der Zusammensetzung vieler Ausschüsse zeigte man sich unzufrieden und forderte, die

> »Umbildung dieser Ausschüsse baldigst in die Wege zu leiten« und »als neue Mitglieder (…) solche Persönlichkeiten zu wählen, die Interesse und Verständnis für die Jugendpflege haben und dies auch durch ihre bisherige Tätigkeit bewiesen haben« (Hirtsiefer 1930, S. 8).

Insgesamt ist dokumentiert, dass im Verlauf der Weimarer Republik die Zahl der Bezirks- und Kreisjugendpfleger*innen bis zum Jahr 1928 um das Dreifache stieg und zwar von 392 im Jahre 1919 über 969 im Jahr 1925 auf 1.092 im Jahr 1928, um dann jedoch im Jahr 1929 wieder leicht auf 1.075 abzufallen. Diese Reduzierung ist wahrscheinlich vor allem auf kommunale Gebietsreformen zurückzuführen, da ausschließlich die Zahl der Kreisjugendpfleger sank. Dahingegen zeigt die quantitative Entwicklung bei den Kreisjugendpflegerinnen die deutlichste Expansion, von 62 im Jahr 1919 über 332 im Jahr 1926 auf 362 im Jahr 1929 (vgl. Hirtsiefer 1930, S. 16). Trotz der ökonomischen Dauerkrise und aller politischen Instabilitäten konnte sich das Segment der Kinder- und Jugendarbeit in den 1920er Jahren personell ausweiten und partiell weiter verberuflichen (vgl. u. a. Dehn 1929). Immer wieder und zum Ende der Weimarer Republik vermehrt waren jedoch auch Rufe nach mehr Ehrenamtlichkeit und Selbsthilfe zu vernehmen, und wiederum deutlich auch an die Adresse der, insbesondere arbeitslosen Lehrer*innen, die aufgefordert wurden, sich verstärkt um die arbeitslose Großstadtjugend zu kümmern und sich in beschäftigungspolitischen Projekten zu engagieren (vgl. u. a. Behrens 1931; Stets 1931).

Ob die Entwicklung in der Weimarer Republik insgesamt den Aufbau einer verberuflichten und »eine sukzessive Professionalisierung der kommunalen Jugendpflege« dokumentiert, wie Hafeneger (1992, S. 53; vgl. auch Naudascher 1990, S. 243) annimmt, bleibt undeutlich, darf aber generell bezweifelt werden, zumal das »Preußische Ministerium für Volkswohlfahrt« noch 1930 bedauerte, dass »leider (…) sich bis zum heutigen Tage die hauptamtliche Anstellung der Bezirksjugendpfleger trotz fortgesetzter nachdrücklicher Bemühungen des Ministeriums (…) noch nicht hat durchsetzen lassen« (Hirtsiefer 1930, S. 16).

Insgesamt blieb es bei der Praxis, dass die Kreis- und Bezirksjugendpfleger*innen von den jeweiligen politischen Gebietskörperschaften zeitlich befristet berufen wurden und dabei peinlichst darauf geachtet wurde, dass auch alle politischen Orientierungen und verbandlichen Richtungen dabei Berücksichtigung fanden.

Ein großes Problem in der Weimarer Republik blieb die Ausbildungs- und Qualifizierungssituation. Trotz einiger zaghafter Versuche (vgl. Richter 1933) konnte sich die Ausbildungssituation für die Handlungsfelder der Kinder- und Jugendarbeit in den 1920er Jahren nicht durchgehend konsolidieren. Zwar wurde allgemein anerkannt, dass sich mit der organisatorischen »Entwicklung der Jugendpflege und Jugendführung ein Arbeitsgebiet für die berufliche Tätigkeit ergeben hat« (Bäumer 1929, S. 210), doch ob dieses Profil für die Entwicklung eines eigenständigen Ausbildungsweges hinreichte, blieb allgemein offen. Die vorgetragenen positiven Initiativen konnten sich institutionell nicht etablieren.

> Die »Entwicklung einer Qualifizierung der Jugendpflege blieb ungeklärt zwischen der Forderung eigenständiger Ausbildungen einerseits und deren Einbindung in die allgemeineren sozialpädagogischen Curricula einer stark expandierenden Wohlfahrtspflegerinnenausbildung andererseits« (Rauschenbach 1991b, S. 617) stehen.

Konsolidieren konnte sich hingegen das kurzzeitpädagogische Fort- und Weiterbildungsangebot für die Jugendarbeiter*innen. Allein in Preußen wurden in den Jahren von 1919 bis 1928 6.111 Lehrgänge für den gesamten Bereich der freien und staatlichen Jugendpflege mit 472.435 Teilnehmer*innen durchgeführt, darunter waren allein 866 Maßnahmen der Qualifikation von Jugendpfleger*innen vorbehalten (vgl. Hirtsiefer 1930).

Die Jugendarbeiter*innen in der Jugendpflege, in Jugendhäusern und -einrichtungen wie auch bei den Jugendverbänden waren in der Weimarer Republik in ihrer weitaus überwiegenden Mehrzahl ehrenamtlich und nebenberuflich tätig und konnten nur in einem geringen Maße auf eine fachlich grundständige, pädagogische Qualifikation verweisen. Ihr spezifisches Wissen über Jugendliche und Kinder und die möglichen Maßnahmen der außerschulischen Kinder- und Jugendarbeit generierten sie über ihre Erfahrungen, allenfalls über Lehrgänge und Fort- und Weiterbildungen, ohne dabei jedoch umfassend an den Erkenntnissen der sich in den 1920er Jahren wissenschaftlich profilierenden und etablierenden Jugendforschung zu partizipieren. So standen sie nicht nur im Blickpunkt der administrativen und politischen, sondern auch der pädagogischen Kritik, die vortrug,

> »daß der Jugendpfleger ganz anders als bisher noch in die realistischen Nöte dieser Jugend (…) eindringen und ihnen beratend und helfend zur Seite stehen muß, (…) ihr nicht Traditionen predigt, die sie eben überwinden will, sondern sich in den lebendigen Zug ihres Lebens einstellt, um aus ihm heraus das Schicksal des Jugendlichen zu deuten« (Nohl 1928, S. 223).

Staatliche Jugenderziehung als Beruf

Im Zuge der national-völkisch wie rassistischen Ideologisierung und systematischen Funktionalisierung der Sozialpolitik und des Wohlfahrtswesens durch den nationalsozialistischen Staat und die entsprechenden Organisationen wurde das gesamte Feld der Jugendpflege und Jugendverbandsarbeit nach 1933 eliminiert und neu strukturiert. Die Jugendverbände wurden aufgelöst oder lösten sich auf, die autonome bürgerliche Jugendbewegung integrierte sich in die Hitlerjugend oder zersplitterte sich in widerständischen Szenen, soweit sie hierzu Möglichkeiten fand. Die staatliche Jugendpflege wurde neu geordnet und zur »staatlichen Jugenderziehung außerhalb der Schule« (RMinAmtsbl. 1935). Aus den bisherigen orts-, stadt-, kreis- und bezirksbezogenen Ausschüssen für Jugendpflege wurden Arbeitsgemeinschaften zur Koordination der Aktivitäten von Hitlerjugend, Bund Deutscher Mädchen und den Vereinen zur Leibeserziehung. Aus den Bezirksjugendpfleger*innenstellen wurden hauptberuflich besetzte »Dezernate für Jugendpflege und körperliche Erziehung an den Regierungen« und die Bezirksjugendpfleger*innen wurden zu hauptamtlichen »Bezirksjugendwarten«. Zusammen mit den weiterhin ehrenamtlichen Kreisjugendpfleger*innen und jetzigen Kreisjugendwarten hatten sie sich vornehmlich um die noch unorganisierte Jugend zu kümmern und dafür Sorge zu tragen,

> »jeden Jungen und jedes Mädchen außerhalb der Schule durch geeignete körperliche Ausbildung sowie durch geist- und charakterbildende Erziehungsmaßnahmen zu tüchtigen und verantwortungsbewußten Nationalsozialisten zu machen« (RMinAmtsbl. 1935).

Doch keineswegs wurden die schon vor 1933 in der Jugendpflege Tätigen übernommen und erhielten nun den von ihnen schon immer angestrebten hauptamtlichen Status. Viele der bisherigen Bezirks- und Kreisjugendpfleger*innen wurden durch Aktivist*innen der nationalsozialistischen Bewegung abgelöst. Den Suspendierten wurde untersagt, weiterhin innerhalb der Jugendpflege aktiv zu werden. Die nationalsozialistische Erziehungs- und Gemeinschaftsideologie wurde zum alles bestimmenden Bezugspunkt auch der außerschulischen Sozialisationsinstanzen und -organisationen. Inhalte und Formen der Kinder- und Jugendarbeit teilweise kopierend, organisierten die nationalsozialistischen Organisationen nach der Einführung der Jugenddienstpflicht in der zweiten Hälfte der 1930er Jahre von den 8.870.000 10- bis 18-jährigen weiblichen und männlichen Heranwachsenden 8.700.000.

In der Kinder- und Jugendarbeit in den nationalsozialistischen Verbänden, die trotz des hohen Formalisierungsgrades und eines engmaschigen sozialdisziplinierenden Kontrollsystems viele der Mitmachenden in angenehmer Erinnerung blieb (vgl. Möding & Plato 1986), waren Ende 1933 schon 220.000 Ehrenamtliche als sogenannte Führer*innen aktiv. Für 1938, auch als Folge der zuvor eingeführten Jugenddienstpflicht, weisen die Statistiken schon über 720.000 und 1939 dann 765.000 ehrenamtliche Führer*innen in den Verbänden der Hitlerjugend aus (vgl. Kaufmann 1940, S. 42; vgl. hierzu und zum folgenden ausführlich auch Giesecke 1981; Hafeneger 1992). Hauptamtlich sind zu diesem Zeitpunkt in der Hitlerjugend 8.017 Personen aktiv, eine im Vergleich zur Weimarer Republik zwar beachtliche, dennoch damals auch kritisch diskutierte Zahl. So merkt der Pressereferent des Reichsleiters für die Jugenderziehung, Günter Kaufmann, an, dass in der Schule, »die ebenfalls acht Jahrgänge betreut, (…) 234.345 hauptamtliche Lehrer« (Kaufmann 1940, S. 42) tätig sind, mithin auf einen Lehrer 37 Schüler*innen, jedoch auf einen hauptamtlichen HJ-Funktionär 1.450 Kinder und Jugendlichen entfallen.

Die für die Jugenderziehung zuständige Reichsjugendführung implementierte für die Ausbildung und Schulung ehrenamtlicher Führer*innen ein komplexes, dezentralisiertes Netz von 35 Gebietsführer-, 43 Obergauführer-, 2 Reichsführer- und 3 Reichsführerschulen sowie ab 1937 die »Akademie für Jugendführung« für die hauptamtlichen »Jugendführer«. An den insgesamt 149 Schulen waren Ende der 1930er Jahre insgesamt 1.789 hauptamtliche Dozent*innen beschäftigt. Werden die unterschiedlichen Angaben der für die Jugenderziehung außerhalb der Schule zuständigen Hauptamtlichen addiert, dann sind Ende der 1930er Jahre zirka 19.000 Beschäftigte respektive Funktionär*innen auf unterschiedlichen Ebenen und in unterschiedlichen Funktionen in Handlungsfeldern und Organisationen der außerschulischen Erziehung und Bildung tätig. Allein in den Bezirken, Kreisen, Städten und Orten waren über 5.700 Personen mit Fragen der Jugenderziehung beschäftigt. Unter ihnen finden sich auch diejenigen, die Aufgaben wahrnahmen, die zuvor unter dem Etikett der Jugendpflege realisiert wurden. Die Verberuflichung der Jugendarbeit erreichte damit einen in der Zeit zuvor nicht einmal in den kühnsten Träumen angedachten Stand. Zugleich adressierten sich die Angebote der Kinder- und Jugendarbeit ausschließlich an die arischen, deutschen Heranwachsenden und die Angebote der Kinder- und Jugendarbeit waren von völkischen, rassistischen und antisemitischen Rhetoriken durchzogen wie in keiner Zeitphase zuvor.

Also keineswegs jugendpädagogische, sondern primär ideologische, organisatorische, sozial-disziplinierende und »rassenhygienische« Aufgaben hatten die »hauptberuflichen Jugendarbeiter*innen« im nationalsozialistischen Staat wahrzunehmen. Obwohl sie auch für die Durchführung von freizeitpädagogischen Maßnahmen verantwortlich waren, bis in die 1940er Jahre hinein ein Netzwerk von Angeboten schufen, dass viele Kinder und Jugendliche aktiv und nicht nur mit Widerwillen belebten, bestand ihre eigentliche Aufgabe doch darin, die heranwachsende Generation im Sinne der nationalsozialistischen, rassistisch-völkischen Erziehungsvorstellungen zum »Dienst und Dienen für Führer, Volk und Vaterland« zu sozialisieren.

Jugendarbeit als Beruf nach 1945 in der BRD und DDR

Im Kern orientierte sich der Reaktivierungsprozess der außerschulischen Pädagogik nach 1945 in den westlichen Bundesländern an den rechtlichen und subsidiären Strukturen der Weimarer Republik (vgl. auch Kap. 2). In der DDR wurde hingegen bereits 1947 die Einheit von Jugendpflege und -fürsorge aufgegeben. 1950 wurde die Jugendförderung als gesellschaftliche Aufgabe höchster Priorität gesetzlich fixiert und schon in dem ersten Jugendgesetz der DDR wurden die Kommunen verpflichtet, den Kinder- und Jugendorganisationen in den Schulen Räume zu überlassen. Seit Mitte der 1950er Jahre wurden die Pioniergruppen von hauptamtlichen Pionierleiter*innen geleitet. Und parallel mit der Einrichtung von Planstellen für Pionierleiter*innen begann auch deren hauptberufliche Ausbildung. Die grundständige Ausbildung war entweder an das Abschlussexamen für die Unterstufenlehrer*innenausbildung gekoppelt oder das Resultat einer vierjährigen Qualifikation an einem der lehrerbildenden Institute (vgl. Krüger 1994).

Die DDR-Jugendpolitik setzte demnach schon in dem ersten Jahrzehnt nach Beendigung des zweiten Weltkrieges auf eine enge Verzahnung der Kinder- und Jugendarbeit mit der Schule über die Pionierorganisationen und die FDJ (Freie Deutsche Jugend) sowie auf ein ebenfalls über diese Schnittstelle hergestelltes Netzwerk von verberuflichten Mitarbeiter*innen. Darüber hinaus prägten zu Beginn dieser Entwicklung insbesondere reformpädagogische Ideen und eine dezidiert antifaschistische Orientierung den Aufbauprozess.

In der amerikanischen Besatzungszone wurde das »German Youth Activities Programm« (GYA) mit 323 Häusern der offenen Tür von zirka 250 Offizieren, 600 Soldaten und, nicht vollständig gesicherten Angaben zufolge, weiteren 1.000 deutschen Mitarbeiter*innen gestartet. In dem offiziell bis 1955 andauernden, ab

1953 teilweise jedoch schon in Kooperation mit deutschen Behörden fortdauernden Programm ging es um die »re-education«, der »Erziehung der deutschen Jugend zur Demokratie«. Bis Mitte der 1950er Jahre gingen 58 »Häuser der offenen Tür« in die Trägerschaft von deutschen Jugendbehörden über (vgl. hierzu ausführlich u. a. Projektgruppe 1988). Eine Untersuchung der »Arbeitsgemeinschaft für Jugendpflege und Jugendfürsorge« (vgl. AGJJ 1955) erfasste für das Jahr 1953 110 offene Jugendfreizeiteinrichtungen. In 94 Jugendfreizeiteinrichtungen arbeitete zumindest ein*e von Honorarkräften unterstützte*r hauptamtliche*r Mitarbeiter*in (vgl. Projektgruppe 1988), in über 20 Einrichtungen waren sogar mehr als drei Mitarbeiter*innen hauptamtlich angestellt (vgl. Grauer 1973, S. 130). Über das Qualifikationsprofil dieser Mitarbeiter*innen liegen allerdings keine gesicherten Kenntnisse vor. Parallel zu dieser Entwicklung baut sich auch allmählich wieder ein strukturelles Netzwerk örtlicher, kreis- und bezirksbezogener Jugendpflege auf.

Nur wenige der damals beschäftigten Jugendpfleger*innen verfügten allerdings über eine fachliche Qualifikation, obwohl schon ab Ende der 1940er Jahre eine Professionalisierung der Jugendpflege angestrebt wurde. 4.800 zumeist ältere Jugendliche nahmen allein 1948 an jugendpflegerischen Ausbildungsgängen teil. Bis 1952 wurden insgesamt 30.000 Teilnehmer*innen durch die unterschiedlichsten Ausbildungskurse geschleust (vgl. Füssl 1995) und immerhin 180 Landkreise der noch jungen Bundesrepublik hatten schon 1952 eine*n hauptamtliche*n Jugendpfleger*in eingestellt. Viele Jugendgruppen, insbesondere die katholischen Jugendverbände wünschten allerdings keinen hauptamtlichen Jugendpfleger. Bei den Jugendverbänden waren vornehmlich auf der Ebene der Planung und Koordinierung hauptamtliche Mitarbeiter*innen anzutreffen: Von 100 Mitarbeiter*innen waren durchschnittlich 90 ehrenamtlich und lediglich 10 hauptberuflich tätig (vgl. Müller-Schöll 1957). Inhaltliche, strukturelle und organisatorische Veränderungen bestimmten das Gesicht der Kinder- und Jugendarbeit in der weiteren Zeit bis Anfang der 1970er Jahre. Im Wesentlichen profilierten sich in dieser Phase die Varianten außerschulischer Pädagogik, die dann über knapp drei Jahrzehnte unter dem Begriff »Offene Jugendarbeit« firmierten und eine Periode der weiteren Entdisziplinierung und Entnormierung einleiteten und die außerschulische Kinder- und Jugendarbeit insgesamt moderat modernisierten (vgl. Thole 1995a, S. 113).

Eine Erhebung, die die kleineren, zumeist in der Eigenverantwortung von Jugendlichen geführten Jugendheime mit registrierte, notierte für die 1960er Jahre insgesamt 2.625 Jugendfreizeiteinrichtungen auf dem Gebiet der damaligen Bundesrepublik Deutschland (vgl. hierzu und zum folgenden Naudascher 1990, S. 212; vgl. auch Grauer 1973). Eine solidere Untersuchung aus dem Jahr 1965 geht von 1.148 existenten Jugendfreizeiteinrichtungen, wovon 510 Einrichtungen von hauptamtlichen Mitarbeiter*innen geführt wurden, aus. Bei den Jugendverbänden waren zu dieser Zeit nach Selbstauskunft des Deutschen Bundesjugendrings rund 250.000 ehrenamtliche und zirka 1.000 hauptamtliche Mitarbeiter*innen aktiv. Und auch die Jugendpflege verberuflichte sich weiter. 1971 hatten zudem von den 643 Jugendämtern 379 immerhin einen und 34 Jugendämter mehr als eine*n Jugendpfleger*in angestellt. Insgesamt waren zu dieser Zeit in der Bundesrepublik 567 Jugendpfleger*innen tätig, insbesondere in den ländlichen Regionen sogar vornehmlich auch in Jugendhäusern und -freizeiteinrichtungen.

Die erste und bis heute immer noch einzige größere Gesamtstudie zur »Offenen« Kinder- und Jugendarbeit, zu Beginn der 1970er Jahre bezeichnenderweise unter dem Titel »Jugendfreizeitheime in der Krise« publiziert (vgl. Grauer 1973), diskutierte anhand der erhobenen Daten auch die Situation der Mitarbeiter*innen in den Einrichtungen. Die über Selbstauskünfte erhobenen Daten hielten die Entlohnung und die Ausbildungsprofile, die Beziehungen zu den Trägern, Jugendlichen und Eltern fest. Darüber hinaus enthielt die Erhebung Hinweise auf die tatsächliche, die tarifrechtlichen Regelungen übersteigende Arbeitszeit der Mitarbeiter*innen in den Freizeitheimen, auf die Diskrepanzen zwischen den gesellschaftlichen Erwartungen an die »Offene Kinder- und Jugendarbeit« und den pädagogischen Möglichkeiten dieser sowie die relativ hohe Zahl an Berufswechslern unter den qualifizierten Kräften, die »die Heimleitersituation als vorläufig und als Durchgangsstadium definieren« (Grauer 1973, S. 206). Die Studie beschäftigte sich außerdem mit den normativen institutionellen Rahmenbedingungen und Kontrollen, obgleich auch festgehalten wurde, dass die normativen Zwänge die Mitarbeiter*innen nicht gravierend einschränken, im Gegenteil sogar »die Heimleiter das Gefühl eines hohen Maßes an beruflicher Selbständigkeit genießen« (Grauer 1973, S. 205).

Eine weitere, vom Zuschnitt jedoch wesentlich kleiner angelegte Regionalstudie zehn Jahre später bestätigte die Ergebnisse zum Teil. Über 35 % der Befragten gaben an, in der Woche mehr als 40 Stunden zu arbeiten. Die Studie hielt zum Beispiel auch fest, dass über 30 % der befragten hauptamtlichen Mitarbeiter*innen in der außerschulischen Kinder- und Jugendarbeit mehr als ein starkes Bedürfnis haben, ihren Arbeitsplatz zu wechseln, über 50 % ihre Tätigkeit über Verwaltungsvorschriften und Dienstanweisungen behindert sehen, lediglich 27 % der Einrichtungen im verstrichenem letzten Jahr vor der Befragung keinen Mitarbeiter*innenwechsel verzeichneten und sogar über 80 % notierten, dass ihre Arbeitssituation sie in der Ausübung von Freizeitmöglichkeiten einschränkt (vgl. Bergkessel u. a. 1981). Die über diese Studie dokumentierte belastende Arbeitssituation wird bis heute nicht durch eine hohe gesellschaftliche Akzeptanz honoriert. Anfragen von Jugendlichen, »Wofür wirst Du eigentlich bezahlt« (Aly 1977), und politische Missachtungen – »Mir ist jeder halbprofessionelle Fußballtrainer einer drittklassigen Jugendmannschaft sympathischer als diese anpolitisierten Jugendarbeiter« – so ein ehemaliger Düsseldorfer Oberbürgermeister – forcieren nach wie vor »Identitätsprobleme zwischen Alltagsrealität und Utopie«

(Knoll-Krist 1985). Und auch das »Älterwerden in der Kinder- und Jugendarbeit« ist für viele Mitarbeiter*innen zu einer kaum auszuschließenden biografischen Berufsperspektive avanciert (vgl. u. a. Hafeneger 1990; Deinet & Janowicz 2016).

Das Qualifikationsniveau der in der Kinder- und Jugendarbeit Tätigen war also auch nach 1945 weiterhin äußerst disparat. In der Phase des Neuaufbaus dominierten Personen ohne fachspezifische Ausbildung auf allen Ebenen. Im Laufe der 1950er Jahre wurden jedoch zunehmend mehr Personen mit einer mehr oder weniger fachlichen Grundausbildung in der Kinder- und Jugendarbeit aktiv: Kindergärtner*innen, Heimerzieher*innen, Wohlfahrtspfleger*innen- und Fürsorger*innen, Diakone und Jugendleiter*innen, die im Anschluss an ihre Kindergärtner*innenausbildung an einer der 17 Jugendleiter*innenseminare eine eineinhalbjährige Zusatzausbildung absolviert hatten.

Unzählige Reformvorschläge kursierten angesichts dieser disparaten Ausbildungssituation. Das Thema einer grundständigen, speziellen Ausbildung für Jugendpfleger*innen wurde ebenso neu in die Debatten um eine Konsolidierung der grundständigen Ausbildungslandschaft reaktiviert wie Plädoyers für eine vollständige, abgestufte Ausbildung für alle, die in den Handlungsfeldern der Sozialen Arbeit tätig werden wollten. Ein wichtiger struktureller Vereinheitlichungsschritt wurde dann 1962 mit der Umwandlung der bis dahin auf Fachschulniveau angesiedelten Ausbildungsstätten für Wohlfahrtspfleger*innen, Fürsorger*innen und Volkspfleger*innen in »Höhere Fachschulen für Sozialarbeit« und die Umwandlung der Jugendleiter*innenseminare 1967 in »Höhere Fachschulen für Sozialpädagogik« vollzogen (vgl. zu den Qualifizierungsangeboten der 1950er Jahre Lattke 1957; Hasenclever 1965).

Resümierend ist festzuhalten, dass sich die Kinder- und Jugendarbeit in der Bundesrepublik nach 1945 sukzessive verberuflichte und verfachlichte. Dennoch ist am Ende der 1960er Jahre eine durchgängig einschlägige Verfachlichung der Kinder und Jugendarbeit mit einem ausgefeilten Professionalisierungsprofil nicht zu erkennen (vgl. Grauer 1973, S. 205). In der DDR wurde der Verberuflichungsprozess über die enge Verzahnung zwischen Schule »und außerschulischer Pädagogik« schon in den 1950er Jahre quasi abgeschlossen. Ausgewiesen ist hier allerdings eine eindeutige Politisierung und Ideologisierung der Kinder- und Jugendarbeit seit den 1960er Jahren. Diese wurde wesentlich von den seit Mitte der 1960er Jahre über ein vierjähriges Hochschulstudium ausgebildeten »klassenbewußten und hochqualifizierten Freundschaftpionierleitern« (Niegisch 1988) getragen. Erst mit der Gründung von Fachhochschulen für Sozialpädagogik und Sozialarbeit sowie mit der Einführung von erziehungswissenschaftlichen Hauptfachstudiengängen an den Universitäten, jeweils auch mit Studienschwerpunkten für die außerschulischen Sozialisationsfelder, bestand für die Anstellungsträger seit Beginn der 1970er Jahre zumindest in den westlichen Bundesländern der heutigen Bundesrepublik Deutschland potentiell die Möglichkeit, für die Kinder- und Jugendarbeit einschlägig fachlich qualifizierte Mitarbeiter*innen zu rekrutieren.

Zum Weiterlesen – Literaturhinweise

Deinet, U., & Janowicz, M. (Hrsg.) (2016). *Berufsperspektive Offene Kinder- und Jugendarbeit. Bausteine für Personal- und Organisationsentwicklung.* Weinheim & Basel: Beltz Juventa.

Hafeneger, B. (1992). *Jugendarbeit als Beruf. Geschichte einer Profession in Deutschland.* Opladen: Leske + Budrich.

Rauschenbach, Th. (1991). Jugendarbeit in Ausbildung und Beruf. In L. Böhnisch, H. Gängler & Th. Rauschenbach (Hrsg.), *Handbuch Jugendverbände* (S. 615–630). Weinheim & München: Beltz Juventa.

5.2 Die Mitarbeiter*innen in Zahlen

Bezogen auf die voll- und teilzeittätig Beschäftigten, aber zum Teil auch hinsichtlich der auf Honorarbasis arbeitenden Mitarbeiter*innen sowie sporadisch mit Blick auf ehrenamtlich beziehungsweise freiwillig Engagierte enthalten die Ergebnisse der amtlichen Kinder- und Jugendhilfestatistik für die Handlungsfelder der Kinder- und Jugendarbeit einige Grunddaten (vgl. Mühlmann & Pothmann 2019a). Diese beziehen sich je nach betrachteter Gruppe tätiger Personen insbesondere auf Daten zur Verteilung nach Trägergruppen, formaler Qualifikation, Beschäftigungsstatus oder auch Alter und Geschlecht.

Über die Statistik zu den Einrichtungen und tätigen Personen liegen insbesondere Daten zu den voll- und teilzeitbeschäftigten Personen bei Trägern der öffentlichen und freien Kinder- und Jugendhilfe vor. Für die Kinder- und Jugendarbeit weist die Erhebung zum Jahresende 2018 32.132 dieser Beschäftigten in Handlungsfeldern der Kinder- und Jugendarbeit aus. Rechnet man die Beschäftigungsumfänge dieser tätigen Personen auf Vollzeitstellen um – die so genannte »Vollzeitäquivalente« (VZÄ) –, so ergeben sich personelle Ressourcen in einem Umfang von 19.762 VZÄ. Das entspricht 11,5 VZÄ pro 10.000 junge Menschen im Alter von 6 bis unter 27 Jahren (vgl. Tab. 5.1).

Nachdem bis Ende der 1990er Jahre für die Kinder- und Jugendarbeit ein beachtlicher Beschäftigungsaufbau zu beobachten war (vgl. Thole 2000, S. 172 f), zeigt sich für die nächsten 20 Jahre bis Ende der 2010er Jahre einerseits ein Rückgang bei den tätigen Personen bis etwa Mitte der 2000er Jahre sowie in den 2010er Jahren eine Konsolidierung mit insbesondere in Westdeutschland zuletzt leichten Zunahmen (vgl. Tab. 5.1).

Tab. 5.1: Entwicklung der personellen Ressourcen in Vollzeitäquivalenten[1] für die Kinder- und Jugendarbeit (Deutschland sowie Ost- und Westdeutschland; 1998-2018)[2]

	Angaben absolut			Angaben pro 10.000 der 6- bis unter 27-Jährigen		
	Deutschl. insgesamt	Ost-deutschl.[3]	West-deutschl.[3]	Deutschl. insgesamt	Ost-deutschl.[3]	West-deutschl.[3]
1998	33.292	9.326	23.966	17,3	26,1	15,3
2002	27.541	7.418	20.124	14,4	23,4	12,6
2006	19.814	4.526	15.288	10,5	16,3	9,5
2010	20.734	4.011	16.724	11,6	16,7	10,8
2014	17.563	3.100	14.463	10,2	14,4	9,6
2016	18.652	3.323	15.329	10,7	15,5	10,0
2018	19.762	3.255	16.507	11,5	15,3	11,0

1 Für die Berechnung der Vollzeitäquivalente wird der wöchentliche Beschäftigungsumfang der tätigen Personen in fiktive Vollzeitstellen umgerechnet. Rundungsbedingt kann die Summe der Ergebnisse von Ost- und Westdeutschland vom Resultat für Deutschland insgesamt abweichen.

2 Die Angaben zu den tätigen Personen basieren auf den Angaben zu den so genannten »Arbeitsbereichen«, die für die tätigen Personen in der amtlichen Kinder- und Jugendhilfestatistik angegeben werden. Dies sind für die Kinder- und Jugendarbeit folgende Merkmalsausprägungen: Kulturelle Jugend(bildungs)arbeit, außerschulische Jugendbildungsarbeit, Kinder- und Jugenderholung, internationale Jugendarbeit, freizeitbezogene, offene Jugendarbeit und Jugendpflege, Jugendverbandsarbeit, mobile Jugendarbeit, Jugendberatung und Spielplatzwesen.

3 Ostdeutschland umfasst die Ergebnisse für die östlichen Flächenländer. Die Resultate für Berlin werden in der Spalte für Westdeutschland (westliche Flächenländer plus Stadtstaaten) mitberücksichtigt.

Quelle: Statistisches Bundesamt: Statistiken der Kinder- und Jugendhilfe – Einrichtungen und tätige Personen in der Kinder- und Jugendhilfe ohne Tageseinrichtungen für Kinder, versch. Jahrgänge; eigene Berechnungen

Bei genauerer Betrachtung der in den Handlungsfeldern der Kinder- und Jugendarbeit tätigen Personen sowie deren Verteilung nach Geschlecht, Alter, wöchentlichem Beschäftigungsumfang sowie beruflicher Qualifikation und Anstellungsträger ist für die Entwicklung in den Jahren 2010 bis 2018 auf Basis der amtlichen Daten Folgendes zu konstatieren (vgl. Tab. 5.2):

(1) Weit mehr als die Hälfte, das heißt 58 % aller Mitarbeiter*innen in den Handlungsfeldern der Kinder- und Jugendarbeit sind in den 2010er Jahren Frauen. Diese Quote erweist sich für den hier betrachteten Zeitraum als stabil.

(2) Bei der Altersverteilung entfallen Ende 2018 gerundet 40 % bzw. 39 % der Beschäftigten auf die Altersgruppen der 25- bis unter 40- sowie der 40- bis unter 60-Jährigen. Knapp 8 % sind 60 Jahre oder älter und 14 % sind jünger als 25 Jahre. Zwischen 2010 und 2018 ist eine anteilige Reduzierung für die Altersgruppe der 40- bis unter 60-Jährigen zu konstatieren, während die Quoten für die anderen Altersgruppen jeweils geringfügig zunehmen.

Tab. 5.2: Personal in der Kinder- und Jugendarbeit[1] nach ausgewählten Merkmalen (Deutschland; 2010, 2014 und 2018)

	2010		2014		2018	
	insg.	in %	insg.	in %	insg.	in %
Beschäftigte insgesamt	35.959		29.126		32.132	
Vollzeitäquivalente[2]	20.734		17.565		19.762	
Männer	15.045	41,8	12.218	41,9	13.335	41,5
Frauen	20.914	58,2	16.908	58,1	18.797	58,5
< 25 Jahre	4.575	12,7	3.594	12,3	4.478	13,9
25–40 Jahre	13.584	37,8	11.290	38,8	12.835	39,9
40–60 Jahre	16.684	46,4	12.625	43,3	12.374	38,5
> 60 Jahre	1.116	3,1	1.617	5,6	2.445	7,6
Unter 19 Stunden	10.329	28,7	7.532	25,9	8.045	25,0
19 bis unter 32 Stunden	10.659	29,6	8.832	30,3	9.646	30,0
32 Stunden und mehr	14.971	41,6	12.762	43,8	14.441	44,9
Abgeschlossene Berufsausbildung	30.657	85,3	24.967	85,7	27.167	84,5
Fachlich einschlägige Ausbildung (Soz. Berufe)	21.680	60,3	18.290	62,8	20.139	62,7
Fachlich einschlägige, akademische Qualifizierung	15.040	41,8	13.351	45,8	14.538	45,2
Öffentliche Träger	13.906	38,7	11.601	39,8	12.575	39,1
Freie Träger	22.053	61,3	17.525	60,2	19.557	60,9

1 Die Angaben zu den tätigen Personen basieren auf den Angaben zu den so genannten »Arbeitsbereichen« (vgl. dazu Tab. 5.1).

2 Über die Angaben zum wöchentlichen Beschäftigungsumfang können Ergebnisse zu den tätigen Personen in so genannten »Vollzeitäquivalente« umgerechnet werden. Das entspricht einer Darstellung der Beschäftigtenzahlen in fiktive Vollzeitstellen (vgl. auch Mühlmann & Pothmann 2018, S. 28).

Quelle: Statistisches Bundesamt: Statistiken der Kinder- und Jugendhilfe – Einrichtungen und tätige Personen in der Kinder- und Jugendhilfe ohne Tageseinrichtungen für Kinder, versch. Jahrgänge; eigene Berechnungen

(3) Knapp 45 % der Ende 2018 über die Statistik erfassten tätigen Personen sind hauptberuflich Berufstätige auf Vollzeitbasis bzw. einer vollzeitnahen Teilzeitbeschäftigung respektive eines wöchentlichen Beschäftigungsumfangs von 32 Stunden oder mehr. Dieser Anteil hat in den 2010er Jahren etwas zugenommen. Hingegen ist der Anteil der Teilzeitbeschäftigten mit einem wöchentlichen Beschäftigungsumfang von 19 bis unter 32 Stunden pro Woche mit etwa 30 % der tätigen Personen in der Kinder- und Jugendarbeit im hier beobachteten Zeitraum konstant. Etwa ein Viertel der über die Statistik erfassten Mitarbeiter*innen arbeiten – Stand 2018 – weniger als 19 Stunden pro Woche. Zwischen 2010 und 2018 hat sich dieser Anteil etwas reduziert.

(4) Das zertifizierte Qualifikationsprofil der Mitarbeiter*innen in der Kinder- und Jugendarbeit ist grundsätzlich breit gestreut und reicht von Ärzt*innen über Logopäd*innen und Heilpädagog*innen, diplomierten sozialpädago-

gischen Fachhochschul- und Universitätsabsolvent*innen über Hauswirtschaftler*innen, Industriemeister*innen bis hin zu Personen mit einem künstlerischen Ausbildungsabschluss. Allerdings verfügen laut Erhebungen für die 2010er Jahre etwa 15 % der in der Kinder- und Jugendarbeit tätigen Personen über keinerlei Ausbildungsabschluss.

Bundesweit verfügen 14.538 der Ende 2018 in der Kinder- und Jugendhilfestatistik erfassten Beschäftigten über eine fachlich einschlägige akademische Qualifikation, also beispielsweise einen Fachhochschulabschluss oder auch einen Universitätsabschluss der Fachrichtung Soziale Arbeit. Das entspricht rund 45 % der in der Kinder- und Jugendarbeit tätigen Personen. Der Anteil liegt gegenüber dem Ergebnis von 2010 um 3 Prozentpunkte höher. Erweitert man diese Gruppe um die Fachkräfte mit einer fachspezifischen Ausbildung, also beispielsweise Erzieher*innen, so bewegen sich die Anteile dieser Beschäftigten mit einer fachlich einschlägigen Ausbildung bei zuletzt 63 %.

(5) Damit kann der Stand der statistisch dokumentierten Fachlichkeit insgesamt allerdings noch nicht überzeugen. So machen die Daten deutlich, dass auch heute noch weit über 50 % der Beschäftigten keine Möglichkeit hatten, sich über ein Studium oder eine Ausbildung hinreichend auf eine Tätigkeit in der Kinder- und Jugendarbeit vorzubereiten. Gleichwohl ist aber auch einzuräumen, dass möglicherweise viele der aktuell Beschäftigten ohne einen akademischen Abschluss im Beruf qualifiziert arbeiten und möglicherweise auch besser für die berufliche Tätigkeit geeignet sind bzw. diese ausüben als Hochschulabsolvent*innen. Dies ist allerdings über die statistischen Daten weder zu belegen noch in Zweifel zu ziehen. Die alleinige formale Qualifikation ist sicher kein Indiz dafür, ob jemand für die außerschulische Kinder- und Jugendarbeit hinreichend qualifiziert und geeignet ist (vgl. Lüers 1979, S. 57; auch Pothmann & Thole 2021).

(6) Bundesweit sind laut Kinder- und Jugendhilfestatistik 2018 bei den freien Trägern knapp 61 % und bei öffentlichen Trägern rund 39% aller Mitarbeiter*innen beschäftigt. Diese Verteilung bestätigt sich weitgehend auch für die Ergebnisse der Jahre 2010 und 2014.

Eine wichtige personelle Ressource für die Kinder- und Jugendarbeit ist das ehrenamtliche oder freiwillige Engagement. Ein Gesamtbild bezüglich der in den Handlungsfeldern der Kinder- und Jugendarbeit engagierten Ehrenamtlichen ist aus den vorliegenden Studien auch nach dem zweiten Jahrzehnt des 21. Jahrhunderts nur eingeschränkt zu gewinnen. Bezüglich der ehrenamtlichen oder freiwillig, unbezahlt Tätigen zum Beispiel in den Jugendfreizeitzentren, Jugendhäusern und Jugendheimen, den kulturellen Arbeitsgemeinschaften und den sozio-kulturellen Zentren, Fußballfanprojekten oder auf den Bau- und Abenteuerspielplätzen fehlen oftmals valide Daten. So fällt man häufig auf die Erkenntnis zurück, dass sich Jugendliche und jüngere Erwachsene in den genannten Handlungsfeldern sowohl bei öffentlichen als auch insbesondere bei freien Trägern und den Kinder- und Jugendverbänden freiwillig engagieren. So lagen lange Zeit hierzu über die amtliche Kinder- und Jugendhilfestatistik im Gegensatz zu den haupt- und nebenberuflich tätigen Personen keinerlei belastbare Angaben vor und auch darüber hinaus kam man zumindest bis Ende der 1990er Jahre in der Regel nicht darüber hinaus, mehr oder weniger plausible Schätzungen zu veröffentlichen.[77] Zwar verweisen die bis dahin vorgelegten Forschungsergebnisse immer wieder auf die Relevanz dieser Gruppe von tätigen Personen für das Arbeitsfeld und einzelne Handlungsfelder, aber schon hinsichtlich einer empirisch differenzierten Beschreibung des Engagements bestanden erhebliche Schwächen mit Blick auf die Datenlage (vgl. Thole 2000, S. 172 f).

Die Datenlage zum ehrenamtlichen Engagement hat sich trotz der verbundenen besonderen methodischen Hürden und Schwierigkeiten (vgl. z. B. Seckinger et al. 2016, S. 96) in den letzten Jahren verbessert (vgl. z. B. BMFSFJ 2017, 2019; Ilg, Heinzmann & Cares 2014; Mühlmann, Pothmann & Volberg 2019). Dies ist auch an der Weiterentwicklung der amtlichen Kinder- und Jugendhilfestatistik zu beobachten. Auch wenn hier immer noch nicht analog zu den Vollzeit- und Teilzeittätigen die Gesamtzahl der ehrenamtlich im Arbeitsfeld engagierten Personen erfasst werden können, so wird bei der Erhebung zu den öffentlich geförderten Angeboten der Kinder- und Jugendarbeit immerhin bundesweit alle 2 Jahre nach der Mitarbeit respektive dem ehrenamtlichen, freiwilligen Engagement gefragt. Hierzu heißt es in den Erläuterungen zur amtlichen Erhebung:

> »Ehrenamtlich Tätige sind keine Teilnehmenden. Sie sind Personen jeglichen Alters, die freiwillig, unentgeltlich oder gegen eine geringfügige, unterhalb einer tariflichen Vergütung liegenden Aufwandsentschädigung sich für gemeinnützige Aufgaben in einem institutionellen Rahmen zur Verfügung stellen. (…) Das freiwillige Engagement sollte dabei regelmäßig oder über einen längeren Zeitraum oder bei bestimmten Veranstaltungen ausgeübt werden« (Statistische Ämter des Bundes und der Länder 2017, Erläuterungen, S. 4).

---

77 Statt verlässlichen oder auch nur annähernd soliden Daten zum Stellenwert und zum Umfang des ehrenamtlichen Engagements in den klassischen Organisationen des Ehrenamts, den Wohlfahrts- und Jugendverbänden musste auf mehr oder weniger vage Schätzungen zurückgegriffen werden. Der Deutsche Bundesjugendring beispielsweise ging zwar von mehr als 12 Millionen ehrenamtlich Tätigen in der Bundesrepublik Deutschland zum Ende des letzten Jahrhunderts aus, wovon zirka eine Million in der Kinder- und Jugendarbeit anzutreffen gewesen sein sollten, belegt diese Annahme jedoch nicht weiter (vgl. Deutscher Bundesjugendring 1998).

Zumindest in Ansätzen ist auf dieser Basis eine Vermessung des ehrenamtlichen Engagements für die Kinder- und Jugendarbeit möglich (vgl. auch Mühlmann & Pothmann 2019a, S. 119):[78]

- So wurden 2017 56 % aller erfassten öffentlich geförderten Angebote unter Mitwirkung von Ehrenamtlichen durchgeführt. Insgesamt wurden bei diesen Angeboten 570.300 ehrenamtliche Engagements erfasst.[79] Diese entfielen zu 26 % auf unter 18-Jährige, zu 39 % auf 18- bis unter 27-Jährige, zu 21 % auf 27- bis unter 45-Jährige sowie zu 13 % auf Personen im Alter von 45 Jahren oder älter. Die Engagements entfallen zu 48 % auf männliche und zu 52 % auf weibliche Personen.
- Allerdings verdeckt der Blick auf alle Angebote und die Gesamtquote von 56 % an Angeboten mit einem ehrenamtlichen, freiwilligen Engagement deutliche Unterschiede zwischen den in der amtlichen Statistik differenziert erfassten offenen Angeboten auf der einen Seite sowie gruppenbezogenen Angeboten und Veranstaltungen bzw. Projekten auf der anderen Seite. So liegt die Quote von Angeboten aus dem Berichtsjahr 2017 mit einer Mitarbeit von Ehrenamtlichen für den offenen Bereich (49 %) etwas niedriger als für die gruppenbezogenen Angebote (58 %). Für Veranstaltungen und Projekte wird mit 58 % der höchste Anteil ausgewiesen, wobei in diesem Angebotsbereich noch einmal erhebliche Differenzen festzustellen sind: Während rund 74 % der Freizeiten von einer ehrenamtlichen Mitarbeit profitiert haben, gilt dies lediglich für knapp 41 % der über die Statistik erfassten Projekte.
- Allerdings zeigen sich beim ehrenamtlichen, freiwilligen Engagement Unterschiede zwischen Ost- und Westdeutschland. Während für Westdeutschland 57 % aller erfassten Angebote mit Unterstützung eines ehrenamtlichen, freiwilligen Engagements durchgeführt werden, gilt das für Ostdeutschland lediglich für 47 % der Angebote. Die Ehrenamtlichen respektive Freiwilligen, die die Angebote der Kinder- und Jugendarbeit unterstützen, sind mit 67 % in Westdeutschland zu einem etwas höheren Anteil noch unter 27 Jahren als

78 Den nachfolgenden Ergebnissen liegt folgende Quelle zugrunde: Statistisches Bundesamt: Statistiken der Kinder- und Jugendhilfe – Angebote der Jugendarbeit; 2017; eigene Berechnungen.

79 Die Statistik zu den öffentlich geförderten Angeboten erfasst nicht die Zahl der sich ehrenamtlich oder freiwillig in der Kinder- und Jugendarbeit engagierenden Personen, sondern zählt pro Angebot die Zahl der ehrenamtlichen Engagements. Die Summe dieser Angaben ergibt allerdings nicht die Zahl der Ehrenamtlichen in der Kinder- und Jugendarbeit, da zumindest für einen Teil dieser Personengruppe von mehreren Engagements pro Jahr in Angeboten der Kinder- und Jugendarbeit auszugehen ist.

in Ostdeutschland mit 53 %; hier sind die Engagierten demnach häufiger älter als in den westlichen Bundesländern.

Insgesamt jedoch ist der Erkenntnisstand zum ehrenamtlichen Engagement in der Kinder- und Jugendarbeit und damit auch in der Jugendverbandsarbeit nicht nur in Bezug auf das quantitative Ausmaß des Engagements, sondern auch bezüglich der ausgeübten Tätigkeiten noch weiter ausbaufähig, zumal weiterhin zu wenig darüber bekannt ist, wie sich die »Gesamtszene« der ehrenamtlichen Mitarbeiter*innen nach beruflichen Erfahrungen, Geschlechtszugehörigkeit, Alter und Nationalität strukturiert (vgl. bereits Beher, Liebig & Rauschenbach 1998).

Im 15. Kinder- und Jugendbericht findet die ehrenamtliche Tätigkeit immerhin eine Erwähnung unter Bezug auf eine Jugendzentrumserhebung des DJI aus dem Jahre 2011, die Auskunft über die Bereiche gibt, in denen Ehrenamtliche in Jugendzentren hauptsächlich tätig sind (Begleitung oder Durchführung von Ausflügen, Ferienmaßnahmen, Veranstaltungen und pädagogisch-inhaltlichen Aufgaben, wie beispielsweise Gruppen organisieren, Dienste übernehmen, Nachhilfe erteilen sowie Renovierungsarbeiten übernehmen, aber auch die Gestaltung der Außenanlagen und weitere handwerkliche Arbeiten) (vgl. Deutscher Bundestag 2017a, S. 392).

Pluto und van Santen (2019) bezeichnen vor dem Hintergrund der besagten DJI-Untersuchung das Wissen zum ehrenamtlichen Engagement in der Offenen Kinder- und Jugendarbeit weiterhin als »blinden Fleck«. Dazu wird erläuternd ausgeführt,

> »dass in der OKJA kein Bewusstsein dafür existiert, dass die vielfältigen Tätigkeiten, die von Jugendlichen selbst erbracht werden und die gängigen Kriterien für ehrenamtliches Engagement erfüllen, ehrenamtliches bzw. freiwilliges Engagement sind« (Pluto & van Santen 2019, S. 308).

Eine weitere wichtige Datengrundlage für die Erfassung des ehrenamtlichen bzw. freiwilligen Engagements in der Kinder- und Jugendarbeit ist der so genannte »Freiwilligensurvey«. Eine vom BMFSFJ (2017) herausgegebene Sonderauswertung des Vierten Deutschen Freiwilligen Surveys beispielsweise informiert über die Bereiche und Motive des freiwilligen Engagements, wobei für Letzteres »Spaß haben«, »mit anderen Menschen zusammenkommen« und »Qualifikationen erwerben« die hauptsächlichen Beweggründe darstellen (vgl. BMFSFJ 2017, S. 28). Empirisch und über Erfahrungen zaghaft angezeigt wird zudem, dass

- ehrenamtliche Mitarbeiter*innen dazu tendieren, pädagogische Handlungsstrategien zu reproduzieren, die sie in ihrer ehrenamtlichen Jugendarbeitsphase kennenlernten,
- ehrenamtliche Mitarbeiter*innen zumeist in den Kinder- und Jugendverbän-

den und dort bei der Gestaltung von Freizeiten und Erholungsmaßnahmen, Schulungen und Gruppenstunden aktiv sind,

- in sach- und politikbezogenen Arbeitsbereichen vornehmlich männliche und in der konfessionellen Kinder- und Jugendarbeit hauptsächlich weibliche Ehrenamtliche zu finden sind,
- die ehrenamtlichen Mitarbeiter*innen am längsten aktiv sind, wenn sie sich einen »Funktionärsstatus« erobern,
- sich die Ehrenamtlichen durchschnittlich unter vier Jahren engagieren sowie sich ihr Engagement auf Aktivitäten vor Ort konzentriert und begrenzt

und

- sich oftmals in der Mitte des zweiten Lebensjahrzehnts das ehrenamtliche Tun gänzlich einstellt.

Zum Weiterlesen – Literaturhinweise

Mühlmann, T., & Pothmann, J. (2019). Kinder- und Jugendarbeit. In Autorengruppe Kinder- und Jugendhilfestatistik (Hrsg.), *Kinder- und Jugendhilfereport 2018* (S. 103–122). Opladen: Barbara Budrich.

Pothmann, J., & Thole, W. (2021). Die Mitarbeiter*innen in der Offenen Kinder- und Jugendarbeit. In U. Deinet, B. Sturzenhecker, L. von Schwanenflügel & M. Schwerthelm (Hrsg.), *Handbuch Offene Kinder- und Jugendarbeit* (5. komplett überarbeitete und erneuerte Auflage, S. 111–123). Wiesbaden: Springer VS.

5.3 Qualifikationsprofile, Wissensressourcen und Handlungskompetenzen der Mitarbeiter*innen

Was über das Wissen von Mitarbeiter*innen gewusst wird

Was die ehrenamtlich-, neben- und hauptberuflichen Mitarbeiter*innen in der Kinder- und Jugendarbeit machen, also welche Angebote, Projekte und Maßnahmen sie durchführen, wie sie ihren Alltag und ihre Angebote konzipieren und methodisch strukturieren, ist in Programmankündigungen nachzulesen und teilweise in praxisorientierten Publikationen notiert. Doch die Frage, welches Können auf Seiten der Jugendarbeiter*innen anzutreffen ist und mit welchem Wissen sie ihr Machen, Können und Handeln begründen und produzieren, welche Formen sie finden, um ihre Kenntnisse für einen »gelungenen«, fachlich abgesicherten Berufsalltag fruchtbar zu machen, ist immer noch weitestgehend unaufgeklärt. Die Darstellung zu den Qualifikationsprofilen von Mitarbeiter*innen in der Kinder- und Jugendarbeit erfolgt vornehmlich über vorliegende fachwissenschaftliche Erkenntnisse, wobei die Phase der (Hochschul-)Ausbildung mit einbezogen wird.

Sicherlich wäre es interessant, diese eher fachwissenschaftlich induzierten

Qualifikationen zu ergänzen mit solchen Kompetenzen, die auf dem Arbeitsmarkt, z. B. in einschlägigen Stellenanzeigen nachgefragt werden; allerdings liegen solche Studien nicht vor und konnten im Rahmen dieses Einführungsbandes auch nicht eigens erstellt werden; zudem wäre dabei zu berücksichtigen, dass die auf dem Arbeitsmarkt, d. h. von Behörden, Institutionen und Trägern angefragten Fähigkeiten dabei allzu pragmatisch und auch problematisch auf das Funktionieren im ablaufenden Tagesgeschäft reduziert werden (z. B. in der Anfrage nach allumfassender Flexibilität oder Fähigkeit, Fördermittel einzuwerben). Weiterhin wird der Fokus im Folgenden auf generalisierte Kompetenzprofile gelegt, so dass arbeitsfeldspezifische Spezialkompetenzen wie z. B. in der Erlebnis- oder Kulturpädagogik ebenso unberücksichtigt bleiben wie trägerspezifische, z. B. kirchliche beziehungsweise religiöse Sonderkompetenzen. Abgesehen wird damit auch von der Erstellung filigraner ausufernder Kompetenzkataloge mit umfangreichen Auflistungen wünschenswerter Eigenschaften, deren auch nur annäherungsweise Umsetzung in der Praxis kaum realistisch ist (AGJF Sachsen 2002; Beher & Gragert 2004; Hess, Ilg & Weingardt 2004; Bayerischer Jugendring 2014).

Zu reflektieren sind zudem die Befunde aus allgemeinen und pädagogischen Kompetenzdebatten, die zunächst auf abstrakten Kompetenzdefinitionen beruhen und Kompetenz als einen Containerbegriff definieren, der ein Bündel von erwünschten Fähigkeiten und Fertigkeiten definiert. Zu den meistzitierten Definitionen der letzten Jahre zählt die stark psychologisch geprägte Auffassung von Weinert. Demnach bezeichnet Kompetenz

> »die bei Individuen verfügbaren oder durch sie erlernbaren kognitiven Fähigkeiten und Fertigkeiten, um bestimmte Probleme zu lösen, sowie die damit verbundenen motivationalen, volitionalen und sozialen Bereitschaften und Fähigkeiten, um die Problemlösungen in variablen Situationen erfolgreich und verantwortungsvoll nutzen zu können« (Weinert 2001, S. 27 f).

Mit dem Einlassen auf Kompetenzdiskussionen sind zum einen Fragen von Nützlichkeit und Verwertbarkeit, Employability, Arbeitsmarkttauglichkeit und Humankapital verbunden, zum anderen werden damit Machtfragen insofern tangiert, als dass es zweifellos eine Frage der Diskurs- und Definitionsmacht ist, wer wann was als kompetent definiert. Diese Fragen nochmals angewandt auf das vielfältig und permanent sich umwälzende und wandelnde Handlungsfeld der Kinder- und Jugendarbeit relativiert die nachfolgenden Überlegungen.

Handlungskompetenzen und beruflicher Habitus von hauptamtlichen Mitarbeiter*innen

Erfahrung, Wissen und Können

Qualitative Untersuchungen zeigen, dass die sozialpädagogischen Akteure in der Kinder- und Jugendarbeit mit Hochschulausbildung mehrheitlich fachlich einschlägige Publikationen nur dann rezipieren, wenn sie nach Lösungswegen für gravierende Alltagsprobleme Ausschau halten oder wenn sie zu besonders im Trend liegenden Themen, wie zur Zeit die angenommene hohe Affinität von Jugendlichen zu rechtsorientierten Ideologien oder Fragen der geschlechtsspezifischen Sozialisation, eine ebenfalls alltags- und praxisverträgliche Aufklärung suchen. Die herangezogenen Informationsquellen sind dabei allerdings nicht nur beliebig, sondern auch wenig spezifisch ausgewählt und einschlägig fachlich. Einige lesen das, was »Kolleg*innen empfehlen« oder versuchen, über ihre nicht fachorientierte Privatlektüre Anregungen für ihren beruflichen Alltag zu erhalten. Wenn überhaupt stehen kognitiv leichter zugängliche Periodika, wie die sozialpädagogischen und psychologischen Monatszeitschriften, generell in der Lesegunst weit vor wissenschaftlichen Monographien, populär aufgemachte Literatur zu speziellen Fragestellungen vor solcher, die grundlegende Fragen thematisieren und Publikationen mit einem vermeintlich hohen Alltagsbezug vor solchen mit einem angenommenen ausgefächerten theoretischen Gehalt. Aber auch diejenigen, die Bezüge zur wissenschaftlichen Literatur suchen, finden hier nur selten ein einschlägig ausgewiesenes fachliches, die berufliche Praxis in der Kinder- und Jugendarbeit fundierendes und abstützendes Referenzwissen. Mit anderen Worten: Die Mitarbeiter*innen in der Kinder- und Jugendarbeit zeigen mehrheitlich nur eine »niedrige« Affinität zu den wissenschaftlichen und fachlichen Diskursen der Erziehungs- und Sozialwissenschaft im Allgemeinen und der Sozialpädagogik des Kindes- und Jugendalters im Speziellen. Die verfügbaren fachlichen Wissens- und sozialen Erfahrungsressourcen sind in den Deutungen der Handelnden vorrangig in lebensweltlichen, biografisch angehäuften und alltagspraktischen Fähigkeiten gelagert. Nach wie vor gilt anscheinend: Der langjährige Kneipenjob, die Praxis im Sportverein, die vor dem Studium ausgeübte ehrenamtliche Tätigkeit, Erlebnisse in Praktika oder dem Freiwilligen Sozialen Jahr, Studienerfahrungen außerhalb der fachlichen Veranstaltungen, Gespräche mit Freund*innen und Bekannten, Kenntnis des Lebensmilieus heutiger Adressat*innen, die vor dem Studium aufgrund des eigenen Lebensweges erworben wurden, und die Kommunikation mit Kolleg*innen bilden die Palette, so hält eine Studie (vgl. Thole & Küster-Schapfl 1997) fest, die als wesentliche Quellen der fachlichen Expertise im Beruf ausgewiesen werden.

Bei der Hervorbringung einer beruflichen Fachlichkeit wird dem Studium folglich auch nur eine marginale, in der Regel fast ausschließlich formale Bedeutung zugesprochen. Das Studium scheint die Herausbildung einer pädagogischen respektive sozialpädagogischen Fachlichkeit und Performanz bei den Mitarbeiter*innen der Sozialpädagogik des Kindes- und Jugendalters nicht grundlegend zu habitualisieren. Ein anderes Bezugssystem als die über fachliches Wissen leicht unterfütterten sozial-biografischen Erfahrungen als zentrale Ressourcen zur Bewältigung des beruflichen Alltags und der Entwicklung von »Professionalität« liegt offensichtlich entfaltet nicht vor. Weder können die Institutionen und Organisationen der Sozialen Arbeit mit ihren nur äußerst unvollständigen Skripts und Identifikationspunkten die beruflich Tätigen bei der Entwicklung eines fachlich ausgewiesenen sozialpädagogischen Alltags entlasten noch liegt der sozialpädagogischen Praxis ein Kanon vor, der die Ritualisierung, Verwertung und Verberuflichung sozialer biografischer Erfahrungen und Ressourcen im Kontext der institutionellen Netzwerke Sozialer Arbeit fachlich kodifiziert. Somit kommt dem Satz einer befragten Jugendarbeiterin – »Man wächst ja auch mit der Zeit durch die Routine, die man bekommt« – fast eine paradigmatische Bedeutung in Bezug auf die Mitarbeiter*innen in der Kinder- und Jugendarbeit zu.

Offen ist, warum es den Qualifizierungsorten offensichtlich nicht oder nur unzureichend gelingt, diese lebensweltlichen und habituellen Prägungen nachhaltig in Richtung einer professionell-reflexiven Berufsauffassung »umzuformen«. Die für das Studium der Sozialen Arbeit vorliegenden Qualifikationsrahmen sowie fachwissenschaftliche Befunde und Anregungen (vgl. u. a. Becker-Lenz & Müller 2008; Dewe & Stüwe 2016) zu möglichst optimalen Studienstrukturen, -bedingungen und -inhalten können zwar als Hintergrundinformationen aufgenommen werden, müssten allerdings speziell auf das Arbeitsfeld der Kinder- und Jugendarbeit hin spezifiziert werden. Beispielsweise zielt das »Studienbuch Kinder- und Jugendarbeit« von Thomas Meyer und Rainer Patjens (2020) sehr pragmatisch darauf ab, vorzustellen, was die Studierenden lernen und wissen sollten, worüber sie nachdenken sollten und welche Kompetenzen für die Praxis nützlich sein könnten (vgl. Meyer & Patjens 2020, S. 8)

Nachvollziehbar dürfte aber dennoch sein, dass sich Studierende der Sozialen Arbeit nicht für das Arbeitsfeld Kinder- und Jugendarbeit entscheiden, weil etwa dessen bildungstheoretische Grundlagen so triftig wären, sie in den Medien[80] mehrfach davon erfahren haben oder die Arbeitsbedingungen überragende Qualitäten aufweisen. Anzunehmen ist vielmehr, dass die Motivation zunächst entweder über eigene biografische Erfahrungen in diesem Arbeitsfeld erfolgt oder aber sich in einem testenden Zugang über die Mischung aus ersten Lehrveranstaltungen zu den Arbeitsfeldern der Sozialen Arbeit oder/und sodann über die

80 Vgl. exemplarisch: https://www.br.de/fernsehen/ard-alpha/sendungen/campus/mythos-sozialpaedagogik-100.html [Zugriff am 15. 12. 2020].

konkreten allerersten Praxiserfahrungen anbahnt und sodann sukzessive verdichtet. Werden diese ersten Zugänge nicht als hinreichend attraktiv im Sinne einer intuitiv-habituellen Passung erfahren (»Dieses Arbeitsfeld passt ›irgendwie‹ zu mir«), können auch noch so interessante und qualifizierte Lehrveranstaltungen zur Kinder- und Jugendarbeit Studierende möglicherweise nicht motivieren, sich diesem Handlungsfeld verstärkt zuzuwenden. Einen aktuellen Indikator für die hier zwischenzeitlich offenbar kaum verbesserte Lage liefert ein Aufruf der Bundesarbeitsgemeinschaft der Landesjugendämter (BAGLJÄ) aus dem Jahr 2016 unter dem Titel »Appell an die Hochschulen und Universitäten. Jugendarbeit studieren. Zum Verschwinden eines genuinen sozialpädagogischen Arbeitsfeldes an Hochschulen und Universitäten«.

Institutionelle Platzierungen und habituelle Profile

In Bezug auf das professionelle Profil liegen seit etlichen Jahren immer noch die identischen, allerdings spärlichen empirischen Befunde vor (Thole & Küster-Schapfl 1996; zusammenfassend Thole 2000, S. 178 ff.; Küster 2003; Cloos u. a. 2009; Schmidt 2011). Wird diesen Studien eine Bedeutung zugestanden (vgl. auch Kap. 1.3), dann werden die Handlungsfelder der Kinder- und Jugendarbeit über und durch die hier beruflich Tätigen in einer Art und Weise ausgestaltet, die jenseits eindimensionaler Bestimmungen liegen. Weder werden die beruflichen Akteur*innen ausschließlich dazu angehalten, marionettenhaft die systemischen Vorgaben institutionellen Ordnung zu reproduzieren, noch können sie autonom und lediglich an ihren Erfahrungen orientiert ihr Wissen in gekonntes Handeln überführen.

Den »natürlichen Ressourcen«, den sozial-kommunikativen Orientierungen und Fähigkeiten kommt zweifelsohne für die Ausgestaltung sozialpädagogischer Handlungsfelder, auch und insbesondere der Kinder- und Jugendarbeit eine nicht zu unterschätzende Geltung zu (vgl. Bröckling 2011). Viele Mitarbeiter*innen in der Kinder- und Jugendarbeit gehen allerdings davon aus, dass alltagsorientierte Fähigkeiten hinreichen oder explizit eine Entprofessionalisierung der außerschulischen Kinder- und Jugendarbeit mit der Begründung habitualisieren, nur so die autonome Verselbstständigung von Kindern und Jugendlichen fördern zu können. Sie glauben, auf die Ausbuchstabierung einer systematischen, wissenschaftlich gestützten und reflexiven Fachlichkeit bis fast zur Unkenntlichkeit hin verzichten zu können bzw. die »natürliche Fachlichkeit« in der Regel nur über ein populärwissenschaftlich und alltagspragmatisch fundiertes Wissensrepertoire untermauern zu müssen. Warum die akademisch qualifizierten Berufstätigen in den Handlungsfeldern der außerschulischen Kinder- und Jugendarbeit in der Regel einen nur undeutlich konturierten professionellen Habitus entwickeln, wird über diese Ergebnisse nachvollziehbar.

Keineswegs sind die beruflichen Profile der in der Kinder- und Jugendarbeit

Tätigen kongruent. Neben mehr oder weniger deutlichen fachlichen Abstützungen finden sich berufliche Profile, die tendenziell an habituelle Profile der privaten Lebensführung angelehnt sind neben solchen, die eine hohe Homogenität mit der sozialen Institution auszeichnet. Weder scheinen die Akteur*innen in der Kinder- und Jugendarbeit darauf zu vertrauen, dass ihrem Wissen ein exklusiver Stellenwert in Bezug auf soziale Fragen, Probleme und Risiken von den gesellschaftlichen Öffentlichkeiten zugestanden wird, noch scheinen sie selbst ihrem Wissen soweit zu vertrauen, dass sie es massiv und wohl temperiert zur habituellen Profilierung einzusetzen vermögen. Die beruflich soziale Praxis – die professionelle Performanz – und der professionelle, sozial-kulturelle Habitus ritualisieren sich primär über subjektive Orientierungen sowie den privaten Lebensstil und umgekehrt.

5.4 »Aber dazu brauche ich halt so genanntes Handwerkszeug«[81] – Professionalisierung als Herausforderung

Die soziale wie kulturelle Integration der jeweiligen heranwachsenden Generation über soziale Disziplinierung fördern und steuern, dies war bis weit in die 1950er Jahre hinein das Mandat, das die Gesellschaft den Jugendarbeiter*innen übertrug. Ihnen wurde die Lizenz übertragen, mittels methodisch strukturierter Angebote und Maßnahmen, je nach gesellschaftlicher Situation mal mehr, mal weniger autoritär und normativ, die Jugendlichen vor Verwahrlosung zu schützen, deren nonkonformistische Renitenzen zu kanalisieren und sie »passend« im Sinne des jeweiligen gesellschaftlichen Jugendentwurfes zu sozialisieren. Das Machen, Tun und Können orientierte sich an diesem Programm, war konturiert durch pädagogisch geleitete Intuition und diese wiederum war auszufüllen mit alltagsweltlich geprägten spielerischen, organisatorischen, rhetorischen, gesundheitlich-hygienischen, handwerklichen, musisch-kulturellen und in den Anfängen paramilitärischen Fähigkeiten.

Im Verlauf der 1960er Jahre gewannen Handlungskompetenzen an Bedeutung, die die Selbstartikulationsfähigkeiten und Kommunikationsformen von Jugendlichen und Kindern zu stärken beabsichtigten und deren Interessen und Wünsche pädagogisch entwickeln wollten. Fachwissenschaftlich und gesellschaftlich gefragt waren Fähigkeiten, die Ziele wie die Förderung kritischer Mündigkeit und die Erhöhung der Bildungsfähigkeit von marginalisierten Jugendlichen zu unterstützen erhofften (Mollenhauer 1964). Im Zuge der theorieorientierten Neukonzeptualisierung der Kinder- und Jugendarbeit seit Mitte der

81 Aussage von einer Stadtjugendpflegerin einer norddeutschen Kleinstadt auf die Frage, mit welchem Können sie meint, ihre Alltagsarbeit zu bewältigen.

1960er Jahre und insbesondere in der ersten Hälfte der 1970er Jahre wurde dieses Paradigma nochmals politisch akzentuiert, auch radikalisiert und hierüber auch »entmethodisiert«. In der zugespitzten und politisiertesten Variante hatten die Jugendarbeiter*innen nun einzig noch die Aufgabe, »die Befähigung und Motivation der Jugendlichen, kollektiv-organisiert die kapitalistische Klassenherrschaft zu bekämpfen« durch die Organisation von Lern- und Befähigungsprozessen zu unterstützen (Liebel 1974; Ahlheim 1971).

Wohlwissend um den illusionären, utopischen Charakter dieser für elementar erachteten Zielvorgaben und der damit der Kinder- und Jugendarbeit aufgebürdeten Überforderung, ist nicht zu übersehen, dass mit diesem Handlungsanspruch ein Aktivitätspotential sich entwickelte, das zwar den eigentlichen Intentionen nicht zu entsprechen vermochte, jedoch die Kinder- und Jugendarbeit zu einem lebendigen und innovativen sozialpädagogischen Handlungsfeld machte. Die von den Jugendarbeiter*innen praktizierten Handlungskompetenzen wurden über die politischen Ansprüche präformiert und zeitweise im Feld entgegen den publizierten Vorgaben auch methodisch-didaktisch unterfüttert, wenn im Einzelnen auch nicht systematisiert und strukturiert.

Die über die allgemeine Politisierung freigesetzten Handlungskompetenzen und -aktivitäten konnten allerdings nicht fachlich ausbuchstabiert und weiterentwickelt werden, so dass im Verlauf der politischen Entideologisierung der Sozialpädagogik ab Beginn der 1980er Jahre Gefühle der Unsicherheit und »Krisenhaftigkeit« der Kinder- und Jugendarbeit bei den Jugendarbeiter*innen zunahmen. Differente, sich ergänzende wie ausschließende konzeptionelle Muster stehen seit diesem Zeitpunkt nebeneinander. Darüber ausbuchstabierte »professionelle« Anforderungsprofile sehen die Jugendarbeiter*innen als nicht pädagogisch-wirkende Begleiter*innen von jugendlichen Selbstorganisationsprozessen, als infrastrukturelle Raumwärter*innen von öffentlichen Freizeit- und Bildungszentren sowie Projekten, als dienstleistungsorientierte Vernetzer*innen von regionalen und stadtteilbezogenen politischen und kulturellen Initiativen, als Lebensbewältigungshelfer*innen, auch und insbesondere für marginalisierte Kinder und Jugendliche, oder als Bildungs- und Freizeitpädagog*innen für adressaten- und lebensweltorientierte Projekte und Angebote (u. a. Böhnisch & Münchmeier 1987, 1990; Müller 1993; Thole 2000). Möglicherweise erfolgt gegenwärtig unter neuen Vorzeichen eine anerkennungs-, politik- und demokratie-konzeptionelle Erinnerung an die politisch-emanzipatorischen Zielsetzungen bereits vergangener Epochen.

Übersehen wird zuweilen, dass auch Sozialpädagog*innen und die sonstigen Berufstätigen in der Kinder- und Jugendarbeit Phasen des Übergangs im Erwachsenenalter neu erleben, die in ihrer Konfliktstruktur denen der von ihnen betreuten und zum Subjekt von Bildung auserkorenen Kindern und Jugendlichen nicht unähnlich sind. Vielleicht sind sie nicht mehr mit den jugendtypischen Verunsicherungen und Identitätsdiffusionen verbunden, bewältigt und durchschritten werden müssen sie jedoch auch von den Erwachsenen. Die Frage, die darüber aufgeworfen wird, ist relativ schlicht: Wie kann jemand mit welchen professionellen Ressourcen bildend agieren, der von dem Anlass der Bildungsabsicht ebenso betroffen ist wie derjenige, dem die Bildung zuteilwerden soll? Die Entzeitlichung von Statusübergängen und identitätssuchenden Phasen scheint in den Reflexionen über die Bildungsmöglichkeiten und -grenzen der Kinder- und Jugendarbeit bisher vernachlässigt worden zu sein. Sie zu reaktivieren scheint angebracht und notwendig, wenn der Neubelebung der Kinder- und Jugendarbeit als Bildungsprojekt nicht schon zu Beginn des Neudenkens der wünschenswerte »Esprit« entzogen werden soll (Thole 2003).

Insbesondere professionsbezogene Studien (Müller, Schmidt & Schulz 2005; Cloos, Köngeter, Müller & Thole 2007) zeigen, dass die Kinder- und Jugendarbeit Heranwachsenden aber mehr präsentiert als nur ein räumliches, mit pädagogischem Personal ausgestattetes Feld. Eingelagert in die Modalitäten der performativen Herstellung der sozial-pädagogischen Arena sind neben unterschiedlichen unterstützungs-, beratungs- und hilfeorientierten pädagogischen Szenen solche, die im Kern den Charakter der Kinder- und Jugendarbeit als Feld der Initiierung von sozialpädagogischen Bildungsprozessen ausweisen. In den Prozess der alltäglichen Konstituierung der Kinder- und Jugendarbeit als ein pädagogisches Handlungsfeld eingewoben sind vielfältige Bildungsanlässe, die von den pädagogischen Professionellen bewusst initiiert sein können und sich in den vorgehaltenen Angeboten dokumentieren, die aber auch situativ, quasi als Nebenfolge des pädagogischen Alltags, entstehen können. Zuweilen gelingt es den Pädagog*innen, diese Möglichkeiten zu identifizieren und bildungsorientiert aufzuladen, zuweilen bleiben die situativ entstehenden Möglichkeiten jedoch auch unentdeckt, werden übersehen oder aber werden aufgrund der Prominenz anderer Vorhaben nicht aufgegriffen. Pädagogisches Handeln und die Initiierung eines Bildungsprozesses können also nicht nur misslingen oder sich in einer vorher nicht intendierten Form realisieren, sondern auch den pädagogischen Professionellen unbekannt bleiben. Gerade jedoch auch in solchen »verpassten Chancen« dokumentiert sich das bildungsoffene Kontinuum der Kinder- und Jugendarbeit (vgl. Lindner 2004, S. 252; Delmas & Scherr 2005; Heinzel 2006).

Kinder- und Jugendarbeit als spezifischer pädagogischer Handlungsort mit einem ebenso charakteristischen Handlungstypus erfordert von den pädagogischen Mitarbeiter*innen ein aktives Engagement als »Andere unter Gleichen« und eine Teilnahme in dieser Rolle an den alltäglichen Kommunikationen der Jugendlichen. Die Pädagog*innen sind herausgefordert, diese Rolle nicht nur passiv auszufüllen, sondern sie durch Modulationen des Geschehens ständig auf Basis eines situativ zu findenden »Working Consensus« zwischen Pädagog*innen und Heranwachsenden zu rahmen und hierbei auch auszuhandeln, was als Nächstes geschieht. Neben dieser modulierenden Formung der Interaktionsprozesse dokumentiert der pädagogische Alltag der Kinder- und Jugendarbeit exklusive Formen der Bewältigung von »Übergängen« und hieran gekoppelt beziehungsweise eingewoben spezifische »Transformationen«. Im Gewand alltagskommunikativer Interaktionen illustrieren sie, wie pädagogisches Handeln sich realisiert, dabei performativ die widersprüchlichen Handlungsanforderungen in diesem institutionellen Rahmen bearbeitet und seine eigenwillige Kontur erhält.

Diese besondere Kontur des pädagogischen Szenarios konstituiert die Eigenständigkeit der Kinder- und Jugendarbeit und den Kontrast zu anderen pädagogischen Institutionen und Handlungsfeldern, der sich schon explizit in den Modalitäten des Eintritts dokumentiert. Die Rahmenbedingungen pädagogischen Handelns in schulischen Feldern und die dort anzutreffenden Regularien der Herstellung von Zugehörigkeit sind strukturell klar und institutionell geformt. Zugehörigkeit – der Übergang vom vor-schulischen, familialen Alltag und den Gleichaltrigenkontexten zum »schulischen Alltag« – wird nicht nur über gesellschaftlich und rechtlich abgesicherte Kodifikationen, sondern auch durch vorfindbare Gestaltungen der pädagogischen Handlungsstrukturen ermöglicht und gesteuert. Schule gliedert sich – jahrgangsweise und an den Leistungen der Schüler*innen orientiert – in Klassen und in Schultypen. Hier strukturieren geregelte Zeittakte den Schulalltag; das pädagogische Personal sortiert sich in unterschiedliche hierarchische Stufen und in der Regel über eine Wissens- und Generationendifferenz von den Schüler*innen, normative Regelwerke rahmen die sozialen Modalitäten und der Erwerb von Bildung verwirklicht sich über didaktisierte Lehr-Lern-Prozesse leistungsbezogen und selektiv. Hierüber wird eine sozialkulturelle Realität erzeugt, die die Formen der Zugehörigkeit nicht nur formal herstellt, sondern auch die Transformation von den Kinder- und Jugendlichenidentitäten in die des Schüler*innendaseins und die des Nur-Erwachsenen in die der Lehrer*innen steuert (vgl. Fend 1980; Merkens 2006). Schon über den Eintritt in die Schullaufbahn wird dieser Prozess des Übergangs und damit verbunden die hier gemeinte »Rollentransformation« formal angeregt.

Auf eine entsprechende oder auch nur vergleichbare Rahmung ihres institutionellen Settings kann die Kinder- und Jugendarbeit nicht zurückgreifen. Über den Eintritt – von »draußen« nach »drinnen« – in eine der Einrichtungen dieses sozialpädagogischen Handlungsfeldes wird eine analoge Rollentransformation wie beim Übergang in die Schule nicht automatisch angestoßen und ein Wechsel in die Rolle des »Kinder- oder Jugendhausmitgliedes« initiiert. Kinder und Jugendliche müssen ihre Alltagsidentitäten mit dem Eintritt in die Projekte der Kinder- und Jugendarbeit nicht abstreifen oder sie mit »neuen« Rollen kombinieren, sondern sind sogar gerade aufgefordert, sie in einem besonderen Raum ins Spiel zu bringen. Schon die Herstellung von Zugehörigkeit und nicht erst die von Gemeinsamkeit erfordert von den Kindern und Jugendlichen in diesem sozialpädagogischen Handlungsfeld ein aktives, kommunikatives Engagement. Von den Pädagog*innen erfordert dies eine Sensibilität für die differenten Formen und Prozeduren der Konstitution dieses »Sich-Einfindens« und die sich erst darüber herstellenden Modalitäten der Suche nach Gemeinsamkeit und der diesbezüglich erforderlichen Transformationen. Die Phänomene des Übergangs – die Herstellung von Zugehörigkeit und Gemeinschaft – stellen in der Kinder- und Jugendarbeit damit keineswegs nur Epiphänomene dar, die von einem »eigentlichen« Kerngeschäft zu unterscheiden wären. Vielmehr ist die Gestaltung jener Phänomene selbst, wie es am Beispiel der Herstellung von »Zugehörigkeit« gezeigt werden kann, wesentlicher Bestandteil dessen, was Kinder- und Jugendarbeit in seiner Heterogenität performativ konstituiert.

Die Arenen der Kinder- und Jugendarbeit beinhalten einen heimlichen Lehrplan, der die Herstellung von Zugehörigkeit von der performativen Herstellung von Gemeinschaft in Peergroups abgrenzt und doch, wenn auch auf einer anderen Ebene, Erfahrungen von Anerkennung ermöglicht. Die in der sozial-pädagogischen Arena zu beobachtenden Prozesse zeigen sich dabei keineswegs als chaotisch und anarchisch, sondern gestalten sich nach relativ klaren, wenn auch reflexiv häufig nicht rückgekoppelten und somit unthematisiert bleibenden »konstitutiven« Regeln, von denen drei – die Mitmach-, die Sichtbarkeits- und die Sparsamkeitsregel – konstitutive Merkmale sozialpädagogischen Handelns darstellen: In der Kinder- und Jugendarbeit verdichten sich die Bewältigung der professionellen Herausforderung in einem pädagogischen Engagement des Handelns als »Anderer unter Gleichen«. Diese Figur beschreibt – erstens – die Differenz zu anderen sozialpädagogischen und sozial-therapeutischen Handlungsfeldern, in denen zwar die diffusen Beziehungsanteile nicht gänzlich außer Acht gelassen werden können, jedoch Mitmachen, Sparsamkeit und Erkennbarkeit in der oben beschriebenen Form eine geringere Rolle zu spielen scheinen. Darüber hinaus skizziert diese Handlungsfigur – zweitens – den Unterschied zu anderen pädagogischen, insbesondere schulpädagogischen Handlungsfeldern sowie – drittens – zu anderen professionellen Milieus wie beispielsweise der Medizin oder der Jurisprudenz.

Die zu beobachtende pädagogische Nonchalance stellt die professionelle pädagogische Antwort auf die komplexen Bewältigungsaufgaben dar. Die Sozialpädagogik der Kinder- und Jugendarbeit hat über sparsames Mitmachen und kontinuierliche Präsenz, aber keineswegs getragen von einer aufdringlich autoritären Bevormundung der Heranwachsenden durch die Professionellen, sichtbar zu sein. Die hierzu erforderliche pädagogische Nonchalance votiert keineswegs für eine Validierung der Annahme – wie auf den ersten Blick zu vermuten –, hier ein sozialpädagogisches Handlungsfeld ohne innere Strukturiertheit vorliegen zu haben – im Gegenteil: Die hier als pädagogische Nonchalance herausgestellte Haltung stellt einen eminent wichtigen Handlungsmodus der Kinder- und Jugendarbeit dar, die sich auch in dem inhaltlichen Profil und in »verpassten Bildungsgelegenheit« (vgl. Müller, Schmidt & Schulz 2005, S. 209 f), illustriert. Gerade hier dokumentiert sich plastisch der in den Alltag eingelagerte Charakter der Kinder- und Jugendarbeit als Feld non-formaler Bildung. Die Bedeutung informeller Sozialisationskontexte für die Aneignung von kulturellem Kapital wird hierüber explizit angedeutet; all dies ist in reflektierten und komplexen didaktischen Arrangements (Lindner 2014) professionell tagtäglich unter Beweis zu stellen.

Jugendarbeiter*innen, die betonen, dass das »Studium nichts gebracht hat«, die »Praxis etwas ganz anderes ist als die Theorie« und »man das Studium in der Praxis schnell vergessen sollte« (vgl. Thole & Küster-Schapfl 1991), wissen um die Schwierigkeiten, Wissen in Können, Theorie in Praxis zu übersetzen bzw. zu übertragen. Sie übersehen häufig jedoch, dass zur Entwicklung einer fachlich fundierten und nicht auf Zufälligkeiten vertrauenden Kinder- und Jugendarbeitspraxis alltägliche, intuitive und natürliche Wissensressourcen allein nicht ausreichen. Unabhängig davon, welches berufliche Verständnis die Jugendarbeiter*innen für sich jeweils favorisieren, also für welches berufliche Praxisprofil ihrer Rolle sie sich entscheiden, sind von ihnen über Wissen abgefederte Handlungskompetenzen zu erwarten, ohne die ein fachlich fundierter Berufsalltag nicht gelingen kann. Hauptberufliche Mitarbeiter*innen in der Kinder- und Jugendarbeit sollten:

- Kenntnisse über die Lebenslagen und -verhältnisse von Kindern und Jugendlichen, ihre sozialkulturellen wie politischen Orientierungen und Stilpräferenzen sowie gesellschaftlichen Verortungswünsche, über die mit den Modernisierungsprozessen sich ständig modifizierenden Gestaltungsmöglichkeiten der Kindheits- und Jugendphase und der damit verbundenen Risiken und besonderen Problemlagen haben;
- Wissen über die politisch-institutionellen Strukturen des bundesrepublikanischen Sozial- und Jugendhilfesystems besitzen, insbesondere in Bezug auf die kommunalen Strukturen sowie Wissen darüber, wie die Öffentlichen Träger, also die Jugendämter und Freien Träger, die Jugend- und Wohlfahrtsverbände, intern aufgebaut sind;
- Wissen hinsichtlich der Modulation pädagogischer Situationen und auch bezüglich der professionell zu bewältigenden Paradoxien und Ambiguitäten aufweisen;
- Kenntnisse über die rechtlichen Kodifizierungen der Kinder- und Jugendhilfe besitzen und über die länderspezifischen Ausführungsbestimmungen, also Wissen über das Kinder- und Jugendhilfegesetz und die entsprechenden länderbezogenen Ausführungsbestimmungen;
- Wissens über subjekt-, milieu- und lebenswelt- sowie gesellschaftsbezogene soziologische und psychologische Theorien haben;
- Wissen über die professionsethischen Standards sozialpädagogischen Handelns in institutionellen Kontexten haben;
- Wissen über das Netzwerk sozialpädagogischer Hilfs- und Beratungsangebote allgemein und ortsbezogen vorweisen können;

- Wissen über die Reproduktionsmechanismen gesellschaftlicher Ungleichheit, u. a. in Bezug auf die Geschlechter und Ethnien, haben

und

- Kenntnisse besitzen über den Einsatz von unterschiedlichen Methoden und Evaluationsformen, Organisationskonzepten und Kommunikationsformen.

Nachdrücklich erinnern insbesondere die Ergebnisse der sozialwissenschaftlichen Verwendungsforschung daran, dass einfache Transfer- und Transformationsprozesse von Wissensbeständen in die sozialpädagogische Handlungspraxis nur in den wenigsten Fällen und keineswegs durchgängig gelingen – es führt kein unmittelbarer Weg vom theoretischen Wissen zum praxiskompatiblen Handlungswissen (u. a. Dewe, Ferchhoff & Radtke 1992; Sehmer u. a. 2020). Die genannten wissenschaftlichen und alltagspraktischen Wissensbestände sind nur situations- und fallbezogen zu stimulieren und zu überdenken. In der beruflichen Praxis entwickeln sich diese über kontinuierliche Aktualisierungsprozesse zu aufgeschichteten Handlungsstrategien und -routinen. Und dabei sind »die« Professionellen immer wieder aufgefordert, ihre subjektiven und intuitiven Handlungsmuster kritisch zu inspizieren sowie ihre Wissensbestände und Deutungsmuster, aber auch die alltagsroutinisierten Regeln des Handelns unter Rückgriff auf die wissenschaftlichen und alltagspragmatischen Wissensbestände zu analysieren (vgl. Sturzenhecker 1996, S. 16 f; Cloos et al. 2009; Hafeneger 2013; Gumz, Marks & Thole 2020).

Das »Herstellen«, »Machen« und »Organisieren« von institutionalisierten sozialpädagogischen Arenen, Angeboten und Projekten erfordert demzufolge eine ganze Reihe anspruchsvoller »praktischer Handlungsfähigkeiten«. Die Pädagogik in der Kinder- und Jugendarbeit verlangt von ihren Mitarbeiter*innen insbesondere

- emphatische, biografie- wie ethnografieorientierte Wahrnehmungs-, Verstehens- und Beratungsfähigkeiten

sowie

- kommunikative Fähigkeiten, also die Fähigkeit, mit Kindern und Jugendlichen alltägliche, anerkennungsbasierte pädagogische Beziehungen eingehen zu können (selektiv-authentisch »quatschen und labern«); diese Fähigkeiten können sowohl für mögliche Beratungen (Hollstein-Brinkmann & Knab 2016), aber auch für potenzielle Bildungsprozesse modifiziert werden, wenn Sozialpädagog*innen, sympathische, aber auch »zur Auseinandersetzung bereite« (Hafeneger 2013, S. 426), »andere« Erwachsene verkörpern; hierzu gehören auch Fähigkeiten, mit den professionsethischen Prämissen, beispielsweise in der Ausbalancierung des Verhältnisses von Nähe und Distanz, souverän und nicht grenzverletzend umzugehen und Missachtungen dieser Standards in den Organisationen wahrnehmen zu können.

- handwerkliche, sportliche und/oder medial-kulturelle Kompetenzen und spielerisches Geschick, etwa bei Slackline, Minecraft oder Tischtennis, um mit den Kindern und Jugendlichen in eine entspannt-spaßbezogene und kreative Auseinandersetzung (als sozialpädagogischer »Sparringspartner«) treten zu können;
- schriftliche und rhetorische Fähigkeiten, um Anliegen und Ziele öffentlich verständlich vorstellen zu können und pädagogische Inhalte auch politisch begründen und argumentativ abstützen zu können; hierzu zählen insbesondere umfassende analytische und kommunikative Fähigkeiten zur aktiven Politikgestaltung, Politikberatung, Lobbyarbeit und Interessenvertretung sowohl im Hinblick auf Kinder- und Jugendliche selbst (inklusive deren partizipativer Einbeziehung) wie auch auf die eigenen Arbeitsfeldstrukturen und -positionen. (Lindner 2012b; Althaus 2017; AGOT 2018; Wortmann 2019; Lindner & Neu 2021);
- Fähigkeiten, das eigene Arbeitsfeld über (selbst oder in Kooperation erstellte sowie rezipierte) empirische Analysen, Forschungsberichte und Expertisen sowie Berichte, Dokumentationen und Evaluationen reflexiv einzuordnen, zu relationieren und auch nach außen prägnant darstellen zu können;
- Rollenflexibilität, um zum Beispiel in einer Kinder- und Jugendhilfeausschusssitzung sprachlich und habituell entsprechend den dortigen Regeln auftreten zu können, um nicht auf den symbolischen und habituellen Stil, der gegenüber und im Kontakt mit den Kindern und Jugendlichen routiniert wurde, angewiesen zu bleiben

und

- Organisations-, Planungs-, Verwaltungs- und Kooperations-»Können«.

Die vorgestellten, gewünschten Wissens- und Könnenspotenziale sind sicherlich ergänzungsbedürftig. Sie sind komponiert worden sowohl auf der Grundlage von Forschungen, Praxisberichten, aber auch aufgrund theoretisch-fachwissenschaftlicher Erfordernisse. Inwiefern diese konsensuell geteilt werden und in Studium und Ausbildung, Fort- und Weiterbildungen vermittelt und erprobt werden können, kann nicht umstandslos vorausgesetzt werden. Selbstverständlich kann nicht jede*r Jugendhausarbeiter*in alles perfekt beherrschen und ebenso selbstverständlich ist auch, dass die Vorstellungen von Mitarbeiter*innenprofilen von Handlungsfeld zu Handlungsfeld variieren. Bestimmte Kompetenzen des »Könnens« und Agierens, wie etwa das Vermögen, Probleme von Kindern und Jugendlichen nachzuvollziehen, Verwaltungsabläufe zu durchschauen und situationsadäquat und flexibel zu reagieren, sind vielleicht unabdingbarer als zum Beispiel sportliche Fähigkeiten. Und sicherlich können

Handlungs- und Kompetenzdefizite durch ein funktionierendes Team ausgeglichen werden. Auf ein gewisses Maß an alltagspragmatischen Handlungskompetenzen werden Mitarbeiter*innen in der Kinder- und Jugendarbeit allerdings nicht verzichten können. Je mehr diese »Könnens«bereiche zum Beispiel in der Jugendhausarbeit aktiviert und über wissenschaftliches Wissen reflektierend rückgebunden werden, um so eindeutiger und selbstbewusster können sich die Kinder- und Jugendarbeiter*innen als sachkundige Spezialist*innen für die Sozialpädagogik des Kindes- und Jugendalters verstehen und gegenüber dritten, zum Beispiel auf dem politischen Parkett, auch ausweisen.

Die Kinder- und Jugendarbeit stellt eine offene, strukturell diffuse und inhaltlich verzwickte, konzeptionell zuweilen sogar undurchsichtige Szenerie dar. Diejenigen, denen es gelingt, sie professionell, also entsprechend der bisher entwickelten fachlichen Standards zu gestalten und tagtäglich aufs Neue lebendig zu aktivieren sowie gegenüber den gesellschaftlichen, insbesondere den politischen Öffentlichkeiten als ein notwendiges Feld außerschulischer Praxis vorzustellen, können sich als Expert*innen ausweisen, mit Handlungskompetenzen ausgestattet, die sie auch für andere Arbeits- und Handlungsfelder der Sozialen Arbeit qualifiziert.

Die Angebote der Fort- und Weiterbildung werden in diesem Kontext zunehmend wichtiger. Diesen kommt die Aufgabe zu, die individuelle Wissensarbeit als einen Prozess lebenslanger Bildung zu begleiten und informelle Formen des Lernens am Arbeitsplatz – unter anderem durch Teamarbeit, Supervision, Qualitätsmanagement, Evaluation und Coaching (vgl. Zankl 2019) – zu initiieren. Gefordert sind hier somit auch die Anbieter (Dach- und Trägerorganisationen, Landesjugendämter, Akademien), die in einem durchaus schwierigen Feld agieren und zwischen der Anforderung, stets neue, attraktive und aktuelle Themen anzubieten, welche sich jedoch nicht in vordergründiger Trend- und Marktgängigkeit, trivialem Themen-Zapping und banaler Funktionsfähigkeit erschöpfen können, und der Aufgabe, das Arbeitsfeld Kinder- und Jugendarbeit stets auch mit den unerlässlichen reflexiv-kritischen Impulsen zu versehen, ihre Angebote zu konzeptualisieren haben. Auf der anderen Seite sind auch die Arbeitgeber und Anstellungsträger gefordert, die strukturelle und finanzielle Gewährleistung von Fort- und Weiterbildungen gemäß der Verpflichtung von § 72 Abs. 3 SGB VIII abzusichern (vgl. Schindler & Smessaert 2019). Gefordert sind sie aber auch, die Ergebnisse, die Transformation und den Ertrag von Fort- und Weiterbildungen für die Qualifizierung der alltäglichen Praxis konziser als bisher mit den Fachkräften abzustimmen, zu hinterfragen und gezielter als bisher als Instrument für die persönlich-fachliche Weiterentwicklung und Karriereplanung zu kommunizieren.

Viele Mitarbeiter*innen in der Kinder- und Jugendarbeit gehen, wird den hier referierten Überlegungen gefolgt, immer noch davon aus, dass alltagsorientierte Fähigkeiten auch deswegen hinreichen, um in der außerschulischen Kinder- und Jugendarbeit sich zu engagieren, weil nur in Distanz zum fachlichen Wissen die autonome Verselbständigung von Kindern und Jugendlichen gefördert werden kann. Sie glauben, auf die Ausbuchstabierung einer systematischen, wissenschaftlich gestützten und reflexiven Fachlichkeit verzichten zu können und meinen, die »natürliche Fachlichkeit« in der Regel nur über ein populärwissenschaftlich und alltagspragmatisch fundiertes Wissensrepertoire untermauern zu müssen. Warum die akademisch qualifizierten Berufstätigen in den Handlungsfeldern der außerschulischen Kinder- und Jugendarbeit in der Regel einen nur undeutlich konturierten professionellen Habitus entwickeln, wird über diese Haltung nachvollziehbar.

Es wäre daran zu arbeiten und zu erwarten, dass die Akteure in der Kinder- und Jugendarbeit diesen exklusiven Stellenwert ihres Wissens und Könnens, d. h. ihre spezifische sozialpädagogische Expertise in Bezug auf soziale Fragen, Probleme und Risiken in den gesellschaftlichen Öffentlichkeiten formulieren und diesem Wissen so weit vertrauen, dass sie es wohltemperiert zur habituellen Profilierung einsetzen.

Zum Weiterlesen – Literaturhinweise

Dewe, B., Ferchhoff, W., Scherr, A., & Stüwe, G. (1993). *Professionelles soziales Handeln – Soziale Arbeit im Spannungsfeld zwischen Theorie und Praxis* (S. 128–148). Weinheim & München: Beltz Juventa.

Hafeneger, B. (2013). Kernelemente des professionellen Kompetenzprofils Jugendarbeit. *deutsche jugend*, 61 (10), 423–433.

Thole, W., & Küster-Schapfl, E.-U. (1997). *Sozialpädagogische Profis. Beruflicher Habitus, Wissen und Können von PädagogInnen in der außerschulischen Kinder- und Jugendarbeit.* Opladen: Leske + Budrich.

6 Die Adressat*innen – Kindheit und Jugend

Die Publikationsmenge über die Lebensphasen Kindheit und Jugend steht weiterhin im disproportionalen Verhältnis zu dem Wissen, das über das Aufwachsen von Kindern und Jugendlichen vorliegt. »Die« Kindheit und »die« Jugend gab es zwar in der Geschichte des Aufwachsens noch nie, jedoch differenzierten sich diese beiden Lebensphasen in den zurückliegenden Jahrzehnten immer weiter aus. Und dennoch sind weiterhin Versuche zu erkennen, von »der« Jugend und »der« Kindheit zu sprechen. Insbesondere »die« Jugendphase war und ist immer wieder Gegenstand von generalisierenden Typisierungen. Wechselseitig diagnostizieren die einen eine politikapathische, lustbetonte, werteabstinente und primär das individuelle Lebensglück suchende Generation der Heranwachsenden und charakterisieren diese als politisch motivierte, durchaus engagierte, aber pragmatische, dennoch kritische, familiales Glück anstrebende, Gemeinsamkeit und Solidarität suchende Generation. Die einzelnen Beobachtungen mögen sich bei näherer Betrachtung vielleicht gar nicht widersprechen. Sie illustrieren jedoch zumindest eines: Pauschalisierende, generelle Bilder von Kindheit und Jugend verfehlen wie eh und je die Wirklichkeit.

Obwohl die öffentlichen Medien gerne generalisierende Bilder verbreiten, haben sie die Realität noch nie abzubilden vermocht. Schon in den 1950er Jahren waren nicht alle Jugendlichen der »skeptischen Generation« kritisch und zweifelnd, nicht alle Jugendlichen der 1968er Zeit »Revoluzzer« und nicht alle in den 1990er Jahren Aktivist*innen der »Spaßguerilla«. Selbst Jugendforscher*innen gehen angesichts dieser Beobachtung zu den von ihnen produzierten Ergebnissen immer wieder auf Distanz und fragen, wie der Soziologe Joachim Kerstens schon vor inzwischen 25 Jahren noch immer zutreffend (vgl. TAZ 1997, S. 13), »ob die Maßstäbe, nach denen Parfüms verkauft werden, bei der Jugendforschung auch gelten«, darf bezweifelt werden.

Die zuweilen doch sehr beliebig erscheinenden Diagnosen von Kindheit und Jugend tragen also keineswegs durchgängig zur Erhellung des Kenntnisstandes bei, erst recht dann nicht, wenn sie empirisch unaufgeklärt und oberflächlich bleiben. Mögen entworfene Bilder und Muster noch so stringent und nachvollziehbar ihre Zeitdiagnose vom Zustand der Kindheit und von der Lebensphase Jugend entwickeln, letztendlich bleibt es unterhalb dieser Entwürfe konkreten, empirischen Studien und Arbeiten vorbehalten, zu bestimmen, wie sich die Kindheit und die biographische Transformation von Kind-Sein zum Erwachsenen-Sein gestaltet und woran sie sich orientiert.

Skepsis ist somit auch gegenüber den nachfolgend referierten Erkenntnissen der Kinder- und Jugendforschung angeraten, beziehen sie sich doch auch auf jene zuvor kritisch kommentierten Studien. Nicht entschuldigend, doch zumindest verständnisvoll sollte allerdings registriert werden, dass mit der beschleunigten Pluralisierung und Entstrukturierung kindlicher und jugendlicher Lebenslagen, der immer feineren Ausdifferenzierung kultureller Orientierungen und dem Verschwinden deutlich normierter Differenzierungen zwischen Kindheits-, Jugend- und Erwachsenenalter die Kindheits- und Jugendforschung ein zunehmend komplizierter zu erfassendes Feld in den Blick zu nehmen hat.

Vor diesem Hintergrund werden im Folgenden zunächst die gesellschaftlichen Rahmenbedingungen und ihre Veränderungen hinsichtlich festzustellender Individualisierungsprozesse betrachtet (vgl. Kap. 6.1). Es folgen Ausführungen zu der zentralen Erkenntnis, dass sowohl theoretisch als auch empirisch weder von »der« Jugend noch von den »Adressat*innen« gesprochen werden kann (vgl. Kap. 6.2). Der dritte Abschnitt dieses Kapitels betrachtet die Vielfalt von Jugendkulturen und -szenen unter besonderer Beachtung informeller Freizeit-, Kultur- und Freundschaftsnetzwerken, aber auch den politischen Einstellungen junger Menschen (vgl. Kap. 6.3). Der vierte Abschnitt fokussiert Jugendliche als Adressat*innen von nicht zuletzt der Kinder- und Jugendarbeit und damit von Institutionen des non-formal organisierten Sozial- und Bildungssystems, aber auch als (potenzielle) Akteur*innen informell strukturierter Orte des Erwerbs von Wissen und Können (vgl. Kap. 6.4). In einem Zwischenfazit werden einerseits die zentralen Befunde des Kapitels noch einmal zusammengefasst sowie andererseits kritisch betrachtet wird, dass Kindheits- und Jugendforschung sich zu sehr auf zu beobachtende Veränderungen konzentriert, dabei aber vorhandene Kontinuitäten des Aufwachsens aus dem Blick verliert bzw. unbeobachtet lässt (vgl. Kap. 6.5).

6.1 Kindheit und Jugend in einer individualisierten wie ungleichen Gesellschaft

Diagnosen zum Zustand und zur Verfasstheit der bundesrepublikanischen Gesellschaft liegen umfänglich vor. Einige verblassen mit der Zeit, andere wiederum haben Bestand und erlangen, fundiert über empirische Analysen, den Status von diskussionsfähigen Beschreibungen. Auch wenn strittig ist, ob der gegenwärtige Zustand der Gesellschaft angemessener weiterhin mit dem Begriff Arbeitsgesellschaft oder zutreffender mit dem der Wissens- oder der Abstiegsgesellschaft (vgl. Nachtwey 2016) beschrieben werden kann, existiert in den sozialwissenschaftlichen Expertisen weitgehend dahingehend Konsens, dass die »alte« bürgerlich-kapitalistische Gesellschaft tiefgreifenden Veränderungen unterliegt. Die wohl wirkmächtigste, wenn auch empirisch nur wenig sorgfältig abgestützte Betrachtung des gesellschaftlichen Wandels stammt aus der Feder des Münchner Soziologen Ulrich Beck (u. a. 1986, 1993, 1997; Beck, Giddens & Lash 1996). Inzwischen liegt mit der Diagnose von »Gesellschaft der Singularitäten« (Reckwitz 2019) eine Ergänzung wie Vertiefung dieser Zustandsbeschreibung vor.

Nach Beck konturiert sich die vielfältige ökonomische, politische, soziale, zwischenmenschliche und kulturelle, in einen allgemeinen internationalen Globalisierungsprozess eingebundene nationalstaatliche Entwicklung der Bundesrepublik Deutschland augenblicklich in ihrer ambivalenten Struktur am theoretisch eindrucksvollsten in dem Analysemodell der reflexiven Modernisierung. Dass bisher tragende einfache Vergesellschaftungsmuster der Reichtumsproduktion wird nach Beck durch eine neue, reflexive Vergesellschaftungsform der Produktion von neuen Risiken, neuen Ungleichheiten und bisherigen sozialen Lebenslagen abgelöst. Über diese Veränderungen werden die Menschen aus den industriellen Lebensformen freigesetzt, »ähnlich wie sie beim Einstieg in die Industrieepoche freigesetzt (...) wurden aus den ständisch-feudalen Selbstverständlichkeiten, Lebens- und Gesellschaftsformen« (Beck 1993, S. 149). Diese fundamentale Veränderung vollzieht sich jedoch nicht als linearer, geplanter oder gar revolutionärer Prozess, sondern vielmehr als Nebenfolge des Alltagsgeschäfts industriekapitalistischer Vergesellschaftung, quasi als »ein Kampf auch gegen die eigenen Prämissen (...) der im Modell der nationalstaatlich-kapitalistisch-demokratischen Industriegesellschaft stillgelegten Moderne« (Beck 1993, S. 25). Und von diesen Veränderungen sind auch die Phasen des Aufwachsens betroffen (vgl. u. a. Deutscher Bundestag 2017a).

Das führende und dominante Deutungsmuster dieses die grundlegenden, traditionellen, sozialen Strukturen zersplitternden Prozesses heißt »Individualisierung«, was keinesfalls, wie immer noch kolportiert, Individuierung, Vereinsamung oder Verinselung meint, sondern die Dynamisierung der sozialen Beziehungsformen und -regeln seit dem Ende des 20. Jahrhunderts mit einschneidenden Folgen für die Konstitution des Sozialen und der Subjekte:

(1) Zuvorderst meint Individualisierung die »Auflösung vorgegebener Lebensformen« (Beck & Beck-Gernsheim 1994, S. 11), die Herauslösung der Subjekte aus vormals standardisierten kollektiven Orientierungen und Traditionen sowie ihre Freisetzung zu einem selbständigen Leben. Der Bedeutungsverlust traditioneller Vorgaben, Werte, Normen und auch Rituale kann als Freisetzungsdimension gelesen werden: Kannte die klassische, »alte« kapitalistische Industriegesellschaft noch eine Vielzahl an Stützen der Lebensführung, die den Einzelnen als Fixpunkte dienten, die aber auch häufig den Charakter einer Einbahnstraße besaßen und somit normierend und schematisierend auf Lebensverläufe einwirkten, so werden die Menschen heute mehr als jemals zuvor aus traditionellen, lebensweltlichen, familiären und nachbarschaftlichen Bezügen freigesetzt und zu der Herausbildung einer Biographie der optionalen Vielfalt angehalten. Es entsteht eine bislang unbekannte Selbstgestaltungspalette von zwischenmenschlichen Lebens-, Wohn- und Be-

ziehungsformen, von Lebensmodellen und Lebensstilen, die eben nicht mehr in traditionelle Vorgaben eingebettet sind, sondern auf sozialstaatlichen Regelungen beruhen und auf das »Individuum als Akteur, Konstrukteur, Jongleur und Inszenator seiner Biographie« (Beck 1993, S. 151) setzen.

(2) Die darüber gewonnene Freiheit ist jedoch trügerisch. Dass sie nur um den Preis einer neuen Unfreiheit erworben werden kann, bleibt auf den ersten Blick verborgen. Im Kern ist die Freiheit der individualisierten Gesellschaft somit eine »riskante Freiheit« (vgl. Beck & Beck-Gernsheim 1994), woran sich auch zeigt, dass Individualisierung nicht das Ergebnis einer freien Entscheidung ist. Die Menschen sind zur Teilnahme an diesem Prozess verdammt. Nicht-Mitmachen geht nicht. Das Subjekt hat also nicht nur neue Entscheidungsmöglichkeiten hinzugewonnen, es wird zugleich unter Entscheidungszwang gesetzt. Und – eine Binsenweisheit – wer sich entscheidet, kann sich auch falsch entscheiden.[82] Mehr noch: Mit dem Verlust an Orientierungsmustern, die positiv auch als Entscheidungshilfen gelesen werden können, geht der Verlust an sozialräumlicher Stabilität und sozialer Einbindung einher. Die Subjekte – Kinder, Jugendliche wie Erwachsene – haben nicht nur Entscheidungen selbst zu treffen, sondern sie müssen auch fehlerhafte Entscheidungen mit allen Konsequenzen selbst verantworten.

(3) Individualisierung bedeutet aber auch Institutionalisierung, institutionelle Prägung, »politische Gestaltbarkeit von Lebensläufen und Lebenslagen« (Beck 1986, S. 212). Die Institutionalisierung von individuellen Lebensläufen vor allem durch den Arbeitsmarkt, aber auch durch das Bildungssystem sowie durch vielfältige gesetzliche und rechtliche Regulierungen und die sozialen Versorgungssysteme verweisen auf die Widersprüchlichkeit des Individualisierungsprozesses. An die Stelle normativer und wertintegrierter Konsens- und Gruppenbildung treten als Regulierungsinstrumente bisher nicht bekannte institutionelle Anforderungen und Disziplinierungen. Über die Ausbildungssysteme, den Arbeitsmarkt, die Angebote und Zwänge des Wohlfahrtsstaates und die Bürokratie werden die Menschen mit einem Netzwerk von Regularien und Normierungen konfrontiert. Im Gegensatz zu früher, wo dieses Netzwerk quasi von außen gesetzt war, sind die Menschen

82 Das empirisch fundierte Wissen ist diesbezüglich weiterhin unsicher. So konnte bislang beispielsweise die präventive Stauforschung bis in die Gegenwart nicht umfassend klären, ob »unfreiwillige Teilnehmer beziehungsweise Partizipanten an stillstehenden Automobilversammlungen in öffentlichen Verkehrsräumen schon als Modernisierungsopfer einer ins Stocken geratenen kapitalistischen Produktionsweise und ihrer daraus resultierenden kulturellen Erosion betrachtet werden können« (Heider, Laßmann & Rotis 1995, S. 43). Möglicherweise sind Forschungen auf diesem Gebiet auch deshalb weiterhin besonders voraussetzungsvoll, weil immer noch unklar ist, ob zum Beispiel auch die unmittelbare »Katastrophenschwelle« (Luhmann 1991, S. 11) der samstägig automobilwaschenden Bewusstseinsstaugesellschaft direkt mit in den Fokus der Beobachtung gelangen sollte.

heute dazu angehalten und gezwungen, über tagtägliches produktives Agieren, also durch eigenes Handeln, diese Rahmungen herzustellen und in die Biographie zu integrieren. Die Prozesse der kulturellen Freisetzung aus klassen- und milieugebundenen Biographiemustern forcieren die Orientierung an marktkonformen Lebensläufen und deren Institutionalisierung. Die Menschen werden damit nicht nur zu Konstrukteur*innen ihrer »Wahlbiographien«, sondern gezwungenermaßen auch zu Handwerker*innen neuer sozialer Beziehungsformen, sozialkultureller Gemeinsamkeiten und Identitätsbildungen. Die Institutionalisierung der Jugend ist insbesondere auf die formalen, ökonomischen Rationalisierungsprinzipien und -prozesse zurückzuführen, die sich in fast allen Lebensbereichen durchsetzen. Die Veränderung der Sozial- und Bildungslandschaft in den ersten zwanzig Jahren des 21. Jahrhunderts dokumentieren diesen Prozess nachdrücklich. In den Lebensphasen Kindheit und Jugend geschieht dies über die Qualifikationsanforderungen, die in erster Linie von wirtschaftlichen und durch die Gesellschaft adaptierten Interessen geleitet und gesteuert werden. Somit ist die Individualisierung zugleich immer auch Entindividualisierung, da die gegebenen gesellschaftlichen Rahmenbedingungen die Formen des Aufwachsens weitgehend vorgeben.

Individualisierung ist demnach ein semantischer Code für die paradoxe Entwicklung der »Herstellung, Selbstgestaltung, Selbstinszenierung nicht nur der eigenen Biographie, sondern auch ihrer Einbindungen und Netzwerke, und dies im Wechsel der Präferenzen und Lebensphasen und unter dauernder Abstimmung mit anderen und den Vorgaben von Arbeitsmarkt, Bildungssystem und Wohlfahrtsstaat« (Beck & Beck-Gernsheim 1994, S. 14). Als Effekt dieser Neu-Tarierung des Verhältnisses von Individuum und Gesellschaft entwickelt sich die Normalbiographie mehr und mehr zur Wahl- und Bastelbiographie, die aktiv hergestellt werden muss und die zugleich immer in der Gefahr steht, zur Bruchbiographie zu werden, weil nicht mehr auf die traditionellen Sicherungen der Industriegesellschaft, Familie, Klasse, soziale Netzwerke voraussetzungslos zurückgegriffen werden kann, denn auch diese sind mehr und mehr das Produkt aktiver Konstruktionsleistungen. Mit anderen Worten: Der Weg durchs Leben gestaltet sich nicht mehr als schablonierter Lebenslauf, sondern als biographische Bricolage. (vgl. Deutscher Bundestag 2017a; Bock u. a. 2013; JuBri 2018)

Auch wenn nicht nur Kinder und Jugendliche von diesen Veränderungsprozessen betroffen sind, sondern Menschen aller Altersgruppen und aller sozialen Lebenslagen und Milieus, sind es doch Heranwachsende, die die Veränderungsschübe massiv tangieren. Erinnern sich ältere Gesellschaftsmitglieder zumindest noch in Krisenzeiten und problematischen Situationen an die Nützlichkeit sozialer Netzwerke und setzen zumindest noch partiell auf die Gültigkeit und Tragfähigkeit traditioneller gesellschaftlicher Gerüste, müssen sich Kinder und

Jugendliche diese sozialen Formationen nicht nur aneignen, sondern zuvor auch noch entwickeln, ohne eine Vorstellung davon zu haben, wie diese konkret aussehen könnten.

Parallel zu den fast weltweit zu beobachtenden Individualisierungsprozessen haben sich die alten, kapitalistischen Gesellschaften strukturell formenden sozialen Ungleichheiten und Differenzen nicht etwa aufgelöst, sondern partiell sogar nochmals verschärft. Zu beobachten ist eine schleichende Prekarisierung und Polarisierung der gesellschaftlichen Spaltungstendenzen, die die gleichfalls vorliegenden Befunde eines grundlegenden gesellschaftlichen Wandels – und die hierzu belegend herangezogenen Indizien einer radikalen Verflüssigung der gesellschaftlichen Sozialstruktur, der Auflösung von Normalbiographien, also der Biographisierung der Wege durchs Leben, des Implodierens sozialer Netzwerke, Bindungen und der nationalstaatlichen Demokratie sowie der Neubewertung der Produktionsformen und Relevanz von Wissen – zu forcieren scheinen. Formen der sozialen Ausgrenzung aufgrund strukturell gegebener Ungleichheiten und sozialer Armutslagen sind weiterhin gegenwärtig. Die gesellschaftliche Entwicklung einer Verschärfung sozialer Ungleichheiten und die Entfaltung neuartiger Mechanismen sozialer Ausgrenzung und Ausschließungsprozesse (vgl. Mackert 2004) scheinen aufgrund der Individualisierungsprozesse und auch nicht aufgrund der diagnostizierten Tendenz hin zu einer »Gesellschaft der Singularitäten« (Reckwitz 2019) keineswegs abzunehmen. In einer Analyse des Zusammenhangs von Einkommen, Lebenslage und Zeitdauer zeigt Olaf Groh-Samberg (2005), dass zwischen 6 % und 7 % aller Menschen in der Bundesrepublik Deutschland in dauerhafter, multipler Armut leben und sich in einer Position der strukturellen Ausgrenzung befinden. In als prekär anzusehenden Situationen leben darüber hinaus zwischen 21 % und 25 % der Menschen. Weder ein hohes oder mittleres Einkommen kann diesen Analysen zufolge sicher und durchgängig prekäre Lebenssituationen oder Armut verhindern. Gleichwohl ist auch deutlich indiziert, dass die einseitige Einkommensarmut empirisch häufiger anzutreffen ist als einseitige Lebenslagenarmut. Werden diese Befunde mit den sozialen Klassenpositionen in Beziehung gesetzt, operationalisiert nach John H. Goldthorpe (2003) über die Berufsklassen, dann sind es vor allem die Arbeiterfamilien mit Migrationshintergrund und Alleinerziehende, die von einem erhöhten Armutsrisiko betroffen sind oder werden könnten.

In der Bundesrepublik Deutschland sind strukturell circa 4,4 Millionen Kinder von ökonomischer Armut betroffen (vgl. BMAS 2017, S. 248). Wird diesen Daten vertraut, dann leben etwa ein Fünftel der aufwachsenden Menschen unter 18 Jahren in Deutschland unter Armutsbedingungen (vgl. auch Pieper et al. 2020). Belegt ist auch, dass unsichere familiale Lebenssituationen Bildungsteilhabe erschwert. Die soziale Herkunft der Schüler*innen zeigt sich jedoch nicht nur als Prädiktor für unterdurchschnittliche Ergebnisse in Schultests (vgl. etwa Autorengruppe Bildungsberichterstattung 2006 bis 2016), sondern auch über die

Lehrkräfte moderiert konkrete Selektionsprozesse im Schulsystem (z. B. Übergangsempfehlungen, Notengebung) verantwortet (vgl. Gomolla & Radtke 2009). Hingewiesen wird auch auf den Einfluss von Einkommen, Bildung, Alter und Geschlecht sowie auf die Formen der Freizeitgestaltung und die gewählten Freizeitpraxen. Kommen besondere Krisen oder das Wohlbefinden tangierende Einflüsse hinzu, wie die Sars-CoV-2 Pandemie 2020 und 2021, dann verschärfen respektive minimieren sich die Zugänge zu den ökonomischen, kulturellen und sozialen gesellschaftlichen Ressourcen insbesondere für die Kinder und Jugendlichen, deren Zugänge zu diesen zuvor schon eingeschränkt waren.

6.2 Weder gibt es »die« Jugend noch »die« Adressat*innen der Kinder- und Jugendarbeit – ein Zwischenruf

Die bisherigen Ausführungen empfehlen, sich von Beschreibungen, die von »der« Jugend oder »der« Kindheit sprechen, Abschied zu nehmen. Dass als bedeutsam adressierte Kindheits- und insbesondere Jugendstudien immer noch pauschalisierte Bilder von »der« heranwachsenden Generation entwerfen, entsprecht nicht der zu beobachtenden gesellschaftlichen Wirklichkeit. Ebenso wenig kann von »den« Adressat*innen »der« Kinder- und Jugendarbeit gesprochen werden. »Die« Adressat*innen der Kinder- und Jugendarbeit sind hinsichtlich ihrer Präsenz in den verschiedenen Projekten und Formaten keineswegs als eine geschlossene, spezifische Gruppe anzusehen. Vornehmlich besuchen marginalisierte, handlungs-, und bewegungs- und körperorientierte Kinder und Jugendliche auf ihrer »Suche nach Gemeinsamkeit« (vgl. Bohnsack u. a. 1995) Jugendfreizeiteinrichtungen und Jugendzentren. Viele Besucher*innen von Jugendzentren und Jugendclubs gehören sicherlich nicht zu den Gewinnern der gegenwärtigen Modernisierungsprozesse. Sie spüren, erfahren und gestalten die gesellschaftlichen Freisetzungsprozesse, erleben diese Prozesse jedoch nicht nur als eine Liberalisierung des Werte- und Normgeflechtes und der Ausdehnung individueller Spielräume, sondern als Freisetzung von der Zugehörigkeit zur Gruppe der Erwerbstätigen und auch als Ausgrenzung. Oftmals erleben sie sich nicht einmal mehr dem System der sozialen Grundversorgung zugehörig. Waren für ihre Großeltern- und Vätergeneration individuelle Krisenerfahrungen wie Arbeitslosigkeit zumindest noch partiell durch die Stabilität, Konstanz und Verlässlichkeit sozialer Milieuzusammenhänge quasi kollektiv zu bewältigen, müssen Kinder, Jugendliche und auch Erwachsene im Zuge des Implodierens lebensweltlicher Stützungssysteme diese Erfahrungen vorwiegend alleine bewältigen.

Mehr als für Kinder und Jugendliche, die über ausgedehnte soziale, kulturelle und kognitive Fähigkeiten und Ressourcen verfügen und auf neue Problemlagen, Herausforderungen und Risiken flexibel und situationsadäquat reagieren können, wächst für Heranwachsende, denen umfassende, stets abrufbare soziale und kulturelle Lebensbewältigungskompetenzen lediglich eingeschränkter zur Verfügung stehen, die Gefahr, die Betroffenheit von ökonomischen, kulturellen und sozialen Krisen und Verunsicherungen als selbstverschuldet zu deuten. Die von Kindern und Jugendlichen artikulierte Renitenz und Aggression klagt häufig nicht die bestehenden Vergesellschaftungsformen und die hierüber ausgelösten Risiken und Krisen an, sondern orientiert sich an den Verheißungen und Versprechungen der bürgerlichen Gesellschaft. Ohne zu sehen, dass auch andere jugendliche Szenen von den Entwicklungen betroffen sind, die ihre Lebensbewältigungen zu blockieren scheinen, opponieren viele Kinder und Jugendliche kraftvoll gegen ihre »marginalisierte«, von gesellschaftlichen Modernisierungen »freigesetzte« Situation.

Gleichwohl verfügen Kinder und Jugendliche heute potentiell über mehr Möglichkeiten als ihre Vorgängergenerationen, ihre Biographie individuell zu gestalten, da sie aus den Zwängen sozialer und räumlicher Determinierungen weitgehend freigesetzt sind. Zum anderen führt jedoch der Zwang, für die eigene Biographie alleine verantwortlich zu sein und die eigene Kindheits- und Jugendphase auf den Erwerb von sozialen, kulturellen und kognitiven Qualifikationen auszurichten, gerade bei jenen Kindern und Jugendlichen zu einem »Abwertungsempfinden« der eigenen Persönlichkeit, die sich mit der Grammatik der schulischen und kulturellen Sozialisationsmedien nicht anfreunden können und die Optionsvielfalt als chaotischen Optionsdschungel erleben. Da nur noch die subjektive Fähigkeit zu zählen scheint, erhöht sich auch das Risiko, Ersetzbarkeit und Austauschbarkeit zu erleben. Somit gilt weiterhin, dass, »ob sozialstrukturelle Individualisierungsschübe (…) zu Entfremdung, Austauschbarkeit und Vermassung oder aber zur Herausbildung von Einzigartigkeit und Einmaligkeit führen«, davon abhängt, ob und inwieweit der neue Möglichkeitsraum »für Individuierung unter je konkreten situativen Lebensbedingungen auch tatsächlich genutzt wird «, stärker als je zuvor davon abhängig ist, (Heitmeyer & Olk 1990, S. 20), ob die hierzu erwünschten und notwendigen Ressourcen abgerufen werden können. Der Druck, die eigene Persönlichkeit auszugestalten und so seine Einzigartigkeit gegenüber anderen auszuzeichnen, wird durch die Individualisierungsprozesse radikalisiert und für viele so dramatisch, dass sie an der Aufgabe, zum Produzenten ihrer eigenen Identität zu werden, scheitern. Wenn Ergebnissen der Jugendforschung gefolgt wird, dann werden Erlebnisse des Scheiterns und Beschämungen jedoch partiell ausgeklammert und oder souverän kaschiert (vgl. Neckel 2008) und damit gesellschaftliche Realitäten verschleiert. Das Selbst wird damit zur »Hauptbeschäftigung«, um der gesellschaftlich kommunizierten Forderung und der angenommenen Herausforderung, »sich selbst zu regieren und aus sich selbst heraus zu handeln« (Ehrenberg 2012, S. 300 f), zumindest narrativ entsprechen zu können. Früh werden so Jugendliche, und zunehmend auch ältere Kinder, in der Ausformulierung eines »unternehmerischen Selbst« (vgl. Bröckling 2007) gefordert. In den Selbstthematisierungen und -verortungen in der sozialen Welt geht es damit nicht mehr nur um die Darstellung der eigenen Praxis und Alltagserlebnisse, sondern auch, um die Anforderungen der kapitalistischen Leistungsgesellschaft zu bewältigen, auch darum, Leiden in und an der Gesellschaft zu tarnen, neu zu framen und den erlebten Alltag als gelungene und erfolgreiche Gestaltungen der gelebten Zeit zu präsentieren. Das von Andreas Reckwitz (2019, S. 289) beschriebene »komplizierte Streben nach Einzigartigkeit und Außergewöhnlichkeit«, welches zur gesellschaftlichen Erwartung wird, schimmert hier durch.

Die Projekte der Kinder- und Jugendarbeit werden so für viele Kinder und Jugendliche verstärkt zum Ort des Erlebens von Solidarität und Anerkennung. Insgesamt ist zu beobachten, dass eindeutige Zuordnungen von bestimmten Adressat*innenmilieus zu bestimmten Einrichtungstypen, Arbeitsbereichen und Angeboten der Kinder- und Jugendarbeit (vgl. Kap. 4) heute weniger denn je möglich sind, weil die Einrichtungen sich verändern und versuchen, neue Besucher*innen anzusprechen oder aber Kinder- und Jugendszenen eines sozialen Raumes sich eine Einrichtung eroberten, die von ihren älteren Geschwistern Jahre zuvor noch peinlichst gemieden wurde. Jugendarbeiter*innen sind so ständig gefordert, sich mit den realen wie den potentiellen Adressat*innen der Einrichtung und der Angebote intensiv zu beschäftigen, ihre sozialen, kulturellen und vielleicht auch politischen Handlungs- und Deutungsmuster zu erschließen und sich mit ihren Freizeit- und Bildungsoptionen bekannt zu machen.

6.3 Soziale und kulturelle Freizeitpraxis von Kindern und Jugendlichen

Die Lebensphasen Kindheit und Jugend veränderten sich in den zurückliegenden Jahrzehnten nicht nur strukturell, sondern, wird den hierzu vorliegenden Studien gefolgt, auch inhaltlich. Die Orientierungen von Kindern und Jugendlichen sowie ihre Optionen für diese oder jene Freizeitmöglichkeit und kulturelle Praxis erweiterten und differenzierten sich weiter aus. Neben der Orientierung an starren Altersnormen suchen Heranwachsende spätestens mit dem Eintritt in das zweite Lebensjahrzehnt ihren Weg in der Balance zwischen familialen Anforderungen und Vorgaben, Schule und Clique sowie zwischen individuellen und institutionell vorgegebenen Zeitrahmungen oder aber in der Abkehr von klassischen, zeitlichen Vorstrukturierungen und in der frühen Mitgestaltung einer neuen, »familialen« – kinder- und jugendgeprägten – Szenerie (vgl. Albrecht u. a. 2007; Krüger, Köhler & Zschach 2010). Kinder und Jugendliche scheinen inzwischen herausgefordert, eine »Patchwork-Identität« zu entwickeln (vgl. Keupp u. a. 1999), mit der sie die situativ heterogenen gesellschaftlichen Anforderungen zu bewältigen versuchen. Der Weg durch die Gestaltung der Heranwachsendenbiographie ist dieser Diagnose nach zu einer schwierigen, holprigen Tour – für viele anscheinend sogar zu einer Tortur – geworden, auch weil viele Jugendliche und zunehmend mehr auch Kinder sich mit differenten, zumeist nur schwer aufeinander abzustimmenden Sozialformen sowie sozial-kulturellen und politischen Deutungsmustern konfrontiert sehen. Entwickelt hat sich eine unüberschaubare und widersprüchliche jugendkulturelle Vielfalt. Jugendkulturen und jugendliche Szenen sind heute nebelhafte Formationen, ständig in Bewegung und fortwährend in Veränderung.

Autonome, informell und formell organisierte Gleichaltrigengruppen und Freizeitnetzwerke sind neben gleich- und andersgeschlechtlichen Beziehungen und neben Familie, Schule und Arbeitswelt weiterhin entscheidende Sozialisationsfelder für Jugendliche und ältere Kinder. Über Zweidrittel aller Jugendlichen weisen auf die Bedeutung vom Wir-Gefühl geprägten Cliquen hin und über 90 % der 12- bis 24-Jährigen geben sogar an, oft oder sehr oft mit ihren Freund*innen zusammen zu sein (vgl. Fauser, Fischer & Münchmeier 2006; Albert u. a. 2019, S. 36). Weitere Befunde votieren jedoch dafür, davon auszugehen, dass die Einbindung in Gleichaltrigennetzwerke im Verlauf des Weges durch die Jugendbiographie zurückgeht (vgl. Soremski 2011) sowie Jugendliche und ältere Kinder den Treffen mit Gleichaltrigen leicht weniger Bedeutung zuweisen als in den zurückliegenden Jahrzehnten. Trotz einer deutlichen Zunahme von digitalen und medienbasierten Aktivitäten in der Freizeit, aber auch in Bezug auf die Beschaffung von Informationen, ist auch dokumentiert, dass Kinder und Jugendliche weiterhin dem Zusammensein mit der Familie, Sport und auch künstlerischen und kulturellen Beschäftigungen eine Bedeutung zuweisen. Die Verwendung von technischen Medien und digitalen Angeboten ist für viele ältere Kinder und Jugendliche inzwischen alltägliche Normalität. Kulturelle und soziale Aktivitäten werden über Onlinezugänge gesteuert, organisiert und gestaltet. Weit über 90 % aller älteren Kinder und Jugendlichen geben an, ein Smartphone und einen Computer sowie einen Internetzugang nutzen zu können (vgl. Medienpädagogischer Forschungsverbund Südwest 2018). Im Schatten dieser Digitalisierung des Alltags platzieren sich jedoch auch Umgangspraktiken, die die kindliche und jugendliche Integrität gefährden. Mehr als 30 % der befragten zwölf- bis neunzehnjährigen Jugendlichen berichten von Cybermobbing im Bekanntenkreis und knapp 10 % geben an, selbst schon einmal Opfer von entsprechenden Attacken gewesen zu sein (vgl. Albert u. a. 2019, S. 49 f).

Viele Jugendliche weisen der Familie und perspektivisch auch der eigenen Familiengründung eine herausragendere Bedeutung zu als noch die vorherigen Jugendkohorten (vgl. Albert u. a. 2019). Insgesamt ist zudem zu beobachten, dass für die Konstituierung jugendlicher Cliquen die soziale und ethnische Herkunft keineswegs bedeutungslos geworden ist (vgl. u. a. Albrecht u. a. 2007), sich die Bedeutung jedoch mit der Ausweitung von Ganztagesschulen gegenwärtig zu verändern scheint (vgl. u. a. Soremski 2011).

Insgesamt ist trotz der Digitalisierung des Alltags, die zugleich auch eine

Standardisierung und Algorithmierung von Lebenswelten bedeutet, weiterhin ein fortschreitender Prozess der Vervielfältigung kinder- und jugendkultureller Stilbildungen zu registrieren (Thole 2010; vgl. u. a. Lorig & Vogelsang 2011). Neu entwickelte Stile lösen die alten allerdings nicht mehr nur einfach ab, sondern platzieren sich neben diesen und reaktivieren inzwischen darüber hinaus längst verschwundene jugendkulturelle Muster. Mehr und ausgefeilter denn je wird die Bricolage in jugendkulturellen Szenen als radikalisierte Praxis auf den Ebenen der symbolischen Handlungsformen, der Sprachspiele und ästhetischen Codes, der ästhetischen Stilisierungen und Signets, der kulturellen Produktionen, der interaktiven Beziehungsformen und der Selbstinszenierungen dynamisiert und habitualisiert. Dabei widersetzen sie sich zuweilen in einer souveränen, reflexiven Art den An- und Herausforderungen der Medien-, Konsum- und Alltagswelt (vgl. Neumann-Braun & Richard 2005). Die Einbindung in kulturelle Szenen und Freizeitformen sowie die kreative Formierung dieser ist also mehr als nur die Ausschmückung eines ansonsten langweiligen und öden Alltags, sondern nach wie vor ein an Bedeutung gewinnendes Sozialisationsfeld für Kinder und Jugendliche und somit ein entscheidendes, sozial-kulturelles Distinktions- und Identifikationsfeld, das die Ausgestaltungen des jugendlichen Bildungsmoratoriums wesentlich arrangiert. Einerseits wird hier die Aneignung von – insbesondere sozialem und kulturellem – Wissen und Können ermöglicht, aber und darüber hinaus andererseits auch die Positionierung zu Formen des Lernens, zu der Idee von Leistung und Karriereplanung, Erfolg und Misserfolg mitgeprägt und so grundlegende Kompetenzen ausgebildet, die für die Platzierung auf dem Arbeitsmarkt nicht unwesentlich sind.

In der allgemeinen Bildungsdebatte werden die in diesen informellen und partiell non-formal strukturierten Netzwerken erworbenen Fähigkeiten allerdings unterbewertet – auch weil es bislang nicht gelungen ist, sie als in diesem diffusen, informell wie non-formal geregelten Räumen erworbenen Kompetenzen exklusiv auszuweisen. Studien stärken allerdings die Vermutung, dass in den non-formalen und informellen Bildungskontexten Kompetenzen erworben werden können, »die als Persönlichkeitsmerkmale – verstanden als habitualisierte Fähigkeiten zur Erzeugung von Verhalten und damit als Persönlichkeitspotenziale – es dem Menschen erlauben, mit neuen und/oder problematischen Situationen umzugehen« (Grunert 2006, 2011; vgl. auch Autorengruppe Bildungsberichterstattung 2012; Deutscher Bundestag 2017a) und die Erkenntnis- und Handlungsmodi im Selbst- und Weltbezug affizieren.

Das politische Interesse von Jugendlichen unterliegt leichten, aber den vorliegenden Studien zufolge sichtbaren Schwankungen, die zudem durch Geschlecht und soziale Herkunft unterschiedlich ausgeprägt werden. Immerhin knapp die Hälfte der befragten Jugendlichen verschiedener Studien geben an, politisch mehr oder weniger ausgeprägt interessiert zu sein (vgl. u. a. Albert u. a. 2019). Anlass für journalistische Schlagzeilen waren in den letzten Jahren insbesondere national, national-völkisch oder rechtsautoritär, xenophobisch oder antisemitisch orientierte jugendliche Peer-Gruppen und Szenen.

Jugendstudien entdecken in den jugendlichen Selbstauskünften für die letzte Dekade jedoch keinen bedeutsamen Anstieg antijüdischer und fremdenfeindlicher Vorurteile oder von rechtsnational gefärbten Orientierungen (vgl. u. a. Decker u. a. 2016). Gleichwohl ist der Anteil der Jugendlichen, die xenophobischen und rechtsnational gefärbten Deutungsmustern nahestehen, als hoch anzusehen und weiterhin votieren ungefähr ein Viertel der interviewten Jugendlichen für Aussagen, die zu dem Spektrum einer Ideologie der Ungleichheit zu zählen sind (vgl. u. a. Heitmeyer 2012; Decker u. a. 2016; Zick u. a. 2016). Negative Positionierungen gegenüber Neuhinzugezogenen artikulieren beispielsweise in den westlichen Bundesländern knapp 14 % und in den östlichen gut 23 % der befragten Jugendlichen (Decker u. a. 2016). Insgesamt wird herausgestellt, dass die Daten empfehlen, davon auszugehen, dass ein Wohnort in den neuen Bundesländern sich negativ und ein formal höherer Bildungsabschluss positiv auf die Demokratieakzeptanz auswirkt (Decker & Brähler 2020). Die Kohorte der 14- bis 30-Jährigen zeigt zwar eine erkennbare, aber im Vergleich zu anderen Altersgruppen vergleichsweise niedrige Zustimmung zu antisemitischen Einstellungen, jedoch jeweils knapp 20 % dieser jugendlichen Kohorte positionieren sich antifeministisch und stehen Verschwörungsrhetoriken nahe (Decker & Brähler 2020). Für die Entwicklung fremdenfeindlicher, antisemitischer und rechtsnationaler Orientierungen tragen unterschiedlichen Studien zufolge sowohl desintegrierende Effekte der gesellschaftlichen Modernisierung und die Zunahme von allgemeinen Risikofaktoren Verantwortung als auch familiale Bedingungsfaktoren, subjektiver Anerkennungsmangel sowie ökonomisch, sozial und kulturell determinierte Ausgrenzungsprozesse (vgl. Heitmeyer & Hagan 2002; Heitmeyer 2012). Zu stigmatisierenden Deutungen und darüber motivierten Gewalthandlungen kommt es insbesondere von jugendlichen Cliquen aus benachteiligten Lebenslagen. Insbesondere über Selbstdefinitionen habitualisierte dichotome Bilder von der Welt begünstigen die Gewaltaffinität und die darüber gruppenintern legitimierten gewalttätigen Aktionen wie auch Muster der gruppenbezogenen Menschenfeindlichkeit (vgl. Eckert, Reis & Wetzstein 2000; Heitmeyer 2002).

Auch wenn inzwischen zunehmend auch mehr Mädchen in gewaltorientierten und national orientierten Szenen anzutreffen sind, scheinen weibliche Peer-Freundschaften generell gegenüber gleichaltrigen männlichen Peer-Gruppen in Bezug auf ihre innere Dynamik eine differente Qualität zu entwickeln. Älteren Studien nach scheinen sich in Mädchenszenen »die Beziehungen oft über Jahre hinweg« zu entwickeln, auch »körperlich-zärtliche Komponenten« aufzuweisen und offener zu sein für die Bearbeitung von Unsicherheiten und Problemen (vgl. Breitenbach & Krausträter 1998, S. 400).

Weiterhin generell auffällig ist und bleibt die öffentliche Unauffälligkeit vieler

Szenen und Peer-Beziehungen. Die jugendkulturellen Gleichaltrigengruppen leben in ihrer Mehrzahl eine leise, stille Jugendzeit – und das Ausleben einer Praxis fernab der öffentlichen Wahrnehmung wird durch die neuen medialen Möglichkeiten anscheinend nicht nachhaltig und sichtbar forciert. Öffentlich wahrgenommen werden Kinder und Jugendliche vornehmlich dann, wenn sie sich in besonderer Form und prominent artikulieren. Wenn, dann werden beispielsweise zu gewalttätigen und kriminalisierbaren Handlungen neigende Jugendszenen wie einige jugendliche Fußballfans, Graffiti-Groups, S-Bahnsurfer und Autocrashing-Gangs, Szenen wie die »Psychobillies« oder als Gangs adressierte Jugendliche öffentlich diskutiert. Jugendliche auf der Suche nach Geborgenheit, Intimität, Anerkennung, Selbstvergewisserung und Autonomie, die den Tanz als Kraftprobe, die Politik als Aktion gegen alles Fremde und den Alltag als Rebellion und Randale inszenieren, haben gute Chancen, auch zukünftig in den Fokus der öffentlich-medialen Diskussionskultur zu geraten.

6.4 Jugendliche in non-formalen Kontexten

Neben den autonom gestalteten, informellen Freizeit-, Kultur- und Freundschaftsnetzwerken kommt den non-formalen Freizeitpraxen von Heranwachsenden – entgegen allen anderslautenden Botschaften – immer noch eine enorme Bedeutung zu. Die in schulischen und anderen institutionellen Bildungseinrichtungen erworbenen, in Zeugnissen und anderen Zertifikaten dokumentierten Leistungen weisen auf formale Qualifikationen und erworbenes Wissen und Können hin. Ignoriert bleibt aber immer noch häufig, dass Kinder und Jugendliche auch in den institutionalisierten Orten des non-formal organisierten Sozial- und Bildungssystems wie auch über die informell strukturierten Orte Wissen und Können akquirieren. Der Einschluss dieser Bereiche scheint vor dem Hintergrund der vorliegenden Erkenntnisse zur Bedeutung von familialen, freizeit-, kultur- und freundschaftsbezogenen Sozialisationsfeldern für den Bildungserfolg, den Erwerb von Fähigkeiten sowie in Bezug auf »die sozialen Prozesse der Identitätsbildung und sozialen Verortung« (Tully & Wahler 2004, S. 194) immer noch unterschätzt zu werden. Übersehen wird die empirisch zwar nicht durchgehend belegte, aber nachvollziehbare Erkenntnis, dass »70 % aller menschlichen Lernprozesse außerhalb von Bildungsinstitutionen stattfinden« (Dohmen 2001).

Allerdings haben sich die Aktivitäten von Jugendlichen – und auch von Kindern – in den non-formal organisierten Orten/Handlungsfeldern in den zurückliegenden Jahrzehnten verschoben. Erstens hat die Beteiligung von Heranwachsenden an digitalen Angeboten deutlich zugenommen und zweitens lässt sich eine Verschiebung von kontinuierlichen und verbindlichen Aktivitäten hin zu themengebundenen und temporär begrenzten Aktivitäten in Vereinen und vergleichbaren Organisationen feststellen. Gleichwohl ist der institutionell geregelte Freizeitort schlechthin für Jugendliche immer noch der Verein. Zwar variieren die vorliegenden Befunde stark, doch überwiegend referieren sie, dass immer noch ungefähr 60 % aller Heranwachsenden Mitglied in mindestens einem Verband oder einem Verein sind oder sich in einem solchen partiell engagieren. So sind in den 91.000 Sportvereinen in Deutschland über 5,9 Millionen Kinder und Jugendliche im Alter zwischen sieben und 18 Jahren Mitglied. Die stärkere Ausdifferenzierung der von Kindern und Jugendlichen favorisierten Sportarten (vgl. Zinnecker 1986) – unter anderem hat das Interesse für Tischtennis, Tennis, Judo, Skilaufen, Volleyball, Karate, Bodybuilding und tanzbezogener Gymnastik zugenommen – deutet an, dass Kinder und Jugendliche, aber natürlich auch deren Eltern, wenn man an die jüngeren Jahrgänge denkt, heute in ihren, auch sportiven Freizeitorientierungen gebrauchswertorientierter sind und ein dienstleistungsorientiertes, keineswegs mehr durchgängig ein milieugeprägtes Mitgliedsverständnis in und zu den Vereinen und Verbänden entwickeln.

Trotz fortschreitender Technisierung kindlicher und jugendlicher Freizeitwelten kann somit keineswegs von einer »Entkörperlichung« der Freizeitorientierungen gesprochen werden – der Körperkult und die ästhetisierende Komponente der gewählten Freizeitbeschäftigung scheint sogar an Bedeutung zu gewinnen. Kinder und Jugendliche sind zudem gestalterisch, kommunikativ wie auch konsumtiv umfassend in kulturell-ästhetische und auch digitale Welten eingebunden (vgl. u. a. Deutscher Bundestag 2017a). Der Verband der Deutschen Musikschulen (VDM) weist für das Feld der musischen, kulturellen Bildung 2019 930 Musikschulen und über 500.000 Musikschüler*innen zwischen 10 und 18 Jahren aus (vgl. VDM 2020). Auch die Angebote der Kinder- und Jugendkunstschulen sowie kulturpädagogische Projekte in den Sparten bildende Kunst, Theater, Tanz, Musik, Medien und Literatur nutzen ebenfalls zunehmend mehr Heranwachsende. Deutschlandweit gibt es derzeit 395, über alle 16 Bundesländer verteilte Jugendkunstschuleinrichtungen, die nach Angaben des »Bundesverbandes für Jugendkunstschulen und kulturpädagogische Einrichtungen« (bjke) von ca. 600.000 Teilnehmenden pro Jahr besucht werden (vgl. Kamp 2015). Das Bundesministerium für Familie, Senioren, Frauen und Jugend (BMFSFJ) dokumentiert zudem für 2018 etwa 55.000 Personen, die ein Freiwilliges Soziales Jahr (FSJ) absolvieren, und etwa 27.500 Personen unter 27 Jahren, die sich an Programmen des Bundesfreiwilligendienstes beteiligen (vgl. BMFSFJ 2019).

Weiterhin gilt jedoch, dass die Mitgliedschaft und Nutzung der Angebote in Vereinen milieuspezifisch different sind. In den oberen Statusgruppen der Gesellschaft werden für etwa vier Fünftel der Kinder und Jugendlichen die Aktivitätsformen in der Freizeit weiterhin durch Eltern über Vereine geregelt und terminiert (vgl. Betz 2006; auch Wolfert & Pupeter 2018). Diese innere Entformalisierung jugendlicher Peer-Kontakte findet seit Ende des letzten Jahrtausends in Bezug auf die jugendliche Einbindung in formalisierte Kontexte eine Entsprechung in der Abwendung von konventionell-traditionellen Vereinen und Verbänden und einer höheren Präferenz für themengebundene und temporär begrenzte Organisationsformen wie beispielsweise Umwelt-, Musik- oder spontanen, carebezogenen Initiativen (vgl. Mitterauer 1986; Silbereisen, Vaskovics & Zinnecker 1996). Die wenigen, zumeist zudem älteren Studien, die die Motive, den Unterstützungsbedarf und den Bildungsgewinn im Rahmen verbandlichen Engagements zu erfahren suchten, zeigen, dass für dreiviertel der Jugendlichen die Möglichkeit zur Erweiterung von Kenntnissen und Erfahrungen ein zentrales Motiv für die Übernahme eines Ehrenamts darstellt (vgl. Picot 2001; Bruner & Dannenbeck 2002; Fauser, Fischer & Münchmeier 2006). Vor allem ältere Jugendliche sehen die Weiterbildungsangebote als Gelegenheit zum Erwerb von Fähigkeiten.

Die Zahl der Kinder und Jugendlichen, die als Stammbesucher*innen Einrichtungen der Kinder- und Jugendarbeit besuchen, wird über die Kinder- und Jugendhilfestatistik mit 750.000, die Zahl derer, die an gruppenbezogenen Angeboten – insbesondere der Jugendverbände – teilnehmen, mit 630.000 angegeben. Darüber hinaus nehmen 1,36 Millionen gemeldete jugendliche Teilnehmer*innen an Freizeiten und 670.000 Teilnehmer*innen an Seminaren und Fortbildungen teil (vgl. Mühlmann & Pothmann 2019a, S. 108 sowie ausführlicher Kap. 4). In den letzten Jahren qualifizierten sich darüber hinaus jeweils etwa 32.000 junge Menschen für eine Jugendgruppenleitungstätigkeit (vgl. Deutscher Bundesjugendring 2020). Etwas zurückhaltend und dennoch deutlich verweisen biographische Studien auf die Bedeutsamkeit einer Teilnahme an non-formalen Angeboten für die Gestaltung des Weges durch das Leben hin (vgl. Kratz & Schefold 2013; Thole u. a. 2016; Stuckert u. a. 2018).

Unterschiedlichen Studien zufolge besuchen 10 % bis 12 % der Jugendlichen regelmäßig Jugendzentren oder vergleichbare Einrichtungen. (vgl. u. a. Gaedicke & Antes 2020; Deutscher Bundestag 2017a, S. 383). Wird jedoch den Shell-Studien vertraut, dann lag der Anteil der Besucher*innen von Jugendfreizeiteinrichtungen bei den 12- bis 25-Jährigen zwischen 2006 und 2019 zwischen 4 % und 6% (vgl. Wolfert & Leven 2019). Ebenfalls diesen Studien ist zu entnehmen, dass zwischen 2002 und 2019 zwischen 26 % und 30% der 16- bis 25-Jährigen mitteilen, Sport im Verein gehöre zu ihren fünf Aktivitäten, die sie in einer Woche am häufigsten ausführen (vgl. Wolfert & Leven 2019, S. 214). In der Jugendstudie Baden-Württembergs wird berichtet, dass sich 57 % der 12- bis 18-jährigen Kinder und Jugendlichen mindestens einmal die Woche sportlich im Verein betätigen (vgl. Gaedecke & Antes 2020, S. 18). 58 % der befragten Kinder engagieren sich den vier Word-Vision-Kinderstudien zufolge konstant in Sportvereinen (vgl. Wolfert & Pupeter 2018; Jänisch & Schneekloth 2013); dieser Anteil nimmt aber im Verlauf der Jugendzeit ab (vgl. Deutscher Bundestag 2017a, S. 385). Den vorliegenden Jugendstudien nach kommt dem Engagement in einer kirchlichen, religiösen Jugendgruppe immer noch eine bedeutsame Rolle zu – 12,5 % der

12- bis 15-Jährigen (vgl. Gaedicke & Antes 2020, S. 18), 7 % der 8- bis 11-Jährigen (vgl. Wolfert & Pupeter 2018, S. 103) und 14 % der 15- bis 25-Jährigen (vgl. Deutscher Bundestag 2017a, S. 385) verweisen auf entsprechende Aktivitäten. Und auch in den Selbstauskünften von Kindern und Jugendlichen wird die Bedeutung von kulturell-ästhetischen Tätigkeiten betont – notiert findet sich beispielsweise ein Anteil von 18 % der Jugendlichen in der Jugendstudie aus Baden-Württemberg (vgl. Gaedecke & Antes 2020, S. 18) beziehungsweise 21 % der 6- bis 11-Jährigen in den Word-Vision-Studien (vgl. Wolfert & Pupeter 2018, S. 105).

Insgesamt ist das Wissen über die Zahl der aktiven Mitglieder in sach- und themenbezogenen wie auch in den konfessionell orientierten Jugendverbandverbänden kaum als gesichert anzusehen. Weiterhin sind die Teilnahme und das Engagement in der Jugendverbandsarbeit an sportlichen, musischen und kulturell-ästhetischen Angeboten wie auch im Bereich der Ökologie oder der Arbeit mit Geflüchteten über die Variablen Klasse, Milieu, Schicht und Bildung strukturiert. Nach wie vor hat der Befund, »je höher der Bildungsstand, desto entschiedener fällt das Engagement für die eigene Entwicklung, für andere, für gesellschaftliche und politische Fragen aus« (Fauser, Fischer & Münchmeier 2006, S. 26), Gültigkeit. Dieser Befund hat Konsequenzen für die externe Umwelt des Verbandes, aber auch für den internen Umgang mit dem Milieucharakter (vgl. Sturzenhecker 2007). Ähnlich wie bei den Freundschaften zeigt sich auch beim verbandlichen Engagement, dass die Mitgliedschaft sich über den eigenen sozialen familialen Hintergrund wie über die besuchten Bildungsinstitutionen steuert und Exklusionsprozesse zu erkennen sind, wenn ältere Kinder und Jugendliche keine habituellen Passungen zum Milieucharakter des Verbandes und der Verbandskultur herstellen können. Dennoch notieren Studien, dass über die Aktivität in den Verbänden bei Kindern und Jugendlichen eine Stärkung des Selbstbewusstseins und ein Zugewinn an Selbstständigkeit im Umgang mit Menschen und problematischen Situationen angeregt werden (vgl. Bruner & Dannenbeck 2002). Im Bereich der Persönlichkeitsentwicklung berichten die Jugendlichen über den Erwerb von Fähigkeiten, die sie zur Herausbildung einer eigenen Meinung und persönlicher Interessen, zum Selbstmanagement inklusive der Fähigkeit, sich abzugrenzen und mit den eigenen Kräften hauszuhalten, befähigen (vgl. Fischer 2002).

6.5 Zwischen Revitalisierung des Alten und euphorischem Aufbruch – Kindheit und Jugend im Wandel

Die Vervielfältigung jugendkultureller Stilbildungen und die Kindern gegebenen Möglichkeiten, ihre Kindheit zu gestalten, haben sich seit Beginn des 21. Jahrhunderts gegenüber den drei davor liegenden Jahrzehnten deutlich erweitert. Mehr und ausgefeilter denn je ist gleichwohl die Bricolage in jugendkulturellen Szenen und in der Kohorte der Heranwachsenden als eine radikalisierte Praxis auf den Ebenen der symbolischen Handlungsformen, der Sprachspiele und ästhetischen Codes, der ästhetischen Stilisierungen und Signets, der kulturellen Produktionen, der interaktiven Beziehungsformen und der Selbstinszenierungen zu beobachten. Die Heranwachsenden widersetzen sich dabei zuweilen in einer souveränen, reflexiven Art den An- und Herausforderungen der Medien-, Konsum- und Alltagswelten, die bisherigen Annahmen der Manipulation und Instrumentalisierung jugendkultureller Kontexte durch die hegemoniale Kultur zynisch konterkarieren (vgl. Thole 2010). Die Einbindung in kulturelle Szenen und Freizeitformen sowie die kreative Formierung kultureller Praktiken, Szenen und Formen des Miteinanders ist also mehr als nur Ausschmückung eines ansonsten als langweilig und öde empfundenen Alltags. Freundschaftsnetzwerke stellen nach wie vor ein bedeutsames Sozialisationsfeld für ältere Kinder wie für Jugendliche und ein entscheidendes, sozial-kulturelles Distinktions- und Identifikationsfeld dar (vgl. u. a. Isengard 2005; Harring u. a. 2010; Berngruber, Gaupp & Lüders 2020).

Bildungskarrieren werden auch über diese Netzwerke angeregt und keineswegs nur in der Schule arrangiert. Einerseits wird in den autonomen Szenen und in den institutionellen Arrangements die Aneignung von sozialem und kulturellem Wissen und Können ermöglicht, aber und darüber hinaus zweitens jedoch auch die Positionierung zu Formen des Lernens, zu der Idee von Leistung und Karriereplanung, Erfolg und Misserfolg mitprägt und so grundlegende Kompetenzen ausgebildet, die für den Weg durch das Leben bedeutend sein können (vgl. Grunert 2005, S. 17; Düx & Sass 2005; Thole & Höblich 2010; Krüger, Köhler & Zschach 2007).

Die Bedeutung der Szenen und Cliquen, Vereine, Jugendverbände und der institutionellen Projekte der außerschulischen Kinder- und Jugendarbeit für die jugendliche Identitätsarbeit, die Herausbildung von Selbstkonzepten sowie für das Erleben von Selbstwirksamkeit und das Erfahren von Anerkennung wird häufig allerdings noch immer übersehen.

> »Gute Jugend geht allemal den Melodien aus ihren Träumen und Büchern nach, hofft, sie zu finden, kennt heiße dunkle Irren durch Feld und Stadt, wartet auf die Freiheit, die vor ihr liegt. Sie ist ein Heraussehen, Heraussehen aus dem Gefängnis des äußeren, muffig gewordenen oder muffig erscheinenden Zwangs, aber auch der eigenen Unreife. Die Sehnsucht nach dem Leben als Erwachsener treibt an, doch so, dass dieses Leben gänzlich umgeändert werden sollte« (Bloch 1972, S. 90).

Nun hat sich die Gesellschaft, seit Ernst Bloch diese Sätze zu Papier brachte, gewaltig verändert. Der Selbständigkeit einengende Muff hat sich inzwischen sicherlich etwas verflüchtigt und vielleicht sind heute auch neue und alte Medien als Produzenten neuer Wirklichkeiten die animierende Quellen für Sehnsüchte. Die Tatsache jedoch, dass Jugend davon träumt, Leben gänzlich zu verändern, daran scheint sich nur wenig verändert zu haben. Deutlicher und ausgeprägter als noch vor drei, vier Jahrzehnten präsentieren aktuell auch deswegen jüngere Erwachsene ihre Jugendzeit als »erfolgreich« durchlaufen und optimal gestaltet zu haben (vgl. Thole und Schildknecht 2020).

Mit Blick auf die referierten Befunde können die nachfolgenden fünf Stichworte besonders herausgestellt werden:

(1) Kinder und Jugendliche erleben heute, wie an anderer Stelle schon ausgeführt (vgl. Abschnitt 6.2), ein dynamisches »Abschleifen traditioneller Sozialformen« (Ziehe 1994, S. 259). Darüber gehen Sicherheiten verloren, auf die ritualisiert zur Bewältigung von Risiken des Alltags zurückgegriffen werden kann, die aber auch – quasi als ritualisiertes soziales Korsett – bei der Herstellung und Aufrechterhaltung von sozialen Kontakten weiterhin hilfreich sein könnten. Das Verschwinden der traditionellen Orientierungen hat zur Folge, dass Jugendliche wie auch schon Kinder ihre eigene Biographie planen müssen, ohne auf sichere Bezugssysteme zurückgreifen zu können, die ihnen Orientierungspunkte bieten. Dies macht sie sozusagen »zu ihres eigenen Glückes Schmied«, also selbstverantwortlich für die eigene Zukunft in der Erwachsenenexistenz, die auf die Jugendphase folgen soll. Mit anderen Worten: Formale, soziale Netze und Regularien implodieren. Das Individuum wird selbst zur Produktionseinheit des Sozialen, wie Beck (1986) formulierte. Darüber gewinnen informelle Netze an Bedeutung. Sie sind aber auch mit der Schwierigkeit belastet, diese neuen informellen Strukturen kompetent auszufüllen, Kontinuität und Konsistenz zu erzeugen. Wie und ob das überhaupt immer hinreichend gelingt, ist offen. Die Gefahr zumindest besteht, dass die Gleichaltrigengruppen sich als Gruppe selbst zur Farce werden.

(2) Die lebenswegprägende Bedeutung der in der Jugendzeit und vielleicht auch schon in der Kindheit angeeigneten kulturellen Orientierungen nimmt ab, wird gebrochen und schon während des Weges durch die Jugendbiographie karikiert. Finden wir heute bei ehemaligen Halbstarken der 1950er Jahre die Kreidler-Florett noch im Keller und die Lederjacke im Kleiderschrank, das Bild von der Motorrad»gang« über dem Werkzeugtisch und die fotografischen Erinnerungen wohlsortiert im Album, sind die subkulturellen Orientierungen und Erfahrungen bei den Jugendlichen – und auch schon bei älteren Kindern – heute oftmals schon nach einem halben Jahr verblasst und durch neue ästhetische Stilvariationen konterkariert. Die sozial-kulturellen Praktiken der Jugend sind weiterhin nicht nur »maßgeschneidert und dennoch von der Stange«, sondern auch nicht mehr für den gesamten Weg durch die Jugendbiographie entworfen. Die Einbindung in eine Jugendkultur hat heute nur noch für konkrete Etappen der Jugendbiographie Gültigkeit.

(3) Es spricht vieles dafür, davon auszugehen, dass sich ein Wandel des Alters jugendästhetischer Vorbilder abzeichnet. Waren es jahrzehntelang die Stile

und Arrangements von jüngeren Erwachsenen, die die jugendkulturellen Stilbildungen wesentlich beeinflussten, so scheinen es heute auch und zunehmend mehr die jüngeren Geschwister und klassentieferen Mitschüler*innen zu sein, die die Anregungen für neue Stile geben und von den Älteren als animatives »Stilreservoir« angesehen werden. Der Stil der Kindheit wird in die Jugendzeit transportiert. Alles scheint schon einmal dagewesen. Der »Jugendmythos« beginnt sich weiter zu verjüngen und wird zum »Kindermythos«.

(4) Neshat Rahimpour brachte Mitte der 1990er Jahre in einem Spiegelgespräch die Stimmung »seiner Generation«, die keine mehr sein will, auf den Punkt, die für die heutige Jugendgeneration ebenfalls noch zuzutreffen scheint:

> »Ganz klar X ist politisch, weil ihm die Völkermorde und das Ozonloch mächtig an die Nieren gehen. X würde gern überall helfen, doch X weiß nicht, wie er das machen soll. X wird jedenfalls nicht auf die Straße gehen und gegen die Ausbeutung der Dritten Welt demonstrieren. Denn X glaubt, daß unser Planet sowieso nur von Arschlöchern regiert wird und sich daran niemals etwas ändert. X ist in Wahrheit unpolitisch. (...) X denkt in Kosten-Nutzen-Kategorien. Aber X wird keine Waffen an die Roten Khmer verkaufen und keine Fernsehwerbezeiten an Faschisten. X möchte alle glücklich sehen. X schätzt Greenpeace, Amnesty International und Unicef, X unterschreibt zur Rettung der Wale. X ist Pragmatiker. (...) Doch wenn man nicht mehr sagen kann, was man möchte, dann wird es auch für X Zeit, die Fernbedienung aus der Hand zu legen« (Der Spiegel 1994, S. 49).

Sicherlich, Rahimpour spricht nicht für »die« Jugend. Diese ist heute ebenso wenig wie jemals zuvor auszumachen: Es gibt »(...) keine Jugend an sich oder keine, die so gleichartig, so unabhängig von den Zeiten heranwüchse, wie Jünglingen zu allen Zeiten der gleiche Bart wächst« (Bloch 1977). Er skizziert jedoch das ambivalente mentale Grundgerüst von Jugend, das keinen einzelnen Jugendlicher präsentiert und doch alle mitprägt. Die ›Friday for Future‹-Bewegung kann als aktueller Beleg für diese These herangezogen werden.

(5) Diese Grundstimmung lässt auch einen Zugewinn an reflexiven Kompetenzen vermuten, der sich in den zurückliegenden zwei Jahrzehnten zudem nochmals potenziert zu haben scheint. Die bedeutenden Themen der Zeit müssen von den Jugendlichen heute nicht mehr erstritten werden. Sie erleben keine thematischen Tabus mehr. Die Bilder und Themen der Welt scheinen ihnen zugänglich und bekannt zu sein und sie scheinen inzwischen sogar gezwungen zu sein, zu selektieren, die Themen zu filtrieren, die ihnen bearbeitbar und aushaltbar erscheinen, zumindest sie nicht erdrücken. Mit Überthemen sind sie nicht mehr zu ködern, weder politisch noch im Leben. In diesem Sinne sind Jugendliche heute politischer als ihre Vorgänger ohne wirklich politisch zu werden. Vielleicht ist ihre eigentliche Politik – in Ver-

kehrung von Innen- und Außenwelt – die des Privaten. Gelernt haben viele Jugendliche zumindest, ihre Weltdeutungen mit ihren Gefühlen zu verzahnen. Sicherlich nicht alle, aber Teile der gegenwärtigen Jugendgeneration scheinen die »eigenen Gefühle, Ängste und Sehnsüchte« thematisieren zu können und der darüber artikulierte Prozess der »Subjektivierung ist eine Lebensform-Variante geworden« (Ziehe 1994, S. 261), für die immer mehr Jugendliche auch reklamieren, dass sie Bedeutung hat für ihre Weltdeutungen.

Ein Blick auf Ergebnisse der Kindheits- und Jugendforschung zeigt, dass in den letzten Jahrzehnten bisweilen vielleicht zu prononciert nach dem jeweils erkennbaren Wandel der Kindheits- und Jugendphase gesucht wurde und darüber die in den gesellschaftlichen Modernisierungsprozessen eingelagerten strukturellen Kontinuitäten im Dunkeln blieben. Die Phasen des Aufwachsens von Kindern und Jugendlichen sind möglicherweise äußerlich von einem wärmenden, sicheren Mantel der Kontinuität umhüllt. Die jeweils überraschenden und neu wirkenden Dynamiken von Medien-, Musik- und Jugendszenen verdecken vielleicht die Kontinuitäten, in der die Phasen des Aufwachsens stehen. Die sowohl vom philosophischen Poststrukturalismus wie von der rauschenden Banalität des schlichten Kitsches beeinflusste »Techno-Szene« zeigt beispielsweise bei etwas näherer Betrachtung im Innern immer noch ein irritierendes, keineswegs durchgängig nur das Neue glorifizierende Leben. In den Clubs tanzen seit zwei Jahrzehnten neben »Normalos« und Skins, Alt- und Neualternative, neben hartgesottenen »Techno Freaks« Jugendliche, die einfach mal »Abtanzen« wollen, neben postadoleszenten Mittdreißigern fünfzehnjährige Jugendliche und über Vierzigjährige, die hier im neuen Gewand die Musik ihrer Jugend meinen hören zu können.

Jürgen Zinnecker bündelte seine jugend- und kindheitsforscherischen Suchbewegungen Mitte der 1980er Jahre in der Erkenntnis, dass nicht mehr ein, sondern drei parallel von Jugendlichen favorisierte Jugendkonzepte empirisch wahrzunehmen sind. Neben dem Konzept »Jugend als politisch-kulturelles Moratorium« entwarfen demnach Jugendliche ihren Weg durch die Jugendzeit als »Bildungslaufbahn« oder aber als »kommerzielle Jugendkultur« beziehungsweise als »subkulturellen Stil« (Zinnecker 1986, S. 119). Gute Gründe und die vorliegenden Befunde regen an, auch heute noch davon auszugehen, dass nicht mehr alle Kinder und Jugendlichen ihre Wege durch die Zeiten und Phasen des Aufwachsens in strukturell identischer Form gestalten respektive aufgrund der gegebenen sozialen Ungleichheiten gestalten können. Einigen scheint es zu gelingen, das Aufwachsen in Form eines formal strukturierten wie über ein Engagement in non-formale Zusammenhängen moderiertes Bildungsmoratoriums zu gestalten. Andere gestalten möglicherweise ihren Weg durch die Kindheit und Jugend im Kontext von Freundschaftsbeziehungen und den dort entwickelten kulturell-ästhetischen Orientierungen. Und wiederum Dritte flüchten in Deutungs- und

Handlungsmuster, die das Scheitern schulischer und außerschulischer Institutionen mit und an ihnen zum Anlass wählen, für erlebte Exklusionserfahrungen diejenigen verantwortlich zu machen, die sie als fremd und anders adressieren können. Die Entkopplung von alten, Sicherheit suggerierenden Gewissheiten scheint Heranwachsende zu motivieren und zu zwingen, in kulturellen Suchbewegungen und im Feld der neokonservativen, autoritativen oder völkisch-nationalen Gegenangebote sich über adäquate Subjektivierungsangebote zu informieren, um sie bezüglich der eingeschlagenen Wege durch die Kindheit und Jugend zu zitieren.

Der Weg durch die Kindheits- und Jugendbiographie, zumindest so viel scheint sicher, war und ist für Kinder wie für Jugendliche auch immer eine schwierige, holprige Tour – für viele sogar eine Tortur. Als sicher kann auch gelten, dass Kinder und Jugendliche den Entzauberungsprozessen der Welt weder »ichstark« noch über den Rückgriff auf »kollektive Gewissheiten« (Ziehe 1985, S. 209) zu begegnen vermögen. Die Suche nach dem Ich im Wir und nach der Identität, die das Ich im Wir als einzigartig zu präsentieren ermöglicht, ist und bleibt eine Herausforderung – für Kinder und Jugendliche ebenso wie für eine hierauf bezogene Kinder- und Jugendarbeit.

Zum Weiterlesen – Literaturhinweise

Bock, K., Grabowsky, S., Sander, U., & Thole, W. (Hrsg.) (2013). *Jugend.Hilfe.Forschung.* (Grundlagen der sozialen Arbeit, Bd. 31). Baltmannsweiler: Schneider-Verlag Hohengehren.

Deutscher Bundestag (Hrsg.) (2017). *15. Kinder- und Jugendbericht. Bericht über die Lebenssituation junger Menschen und die Leistungen der Kinder- und Jugendhilfe in Deutschland.* Drucksache 18/11050. Berlin: Eigenverlag.

Grunert, C., Bock, K., Pfaff, N., & W. Schröer (Hrsg.) (2020). *Erziehungswissenschaftliche Jugendforschung. Ein Aufbruch.* Wiesbaden: Springer VS.

Jänisch, A., & Schneekloth, U. (2013). Die Freizeit: vielfältig und bunt, aber nicht für alle Kinder. In S. Andresen, K. Hurrelmann & TNS Infratest Sozialforschung (Hrsg.), *Kinder in Deutschland 2013. 3. Word Vision Kinderstudie* (S. 135–167). Weinheim: Beltz.

Krüger, H.-H., Grunert, C., & Bruning, A. (2018). Jugend und Bildung. In R. Tippelt & B. Schmidt-Hertha (Hrsg.), *Handbuch Bildungsforschung.* Wiesbaden: Springer VS.

7 »Die« Theorien

Die Beschäftigungs- und Freizeitmöglichkeiten – insbesondere auch die kommerziellen – für Kinder und Jugendliche sind in den letzten Jahren engmaschiger, medialer sowie digitaler, vielfältiger und bunter geworden und erweisen sich immer öfter als Schrittmacher und Impulsgeber für alle Anbieter der Kinder- und Jugendarbeit, die sich auf dem »Markt« zu positionieren wünschen. Allerdings sind der Anverwandlung und auch der Kooperation bzw. Koproduktion mit Partner*innen jedweder Art Grenzen gesetzt durch die spezifische sozialpädagogische Profilierung der Kinder- und Jugendarbeit, welche durch entsprechende Konzepte und Theorien markiert wird. Sozialpädagogische Profilierung meint in diesem Zusammenhang aber nicht das Rekurrieren auf »die eine Theorie der Sozialen Arbeit«, zumal sich Theorieentwicklung in der Sozialen Arbeit eher als offenes Projekt mit unterschiedlichen Ansätzen und Schulen sowie verschiedenen Traditionslinien darstellt (vgl. Rauschenbach & Züchner 2012). Vielmehr sind damit Bezüge zu einem Kanon theoretischer und konzeptioneller Ansätze zur Sozialen Arbeit bzw. Sozialpädagogik gemeint (vgl. Thole 2012, S. 38 f).

Vor diesem Hintergrund sind eindeutige theoretische Festlegungen nicht zu erkennen bzw. bleibt vielfach sogar undeutlich, auf welche theoretischen Muster, konzeptionellen Orientierungen, Leitlinien und Methoden sich die Kinder- und Jugendarbeit zur Entfaltung ihrer Praxis bezieht. Das ist sicherlich auch der wiederholt erwähnten Tatsache geschuldet, dass die Kinder- und Jugendarbeit als Teil der Sozialen Arbeit ebenfalls auf kein geschlossenes Theoriegebäude verweisen kann und die vorliegenden Theorieentwürfe und Konzeptualisierungen uneinheitlich sind, sich immer noch weitgehend vorläufig und widersprüchlich präsentieren.

Die nachfolgenden Ausführungen zu den theoretischen Überlegungen und Ansätzen der Kinder- und Jugendarbeit versuchen die obigen Überlegungen zu berücksichtigen. Sie stellen zunächst eine Sortierung von in diesem Zusammenhang grundlegenden, aber oftmals nicht hinreichend differenzierten Kategorien dar und streben an, die Bedeutung und den Gehalt von »Theorien«, »Konzepten«, »Methoden« zu klären (vgl. Kap. 7.1). Es folgt ein Plädoyer für einen »transversalen Blick« auf die Kinder- und Jugendarbeit. Damit ist gemeint, die zahlreichen Differenzierungen, die zu beobachtende Vielfalt, aber auch die unvermeidlich scheinenden Verflechtungen und Unordentlichkeiten nicht als Defizit, sondern als Spezifikum und Qualitätsmerkmal zu betrachten (vgl. Kap. 7.2). Die anschließenden Ausführungen (Kap. 7.3 und 7.4) erinnern an die Theoriegeschichte der Kinder- und Jugendarbeit in der zweiten Hälfte des letzten Jahrhunderts. Die Überlegungen werden abschließend resümiert (Kap. 7.5) und herausgestellt, dass keine umfassende Theorie oder ein umfassendes Theorie-Gefüge vorliegt, sondern allenfalls divergierende Ansätze mit unterschiedlichen Perspektiven und Schwerpunktsetzungen. Abschließend wird die Kinder- und Jugendarbeit als ein »Bildungsprojekt« vorgestellt, genauer als ein Projekt »sozialpädagogischer Bildung« (Kap. 7.6).

7.1 Theorien, Konzepte und Methoden – Versuch zum Verstehen einer beobachtbaren »Unordnung«

Bekannt und hinlänglich belegt scheint inzwischen, dass eine ausgefeilte Theorie keineswegs eine »gute« und erfolgreiche Praxis zu gestalten vermag, obwohl weiterhin vielerorts davon ausgegangen wird, dass wissenschaftlich ausgewiesenes Wissen und Theorien von den Praktiker*innen in sozialpädagogisches Handeln umgesetzt werden kann (vgl. hierzu Thole 2018; Sehmer et al. 2020; Sehmer, Marks & Thole 2020). Doch bereits Studien aus den 1980er Jahren weisen darauf hin, dass der Zugriff auf wissenschaftliches Wissen durch die berufliche Praxis nur äußerst selektiv und eigenwillig erfolgt (vgl. Beck & Bonß 1989). Jüngere Studien stützen diesen Befund (vgl. u. a. Thole et al. 2016; Marks et al. 2018). Für die Kinder- und Jugendarbeit konnte so etwa gezeigt werden, dass Fachkräfte einschlägige Fachliteratur im Wesentlichen

> »nur dann rezipieren, wenn sie nach Lösungswegen für gravierende Alltagsprobleme Ausschau halten oder wenn sie zu besonders im Trend liegenden Themen, […], eine alltags- und praxisverträgliche Aufklärung suchen« (Thole & Pothmann 2013, S. 569).

Wenn allerdings Kinder- und Jugendarbeit für Kinder- und Jugendliche mehr sein soll als ein irgendwie eklektisch zusammengebasteltes Angebot, wenn sie beansprucht, die Formen der Lebensbewältigung von Heranwachsenden zu unterstützen, zu verbessern und einen Beitrag dazu leisten möchte, dass junge Menschen mit und durch Angebote der Kinder- und Jugendarbeit ihre Lebensgestaltungsoptionen qualifizieren, dann sind Theorien und Konzepte für die Entwicklung einer »guten« Praxis unverzichtbar.

Eine Einführung in die Kinder- und Jugendarbeit ist allerdings keineswegs ein bedeutsamer Ort wissenschaftstheoretischer Auseinandersetzungen. Doch vielleicht können schon die nachfolgenden Praxisbeispiele belegen, dass theoretische Überlegungen dazu beitragen können, Praxis klarer und auch verständlicher zu rahmen und zu verstehen. Und vielleicht illustrieren sie auch, dass für einzelne Angebote stets mehrere Lesarten entwickelt respektive unterschiedliche Perspektiven entwickelt werden können sowie ganz unterschiedliche fachliche

Begründungen für eine Einordnung in das Arbeitsfeld der Kinder- und Jugendarbeit zu formulieren empfehlen:

- Ob beispielsweise eine Ferienfahrt unter dem konzeptionellen Aspekt der Erholung, der Peer-Orientierung, des freiwilligen Engagements, der Bildung oder der Integration respektive der Inklusion konzeptualisiert, theoretisch gerahmt und veranstaltet wird, hängt von den praktischen Bedingungen wie den anvisierten pädagogischen oder vielleicht auch den sozialpolitischen Zielen ab, ergibt sich aber nicht schlüssig aus dem Angebot einer »Ferienfreizeit«.
- Ob eine Veranstaltung oder ein Workshop mit Jugendlichen zum Thema »national-rechter Extremismus« als politische Bildungsveranstaltung oder als Präventionsprojekt konzipiert wird, oder ob Aspekte des Lernens, der Erziehung, der Partizipation oder der Bildung besonders betont werden und ob Fragen von Migration oder Geschlecht thematisiert werden sollen, ist von mehreren Faktoren abhängig, unter anderem von den veranstaltungsbezogenen Besonderheiten. Je nachdem, wie diese bewertet werden und welche Ziele an die Veranstaltung adressiert werden, ist die Konzeption zu formulieren und durch bildungs- oder eben gendertheoretische Aspekte oder (vielleicht) auch lernpsychologisch zu rahmen.
- Ob eine Rap- oder Poetry-Slam-Veranstaltung, die Spaß bereiten und Gleichaltrigen Kontakte fördern soll, auch unter den Maximen von kulturellem Lernen, Demokratie und Partizipation sowie Engagement realisiert werden soll, ist entscheidungs- und begründungsbedürftig, wobei sich die genannten Aspekte selbstredend nicht gegenseitig ausschließen, sondern es zahlreiche Anschluss- und Schnittstellen gibt.

Diese Notizen aus dem Alltag der Kinder- und Jugendarbeit kennzeichnen einmal mehr die bereits aus den »Annäherungen« (Kap. 1) bekannte Heterogenität der Angebote, aber auch die Vielfalt der Arbeitsweisen, Handlungsansätze sowie der Betrachtungsperspektiven. Insgesamt besteht allerdings auch bezüglich dieser sehr grundlegenden Fragen Klärungs- und expliziter Forschungsbedarf, denn ungeklärt ist weiterhin, mit welchen Motiven, Gründen und Argumenten sozialpädagogische Fachkräfte beziehungsweise deren Institutionen ihre Formate »konstruieren«. Das Arbeitsfeld der Kinder- und Jugendarbeit umfasst zudem eine Vielzahl von Übergängen, beispielsweise zwischen digitalen und analogen Räumen, zwischen informellem, non-formalem und formalem Lernen, zwischen sozialen und virtuellen Netzwerken, zwischen pädagogischen, technischen und kommerziellen Arrangements, zwischen staatlicher Steuerung und jugendlichem Eigensinn, zwischen Integrationsauftrag und Mündigkeitsaspekten, zwischen Vermittlung und Aneignung, zwischen Planung und pädagogischer Realität.

Wenig hilfreich ist es allerdings, jede Konzeption für ein einzelnes Angebot oder Projekt gleich als Theorie zu bezeichnen. Auch erzeugt es mehr Verwirrung und Irritation, wenn nicht nachvollziehbar zwischen Konzepten, Methoden und Techniken unterschieden wird.

Wenn von »Theorie der Kinder- und Jugendarbeit« die Rede ist – wenn diese vermisst oder nach dieser gesucht wird –, dann ist damit zunächst einmal keine bestimmte gemeint (vgl. auch Kap. 7.2), sondern gemeint ist ein wissenschaftliches Gebäude, das die Facetten dieses sozialpädagogischen Arbeitsfeldes umfassend zu betrachten, zu analysieren und zu reflektieren anregt oder vielleicht konkret die Aufgaben und Ziele der Kinder- und Jugendarbeit unter Einbeziehung von gesellschafts- und subjekttheoretischen Bezügen als institutionalisiertes Sozialisationsfeld für Kinder und Jugendliche zu bestimmen versucht. Oder anders: Eine Theorie der Kinder- und Jugendarbeit hat zuallererst zu klären zu versuchen, was Kinder- und Jugendarbeit ist und welche gesellschaftliche Funktion sie hat. Darüber hinaus hat sie sicherlich die jeweils gegebenen gesellschaftlichen Entwicklungen zu reflektieren und deren Relevanz für das Kinder- und Jugendalter sowie für die Sozialpädagogik anzugeben. Sie hat sich mit der ökonomischen, sozialen und kulturellen Lage und den Alltagsorientierungen von Kindern und Jugendlichen zu beschäftigen, Verarbeitungen, Thematisierungen und Deutungen sozialer Wirklichkeit zu reflektieren, über die Möglichkeiten und Grenzen der Pädagogik mit Kindern und Jugendlichen nachzudenken und dabei die rechtlichen, administrativen und institutionellen Bedingungen und Organisationsstrukturen aufzuarbeiten.

Unterhalb von ausgewiesenen Theorien existieren zahlreiche Konzepte zur Kinder- und Jugendarbeit. Einen Typus stellen vielleicht »Theorie«-Konzepte dar, die lediglich Teilaspekte der Kinder- und Jugendarbeit mehr oder weniger wissenschaftlich ausgearbeitet konzeptualisieren.

Die Breite und eine damit einhergehende Unbestimmtheit des Konzeptbegriffs wird beim Blick in das »Handbuch Offene Jugendarbeit« (vgl. Deinet & Sturzenhecker 2013, S. 225 f) deutlich. Der Teil mit der Überschrift »Konzeptionelle Ansätze in der Offenen Kinder- und Jugendarbeit« umfasst Beiträge

- zur geschlechtsbezogenen Pädagogik,
- zu interkulturellen Ansätzen,
- zu Diversity-Konzepten,
- zur Medien- und Kulturarbeit,

aber auch

- zur cliquenorientierten,
- zur sozialräumlich orientierten

oder auch

- zur subjektbezogenen Kinder- und Jugendarbeit.

In einem weiteren Teil werden Fragen der Qualität, Konzeptentwicklung und Planung gebündelt, die auch einen Text zum Thema »Konzepte entwickeln« aufweisen und Hinweise auf die Entwicklung von Konzepten an den Praxisorten der Kinder- und Jugendarbeit geben, zu verstehen also als »Vor-Ort-Konzepte« (vgl. Deinet & Sturzenhecker 2013, S. 489 f).

Die internen Verflechtungen und Überschneidungen von Theorien und Konzepten als beschreibende und analytische Kategorien sind also evident. Mit beispielhaftem Bezug zum Inhalt des Handbuchs Offene Kinder- und Jugendarbeit werden dort mindestens drei unterschiedliche Verständnisse eines Konzeptbegriffs im Kontext der Kinder- und Jugendarbeit transportiert:

- Erstens wird der Begriff »Konzept« mit Bezug auf eine Kinder- und Jugendarbeit für spezielle Zielgruppen verwendet und mehr oder weniger theoretisch expliziert. Hierzu gehören einerseits Konzepte, die gender- und geschlechtsspezifische, multikulturelle, migrationssensible und cliquenorientierte Grundmuster enthalten. Anderseits umfassen diese »Theorie«-Konzepte« allgemeine, theoretisch ausbuchstabierte Orientierungen, z. B. diversity-, subjekt-, sozialräumliche und bedürfnisorientierte Kinder- und Jugendarbeit.
- »Praxis«Konzepte, also die Konzepte, die eine bestimmte Form von Kinder- und Jugendarbeit breiter gerahmt ausformulieren, stellen eine zweite Form dar. Diese ist unmittelbar anschlussfähig an die für die Sozialpädagogik gängigste Fassung von Konzept, wonach ein Konzept ein Handlungsmodell ist, »in welchem die Ziele, die Inhalte, die Methoden und Verfahren in einem sinnhaften Zusammenhang gebracht sind« (Geißler & Hege 1995, S. 23).
- Schließlich wird drittens angeregt, die Arbeit vor Ort deutlicher als bisher in ihren Zielsetzungen zu rahmen, zu begründen und in ein Konzept zu bündeln. Hierbei handelt es sich um »Vor-Ort-Konzepte«.

Konzepte unterscheiden sich aber nicht nur von Theorien, sondern auch von Methoden. Methoden sind dabei mehr als nur konkrete Handlungsanweisungen und -formen. Wird dem Vorschlag von Michael Galuske (2000, S. 25) gefolgt, dann thematisieren Methoden »jene Aspekte im Rahmen sozialpädagogischer/sozialarbeiterischer Konzepte, die eine planvolle, nachvollziehbare und damit kontrollierbare Gestaltung von Hilfeprozessen (...) reflektieren«. Von Theorien, unterschiedlichen Konzepten und Methoden sind zudem direkte Handlungstechniken zu unterscheiden, die im Rahmen der methodischen Zugänge einsetzbar sind, beispielsweise die Gestaltung von Ritualen oder auch Vorgehensweisen beim Umgang mit Konflikten oder spezifischen Angeboten.

7.2 Plädoyer für einen »transversalen« Blick auf die Kinder- und Jugendarbeit – Exkurs

Die Empfehlung des vorstehenden Abschnittes, zwischen Theorien, Konzepten sowie Methoden und Techniken zu unterscheiden, können jedoch nicht zitiert werden, ohne von Versuchen, theoretisch das, was Kinder- und Jugendarbeit ist und zu leisten intendiert, abzusehen. Zahlreiche Befunde zur Kinder- und Jugendarbeit weisen auf deren strukturelle Unübersichtlichkeit, Buntheit und Vielschichtigkeit hin und verbinden damit zumeist die mehr oder minder deutliche Problematisierung eines Zustandes, der als unzulänglich, kritisch oder defizitär eingeschätzt wird.

In einer alternativen Sichtweise solcher Befunde könnte allerdings auch herausgestellt werden, dass die Kinder- und Jugendarbeit die beschriebene Unordentlichkeit keineswegs zu kaschieren oder zu ordnen aufgefordert ist, sondern zum Anlass nehmen sollte, souverän mit der gegebenen Unordnung umzugehen. Wird dieser Überlegung gefolgt, dann wäre die Kinder- und Jugendarbeit herausgefordert, Differenzen, Verflechtungen und Unordentlichkeiten nicht angestrengt, aber letztendlich doch vergeblich zu systematisieren, sondern schlicht und einfach als spezifisch für dieses Arbeitsfeld anzusehen. Die Kinder- und Jugendarbeit könnte dann in einem Theorievorschlag beschrieben werden. Die Beobachtungen, die Kinder- und Jugendarbeit sei insgesamt konzeptionell und methodisch vielfältig, spreche eine breite Altersgruppe an, zeige keine klaren Grenzen zu anderen Arbeitsbereichen und finde theoretische Bezüge in der Erziehungswissenschaft wie in den Sozial- und Kulturwissenschaften, könnte theoretisch gesehen in der Forderung münden, das Theoriegebäude der Kinder- und Jugendarbeit relational, hybrid und transversal auszurichten. Insbesondere der zuletzt genannte Begriff würde eine spezifische Strukturierung und Ordnung des Gegenstandes markieren, denn Transversalität bezeichnet ein nicht-lineares, pluriformes Denken von Vielfalt in permanenten Übergängen.[83] Eine Reflexion der Kinder- und Jugendarbeit könnte dann aus unterschiedlichen Perspektiven unter Berücksichtigung vielfältiger Bezüge und Verflechtungen erfolgen.

Eine solche bewegliche Sichtweise könnte anregen, die zu beobachtende Vielfalt an theoretischen und konzeptionellen Sichtweisen zur Kinder- und Jugendarbeit nicht als ein Defizit, sondern als eine spezifische Qualität anzusehen. Favo-

83 Insbesondere ist zu klären, ob die Diskussion von Differenz und Vielfalt nicht auch einer historischen Vergewisserung bedarf. Möglicherweise könnten so Hinweise generiert werden, die klären helfen, ob und inwieweit für die Gegenwart reklamierte Vielfalt nicht schon immer genuiner Teil von wissenschaftlichen wie handlungspraktischen Diskursen war. Gute Argumente sprechen dafür, dialogische, nanopsychologische Beobachtungen heranzuziehen, um die Bedeutung und Effizienz transversaler Denkübungen zu evaluieren. (vgl. hierzu Eloth 2012)

risiert würde damit ein Verständnis, das davon ausgeht, dass die Kinder- und Jugendarbeit sich weder durch ein einziges Modell noch durch einen diskursiv erzeugten kohärenten Zusammenhang angemessen beschreiben lässt. Damit sollen die im Folgenden noch darzustellenden theoretischen Perspektiven nicht suspendiert werden. Sie beleuchten jeweils wichtige Aspekte und können – zumeist unter Rückbezug auf sozialwissenschaftliche, psychologische oder erziehungswissenschaftliche Theorien – die Handlungspraxis der Kinder- und Jugendarbeit spiegeln und vielleicht partiell auch erklären. Allerdings würde damit dafür plädiert, sie von dem Anspruch, eine »Großtheorie« zu sein, die alles erklärt, zu entlasten.

In den Diskussionen zur Kinder- und Jugendarbeit besteht nicht nur Konsens, sondern auch Vielfältigkeit und Dissens. »Unordentlichkeit« meint hier nicht Beliebigkeit, sondern Heterogenität und Konnexionen zusammen zu denken (vgl. Welsch 1995, S. 448). Damit verbunden ist die Abkehr von einem Denken in gesicherten Theorie-Provinzen und Konzept-Enklaven und die Favorisierung einer Sichtweise, die die Vor- und Nachteile der unterschiedlichen Theorien und Konzepte zu sehen und zu würdigen versucht, die aber auch Kenntnis davon hat, dass eine Theorie oder ein Konzept nicht mit allen, sondern nur mit bestimmten anderen Theorien und Konzepten oder auch nur mit einigen darin enthaltenen Aspekten kompatibel ist. Die vorliegenden Darstellungen und Analysen haben die Kinder- und Jugendarbeit in ihren historischen und konzeptionellen Veränderungen gezeigt; und es ist nicht davon auszugehen, dass dieser Prozess irgendwann zu einem Ende kommt. Daher scheint transversales Denken relevant angesichts einer sich auch künftig weiter entwickelnden Kinder- und Jugendarbeit inmitten sich ebenso unablässig wandelnder gesellschaftlicher, sozialer und theoretischer Rahmungen, die auch weiterhin auf die relationierende Erstellung von produktiven Verknüpfungen und Anschlussstellen angewiesen sein dürfte (vgl. in Bezug auf die Theorien der Sozialen Arbeit auch Thole & Herrmann 2018, S. 1386 f). Dies ist ein Plädoyer dafür, nicht mehr

> »partout ein einziges Modell ›mit eiserner Konsequenz‹ gegen alle Widerstände durchzuziehen – die höhere und vernünftigere Tugend liegt vielmehr darin, gegebenenfalls auch flexibel operieren zu können« (Welsch 1995, S. 732).

7.3 Abschied von der Theorielosigkeit – Hinweise zur Theoriegeschichte und -entwicklung (I)

Bemühungen um eine eigenständige »Theorie der Jugendarbeit« sind in der Bundesrepublik Deutschland erstmals in der zweiten Hälfte der 1950er Jahre zu erkennen. In den 1960er Jahren profilierten sich diese Bemühungen mit dem Ziel, Jugendarbeit als eine eigenständige Praxis in Abgrenzung und Kritik zu dem gesellschaftlichen Auftrag der Ein- und Anpassung Heranwachsender in die Normen und Werte der bestehenden gesellschaftlich-politischen Ordnung neu zu begründen (vgl. auch die Hinweise in Kap. 2.6).

In den Beiträgen von Pädagog*innen in der Weimarer Republik ist eine Theorie der Jugendarbeit noch nicht zu erkennen. Hierfür scheint zum damaligen Zeitpunkt auch kein ausdrücklicher Bedarf existiert zu haben, obwohl durchaus Überlegungen bekannt sind, die das Feld der Jugendpflege theoretisch zu konturieren versuchten. Doch selbst die von Herman Nohl, dessen Vorschläge aufgrund seiner tendenziell völkisch-nationalen Orientierung sicherlich vorsichtig zu rezipieren sind, formulierten Standards einer akademischen Hochschulausbildung für diejenigen, die mit Kindern und Jugendlichen zu arbeiten wünschen, formulieren keine eindeutigen Anforderungen. Den Universitäten wurde in einem, zuerst 1924 in der Zeitschrift für Kinderforschung veröffentlichten Beitrag in Bezug auf die

> »soziale Jugendarbeit (...) geraten, ein Dreifaches zu leisten; sie soll die wissenschaftliche Forschung auf diesem Gebiet organisieren und entwickeln und die Lehrkräfte dazu bereitstellen; sie soll weiter die beruflichen Fachleute für die leitenden Stellen auf dem Gebiet der Jugend- und Wohlfahrtspflege ausbilden (...); und sie soll endlich sozialpädagogische Einstellung und Erkenntnis an alle Studierenden vermitteln« (Nohl 1965 [1924], S. 71).

Bis weit in die 1950er Jahre hinein war das von der Gesellschaft an die Jugendarbeiter*innen übertragene Mandat eindeutig: Die Heranwachsenden sollten zu integrierten Mitgliedern der Gesellschaft erzogen werden, ohne damit aussagen zu wollen, dass nicht auch von Anbeginn an nonkonforme Voten gegen die herrschende Praxis der Jugendarbeit artikuliert wurden (vgl. u. a. Bernfeld 1927; Hoernle 1929; Mennicke 1928). Entsprechende Aufgabenbestimmungen erlangten jedoch lediglich innerhalb der eindeutig politisch akzentuierten Jugendarbeit Gewicht. Den gängigen Vorstellungen und Überlegungen nach hatten die Jugendarbeiter*innen die Integration der jeweiligen heranwachsenden Generation über soziale Disziplinierung oder sogar über »soziale und individuelle Therapie« (vgl. Lohmar 1955) zu fördern und zu steuern, Jugendliche vor Verwahrlosung zu schützen, deren Nonkonformismus zu kanalisieren und sie »passend« im Sinne des jeweiligen gesellschaftlichen Jugendentwurfes zu sozialisieren. Der Auftrag war klar und es galt, ihm durch spielerische, sportliche, bildungsorientierte, gesundheitlich-hygienische, handwerkliche, musisch-kulturelle und in den Anfängen para-militärische Angebote zu entsprechen.[84]

84 Eine solche Praxis der Verquickung von (normativ geprägten) Integrations- oder Präventionsabsichten mit »adressatengerechten« bzw. »jugendorientierten« Elementen ist allerdings bis in die aktuelle Gegenwart zu beobachten, beispielsweise in Projekten wie Mitternachtssport oder Grafittiprojekten wie »Bekenn Farbe, bleib sauber«.

Kritisch gegenüber den klassischen Ausprägungen und für eine offene Jugendarbeit plädierend, aber zugleich den integrativen Anspruch dieser Praxis theoretisch begründend, wurden ab Mitte der 1950er Jahre verstärkt Überlegungen formuliert, die für sich in Anspruch nahmen, das Feld der Jugendarbeit nicht lediglich implizit, sondern dezidiert auch theoretisch zu vermessen. Die anfänglich zaghaften Kritiken gegenüber der verbandlichen Jugendarbeit, insbesondere gegenüber den die Verbandsarbeit tragenden Gruppenstrukturen sowie die Kritik an der Option, die Jugendarbeit sei ein quasi autonomes Feld der Jugend außerhalb der Gesellschaft, förderten nicht nur Versuche der Ergänzung der staatlichen Jugendpflege durch offene Jugendfreizeiteinrichtungen, sondern auch die Suche nach einer Theorie, um diese neuen Formen der Jugendarbeit zu legitimieren.

Die Abkehr der staatlichen Jugendpflege und der Jugendverbandsarbeit von den Traditionen der bündischen Jugendbewegung gewann Kontur (vgl. Münchmeier 1995). Aus der retrospektiven Beobachtung betonen die Ideen zu einer Theorie allerdings noch unverkennbar sozialintegrative Intentionen. Und deutlich zielte das Nachdenken auch darauf ab, die Jugendarbeit zu pädagogisieren und als dritte Sozialisationsinstanz neben Familie und Schule zu etablieren (vgl. Abb. 7.1). Den Überlegungen einer sozialintegrativen, konservativen Jugendarbeit zufolge sollte die Jugendarbeit so geschaffen sein, dass in ihr »Übungsfelder möglich werden, innerhalb derer die Jugendlichen gesellschaftliches Leben erlernen, innerhalb derer sich das Leben in der offenen Gesellschaft widerspiegelt« (Rössner 1967, S. 53).

Die Jugendarbeit schien für derartige Bildungsprozesse besonders prädestiniert, weil ihr offener Charakter dem unterstellten offenen Charakter der modernen Gesellschaft entsprach. Die Jugendarbeit selbst sollte ihre weltanschaulichen Ziele verdeutlichen, weil ohne entsprechende Explikationen erzieherisches Handeln nicht zu realisieren ist. Die theoretischen Überlegungen für eine Jugendarbeit mit einem sozialintegrativen Zuschnitt unterschied nicht zwischen Jugendlichen aus unterschiedlichen sozialen Lagen, sondern definierte die Praxis der Jugendarbeit als modellhaftes soziales Übungsfeld für die Jugendlichen und intendierte die Entwicklung eines »unschulischen Programms« mit einem spezifischen Bildungsanspruch (vgl. u. a. Rössner 1967, S. 153).

Für die Dekaden der 1960er und 1970er Jahre gehen weitere theoriegeschichtliche Überlegungen zur Kinder- und Jugendarbeit auf insgesamt drei theoretische Ansätze ein (vgl. Abb. 7.1), und zwar auf

- eine »emanzipatorische Jugendarbeit« (1),
- eine »antikapitalistische Jugendarbeit« (2)

sowie

- eine »bedürfnisorientierte Jugendarbeit« (3).

Anzumerken ist, dass viele Vertreter*innen der jeweiligen Ansätze, bevor sie zu Fragen der Theorie Stellung nahmen, praktische Erfahrungen in der Kinder- und Jugendarbeit sammelten und diese zum Anlass ihres theoretischen Nachdenkens wählten. Mit anderen Worten: Die Theorieentwicklungen der Kinder- und Jugendarbeit scheinen zu einem nicht unwesentlichen Anteil durch biografische Erfahrungen geprägt zu sein.

Abb. 7.1: Zentrale Theorien der Jugendpflege und Jugendarbeit sowie der Kinder- und Jugendarbeit seit 1910

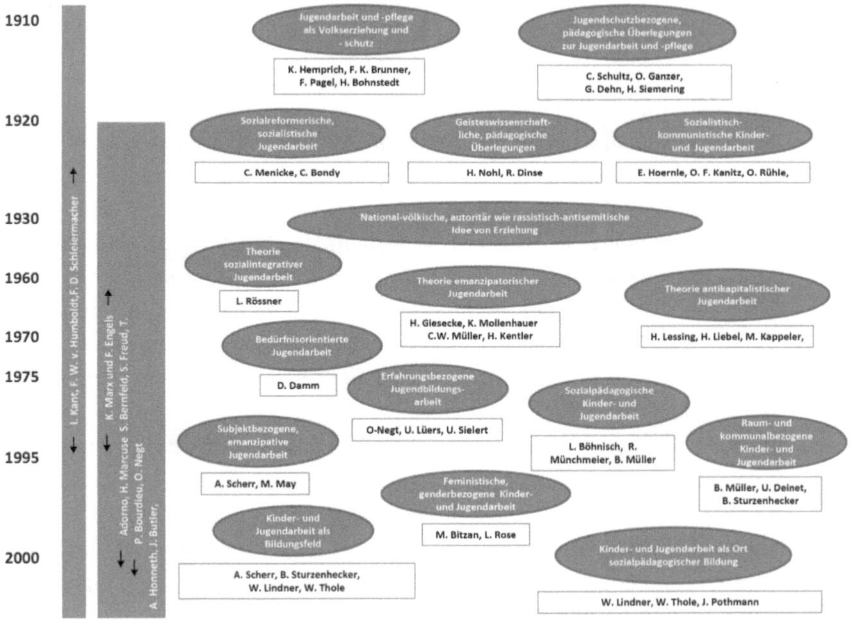

Quelle: Eigene Darstellung

(1) *Emanzipatorische Jugendarbeit:* Mit dem Signet »emanzipatorisch« werden gemeinhin die vier Versuche zu einer Theorie von Jugendarbeit von C. Wolfgang Müller, Helmut Kentler, Klaus Mollenhauer und Hermann Giesecke versehen (Müller, C. W. u. a. 1964; vgl. auch Lindner 2006). Diese Einordnung hat sicherlich ihre Berechtigung, denn die Vorschläge und Überlegungen von Kentler und Müller sind implizit von einem emanzipatorischen Anspruch getragen und Mollenhauer hat diesen zumindest für seine Idee von Erziehungswissenschaft ausdrücklich reklamiert. In seinem Beitrag für den Band »Was ist Jugendarbeit? Vier Versuche zu einer Theorie« betonte Mollenhauer die Andersartigkeit des pädagogischen Bezugs in der Jugendarbeit – das Erziehungsverhältnis repliziert nicht das klassische Erzieher-Zögling-Verhältnis. Er idealisierte die Jugendarbeit als freien Raum und noch ganz im

Sinne der bürgerlichen Jugendbewegung als den kritischen Ort, über den Jugend das Morgen zu antizipieren lernt, sowie im Kontrast zur Schule als ein methodisch wie inhaltlich variantenreiches pädagogisches Handlungsfeld (vgl. Mollenhauer 1964).
Im eigentlichen Sinne ist der Gedanke der Emanzipation allerdings nur von Giesecke weiterverfolgt worden. Unter den gegebenen gesellschaftlichen Bedingungen und vor dem Hintergrund der durch Ungleichheiten ausgelösten massiven gesellschaftlichen Konflikte war für ihn allerdings die Realisation einer allgemeinen Emanzipation unmöglich, meinte aber, die Aufgabe einer emanzipativen Pädagogik darin auszumachen, »den Jugendlichen planmäßig Lernhilfen für eine erfolgreiche Bearbeitung solcher Konflikte im Sinne der Emanzipation anzubieten« (Giesecke 1971, S. 152). Die konkreten, hierauf ausgerichteten spezifischen Aufgaben der Jugendarbeit umfassten die Dimensionen lebensbegleitend, korrigierend, aktuell und solidarisch. Wie nur wenige theoretische Entwürfe der Folgezeit erörterte Giesecke dabei auch die konkreten Rahmenbedingungen der Praxis vor Ort, diskutierte das soziale Milieu des Umfeldes, die Trägerstrukturen, die Fachlichkeit der Pädagog*innen und sogar die Ausstattung der Räume und die architektonische Struktur, weil sie die »Qualität der pädagogischen Interaktionen mitbestimmen« (Giesecke 1971, S. 173).
In einem Beitrag zum Tode von Mollenhauer 1998, also gut ein Vierteljahrhundert, nachdem er den Emanzipationsgedanken als Idee für die außerschulische Pädagogik reklamierte, weil er auch das Interesse der Jugendlichen nach Gleichheit und sozialer Gerechtigkeit transportiert, traute Giesecke dem Gedanken der Jugend als Träger emanzipativer Hoffnungen nicht mehr vollends: Fraglich ist für ihn jetzt, ob »Visionen nach einer besseren Zukunft« heute noch tragfähig sind und wenn, »ob die Jugend als sozialer Träger« von Utopien hierfür überhaupt noch zur Verfügung steht:

> »Mit dem historischen Ende der Jugendemanzipation ist auch das gesellschaftliche Interesse an der Jugend als sozialer Gruppe weitgehend erloschen. (…) Wenn die These zutrifft, dass der Prozess der Emanzipation der Jugend als soziale Gruppe und damit auch deren überlieferte Definition an ihr historisches Ende gekommen sind, stellt sich die Frage nach der Zukunft der Jugendarbeit und nach entsprechenden pädagogischen Theorien neu« (Giesecke 1998, S. 446; vgl. auch Scherr 2006).

Neuere Ansätze einer eigenständigen Jugendpolitik mit ihrer Betonung der Partizipation werfen zudem die Frage auf, inwiefern hierüber nunmehr eine gesellschaftspolitisch erwünschte »Emanzipation von oben« angezielt wird.

(2) *Antikapitalistische Jugendarbeit:* Die emanzipatorischen Ideen, die Giesecke, Mollenhauer und andere Autoren vertraten, wurden von den Vertreter*innen der antikapitalistischen Jugendarbeit scharf kritisiert und mit dem Eti-

kett sozialintegrativ versehen, weil sie, so ihre Kritik, die Überwindung der kapitalistisch-bürgerlichen Gesellschaft als eine uneinlösbare Utopie betrachteten und folglich den Kampf für eine andere Gesellschaft nicht unterstützten, statt dessen auf die innere Reform setzten und durch umfassende emanzipatorische Akte ein mehr an Solidarität, Gerechtigkeit und Gleichheit meinten durchsetzen zu können. Die emanzipatorische Pädagogik hatte zwar zum Ziel, die »Unterdrückten«, am Reichtum der kapitalistischen Gesellschaft nicht partizipierenden Menschen aufzuklären und darüber zu befähigen, sich an Veränderungen der gesellschaftlichen Verhältnisse zu beteiligen, sah allerdings davon ab, die gesellschaftlichen Strukturen insgesamt in Frage zu stellen. Unzutreffend war die Zuschreibung sozialintegrativ allerdings insofern, als dass die emanzipatorische Pädagogik eben nicht nur eine Anpassung und darüber Integration intendierte, sondern im Kern schon eine gesellschaftliche Veränderung zu erreichen beabsichtigte und keineswegs die Jugendarbeit nur als Feld der modellhaften Einübung bürgerlicher Werte- und Verhaltensweisen ansah, wie es bei der klassischen sozialintegrativen Jugendarbeit nach Rössner (1967) zu vermuten naheliegt.

(3) *Bedürfnisorientierte Jugendarbeit:* Zentrale Frage der bedürfnisorientierten Jugendarbeitstheorie war, unter welchen Bedingungen eine Jugendarbeitspraxis hergestellt werden kann, die die Bedürfnisse von Jugendlichen ernst nimmt. Dieser Positionierung ging eine Kritik der emanzipatorischen und der antikapitalistischen Theorieentwürfe voraus, denen eine Instrumentalisierung der Jugendlichen für die Idee der Emanzipation beziehungsweise des politischen Kampfes vorgehalten wurde. Zwar sollten ebenfalls sowohl die Macht- und Entscheidungsstrukturen der Gesellschaft wie die Aktivitätsformen der Jugendlichen kritisch untersucht werden, aber keinesfalls »alle sporttreibenden Jugendlichen vom Sport abgebracht« und dazu animiert werden,

> »sich ausschließlich mit politischen Fragen zu befassen, da dies weder möglich noch nötig ist und unter bestimmten Umständen durchaus beides sinnvoll sein kann. Vielmehr geht es der bedürfnisorientierten Jugendarbeit gerade darum, die übliche Trennung von Freizeitaktivitäten und politischen Aktivitäten, Freizeitbedürfnissen und politischen Bedürfnissen zu überwinden« (Damm 1975, S. 81).

Bedürfnisorientierte Jugendarbeit wollte an den – wie auch immer festgestellten bzw. unterstellten – Bedürfnissen der Jugendlichen nach Anerkennung, Erlebnis, Erkenntnis, Selbstbestimmung und Solidarität ansetzen, den Jugendlichen Spaß bereiten und sie auf ihre zukünftige Rolle in der Gesellschaft kritisch vorbereiten. In der politischen Bildung sollte es nicht darum gehen, Texte zu studieren, sondern die Erfahrungen und Erlebnisse der Jugendlichen selbst sollten aufgegriffen, thematisiert und kritisch untersucht werden.

Die Überlegungen zu einer emanzipatorischen und antikapitalistischen und mit Abstrichen sicherlich auch die zu einer bedürfnisorientierten und sozialintegrativen Jugendarbeit sind auch heute noch als bedeutsame, die weiteren theoretischen Überlegungen zur Kinder- und Jugendarbeit inspirierenden Theorien anzusehen. Auch wenn sie nicht in einem umfänglichen Sinn ausgefeilte Theorien darstellen, waren und sind sie jedoch mehr als nur breiter ausformulierte »Theorie«-Konzepte.

Wird ein kurzes Zwischenfazit zu den hier ausgewählten Ansätzen einer emanzipatorischen, einer antikapitalistischen oder auch einer bedürfnisorientierten Kinder- und Jugendarbeit versucht, werden Gemeinsamkeiten beim Entstehungsort und -zeitpunkt deutlich: Sie entwickelten sich im Kontext der gesellschaftlichen Umbruchsituation der späten 1960er und frühen 1970er Jahre (vgl. auch Liebel 2020; Schwerthelm & Stix 2020). Einhellig plädieren sie ferner für eine politische Demokratisierung und die Liberalisierung der Erziehung, für eine emanzipative Wende und für enthierarchisierte Beziehungen. Sie kritisieren ferner die Ausweitung der auf Massenkonsum basierenden Ökonomie und votierten für eine Veränderung der Arbeitsmärkte und des Bildungssystems, auch mit der Intention, die Chancen des sozialen Aufstiegs durch Bildung zu erhöhen.

Derartig kritische, die Jugend im System der gesellschaftlichen Klassen verortende und an den objektiven Bedürfnissen »der« Arbeiterjugend orientierte Theorien und Konzeptualisierungen der Jugendarbeit kamen dem damaligen Zeitgeist entgegen, zumal die Ideen und Positionen auch von einflussreichen Jugendbewegungen und -kulturen getragen wurden. Diese Ideen und Impulse für die Kinder- und Jugendarbeit reichen aber bis in die Gegenwart hinein und die Überlegungen, die seit den 1980er Jahren zur Kinder- und Jugendarbeit vorgetragen werden, schließen an diese theoretischen Lokalisierungen mehr oder weniger deutlich an (vgl. Abb. 7.1). Überlegungen zu einer erfahrungsbasierten Kinder- und Jugendarbeit empfehlen ebenso wie jüngere Konzepte einer emanzipatorischen Kinder- und Jugendarbeit, an den Erlebnissen und Erfahrungen von Kindern und Jugendlichen, also an den lebensweltlichen Kontexten anzuknüpfen. Diese Intention schimmert auch in den Ideen zu einer sozialpädagogischen Kinder- und Jugendarbeit durch. Vorgeschlagen wird jedoch, auch die Lebenslagen und -räume stärker als Bezugspunkt zu wählen. Soziale Räume und die Orte des Aufwachsens stehen im Zentrum von sozialräumlichen Konzepten. Im Kontrast zu entsprechenden Überlegungen positioniert sich das Modell einer subjektorientierten Kinder- und Jugendarbeit; Kinder und Jugendliche werden hier als Subjekte der Lebensgestaltung adressiert (vgl. hierzu auch Kap. 7.4).

Im Kern geht es in allen Überlegungen seit den 1970er Jahren darum, die Kinder- und Jugendarbeit als Ort zu bestimmen, der es Kindern und Jugendlichen ermöglicht, ihre biografischen Erlebnisse zum Ausgang von Bildungserfahrungen zu wählen. Die Beobachtung, dass alle vorliegenden theoretischen Überlegungen versuchen, den Gedanken, die Kinder- und Jugendarbeit vornehmlich als ein Feld der Initiierung von Bildung aus unterschiedlichen Perspektiven zu diskutieren, soll in den nachfolgenden Abschnitten vertieft und dann im abschließenden Kapitel nochmals zentral aufgegriffen werden.

Zum Weiterlesen – Literaturhinweise

Bierhoff, B. (1983). *Außerschulische Jugendarbeit. Orientierungen zur Geschichte, Theorie und Praxis eines sozialpädagogischen Handlungsfeldes*. Schwerte: Hubert Freistühler.

Lindner, W. (2006) (Hrsg.) *1964–2004: Vierzig Jahre Kinder- und Jugendarbeit in Deutschland*. Wiesbaden: Springer VS.

Faltermaier, M. (1983). *Nachdenken über Jugendarbeit. Zwischen den fünfziger und achtziger Jahren*. Weinheim & München: Beltz Juventa.

Fehrlen, B. (1985). *Theorie der Jugendarbeit. 30 Jahre Konzeptionsdebatte im Spiegel der Zeitschrift deutsche jugend*. Ammerbuch: Burkhard Fehrlen.

7.4 Theorien und Konzepte der 1980er und 1990er Jahre – Hinweise zur Theoriegeschichte und -entwicklung (II)

Spätestens seit Beginn der 1980er Jahre verlieren die in den 1960er und 1970er Jahren entstandenen Theorien sowohl in den wissenschaftlichen als auch in den praktischen Diskussionen an Bedeutung (vgl. Scherr & Thole 1998). Mitentscheidend war dafür auch, dass die über die Politisierung der theoretischen Bestimmungsversuche und ethischen Prämissen freigesetzten Handlungskompetenzen und -aktivitäten sich fachlich nur unzureichend ausbuchstabieren und entwickeln konnten.

Die bis zu Beginn der 1980er Jahre entwickelten »Theorien« und Konzeptionen waren »der« Praxis zu schwerfällig und zeigten sich für die praktischen Probleme und Aufgaben zu wenig sensibel. Im Zuge der partiellen Entpolitisierung der Sozialpädagogik nahmen so in den letzten beiden Dekaden des 20. Jahrhunderts Einschätzungen der Unsicherheit und »Krisenhaftigkeit« der Kinder- und Jugendarbeit zu. Vermehrt wurde die Frage gestellt, ob Jugendarbeit überhaupt noch eine Zukunft habe (Giesecke 1984; Mollenhauer 1982). Ab diesem Zeitraum bestimmten so differente, sich ergänzende wie ausschließende konzeptionelle Muster das Gesicht der Kinder- und Jugendarbeit.

Auf sie wird in diesem Abschnitt einzugehen sein. Die Abb. 7.2 versucht das Nebeneinander der unterschiedlichen Theorie- und Konzeptionstypen darzustellen. Auch aufgrund der veränderten gesellschaftlichen Rahmenbedingungen war die Nachfrage nach einer Theorie, die darauf ausgerichtet ist, Begründungen für eine den gesellschaftlichen Modernisierungen entsprechende sozialpädagogische Praxis zur Verfügung zu stellen, und nach einer Theorie, die sich gesellschaftlichen und politischen Vorgaben und Funktionszuweisungen entgegensetzt, zunächst deutlich zurückgegangen. An die Stelle eines solchen Bündnisses von gesellschaftskritischer Theorie und gesellschaftskritischer Praxis war inzwischen die Einschätzung getreten, dass theoretische Überlegungen für die Kinder- und Jugendarbeit nur dann relevant sind, wenn sie dazu befähigen, die konkrete Gestaltung von Praxis im Rahmen der gegebenen Rahmenbedingungen zu strukturieren beziehungsweise anzuleiten. Im Zentrum der Fachdiskussion standen in den 1980er und 1990er Jahren daher auch vergleichsweise eng an die Probleme der pädagogischen Praxis angelehnte konzeptionelle Reflexionen sowie auf spezifische Problemlagen beziehungsweise auf Teilgruppen Jugendlicher bezogene Überlegungen (vgl. u. a. Müller 1998a).

Vor diesem Hintergrund entwickelten sich allerdings Leerstellen hinsichtlich »einer« Theorie oder geeigneter Theorieverbünde der Kinder- und Jugendarbeit. Diese wurden in den 1990 Jahren beklagt, bisweilen aber auch von der Frage »Wozu (überhaupt) Theorie?« begleitet:

> »Nicht nur die Ziele, Aufgaben und angemessenen Arbeitsformen der Jugendarbeit sind wiederkehrend strittig. Kontrovers ist auch, ob Jugendarbeit überhaupt Theorie(n) benötigt. Insbesondere PraktikerInnen stellen den Sinn und Nutzen von Theorien für die Praxis wiederkehrend in Frage und machen geltend, daß diese mit dem Alltag der pädagogischen Arbeit wenig zu tun hätten. Wie etwa zu handeln sei, wenn ein Jugendlicher im Jugendhaus aggressiv wird, das könne einem keine Theorie sagen« (Scherr 1996, S. 39).

Die These, dass im Grunde seit den klassischen »Vier Versuchen zur Theorie der Jugendarbeit« (vgl. Kap. 7.3) eine substanzielle Weiterentwicklung nicht erfolgte, mündet ein in eine – wohl bis heute zumindest in Teilen auch noch gültige – Einschätzung aus dem Jahr 2001:

> »Der Jugendarbeit fehlt gegenwärtig der Konsens über ihre Funktion, und das ist der Grund, warum sie sich bislang nicht als eigenständiges System etablieren konnte. Jugendarbeit erfüllt zwar eine Funktion, die gesellschaftlich wichtige Aufgaben beinhaltet und eine eigene unverwechselbare Logik besitzt. Diese Funktion wird aber von vielen verschiedenen Systemen wahrgenommen, aus denen sich Jugendarbeit als deren jeweiliges Subsystem nur teilweise abgrenzen kann« (Böhm 2001, S. 384; vgl. auch Müller 2006).

Es ist zu konstatieren, dass allenfalls »hoch heterogene Theorien im Plural« (Scherr 2001, S. 390) herangezogen werden können. Die Theorie-Fahndung gleicht so tendenziell der möglicherweise von vornherein zum Scheitern verurteilen »Suche nach dem heiligen Gral« – und das in einer Situation, in welcher in Wissenschaft und Gesellschaftstheorie bereits seit geraumer Zeit der »Abschied von den Großen Erzählungen« (Lyotard 1986) empfohlen wird (vgl. auch Kap. 7.2).

Abb. 7.2: Theorien- und Konzeptspektrum der Kinder- und Jugendarbeit

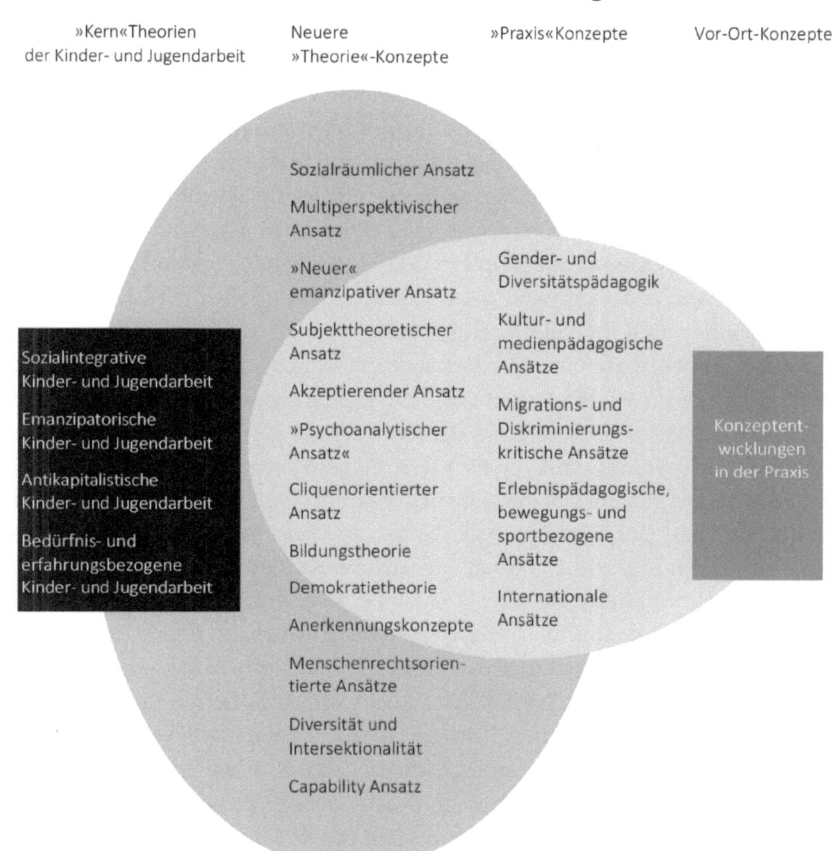

Quelle: Eigene Darstellung

Hatte sich die sozialwissenschaftlich-pädagogische Diskussion ab Ende der 1960er bis zu Beginn der 1980er Jahre auf die Frage konzentriert, welcher klassen- beziehungsweise milieuspezifische Adressat*innenkreis mit welchen Zielen durch Projekte der Kinder- und Jugendarbeit vornehmlich anzusprechen sei – also die Kinder- und Jugendarbeit primär hinsichtlich ihrer politisch-emanzipatorischen Entfaltungsmöglichkeiten angefragt –, so diskutieren die theoretischen Anstöße seit Beginn der 1980er Jahre vermehrt praktisch-pädagogische Fragen. Die pädagogischen Reflexionen favorisierten nun vermehrt Fragen, die motivieren, neue Themen zu entdecken oder wieder zu entdecken: Video und Computer in der Kinder- und Jugendarbeit, Mädchen- und Jungenarbeit, musikalische, ästhetisch-kulturelle Bildung, Theater- und Sexualpädagogik, Jugendarbeit und Schule wie auch Umwelt- und Erlebnispädagogik. Fragen der Moral- und Werteerziehung erlebten eine Renaissance, und neue Formen der politischen, sozialen, internationalen und multikulturellen Kinder- und Jugendarbeit fanden zunehmend Anerkennung. Daneben entwickelten sich neue Ansätze und Modelle der Arbeit mit Fußballfangruppen und Hooligans, mit marginalisierten Kinder- und Jugendszenen, mit Jugendlichen, die erhöhte Gewaltbereitschaft zeigen und diese auch gegenüber Gleichaltrigen und Fremden artikulieren. Neben diesen, im Kern lebensweltlich orientierten Ansätzen entfalteten sich erlebnispädagogische und insbesondere kulturpädagogische Modelle, die, obwohl sie zum Teil ein anderes Adressat*innenmilieu ansprechen, ebenfalls an die Selbstartikulationsfähigkeiten und Wünsche von Kindern und Jugendlichen anzuknüpfen versuchten. Partiell wurde diesen neuen Ansätzen gar eine modellhafte Rolle für die gesamte Kinder- und Jugendhilfe zugeschrieben.

Auch wenn bezweifelt werden darf, dass die Kinder- und Jugendarbeit in den 1980er Jahren zum »strategischen Ort« der Kinder- und Jugendhilfe avancierte (vgl. Müller 1993a, S. 561), ist unbestritten, dass die genannten Orientierungen über ihren Entstehungsfokus hinaus die Arbeitsfelder der Kinder- und Jugendarbeit neu angeregt haben. So hat sich in der politischen Bildungsarbeit das Prinzip des offenen Curriculums (vgl. Giesecke 1993) weiterverbreitet; in der berufsbezogenen Jugendsozialarbeit wie auch im Kinder- und Jugendschutz fanden lebensweltorientierte Konzepte Anklang. Aber auch begriffliche Überprüfungen wurden vorgenommen. Die viel zitierte Formel »an den Interessen und Bedürfnissen ansetzen« nahm Kurt Möller (1988) zum Anlass nachzufragen, welche theoretischen Paradigmen sich in bedürfnisorientierten und interessenbezogenen sozialpädagogischen Konzepten von Jugendarbeit verbergen beziehungsweise mit welchen grundlagentheoretischen Wissenshorizonten eine Fundierung der Begriffe »Bedürfnis« und »Motiv« zu erreichen ist. Mit vergleichbarer Intention, der praktischen Jugendarbeit theoretische Grundlagen zur Verfügung zu stellen, argumentierte Reinhart Nachtwey (1987). Weniger als Möller ging es ihm dabei allerdings um die Präzisierung des begrifflichen Instrumentariums; sein Beitrag ging den Möglichkeiten nach, den jugendkulturellen Alltag in eine kulturpädagogische Praxis von Jugendarbeit zu integrieren, ohne dabei die Elemente des Eigenlernens jugendlicher Lebenswelten zu domestizieren.

Doch auch grundsätzliche Infragestellungen waren wieder zu vernehmen. So erklärte Giesecke (1984, 1998) die Jugendarbeit für anachronistisch, weil die moderne Gesellschaft »randständiger Jugendarbeit« im klassischen Sinn die Voraussetzungen entzogen habe, sie keine überzeugende Theorie und kein Professionalisierungskonzept mehr präsentiere. Eine hoffnungsvolle Perspektive für die Kinder- und Jugendarbeit bestehe lediglich dann noch, wenn sie wieder stärker experimentelle Gesellungsformen anbiete und sich im Bereich der außerschulischen Freizeitbildung engagieren würde. Gar für einen radikalen Abschied von der Jugendarbeit plädiert Mollenhauer (1982, S. 26): »(...) das Beste, was man der jungen Generation und auch dem Verhältnis der Generationen untereinander antun kann, ist, daß man die ganze Jugendarbeit abschafft«.

Von dem ehemals mit Euphorie verkündeten »fundamental politischen Sinn der Jugendarbeit« (Mollenhauer 1964, S. 94) war bei ihm nun nichts mehr zu spüren (vgl. Giesecke 1998). Dass sich die Infragestellungen der Kinder- und Jugendarbeit seit Mitte der 1980er Jahre wiederkehrend zu einer Rede von der »Krise« potenzierten, wurde durch mehrere Faktoren befördert:

- eine zum Ende der 1990er Jahre immer deutlicher werdende und sich in den 2000er Jahren weiter fortsetzende stagnierende bis rückläufige Ausgabenentwicklung für die Kinder- und Jugendarbeit insgesamt. Angebote und Strukturen der Kinder- und Jugendarbeit geraten weiterhin wiederkehrend politisch in die Defensive (vgl. Pothmann & Thole 2005) und wurden und werden oftmals zugunsten anderer Vorhaben zurückgestellt;
- die nach der Veröffentlichung und Diskussion der PISA-Studie 2001 erfolgte Aufmerksamkeitsverschiebung in die Bereiche Schule, Ganztagsschule, Schulsozialarbeit und damit zusammenhängenden Bereichen;
- die aufgrund punktueller und selektiver empirischer Ergebnisse insbesondere von Seiten interessierter Kriminologie sowie einer darauf anspringenden Ordnungspolitik mit Erfolg angefachte und befeuerte Debatte um Verrohung, Verwahrlosung und Jugendgewalt und in der Folge ausufernder Präventionsprogramme aller Art, die dazu beitrugen, dass die Kinder- und Jugendarbeit sich fortan kriminalpräventiv zu bewähren hätte und ihr im Gipfelpunkt der Absurdität sogar noch eine Gewalt und Kriminalität mitverursachende Rolle angedichtet wurde (vgl. Bölsche 2008; Expertengruppe Offene Jugendarbeit 2009);
- die unter dem Etikett der ›Neuen Steuerung‹ bzw. des ›New Public Management‹ zunehmenden Tendenzen des Managerialismus, in deren Folge immer mehr Entscheidungskompetenzen der (Sozial)Pädagog*innen von administrativen und fiskalischen Bestimmungen dominiert und unter den Vorzeichen von Qualitätsmanagement und »Evidenzbasierung« manifeste Wirkungs- und Erfolgsergebnisse abverlangt wurden;
- die Pluralisierung von jugendkulturellen Stilen, die Individualisierung von jugendlichen Lebenslagen und die damit einhergehende Schwierigkeit für die Kinder- und Jugendarbeit, an ihrem jeweiligen Ort ein Profil zu entwickeln, das mehr als nur eine Gruppe mit ihren biografischen Orientierungen anspricht;
- die Verbreiterung und Intensivierung von medial-kommerziellen und seit einem Jahrzehnt auch von digitalen Freizeit- und Konsumangeboten, die vielerorts zu einer ebenso hartnäckigen wie z. T. aussichtslosen Konkurrenz für die Kinder- und Jugendarbeit wurden.

Doch nicht nur der inhaltliche Orientierungsmangel und gesellschaftlich-strukturelle, auch subjektive Gründe auf Seiten der Pädagog*innen bestimmen die fast zyklisch wiederkehrende, tendenziell resignative Dynamik in und mit der Kinder- und Jugendarbeit. Die »Krise der Jugendarbeit« ist so keineswegs als etwas Neues anzusehen. Von ihr wird seit den Anfängen der öffentlichen Jugendpflege gesprochen (vgl. u. a. Weigle 1907; Ascher 1971; Grauer 1973). Eingebunden in die gesellschaftlichen Veränderungsprozesse, zuweilen jedoch wie auch die Schule nicht flexibel genug, um auf diese zu reagieren, ist und bleibt die Kinder- und Jugendarbeit ein für politische und gesellschaftliche Legitimationsanfragen sensibles pädagogisches Handlungsfeld.

Gerahmt durch diese Entwicklungen bezog sich die Praxis der Kinder- und Jugendarbeit ab den 1990er Jahren mehr oder weniger deutlich auf zumindest sechs unterscheidbare, mehr konzeptionell denn theoretisch fundierte Orientierungen (vgl. hierzu auch Thole 1995a; Scherr & Thole 1998). Praktisch konzipiert wurde eine Kinder- und Jugendarbeit,

(1) die stärker auf die jugendlichen Ansätze zur Selbstorganisation vertraut und insbesondere – z. B. in der Kinder- und Jugendkulturarbeit und der politischen Bildungsarbeit, aber auch vereinzelt in der Jugendverbandsarbeit – Mitverantwortungs- und Selbstorganisationsansätze favorisiert hat;
(2) die sich als animatorisches Zentrum für jugendliche und jugendkulturelle, aber auch für jugendpolitische Initiativen verstanden hat und primär darauf bedacht ist, den Heranwachsenden Räume zur Aktivierung erobern zu helfen, wobei darüber auch die Aktivitäten in den Jugendhäusern, Jugendzentren sowie Kinder- und Jugendfreizeiteinrichtungen intensiviert werden sollen;
(3) die allein für pädagogische Arbeit in Jugendhäusern und ähnlichen Einrichtungen keine ausreichenden Perspektiven gesehen hat und daher stärker auf Projekte und mobile, niedrigschwellige, also adressat*innennahe Angebote gesetzt, aber auch regionale, dezentrale Aktionen favorisiert hat;
(4) die stärker am Ziel der Prävention orientiert ist, etwa der Drogen- und Gewaltprävention, wobei mancherorts enge Kooperationsbeziehungen zwischen Kinder- und Jugendarbeit und Polizei, etwa im Rahmen kommunaler Präventionsräte und -programme, geschaffen werden;
(5) die sich als Bestandteil einer sozialpolitischen Infrastruktur formuliert, die ausgegrenzten, benachteiligten und als problematisch betrachteten Teilgruppen Rückzugsräume bereithält und dort vielfältige Unterstützungsangebote, wie z. B. Beziehungsarbeit, Einzelfallhilfe, Hausaufgabenhilfe oder sogar ärztliche Betreuung, zur Verfügung stellt;
(6) die existierende Angebote und Projekte der unterschiedlichen Einrichtungen und Träger stärker aufeinander abstimmt und sie zu einem klar profilierten, regionalen, außerschulischen Dienstleistungsangebot für Kinder und Jugendliche vernetzt und professionalisiert.

Diese theoretisch angelegten, keineswegs jedoch den Status einer umfassenden Theorie der Kinder- und Jugendarbeit erfüllenden konzeptionellen Orientierungen werden in unterschiedlichen »Theorie«- und »Praxis« -Konzepten präzisiert. Dabei zeigen sich Verbindungen zu Überlegungen einer mehrdimensionalen Theorie der Kinder- und Jugendarbeit von Burkhard Müller (1998a), die ebenfalls einen besonderen Akzent auf die Raumdimension legt:

- Die seit Ende der 1980er Jahre vermehrt vorgetragenen Einwände gegen die Praxis der Kinder- und Jugendarbeit wurden von Lothar Böhnisch und Richard Münchmeier (1987) aufgegriffen. Indem sie den Strukturwandel des Aufwachsens nachzeichneten, fragten sie zugleich nach den daraus zu ziehenden Konsequenzen für die Kinder- und Jugendarbeit. Vor dem Hintergrund, dass Kinder- und Jugendarbeit sich überwiegend in der Freizeit von Jugendlichen realisiert, schlugen sie vor, das Bedürfnis Heranwachsender nach sozialen Räumen deutlicher zu berücksichtigen und die Unterschiede zwischen einzelnen jugendkulturellen, alters-, geschlechts- und milieuspezifischen Ungleichheiten in den Konzeptualisierungen von Kinder- und Jugendarbeit stärker zu beachten. Zudem reklamierten sie, »daß Jugendarbeit nicht mehr einfach als öffentlicher Erziehungsbereich verstanden werden kann, sondern wesentlich erweiterte, soziale, kulturelle und sozialpolitische Funktionen« übernommen habe (Böhnisch & Münchmeier 1990, S. 11).
- Als sozialisationstheoretischer Bezugsrahmen wurde der Begriff der Lebensbewältigung gewählt und theoretisch eingebunden in das Konzept »Pädagogik des Jugendraums«. Über die »Grundbegriffe« »Bedürftigkeit«, »Pädagogischer Bezug« und »Milieubildung« weiterentwickelt, fokussiert sich dieser Entwurf inzwischen zu einer Theorie der »Jugendarbeit als Lebensort« (vgl. Böhnisch 1998; auch Deinet 1999), allerdings davon absehend, dass Schule schon damals die Phasen des Aufwachsens wesentlich mitbestimmte.
- Neben lebensweltorientierten, auf Akzeptanz setzenden »Theorie«-Konzepten (vgl. u. a. Krafeld 1998), Reformulierungen der emanzipativen Pädagogik (vgl. May 1998) beziehungsweise cliquenorientierten, psychoanalytisch und subjekttheoretisch ausgerichteten »Theorie«-Konzepten platziert sich der Vorschlag von Burkhard Müller (1998a) zu diesen Versuchen kritisch. Sein »Entwurf einer mehrdimensionalen Theorie der Jugendarbeit« plädiert für eine Vermittlung der diversen Theoriefragmente und für eine über unterschiedliche Perspektiven abgesicherte Theorie der Kinder- und Jugendarbeit, die konzeptionell auch die unterschiedlichen Praxen zu begründen in der Lage ist und Überlegungen zur Aneignung von sozialen Räumen, generative Differenzen, das Geschlechterverhältnis, interkulturelle Variablen, pädagogische Dienstleistungsvoraussetzungen und die politische Sphäre zu berücksichtigen sich auferlegt sowie in Bezug auf methodische Optionen ausbuchstabiert.

7.5 Kinder- und Jugendarbeit im Fokus theoretischer Überlegungen

Eine »Standortbestimmung« der Kinder- und Jugendarbeit unter Beachtung der vorliegenden Vorschläge wurde erstmals Ende der 1990er Jahre versucht. Albert Scherr und Werner Thole (1998) formulierten, dass »das System der außerschulischen Kinder- und Jugendarbeit immer noch nicht als ein substantielles gesellschaftliches Sozialisationsfeld registriert« (Scherr & Thole 1998, S. 10) worden sei, und dies vor allem mit Blick auf die sich damals abzeichnenden bildungspolitischen Veränderungen gelte, die sich dann mit der Debatte um die Befunde der internationalen Schulvergleichsstudie PISA ab dem Jahr 2001 nochmals dynamisierten. Weiterhin wurde das »Fehlen einer ausgewiesenen Geschichte der Theoriebildung« (Scherr & Thole 1998, S. 12 f) markiert und ausgeführt, dass

> »Jugendarbeit ohne theoretische Vergewisserungen ›versumpft‹ in den Legitimationszwängen der Praxis« und so »keine Chance« hat, »sich als eigenständiges, institutionalisiertes und öffentlich gefördertes Sozialisationsfeld (…) zu entwickeln«.

Einer eigenständigen Theorie der Kinder- und Jugendarbeit wurde die Anforderung auferlegt, »Begründungen für eine den gesellschaftlichen Modernisierungen entsprechende Praxis zur Verfügung zu stellen« (Scherr & Thole 1998, S. 21) und dies zudem systematisch über verschiedene Phänomene, wie z. B. Erosion der Normalbiographie, Veränderung der Geschlechterverhältnisse und Individualisierung, zu leisten. Über die Feststellung,

> »dass es eine fachlich konsensuelle Theorie der Jugendarbeit nicht gibt, an der sich politische und pädagogische Auseinandersetzungen als verbindliche Vorgabe orientieren könnten« (Scherr & Thole 1998, S. 27) und der gleichzeitig konstatierten Unmöglichkeit, eine neue »Großtheorie« vorlegen zu können, erfolgte sodann die Idee sogenannter »Brückenkopf-Theorien, also Theoriefragmenten, die ihrer Anlage nach offen für neue Forschungsfragen und die Auseinandersetzungen mit gesellschaftlichen Modernisierungsprozessen sind« (Scherr & Thole 1998, S. 29).

Ausformuliert wurden diese Ideen vornehmlich in dem Beitrag von Müller (1998), der an der Idee der Emanzipation festhält, dies aber – nicht zuletzt unter leicht irritierendem Verweis[85] auf Kentler 1964 – als »unabgeschlossenes Projekt« (Müller 1998, S. 44) bezeichnet. Weitere Theorie-Begründungen findet Müller

85 Während Kentler (1964) Jugendarbeit »als Bildung zur Freiheit in Freiheit« markiert, wird er von Müller (1998a) mit dem – keineswegs leichthin zu nivellierendem – Unterschied einer »Erziehung in Freiheit zur Freiheit« zitiert.

bezeichnenderweise bei Schleiermacher (Müller 1998, S.5 2) und Siegfried Bernfeld (Müller 1998, S. 39) und führt aus:

> »Die Wahrnehmung des politischen Mandats ist als Aufgabe von Jugendarbeit alles andere als nebensächlich. Jugendarbeit stellt in dieser Hinsicht eine Form der Beteiligung von Kindern und Jugendlichen am öffentlichen Leben dar. Sie ist allein aus diesem Grund immer auch politisch« (Müller 1998, S. 62).

Den Gedanken einer Theoriepluralisierung beantwortet er zunächst mit einer Analyse der seinerzeit (noch) dominierenden »(Sozial)Raumorientierung«, relativiert diese aber und setzt sie im Rahmen einer Matrix in Bezug zu weiteren konzeptionellen Ansätzen wie z. B. Interkulturalität, Geschlechter- oder Generationenverhältnis. In Antizipation der im Text vorzufindenden Idee, über diese Matrix ein »multiperspektivisches Sehen« mit provisorischem Charakter anzuregen (vgl. Müller 1998, S. 48), sprechen gute Argumente dafür, Begriffe wie Hybridität, Relationalität und Transversalität zentraler zu diskutieren als bislang.

Eine Theorie der Kinder- und Jugendarbeit, die systematisch den gesellschaftlichen Modernisierungsprozess theoretisch zu reflektieren wünscht, realisiert sich in dem vorstehend diskutierten Vorschlag nicht umfänglich. Bis zum heutigen Tage liegt keine umfassende Theorie oder ein umfassendes Theorie-Gefüge für die Kinder- und Jugendarbeit vor, sondern allenfalls divergierende Ansätze, die vereinzelte ausgewählte Aspekte um den Preis der Vernachlässigung anderer Gesichtspunkte fokussieren. So wäre etwa die noch heute zitierte Raumtheorie mindestens anzureichern mit neueren Aspekten der Raumsoziologie, einem relationalen Raumverständnis, mit Fragen von Raumkontrolle, Macht und Grenzziehungen, dem Verhältnis von sozialen zu virtuellen Räumen, Fragen von Mobilität und Multilokalität, Bildungslandschaften oder grundsätzlicheren Überlegungen von Raum und Pädagogik (vgl. Berndt, Kalisch & Krüger 2016; Coelen, Heinrich & Million 2015; Schröteler-von Brandt u. a. 2014). Und auch für die in den 1990er Jahren von Scherr konzipierte und bis heute kaum wesentlich modifizierte Theorie der Jugendarbeit als Subjektbildung kann durchaus Aktualisierungsbedarf angemeldet werden. Eine hinreichende, geschweige denn halbwegs vollständige Analyse aller – auch über die Raumtheorie hinausgehenden – Verflechtungen dieser vielen Theorie-Aspekte zu einem oszillierenden aber umrahmten Theoriefeld der Kinder- und Jugendarbeit ist sicherlich als zukünftige Anforderung einer wahrhaftigen Großtat zu formulieren, kann in diesem Band aber naturgemäß nicht geleistet werden.

Seit Beginn des 21. Jahrhunderts kann der Stellenwert von Kinder- und Jugendarbeit über lange Phasen der Stagnationen und regionalen, besonders in den neuen Bundesländern anzutreffenden Rückentwicklungen hinaus aktuell wieder und mit der gebotenen Vorsicht als durchaus zukunftsweisend eingestuft werden. Insbesondere im Bereich der Bildungstheorie und Bildungspraxis sind neue

Entwicklungen und Diskurse zu erkennen. Dass zudem gerade für die Kinder- und Jugendarbeit explizit auch weiterhin emanzipatorische, theoretisch durchaus gehaltvolle Traditionen und Potenziale (vgl. Kap. 7.3 und 7.4) mitgedacht werden, geht weit über ein reduziertes Verständnis einer »Sozialpädagogisierung« der Kinder- und Jugendarbeit hinaus. Deutlicher hingegen ist sogar eine »Re-Politisierung« (Lindner 2012; Lindner & Pletzer 2017) in den Überlegungen zu einer »Neuen« und »Eigenständigen« Jugendpolitik zu erkennen.

Im Kontrast allerdings zu den hier erinnerten Überlegungen wird die Kinder- und Jugendarbeit seit einigen Jahren vornehmlich schlicht als sozialpädagogisches Handlungsfeld fokussiert, welches auf der Grundlage sozialpädagogischer Theorien und hier insbesondere auf den Grundelementen von Bildung und Subjektorientierung seine Funktion in der Gesellschaft markiert.

7.6 Kinder- und Jugendarbeit als Ort der Initiierung von »Bildung«

Kinder- und Jugendarbeit ist ein »Bildungsprojekt« (vgl. hierzu auch die Anmerkungen in Kap. 7.3), genauer ein Projekt sozialpädagogischer Bildung. Wird diese Sicht favorisiert, könnte sogar festgestellt werden, dass für die Kinder- und Jugendarbeit als Teil der Sozialen Arbeit eine Vielzahl, sich zum Teil überschneidender, zum Teil miteinander verbundener Bildungskonzepte (vgl. Hafeneger 2013) vorliegen, die jeweils unterschiedliche Anliegen und Aufgaben »scharf« stellen. Thomas Rauschenbach etwa spricht von Alltagsbildung (Rauschenbach 2009, 2015), Albert Scherr weiterhin von subjektorientierter Bildung (Scherr 1997, 2013), andere von emanzipatorischer Bildung im Kontext einer Kommunalpädagogik (Sturzenhecker 2015), von sozialer Bildung oder auch Demokratiebildung, einer geschlechtsbezogenen Gender-, Queer-Bildung oder sexueller Bildung, einer politischen Bildung (Hafeneger & Widmaier 2014) oder rassismuskritischer Bildung (Hafeneger, Unkelbach & Widmaier 2019). Wiederum andere favorisieren den Begriff der sozialräumlichen Bildung (Thiersch 2008; Sting 2016), der Menschenrechtsbildung oder aber sprechen von kultureller, kulturell-ästhetischer, digitaler, ökologischer bis hin zur Bildung für eine nachhaltige Entwicklung (Erben & Waldmann 2013). Das »Bildungsprojekt Kinder- und Jugendarbeit« ist also angesichts dieser und anderer vielfältiger Praxen und Konzepte unübersichtlich (vgl. Abb. 7.3).

Mit dem Terminus »sozialpädagogische Bildung« wird ein neuer Begriff vorgeschlagen (vgl. auch Kap. 9 sowie Thole, Lindner & Pothmann 2021), nicht um die anderen Ideen abzuwerten, sondern um zu betonen, dass der Kinder- und Jugendarbeit konzeptionell eine anspruchsvolle Idee von Bildung vorliegt, die *erstens* dieses sozialpädagogische Handlungsfeld als gemeinsames bestimmt und *zweitens* dies in einer Form versucht, die die unterschiedlichen konzeptionellen

Zugänge nicht negiert, sondern ihre jeweils spezifische Absicht und Akzentuierung sowie Bedeutung nachdrücklich anerkennt.

Abb. 7.3: Bildungsbezogene Praxen und Konzepte der Kinder- und Jugendarbeit[86]

Quelle: Eigene Darstellung

Bereits an diesen Beispielen zeigt sich jedoch auch, dass die Kinder- und Jugendarbeit als Bildungsprojekt nicht in einem gesellschaftlichen Vakuum agiert, sondern von politischen Entwicklungen und dem gesellschaftlichen Wandel beeinflusst wird. Kinder- und Jugendarbeit als »Bildungsprojekt« bedeutet in diesem Zusammenhang auch Sozialisationsagentur in Richtung Verselbstständigung zu sein sowie einen Vermittlungsbeitrag zwischen Individuum und Gesellschaft zu leisten und dies, die gesellschaftlichen Rahmenbedingungen einbeziehend, im Zielhorizont von Emanzipation, Möglichkeitserweiterung und handelnder Selbstreflexion anzugehen (vgl. auch Giesecke 1998). Dies zeigen auch die nachfolgenden Abschnitte und historischen Rückblenden auf den Bildungs- und/oder Erziehungsbegriff, zum Bildungsbegriff in der Erziehungswissenschaft und der Soziologie sowie zu den theoretischen Rahmungen der Kinder- und Jugendarbeit als Bildungsprojekt.

---

86 Erläuterung zum Schaubild: Die Aufzählung der verschiedenen Bildungskonzepte ist sicherlich unvollständig. Weiterhin könnte die Museums- oder Zirkuspädagogik, Klimaschutzbildung oder Drogenbezogene Bildung genannt werden.

Hinweise zu historischen Thematisierungen von Bildung und Erziehung bei Kant, Schleiermacher, Humboldt und Marx – Exkurs

Keineswegs kann hier die Geschichte von Bildung und Erziehung detailliert nachgezeichnet werden. Erinnert werden lediglich einige ausgewählte Referenzpunkte, an die in theoretischen Überlegungen zur Kinder- und Jugendarbeit angeknüpft wird.

Bei der ersten Station wird zunächst nicht »Bildung« in den Blick genommen, sondern »Erziehung«. In der Philosophie der Aufklärung von Immanuel Kant, dem zu Recht eine tendenziell rassistische Sicht zugeschrieben wird, aus dem Jahr 1776 ist nachzulesen: »Der Mensch kann nur Mensch werden durch Erziehung. Er ist nichts, als was die Erziehung aus ihm macht« (Kant 1977 [1776]). Allerdings ist diese Aussage im Zusammenhang mit mindestens vier weiteren Postulaten zu lesen, und zwar

(1) mit dem berühmten Kant'schen ›Kategorischen Imperativ‹, demzufolge der Mensch sich nur solche Gesetze geben solle, die von jedem vernünftigen Menschen anerkannt werden,
(2) mit der Feststellung, dass der Zweck des Menschen letztlich der Mensch selbst ist,
(3) mit der Orientierung an den Zielen von Mündigkeit, Emanzipation und Autonomie – also genau dem, was die Kinder- und Jugendarbeit in ihren neueren Kernaufgaben umtreibt –

und

(4) mit der gleichfalls berühmten Frage, wie man denn die Freiheit und freie Menschen unter Bedingungen von Erziehung und Zwang gewährleisten könne (vgl. Schäfer 2018, S. 122 f).

Als ein weiterer Referenzautor kann Friedrich D. Schleiermacher erwähnt werden. Im Jahre 1826 stellte er in einer Vorlesung die Frage: »Was will eigentlich die ältere Generation mit der jüngeren?« (Schleiermacher 1957 [1826]) und fährt an anderer Stelle fort:

> »Die Erziehung soll so eingerichtet sein, dass beides in möglicher Zusammenstimmung sei, dass die Jugend tüchtig werde, einzutreten in das, was sie vorfindet, aber auch tüchtig, in die sich darbietenden Veränderungen mit Kraft einzutreten« (Schleiermacher 1957 [1826], S. 31).

Damit ist keine einseitige Funktionalisierung und Indienstnahme der jungen Generation durch die Erwachsenen gemeint, sondern die Erwartung, an der permanenten Veränderung der Gesellschaft mitzuwirken und damit zugleich auch

Trägergruppe gesellschaftlichen Wandels zu sein. Die formulierte Handlungslogik des Pädagogischen im Generationenverhältnis betrifft auch die Kinder- und Jugendarbeit, deren Handeln »mit Intentionen verbunden (ist), welche gesellschaftlich und kulturell definiert werden, um an der jüngeren Generation verwirklicht zu werden« (Winkler 2018, S. 153). Pädagogisches Handeln setzt demzufolge systematisch eben an einer asymmetrischen Erfahrungs- und Generationendifferenz im Modus der Aneignung an:

> »Spätestens mit der Entdeckung der Geschichtlichkeit der Welt, ihrer Veränderung noch im Rhythmus des Generationenwechsels oder sogar einer Beschleunigung diesem gegenüber, etabliert sich das Generationenverhältnis als formales Ausgangsdatum, um pädagogisches Handeln zu verstehen« (Winkler 2018, S. 153).

Für die Konzeptualisierung der Kinder- und Jugendarbeit als Ort von Bildung bedeutsam ist auch Wilhelm von Humboldt. Die zentrale Aussage von Humboldt lautet:

> »Der wahre Zweck des Menschen – nicht der, welchen die wechselnden Neigung, sondern welchen die ewig unveränderliche Vernunft ihm vorschreibt –, ist die höchste und proportionierlichste Bildung seiner Kräfte zu einem Ganzen. Zu dieser Bildung ist Freiheit die erste und unerlässliche Bedingung. Allein ausser der Freiheit erfordert die Entwickelung der menschlichen Kräfte noch etwas anderes, obgleich mit der Freiheit verbundenes: Mannigfaltigkeit der Situationen. Auch der freieste und unabhängigste Mensch, in einförmige Lagen versetzt, bildet sich minder aus.« (Humboldt 1960 [1792], S. 9 f).

Humboldts Überlegungen zum Bildungsbegriff umfassen gesellschaftliche, geschichtliche, ästhetische und sprachliche Aspekte. Die für dieses Bildungsverständnis unerlässliche »Freiheit« steht in starker Korrespondenz zum Freiwilligkeitsprinzip der Kinder- und Jugendarbeit. Und die von Humboldt vertretene Idee des Neuhumanismus steht bis heute im Kontrast zur Auffassung der Philantrophen, die den Zweck von Bildung in Lebenstüchtigkeit – aktuell: Kompetenz – sahen. Gegen alle schuldidaktischen Verengungen versteht Humboldt Bildung als möglichst ungehinderte Wechselwirkung von Ich und Welt:

> »Die letzte Aufgabe unsres Daseins, dem Begriff der Menschheit in unserer Person, sowohl während der Zeit unsres Lebens, als auch noch über dasselbe hinaus, durch die Spuren des lebendigen Wirkens, die wir zurücklassen, einen so großen Inhalt, als möglich, zu verschaffen, diese Aufgabe löst sich allein durch die Verknüpfung unsres Ichs mit der Welt zu der allgemeinsten, regesten und freiesten Wechselwirkung« (Humboldt 1986 [1790], S. 34).

Nicht erst seit Ende der 1960er Jahre, sondern schon in den 1920er Jahren finden sich Überlegungen zur außerschulischen Pädagogik, die sich explizit oder implizit auf die von Karl Marx und Friedrich Engels entwickelte Gesellschaftsanalyse beziehen und darüber versuchen, über Bildung nachzudenken. Heinz Sünker (2010, S. 263) weist beispielsweise mit Nachdruck darauf hin, dass die Analyse der »Vergesellschaftungsprozesse in ihren Konsequenzen für einzelne Mitglieder wie Klassen der bürgerlich-kapitalistischen Gesellschaft den Ausgangspunkt für Theorie und Praxis der Sozialen Arbeit bildet«. Explizit schließt er an Überlegungen von Heinz-Joachim Heydorn an, der darauf hinweist, dass gebildet zu sein »über sich selbst zu verfügen« (Heydorn 1973, 1998, S. 230) meint, denn der Mensch wird erst dann »seiner habhaft, indem er sich selbst begreift« (Heydorn 1973, 1998, S. 231).

Dass in bildungstheoretischen Überlegungen zwar die Analysen von Marx und auch von Engels durchschimmern, jedoch keine ausdrückliche Zitation erfahren, hängt schlicht mit dem Umstand zusammen, dass die bei den marxistischen Klassikern zu findenden Ausführungen zu Fragen von Bildung und Erziehung sehr allgemein bleiben. Sie konzentrieren sich darauf, zu konstatieren,

> »dass der aufgeklärteste Teil der Arbeiterklasse sich vollauf dessen bewusst ist, dass die Zukunft seiner Klasse und folglich der Menschheit ganz und gar von der Erziehung der heranwachsenden Arbeitergeneration abhängt« (Marx & Engels 1931, S. 199).

Dennoch zeigen die allgemeinen Analysen der gesellschaftlichen Produktions- wie Reproduktionsprozesse gleichwohl Möglichkeiten, Fragen von Erziehung und Bildung zu erörtern. Die gesellschafts-, ideologie- wie machtkritische Feststellung, dass »die Gedanken der herrschenden Klasse (…) in jeder Epoche die herrschenden Gedanken« sind, »das heißt die Klasse, welche die herrschende materielle Macht der Gesellschaft ist, ist zugleich ihre herrschende geistige Macht« hat regt an, Fragen der Erziehung und Bildung als Bestandteil der vielgestaltigen und komplizierten gesellschaftlichen Prozesse anzusehen. Sie können in einer für die Menschen zuträglichen Form demnach erst konzipiert werden, wenn die Frage der Neugestaltung von Arbeit und der gesamten Produktionsverhältnisse über eine neue Verteilung der Produktionsmittel angegangen wird. Angedeutet wird damit zumindest, über welche institutionellen Orte gesellschaftliche Veränderungen initiiert werden könnten:

> »Ein auf Grundlage der großen Industrie naturwüchsig entwickeltes Moment dieses Umwälzungsprozesses sind polytechnische und agronomische Schulen, […] worin die Kinder der Arbeiter einigen Unterricht in der Technologie und praktischen Handhabe der verschiedenen Produktionsinstrumente erhalten. Wenn die Fabrikgesetzgebung als erste, dem Kapital notdürftig abgerungene Konzession nur Elementarunterricht mit fabrikmäßiger Arbeit verbindet, unterliegt es keinem Zweifel, dass die unvermeidliche Eroberung der politischen Gewalt durch die Arbeiterklasse auch dem

technologischen Unterricht, theoretisch und praktisch, einen Platz in den Arbeiterschulen erobern wird« (Marx & Engels 1968, S. 507).

Für die Konzeptualisierung von Bildung können hieran anknüpfende Überlegungen insbesondere inspiriert werden, wenn über die emanzipatorischen Potentiale von Bildung nachgedacht wird und der Gedanke, »alle Emanzipation ist Zurückführung der menschlichen Welt, der Verhältnisse, auf den Menschen selbst« aufgegriffen wird (vgl. Marx & Engels 1968, S. 370).

Bildungstheorien und -konzepte der Erziehungswissenschaft und Soziologie

Bildung ist nicht gleich Bildung. Es gibt unterschiedliche Verständnisse und es sind unterschiedliche Praxen und Konzepte zu beobachten. Ohne Anspruch auf Vollständigkeit werden im Folgenden einige erziehungswissenschaftliche Ansätze sowie die Kapitaltheorie des Soziologien Pierre Bourdieu für das Herausarbeiten einiger Merkmale von »Bildung« herangezogen.

Bildung in der geisteswissenschaftlichen Tradition fokussiert beispielsweise auf die Entwicklung der Selbst- und Welterkenntnisfähigkeiten, die marxistische und die emanzipatorisch gefärbte Programmatik von Bildung setzt auf die Idee der individuellen Selbstbestimmung und die Veränderung der ungerechten gesellschaftlichen Verhältnisse, denkt Bildung als eine empirisch operationalisierbare Kompetenzdimension; eine humanistische Bildungsidee denkt Bildung als Herausbildung von individuellen Gestaltungsfähigkeiten und die ästhetische oder phänomenologische Idee adressiert an Bildung die Entwicklung von Empathie und Sinnlichkeit (vgl. u. a. Zirfas 2010; Benner 1987; Schäfer 2018).

Im Kern stimmen diese programmatischen Fassungen des Bildungsbegriffs zumindest dahingehend überein, dass Bildung beinhaltet, unter den Bedingungen von Freiheit und Freiwilligkeit über gelungene Formen der Selbstverortung und der Welterkenntnis und über Reflexivität und Fähigkeiten zu verfügen, Traditionen sowie soziale und kulturelle Überlieferungen zu hinterfragen, aber auch hinsichtlich ihrer gegenwärtigen Relevanz verorten zu können. Bildung, sofern sie sich am Begriff der »Mündigkeit« orientiert, ist damit immer und unausweichlich »kritische Bildung«:

> »Bildung steht ihrem Verständnis nach immer auf der Seite der möglichen Autonomie des Heranwachsenden. Deshalb findet sich in bildungstheoretischen Argumenten immer ein kritisches Potenzial gegenüber pädagogischen Verantwortungs- und Steuerungsansprüchen. (…) Es geht um die Angabe von Bedingungen, die einen Prozess der Selbstbildung möglich machen sollen« (Schäfer 2018, S. 163; vgl. die Beiträge in Bernhard, Rothermel & Rühle 2018).

Werden inhaltlich-strukturelle Aspekte der Markierung von unterschiedlichen Bildungsbegriffen und -definitionen herangezogen, dann kann zwischen einer formalen, einer materiellen und einer kategorialen Idee und Konzeption von Bildung unterschieden werden:

- Die Theorie einer *formalen Bildung* versteht die gesellschaftlich vorgehaltenen Wissenskontexte als Ressourcen für die Entwicklung von Praxen der subjektiven Aneignung von Fähigkeiten und Fertigkeiten, Qualifikationen und Kompetenzen. Eine so akzentuierte Idee von Bildung findet sich zuweilen verkürzt auf die Erlangung von formalen Abschlüssen und Zertifikaten. Doch auch wenn gegenüber einer derartigen Verkürzung Distanz besteht, reduziert eine über formale Inhalte ausbuchstabierte Bildungstheorie die Idee einer allgemeinen Bildung auf das Wissen, Können und Kompetenzen, die jeweils historisch und gesellschaftlich variabel anerkannt und legitimiert sind.
- Gegenüber dieser Konzeption beschreibt eine *materiale, also eine objektbezogene Bildungstheorie* präzise die Inhalte und Wissensbereiche, die von den Subjekten im Verlauf ihrer Bildungsbiografie anzueignen sind. Bildung ist demnach die Aneignung eines mehr oder weniger eindeutig kanonisierten Fundus von Wissen und vielleicht noch von gesellschaftlichen Erfahrungen. Alle auf materialen Inhalten basierenden – und kompetenzorientierte Theorien von Bildung sind als materiale Bildungsmodelle zu klassifizieren – Bildungstheorien, so wird kritisch gegen materiale Ideen von Bildung formuliert, stimmen darin überein,

  > »so sehr sie sich untereinander auch unterscheiden mögen (…), dass sie zwischen den gesellschaftlichen Anforderungen an die pädagogische Praxis (…) und der pädagogischen Praxis eine teleologische Verhältnisbestimmung konstruieren und der pädagogischen Praxis die Aufgabe zuweisen, die Heranwachsenden im Sinne vorgegebener gesellschaftlicher Anforderungen zu handlungsfähigen Mitgliedern der Gesellschaft zu machen« (Benner 1987, S. 126).

- Im Konsens mit dieser Kritik und den zuletzt notierten Einwurf aufgreifend gehen *kategoriale* Bildungstheorien von einer Dialektik zwischen Ich und Welt, der Aneignung von Wissen und der Kritik der Inhalte sowie zwischen Wissen und Können aus. Eine Variante dieses Denkens findet sich in der *strukturalen* Bildungstheorie (Marotzki 1990; Koller 2018). Bildung sollte demnach sowohl eine qualitative Veränderung (Transformation) von Selbst- wie auch der Weltreferenzen einer Person nach sich ziehen. Um Bildungsprozesse anregen zu können, bedarf es dieser Sicht zufolge allerdings einer »relativen Selbstständigkeit pädagogischer Institutionen«, denn nur dann, »in einer gewissen Distanz zu ökonomischen und gesellschaftlichen Verhältnissen«, kann Bildung »Aufklärungsprozesse anregen, kritisches Bewusstsein

(…) vermitteln und Perspektiven der Veränderung (…) eröffnen« (Klafki & Braun 2007, S. 73). Im Kontrast zu formalen und materialen Bildungstheorien reklamieren kategoriale Theorien eine nicht affirmative Konzeption von Bildung (vgl. Benner & Brüggen 2004; Zirfas 2010).

Unter einer spezifischen bildungstheoretischen, subjektbezogenen Perspektive kann ein Bezug zu den von Pierre Bourdieu herausgearbeiteten Kapitalformen – ökonomisches Kapital, kulturelles Kapital und soziales Kapital – die Überlegungen präzisieren. Bourdieu (1985) unterscheidet beim kulturellen Kapital zwischen dem inkorporierten, objektivierten und institutionalisierten kulturellen Kapital. Inkorporiertes Kulturkapital meint Bildung, welche langfristig in Erziehungs- und Bildungseinrichtungen sowie innerhalb der Familie als Wissen erworben wird. Objektiviertes Kulturkapital beschreibt den Besitz von kulturellen, ästhetischen, musikalischen und literarischen Gütern. Objektiviertes Kulturkapital gewinnt allerdings erst im Zusammenhang mit dem inkorporierten Kulturkapital Bedeutsamkeit, da der Gebrauch der Objekte Bildung voraussetzt. Institutionalisiertes Kulturkapital meint Titel und Bildungspatente, die dauerhafte Gültigkeit und damit einen gesellschaftlich und rechtlich anerkannten Wert besitzen. Unter soziales Kapital fasst Bourdieu soziale Netzwerke und Beziehungen, die, um bestimmte Ziele zu erreichen, Erfolg verheißen (vgl. Krais & Gebauer 2002).

Die vorgestellten Überlegungen zeigen, dass Bildung kein abgeschlossenes, einmal erworbenes und in die Körper eingeschriebenes Ergebnis vergangener und bewältigter Prozesse ist. Bildung bezeichnet die Verknüpfung von Kultur und Individualität, Gesellschaft und Subjekt, die es den Menschen unter Bezug auf die ihnen jeweils zugänglichen oder von ihnen angeeigneten und erarbeiteten ökonomischen, sozialen und insbesondere kulturellen Kapitalressourcen ermöglicht »an ihren Selbst- und Weltverhältnissen selbst« (Wulf & Zirfas 2007, S. 11) und sozialen Netzwerken mitzuwirken und Leben zu gestalten. Mögliche Bausteine für das Weiterdenken einer bildungsorientierten Idee von Kinder- und Jugendarbeit werden abschließend im Kap. 9 dieser Einführung vorgeschlagen.

Zum Weiterlesen – Literaturhinweise

Böhnisch, L., & Münchmeier, R. (1993). *Pädagogik des Jugendraumes. Zur Begründung einer Praxis sozialräumlicher Jugendpädagogik*. Weinheim & München: Beltz Juventa.

Brenner, G., & Hafeneger, B. (Hrsg.) (1996). *Pädagogik mit Jugendlichen*. Weinheim & München: Beltz Juventa.

Hafeneger, B. (Hrsg.) (2013). *Handbuch außerschulische Jugendbildung*. Schwalbach i. Ts.: Wochenschau.

Kiesl, D., Scherr, A., & Thole, W. (Hrsg.) (1998). *Standortbestimmung Jugendarbeit. Theoretische Orientierungen und empirische Befunde*. Schwalbach i. Ts.: Wochenschau.

8 Pädagogische Handlungskonzepte, methodische Arbeitsansätze und Handlungsmaximen

Die theoretischen Überlegungen des vorherigen Kapitels umfassen Versuche zur Klärung grundlegender Fragestellungen nach dem, was Kinder- und Jugendarbeit ist und welche gesellschaftliche Funktion sie hat. Es werden gesellschaftliche Entwicklungen auch mit Blick auf ihre Relevanz für das Kindes- und Jugendalter (vgl. dazu auch Kap. 6) reflektiert. Ferner wird insbesondere der Bildungsbegriff für die Kinder- und Jugendarbeit ausbuchstabiert. Zudem werden sozialpädagogische Kategorien wie Erziehung, Betreuung und Hilfe diskutiert. Alles in allem können die bislang erörterten Vorschläge und Überlegungen zu einer Theorie der Kinder- und Jugendarbeit (vgl. Kap. 7) versuchen zu vermessen, was unter Kinder- und Jugendarbeit zu verstehen ist, wie sie als Bildungsprojekt aufgestellt und wie dieses Arbeitsfeld der Kinder- und Jugendhilfe gesellschaftlich verankert ist. Gerade mit Blick auf die Kinder- und Jugendarbeit speziell als sozialpädagogisches Handlungsfeld der Bildung kann auf eine intensive Debatte verwiesen werden (vgl. exemplarisch Lindner, Weber & Thole 2003; Sturzenhecker & Lindner 2004; Coelen & Gusinde 2011; Hafeneger 2013; Land Steiermark 2018), die jedoch in aller Regel eher thematisch-konzeptionell angelegt sind und wenige bis gar keine methodisch-didaktischen Informationen, Strukturierungen oder Anleitungen bereitstellen.

Die nachfolgenden Ausführungen setzen hier an. Es geht es vor allem um die pädagogisch-praktische Seite der Kinder- und Jugendarbeit, ohne dabei allerdings diese Einführung zu einem Praxisratgeber machen zu wollen. Anschließend und konkretisierend an die bisherigen theoretischen Überlegungen werden erstens vergleichsweise ausführlich Handlungskonzepte und Arbeitsansätze für die Kinder- und Jugendarbeit dargestellt (vgl. Kap. 8.1). Darüber hinaus gibt das Kapitel eine Orientierung bei den methodischen Arbeitsansätzen, und zwar einerseits mit Blick auf das »Arrangieren« als eigenen methodischen Ansatz für die Kinder- und Jugendarbeit (vgl. Kap. 8.2) sowie andererseits hinsichtlich der Kategorie der »Lebenswelt« als handlungspraktischer Orientierung (vgl. Kap. 8.3). Das Kapitel endet schließlich mit einer Ausformulierung von gemeinsamen Handlungsmaximen für die Kinder- und Jugendarbeit (vgl. Kap. 8.4).

8.1 Pädagogische Handlungskonzepte

Würde man Praktiker*innen oder Studierende danach befragen, welche Theorien und Konzepte der Kinder- und Jugendarbeit ihnen bekannt seien, würden womöglich die zuvor (vgl. Kap. 7) diskutierten Theorien und Konzepte nur selten oder weniger genannt. Zu vermuten ist, dass vielmehr etwas praxisnähere Arbeitsansätze genannt werden würden, also pädagogische Handlungskonzepte. Es wäre von einem breiten Spektrum an Antworten auszugehen, denn: Analog zu der im Rahmen dieser Einführung immer wieder festgestellten Heterogenität und Pluralität des Arbeitsfeldes verfügt die Kinder- und Jugendarbeit über ein beachtliches Spektrum pädagogischer Handlungskonzepte.

Es würde allerdings den hier vorgegebenen Rahmen sprengen, diese im Folgenden vorzustellen. Vielmehr wird auf der Grundlage der Fachliteratur eine Auswahl vorgenommen. Beim Blick auf Veröffentlichungen zu Handlungskonzepten in den verschiedenen Bereichen des Arbeitsfeldes der Kinder- und Jugendarbeit tauchen Begriffe wie z. B. »Diversity«, »Intersektionalität« oder auch »Inklusion« immer wieder auf. Es besteht für die Praxisentwicklung eine zentrale Herausforderung darin, Diversitäts- bzw. Inklusionsressourcen strukturell (Personal, Einrichtung, Programm, Angebote, Adressat*innen) zu implementieren und sodann abzusichern. Die Kinder- und Jugendarbeit steht dabei aber nicht nur vor der Aufgabe, mit Blick auf eine ausgewählte Dimension mit Unterschieden umzugehen, sondern es müssen im Rahmen der pädagogischen Handlungsansätze mehrdimensionale Zugehörigkeiten anerkannt und soziale Differenzierungen thematisiert werden. Hiermit verbunden ist das Zurückweisen von Diskriminierungen sowie die Ermöglichung der Ausgestaltung eigener Lebensentwürfe. Damit aber wird ein Schwerpunkt pädagogischer Handlungskonzepte für die Kinder- und Jugendarbeit deutlich: Es sind Konzepte differenzsensibler, intersektionaler pädagogischer Arbeit mit jungen Menschen (vgl. auch Pohlkamp 2014), die sich als Lebensformenpädagogik ausbuchstabiert. Dabei wird Wertschätzung für Vielfalt thematisiert und generiert, aber es werden auch Ausgrenzungen und Machtverhältnisse reflektiert. Mit dieser Ausrichtung erkennt die Kinder- und Jugendarbeit nicht nur an, sondern macht zum Ausgangspunkt ihrer Pädagogik, dass Kinder und Jugendliche mithin nicht nur verschieden, sondern unterschiedlich verschieden sind.

Eine für Differenzen und Intersektionalität sensible Kinder- und Jugendarbeit wird in verschiedenen pädagogischen Handlungsansätzen deutlich, insbesondere in gender- und diversitätsspezifischen Ansätzen, in Ansätzen gegen eine gruppenbezogene Menschenfeindlichkeit sowie gegen pauschalisierende Ablehnungskonstruktionen oder auch migrationsbezogenen Ansätzen. So wichtig diese Handlungsansätze auch sind, so lässt sich Kinder- und Jugendarbeit nicht darauf reduzieren. Zu den pädagogischen Handlungsansätzen gehören ebenfalls kultur- und medienbezogene, körper- und bewegungsorientierte sowie erlebnispädagogische, aber auch raum- und territoriumsbezogene Konzepte.[87]

Abb. 8.1: Assemblage pädagogischer Handlungskonzepte

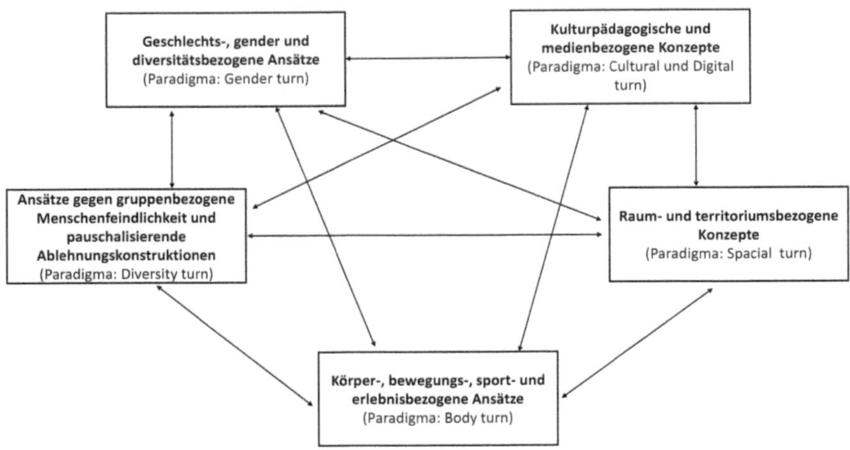

Quelle: Eigene Darstellung

Auf die hier genannten Handlungskonzepte wird im weiteren Verlauf der Ausführungen noch differenzierter und jeweils separat einzugehen sein. In der Praxis jedoch sind diese aufgrund lokaler, regionaler, zielgruppenspezifischer, institutioneller oder förderbedingter Besonderheiten immer wieder mehrfach bzw. hybrid strukturiert bzw. miteinander kombiniert. So sind in der Praxis der Kinder- und Jugendarbeit beispielsweise kulturelle Angebotsformen vorzufinden, die sich im Horizont von Demokratiebildung[88] mit jungen Migrant*innen verorten (vgl. exemplarisch das Programm »Kultur macht stark«[89]), aber ebenso inklusionsbezogene internationale Jugendbegegnungen (vgl. exemplarisch das IJAB-

87 Es besteht mit dieser Aufzählung kein Anspruch auf Vollzähligkeit. Vielmehr stellen die genannten Handlungskonzepte eine Auswahl von zumindest aktuell besonders wichtigen dar. Über die genannten Handlungskonzepte hinaus liegen weitere zielgruppen- beziehungsweise gegenstandsorientierte Thematisierungen und Ausformulierungen vor, die aber oftmals eher engmaschig ausgerichtet sind, so dass sie z. B. lediglich für eine konkrete Einrichtung uneingeschränkte Relevanz beanspruchen können. Die in der Abb. 8.1 dargestellten Pfeile symbolisieren lediglich Verknüpfungen oder auch »Verflechtungskorridore« in Form von Anschluss- oder Schnittstellen zwischen den pädagogischen Handlungskonzepten. Auch hier besteht kein Anspruch auf Vollständigkeit.

88 Wobei dieses Themenfeld zugleich auch unter dem Label ›Demokratie erleben‹ (Mende 2018) von der Erlebnispädagogik beansprucht wird.

89 https://www.buendnisse-fuer-bildung.de/de/inhalt-und-ziele-1715.html [Zugriff 11. 03. 2019].

Projekt VISION: INCLUSION[90]), Formate heteronormativitätskritischer Museumspädagogik (Busche u. a 2018), medienpädagogische Angebote der Vielfalt und Integration[91] oder aber sportliche Settings mit queer-orientierten Jugendlichen im ländlichen Raum.[92] In der Realität der Kinder- und Jugendarbeit sind die verschiedenen Praxiskonzepte also vielfach miteinander als eine »Assemblage« verzahnt (vgl. auch Kap. 1 und 7), durch das sich kreuz und quer verlaufende, offene Verflechtungskorridore ziehen (vgl. Abb. 8.1).

Handlungskonzepte als Antwort auf soziale Ungleichheiten im Aufwachsen junger Menschen – ein Exkurs

Gesellschaftliche Ungleichheiten sind nicht nur eine Herausforderung für alle Bereiche der Sozialen Arbeit, der Kinder- und Jugendhilfe und damit auch für die Kinder- und Jugendarbeit, sondern es gehört auch mit zu ihren Aufgaben, diese Ungleichheitslagen zu be- und mit ihnen zu arbeiten. Hierbei kommt den bereits benannten und später noch auszuführenden Handlungskonzepten für die Kinder- und Jugendarbeit eine zentrale Bedeutung zu. Nachdrücklich wird dafür plädiert, die bislang benannten sowie später noch referierten und diskutierten Arbeitsansätze auch unter dem Aspekt zu lesen, ob und in welcher Form ökonomische, soziale und kulturelle Ungleichheiten für die Praxis der Arbeitsformen und -konzepte von Bedeutung sein könnten.

Hierfür ist es aber notwendig, zunächst einen zumindest kursorischen Blick auf zumindest einige empirische Befunde und Überlegungen zu den Ungleichheitslagen junger Menschen und ihre Folgen für das Aufwachsen zu werfen.

Bleibt man zunächst bei den empirischen Befunden, so ist zu beachten, dass in der Bundesrepublik Deutschland weiterhin circa 4,4 Millionen Kinder unter Lebensbedingungen aufwachsen, die unterhalb der Armutsgrenze liegen (vgl. BMAS 2017, S. 248). Mit Nachdruck weisen mittlerweile zahlreiche Studien darauf hin, dass ein Aufwachsen in materiellen Armutslagen Einschränkungen sowie Folgen für die gesundheitliche Entwicklung haben kann (Kurth 2018), die gesellschaftlichen Teilhabechancen sowie das Wohlbefinden von Heranwachsenden beeinträchtigen (Andresen, Neumann & Kantar Public 2018; Krause 2012) und sich langfristig auf Zukunftschancen von Kindern und Jugendlichen auswirken kann (Holz, Laubstein & Sthamer 2012; Hock, Holz & Kopplow 2014; Laubstein, Holz & Seddig 2016). Weiterhin wird über Studien belegt, dass Kinder, die in dauerhaft finanziell nicht ausreichend abgesicherten Familien leben, seltener in Vereinen ak-

90 Https://www.ijab.de/was-wir-tun/weiterentwicklung/vision-inklusion/vision-inklusion/a/show/alle-dabei-so-gelingt-inklusion-in-der-internationalen-jugendarbeit/ [Zugriff 11. 03. 2019].

91 Https://medien-und-vielfalt.gmk-net.de/ueber-uns/ [Zugriff 3. 06. 2019].

92 Https://www.queere-jugendarbeit.de/ [Zugriff 11. 03. 2019].

tiv sind, in geringerem Umfang kirchliche Veranstaltungen besuchen und weniger sportlich und musikalisch aktiv sind (Tophoven et al. 2018). Studien (vgl. etwa Autorengruppe Bildungsberichterstattung 2008, 2012, 2018) erklären zudem schulische Selektionsprozesse u. a. mit der sozialen Herkunft der Schüler*innen. Dabei wird betont, dass die soziale Herkunft nicht nur als Prädiktor für Testergebnisse fungiert, sondern auch über die Lehrkräfte moderiert konkrete Selektionsprozesse im Schulsystem (z. B. Übergangsempfehlungen, Notengebung) verantwortet (vgl. Gomolla & Radtke 2009). Unreflektierte Thematisierungen des Zusammenhangs von sozialer Herkunft und Schulerfolg durch Pädagog*innen können für Bildungsbiographien von Kindern und Jugendlichen bedeutsam sein (vgl. hierzu auch Simon, Prigge, Lochner & Thole 2019).

Aus diesen empirischen Befunden ergeben sich einige weiterführende Erkenntnisse und Schlussfolgerungen zu den sozialen Ungleichheiten im Allgemeinen sowie zu denen bei jungen Menschen im Besonderen:

- Durchweg sind es vor allem die ökonomisch und sozial-kulturell ressourcenärmeren sozialen Milieus, die von den gesellschaftlichen Errungenschaften und Entwicklungen ausgeschlossen bleiben. Einkommensschwache und von risikobelasteten Lebenslagen betroffene Kinder und Jugendliche sind weiterhin nicht nur am stärksten von Armut betroffen (vgl. Groh-Samberg 2005), sondern auch subjektiv am wenigsten zufrieden (vgl. Kohler 2005), nehmen signifikant weniger häufig ihr Recht auf politische Partizipation wahr und sind von der Teilhabe an der Hochkultur und kommerziellen erlebnisorientierten Freizeitaktivitäten strukturell am weitesten entfernt (vgl. Isengard 2005). Zwar ist kein Zusammenhang zwischen der Affinität zur hochkulturellen Praxis und dem Bildungserfolg der Heranwachsenden ausgewiesen, jedoch ist die Relevanz des Faktors »soziale Vererbung«, die sich durch die Schulabschlüsse der Eltern und der sich hieraus beispielsweise ergebenden Lesekultur in der Familie ergibt, signifikant und findet nachdrückliche Stützung durch die vertiefenden Analysen der vorliegenden internationalen Schulvergleichsstudien (vgl. u. a. Baumert, Stanat & Watermann 2006).
- Prozesse der Individualisierung und Pluralisierung können also nicht darüber hinwegtäuschen, dass die Angehörigen bildungsfernerer, materiell und sozialkulturell schwächer ausgestatteter sozialer Milieus, Klassenlagen und Schichten in relevanten Bereichen strukturell an den gesellschaftlich vorliegenden Ressourcen weiterhin nicht umfassend partizipieren und partiell von ausgedehnteren Formen der Exklusion betroffen sind (vgl. Kronauer 2002; Castell 2005). Wie jedoch insbesondere die nach wie vor bedeutsame Studie von Groh-Samberg (2005) dokumentiert, ist ein Zusammenhang von – der über den beruflichen Status ausgewiesenen – Klassenlage sowie Lebenslagen, Einkommen und Armut und einer hierüber grundgelegten Gefahr der gesellschaftlichen Marginalisierung nicht zu übersehen.

- Exklusionsgefährdet sind jedoch nicht nur die sich schon in Armutslagen befindenden Personen, sondern auch und vielleicht insbesondere diejenigen, die von einer Prekarisierung ihrer Lebenslagen betroffen sind oder sich in prekären Lebenslagen befinden – mit anderen Worten: Soziale Ungleichheiten sind nicht mehr nur klassen- oder schichttheoretisch zu begreifen, da von sozialer Ungleichheit auch »Angehörige diskriminierter (oder privilegierter) gesellschaftlicher Teil- und Randgruppen betroffen« (Kreckel 1992, S. 17) sind. Der hierüber gesteuerte Befund korrespondiert mit der von Heinz Bude und Ernst-Dieter Lantermann (2006) vorgetragenen Erkenntnis. Die Autoren zeigen, dass

> »wie sich der Einzelne zum gedachten Ganzen der Gesellschaft verhält, (...) nicht einfach Ausdruck seiner sozialen Lage ist. (...) Es gibt den Unterschied zwischen jenen, die sich trotz misslicher Lebenslage in der gesellschaftlichen Welt zu Hause fühlen, und denen, die trotz günstiger Lebensverhältnisse von der Frage beherrscht sind, ob sie überhaupt noch einen Platz im gesellschaftlichen Ganzen haben.« (Bude & Lantermann 2006, S. 20)

Allerdings mahnt auch dieses Ergebnis zur Vorsicht, werden doch explizit nicht die Prozesse der Selbstetikettierung, der individualisierten Zuschreibung von Verantwortung und Schuld für soziale Situationen sowie die daran gekoppelten Formen der »Beschönigung« von Lebenslagen zum Zwecke der Kompensation eben dieser Zuschreibungen diskutiert. Konkreter: Der einzelne Erwerbslose erscheint beispielsweise in der Perspektive der gesellschaftlichen Mehrheitsmeinung nicht als Opfer konkreter, ökonomisch-gesellschaftlicher Verhältnisse, sondern als »Täter« seiner von Erwerbsarbeit freigesetzten Lebenssituation. Entsprechend wird der »Verlust der Arbeit oder das Scheitern in der Biographie gewertet als Herausfallen aus dem Modell der Normalität, (...) als ‚Versagen' und ‚Devianz'« (Münchmeier 1996, S. 147). Die darüber geprägte Selbstverschuldungs-Annahme gilt insbesondere für Personen in marginalisierten Lebenslagen und hat hier dann unter Umständen zum Resultat, dass die gesellschaftlich induzierten Selbstverschuldungsetikettierungen unthematisiert bleiben.

Geschlechts-, gender- und diversitätsbezogene Arbeitsansätze – Differenz, Konstrukt oder Diskurs

Mädchenbezogene Angebote in der Kinder- und Jugendarbeit sind seit den 1980er Jahren integrierter und fester Bestandteil der Kinder- und Jugendarbeit.[93]

---

93 Vergessen wird zuweilen, dass es eine weibliche Jugendpflege, wenn auch inhaltlich traditionell akzentuiert, schon um die Jahrhundertwende gab. Allerdings wurden in der An-

Gingen die Begründungen für Angebote der Mädchenarbeit jahrzehntelang von der pauschalen Unterstellung eines männlichen Dominanzkonzeptes in der Kinder- und Jugendarbeit (»Jugendarbeit ist Jungenarbeit«) aus, so können aktuelle empirische Befunde diese Annahme zwar teilweise immer noch bestätigen, aber auch differenzieren:

> »Die meisten Einrichtungen werden auch heute noch von Jungen besucht, auch wenn inzwischen mehr jüngere Mädchen als noch vor 20 Jahren in den Projekten der Kinder- und Jugendarbeit anzutreffen sind. Etwas mehr als die Hälfte der offenen Angebote wurde von ungefähr gleich vielen männlichen und weiblichen Stammbesuchenden genutzt. Fast 30 % wurden überwiegend von männlichen Stammbesuchern genutzt. Dem stehen etwas mehr als 10 % von offenen Angeboten mit überwiegend weiblichen Stammbesucherinnen gegenüber« (Autorengruppe Kinder- und Jugendhilfereport 2019, S. 107).

Ursprünglich ausgehend von der Mädchenarbeit im Gefolge der feministisch-emanzipatorischen Frauenbewegung nach 1968 (Werthmanns-Reppekus 2013, Welser 2017, S. 14 ff.) hat sich geschlechtsbezogene Kinder- und Jugendarbeit bis in die aktuelle Zeit hinein jedoch ausgeweitet. Folgte zunächst als »Antwort« auf die Mädchenarbeit die dementsprechende Etablierung von Angeboten der Jungenarbeit, so wurden beide Ansätze hernach über die Formate der »Genderpädagogik« konzeptionell aufeinander bezogen und erweiterten und rekombinierten sich sodann in diversitätsbezogene- queer- und LSBQ*T-Arbeitsansätze[94] mit wiederum weiteren Varianten in Richtung intersektionaler Kombinationen unter Einbezug wiederum anderer Praxiskonzepte (vgl. Busche u. a. 2018). Im Folgenden wird ein Überblick über die einzelnen Stationen gegeben.

Mädchenarbeit

Anfänglich lag der Schwerpunkt der Mädchenarbeit in der Initiierung autonomer Projekte. Vielerorts wurden Mädchenhäuser, Mädchenzentren und von Jungen nicht gleichzeitig besuchte Mädchenräume gefordert und durchgesetzt

---

fangszeit der Kinder- und Jugendarbeit mädchenbezogene Arbeitsformen und Konzepte noch belächelt und konnten sich auch nur vereinzelt entwickeln. Doch schon im letzten Drittel der 1980er Jahre existierten in fast der Hälfte aller Jugendfreizeiteinrichtungen Mädchengruppen, Mädchencafés oder gesonderte Öffnungszeiten für Mädchen (vgl. MAGS 1986). Seit Ende der 1980er Jahre haben geschlechtsspezifische Arbeitsansätze und Konzeptionen der Jungen- und Mädchenarbeit in den Diskussionen der Kinder- und Jugendarbeit ihren festen Platz und deren Projekte in der Praxis ihren Stellenwert (vgl. Autorengruppe Kinder- und Jugendhilfestatistik 2019, S. 112 f).

94 LSBQ*T wird nachfolgend als Begriff gewählt, wohlwissend, dass auch andere Formulierungen existieren.

sowie Mädchentage und -wochen organisiert. Einen bedeutenden Durchbruch brachte zweifellos der Sechste Jugendbericht der Bundesregierung zum Thema »Verbesserung der Chancengleichheit der Mädchen in der BRD« (BMJFG 1984). Allerdings hatten die zuvor von generalisierten Benachteiligungsannahmen ausgehenden Theoriekonzepte der Mädchenarbeit sukzessive zu vergegenwärtigen, dass die Lebensbedingungen und Lebenslagen von Mädchen und jungen Frauen sich unter den Bedingungen von Individualisierungs- und Freisetzungsprozessen, rechtlichen Gleichstellungen und bildungspolitischen Erfolgen auf widersprüchliche Art und Weise vervielfältigten.

Aber auch der Befund, dass die »Unterschiede innerhalb eines Geschlechts größer zu sein scheinen als zwischen den Geschlechtern« (Bitzan & Daigler 2001, S. 20), konnte nicht darüber hinwegtäuschen, dass der Anspruch umfassender Chancengleichheit für Mädchen und junge Frauen gleichwohl kaum eingelöst worden war. Dies hat auch damit zu tun, in welchem Maße die soziale Herstellung von Geschlecht durch subjektive Aneignungen, aber auch Zuschreibungen von außen wie nicht zuletzt durch verzerrte Medienbilder, aber auch durch strukturelle Chancen und Barrieren beeinflusst und geformt wird. Das Ziel von Mädchenarbeit, die »Autonomie« sowie die Gestaltungs- und Entscheidungsfreiheiten von Mädchen und jüngeren Frauen zu erhöhen, steht kontinuierlich vor neuen Herausforderungen. Die Kinder- und Jugendarbeit ist ein wichtiger Ort der Adressierung weiblicher Platzierungsformen in der Gesellschaft, zumal bekannt ist, dass Mädchen bis zur Pubertät stark und selbstbewusst auftreten, ihr Selbstwertgefühl in der Adoleszenz jedoch tendenziell gebrochen wird und sie in dieser Phase beginnen, sich den rollentypischen Vorgaben und Erwartungen der Gesellschaft wieder anzunähern.

Wurde der Begriff der Mädchenarbeit zunächst als Sammelbegriff für eine Vielzahl unterschiedlicher Praxen in unterschiedlichen Feldern der Kinder- und Jugendhilfe definiert, so zeigt speziell die *offene* Mädchenarbeit ihre grundlegende Verwurzelung mit den Konzepten der Kinder- und Jugendarbeit:

> »Die offene Mädchenarbeit gilt als Prototyp feministischer Mädchenarbeit, findet statt in Jugendhäusern (als Mädchentag, als Mädchengruppe) und in (vorwiegend autonomen) Mädchentreffs – eine Arbeit, die häufig mit dezidiert feministischem Etikett betrieben wird und Mädchen als ‚Mädchen' anspricht.« (Weber 1993 zit. in Bitzan & Daigler 2001, S. 159)

Als parteiliche Mädchenarbeit deckt sie ein breites Spektrum an Angeboten, Themen und Methoden ab, die sich ausweisen über inhaltliche Stichworte wie beispielsweise Körper – Liebe – Sexualität, Lebensplanung, Selbstbehauptung oder auch neuere Technologien, Rechtsextremismus u. a. m. (vgl. Bitzan & Daigler 2001, S. 159).

Im Rahmen der allgemeinen einrichtungsbezogenen Kinder- und Jugendarbeit der Jugendfreizeitzentren stellten mädchenbezogene Aktivitäten, anfangs auch gegen den Unwillen männlicher Mitarbeiter, zunächst die raumbezogene »Machtfrage« und erstritten sich eigene (selbst bestimmte) Räume. Anschließend entstanden eigene Projekte und eigene sozialpädagogische Segmente, also spezielle Mädchenräume, Mädchentage, Mädchenthemen (Sexualität, Gesundheit, Ausbildung und Beruf) und Mädchenprojekte bis hin zu eigenen Mädchenzentren, Mädchenläden und Mädchenprojekten sowie mädchenbezogene Vernetzungsstrukturen, die schließlich »eine eigene Kultur der Mädchenarbeit« mit den Schwerpunkten Freiräume, Entlastung, Reflexion und Bildung anzielten.

Diese »eigene Kultur der Mädchenarbeit«, ihre besonderen Traditionen, Hintergründe und Charakteristika (z. B. Parteilichkeit) haben für die allgemeine Kinder- und Jugendarbeit immer wieder wertvolle Impulse und Anregungen bereitgestellt. So wurden aufgrund der feministischen, anti-patriarchalischen und emanzipatorischen Traditionen durchweg herrschafts-kritische und damit verbunden: politische Aspekte einbezogen. Mit der Maxime »Mädchenarbeit ist auch Mädchenpolitik« (Bitzan & Daigler 2001, S.52) wurde schon früh die unumgängliche Verbindung von Pädagogik und Politik als »Repolitisierung« in den Jugendarbeitsdiskurs eingespeist (vgl. Kauffenstein 2014, S. 15; Welser 2017, S. 30 u. 438 f). Ein geradezu paradigmatisch wegweisender, dabei jedoch immer auch pragmatischer Effekt dieser Repolitisierung als Einmischungspolitik bestand und besteht gerade in der Mädchenarbeit in einer gesteigerten Sensibilität insbesondere für die strukturelle Dimension der eigenen Arbeit, wobei Strukturen stets als politisch geformt und politisch gestaltbar bewertet wurden: Über diese ausgeprägte strukturelle Sensibilität erlangte das Arbeitsfeld Mädchenarbeit nach und nach eigene landes- und bundesweite Vernetzungen, eigene Fachtagungen und Kongresse, Mädchenförderprogramme, Mädchenbeauftragte und -referentinnen. Seit 1999 existiert die Bundesarbeitsgemeinschaft BAG Mädchenpolitik (nebst weiteren Landesarbeitsgemeinschaften (LAGs, exemplarisch in Baden-Württemberg, Nordrhein-Westfalen, Brandenburg und Sachsen) und seit 2004 erscheint mit der Zeitschrift »Betrifft: Mädchen« (Weinheim) ein eigenes Publikations- und Kommunikationsmedium. Weitere Effekte dieser Repolitisierung waren Verankerungen der Mädchenarbeit in der Kinder- und Jugendhilfeplanung und in den lokalen, kommunalpolitisch besonders relevanten Kinder- und Jugendhilfeausschüssen. Über die Reklamation von Mädchenarbeit als Querschnittsaufgabe streut das Arbeitskonzept in andere pädagogische Felder wie (Ganztags)Schule und Bildungslandschaften und versteht sich auch als Demokratiearbeit (vgl. Graff 2014, S. 53).

Nachdem die feministisch-kategorische Verurteilung männlich-patriarchalischer Dominanzansprüche mit dem Zugeständnis relativiert worden war, dass es weder *die* Mädchen noch *die* Jungen gäbe, Mädchen prinzipiell an Jungen interessiert seien (und sein dürfen) und generell auch Jungen und Männer unter den gesellschaftlichen Verhältnissen leiden (können) und demzufolge auch eigene, spezifische Benachteiligungen, Einschränkungen, Entfremdungen und Herabwürdigungen erfahren (können), wurde eine konfrontative, anti-patriarchale Haltung aufgegeben zugunsten einer (zunächst vorsichtigen) kooperativen Öffnung in Richtung Jungen- und Männerarbeit.

Die Entwicklungen in der Mädchenarbeit reflektierend und nachvollziehend entwickelte sich seit den frühen 1990er Jahren die Jungen- bzw. Männerarbeit mit den Zielen der Entwicklung eines balancierten Junge- und Mann-Seins, der Förderung einer selbstreflektierten Bewältigungsfähigkeit sowie einer erweiterten biografischen Handlungsfähigkeit vor dem Hintergrund einer allgemeinen Geschlechtergerechtigkeit mit den Schwerpunkten Gleichstellung, Geschlechterdialog, Geschlechterdemokratie (vgl. Stecklina & Wienforth 2016, S. 286).

Gender Mainstreaming

Neben und zusätzlich zu diesen zusehends komplexen Klärungsfragen und inmitten weiterer gesellschaftlicher Transformationsprozesse sowie theoretischen Weiterentwicklungen der Geschlechterdebatte beeinflussten auch internationale, europäische und nationale Rechtsrahmen die Implementation und Umsetzung von Fragen des Gender Mainstreaming die Mädchenarbeit wie auch die allgemeine Kinder- und Jugendarbeit. Der Gender-Begriff wurde erstmals 1985 auf der 3. UN-Weltfrauenkonferenz in Nairobi diskutiert und zehn Jahre später auf der 4. UN-Weltfrauenkonferenz in Peking weiterentwickelt.

Der Gender-Diskurs stellte die tradierten Annahmen geschlechtlicher Unterschiedlichkeit als natürliche Gegebenheiten und Tatsachen nachdrücklich in Frage und eröffnete verschiedene Arbeitsansätze der Kinder- und Jugendarbeit als geschlechtersensibel, -bewusst, oder -gerecht:

> »Genderpädagogik umschreibt eine Pädagogik, in der Kinder- und Jugendliche in der Entwicklung ihrer Geschlechtsidentität unterstützt werden und ihnen gleichzeitig die notwendige Offenheit für Erfahrungen vermittelt werden, die sich von einseitigen Vorstellungen über Geschlechter unterscheiden« (Krohe-Aman & Lohner 2011 zit n. Liermann 2016, S. 107).

Vor dem Hintergrund der Gleichzeitigkeit und Koexistenz unterschiedlicher Geschlechtertheorien und -politiken (vgl. Welser 2017, S. 18) sowie erweiterter machtkritischer Sensibilisierungen in der Verknüpfung der Kategorie Geschlecht mit anderen Differenzkategorien öffnete sich der weiblich-feministische Blick nun für auch noch andere Ungleichheiten/Unterschiede (Stichwort: Diversität/Diversity) und mündete ein in ein ausdifferenziertes System unterschiedlicher Sub-Konzeptionen, die jedoch nicht gegeneinander aufgerechnet oder gegeneinander ausgespielt werden können – denn:

»Differenz ohne Gleichheit bedeutet gesellschaftliche Hierarchie, kulturelle Entwertung, ökonomische Ausbeutung. Gleichheit ohne Differenz bedeutet Assimilation, Anpassung, Gleichschaltung, Ausgrenzung von ‚Anderen'« (Prengel 1995, S. 184).

Angesichts weiterhin fortbestehender und manifester Benachteiligungen wurde die klassische geschlechterbezogene sozialpädagogische Arbeit unter der erweiterten Perspektive der Intersektionalität fortgesetzt und neu variiert. Dies bedeutete jedoch im Ergebnis, dass Geschlecht fortan nur noch eine – in sich wiederum vielfältig aufgefächerte – Kategorie neben anderen, gleichberechtigten Strukturierungen ausmachte. Damit wurden die Alleinstellungsmerkmale sowie die langjährige Vormachtstellung der Mädchenarbeit entscheidend relativiert (Eggers 2012, S. 236).

Eine weitere und zusätzliche, zunächst vornehmlich theoretisch-konzeptionelle Variation der Arbeitsfelder geschlechtsbezogener Kinder- und Jugendarbeit erfolgte unter dem Einfluss sog. dekonstruktivistischer Denkansätze (vgl. u. a. Butler 1991). Damit öffnete sich der Diskurs hin zur sozialen Konstruktion von Geschlecht unter dem Denkschema der »Differenz«. Unter Abweisung jeglicher Festschreibungen und der Hinwendung zum Geschlecht als »diskursives Konstrukt« wurden Denkansätze aufgenommen, die davon ausgingen, dass Geschlecht keine biologische Kategorie sei, sondern sich über tagtägliche, auch macht- und unterwerfungsimplizite Praktiken[95] konstituiere. Wenn Geschlecht nicht mehr als feste Gegebenheit, sondern als performativ konstituiert gesehen wird, d. h. als durch Diskurse, Handeln und Verhalten hergestellt, sehen sich die ursprünglichen Ansatzpunkte für bisherige Jungen- bzw. Mädchenarbeit in Frage gestellt.

Die Verarbeitung dekonstruktivistischer Denkansätze führt zu weiteren, hier nicht zu diskutierenden Herausforderungen. Dass die Markierung neuer Unterscheidungs- bzw. Ungleichheitskategorien, wie die Erinnerung an Bezeichnungen wie People of Colour, Black Feminism, Critical Whitness innerhalb der bisherigen Mädchenarbeitsstrukturen mitverarbeitet wurden, ist nachvollziehbar. Unabhängig von den diversen Diskussionen und Konzeptionen besteht die praktische Aufgabe der Kinder- und Jugendarbeit weiterhin darin, »Bildungsgelegenheiten (…) für die Reflexion von Geschlecht« zu schaffen und »Freiraum

95 Eine Praktik ist nach Reckwitz (2008b, S. 151) »ein Ensemble miteinander verknüpfter, regelmäßiger Aktivitäten der Körper, die durch implizite und geteilte Formen des Verstehens und Wissens zusammengehalten werden«, Praktiken, d.h.: konkrete Handlungssituationen, werden durch subjektiven Eigensinn, aber auch durch Kontexte und Ordnungen beeinflusst, sie sind situiert zwischen Routinen und Neuorientierungen und können verstanden werden »als ein Bündel routinisierter interpretativer Strategien und Kompetenzen der Nutzer, als Alltagstechniken, die sich in ihrer Eigensinnigkeit einer externen Steuerung entziehen« (Reckwitz 2003, S. 286).

an(zu)bieten für das Erleben, die Performance, das Ausprobieren von Geschlecht auch jenseits von Stereotypen« (Graff, Kolodzig & Johann 2016, S. 22; vgl. auch Rose & Schulz 2007).

Queer-Sensibilisierung

Mit der grundsätzlichen Infragestellung bisheriger Geschlechterkonstellationen wird die Aufmerksamkeit schließlich auch auf die Queer-Thematik gelenkt. Die »klassische« Mädchenarbeit wurde weiterentwickelt, auch weil die Unterdrückung weiblicher Lebensgestaltungsformen, weiterhin besteht.

> »Queer-feministische Mädchen_arbeit hat (…) zum Ziel, Mädchen_ nicht vorrangig im Schön-Sein, im Gut-Sein, im Leistungsfähig-Sein zu bestärken, sondern Mädchen_ offene Räume und neue Erfahrungen anzubieten, um eine eigene Persönlichkeit entfalten zu können. Ihnen in all ihrer Verschiedenheit angesichts der harten neoliberalen Anforderungen an ihre Persönlichkeit, an ihre Leistungsbereitschaft und an ihre Geschlechtlichkeit eine lebendige, widersprüchliche, wohlwollende, solidarisch-kritische Begleitung zu sein und ihnen Orte zum Freuen, zum Sich-Erleben, zum Sich-Ausprobieren, zum Entlasten und auch zum Wütend-Sein zu geben.« (Pohlkamp 2014, S. 152)

In dem Maße aber, wie »queer« als neue Lebensform an (diskursiver) Relevanz gewann, die alle bisherigen regulativen Identitätskonstruktionen unterläuft, halten weitere neue Begrifflichkeiten Einzug in die Debatten und die Praxis der Kinder- und Jugendarbeit, die es konzeptionell zu verarbeiten und handlungspraktisch nachzuvollziehen gilt:

> »›Queer‹ entzieht sich vorgängigen Kategorien und umfasst als plurale Sammelkategorie Mädchen_, Frauen_, Jungen_, Männer_, Drag Queens, Drag Kings, Tomboys, Transgender-Personen und andere geschlechtlich orientierte Personen« (Pohlkamp 2014, S. 157).

Die queer-geprägten Neuerungsanforderungen gehen einher mit anderen Orientierungen und konzeptionellen Maßstäben wie Anti(hetero)sexismus, Antirassismus, Klassensensibilität, Heteronormativitätskritik, gegen jeglichen Essentialismus sowie der Kritik an statischen Identitätsvorstellungen überhaupt. Sie stellen die herkömmlichen Arbeitskonzepte auf den Prüfstand. Die sozialpädagogischen Reflexions- und Handlungsentscheidungen werden damit diffiziler, denn jede Entscheidung für eine, wie auch immer offen-flexibel gedachte Adressat*innengruppe impliziert unausweichlich Ausschlüsse anderer Gruppen.

Jenseits, aber auch inmitten derartiger Überlegungen bestehen die konkreten Aufgaben der Kinder- und Jugendarbeit darin, Platz und Akzeptanz auch für geschlechtliche Nonkonformität zu schaffen. Die Queer-Sensibilisierung der sozialpädagogischen Arbeit über Themen wie sexuelle Vielfalt, Trans*Gender/Trans*Jugendliche werden unter anderem aufgegriffen in JULEICA-Ausbildungen (Kleinsorge & Nordt 2012), in der Etablierung queerer Jugendzentren (u. a. in Berlin, Karlsruhe, Hannover, Darmstadt, Köln), in einem eigenen Netzwerk Lambda und vielfältigen Praxismaterialien (vgl. z. B. die Bildungsinitiative Queerformat). Nach und nach werden Informationen bereit gestellt zu rechtlichen Grundlagen sexueller Selbstbestimmung, Hinweise zur Kommunikation und Beratung, zur Konzipierung von Freizeiten und Seminaren, zu Jugendgruppenleitungen inklusive praktischer Übungen und Methoden, Hinweise zur Raumgestaltung, Angebotsgestaltung und Checklisten (vgl. Landesjugendring Niedersachsen 2018; Hessischer Jugendring 2017); diese befördern auch die Neu-Errichtung, den Ausbau und die Ergänzung und Öffnung der bisherigen Angebotsformate über zusätzliche Spezial-Formate (z. B. Safe-Spaces).

Differenzsensible und intersektionale Bildungsarbeit

Eine zusätzliche Erweiterung erfährt das Arbeitsfeld in den letzten Jahren durch Überlegungen zur Intersektionalität. Als neue Analysekategorien jenseits der drei klassischen Ungleichheitskategorien Geschlecht, Klasse und Rasse wird die Kategorie ›Körper‹ vorgestellt und der gesamte Ansatz sodann über weitere Ungleichheitsmuster wie Sexualität, Alter, Behinderung/(Dis-)Abilty, Religion oder Nationalität spezifiziert.

Unter dem Leitmotiv »unterschiedlich verschieden« sind damit komplexe Zusammenspiele von Benachteiligung und Privilegierung, Offenheit und Unabgeschlossenheit von Identitätsentwürfen, Differenzen und Ungleichheiten markiert, die in nunmehr neuartige Definitions- und Verteilungskämpfe, eigene Verstrickungen in Herrschafts- und Dominanzverhältnisse (critcial whiteness) einmünden und in wiederum komplexe Begrifflichkeiten einführen: differenzsensibel, antidiskriminierend, intersektionell, antisexistisch, inklusiv ausdifferenziert in geschlechts- und differenzsensible bzw. intersektionale sowie bedürfnis-, ressourcen-, interessen- oder identitätsorientierte, patriarchats- und heteronomativitätskritische Praxen (vgl. hierzu u. a. Liermann 2016, S. 103).

Damit werden die anfangs noch mono-thematischen Ansätze vormaliger Mädchen- oder Jungenarbeit abermals relativiert. Denn unter dem Vorzeichen der Intersektionalität ist »Geschlecht« zum einen eine vielfach intern ausdifferenzierte Größe und zum anderen lediglich ein sozialer Platzanweiser neben anderen. Mit dem Bezug auf eine Vielzahl einzelner, aber auch parallel miteinander verbundener Ungleichheitskategorien reicht z. B. eine gegenstandsangemessene Mädchenarbeit allein nicht mehr aus, sondern es ist ein intersektioneller Blick notwendig (vgl. Graff 2014, S. 29).

Zum Weiterlesen – Literaturhinweise

Bitzan, M., & Daigler, C. (2001). *Eigensinn und Einmischung: Einführung in die Grundlagen und Perspektiven parteilicher Mädchenarbeit.* Weinheim & München: Juventa.

Hartmann, J. (Hrsg.) (2004). *Grenzverwischungen: vielfältige Lebensweisen im Gender-, Sexualitäts- und Generationendiskurs.* Innsbruck: Studia-Univ.-Verlag.

Sielert, U. (2010). *Jungenarbeit. Praxishandbuch für die Jungenarbeit* (4. Aufl.). Weinheim & München: Juventa.

Stecklina, G., & Wienforth, J. (Hrsg.) (2016). *Impulse für die Jungenarbeit. Denkanstöße und Praxisbeispiele.* Weinheim: Juventa.

Sturzenhecker, B. (Hrsg.) (1996). *Leitbild Männlichkeit?! Was braucht die Jungenarbeit?* Münster: Votum.

Möller, K. (Hrsg.) (1997). *Nur Macher und Macho? Geschlechtsreflektierende Jungen- und Männerarbeit.* Weinheim & München: Juventa.

Klees-Möller, R., Marburger, H., & Schumacher, M. (1997). *Mädchenarbeit.* Weinheim & München: Juventa.

LAG Mädchenarbeit NRW e. V. (2019). *Mädchen*arbeit reloaded. Qualitäts- und Perspektiventwicklung (queer)feministischer und differenzreflektierter Mädchen*arbeit.* Wuppertal: Eigenverlag.

Kauffenstein, E., & Vollmer-Schubert, B. (Hrsg.) (2014). *Mädchenarbeit im Wandel. Bleibt alles anders?* Weinheim: Beltz Juventa.

Ansätze gegen gruppenbezogene Menschenfeindlichkeit und pauschalisierende Ablehnungskonstruktionen

Die nach dem zweiten Weltkrieg keineswegs nachhaltige und endgültige Verabschiedung von autoritären, fremdenfeindlichen, rechtsextremistischen, völkisch-nationalen, national-populistischen und nationalsozialistischen Orientierungen, also von Positionen aus dem Spektrum der gruppenbezogenen Menschenfeindlichkeit, ist spätestens seit Beginn des 21. Jahrhunderts offensichtlich. Rechtsnationale, autoritär-konservative Rhetoriken stellen eine durchaus beunruhigende wie sichtbare Kontinuität der bundesdeutschen Geschichte dar. Spätestens ab den 1970er und 1980er Jahren zeigten sich in der alten BRD wie auch in anderer Form in der DDR verschiedenste rechts-ideologische Positionierungen, die zugleich von aktions- und gewaltbezogenen Erscheinungen begleitet wurden. Neue Eskalationsstufen national-völkisch motivierter Gewalt wurden insbesondere nach 1989 erreicht und dokumentieren bis in die aktuelle Gegenwart hinein immer wieder neue und beunruhigende Qualitäten. Die Zahl der Rechtsextremist*innen wird vom Verfassungsschutz Ende der 2010er Jahre auf ungefähr 32.100 Personen geschätzt, darunter etwa 13.000 gewaltorientierte Rechtsextremist*innen (Stand 2019).[96] Überall, wo innerhalb eines jahrzehntelangen und weit verbreiteten Klimas von Verharmlosung und Beschwichtigung, aber auch sich vor allem medial und internetbezogene aufschaukelnde Hass- und Hetze-Rhetorik Jugendliche in diese Entwicklungen involviert waren, wurde der Kin-

96 Vgl. https://www.verfassungsschutz.de/DE/themen/rechtsextremismus/zahlen-und-fakten/zahlen-und-fakten_node.html [Zugriff 31. 03. 2021].

der- und Jugendarbeit zugetraut, in der pädagogischen Auseinandersetzung mit Fremdenfeindlichkeit und Rechtsextremismus einen Beitrag leisten zu können (vgl. Rieker 2009, Aumüller 2014; Stützel 2019, S. 11 ff).

Die Liste der entsprechenden Bundesprogramme reicht von »AgAG« (Aktionsprogramm gegen Aggression und Gewalt von 1992 bis 1996) über »XENOS« (ab 2000), »CIVITAS« (ab 2001), »entimon« (ab 2002), »Jugend für Toleranz und Demokratie«, »Vielfalt tut gut – Jugend für Vielfalt, Toleranz und Demokratie« (2007-2010), »Toleranz fördern – Kompetenz stärken» (2011-2014) bis hin zu »Demokratie leben« (seit 2015 mit einem Fördervolumen von ca. 100 Mio Euro). Diese Aktivitäten werden mitunter ambivalent bilanziert, denn:

> »In der Gesamtschau ergibt sich ein schwer zu durchschauendes Förderungsgeflecht, das vor allem in den (nord)östlichen Bundesländern vergleichsweise dicht ist, konzeptionell in unterschiedlichen Graden ausgearbeitet vorliegt und in der praktischen Umsetzung von Inhalten kaum nachvollziehbar wirkt: Wer, wen, wo mit welcher Zielsetzung, aus welchen Gründen, aufgrund welcher analytischen Ausgangsbasis aus welchen ›Töpfen‹ und vor allem mit welcher Wirkung und Effizienz fördert, ist (…) nur ansatzweise aufzuklären.« (Möller & Schumacher 2015, S.113; vgl. dazu auch bereits Hormel & Scherr 2006, S. 38 ff.)

Aber es wird den Programmen zugestanden, dass auch »wenn eine ›objektive‹ Wirkung der einzelnen Programme im engeren Sinne aufgrund ihrer Komplexität, der unüberschaubaren Vielzahl von sich z. T. permanent wandelnden Einflussfaktoren und fehlender Kontrollgruppierung nicht im einzelnen eruierbar ist«, die Programme jedoch zumindest »wichtige Impulsgeber (vor allem) für die Jugend- und Bildungsarbeit sind« und »eine Reduktion von Rechtsextremismus, Vorurteilen gegenüber sog. ›gesellschaftlich schwachen‹ Gruppierungen zumindest mitbewirkt haben und für die Demokratieentwicklung unverzichtbar sind« (Möller & Schumacher 2015, S. 114).[97]

Angesichts des insgesamt doch diffusen Sachstandes fällt es schwer, verlässliche Orientierungen für die Kinder- und Jugendarbeit zu formulieren. Dies gilt umso mehr, als dass der ursprüngliche Ausgangspunkt fremdenfeindlicher und rechtsextremer bis rechtsaffiner Einstellungen Jugendlicher mittlerweile nur

97 An dieser Stelle wird nicht weiter auf eine hieran anschließende mögliche Überlegung eingegangen, wonach eine grundständig finanzierte kommunale Kinder- und Jugendarbeit, die flächendeckend auf einem aufgabenangemessenen Niveau und den damit erforderlichen Wissen-, Kompetenz und Finanzressourcen agieren würde, sämtliche segmentierte Spezial- und Sonderförderungsprojekte und -programme zumindest größtenteils entbehrlich machen würde.

noch ein Orientierungsmerkmal im Ensemble der »Gruppenbezogenen Menschenfeindlichkeit« (GMF) darstellt.[98]

Eine Weiterentwicklung des GMF-Ansatzes stellt das Konzept der »Pauschalisierenden Ablehnungskonstruktionen« (PAKO) dar (Möller, Grote, Nolde & Schumacher 2016b; Projektgruppe »Rückgrat!« 2017). Ausprägungen der berücksichtigten Ablehnungshaltungen finden sich im religiös begründeten Extremismus (vgl. Mücke 2018), antimuslimischen Rassismus (vgl. Ebrem & Krieger 2018), gewaltorientierten Islamismus (vgl. Glaser, Langner & Schuhmacher 2018), im Antisemitismus (vgl. Schäuble & Scherr 2011) oder in Homo- und Transfeindlichkeit (vgl. dazu die Beiträge in Möller & Neuscheler 2018).

Die mit dem PAKO-Konzept einhergehenden Grundannahmen betonen insbesondere die Grenzen von moralisierenden, kurzzeitpädagogisch verengten und rein informativ-kognitiv ausgerichteten Aufklärungs- und Belehrungsabsichten. Stattdessen setzen sie auf eine alltagsintegrierte, professionelle Beziehungs- und Biografiearbeit (Möller, Grote, Nolde & Schuhmacher 2016a, S. 782), die beabsichtigt, wertschätzende Gegen-Erfahrungen aufzubauen. Das PAKO-Konzept integriert Bildungsansätze, die sich im Spannungsfeld von gruppendynamischen Settings, biografischen Passungen, Selbstwirksamkeitserfahrungen und politischem Lernen auf der Basis von demokratie- und menschenrechtlichen Wertsetzungen entfalten (Möller & Schumacher 2015, S. 119). Das PAKO-Konzept ist vielschichtig angelegt und integriert herkunfts- und migrationsbezogene Ablehnungshaltungen von Deutschen und Migrant*innen. Der Sinnlichkeitsfokus intendiert die Verzahnung von Jugendkulturarbeit und politischer Bildung und setzt auf das Arrangement konkreter Erfahrungen von Zugehörigkeit auf der Basis von Differenz und Diversität. Letztendlich wird auch eine Strategie politischer Einmischung als professionelle Kernaufgabe beschrieben:

> »Ohne Strategien der politischen Einmischung stehen allgemein diskursive, vor allem aber auch sozialarbeiterische und bildnerische Anstrengungen der Bearbeitung und

98 Die Beobachtungen zu Einstellungen gruppenbezogener Menschenfeindlichkeit basieren auf einer Langzeituntersuchung des Instituts für Konflikt und Gewaltforschung der Universität Bielefeld und der Friedrich-Ebert-Stiftung (Zick 2014, 2018) und umfasst verschiedene Formen der Abwertung von Menschengruppen. Hierzu gehören Fremdenfeindlichkeit, Rassismus, Abwertung von Asylbewerber*innen, Islamfeindlichkeit, Antisemitismus, Abwertung von Sinti und Roma sowie von Menschen mit einer Behinderung, aber auch von Langzeitarbeitslosen und Obdachlosen, Ferner zählen hierzu sexistische Einstellungen sowie eine gegen Homophobie. Auch wenn an den Forschungsergebnissen zum Syndrom »Gruppenbezogener Menschenfeindlichkeit« die Erwachsenenzentrierung und eine Ausblendung von Migrant*innen mitunter kritisiert wird (vgl. z. B. Möller, Grote, Nolde & Schuhmacher 2016a, S. 25 ff.; Möller & Schumacher 2015, S. 18 f), so handelt es sich doch um eine akzeptable wissenschaftlich fundierte Analysekategorie.

Überwindung von pauschalisierenden Ablehnungskonstruktionen auf verlorenem Posten« (Möller & Schumacher 2015, S. 809).

Eine Antwort der Kinder- und Jugendarbeit auf PAKO ist der KiSSeS-Ansatz (vgl. Abb. 8.2). Dabei handelt es sich um einen Verstehensansatz, aber zugleich auch um ein Analyseraster und Handlungskonzept.

Abb. 8.2: Handlungsdimensionen pädagogischer Arbeit gegen menschenfeindliche Deutungsmuster

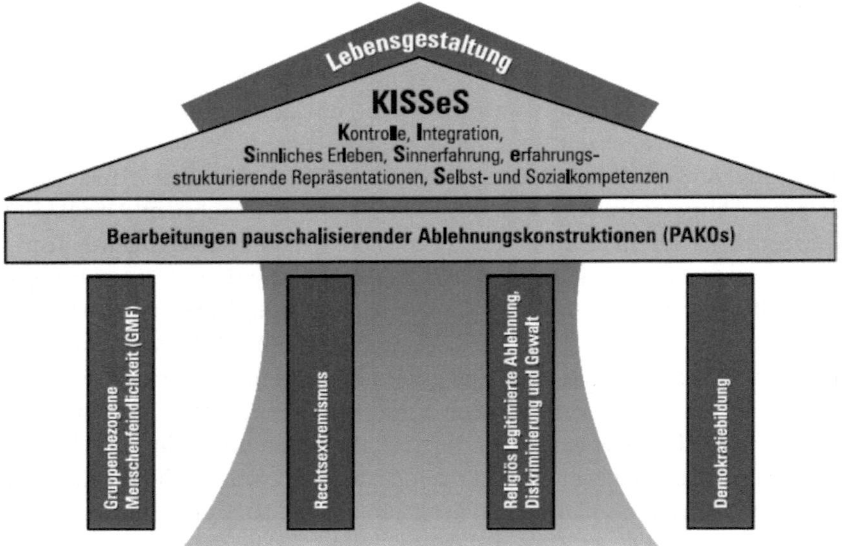

Quelle: Möller & Schuhmacher 2015, S. 128

Die Abkürzung steht für Kontrolle, Integration, Sinnlichkeit und Sinnerfahrung sowie Selbst- und Sozialkompetenzen und buchstabiert sich wie folgt aus (Möller & Schumacher 2014, S. 90 f):

- *K*ontrolle im Sinne der Verfügung über zentrale Bedingungen der eigenen Lebensführung und Möglichkeiten zur Selbstbestimmung über die Bedingungen von Abhängigkeiten
- *I*ntegration als Sicherstellung von Orientierung und der Stiftung von affektiven Beziehungen zwischen den Subjekten und der Zugänglichkeit zur Bildung kollektiver Identität über gemeinschaftliche Integration
- Sinnlichkeit und *s*innliches Erleben als Erleben positiv empfundener körperlicher und psychischer Zustände und Prozesse sowie der Möglichkeit zum Aufsuchen und zur Gestaltung entsprechender Erlebensbedingungen

- Sinnerfahrung und Sinnzuschreibung zum Zwecke der Herstellung einer Ordnung, Komplexitätsreduktion, Kontingenzbearbeitung und Identitätserhalt

sowie

- Selbst- und Sozialkompetenzen wie Reflexivität, Empathie, Frustrationstoleranz, Impuls- und Affektkontrolle

Für die Kinder- und Jugendarbeit ist entscheidend, dass die Phänomene pauschalisierender Abwertungs- und Ablehnungshaltungen von jungen Menschen auf der Grundlage ihrer eigenen Maximen (z. B. Anerkennung, Bildung, Demokratieförderung, Alltagsorientierung, Beziehungsarbeit) aufgegriffen werden. Dabei ist zu beachten,

- dass ungleichheitsbezogene Ablehnungshaltungen wie beispielsweise Fremdenfeindlichkeit und Rechtsextremismus kein spezielles Jugendproblem darstellen, sondern vielmehr eine weite Verbreitung in der »Mitte der Gesellschaft« zeigen, ihnen also mit sozialpädagogischen Maßnahmen allein oder Programmen für die Kinder- und Jugendarbeit kaum beizukommen sein dürfte;
- dass die in diesem Zusammenhang angefragten und postulierten Präventionskonzepte der kritischen Überprüfung bedürfen,
- dass die Kinder- und Jugendarbeit als ein spezifisches Arbeitsfeld neben und inmitten anderer Akteure und Instanzen im Rahmen vernetzter sozialräumlicher Arbeitsansätze und sog. »multirealem« Vorgehen (vgl. Möller & Schuhmacher 2014, S. 71 f) ihre Potenziale entfalten kann,
- dass die Kinder- und Jugendarbeit lediglich begrenzte Zugänge und Kontaktaufnahmen mit »rechtsaffinen« Jugendlichen einzugehen in der Lage ist, weil rechtsextrem orientierte Cliquen mit verfestigten ideologischen Einstellungen in der Regel kaum in Jugendzentren auftauchen. Sozialpädagogische Ansatzpunkte ergeben sich somit eher anlassbezogen bei Gewahrwerden von Elementen rechten »Lifestyles« und einer darauf bezogenen Alltagskultur: Hören und Zeigen von Musik mit fremdenfeindlichen oder herabwürdigenden Texten, fremdenfeindliche Äußerungen im Rahmen eines durchaus verbreiteten »Alltagsrassimus«,
- dass in der Kinder- und Jugendarbeit keine Sonder- oder Spezial-Konzepte zur Arbeit mit rechtsaffin oder fremdenfeindlich eingestellten Jugendlichen zu vertreten sind, sondern die sozialpädagogische Arbeit an den Alltagsthemen und -problemen der Jugendlichen im Mittelpunkt stehen sollte, die an deren biografischen Erfahrungen anknüpft und sich hierbei vor allem über tragfähige Beziehungen und Arbeit an der Erschließung von alternativen, aber gesellschaftlich akzeptierten Quellen der Anerkennung manifestiert,

- dass die somit konturierten Arbeitszugänge allein mit zureichend ausgebildetem Personal, konzeptioneller Reflexivität und ausreichenden Ressourcen sowie nur mit einer mittel- bis langfristigen Perspektive annähernd erfolgreich durchgeführt werden können.

Migrationsbezogene Ansätze

Deutschland ist ein Einwanderungsland. Mit den verschiedensten Motiven (als Geflüchtete, Heimatvertriebene, Kriegsflüchtlinge, Umsiedler*innen, Spätaussiedler*innen, »Gastarbeiter*innen«, EU-Migrant*innen) suchen Menschen Aufenthalt und Heimat in Deutschland. Dies hat auch Auswirkungen auf Bildung und Erziehung. So hat sich das, was ab den 1970er Jahren als »Ausländerpädagogik« bezeichnet wurde, über mehrere Phasen kritischer konzeptioneller Debatten verändert. Zunächst wurde von »interkulturellem Lernen«, dann von »diversitätsorientierter Jugendarbeit« und von »antirassistischer Bildungsarbeit« gesprochen. Diese Ansätze sind nach wie vor in der Praxis präsent. Heute wird überwiegend von migrationssensibler Pädagogik oder auch rassismuskritischer Bildung gesprochen.

Insbesondere bei den Themen Fremdenfeindlichkeit und Rassismus ist der Diskurs durch Unübersichtlichkeit gekennzeichnet und lässt sich nicht systematisch von Themen gruppenbezogener Menschenfeindlichkeit oder pauschalisierenden Ablehnungskonstruktionen trennen.[99] Gesprochen wird von

> »Demokratieerziehung und Menschenrechtspädagogik, interkultureller und multikultureller Pädagogik, antirassistische Pädagogik und Race-Equality-Programme, Pädagogik der Vielfalt und Diversity-Training, historisch-politisches Lernen, Holocaust-Education und Gedenkstättenpädagogik, moralisches Lernen in der gerechten Gemeinschaft (Just Community), Toleranzerziehung, Antibias-Education, Pädagogik der Anerkennung und Konfliktlösungstrainings und Mediationskonzepte« (Hormel & Scherr 2006, S. 33).

Es ist unmöglich, alle diese Konzepte, Ansätze und Entwürfe detailliert darzustellen und zu bewerten. Vielmehr wird im Folgenden zunächst auf die Begriffe »Migration« und »Migrationshintergrund« eingegangen. Davon ausgehend werden einige ausgewählte Konzepte in ihren Grundsätzen skizziert.

---

99 Siehe dazu auch die Ausführungen aus dem vorherigen Abschnitt zu Ansätzen gegen gruppenbezogene Menschenfeindlichkeit oder auch pauschalisierende Ablehnungskonstruktionen.

Migration und Migrationshintergrund – Pädagogik mit Kindern und Jugendlichen in Migration

Mit Migration wird allgemein die Verlegung des Lebensmittelpunkts von Menschen über regionale und/oder nationalstaatliche Grenzen hinweg bezeichnet. Unter diesen Begriff fallen zahlreiche Untertypen von Wanderungsbewegungen wie Altersmigration, Pendelmigration, saisonbedingte Arbeitsmigration, Nomadentum, Transmigration, zeitlich unbestimmte ebenso wie begrenzte, kollektive wie individuelle, freiwillige ebenso wie erzwungene Wechsel des jeweiligen Lebensortes (vgl. Hintermann & Herzog-Punzenberger 2018, S. 24 f). Die Auseinandersetzung mit Fragen der Migration ist unausweichlich verbunden mit Fragen von nationalstaatlichen Grenzen, mit der Wahrnehmung von als bedrohlich bzw. ungleichwertig empfundenen »Anderen« und »Fremden« sowie mit Fragen nach deren Zugehörigkeit, (ökonomischer) Verwertbarkeit und Integration, Assimilation, Inklusion. Oder mit den Worten von Paul Mecheril:

> »Migration kann (...) als Versuch verstanden werden, in einem sehr grundlegenden Sinne Einfluss auf das je eigene Leben zu nehmen und stellt damit – mit all ihren Ambivalenzen, Illusionen und zweifelhaften Nebenfolgen – einen Prototyp moderner Lebensführung dar. Migration verweist auf Akte der zuweilen verzweifelten Selbstermächtigung, die die Legitimität einer in der Einheit Nation(alstaat) ausbuchstabierten postkolonialen, globalkapitalistischen Ordnung in Frage stellt.« (Mecheril 2018, S. 2; vgl. auch Thränhardt & Weiss 2016)

Abb. 8.3: Migrationswissenschaftliche Perspektiven

Perspektiven / Ebenen	»Immigration«	»Multikulturelle Gesellschaft«	»Transmigration«
Phänomenale Ebene	Aus- und Einwanderung	Kulturell-ethnische Minderheiten	Pendelmigration Mehrfachzugehörigkeit
Explanative Ebene	Stufen der Eingliederung	Kulturelle Identität	transnationale Räume hybride Identität
Normative Ebene	Assimilation	Anerkennung von Differenz	Anerkennung des Mehrwertigen

Quelle: Castro Varela & Mecheril 2010, S. 43

Auch wenn die Verschiedenartigkeit der Migrationsgeschichten aktuell im Sammelbegriff »Migrationshintergrund« zu fassen versucht wird, so kann auch dieser Begriff aufgrund seines zuschreibenden Tenors erstens kritisch und zweitens als unklar angesehen werden, weil sich neue Differenzmarkierungen ergeben:

»Den Migrationshintergrund kann man also eigentlich nicht loswerden; er markiert eine auf Dauer angelegte Diskriminierung, meint hier aber nicht notwendig negative Diskriminierung, sondern zunächst schlicht eine Unterscheidung, an die sich Handlungsstrategien und Wirkungen anlagern.« (Amos 2016, S. 56)

Die Komplexität der auf Migration abzielenden Sichtweisen (vgl. Hamburger 2012, 2016) wird in dem Schaubild (vgl. Abb. 8.3) deutlich, in dem migrations*wissenschaftliche* Perspektiven vergleichend dargestellt werden.

Von der Ausländerpädagogik über die interkulturelle zur migrationssensiblen Pädagogik

Die auf diesen historisch-theoretischen Perspektiven aufbauenden (sozial)pädagogischen Basis-Annahmen sowie handlungsleitende Begriffe und Praxisansätze finden sich im Schaubild (vgl. Abb. 8.4) zusammengefasst dokumentiert.

Die Kinder- und Jugendarbeit steht also vor der Aufgabe, den auf Migrant*innen bzw. »Migrationsandere«[100] fixierten Blick zu überwinden, zugleich deren Situation empirisch fundiert zu reflektieren sowie die eigenen Verstrickungen und Kategorisierungen unter neueren Charakteristika allgemeiner Transnationalität und Transidentität zu diskutieren.[101] Pädagogische Konzepte der Ausländerpädagogik scheinen vor diesem Hintergrund überholt und wurde mittlerweile von Konzepten einer interkulturellen Pädagogik oder auch einer Migrationspädagogik abgelöst (vgl. Abb. 8.4).

Eine Weiterentwicklung der pädagogischen Ansätze für die Kinder- und Jugendarbeit weg von der Ausländerpädagogik umfasst das »Konzept reflexiver interkultureller Jugendarbeit« (Thimmel 2015). Dies basiert sowohl auf interkulturellen Konzepten, berücksichtigt aber auch migrationspädagogische Überlegungen:

100 Der Ausdruck »Migrationsandere/r« bringt zum Ausdruck, »dass es „Migrant/innen“ und „Ausländer/innen und komplementär ›Nicht-Migrant/innen‹ und ›Nicht-Ausländer/innen‹ nicht an sich, sondern nur als relationale Phänomen gibt. ›Migrationsandere‹ stellt eine Konkretisierung politischer und kultureller Differenz- und Dominanzverhältnisse dar, mit denen sich Pädagogik dann beschäftigt, wenn sie sich Migrationsphänomenen zuwendet. ›Migrationsandere‹ ist eine Formulierung, die Charakteristika der Prozesse und Strukturen verweist, die ›Andere‹ herstellen.« (Mecheril 2010, S. 17)

101 Mit der gesteigerten Zuwanderung von vor allem (Bürger-)Kriegsflüchtlingen aus Syrien, Afghanistan, aber auch aus Ländern des afrikanischen Kontinents insbesondere in den Jahren 2015 und 2016 hatten sich die Notwendigkeiten für eine reflektierte migrationspädagogische Arbeit auch für die Kinder- und Jugendarbeit zumindest vorübergehend nochmals erhöht. Es scheint durchaus plausibel, dass sich solche oder ähnliche Ereignisse auch in Zukunft wiederholen und Agenturen wie die der Kinder- und Jugendarbeit herausfordern werden.

»Reflexive Interkulturalität meint gleichzeitig nicht Trans-Kulturalität (...) als einfache Aufhebung von Differenzen in einem Neuen. (....) In der Reflexiven Interkulturalität werden Differenzen und Gegensätze nicht zum Verschwinden gebracht, die Unterschiedlichkeit und Gegensätzlichkeit von menschlichen Selbstdefinitionen wird nicht aufgehoben. Indem sowohl die neuen (Misch)Formen wahrgenommen werden (nur insofern Trans-Kulturalität) als auch die Selbstveränderungen durch Abgrenzung vom Anderen reflektiert (hier im Sinne des Nachdenkens) verstanden wird, stellt sich eine Kultivierung der Unterschiedlichkeit ein, und diese wiederum ist Kulturalität. (...) Insofern ist Interkulturalität immer zugleich Transkulturalität oder eben reflektierte Kulturalität.« (Hamburger 2015, S. 35)

Abb. 8.4: Pädagogische Ansätze für die Kinder- und Jugendarbeit bei der Arbeit mit jungen Menschen mit einem Migrationshintergrund

Pädagogische Ansätze / Merkmale	Ausländer-politik	Interkulturelle Pädagogik	Migrations-pädagogik
Diagnose	Defizit	Differenz	Macht
Adressat*innen	»Ausländerkinder«	»Kulturell andere« und einheimische/ deutsche Kinder und Jugendliche	Bildungsinstitutionen und pädagogische Fachkräfte
Ziele	Assimilation und Rückkehr	Integration, Anerkennung, Kulturelle Vielfalt	Problematisierung von Machtverhältnissen
Praxis	Nacherziehung Förderung Kompensation	Begegnung, Information über die je Anderen, Toleranz	Reflexion von und Kritik an machtvollen Unterscheidungspraxen
Gesellschafts-modell	»kulturell homogene« Gesellschaft	»Multikulturelle Gesellschaft«	Migrations-gesellschaft
Schlüssel-begriffe	»Gastarbeiter« »Ausländerkinder«	Menschen mit Migrationshintergrund, Kultur, Integration	Migrationsandere, Kulturalisierung, Othering, natio-ethnokulturelle Mehrfachzugehörigkeit

Quelle: Linnemann, Wojciechowicz & Yiligin 2016, S. 65

Eine für diese Zwecke adressierte und geeignete »Migrationspädagogik« beschäftigt sich mit Zugehörigkeiten und den Bedingungen und Konsequenzen ihrer Herstellung. Sie umfasst darüber hinaus, dass

»Fragen gestellt und thematisiert werden, die bedeutsam sind für eine Pädagogik unter den Bedingungen einer Migrationsgesellschaft« (Mecheril 2010, S. 13 u. S. 19).

Daraus folgt auch für die Kinder- und Jugendarbeit, ihre eigenen Prinzipien vor dem Hintergrund empirischer und theoretischer Verschiebungen bisher dominanter Zugehörigkeitsordnungen zu überprüfen. Wo Kinder und Jugendliche mit internationaler Geschichte und vielfältigsten biografischen Ausdifferenzierungen kulturalisiert, essentialisiert oder homogenisiert werden, ist es die Aufgabe der Kinder- und Jugendarbeit, im Zielhorizont von Zugehörigkeit und Anerkennung zu handeln. Dazu gehört, grundlegende symbolische Zugehörigkeitsordnungen zu hinterfragen und zu dekonstruieren, aber auch Ausschlüsse, Exotisierungen, Essentialisierungen, Kulturalisierungen und Homogenisierungen kritisch zu betrachten.

Antirassistische Ansätze

Kinder- und Jugendarbeit sollte sich durchgehend und umfänglich immer auch rassismuskritisch positionieren:

> »Rassismuskritik zielt darauf ab, auf Rassekonstruktionen beruhende, beeinträchtigende, disziplinierende und gewaltvolle Unterscheidungen zu untersuchen, zu schwächen und alternative Unterscheidungen deutlich zu machen. Rassismuskritik kann in einem allgemeinen Sinne als reflexive und unabschließbare, zugleich entschiedene Praxis verstanden werden, die von der Überzeugung getragen wird, dass es sinnvoll ist, nicht in dieser Weise auf rassistische Handlungs-, Erfahrungs- und Denkformen angewiesen zu sein« (Mecheril & Melter 2010, S. 172).

Weitere Konzeptversionen bestehen in Ansätzen antirassistischer, intersektionaler Arbeit mit unterschiedlichen Akzentuierungen (vgl. Scharathow & Leiprecht 2011; Scherr 2015; Hormel & Scherr 2005; Schäuble & Scherr 2011; do Mar Castro Varela & Jagusch 2011; Hafeneger, Unkelbach & Widmaier 2019).

Die konzeptionellen Gemeinsamkeiten all dieser Zugänge sind zu sehen in den Orientierungen

- an integrativen Angeboten, in denen insbesondere pragmatische, kooperativ-kreative Kontakte zu abgewerteten und abgelehnten »Anderen« angebahnt werden, innerhalb derer gleichwohl die verschiedenen Facetten von (prozessualer und offener) Identität, Zugehörigkeit und Differenz berücksichtigt werden,[102]

102 Damit verbunden sind kreative Grenzbearbeitungen bzw. gezielte Irritationen bisheriger Grenzsetzungen durch phantasievolle und ideenreiche Um- und Neudeutungen. Dazu gehört eine ironisch-humorvolle Auseinandersetzung mit bestehenden Informationen, Deutungsmustern und -angeboten, aber auch Um- und Neudeutungen von bisher exkludierenden bzw. hegemonialen Praktiken.

- an der Konzipierung derartiger Angebote als Ressourcen-, Entdeckungs- und Experimentiersphären,
- an ernstgemeinten dialogischen Settings, in denen die beteiligten Adressat*innen ausreichend Gelegenheit haben, ihre eigenen Weltsichten und Auffassungen zunächst einmal zu artikulieren und diese nicht

  > »von vornherein zu indiskutablen Vorurteilen erklären, sondern in eine Auseinandersetzung einzutreten, die Jugendlichen zunächst die Möglichkeit gibt, ihre Sichtweisen und Begründungen zu artikulieren. Die Möglichkeit, eigene Standpunkte zu formulieren, ist eine zwingende Voraussetzung für daran anschliessende [sic!] Prozesse, in denen zu erarbeiten ist, was die Problematik jeweiliger Sichtweisen ist.« (Schäuble & Scherr 2011, S. 293)[103],

- an Maximen vorbehaltloser, nicht-paternalistischer Anerkennung, die den Status des/der anderen nicht im Vollzug der Anerkennung (»Migrationshintergrund«) noch bestätigen,
- am Empowerment im Horizont von Vulnerabilitäten und Widerstandspotenzialen; an der Sensibilisierung und offensiven Auseinandersetzung mit verschiedenen Formen der Diskriminierung, auch eigener Diskriminierungserfahrungen, mit denen auch Verletzlichkeiten auf die Tagesordnung gelangen,
- an Chancen des Anstoßens von Lern- und Reflexionsprozessen, die in der Lage sind, bisherige biografische Erfahrungen und Weltsichten zu überprüfen, zu revidieren und zu pluralisieren; hierzu gehört auch die situationsangemessene Vermittlung von Wissen, Daten und Fakten im Horizont rassismuskritischer politischer Bildung (vgl. Hafeneger, Unkelbach & Widmaier 2019),
- an Bildungssettings, die das Debattieren, Reflektieren und Kommunizieren umfassen und solche ablehnen, die vorrangig aus Belehrungen bestehen,
- Bildungssettings stets auch *handlungspraktisch und selbstwirksamkeitsbezogen* auszugestalten und wiederum kooperativ – optimalerweise auch international (Thimmel & Friesenhahn 2015) – sowie möglichst anerkennungsbezogen zu rahmen,
- affektiv-emotionale Dimensionen des Lernens zu verbinden mit Formen eines eher lose strukturierten, entdeckenden und erfahrungsbezogenen Lernens, bei dem beidseitige Lern- und Erfahrungsprozesse ihren Anteil haben

---

103 In der selbstreflexiven Bearbeitung eigener und anderer Vorurteile und Fremdbilder sollen Jugendliche selbst genügend Chancen und Raum haben, ihre Sichtweisen und Begründungen zu artikulieren und selbst entscheiden zu können, ob und wann für sie welches Differenzkriterium (Herkunft, Familie, Geschlecht, Religion) von Belang ist.

und politisches Lernen im Übergang zu Ansätzen der politischen Bildung erprobt werden kann. (vgl. hierzu die Materialien von IDA, der Antonio-Amadeu-Stiftung 2011 oder auch dem Online-Portal »www.ufuq.de«).

Wo bisher vertraute Zuordnungen und Einstellungsmuster neu sortiert werden, wird ersichtlich, dass auch migrationsgeprägte Kinder- und Jugendliche keineswegs frei sind von Fremdenfeindlichkeit und Herabwürdigungen gegenüber anderen und altersgleichen jungen Menschen. Die erkennbare komplexe Verflechtung von Praxiskonzepten migrationsbezogener Kinder- und Jugendarbeit mit Arbeitsansätzen von abwertungs- und ungleichheitsbezogenen sowie der geschlechter-thematisierenden Arbeit bezieht sich jedoch letzten Ende auf die Geltung und Umsetzung der allgemeinen Menschenrechte (vgl. Scherr 2018; Lohrenscheidt 2018; Schad 2019; Hormel & Scherr 2006 S. 136 f).

Im Kern können sich migrationssensible Arrangements an den konzeptionellen Leitgedanken einer sozialpädagogischen Bildung für die Einwanderungsgesellschaft orientieren. Dabei steht die Kinder- und Jugendarbeit allerdings vor der Aufgabe, Kindern und Jugendlichen Anerkennung sowie autonomie-fördernde Entwicklungs-, Bewältigungs-, Lern- und Bildungsmöglichkeiten zu eröffnen. Derartige Bildungs- und Reflexionsvorhaben umfassen

- Aktivitäten für und mit der Zielgruppe solcher Kinder und Jugendlicher, die durch pauschale Ablehnungskonstruktionen erkennbar sind,
- Anfragen an die eigenen sozialpädagogischen und institutionellen Dominanz-, Habitus- und Exklusionsordnungen und Mentalitäten

sowie

- Anfragen an die gesellschaftlichen, diskursiven, medialen und politischen Rahmenbedingungen und (Macht)Verhältnisse, unter denen die beiden genannten Prozesse stattfinden.

Zum Weiterlesen – Literaturhinweise

Hafeneger, B., Unkelbach, K., & Widmaier, B. (2019) (Hrsg.). *Rassismuskritische politische Bildung. Theorien – Konzepte – Orientierungen.* Frankfurt a. M.: Wochenschau.

Hormel, U., & Scherr, A. (2006). *Bildung für die Einwanderungsgesellschaft. Perspektiven der Auseinandersetzung mit struktureller, institutioneller und interaktioneller Diskriminierung.* Bonn: BpB.

Mecheril, P., Castro Varela, M. d. Mar, Dirim, I., Kalpaka, A., & Melter, C. (2010). *Bachelor/Master Migrationspädagogik.* Weinheim & Basel: Beltz.

Möller, K., Grote, J., Nolde, K., & Schuhmacher, N. (2016). *»Die kann ich nicht ab!« Ablehnung, Diskriminierung und Gewalt bei Jugendlichen in der (Post-)Migrationsgesellschaft.* Wiesbaden: Springer VS.

Möller, K., & Neuscheler, F. (Hrsg.) (2018). *»Wer will die schon hier haben?« Ablehnungshaltungen in Deutschland.* Stuttgart: Kohlhammer.

Thimmel, A., & Chehata, Y. (Hrsg.) (2015). *Jugendarbeit in der Migrationsgesellschaft. Praxisforschung zur Interkulturellen Öffnung in kritisch-reflexiver Perspektive.* Schwalbach/Ts: Wochenschau.

Kulturpädagogische und medienbezogene Konzepte

Kultur und Kunst sind auch ein Gegenstand von Bildung und Erziehung. Hierauf, aber auch auf die Tatsache, dass in historischen Rückblenden und in den allgemeinen Theorien zur Erziehung und Bildung »die ästhetische Dimension« lange Zeit weitestgehend ausgeblendet wurde, wies mit Nachdruck Klaus Mollenhauer (1990) hin. In dem Maße jedoch, in dem ein erweiterter Kultur- und Kunstbegriff an politischer und öffentlicher Akzeptanz gewann, rückte auch die Kultur in das Zentrum der Betrachtungen über Erziehung und Bildung heran. Gerade Mollenhauer setzte auf das Projekt einer ästhetischen Alphabetisierung, die die Differenz zwischen »Bild« und »Begriff« toleriert. Die individuellen Empfindungs- und Wahrnehmungsfähigkeiten von Kindern, Jugendlichen und Erwachsenen akzeptierend, schien ihm eine ästhetisch-kulturelle Bildung durch pädagogische Prozesse möglich, wenn das besondere Verhältnis zwischen Werk, künstlerisch-kultureller Produktion und subjektiver Wahrnehmung gewahrt bliebe. Zumindest im Hinblick auf eine inhaltliche Verdeutlichung der Kinder- und Jugendkulturarbeit bzw. der kulturellen Kinder- und Jugendbildung scheint diese Bestimmung fruchtbar. Sie integriert die autonome Herausbildung von Kultur und Kunst und die Idee einer Kinder- und Jugendkulturarbeit, die sowohl über kontemplative als auch über Eigenaktivität anregende Projekte Chancen der Auseinandersetzung anbieten möchte.[104]

Das »Ästhetisch-Symbolische« als Grundlage kultureller Bildung

Ein gemeinsamer Referenzrahmen von sowohl kunst- wie kultur-, aber auch medienbezogenen Formen der Bildung liegt in der Dimension des *Ästhetisch-Symbolischen.* Konzepte und Formate kultureller und medienbezogener Bildung finden sich in der Sozialen Arbeit, aber auch konkret für Praxisfelder der Kinder- und Jugendhilfe und werden dort in je eigenen Spezialdiskursen weiter betrieben (vgl. Bockhorst, Reinwand & Zacharias 2012; Internetportal ›kubi-online.de‹). Das Potenzial von Ästhetik und Symbolik, zu dem z. B. auch ein Begriff wie »Mimesis«[105] gehört, wird in diesen Kontexten auch für die Kinder- und Jugendarbeit fruchtbar gemacht, weil es stark mit dessen Strukturprinzipien korrespondiert:

104 Über diese Akzentuierung scheint auch eine Antwort auf die Frage möglich, wo und wie eine Differenz zwischen Alltags- und Hochkunst zu ziehen ist, denn die Trennung zwischen trivialer Kommerzkultur und Kunst ist nicht mehr eindeutig und die Differenzen sind heute innerhalb der »Trivialität« und der »Kunst« zu sehen.

105 Mimesis bezieht sich auf (körperbezogene) Aneignungs- und Ähnlichungsprozesse und bedeutet Anähneln durch Nachahmung und umfasst die Fähigkeit, sich in die äußere Welt einzufühlen und sie sinnlich-sinnvoll nachzuvollziehen und darzustellen (vgl. Wulf 1997, S. 205)

»Das Feld des Ästhetischen ist ein besonderer Schauplatz der Ausübung der Fähigkeit zur Selbstbestimmung – und insofern ein besonderer Schauplatz der Freiheit. (…) Ästhetisches Verhalten ist eines der Spielfelder menschlicher Freiheit, weil es das Spielfeld ihrer Betätigung ist« (Seel 2014, S. 247).

Die Ästhetik als konstitutive Dimension der Freiheit hatten schon Immanuel Kant und nach ihm Friedrich Schiller in den Verbindungen von Ästhetik, Freiheit und Spiel begründet. Martin Seel (2014, S. 251) verbindet diese Trias einerseits mit der aktiven Tätigkeit des Menschen, andererseits mit Praxen der Kontemplation als »aktive Passivität«, aus der er folgert, »dass sich die ästhetische Erfahrung gerade in einem freien, von der Nötigung zu kognitiver und praktischer Feststellung entlasteten Widerspiel von Konsonanz und Dissonanz im Verhältnis der Welt wie zu sich selbst vollzieht«.

Im weiteren Gedankengang und in Anlehnung an Georg W. F. Hegel, Arthur Schopenhauer, Friedrich Nietzsche, Paul Valéry und Theodor W. Adorno sieht Seel die ästhetische Freiheit wesentlich »in einem Ausleben eines ansonsten verdeckten oder verstellten Potenzials der Wahrnehmung und des Verstehens« (Seel 2014, S. 251; vgl. auch die Beiträge in Bockhorst 2011; Bockhorst, Reinwand & Zacharias 2012).

Das Ästhetische beinhaltet eine elementar-anthropologische Grundlegung, weil die Auseinandersetzung mit der Welt unmittelbar über sinnliche Wahrnehmungen erfolgt, wie es bereits im altgriechischen Verständnis zum Ausdruck kommt und sich auch im deutschen Begriff der »Wahrnehmung« (etwas für »wahr nehmen«) zeigt. Über diese Herleitung ist Ästhetik verbunden mit spezifischen sinnlichen Erkenntnisprozessen, die im Gegensatz und in Ergänzung zu analytisch-begrifflichen Kategorien auch die Dimension der Intuition umfassen. Dabei ist ein solches Erkennen niemals allein passives Aufnehmen von Eindrücken und Informationen, sondern immer auch eine Eigenleistung des Subjekts. Die Dimension des Ästhetischen, um das Symbolische[106] erweitert, kann als Erfahrungsqualität eigener Art einen Beitrag zur Lebensbewältigung und Lebensgestaltung leisten und neue Erfahrungs- und auch Handlungsoptionen erschließen:

»Die Sinne werden so zu einer dem Menschen gesetzten Aufgabe und Möglichkeit, an der er sich mithilfe seiner Kultur abzuarbeiten hat. (…) Als anthropologische Grundlage von Kultur und Bildung lassen sich die Sinne begreifen, weil sie in ihrer ›sinnli-

106 Der Begriff der ›Symbolik‹ umfasst allgemein ein System oder Repertoire von Symbolen, das heißt, sinnlich wahrnehmbaren oder vorstellbaren Bedeutungsträgern (Repräsentanzen) z. B. auch bestimmten Zeichen, die über sich hinaus auf Abwesendes verweisen (vgl. Tillich 1962; Berndt & Drügh 2009).

chen Organisation‹ selbst dynamisch und bildungsbedürftig sind. Sie treiben den Menschen (…) zu einer ›Arbeit am Sinn‹ « (Lichau & Wulf 2012, S. 42; vgl. auch Fuchs 2015, S. 131 f).

Kulturpädagogik und Kulturelle Bildung

Die Kinder- und Jugendarbeit im Bereich Kulturpädagogik und kulturelle Bildung weist vielfältige Verknüpfungen zur im vorherigen Abschnitt kursorisch eingeführten Dimension des *Ästhetisch-Symbolischen* auf. Die Aufgabe von kultureller Bildung besteht demnach in der Ermöglichung und Förderung von »ästhetischer Mündigkeit« (Adorno 1973, S. 350) bzw. der Kultivierung einer »Tugend der ästhetischen Sensibilität« (Seel 2014, S. 259). Diese umfasst die Dimensionen von Subjektivierung, Emanzipation, Selbstbezug und Weltbezug im Medium des Kulturell-Symbolisch-Ästhetischen (Zacharias 2015, S. 69) und berücksichtigt dabei die unmittelbaren Praxen alltäglicher Kulturaneignung von Kindern und Jugendlichen wie auch die reflektiert-praktische Auseinandersetzungen damit.

Die Entwicklungsgeschichte der Kulturpädagogik erfolgt ab den 1970er Jahren in Absetzung von der »alten« Kulturpädagogik in Gestalt der Kunsterziehungsbewegung und der musischen Bildung als Elemente der Reformpädagogik der 1920er Jahre. Mit der ab den 1970er Jahren einsetzenden Reformära der BRD entstanden Programmformeln wie »Wiedergewinnung des Ästhetischen«, »Kultur für alle« und »Kultur von unten«, die sich anschickten, einem bisher überwiegend mittelstands-bürgerlichen bis elitären Kunst- und Kulturverständnis neue Gegengewichte in Soziokultur, kommunaler Kulturpolitik, Stadtteilkulturzentren oder sozialer Kulturarbeit entgegen zu setzen.

Vor dem Hintergrund eines neuen alltagsbezogenen Kulturverständnisses wurde eine Wende von der Konsum- und Rezipient*innenebene hin zum ›Kulturproduzenten‹ angezeigt. Mit einem solchen politisch-programmatischen Schwenk verband sich auch ein »kulturelles Mandat der Sozialpädagogik als Ermöglichung kultureller Aneignungs- und Ausdrucksformen benachteiligter oder ausgegrenzter Bevölkerungsgruppen« (Treptow 2001, S. 185; vgl. Treptow 2012). Wo Kultur als Lebenspraxis neu definiert wurde, erfolgte die Hinwendung zu Jugendkulturen, Subkulturen und Alternativkulturen, insbesondere in Stadtteil- und Soziokultur. Als Zentraldokument der neueren Kulturpädagogik gelten die »Zehn Thesen zur Kulturpädagogik« der Münchner Pädagogischen Aktion von 1976, die im vierten Punkt als methodischen Ansatz der Kulturpädagogik das ästhetische Lernen und zudem Ansprüche einer „eigenständigen kulturpädagogischen Praxis-Theorieentwicklung“ (Zacharias 2015, S. 57) formulierten.

Im Zielhorizont einer modernen kulturellen Bildung stehen sinnliche Aufmerksamkeit, die aktive Auseinandersetzung mit und eigene praktische Durchdringungen von verschiedenen, zum Teil miteinander amalgamierten kulturell-ästhetischen Dimensionen und Sparten (Spiel, Tanz, Theater, Musik, Museum, Zirkus[107]), welche Sensibilität für Differenzen zu fördern suchen, indem eingefahrene Bindungen und bisherige Verständnisweisen gelockert, kaschierte Wahrnehmungskanäle und -verbindungen erfahren werden können.

Kulturelle Bildung beinhaltet Verbindungen und Bezüge zu Kunst- und Kulturwissenschaften und der Soziologie unterschiedlicher Kunstbegriffe, welche die Kulturpädagogik als plurale Disziplin ausweisen,

> »die unterschiedliche, vielleicht nur begrenzt miteinander vergleichbaren Ansätze und Ausformulierungen aufweist. Insbesondere ist theoretisch denkbar, dass man mindestens kunstbezogene, alltagskulturell, sozialisationstheoretisch oder psychologisch argumentierende Ansätze erwarten kann.« (Fuchs 2015, S. 12)

Pädagogik der kulturellen Kinder- und Jugendbildung

In Abgrenzung zu vorstrukturierten Settings, z. B. zum rigiden Kurs-Reglement einer Jugendkunst- oder Jugendmusikschule oder vielfach implizit vorherrschenden Produktorientierungen, erfolgen Praxisformen kultureller Jugendbildung in der einrichtungsbezogenen Kinder- und Jugendarbeit eher prozessorientiert, häufig spontan, situativ und performativ. Das auschlaggebende Spezifikum der Kinder- und Jugendarbeit liegt in der großen und flexiblen Bandbreite kulturell-medialer Aktivitäten, vom bloßen Zur-Verfügung-Stellen von Materialien und Räumen sowie der Anregung über das Dabeisein und Beobachten anderer in der »sozialpädagogischen Arena« über selbst-initiierte Nutzungen einer materiellen bzw. technischen Infrastruktur. Vom spielerisch-tastendem Ausprobieren bis hin zu professionellen und hoch anspruchsvollen, auch verwertungsorientierten künstlerischen Qualifizierungen können Kinder und Jugendliche jederzeit in freier und selbstgewählter Zeit- und Interessensstruktur, allein oder mit anderen wahlweise ihren Interessen nachgehen, aus begonnenen Aktivitäten aussteigen, pausieren, neu kombinierte Praxen mit erneuten Anstrengungen weiter fortsetzen, abbrechen oder diese auch mit höchster Konzentration weiter voran treiben.

Die alltagsästhetischen Artikulationen von Kindern und Jugendlichen sind gesellschaftlich und politisch konnotiert und erfordern es, deren implizite politische Substanz in Kooperation und Koproduktion herauszuarbeiten. Aus diesem Grund ist auch an dieser Stelle auf die politische Dimension der Kultur und Kulturpädagogik hinzuweisen, welche die Übergänge zur politischen Bildung markiert, denn dem Ästhetischen ist »konstitutiv die Bereitschaft eingebaut, auf

107 Bei der Zirkuspädagogik und auch einigen anderen Themen- bzw. Handlungssparten besteht allerdings ein mit der Erlebnispädagogik geteiltes Schnittfeld (vgl. Busse 2008).

Grenzen und Ausschlüsse kritisch aufmerksam zu sein« (Welsch 1996, S. 60). Wo kulturelle Bildung beansprucht, ihren Teil zur Lebensbewältigung junger Menschen beizutragen, sieht sie sich als explizit »kritische kulturelle Bildung« (Fuchs & Braun 2017).

Medienpädagogik als Teil kultureller Bildung

Eine gesonderte Variante der kulturellen Bildung besteht in den Konzepten der Medienpädagogik oder Medienbildung, die zwar grundsätzlich die Vielzahl aller Medien einbezieht, sich allerdings in den letzten Jahren zusehends auf die digitalen Medien konzentriert haben. Auch wenn das sogenannten Medienensemble aus Erzählen, Comics, Radio, Fernsehen, Hörbüchern und -spielen, Literatur, Zeitschriften, Bildern, Graffiti etc. nach wie vor in den Lebenswelten von Kindern und Jugendlichen präsent ist, so haben die neuen und digitalen Medien in den letzten Jahren auch hier eine dominante Position erlangt, weil sie andere mediale Sparten sukzessive einverleibt haben. Darüber hinaus sind die digitalen Medien in hohem Maße in den Lebenswelten von Kindern und Jugendlichen allgegenwärtig präsent, bisweilen aber auch im Ausmaß eines digitalen Panoptikons, das Jugendliche bereits wieder zu bewussten Formen digitaler Abstinenz veranlasst (vgl. Engel & Jörissen 2019, S. 566).

Digitale Medien entfalten ihre Einflüsse z. B. in der Relativierung vormaliger Raum- und Zeitbegrenzungen, in scheinbar allgegenwärtiger Verfügbarkeit und der Anforderung, sich zwischen Öffentlichkeit, Privatheit, Präsenz und Kopräsenz zu orientieren und insofern »digitale Grenzarbeit« (Deutscher Bundestag 2017a, S. 296) zu betreiben. Die Aktivitäten der kulturellen Medienbildung als nunmehr digitale Kinder- und Jugendbildung erstrecken sich damit auf sämtliche neuen und neuesten Phänomene dessen, was die vor allem digitale-interbasierte Angebotslandschaft hergibt.

In Aktualisierung und Fortführung des seinerzeit von Dieter Baacke gesetzten Prinzips der Medienkompetenz (als Medienkunde, Medienkritik, Mediennutzung und Mediengestaltung; vgl. Baacke u. a. 1999; Schell u. a. 1999; Zacharias 1991) gilt seit einigen Jahren die Leitformel »Jugend digital ermöglichen« (Deutscher Bundestag 2017a, S. 327). Die Einstiegsbarrieren ins Digitale sind teilweise allerdings hoch, für Jugendliche mit Behinderungen ist die Teilnahme z. B. zum Teil gar nicht möglich. Aber auch Jugendliche, die im Internet auf weniger technische und sprachliche Kommunikationsbarrieren treffen, benötigen eine umfangreiche Medienkunde und auch soziale und technische Unterstützung, um sich souverän in den konvergenten Kommunikationswelten zu bewegen, sich positionieren und neue Bildungsoptionen erschließen zu können« (Deutscher Bundestag 2017a, S. 298; vgl. auch Prinzing 2019). Deutlich wird, dass sich gesellschaftliche Phänomene wie z. B. soziale Polarisierungen im Internet keineswegs aufheben, sondern als »digital divide« oder »digitale Exklusion«

wiederfinden und neben arglos fröhlicher Kommunikations- und Gestaltungfreude sich mindestens parallel Phänomene wie Hate Speech, Cybermobbing, Shitstorms und Toxic behavior verbreiten.

Vor diesem Hintergrund erhalten medienpädagogische Aktivitäten – die sich speziell in der Kinder- und Jugendarbeit strukturhomolog an den Maximen der ästhetisch-kulturellen Bildung orientieren – neben den eher pädagogisch-kreativen Elementen unumgänglich immer auch politische Akzentuierungen, die sich im Kontext von Unterhaltung, Bildung, Emanzipation, Empowerment und Partizipation ausdrücken können.

Zum Weiterlesen – Literaturhinweise

Arbeitsstelle Kulturelle Bildung in Schule und Jugendarbeit NRW (2016). *Kulturelle Bildung in der Offenen Kinder- und Jugendarbeit. Impulse für Profilbildung, Kooperationen und Projektentwicklung.* Düsseldorf: Eigenverlag.

Bockhorst, H. (Hrsg.) (2011). *KUNSTstück Freiheit. Leben und lernen in der Kulturellen Bildung.* München: kopaed.

Bockhorst, H., Reinwand, V.-I., & Zacharias, W. (Hrsg.) (2012). *Handbuch Kulturelle Bildung.* München: kopaed.

Braun, T., Fuchs, M., & Zacharias, W. (Hrsg.) (2016). *Theorien der Kulturpädagogik.* Weinheim & München: Beltz Juventa.

Fries, R., Kalwar, T., & Pöttinger, I. (Hrsg.) (2016). *Doing politics: politisch agieren in der digitalen Gesellschaft.* München: kopaed.

Steiner, O., & Goldoni, M. (Hrsg.) (2013). *Kinder- und Jugendarbeit 2.0. Grundlagen, Konzepte und Praxis einer medienbezogenen Sozialen Arbeit mit Heranwachsenden.* Weinheim & Basel: Beltz Juventa.

Josties, E., & Menrath, S. K. (2018). *Kulturelle Jugendbildung in Offenen Settings.* München: kopaed.

Rösch, E. (2019). *Jugendarbeit in einem mediatisierten Umfeld. Impulse für ein theoretisches Konzept.* Weinheim & Basel: Beltz Juventa.

Körper-, bewegungs- und sportorientierte Konzepte

Der idealtypisch isolierte, gleichwohl mit den vorigen Abschnitten und auch wechselseitig miteinander vielfältig verflochtene Fokus der nachfolgend dargestellten Konzepte umfasst die Aspekte »Körper« und »Bewegung« und damit verbunden auch die Bedeutung sportbezogener Angebote für die Kinder- und Jugendarbeit. Im Folgenden wird hierzu zunächst kurz in körpersoziologische Überlegungen eingeführt, um einerseits allgemeine Verbindungslinien zu konzeptionellen Ansätzen der Kinder und Jugendarbeit zu ziehen und um andererseits auf die vom Sport ausgehenden Impulse für die Kinder- und Jugendarbeit einzugehen.

Soziologische Überlegungen zur Körperkategorie

Nach langjährig kognitiv-intellektualistischen Akzentuierungen und einer damit verbundenen Abstinenz des Somatischen (›Entköperung‹, ›Verschwinden des

Körpers‹) hat sich in den letzten Jahren in etlichen Wissenschafts- und Praxisfeldern ein aus vielen Begründungsquellen gespeistes neues Interesse am Körper und seinen damit verbundenen Themensträngen eingestellt, welches unter der Devise ›body turn‹ (Gugutzer 2015) firmiert. Dabei wird die Körperkategorie als »das erste und natürlichste Instrumente des Menschen« (Mauss 1934 [1989], S. 206 zit n. Bublitz 2015, S. 345) restituiert, avanciert ferner zum »paradimatischen Kristallisationspunkt zentraler Dualismen der Moderne« (Bublitz 2015, S. 342) und wird als zentrale soziologische Kategorie betrachtet.

Der Körper ist im soziologischen Diskurs sowohl *Produkt* der Gesellschaft als auch *Produzent* von Gesellschaft (vgl. Gugutzer 2015). Thematische Aspekte sind u. a. Körperformung, Körperdiskurs, Leiberfahrung, Körperroutinen und -performances sowie Körperinszenierungen.

Eine bislang noch nicht genannte, aber wichtige Unterscheidung ist die von Körper und Leib. Diese essentielle Abgrenzung von Körper und Leib verdankt sich den Leibphänomenologien von Helmut Plessner, Hermann Schmitz und Maurice Merlau-Ponty, die den Leib als zentrales sinnliches Wahrnehmungsorgan eines »Zur-Welt-Sein« des Menschen begreifen, der zudem als Urgrund von Sozialität gilt: Der Leib/Körper bildet die fundierende Basis für alle Lebensvollzüge, ist Resonanz- und Artikulationsraum für Gefühle, Wahrnehmungen und Handlungen; der Mensch *ist* sein Körper (leiblich affektive, organisch-sinnliche Dimension) und er *hat* einen Körper:

> »Der wahrnehmend-wahrnehmbare, spürend-spürbare Leib und der Körper als form- und manipulierbarer Gegenstand bilden eine untrennbare, sich wechselseitig prägende Einheit. Leib und Körper bezeichnen sozusagen zwei Seiten einer Medaille der menschlichen Existenz. Es bestehen mithin zwei Perspektiven auf den menschlichen Körper, die zu analytischen Zwecken differenziert werden können, realiter aber nicht getrennt sind: Leib und Körper bilden eine Dualität (eben: Zweiheit) und keinen Dualismus.« (Gugutzer 2015, S. 30f)

»Körper« und »Bewegung« in der Kinder- und Jugendarbeit

Die Bezüge zwischen den eingeführten körpersoziologischen Überlegungen zu Kindheit und Jugend sowie vor allem zur Kinder- und Jugendarbeit vollständig zu vermessen, ist hier nicht möglich. Aber zumindest soll exemplarisch auf Verbindungslinien wie die speziellen Thematisierungen von Pubertät und Geschlecht oder auch die Bildungsdimensionen von Körper und Bewegung eingegangen werden.

Jenseits der basalen Körpergebundenheit und der leiblichen Verankerung in anthropologischer Dimension drängt sich der Leib sozusagen von selbst in der Phase der *Pubertät* auf, welche wiederum als zentrales Moment jugendlicher Entwicklung gilt, weil dort u. a. die ersten Initiationen von Geschlechtsreife und Geschlechtsidentität erfolgen. In der asynchronen Entwicklung von Körper und Psyche, die von männlichen und weiblichen Jugendlichen – und allen denkbaren temporären oder längerfristigen Zwischenformen und Varianten des »Gender-Switching« (Stauber 2015) – zu verarbeiten ist, gehen diese unwillkürlichen biologisch-leiblichen Wandlungsprozesse einher mit Verunsicherungen, neuen Stil- und Styling-Experimenten, dem Übergang in eine neue Identität, dem Ablösen von der Kernfamilie und der Zuwendung zu den Gleichaltrigen, die immer auch von der Suche nach Anerkennung und Orientierung geprägt ist. Beim Bewusstwerden der eigenen Geschlechts- und Sexualentwicklung (und deren psychischer Verarbeitung) fungiert der Körper als eine Art »Bühne adoleszenter Konflikte« (King 2011), deren oftmals scham- und angstbehaftete Verarbeitungen über Vergleiche und Bewertungen und die Frage »Bin ich normal?« (Schmincke 2011) verkraftet werden wollen und mit Verlegenheiten, Unzufriedenheit, Unbehagen und Entfremdung (der Körper wird als fremd mit bisherigen Körpergewohnheiten erfahren) einher gehen (vgl. u. a. Göppel 2011; King 2011). In der angespannten Ambivalenz von Körperaufwertung und Körperverdrängung erfolgt die pubertäre »Bearbeitung des Körpers als Arbeit am Selbst« (Villa 2008a, S. 8, 2008b), wobei Erwartungen und Normen stets auch inkorporiert werden. Der unwiederbringliche Verlust der Kindheit leitet über zu der Entwicklungsaufgabe, den eigenen Körper akzeptieren lernen.

Die besondere *Bildungsdimension* des Körpers, die insbesondere von der Kinder- und Jugendarbeit zu erschließen und sozialpädagogisch zu verarbeiten, zu unterstützen und zu beantworten ist, liegt – neben bereits im Kapitel zu den geschlechtsbezogenen Konzepten erwähnten Zugängen – zum einen in der Aufmerksamkeit auf der *Bewegung* als gewichtiger Teil jugendlicher Handlungspraxis, denn Bewegung ist ein

> »fundamentales Mittel der Gestaltung konkreter Weltbezüge und bietet eine Grundlage dafür, sich in der Dimension des Leiblichen als Subjekt zu spezifizieren und zur Bestimmung zu bringen« (Bietz 2015, S. 57; vgl. auch Abraham 2015; Niekrenz 2011; Casale, Rieger-Ladich & Thompson 2020).

In der Bewegung realisieren sich die gerade für die Pubertät essentiellen Artikulations- und Ausdrucksfunktionen des jugendlichen Körpers. Die dabei zugrunde zu legenden ästhetisch-sinnlichen Erfahrungen – wie sie bereits in den Passagen zur kulturell-medialen Thematik behandelt wurden – sind hier auf die körperliche Bewegung zugeschnitten: Im Vollzug körperlicher Bewegungen werden Erfahrungen gemacht, die als implizite und explizite Bildungspotenziale zu lesen sind. Es werden neue Möglichkeitsräume erkundet, die in verschiedenen jugendlichen Praxen zum Ausdruck gelangen, Geschlechterverhältnisse anzeigen, Zugehörigkeit inszenieren, Handlungsoptionen austesten (vgl. Schulz 2010, 2011).

In dieser Phase ist zudem der gesellschaftlich-medial allenthalben gebotenen Anforderung nachzukommen, »sich möglichst früh um den eigenen Körper zu kümmern, zu stylen und zu pflegen, um seine Attraktivität zu steigern und sozial wahrgenommen zu werden« (Schmincke 2011, S. 152). Damit werden die jugendlichen Bemühungen, ihre eigenen Körper zu verstehen und sozial zu platzieren, erheblich von medialen Spiegelungen, schönheits-, fitness- und beautyoperativen Zurichtungen und Manipulationen beeinflusst – »Körper als Produkt von Gesellschaft«. Konjunkturen des Körpers wie z. B. Körpertrends auf u. a. Instagram, Facebook und Snapchat werden studiert, um auf den formellen wie informellen, immer aber medial-dominierten Aufmerksamkeitsmärkten mitzuhalten. Diese Facette stellt auch die Kinder- und Jugend vor erhebliche konzeptionelle Herausforderungen.[108]

Impulse des Sports für die Kinder- und Jugendarbeit

An diese körper- und jugendbezogene Erläuterungen schließt sich die Thematisierung des *Sports* an. Sportliche Aktivitäten haben auch für Kinder und Jugendliche nach wie vor eine große Attraktivität, wie auch der 14. Sportbericht der Bundesregierung zeigt:

> »Sport hat in Deutschland einen hohen Stellenwert. Er stellt einen zentralen Bestandteil unseres gesellschaftlichen Zusammenlebens dar. Dies gilt sowohl für den Spitzensport als auch den Breitensport. Sport bietet Menschen jeglichen Alters sinnvolle Freizeitangebote. Für einen Großteil der Bevölkerung gehört aktives Sporttreiben zu einer gesundheitsbewussten Lebensgestaltung« (Deutscher Bundestag 2019, S. 15; vgl. ergänzend Deutscher Bundestag 2017a, S. 386 f; Gerlach & Brettschneider 2013, S. 41).

Weil sich die überwiegende Mehrheit der Kinder und Jugendlichen im Laufe ihrer Entwicklung in sportlichem Tun i. w. S. engagiert, kommt dem Sport ein hoher Stellenwert zu, der auch als »jugendspezifische Altersnorm« (Neuber 2011, S. 142) indiziert werden kann. So werden wiederum im 14. Sportbericht dazu folgende empirische Befunde referiert:

---

108 Jugendliche verwenden erhebliche Energien auf, um die Funktionalität des eigenen Körpers zu erschließen. Die mediatisierten Körper (vgl. Hoffmann 2011) bedienen sich hierzu z. B. der Bildbearbeitungs-App »Facetune« oder aktuellen Schminktechniken wie Countering, Balaying, Strobing. Um die eigene Selfietauglichkeit herzustellen, werden wechselnde Beauty-Trends oder diverse Intimmodifikationen durchgeführt. Zuweilen wird der Körper als ›Baustelle‹ entworfen. Er mutiert zur »Manifestation eines in ständigem Umbau begriffenen Subjekts, das sich (…) in immer neu ›erfundenen‹ Identitäten spiegelt« (Bublitz 2015, S. 351).

»Der Anteil der Kinder und Jugendlichen zwischen drei und 17 Jahren, die Sport treiben, liegt bei 73 Prozent. Jungen sind häufiger sportlich aktiv als Mädchen. 58 Prozent der Kinder und Jugendlichen sind mindestens 90 Minuten und 38 Prozent mindestens 180 Minuten pro Woche sportlich aktiv. 11- bis 17-jährige treiben häufiger Sport als 3- bis 10-Jährige. Es besteht bei Mädchen und Jungen ein Zusammenhang zwischen sportlicher Aktivität und Alter, wobei ältere Jungen häufiger sportlich aktiv sind als ältere Mädchen« (Deutscher Bundestag 2019, S. 137).

Die Daten über die Reichweite des Sports können positiv für das Aufwachsen junger Menschen konnotiert werden. So wird auch durch einschlägige Studien nachgewiesen, dass sportlich aktive und engagierte im Vergleich zu sportlich nicht aktiven Kindern ein deutlich höheres psychosoziales Wohlempfinden, weniger psychosomatische Beschwerden, und bessere Schulleistungen zeigen, sich sozial integrierter fühlen und Mädchen von sportlichem Engagement besonders profitieren (Welsche 2013, S. 47). Aber diese Ergebnisse stellen sich nicht per se und jederzeit ein, sondern sind an vielfältige (Vor-)Bedingungen und konzeptionelle Rahmungen geknüpft, um diesbezüglich auch einen »Mätthaus-Effekt« in der Form zu vermeiden oder zumindest zu minimieren, dass nur diejenigen, die begabt sind, Kompetenzerfahrungen machen und dem Sport erhalten bleiben.[109]

Gelegenheiten für vielfältige sportliche Aktivitäten und Bewegungspraxen finden sich im Alltag der Kinder- und Jugendarbeit an Tischtennisplatten, unter dem Basketballkorb, auf dem Bolz- bzw. Fußballplatz sowie längst auch an der Spielekonsole. Hinzu kommen Kletterhallen und Bikestations, aber auch Skateboard und Inliner sowie Kanu fahren. Das Spektrum reicht bis hin zum Slacklining oder auch zum Tanzen sowie der Akrobatik in z. B. Zirkusprojekten.[110]

Die mit diesen exemplarischen Angeboten verbundenen Potenziale des Sports können einen wichtigen Beitrag zum »Sozialpädagogischen Bildungs-

109 Dieser »Matthäus-Effekt« verdeutlicht sich in folgendem Zitat: »Diejenigen, die begabt sind, Kompetenzerfahrungen machen können und für die das Sporttreiben eine positive Zukunftsperspektive bietet, bleiben dem Sport erhalten. Die anderen verlassen den Verein, weil sie offensichtlich nicht den Anforderungen des wettkampf- und leistungsorientierten Sportsystems genügen oder mit den Strukturen nicht zurechtkommen. Sie verfügen nicht über die nötigen Voraussetzungen, um Selbstwirksamkeitserfahrungen machen zu können (…).« (Gerlach 2002 zit. n. Welsche 2013, S. 50).

110 Exemplarisch für die Möglichkeiten der Kinder- und Jugendarbeit, bewegungsbezogene und (trend)sportliche Praxen von Kindern und Jugendlicher zu fördern und bildend weiterzuentwickeln kann hier der Flensburger BMX- und Skatepark und das Veranstaltungs- und Bildungskonzept der Flensburger Sportpiraten angeführt werden (vgl. Schwier & Dillmann 2015; www.sportpiraten.com [Zugriff 09. 09. 2019]). Auf den Grundlagen von Empowerment, Niedrigschwelligkeit und Partizipation können hier Kinder und Jugendlichen an sieben Tagen in der Woche in einem wechselnden Programm BMX- und Skateanlagen oder einen Hallen-Playground nutzen; am Mitternachtsfussball oder einer Rampenbauschule teilnehmen.

projekt« Kinder- und Jugendarbeit leisten. Sport ist also ein »unverzichtbarer Bestandteil des ›Bildungskonzerts‹« (Neuber 2011, S. 158; vgl. Heim 2011). Die Perspektive und das Interesse der Kinder- und Jugendarbeit auf und am Sport ist damit einhergehend auf der konzeptionellen Ebene spezifisch und gewissermaßen »Mittel zum Zweck«. Nicht der Trainingsaspekt steht im Vordergrund, sondern über die sportlichen Aktivitäten werden für die Kinder- und Jugendarbeit wichtige Impulse erzeugt, wenn es um Bewegungsformen, Spiel und Ästhetik, um non-formale Bildung und informelles Lernen geht. Es sind somit Anschlussstellen an die außerschulische und sozialpädagogische Bildungsdebatte vorhanden, wie auch die nachfolgenden stichpunktartigen Überlegungen illustrieren:

- Sportliche Aktivitäten sind stets eingebettet in Spiel, Interaktion, Bewegung, Handlungsorientierung und Aneignung. Dabei umfasst sportliches Tun in einer erweiterten Lesart nicht nur gelernte und spezifisch reglementierte und kodifizierte Körperbewegungen, sondern auch performative »Interkorporalität«, die sich dem Konzept der ›Mimesis‹ (Gebauer 1995, Gebauer & Wulf 1998) als Begriff intuitiver, kreativ-verfremdender Nachahmung verpflichtet weiß. Sport mit anderen ist in dieser Perspektive eine kulturelle Aufführung von Sozialität im Modus der Körperlichkeit und entfaltet im sportlichen Spiel (Alkemeyer 2015) Qualitäten einer intuitiv-antizipierenden Sozialität.
- Unter den Vorzeichen von Teilnahme, Teilhabe und konjunktiver Erfahrung erweist sich Sport als »komplexes Interaktionsgeschehen bewegter Körper« (Alkemeyer 2015, S. 275), welches immer auch auf eine Spielintelligenz angewiesen ist, für die jedes lange Nachdenken zu spät kommt. In solchen Konstellationen von Sport und Spiel ist eine praktische Intelligenz erforderlich, die als reflexartiges Antizipieren das Tun von Mitspieler*innen vorausschauend zu erahnen und zu erspüren vermag; jeder Spielzug ist dann zu lesen als Sinnvorschlag, der auf eine kreative, aber den Regeln entsprechende Antwort, auf intuitive Resonanz wartet.
- Beim so genannten »Trendsport« ist zu konstatieren, dass hier die selbstbestimmten Freestylepraxen, denen Bewegung als habituelle Basis von Gemeinsamkeit dient, als (flüchtige) Gegenentwürfe, unstete Selbstermächtigungen und legere Regelbrüche zu den formierten Sportordnungen in Schule und Sportvereinen inszeniert und verstanden werden können. Es zeigen sich informelle Sportpraxen mit einerseits Abgrenzungen, aber auch mitunter fließenden Grenzen zum formellen Sport. Das mit Trendsportarten auch verbundene »Vergnügen« an der Erfindung neuer Aufmerksamkeiten kann mit Verweis auf Roland Barthes als Wechselspiel von »jouissance und plaisir« interpretiert werden. Im Trendsport offenbaren sich also sportive Praxen in Motivmischungen aus Bewegung, Anerkennung, Inszenierung und Experi-

ment.[111] Kinder und Jugendliche aus sozial marginalisierten Milieus können in hohem Maße von den immer auch als bildend verstandenen körper- und bewegungsbezogenen Angeboten (in) der Kinder- und Jugendarbeit profitieren. Damit ist nicht bloß die Kompensation von Marginalisierungserfahrungen und Anerkennungsverweigerung insbesondere in der Schule gemeint. Durch solche sportbezogenen Angebote der Kinder- und Jugendarbeit haben diese Kinder- und Jugendlichen die Chance, sich hierüber Anerkennung, Selbstwirksamkeit und Handlungsmächtigkeit (Agency) zu erschließen. Dies gilt in besonderer Weise noch einmal für männliche Jugendliche aus sozial marginalisierten Milieus (vgl. Schäfer 2015).
- Die Zielsetzungen sportbezogener Angebote und Aktivitäten in der Kinder- und Jugendarbeit haben auch Auswirkungen auf die Konzeptentwicklung. So ist auf primär niedrigschwellige Zugänge zu achten. Darüber hinaus umfassen die Qualitätskriterien für sportlich-bewegungsbezogene Settings der Kinder- und Jugendarbeit einen Verzicht auf verpflichtende, systematische Leistungskontrollen, die Ermöglichung von Altersheterogenität und Gruppen-/ Cliquenorientierung sowie ein hohes Maß an Flexibilität der Angebotsformate, aber auch einer starken Orientierung an den Bedürfnissen der Adressat*innen. Die Konzepte sollten sich in hohem Maße an Beziehungsarbeit und Spaß und weniger am Leistungsgedanken ausrichten (vgl. Zajonc & Pilz 2014, S. 69).

Auch jenseits explizit sportlich ausgewiesener Angebote sind die Körperpraxen von Jugendlichen für die Konzeptentwicklung in der Kinder- und Jugendarbeit wahr- und ernst zu nehmen, z. B. in der Fähigkeit von Mitarbeiter*innen, alltägliche Darstellungs-, oder »Laufsteg«-Situationen zu modulieren, zu inszenieren, zu parodieren, bei Jugendlichen beiläufige »Körperskripte«, Beziehungs- oder Geschlechterinszenierungen zuzulassen, zu variieren, zu qualifizieren, zu irritieren und zu reflektieren (vgl. Schulz 2010).

Kinder- und Jugendarbeit hat eine Aufgabe darin zu sehen, flexibel angelegte offene Bewegungsangebote im Modus von Partizipation zu entwickeln und darüber hinaus auch im sozialen Nahraum für die Bereitstellung, Schaffung (oder Erschließung) von Bewegungsräumen und Gelegenheiten vielfältigster Art zu sorgen. Diese Angebote wären zu grundieren mit der solidarischen Kräftigung des jugendlichen Selbstwertgefühls in Einheit mit Vergemeinschaftungs- und Geselligkeitserfahrungen sowie positiven Körpererfahrungen (ohne dabei körperliche Gesundheit abzuwerten).

111 Nicht weiter eingegangen wird an dieser Stelle auf die Verflechtung jugendlicher Bewegungskulturen mit Kommerz und Medien, die sich zudem wechselseitig dynamisieren.

Zum Weiterlesen – Literaturhinweise

Erhorn, J. & Schwier, J. (Hrsg.) (2015). *Die Eroberung urbaner Bewegungsräume. SportBündnisse für Kinder und Jugendliche*. Bielefeld: transcript.

Gräfe, R., Harring, M., & Witte, M. D. (Hrsg.) (2015). *Körper und Bewegung in der Jugendbildung. Interdisziplinäre Perspektiven*. Baltmannsweiler: Schneider Hohengehren.

Gugutzer, R. (Hrsg.) (2015). *body turn. Soziologie des Körpers und des Sports*. Bielefeld: transcript.

Krüger, M., & Neuber, N. (Hrsg.) (2011). *Bildung im Sport. Beiträge zu einer zeitgemäßen Bildungsdebatte*. Wiesbaden: Springer VS.

Niekrenz, Y., & Witte, M. D. (Hrsg.) (2011). *Jugend und Körper. Leibliche Erfahrungswelten*. Weinheim & München: Juventa.

Erlebnispädagogische Konzepte

Ohne dies bislang thematisiert zu haben, beinhalten konzeptionelle Ansätze für die Kinder- und Jugendarbeit auch erlebnispädagogische Ansätze. Dies gilt nicht ausschließlich, aber in besonderer Weise für die zuvor in den Blick genommenen Themenfelder von ›Körper‹, ›Sport‹ und ›Bewegung‹. Allerdings illustriert dies nur eine von vielen Facetten des Komplexes »Erlebnispädagogik«, denn bei »der« Erlebnispädagogik handelt es sich um eine vielfältig ausgedehnte, inkonsistent und widersprüchlich ausdifferenzierte Konfiguration. Abgrenzungen wie auch Übergänge zwischen Methoden, Diskursen, Empirie und Theorie, Erziehung und Bildung, Kommerz und Pädagogik verlaufen hier kreuz und quer.

Die nachfolgenden Ausführungen werden sich allerdings auf erlebnispädagogische Elemente und deren Relevanz für die Konzeptentwicklung in der Kinder- und Jugendarbeit fokussieren. Gleichwohl sind zunächst einige Hinweise auf ausgewählte Basiselemente und -begriffe dieses diffizil-irritierenden Feldes »Erlebnispädagogik« notwendig:

- Bereits ein erster Blick in aktuelle Überblickswerke (vgl. Heckmair & Michl 2018; Michl & Seidel 2018; Paffrath 2017) vermittelt ein Bild von der Vielfalt der dort aufgeführten Inhalte, die nicht nur einen Einblick in die Mannigfaltigkeit der Theoriebezüge, Themenfelder und Praxisansätze eröffnen, sondern mindestens auch von dem diskursiven Geschick zeugen, in nahezu jeder aktuellen Theorie, jedem gegenwärtigen Geschehen und jeder virulenten Problemstellung (irgend)eine erlebnispädagogische Tradition, Zuständigkeit oder Kompetenz zu reklamieren und sich somit stets an der (vermeintlichen) Spitze der Ereignisse zu verorten.
- Zum einen platziert sich die Erlebnispädagogik selbst als eigenständiger Teilbereich der Erziehungswissenschaft und stützt sich in dieser Hinsicht flexibel auf historische und aktuelle Theorien und Theorieansätze, u. a. von Comenius, Rousseau, Pestalozzi, Dewey, Hahn, Frankl, Freund, Jung, die Reformpädagogik, Piaget, Buber, Bollnow, Bandura, Damasio, aber auch auf die Ergebnisse von Soziologie, Konstruktivismus, Hirnforschung, Neurodi-

daktik, und Systemtheorie (vgl. Heckmair 2018, Paffrath 2018)[112]; wie eine solche konzeptionelle Offenheit bis zur Beliebigkeit als Qualitätsmerkmal umdefiniert wird, erhellt das nachfolgende Statement:

> »Erlebnispädagogik war stets ohne klare Position, sozusagen zwischen den pädagogischen Welten pendelnd: zwischen Beziehung und Erziehung in der Jugendhilfe, zwischen Freizeitbeschäftigung und Kurzzeitpädagogik in der Jugendarbeit, zwischen Abenteuerprogrammen und Persönlichkeitsentwicklung in der Bildungsarbeit, zwischen Incentive und Survival-Training in der Betriebspädagogik. Sie wird sich auch künftig nicht festmachen lassen, sondern frei oszillieren zwischen Polen, die ebenfalls ihre Form und Lage verändern« (Heckmair & Michl 2018, S. 300).

- Nicht zu verkennen ist allerdings, dass die Erlebnispädagogik über eine ausgereifte Infrastruktur aus Hochschulrepräsentanzen und -instituten, eigenen Veranstaltungsformaten[113], einer eigenen Fachzeitschrift nebst damit verbundener Fachbibliothek sowie über eigene zertifizierte Spezialausbildungen verfügt (vgl. Fengler & Eberle 2019, S. 43 ff.).
- Erlebnispädagogische Ansätze sind in zahlreichen Tätigkeits- und Themenfeldern präsent bzw. erschließen sich diese: die diversen Handlungsfelder der Kinder- und Jugendhilfe (darunter insbesondere die den Erziehungshilfen zuzuordnende Individualpädagogik), aber auch Altenarbeit, Erwachsenenbildung im Horizont von Therapie, Demokratie, Inklusion, Prävention, Gesundheit/Ernährung, Ökologie, Nachhaltigkeit, Resilienz, Spiritualität, Berufsbildung, Führungskräfte- und Personaltraining, Migration, Gender/Diversity, (neue) Medien, Sport, Edutainment und Zirkuspädagogik. Dem gesellen sich wiederum eine nicht abschließende Vielfalt diverser Handlungsansätze und Praxisorte hinzu, beispielsweise: alpine Erlebnispädagogik, Hochschulprojekte, City Bound, Geocaching, Parcour, winter- und wasserspezifische Ansätze, Höhlentouren, schulische Projekte, Mountainbike, Naturwerkstätten, Hochseilgärten sowie quer dazu wiederum erziehende, bildende und kompetenzbezogene Ansätze.

Auch wenn mit Blick auf Konzepte der Kinder- und Jugendarbeit die grundlegende Maxime der Freiwilligkeit oder auch hinreichende Überlegungen zu körpersoziologischen Aspekten bisweilen fehlen, so verdeutlichen die Prinzipien für die Erlebnispädagogik die diesbezüglichen Anschlussstellen. Gleichwohl beste-

---

112 In seiner Genese des Erlebnisbegriffs geht Thomas Schott (2009, S. 187 f) sogar zurück bis zu den griechischen Klassikern, der deutschen Romantik und Lebensphilosophie sowie den existentialistischen und phänomenologischen Theoretikern.

113 Siehe dazu insbesondere https://www.erleben-lernen.de/ [Zugriff 20. 10. 2020].

hen auch Bedenken mit Blick auf die erlebnispädagogischen Ansätze, basiert doch jede Pädagogik als inszeniertes Lern-Arrangement auf dem Einsatz von Unterschieden. Vor diesem Hintergrund besteht immer wieder die Notwendigkeit, die Qualität des Erlebnisses, mit dem das pädagogische Ziel erreicht werden soll, herauszuarbeiten. Ferner scheint bei jedem wirklichen Erlebnis die Chance einer Wiederholbarkeit nicht oder nur sehr begrenzt zu bestehen; es droht ansonsten die Gefahr von Langeweile oder auch Erlebnisgewohnheit. Somit müssen sich erlebnispädagogische Ansätze mit der steten Variation des Erlebnisses, seiner Veränderung und womöglichen Steigerung auseinandersetzen. Es besteht die Gefahr einer Art »Erlebnisinflation«, die zu einer Aneinanderreihung von Events in einer Erlebnisgesellschaft führt (vgl. bereits Winkler 2007).

Einen weiteren wunden Punkt der Erlebnispädagogik benennt schließlich Bröckling (2017), wenn er diesem pädagogischen Ansatz Macht- und Herrschaftsblindheit attestiert. An anderer Stelle wird auch von einer mittlerweile zu beobachtenden gesellschaftspolitischen Naivität oder auch einer Ignoranz gegenüber dem Politischen gesprochen (vgl. Heckmair & Michl 2018, S. 299; Wahl 2014, S. 21).

Zum Weiterlesen – Literaturhinweise

Heckmair, B., & Michl, W. (2018). *Erleben und Lernen. Einführung in die Erlebnispädagogik* (8. üb. Aufl.). München: Reinhardt.

Michl, W., & Seidel, H. (Hrsg.) (2018). *Handbuch Erlebnispädagogik*. München: Reinhardt.

Paffrath, H. F. (2017). *Einführung in die Erlebnispädagogik* (2. üb. Aufl.). Augsburg: Ziel.

Raum- und territoriumsbezogene Konzepte

Mit dem Fokus auf raum- bzw. territoriumsbezogene Konzepte der Kinder- und Jugendarbeit eröffnet sich ein weiteres, höchst facettenreiches Themenfeld, welches gleichermaßen in diverse Subkategorien fächerartig ausstrahlt und sich mit den anderen, vorgenannten Konzeptschwerpunkten vielfältig verbindet. Das Themenfeld ›Raum – Ort – Territorium‹ besitzt universale und daher auch pädagogische Relevanz:

> »Der Raum ist etwas dem menschlichen Sein Wesentliches. Menschliches Sein ist räumliches Sein, menschliche Erfahrung ist räumliche Erfahrung. (…) Lernen, Bildung und Erziehung geschehen als Prozesse im Raum und konstituieren selbst Raum« (Göhlich 2016, S. 37 f).

Aus diesen Gründen kommt dem Raum ein schlechthin unausweichlicher, bisweilen inflationärer Stellenwert in allen Konzepten und Praxen (auch) der Kinder- und Jugendarbeit zu, was schon zu der ironischen Bemerkung »Sozialraum ist die Antwort. Was war nochmal die Frage?« veranlasst hat (vgl. Widersprüche 2015; vgl. May 2016).

Die grundlegende Genese und die historischen Bezüge von Raumphilosophien, -theorien und Raumverständnissen spätestens ab der Antike, in denen sich mathematische und physikalische, später dann phänomenologische, körper- und medienbezogene Ausbuchstabierungen finden, können an dieser Stelle nicht geleistet werden (vgl. Sloterdijk 1998/1999/2004; Dünne, Günzel & Doetsch 2018; Heuner 2010; Günzel 2019). Ferner kann mit Blick auf die vielfältigen Handlungsfelder der Kinder- und Jugendarbeit keine vollständige Vermessung der konzeptionellen Anknüpfungspunkte an sozialräumlich konnotierte Überlegungen geleistet werden. Vielmehr wird im Folgenden zunächst auf Arbeiten zur »Pädagogik des Jugendraums« und zur »Aneignung« von Räumen aus den 1990er Jahren zurückgeblickt. Ferner wird auf »relationale Räume« und Überlegungen dazu aus der Raumsoziologie eingegangen sowie abschließend die Bezüge zwischen sozialräumlichen Konzepten und digitalen Arbeitsansätzen näher in den Blick genommen werden.

»Pädagogik des Jugendraums« und »Raumaneignung« – ein Rückblick

Unter Ausblendung zeitlich vorausgehender Arbeiten zu Jugend und Raum (vgl. z. B. Becker, Eigenbrodt & May 1984) wird die für die Kinder- und Jugendarbeit maßgebliche Zäsur mit dem 1990 erscheinenden Band zur »Pädagogik des Jugendraums« (Böhnisch & Münchmeier 1990) gesetzt. Vor den Zeitdiagnosen von »Risikogesellschaft« (Beck 1986) und Postmoderne sowie des Strukturwandels der Jugendphase, aber auch neuer Aufgaben und Anforderungen der Kinder- und Jugendarbeit vertreten die Autoren die These, dass die Kinder- und Jugendarbeit einen pädagogischen Paradigmenwechsel zu vollziehen habe, der zugleich mit ihrer Funktionserweiterung einhergeht und kommen zu dem Schluss, »daß sich die sozialräumliche Verortung der Jugendpädagogik heute zwingend nahelegt« (Böhnisch & Münchmeier 1990, S. 15).

Das heißt: Inmitten vielfältiger Optionalitäten von Globalisierung, Enttraditionalisierung, Pluralisierung und Mediatisierungen wird der soziale Raum als neuer Ankerpunkt für sozialpädagogisches Denken und Handeln erhoben, da er als »Inbegriff des Nebeneinanders, des Aufeinander-Bezogenseins, der Gleichzeitigkeit sozialer Phänomene« gilt. (Böhnisch & Münchmeier 1990, S. 19). Räume sind erstens Lernorte; Räume sind zweitens Lebensorte und Räume sind drittens politisch. Insbesondere der letzte Befund wird verbunden mit der Diagnose vergesellschafteter Räume und der daraus resultierenden Anforderung, sich diese Räume (wieder)anzueignen. Weitere Argumente ergeben sich aus der Feststellung, dass jede Pädagogik per se an Räume und spezielle Orte gebunden ist (vgl. Winkler 1988) und die sozialräumliche Dimension darüber hinaus im Modus der »sozialräumlichen Kompetenz« zur Lebensbewältigung beiträgt, die wiederum über (soziale) Netzwerke zu realisieren wäre.

Seinerzeit ausgehend vom Sozialraum, dem aus heutiger Sicht eine dominante, nahezu allzuständige Funktion als Vermittlungsinstanz in der Verbindung zu weiteren Aufgaben, Themen und Anforderungen zukommt, wird der Kinder- und Jugendarbeit eine neue Aufgabe als Initiator, Mediator und Makler für die Raumaneignungsprozesse von Jugendlichen zugesprochen. Diese neue Aufgabe erfordert wiederum eine eigene Sozialraumexpertise des Fachpersonals, die u. a. über Sozialraumanalysen zu beglaubigen ist. Die Jugendeinrichtungen selber unterliegen einem Funktionswandel zum einen, weil sie nicht länger als überwiegende Rückzugsorte von Jugendlichen genutzt werden, zum anderen, weil Jugendeinrichtungen selbst nur noch Orte neben anderen Orten in einem durch Medien und Kommerz wesentlich erweiterten Handlungsspektrum Jugendlicher sind (vgl. Böhnisch & Münchmeier 1990). Aus dieser Erkenntnis heraus wird ein Funktionswandel der Jugendeinrichtungen vorschlagen, demzufolge sie sich von vormaligen (Zu-)Fluchts- zu Aneignungsorten neu zu positionieren hätten; in einer Perspektivenerweiterung als Innenraum und Außenraum werden die sozialpädagogischen Aktivitätszonen auch aus den Einrichtungen heraus verlagert und zu Ausgangspunkten für weitere Aktivitäten im sozialräumlichen Umfeld.

Diese Bestimmung der Kinder- und Jugendarbeit als Ferment sozialräumlicher Vernetzungen geht schließlich auch einher mit einem neuen – sozialräumlich ausgelegten – Verständnis von politischer Bildung, die unter dem Schlagwort »Kampf um Raum« unumgänglich auch eine Konfliktdimension beinhaltet (Böhnisch & Münchmeier 1990, S. 113). Die Gesamtheit dieser neuen Aufgabenstellungen soll sodann in sozialräumlichen Konzepten niedergelegt werden, denen eine sozialpädagogische Entwicklungs-, Legitimations-, Qualifikations- und Professionalisierungsfunktionen zukommt.

Im selben Band stellt Deinet (1990) erstmals sein Konzept der Raumaneignung vor, das bis heute vielfach und in immer wieder neuen Akzentuierungen elaboriert und publiziert zu einem der Grundsätze der Kinder- und Jugendarbeit gehört. Unter Verarbeitung klassischer und neuerer Theoriemodelle sozialräumlicher Erkenntnisse wie z. B. dem ›Zonenmodell‹ (Baacke 1980, Bronfenbrenner 1976) und dem ›Verinselungsmodell‹ (Zeiher 1983) bezieht sich Deinet (1990) sodann auf den Begriff der Aneignung, den er aus der kulturhistorischen Schule der sowjetischen Psychologie (Leontjew 1973) und den Arbeiten von Klaus Holzkamp (1983) für die Kinder- und Jugendarbeit aufbereitet.

Mit dem Aneignungsbegriff wird dabei die auf Aktivitäten basierende Auseinandersetzung des Individuums mit seiner Umwelt bezeichnet, welches auf seine Umgebung einwirkt und im Gegenzug wiederum den Einwirkungen dieser Umgebung ausgesetzt ist: »Aneignung steht als Begriff für die subjektive aktive Gestaltung und Veränderung von Räumen und Territorien« (Deinet & Reutlinger 2004, S. 7).

Über den Aneignungsbegriff wird kindliche und jugendliche Entwicklung als tätige und zugleich spielerisch-schöpferische Auseinandersetzung mit den räumlich vorstrukturierten Lebensbereichen in den Blick genommen, durch die eine Erweiterung motorischer (aber auch symbolischer) Kapazitäten erfolgt. Diese Aneignungen erfolgen sowohl in sozialräumlich-territorialen Dimensionen der unmittelbaren Umwelt (Aufenthaltszonen in Stadtteil, Straße, Quartier, Spielplatz, Schule, Einkaufscenter), aber auch in pädagogisch arrangierten Räumen und Angeboten, die sich dadurch auszuzeichnen haben, dass sie die kindlichen/jugendlichen Probe- und Experimentierbedürfnisse über eigens eingeplante Frei- und Spielräume berücksichtigen; »(die) Übergänge Aneignung – Erlebnis – Wagnis – Risiko – Gefahr sind dabei fließend« (Deinet 1999, S. 63).

In der Annahme, dass sich gesellschaftliche (Macht-)Verhältnisse vorzugsweise über die räumliche Dimension, z. B. in bestimmten Funktionszuweisungen ausdrücken, die sich als Verregelung, Einschränkung und Entfremdung verdeutlichen, wird über die Wieder-Aneignung als Grenzüberschreitung (die auch verschobene, misslungene, gewaltsame Formen annehmen kann) eine Selbst-Ermächtigung und Rückgewinnung, eine Erschließung bisher blockierter Handlungsoptionen als Rückeroberung von Handlungssouveränität angezielt. Über ein solches gesellschaftliches Verständnis von Aneignung wird der Kinder- und Jugendarbeit zudem ein spezifisches politisches Mandat zugeteilt.

»Relationale Räume« als neue raumsoziologische Grundlegung

Die für die Kinder- und Jugendarbeit bedeutsame Erweiterung des zunächst primär sozialräumlich gefassten Aneignungsbegriffs erfolgt über die Adaption der – wiederum miteinander verklammerten – Begriffe der Bildung und der Subjektorientierung (vgl. Deinet & Reutlinger 2004). Eine weitere maßgebliche Neu-Orientierung des raumbezogenen Aneignungskonzepts vollzieht sich sodann unter Verarbeitung weiterführender Erkenntnisse der Raumsoziologie (Löw 2001), die für das sozialpädagogische Verständnis der Kinder- und Jugendarbeit bis heute noch nicht vollständig erschlossen und verarbeitet sind.

Diese neue raumsoziologische Grundlegung ist komplex und umgreift mehrere Theoriehorizonte: Der Übergang von absolutistischen hin zu relativistischen, also relationalen Raumvorstellungen wird über zunächst physikalisch dominierte »Container-Vorstellungen« etwa von Isaac Newton über den Einbezug der Erkenntnisse von Georg Wilhelm Leibniz, Kant und schließlich Albert Einstein sukzessive flexibilisiert. Mit Bezug auf theoretische Arbeiten von Georg Simmel, Michel Foucault, Anthony Giddens und Bourdieu wird der Raum nicht länger als bloße physikalische, sondern vielmehr als soziale, mithin gesellschaftliche und politische Größe akzentuiert. Die Trennung von sozialen und materiellen Räumbegriffen wird aufgegeben zugunsten eines prozessualen Raumverständnisses, welches Räume nicht mehr als gegebene Tatsache fixiert, sondern sich für die Art und Weise ihrer Herstellung, das »Geographie-Machen« (Wehrlen & Reutlinger 2019, S. 34 f) interessiert. Nunmehr wird Raum als Ergebnis menschlichen Handelns und damit menschlicher Anordnungen und Entscheidungen untersucht. Zusätzlich werden in Ergänzung zu den materiellen Räumen virtuelle Räume berücksichtigt, bei denen sich die Grenzen von Realität und Simulation verwischen und sich verbinden mit globalisierten mediatisierten Räumen.

In der Orientierung am Relationalitäts- und Raumverständnis von Pierre Bourdieu[114] versteht Martina Löw Raum »als relationale (An)Ordnung von Lebewesen und sozialen Gütern« (Löw 2001, S. 159), der sich konstituiert durch das »Platzieren von sozialen Gütern und Menschen bzw. das Positionieren primär symbolischer Markierungen, um Ensembles von Gütern und Menschen als solche kenntlich zu machen (zum Beispiel Ortseingangs- und -ausgangsschilder)« (Löw 2001, S. 158).

Räume sind mithin nicht natürlich gegeben, sondern müssen über Syntheseleistungen (re)produziert werden, wobei Spacing-Prozesse als Vermittlungen zwischen verschiedenen Räumen und damit als (machtbezogene) Aushandlungsprozesse zu verstehen sind. Raum wird diskontinuierlich-beweglich prozessiert in der Wechselwirkung von Handeln und Strukturen, wobei räumliche Strukturen Handeln sowohl ermöglichen als auch einschränken. Mit Bezug auf Bourdieu werden Räume als Machträume aufgefasst, in denen Routinen (re)produziert werden und die dadurch habituswirksam sind. Weitere Anschlüsse der Raumsoziologie im Zusammenspiel von Raum, Phänomenologie und Wahrnehmung, die auch das sinnlich-körperliche – allerdings habituell vorstrukturierte – Spüren von Räumen und Atmosphären (vgl. auch Hasse 2015, S. 202 f) umreißt, sowie die Interdependenzen von Raum und Körper harren bis auf Weiteres ihrer Anregung für die sozialpädagogische Reflexion in der Kinder- und Jugendarbeit.

Bezeichnenderweise wird an der Untersuchung jugendlicher Gegenkulturen bei Paul Willis (1992) demonstriert, dass Räume auch Handlungsoptionen für widerständiges, gegen-mächtiges, unangepasstes Handeln eröffnen. Indem in der Raumsoziologie Prozesse der Raumkonstituierung als Bildungsprozesse markiert werden (vgl. Löw 2001, S. 245 u. 265) und die Schaffung von anti-hegemonialen Räumen als Mittel der Selbstbehauptung und Handlungsfähigkeit (Agency) aufgezeigt werden, ergeben sich Anknüpfungspunkte für das subjektorientierte Bildungsverständnis der Kinder- und Jugendarbeit. Damit werden

114 »Sozialer Raum ist für Bourdieu eine relationale (An)Ordnung von Menschen und Menschengruppen im permanenten Verteilungskampf, das heißt auch in permanenter Bewegung. Ein sozialer Raum ist also ein Raum der Beziehungen. Er bezeichnet eine (An)Ordnung von Personengruppen auf der Basis gleicher bzw. unterschiedlicher Verfügungsmöglichkeiten über ökonomisches, soziales oder kulturelles Kapital, welches sich in einem ähnlichen oder verschiedenen Habitus zeigt. Der soziale Raum ist eine Abstraktion.« (Löw 2001, S. 181).

»Spacing«, Verknüpfung, Bewegung und Aneignung von Räumen als »Bildungskonzepte sozialräumlicher Jugendarbeit« implementiert (vgl. Deinet 2004) und in entsprechenden, diese Ansätze übernehmenden Weiterführungen aufbereitet (vgl. Kühn 2014; Kessl & Reutlinger 2013; Erhorn & Schwier 2015; Deinet & Reutlinger 2014; May 2019).

Bezüge zwischen sozialräumlichen Konzepten und digitalen Ansätzen

Eine gesonderte Aufmerksamkeit kommt schließlich den Verflechtungen von (sozial)räumlichen und virtuell-digitalen Theorien und Konzepten zu, sofern sie für die Kinder- und Jugendarbeit als Bildungsanregungen zu erschließen sind. Die Plausibilität einer mitunter eher gedankenlos verwendeten Gleichsetzung von konkreten und virtuellen Räumen hat seit Marshall McLuhan (1971) und Jean Baudrillard (1982) ihre eigene Geschichte, die sich bis zum heutigen Tage noch fortsetzt. Die wechselseitigen Verbindungen von vermeintlich materiellen und virtuellen Räumen, die bisweilen jeweils separiert in je eigenen medienpädagogischen und raumpädagogischen Diskursen und Praktiken ausgearbeitet werden, sind jedenfalls auch für sozialpädagogische Bildungsprozesse von Belang (vgl. Deinet & Reutlinger 2004; Tully 2009).

Die Digitalmedien beeinflussen und verändern fraglos die jugendlichen Raumerfahrungen, so dass Medienwelten und sozialräumliche Lebenswelten sich zu »Hyperrealitäten« amalgamieren (vgl. Röll 2009, S. 268).Wo das sich Internet als neues und integrales Element jugendlicher Alltagsbegleitung und -gestaltung ausdehnt und das »Switching zwischen den Welten« (Ahrens 2009, S. 25) zur profanen Alltagspraxis gerät, wird es bedeutsam, das Verhältnis von Internet und relationalen Orten respektive Sozialräumen zu erschließen. Der virtuelle Raum inszeniert sich und wird genutzt als »Zusatzraum, der bisher relevante Wirklichkeiten ergänzt und erweitert. Diese neuen elektronischen Räume bilden gegebene Realität keineswegs nur ab, sondern stellen Zusatzrealitäten bereit.« (Ahrens 2009, S. 32 f). Dabei müssen die Grenzen und Beziehungen zwischen beiden Dimensionen immer wieder neu ausgehandelt werden und Entscheidungen über deren Ausgestaltung – zum Beispiel im Hinblick auf neue Räume, Grenzsetzungen oder auch Aufmerksamkeiten sowie An- und Abwesenheiten – immer wieder neu getroffen werden.

Die Signatur der Kontingenz (d. h. vieles könnte immer auch anders sein) erzwingt jugendliche Selektions- und Synthesekompetenzen und formiert hier eine neue Entwicklungsaufgabe, deren Bewältigung die Kinder- und Jugendarbeit unterstützt, vor allem aber auch aktiv mitgestalten kann. Hinzuweisen ist hier auf die Interpretation der Aneignung unter Bezug auf die raumbezogenen Arbeiten von Michel de Certeau (1988), woraus für die Kinder- und Jugendarbeit die Aufgabe erwächst, die medialen Taktiken der Kinder und Jugendlichen zu entschlüsseln in der Absicht, deren Raumbildungsprozesse und damit verbunden, die Entwicklung einer eigenständigen und selbstbestimmten Persönlichkeit zu ermöglichen (vgl. Tillmann 2004, S. 282).

Fasst man die zuvor angerissenen Themenbezüge zusammen, dann ergeben sich unter dem Vorzeichen der Raumaneignung zahlreiche Zugänge der Kinder- und Jugendarbeit auf unterschiedlichen Ebenen. Diese erstrecken sich von traditionell sozialräumlichen Settings – Kinder- und Jugendarbeit sowie -einrichtungen als offene Bildungs- und Bewältigungsräume inklusive öffentlicher und stadtteilbezogener Vernetzungen – über räumlich-virtuelle Kombinationen und Synthesen bis hin zu Übergängen in vorrangig mediale und medienpädagogische Formate.

Zum Weiterlesen – Literaturhinweise

Böhnisch, L., & Münchmeier, R. (1990). *Pädagogik des Jugendraums. Zur Begründung einer sozialräumlichen Jugendpädagogik.* Weinheim & München: Beltz Juventa.

Deinet, U. (2013) (Hrsg.). *Innovative Offene Jugendarbeit. Bausteine und Perspektiven einer sozialräumlichen offenen Kinder- und Jugendarbeit.* Opladen: Budrich.

Deinet, U., & Krisch, R. (2013). Das sozialräumliche Muster in der Offenen Kinder- und Jugendarbeit. In U. Deinet & B. Sturzenhecker (Hrsg.), *Handbuch offene Kinder- und Jugendarbeit* (S. 311–324). Wiesbaden: Springer VS.

Deinet, U., & Reutlinger, C. (Hrsg.) (2014). *Tätigkeit – Aneignung – Bildung. Positionierungen zwischen Virtualität und Gegenständlichkeit.* Wiesbaden: Springer VS.

Kessl, F., & Reutlinger, C. (2007). *Sozialraum. Eine Einführung.* Wiesbaden: Springer VS.

Löw, M. (2001). *Raumsoziologie.* Frankfurt a. M.: Suhrkamp.

Tully, C. (Hrsg.) (2009). *Multilokalität und Vernetzung. Beiträge zur technikbasierten Gestaltung jugendlicher Sozialräume.* Weinheim u. München: Juventa.

8.2 Methodische Bezüge und das »Arrangieren« als Methode der Kinder- und Jugendarbeit

Die Kinder- und Jugendarbeit realisiert ihre Anliegen und ihren Auftrag in den Handlungskontexten über offene, lose und flexibel strukturierte Arrangements, in Workshops und Projekten, in der Einzel- und Gruppenarbeit, in Aufführungen, Veranstaltungen, Vorführungen und Kursen (Unterricht) unter Rückgriff auf die Handlungsformen Inszenieren, Unterrichten, Planen, Animieren und Anregen, Diskutieren, Konzipieren, Modellieren (Werken, Reparieren und Basteln etc.), Beraten und Arrangieren. Deutlich ist damit signalisiert, dass die Kinder- und Jugendarbeit nicht nur in einem hohen Maße in Bezug auf ihre Handlungsorte, sondern auch in Bezug auf die angewandten Methoden ausdifferenziert und plural ausgerichtet ist. Mit anderen Worten: Eine dogmatische und engstirnige Konzentration auf eine Handlungs- beziehungsweise Lehr- und Lernform gilt nicht für die Kinder- und Jugendarbeit. Vielmehr ist hier ein Mit- und Nebeneinander der unterschiedlichsten methodisch-didaktischen Intentionen und Handlungsformen respektive Techniken des Handelns zu konstatieren.

Ein an der klassischen Dreiteilung in Einzel-, Gruppen- und Gemeinwesenarbeit ausgerichtetes methodisches Setting ist für die Kinder- und Jugendarbeit ebenso wenig instruktiv wie die Ausrichtung an Methoden der Schulpädagogik oder die Favorisierung allein erfahrungsorientierter und situationsgebundener Methoden und Handlungsformen.

Die »methodischen« Ansätze der Kinder- und Jugendarbeit sind multiperspektivisch ausgerichtet. Selbst einzelne Handlungsfelder zeichnen sich heute nicht mehr durch eine dem Feld jeweils typische »Methode« aus. Projekte und Aktionen, die, wie beispielsweise kulturpädagogische Angebote, bisher offene Arrangements bevorzugten, greifen inzwischen für Teilprojekte auch auf Lernformen zurück, die vielleicht primär in Musikschulen anzutreffen sind, und diese wiederum experimentieren bei Workshops und Präsentationen mit offenen, vielleicht sogar interdisziplinär angelegten Lehr- und Lernkonzepten. Auch die Handlungsformen in der Kinder- und Jugendverbandsarbeit und in den Jugendfreizeitzentren und -häusern haben sich verändert respektive erweitert. Wurden hier in der Vergangenheit methodisch durchdidaktisierte Projekte aufgrund ihrer situations- und alltagsferne oftmals kritisch beäugt, ist inzwischen zu beobachten, dass bei Teilprojekten durchaus auf wieder auf ehemals als zu starr empfundene Handlungsformen zurückgegriffen wird.

Gleichwohl ist in der Praxis der Rückgriff auf methodische Konzepte nicht willkürlich. Unterschiedliche Angebotsformen und Arbeitsweisen, aber auch divergierende Ausgangs- und Rahmenbedingungen priorisieren unterschiedliche methodische Varianten. Dies geht einher mit verschiedenen Erwartungshaltungen, die an die Anbieter der Angebote, also in aller Regel die Träger, seitens Politik und Verwaltung, dem Gemeinwesen und nicht zuletzt seitens der Adressat*innen gerichtet werden.

Das Methodenrepertoire, auf das die Kinder- und Jugendarbeit zurückgreifen kann, ist entsprechend dieser Anforderungen breit aufgestellt. Es umfasst das weite Spektrum sozialpädagogischer Methoden in der Kinder- und Jugendarbeit nahezu vollständig. Sozialpädagogische Beratung, themenzentrierte Interaktion und klientenzentrierte Gesprächsführung, Formen des Case Managements, der Mediation, der Gruppenarbeit und -pädagogik, der multiperspektivischen Fallarbeit und des Empowerments sind hier ebenso zu finden wie methodische Ansätze der aufsuchenden Arbeit oder auch der rekonstruktiven, ethnographiebezogenen Fallarbeit. Ferner finden sich in der Methodenrubrik die Stichworte Erlebnispädagogik, Konzeptentwicklung (vgl. Deinet & Sturzenhecker 2001; von Spiegel 2000), Menschenrechtsbildung und Sozialraumorientierung (vgl. Deinet 2009), was wiederum Anschluss- und Schnittstellen zu den pädagogischen Handlungskonzepten (vgl. Kap. 8.1) verdeutlicht, aber auch zu theoretischen Überlegungen (vgl. Kap. 7). Das Methodenspektrum reicht schließlich bis hin zu Varianten des Sozialmanagements und der Jugendhilfeplanung.

Hier kann nicht der Weg einer dezidierten Vorstellung dieser Methoden eingeschlagen werden. Dies ist in den vergangenen Jahren hinreichend in der Fachliteratur geschehen. Bei einer Durchsicht aktueller Werke zum Thema »Methoden«[115] fällt allerdings auf, dass die Kinder- und Jugendarbeit in den gewählten Bezugsrahmen zur Sozialen Arbeit allenfalls beiläufig, nicht aber bewusst, geschweige denn explizit berücksichtigt wird. Inzwischen liegen jedoch einige Arbeiten vor, die einen Überblick speziell zu den Methodenansätzen der Kinder- und Jugendarbeit geben (Braun u. a. 2005; Deinet & Sturzenhecker 2013).

Ausführlicher soll an dieser Stelle aber auf eine sozialpädagogische Handlungsform eingegangen werden, die ansonsten im Kanon der methodischen Arbeitsansätze zu wenig Beachtung findet: das Arrangieren. Eine neuere Auseinandersetzung mit sozialpädagogischen Handlungsformen (Lindner 2014a) gesteht dem Arrangieren eine hervorgehobene, ja strukturell entscheidende Position als Meta-Kategorie zu, zumal zunächst einmal jedes pädagogische Handeln als Herstellung einer Situation des Lernens einer Logik des Arrangierens unterliegt. Das heißt, man kann nicht *nicht* arrangieren. Andernfalls würde sich pädagogisches Handeln nicht von alltäglichem Tun unterscheiden. Gilt Arrangieren mithin als »Grammatik« pädagogischen Handelns schlechthin, so kann sie speziell für die Kinder- und Jugendarbeit als deren »didaktischer Kern« gelten (vgl. Lindner 2014b).

Führt man sich Praxisfelder und -orte wie das Jugendzentrum, den Abenteuerspielplatz, die Gruppenstunde, die Ferienfahrt, den JULEICA-Kurs oder auch die internationale Jugendbegegnung sowie schlicht das Projekt vor Augen[116], so sind sie jeweils durch verschiedenste Arrangements gekennzeichnet; diese sind strukturiert durch immer dieselben vier Kern-Elemente:

- einer *sachlichen bzw. gegenständlichen* Dimension, die das Thema, den sozialpädagogischen Leitgedanken, die Lernaufgabe oder das Bildungsthema umfasst,
- einer *zeitlichen* Dimension (Zeitpunkt, Zeitraum, Dauer, Abfolge von Aktivitäten im Verlauf, Prozessqualität),
- einer *sozialen* Dimension (u. a. Sozialform des Lernens, Anzahl und Zusammensetzung der beteiligten Personen, konkrete Praktiken, sozialpädagogische und peer-bezogene Beziehungsqualität) und
- einer *sozialräumlichen* Dimension (bezogen auf den Ort und seine spezifischen Gegebenheiten, Qualitäten und Strukturierungen).

115 Siehe beispielsweise die Veröffentlichungen von Peter-Ulrich Wendt (2017), Rita Braches-Chyrek & Jörg Fischer (2018); Michael Galuske (2013) sowie von Dieter Kreft & C. Wolfgang Müller (2019).

116 Vgl. auch die illustrierenden Praxisvignetten im Kap. 1 »Die Kinder und Jugendarbeit – Annäherungen«.

Die Pointe des Arrangierens gegenüber anderen pädagogischen Handlungsformen (wie z. B. Beraten, Informieren, Unterrichten, Zeigen) besteht im Modus einer dem Handeln vorgelagerten Zurückhaltung. Hier steht nicht die direkte pädagogische Intervention, die gezielte, absichtsvolle pädagogische Einwirkung auf eine*n Adressat*in im Zentrum, sondern die tendenzielle Abstinenz des pädagogischen Personals, eine solchermaßen intendierte Gestaltung von Lernumgebungen.

Im Arrangieren verlagern sich pädagogische Aktivitäten idealtypisch in ihrem Schwerpunkt weg vom pädagogischen Personal und hin zu deren Adressat*innen. In der Kinder- und Jugendarbeit findet sich dieser Grundsatz pädagogischer Zurückhaltung in der Formulierung der sog. „Sparsamkeitsregel" (Cloos u. a. 2009, S. 21 u. S. 167), welche die Quantität und Qualität professioneller Aktivitäten umschreibt, die z. B. einen »Rahmenwechsel«, d. h. Impulse zur Veränderung hervorrufen können. Die besondere Qualität der Kinder- und Jugendarbeit wird hier also weniger deutlich in nachdrücklichen und energischen Aktionen, sondern vielmehr in diskreten, knappen und niedrigschwelligen Andeutungen, bei denen es im Zweifelsfall weniger um das Tun, sondern vielmehr um das Lassen geht.

Die besondere Bedeutung der Methodik des Arrangierens speziell für die Kinder- und Jugendarbeit liegt in deren konstitutiver Offenheit, ihrem Angebotscharakter und der vergleichsweise schwachen Strukturiertheit. Dies ist als Stärke oder auch pädagogische Chance zu sehen: Zwanglosigkeit und Nichtplanbarkeit werden keineswegs als Mängel, sondern als unabdingbare Garanten für das pädagogische Gelingen angesehen. Dieses zentrale Charakteristikum einer kalkulierten Offenheit im Arrangieren beinhaltet stets Freiheitsspielräume von Kindern und Jugendlichen, aber auch das Risiko, dass diese gemäß ihrer eigenen Motive von den eher impliziten Erwartungen abweichen oder sie im Extremfall völlig unterlaufen. In einem solchermaßen ausbalancierten Setting liegen Chancen und Gefährdungen nah beieinander; was Hermann Giesecke (1992, S. 98) dazu veranlasst, das Arrangieren als zweifellos »heikelste pädagogische Handlungsform« zu bezeichnen, denn die durch Lernen mobilisierte Anstrengung und Veränderungsenergie in der Auseinandersetzung mit einem erst noch zu erschließenden Lerngegenstand wird Kindern und Jugendlichen in höherem Maße selbst abverlangt und ihren eigenen Entscheidungen überlassen.

Zum Weiterlesen – Literaturhinweise

Braun, K.-H., Wetzel, K., Dobesberger, B., & Fraundorfer, A. (2005) (Hrsg.). *Handbuch Methoden der Kinder- und Jugendarbeit. Studien zur pädagogischen Entwicklungsforschung und Qualitätssicherung*. Wien: LIT.

Galuske, M. (2013). *Methoden der Sozialen Arbeit. Eine Einführung* (10. Aufl., bearb. v. K. Bock & J. F. Martinez). Weinheim & München: Beltz Juventa.

Lindner, W. (2014). *Pädagogische Praktiken: Arrangieren*. Stuttgart: Kohlhammer.

Müller, B. (1994/2017). *Sozialpädagogisches Können. Ein Lehrbuch zur multiperspektivischen Fallarbeit* (8. üb. u. erw. Aufl.). Freiburg i. Breisgau: Lambertus.

8.3 »Lebenswelt« als handlungspraktische Orientierung

Obwohl die sozialpädagogischen Projekte der Kinder- und Jugendarbeit sich vor Ort konzeptionell vielfältig ausdifferenzieren, stehen sie keineswegs beziehungslos nebeneinander. Befreit man die konzeptionellen Grundideen von ihrer zumeist praxeologisch-methodischen und handlungspragmatischen Schale, dann zeigen die mit Adjektiven wie »akzeptierend«, »niedrigschwellig«, »mobil«, »aufsuchend«, »nicht-bevormundend« und »straßen- und raumbezogen« etikettierten Projekte der »lebensweltnahen« Sozialpädagogik drei strukturelle Gemeinsamkeiten:

- Lebensweltnahe Ansätze und die sie tragenden Zugangs- und pädagogischen Handlungsformen sind gegenwärtig in der Kinder- und Jugendarbeit vornehmlich bei Projekten in marginalisierten und extrem problembelasteten sozialen Milieus und bezogen auf die hier agierenden Subjekte anzutreffen. Bei den Zielgruppen – rechtsorientierte und gewaltbereite Jugendliche, Drogenabhängige und -konsumenten, Obdachlose respektive Nichtseßhafte, weibliche und männliche Prostituierte, Straßen- und »Lücken«kinder, Jugendbanden und -gangs – handelt es sich jeweils um Adressat*innen, die auf der einen Seite eine vermeintliche Bedrohung öffentlicher Ordnungsvorstellungen und Normalitätsbilder darstellen, die jedoch zugleich und andererseits offensiv aus bestehenden institutionellen Unterstützungsangeboten ausgegrenzt beziehungsweise mit herkömmlichen institutionellen Settings nicht erreicht werden. In den lebensweltnahen Handlungsansätzen manifestiert sich somit nicht lediglich ein Hilfebedarf problembelasteter sozialer Gruppen und Personen, sondern zugleich auch eine gesellschaftliche Kontrollabsicht sowie ein institutionelles Interesse an der Ausweitung von Hilfsangeboten für Adressat*nnen, die mit bisherigen gesellschaftlichen und mithin auch den sozialpädagogischen Angeboten nicht mehr zu erreichen sind.
- Lebensweltnahe sozialpädagogische Projekte insgesamt und die Kinder- und Jugendarbeit insbesondere kennzeichnet als Gemeinsames zudem eine grundlegende deinstitutionalisierende Tendenz. Hürden und Zugangsschwellen zu sozialpädagogischen Angeboten können unterschiedlicher Natur sein. Als räumliche und sachliche Barrieren können etwa stadtteilferne Räumlichkeiten, schlechte Anbindung an öffentliche Verkehrsmittel und klientenunfreundliche Öffnungszeiten wirken. Lebensweltnähe fordert demnach die »klassische« Soziale Arbeit implizit auf, ihre Angebotspalette auf gewollte und ungewollte Zugangsregeln und Barrieren hin zu überprüfen.
- Lebensweltnähe in der hier diskutierten Variante ergänzt und komplettiert das normalisierte »Sozialpädagogische Projekt« (vgl. Schefold 1993) am Ende seines ersten Jahrhunderts über einen Verzicht auf etablierte, gesellschaftlich konsensuale Modelle der Lebensführung als Entwicklungsmuster und Zielschablone mit einem Paradigma der »Ent-Normalisierung« (vgl. Galuske

1993). Die Unterstützung und Beratung von Drogenabhängigen ohne Abstinenzanspruch oder die Arbeit mit rechtsorientierten und gewaltbereiten Jugendlichen enthält für die etablierte sozialpädagogische Praxis mithin immanente Provokationen, die häufig allzu pauschal lediglich mit dem Hinweis auf den rein defensiven Charakter von Unterstützungsleistungen kritisiert und abgewehrt werden.

Die hier hervorgehobenen grundlegenden Übereinstimmungen lebensweltnaher Sozialer Arbeit mit Kindern und Jugendlichen stellen bei näherer Betrachtung durchaus historisch gewachsene, wenn auch zuweilen vergessene, verdrängte oder übersehene Kernbestände der Sozialpädagogik und damit auch der Kinder- und Jugendarbeit dar. Ihr innovatives Potential liegt so möglicherweise nicht im grundsätzlich Neuen, sondern in der Akzentuierung des Alten: Dass die Klient*innen dort abgeholt werden sollen, wo sie stehen, ist eine, häufig zur Floskel verkommene Traditionsgrundlage Sozialer Arbeit. Als neues und für die etablierte Praxis Sozialer Arbeit durchaus irritierendes Moment kommt allerdings hinzu, dass die Adressat*innen innerhalb der neueren lebensweltnahen Handlungsansätze nicht nur dort abgeholt werden sollen, »wo sie stehen«, sondern dass sie zudem auch Einfluss nehmen sollen auf das Ziel der jeweiligen sozialpädagogischen Interventionen. Aber auch ein auf Lebenswelten ausgerichtetes Handeln sieht sich konfrontiert mit zumindest einer spezifischen Herausforderung – ohne die die Initiierung von Bildung suspendiert bleibt – und einem, die sozialpädagogische Praxis grundlegend durchziehendem Dilemma.

1. Die Praxis der Kinder und Jugendarbeit kann bei Kindern und Jugendlichen nur dann Anerkennung finden, wenn es ihr gelingt, sich gegenüber den Heranwachsenden als ein Feld zu präsentieren, dass das Erleben von Anerkennung ermöglicht. Anerkennung operationalisiert Akzeptanz als defensive, quasi antipädagogische, zurückhaltende Haltung, eine Haltung, die den Adressat*innen keine prinzipielle Zweck- und Zieldistanz suggeriert, also nicht auf Täuschung basiert.
   Was soziale Szenen und Subjekte demgegenüber fordern und wünschen ist eine authentische, nicht zynische, gerechte und nicht doppelzüngige Haltung von den professionellen Akteur*innen, die Verlässlichkeit nicht nur zusagen, sondern auch realisieren. Das heißt sich auch einmischen und dabei Positionen erkennen lassen, die Selbstzerstörungen und auch gewaltorientierte Handlungen ebenso wie gesellschaftliche Stigmatisierungen kritisieren und nicht stützen (vgl. u. a. Thole 1991, S. 98). Erst die Artikulation und Hervorbringung einer solchen ermöglicht, die Kinder- und Jugendarbeit als einen Ort der Ermöglichung von Anerkennung zu konstituieren.
2. Das grundlegende Dilemma, die grundlegendende Ambiguität, die die Soziale Arbeit wie die Kinder- und Jugendarbeit tangiert, ist die Hilfe-Kontroll-Prob-

lematik. Die hierüber angesprochene Problematik – unter dem Stichwort »doppeltes Mandat« sowie unter den Begriffspaaren »Hilfe oder Kontrolle«, »Kolonialisierung oder Verstehen«, »soziale Disziplinierung oder sozial-kultureller Eigensinn« (vgl. u. a. Peukert 1986a) und zuletzt unter der Dualität von »Inklusion und Exklusion vielfach diskutiert – kann allenfalls diskutiert, jedoch endgültig nicht gelöst werden. Auch die Projekte der Kinder- und Jugendarbeit sind eben nicht nur »Hilfe«, sondern entwickeln strukturell zugleich auch Kontrollelemente. Wie dieses Spannungsverhältnis in der Praxis aufgelöst werden kann, ist in der lebensweltnahen Methodendiskussion eine weiter offene und zugleich kaum diskutierte Frage. Parteinahme für die Betroffenen – so nachvollziehbar diese Forderung auch im Kontext der Kinder- und Jugendarbeit auch sein mag – beseitigt die vorliegende strukturelle Spannung nicht, sondern reformuliert sie lediglich als ethisches Problem der jeweiligen professionellen Akteure der Sozialen Arbeit. Spätestens dort, wo die sozialpädagogischen Professionellen zu Sprecher*innen ihrer Adressatengruppen werden – werden möchten –, ohne den Kontroll- und Ordnungsinteressen der bürgerlichen Hegemonie entsprechen zu wollen, entstehen Spannungen. Der Versuch, sich des doppelten Mandats mittels Akklamation zu entledigen, erinnert an die Fehleinschätzung sozialpädagogischer Handlungskonzepte im Kontext der marxistischen Theorieansätze der 1960er und 1970er Jahre.

8.4 Handlungsmaximen und Leitlinien methodischen Handelns

Auf einer eigenen, »die« Theorieentwicklung der Kinder- und Jugendarbeit ebenso wie die Entwicklung von »Theorie«-, »Praxis«- und Vor-Ort-Konzepten begleitenden und fundierenden Ebene können wir die hier näher erörterten Leitlinien oder Strukturmaximen, also gewissermaßen die normativen Eckwerte der Kinder- und Jugendarbeit ansiedeln. Sie stellen grundlegende Orientierungspunkte für die theoretische Weiterentwicklung dar, benennen aber zugleich auch die Bezugspunkte für konzeptionelle Überlegungen und Entwicklungen, sind also weder Theorie noch Konzept. Die Handlungsmaximen sind demzufolge sowohl Bestandteil der allgemeinen theoretischen und konzeptionellen Entwicklung als auch Kernelement der Vor-Ort-Konzeptionen. Darüber hinaus und gleichfalls sollten sie auch der tagtäglichen Arbeit und den im pädagogischen Prozess zugrundeliegenden Methoden als Strukturprinzipien zugrundeliegen.

Dem Achten Jugendbericht des Bundesministeriums für Jugend, Familie, Frauen und Gesundheit (vgl. Deutscher Bundestag 1990, S. 12 und S. 85 f) kommt der Verdienst zu, unabhängig von den Zielen und Aufgaben der Kinder- und Jugendhilfe in ihren konkreten Praxisfeldern und unabhängig von trägerspezifischen Ansprüchen solche allgemeinen »Strukturmaximen« formuliert zu haben:

»Um die Gemeinsamkeiten in den Jugendhilfefeldern hervorzuheben, hat sich die Kommission auf bestimmte Grundprinzipien bei der Beschreibung der Entwicklungslinien in diesen Tätigkeitsfeldern (…) geeinigt. Lebensweltorientierung, Partizipation und Integration sind Strukturierungskriterien, die in allen Tätigkeitsfeldern wieder erscheinen, auch wenn sie je nach Tätigkeitsfeld erheblich variieren« (Deutscher Bundestag 1990, S. 12).

Die Grundprinzipien der Kinder- und Jugendhilfe finden eine Präzisierung durch die Maximen Regionalisierung, Prävention und Alltagsorientierung. Diese Strukturmaximen der Jugendhilfe (vgl. Deutscher Bundestag 1990, S. 85 f) – eingedenk der Einschränkung, dass sie nicht alle überall anzutreffen sind und sie nicht überall in gleicher Form die Arbeit und die Angebote strukturieren – sind in der Kinder- und Jugendarbeit ebenfalls virulent. Aber in ihrem allgemeinen Zuschnitt sind sie konkretisierungsbedürftig.

Lothar Böhnisch (1992, S. 245 f) hat hinsichtlich der sozialpädagogischen Arbeit mit Kindern und Jugendlichen Anfang der 1990er Jahre eine Präzisierung vorgelegt, die auch heute noch Gültigkeit hat. An diese Erweiterung und Konkretisierung anknüpfend, können die allgemeinen, auf die einzelnen Handlungsfelder nochmals zuzuschneidenden orientierenden Eckwerte Freiwilligkeit, Partizipation, Integration, Lebenswelt, Biographie, Zeit, Alltag, Selbstwert und Region beziehungsweise Dezentralisierung als allgemeine Leitlinien der Kinder- und Jugendarbeit herausgestellt werden, wobei die vier ersten Leitlinien als basale Maximen die Spezifik der Kinder- und Jugendarbeit nochmals besonders konturieren:

- Die Kinder- und Jugendarbeit zeichnet sich gegenüber anderen institutionalisierten Handlungsfeldern insbesondere durch das Prinzip *Freiwilligkeit* aus. Kinder- und Jugendarbeit ist Teil des Freizeitlebens von Kindern und Jugendlichen. Es existiert für Kinder und Jugendliche jedoch keine gesellschaftlich induzierte Verpflichtung, an den Angeboten der Kinder- und Jugendarbeit teilzunehmen. Die Kinder- und Jugendarbeit stellt ein Angebot dar, das Kinder und Jugendliche in Anspruch nehmen können, zu dem sie jedoch nicht verpflichtet werden können.
- Kinder- und Jugendarbeit hat partizipative Interessen von Kindern und Jugendlichen zu unterstützen. *Partizipation* bedeutet, Kindern und Jugendlichen Handlungsfelder anzubieten, in denen sie Selbstorganisations- und Mitbestimmungsvarianten erproben können, aber auch lernen, wie sie auf gesellschaftliche Entwicklungen und Planungen, die ihre augenblickliche Situation oder ihre Zukunft betreffen, Einfluss nehmen können.
- Die Kinder- und Jugendarbeit beruht, wie bereits zuvor schon erwähnt, auf der vorbehaltlosen und nicht an weiteren Kriterien (z. B. Leistungskriterien, Noten) gebundenen *Anerkennung* von Kindern und Jugendlichen. Diese Anerkennung impliziert eine grundlegende Akzeptanz und Wertschätzung ihres

Status und den damit verbundenen Kriterien (z. B. soziale Lage, Geschlecht, Herkunft), ihrer Interessen und Themen, ihrer bisweilen verschobenen und verqueren, mal unfertigen, mal kompetenten Aneignungsweisen, aber zugleich auch ihrer Entwicklungs- und Lernbedürftigkeiten; diese Anerkennung ist nicht gleichzusetzen mit naiver Bewunderung oder überzogener Hochachtung, sondern wird zum Ausgangspunkt für die weitere Befassung unter Maßgabe des pädagogischem Takts.

- Die Kinder- und Jugendarbeit hat eine *sozialpädagogisch bildende* Funktion, die sich – in Verbindungen mit den anderen Basiskriterien – als elementares Differenzkriterium von anderen öffentlichen und kommerziellen Instanzen des Aufwachsen unterscheidet; allerdings ist diese bildende Funktion kein stets, prioritär und zwanghaft in Anschlag zu bringender Faktor, sondern als Disposition in der Freizeit, der Geselligkeit, des Spiels, auch des Abhängens und Ausruhens aufgehoben und gelangt dort situativ zur Geltung. Die hiermit verbundene Förderung der *Selbstwertkompetenzen* meint und erfordert eine kinder- und jugend»pädagogische« Praxis, der es gelingt, Kindern und Jugendlichen ihre Fähigkeiten bewusst zu machen, die Kindern und Jugendlichen hilft, Krisen und Unsicherheiten zu überwinden, indem sie auf vorhandene Kompetenzen verweist und/oder diese erlernen hilft.
- Die Kinder- und Jugendarbeit hat eine integrative wie inklusive Funktion. *Integration* meint, dass der Kinder- und Jugendarbeit die Aufgabe obliegt, unterschiedliche Interessen und Bedürfnisse, kulturelle Orientierungen und Artikulationen, Milieus und Lebenswelten, unterschiedliche Ethnien und religiöse Orientierungen grundsätzlich in ihre Angebote einzubinden und den Angehörigen aller Geschlechter, aber auch denen, die aufgrund körperlicher und/oder geistig-seelischer Beeinträchtigungen besondere Ansprachen wünschen, Raum zur Entfaltung von spezifischen Anliegen anzubieten und sie in das Feld und die Angebote der Kinder- und Jugendarbeit zu inkludieren.
- *Lebensweltorientierung* bedeutet, dass die Angebote und Projekte an Erfahrungen und Erlebnissen, Fähigkeiten und Wünschen, Bedürfnissen und Lethargien von Kindern und Jugendlichen anzuschließen haben, dass sie Anliegen von Kindern und Jugendlichen ernst nehmen, kindliche und jugendliche Alltagsdeutungen akzeptieren und regionale, lokale und milieuspezifische Besonderheiten und Auffälligkeiten berücksichtigen sollen.
- *Gruppen*orientierung heißt, dass die Kinder- und Jugendarbeit kulturelle, soziale und politische Kompetenzen zu fördern und den sozialen Kontext des »Lernens« mit zu berücksichtigen hat.
- *Biographieorientierung* und Unterstützung der *Lebensbewältigungskompetenzen* bedeutet, darauf zu achten, dass die Mitbringsel der an den Angeboten der Kinder- und Jugendarbeit Teilnehmenden relevant für die Initiierung von neuen Lernerfahrungen sind, dass Kinder und Jugendliche heute sehr

genau abzuschätzen wissen, was ihnen diese oder jene Aktivität bringt, und von der Kinder- und Jugendarbeit erwarten, Hinweise und Hilfen beim Weg durch die Kinder- und Jugendbiographie zu erhalten.

- *Zeitorientierung* heißt, das gegenwartsbezogene Zeiterleben von Kindern und Jugendlichen utopisch, aber auch historisch anzureichern, zu relativieren und mittels Gegenerfahrungen zu konterkarieren, also beispielsweise: Warum soll ich heute das Spielen einer Gitarre lernen, wenn ich doch nie spielen kann wie Jimi Hendrix?
- *Alltagsorientierung* bedeutet, die situativ bestimmten Alltagsgestaltungen von Kindern und Jugendlichen und z. B. hier sich ritualisierende Interaktionspraxen anzuerkennen, heißt aber auch, für die Kinder- und Jugendkulturarbeit erreichbar zu sein und zu den »problematischen« Alltagspraxen und -deutungen Alternativen anzubieten.
- *Regionalisierung-* und *Dezentralisierung* besagt einerseits, dass die Politik Möglichkeiten bereitstellt, die die Kinder- und Jugendarbeit benötigt, um wirklich allen Mitgliedern der heranwachsenden Generation eine Teilnahme und das Mitmachen zu ermöglichen, heißt aber andererseits auch, dass die einzelnen Angebote und Projekte der Kinder- und Jugendarbeit sich nicht in »geschlossene Räume« verbunkern sollen, sondern in den städtischen und sozialen Räumen präsent sind.
- *Attraktivitätsorientierung letztlich* weist auf das Erfordernis der Kinder- und Jugendarbeit hin, insbesondere unter den Bedingungen des freiwilligen Zugangs im Ensemble anderer Agenturen des Aufwachsens (Familie, Schule) und privat-kommerzieller Anbieter im Zeit- und Interessensgefüge von Kindern und Jugendlichen hinreichend leistungs- und konkurrenzfähig zu bleiben, da nicht davon auszugehen ist, das diese den sozialpädagogischen Eigenwert von Kinder- und Jugendarbeit per se erschließen und für sich nutzen.

Diese allgemeinen Eckwerte beziehungsweise Leitlinien können für alle Handlungsfelder der Kinder- und Jugendarbeit als konstitutiv angesehen werden. Sie sind in den jeweiligen pädagogischen Rahmenkonzeptionen sowie den pädagogischen Handlungskonzepten zu berücksichtigen. Im Kern bilden sie die fachlichen Standards.

Zum Weiterlesen – Literaturhinweise

Deutscher Bundestag (1990). *Bericht über die Bestrebungen und Leistungen der Jugendhilfe – Achter Jugendbericht – sowie Stellungnahme der Bundesregierung. Unterrichtung durch die Bundesregierung.* Drucksache 11/6576. Bonn: Eigenverlag.

Thiersch, H. (1992). Lebensweltorientierte Jugendhilfe – zum Konzept des 8. Jugendberichtes. In H. Thiersch (1992). *Lebensweltorientierte Soziale Arbeit. Aufgaben der Praxis im sozialen Wandel* (S. 13–40). Weinheim & München: Juventa.

9 Kinder- und Jugendarbeit als sozialpädagogisches Bildungsprojekt – Situation und Zukunft

In dem abschließenden Teil dieser Einführung in die Kinder- und Jugendarbeit werden die theoretischen Überlegungen für das Arbeitsfeld als Ort für die Initiierung von Bildung nochmals aufgegriffen und weitergedacht (vgl. Kap. 7.6). Die Ausführungen zu einer theoretisch-konzeptionellen Neuverortung präsentieren zentrale Überlegungen zu den Entwicklungspotenzialen der Kinder- und Jugendarbeit als ein »sozialpädagogisches Bildungsprojekt«. Dabei werden zunächst gesellschaftliche Veränderungen und ihre Auswirkungen auf die Kinder- und Jugendarbeit analysiert (vgl. Kap. 9.1). Die nachfolgenden Ausführungen beschreiben auf der Grundlage von vier Bausteinen zu den Rahmenbedingungen und Voraussetzungen, zu den Bildungsdimensionen und -zielen sowie zu den normativen Kernorientierungen und zur Pädagogik die Kinder- und Jugendarbeit als ein spezifisches Bildungsprojekt (vgl. Kap. 9.2). Zum Abschluss wird die »Mündigkeit« der Adressat*innen beziehungsweise Beiträge zur Entwicklung derselben bei den jungen Menschen als zentrale Zielsetzung einer bildungsbezogenen Kinder- und Jugendarbeit herausgestellt (vgl. Kap. 9.3).

9.1 Gesellschaftliche Veränderungen und »die« Lage der Kinder- und Jugendarbeit

Seit Mitte der 1990er Jahre und endgültig dann ab Beginn des neuen Jahrhunderts avanciert die Neuordnung des bundesrepublikanischen Bildungssystems zum politischen Großthema. Schon vor inzwischen über zwanzig Jahren prognostizierte der damalige Bundespräsident Roman Herzog (1997) in seiner Berliner Rede zur Lage und Zukunft des bundesrepublikanischen Bildungs- und Hochschulsystems, dass Fragen nach der Zukunft der Bildung in Schule, Ausbildung und Hochschule das 21. Jahrhundert bestimmen werden. Dieser Blick in die Zukunft scheint inzwischen die bundesrepublikanische Wirklichkeit erreicht zu haben. Nicht wenige Stimmen gehen davon aus, dass sich die Innovationskraft einer Gesellschaft wesentlich darüber beweisen wird, ob und wie es gelingt, eine reichtumsfixierte, an der Produktion von materiellen Gütern und der Akkumulation von Geld und Kapital orientierte Arbeitsgesellschaft nach einem »Galopp« durch die Risikogesellschaft in eine sich ständig reflexiv modernisierende, auf Nachhaltig setzende »Bildungs- und Wissensgesellschaft« zu verwandeln, zumindest dann, wenn sie nicht schon heute ihr »Ende« einzuläuten gedenkt.

Die Fixierung darauf, den erlernten Beruf lebenslang ausüben zu können, nimmt beispielsweise nicht zur Kenntnis, dass das klassische System der Erwerbsarbeit durch den fortschreitenden Strukturwandel des Arbeitsmarktes zunehmend in Frage gestellt wird. An die Stelle der lohnabhängig Berufstätigen werden, so die optimistischen Deutungen dieser Entwicklung, flexible Individuen treten, zu deren zukünftigen Basisqualifikationen vernetztes Denken, Bereitschaft zum lebenslangen Lernen, Kritikfähigkeit, Sozial- und Kulturkompetenz, Kreativität und Teamfähigkeit ebenso gerechnet werden wie die Fähigkeit, gesellschaftliche Ansprüche und Unsicherheiten, ökologische und soziale Risiken biographisch zu verarbeiten. Das in entsprechenden Diagnosen und Prognosen durchschimmernde Projekt der Selbstoptimierung formiert inzwischen auch die subjektiven Selbstkonstruktionen (vgl. Thole & Schildknecht 2020). Subjekte, Jugendliche wie Kinder und Erwachsene, werden demnach nicht mehr nur »aus allgemeinen sozialen Vorgaben entbunden und sozusagen in die Selbstverantwortung und Selbstoptimierung« freigesetzt, sondern in einen Vergesellschaftungsprozess eingebunden, der vom komplizierten wie komplexen »Streben nach Einzigartigkeit und Außergewöhnlichkeit« durchzogen ist (Reckwitz 2019, S. 9).

Unübersehbar und wahrnehmbar sind jedoch zugleich die Schattenseiten der seit gut drei Jahrzehnten andauernden Veränderungen moderner Gesellschaften. Parallel zu dem Zugewinn an individuellen Gestaltungsmöglichkeiten und dem Zwang, »Authentizität, Selbstverwirklichung, kulturelle Offenheit und Diversität, Lebensqualität und Kreativität« (Reckwitz 2019, S. 275) zu artikulieren, zeigt sich eine kontinuierliche Verschärfung der sozialen Ungleichheiten. Gesellschaftliche Spaltungstendenzen führen dazu, dass gegenwärtig für immer mehr Menschen, auch für Kinder und Jugendliche, die Möglichkeiten, Zugang zu den gesellschaftlichen Bildungsangeboten, kulturellen und sozialen Ressourcen sowie einer existenzsichernden Erwerbsarbeit zu erhalten, noch unerreichbarer oder aber zumindest noch fraglicher und unsicherer werden. Für die Bundesrepublik Deutschland bislang gültige Standards der sozialen Sicherung werden vor dem Hintergrund von Prozessen der Globalisierung so nicht nur noch unsicherer, sondern in ihren Grundbestandteilen selbst noch weiter zur Disposition gestellt. Im Schatten einer sich auch weiterhin *glamourös* präsentierenden Gesellschaft werden soziale Sicherungssysteme und -leistungen nicht nur lediglich weiter strukturell privatisiert, sondern zugleich wird den Einzelnen überantwortet, sich sein soziales Sicherungssystems selbst zu modellieren. Die sich vollziehenden Umbauten des Sozialstaates und Umverteilungen gesellschaftlichen Reichtums unterhöhlen sukzessive das Fundament des bundesrepublikanischen Sozialstaates (vgl. u. a. Lessenich 2018). Zusehends wird deutlich, welche damit verbundenen Anforderungen insbesondere auch für Kinder und Jugendliche damit verbunden sind.

Von diesen gesellschaftlichen Transformationsprozessen ist auch die Kinder- und Jugendarbeit betroffen. Diskutiert werden sie in den fachlichen Gesprächen allerdings weiterhin nur am Rande. Die Veränderungen der Kinder- und Jugendarbeit werden zwar beispielsweise mit Blick auf die Ganztagsschuldebatte reflektiert, jedoch im letzten Jahrzehnt von der Sozialpädagogik des Kindes- und Jugendalters fachlich nur zureichend theoretisch umfassend reflektiert. Auf kommunaler oder auf bundespolitischer Ebene finden auf die Zukunft der Kinder- und Jugendarbeit hin ausgerichtete Diskussionen allenfalls themenkonjunkturell, eher zufällig und, selektiv – z. B. im Kontext der »Neuen und Eigenständigen Jugendpolitik«, zur Salafismusprävention oder in Programmen zur Demokratieförderung – statt. Zudem, und dies scheint für die Zukunft der Kinder- und Jugendarbeit noch gravierender zu sein, wurden und werden die Wissenskontingente der sozialpädagogischen Fachkräfte von der Politik als Expertise auch weiterhin kaum angefragt. Die Kinder- und Jugendarbeit wird immer noch nicht durchgehend als ein substanzielles gesellschaftliches Sozialisationsfeld anerkannt und ihre Bedeutung – wenn überhaupt – in Bezug auf gesellschaftlich marginalisierte Kinder und Jugendliche gewürdigt. Bildung wird zum Großthema stilisiert, die Schule, das duale Ausbildungssystem und die Hochschullandschaft rücken ins Zentrum der gesellschaftspolitischen Diskurse, jedoch die Sozialpädagogik der Kinder- und Jugendarbeit bleibt in diesen Debatten weitgehend außerhalb des Blickfelds, obwohl sie im zurückliegenden Jahrzehnt sehr wohl an Sichtbarkeit gewinnen konnte (vgl. u. a. Bundesjugendkuratorium 2002; Lindner, Thole & Weber 2003; Otto & Rauschenbach 2008; Lindner 2008; Gumz & Thole 2020).

Nach wie vor steht die Kinder- und Jugendarbeit im Zentrum öffentlicher, politischer, aber auch fachinterner Kritik. Stets aufs Neue hatte und hat sie gegenüber den gesellschaftlichen Öffentlichkeiten deutlich zu machen, mit welchen Mitteln, Formen und inhaltlichen Angeboten sie als ein Segment des dritten Sozialisationsbereichs neben Familie und Schule Kindern und Jugendlichen helfen und sie produktiv unterstützen kann, in der Gesellschaft einen autonomen, akzeptierten Platz zu finden. Aufgaben, Zielsetzungen und Methoden – sogar ganz generell die Notwendigkeit von Kinder- und Jugendarbeit – waren und sind bis in die Gegenwart hinein wiederkehrend strittig. Während schulische Bildung und berufliche Qualifizierung als unverzichtbare Bestandteile des öffentlichen Bildungssystems in der Bundesrepublik gelten, wird den Bildungsprozessen ermöglichenden, die Lebensbewältigungs- und Lebensgestaltungsfähigkeiten von Kindern und Jugendlichen qualifizierenden Angeboten und Projekten der Kinder- und Jugendarbeit eine deutlich geringere Relevanz zugesprochen. Die Bereitstellung von Gelegenheiten für eine nicht nur private und nicht kommerzialisierte Gestaltung der schul- beziehungsweise arbeitsfreien Zeit gilt nach wie vor nicht als eine durchgängig gesellschaftlich zu unterstützende und zu finanzierende Kernaufgabe. Zwar ist die Kinder- und Jugendarbeit rechtlich im Sozialgesetzbuch als ein regulärer Bestandteil der Kinder- und Jugendhilfe als grundsätzlich »systemrelevant« kodifiziert, Inhalte, Art und Umfang der erforderlichen Angebote sind jedoch nicht eindeutig verbindlich festgelegt (vgl. Kap. 3.1). Forciert durch wiederholende, insbesondere auch von fiskalpolitischen Erwägungen geprägten Diskussionen auf Bundesebene sowie in den Ländern und Kommunen werden kritische Anfragen bis hin zu zumindest partiellen Infragestellungen der Kinder- und Jugendarbeit vorgetragen – beispielsweise mit Blick auf demografische Entwicklungen (vgl. u. a. Deutscher Bundestag 2017a, S. 399 f), aber auch der durch den Coronavirus 2020 und 2021 ausgelöste Krisenmodus inklusive dem damit verbundenen »Runterfahren« von Teilen des »öffentlichen Lebens« hat einmal mehr die Frage nach dem Grad der Systemrelevanz der Kinder- und Jugendarbeit im Vergleich zu anderen Agenturen des Bildungs-, Gesundheits- und Sozialwesens aufgeworfen (vgl. z. B. Deutscher Bundestag 2020, S. 518 f). Auch insofern befindet sich die Kinder- und Jugendarbeit in einer Situation, in der es gilt, das bestehende Angebot im Horizont gesellschaftlicher Veränderungen kurz-, mittel- und langfristig zukunftsträchtig zu konturieren.

Zugleich und trotz vielfältiger Infragestellungen und Anfragen gewinnt die Erkenntnis an Aufmerksamkeit und Bedeutung, dass die Kinder- und Jugendarbeit ein wichtiges non-formales Feld der Ermöglichung von Bildung darstellt. Die Arbeit der Jugendverbände, trotz aller kritischen Infragestellungen, die Sozialpädagogik in Jugendzentren und Jugendhäusern, in den Musik- und Jugendkunstschulen, in Soziokulturellen Zentren und Bürgerhäusern, in den Fußballfanprojekten oder der niedrigschwelligen Straßensozialarbeit, die schulbezogenen Projekte wie auch die antirassistischen und demokratiefördernden, antinationalistischen sowie die gesundheitsfördernden oder genderbezogenen Projekte erfahren in Bezug auf die Konzeptualisierung kommunaler Bildungslandschaften (vgl. u. a. Bollweg & Otto 2011; Gumz & Thole 2020) ebenso Akzeptanz wie in den Kompetenzerwerbsdiskussionen (vgl. u. a. Lahner 2011). Die genannten Einrichtungen und Angebote sind mit ihren unterstützenden und helfenden, freizeitorientierten und beratenden Aufgabenstellungen im Kern bildungsorientiert ausgelegt und somit darauf gerichtet, die Sozialisation von Kindern und Jugendlichen zu fördern. Im Wesentlichen sind sie demnach Teil des Bildungssystems.

Die Kinder- und Jugendarbeit befindet sich also in einer sehr ambivalenten Situation: Den Infragestellungen steht ein, wenn auch vornehmlich im Diskurs, mehr oder weniger dokumentierter Bedeutungsgewinn gegenüber. Das Selbstverständnis der in der Kinder- und Jugendarbeit beschäftigten Mitarbeiter*innen wird über die undurchsichtige Gemengelage insgesamt mehr irritiert als gestärkt, erodiert und ist zunehmend von Verunsicherung gekennzeichnet. Zentralisierte, »überbürokratisierte« und von den eigentlichen pädagogischen Handlungsorten autonomisierte Verwaltungsstrukturen tragen zudem kaum dazu bei, den Prozess der Suche nach neuen Konzepten und Ideen für eine konsequente und stringente, nachhaltige wie zukunftsfähige Konzeptualisierung der Kinder- und Jugendarbeit zu beleben. Im Gegensatz zu den auf diversen Fort- und Weiterbildungen geführten zukunftsorientierten Diskursen um neue Formen, Strukturen und Orientierungen der Kinder- und Jugendarbeit sind auf der kommunalen Ebene gegenwartsbezogene, zweckrationale Lösungsstrategien vorherrschend. Darüber geraten die besonderen Strukturmaximen der Kinder- und Jugendarbeit – Freiwilligkeit, Selbstorganisation, Ganzheitlichkeit und Partizipation – zunehmend in den Hintergrund und die angestrebte, möglichst flächendeckende Sicherung und Optimierung eines Angebots für Kinder und Jugendliche in weite Ferne. Und dies obwohl die Kinder- und Jugendarbeit – sowohl was ihre qualitative wie auch ihre quantitative Entwicklung angeht – auf eine »Erfolgsgeschichte« zurückblicken kann.

Schon an anderen Stellen in diesem Band – beispielsweise im Kontext des historischen Rückblicks oder auch in den Ausführungen zu den Theorien (vgl. Kap. 2 und 7) – wurde darauf hingewiesen, dass die Protagonisten einer Theorie der außerschulischen Jugendarbeit in den 1960er Jahren – Mollenhauer, Müller, Kentler und Giesecke – noch offensiv »Was ist Jugendarbeit?« und Böhnisch und Münchmeier Mitte der 1980er Jahre »Wozu Jugendarbeit?« fragten, im Zuge fiskalpolitisch motivierter Überlegungen seit Mitte der 1990er Jahre jedoch immer wieder die Frage »Warum überhaupt noch Jugendarbeit?« auftauchte (vgl. auch Scherr & Thole 1998). Diese Neuakzentuierung, die Legitimation anstelle vergewissernder Orientierung herausfordert, drängt theoretische und konzeptionelle Fragen fast in die Nischen erziehungswissenschaftlicher und pädagogischer Diskurse. An den Handlungsorten der Kinder- und Jugendarbeit scheinen jedoch die klassischen Konzepte der 1960er, 1970er und 1980er Jahre – fokussiert in Begriffen wie »Bildung«, »Mündigkeit« und »Emanzipation« – in den Asservatenkammern zu verstauben.

Dass der sich fortschreibende Strukturwandel des Bildungssystems sich möglicherweise unter weitgehendem Ausschluss der Kinder- und Jugendarbeit als sozialpädagogischer Akteur*in realisieren kann, findet auch darin eine Ursache, dass diese – historisch betrachtet – nicht als eine genuin pädagogische und von hauptamtlichen Pädagog*innen zu verantwortende Praxis entstanden ist. Ohne Zweifel ist ihre Entstehung und Entwicklung zum einen in dem gesellschaftlichen Interesse begründet, Kontrolle über beziehungsweise Einfluss auf die Heranwachsenden auszuüben. Ihre Ursprünge liegen andererseits jedoch auch in den auf Selbstorganisation und jugendkulturelle Eigenständigkeit basierenden Jugendbewegungen, Jugendverbänden und Vereinigungen, die zwar immer wieder auch das Interesse pädagogischer und sozialwissenschaftlicher Theorien auf sich zogen, für deren Entwicklung theoretische Unterfütterungen jedoch weitgehend bedeutungslos waren (vgl. Kap. 2). Im Gegensatz zu anderen pädagogischen Handlungsfeldern kann die Kinder- und Jugendarbeit folglich nur auf eine sehr ambivalente »pädagogische« Geschichte zurückblicken. Hierüber wird zwar das Bild der Kinder- und Jugendarbeit in der Öffentlichkeit nicht grundlegend bestimmt; die Identifizierung und Anerkennung der Kinder- und Jugendarbeit als Teil des Bildungssystems wird durch ihre Geschichte allerdings auch nicht vereinfacht (vgl. u. a. Lahner 2011).

Die systematische Bestimmung der Kinder- und Jugendarbeit als genuin sozialpädagogisches Bildungsprojekt wird auch aufgrund alltagsbezogener Konzeptualisierungen und handlungspraktischer Überlegungen, die die Kinder- und Jugendarbeit von Bildungsaufgaben freisprechen und ihr ausschließlich freizeitbezogene oder allenfalls integrative Funktionen zuweisen, erschwert. Gegenwärtig scheinen den Professionellen in der Kinder- und Jugendarbeit in einem geringeren Maße als in den Vorjahrzehnten fachliche Codes und ethische Prämissen, konsensuale Theoriegebäude oder sozialpolitische Programmatiken, methodische Settings oder gut ausbalancierte Kommunikationsstrukturen zur Verfügung zu stehen, um die zergliederte und curricular offene Kinder- und Jugendarbeit strukturell zu rahmen, theoretisch abzusichern oder normativ zu konturieren. Zumindest sind die strukturellen und inhaltlichen Bezugspunkte äußerst fragil und wenig zuverlässig. Entsprechende Haltungen erfahren auch keinesfalls Widerspruch durch Diagnosen, die Sozialleistungen der modernen Gesellschaft für nicht mehr finanzierbar erachten, das soziale Gefüge von Gemeinwesen und Lebenswelten implodieren sehen und vor diesem Hintergrund über eine Neubelebung bürgerlichen Engagements und der Initiierung innovativer Freiwilligenarbeit nachdenken.

9.2 Kinder- und Jugendarbeit als Bildungsarbeit

Bildung ist und bleibt ein traditionsreicher wie komplexer, vielleicht sogar sperriger Begriff, der in den letzten zwei Jahrzehnten synchron mit seinem Bedeutungsgewinn nochmals an Unschärfe gewann (vgl. hierzu Kap. 7). Spuren von Undeutlichkeit zeigt er allerdings nicht erst seit seiner inflationären Verwendung. Gleichwohl scheint er alternativlos zu sein, zumindest dann, wenn die Kinder- und Jugendarbeit auch weiterhin davon absehen möchte, sich zu einem bloßen Betreuungsangebot zu degradieren bzw. degradieren zu lassen (vgl. Gosse 2020).

Wird den öffentlichen Gesprächen gefolgt, dann sollten die einrichtungsbezogenen Projekte der Kinder- und Jugendarbeit weiterhin primär zuständig sein für defizitäre Lebenswelten. Dieses Bild trifft jedoch weder die Wirklichkeit vollständig, noch kann es vom Nachdenken über die Leistungsfähigkeit und Zukunft der Kinder- und Jugendarbeit entlasten. Kinder- und Jugendarbeit ist heute mehr als nur Hilfe zur Biografiegestaltung und Lebensbewältigungshilfe (vgl. Lessing 1986; Böhnisch & Münchmeier 1987) für ausgegrenzte Kinder und Jugendliche. Kinder- und Jugendarbeit ist der Sammelbegriff für eine Vielzahl von unterschiedlichen Projekten, von Kinder- und Jugendfreizeitzentren, Jugendhäusern, Jugendcafés, Freizeitstätten und Jugendzentren über die kommunale Jugendpflege und Jugendverbandsarbeit, Formen der sozialen, politischen, naturkundlichen und ökologischen, gesundheitsorientierten und kulturellen Bildungsarbeit in Jugendbildungs- und Jugendtagungsstätten, den Angeboten auf Abenteuer- und Bauspielplätzen, der ästhetisch-kulturellen Arbeit in Jugendkunst-, Mal- und Kreativitätsschulen, Musikschulen sowie der Kinder- und Jugendarbeit in Soziokulturellen Zentren und Kommunikationshäusern bis hin zu den arbeitswelt-, und familienbezogenen sozialpädagogischen Projekten (vgl. Kap. 1 und 8). Und in diesen Einrichtungen spricht sie mit ihren Angeboten Kinder und Jugendliche aus unterschiedlichen sozialen Milieus und Lebenslagen an. Gemeinsam ist den Projekten der Kinder- und Jugendarbeit jedoch ihre nicht kommerzielle Orientierung und ihr Freiwilligkeitscharakter und der Umstand, insgesamt ein in die Vergesellschaftungsprozesse der Moderne integrierter, im Innern funktional hoch ausdifferenzierter und spezialisierter außerschulischer, bildungsorientierter und im modernen Sinne sozialpädagogischer Dienstleistungssektor zu sein. Sie ermöglicht, Teilnahme, Teilhabe und Gestaltung von Lebenswelten und bietet Arenen und Foren, um Anerkennung zu erfahren. Die Mitarbeiter*innen in den Handlungsfeldern der außerschulischen Kinder- und Jugendarbeit sind also in einem insgesamt diffus strukturierten und hochkomplex angelegten Sozialisationsfeld mit der Intention engagiert, Kindern und Jugendlichen zu helfen und zu unterstützen, zu beraten und zu begleiten, also über die Initiierung von Bildungsanlässen zu unterstützen und anzuregen, Möglichkeiten zu finden, ihre Lebensphase im Modus von Verselbständigung, Selbstpositionierung und Qualifizierung (Deutscher Bundestag 2017a) zu bewältigen und zu gestalten.

Subjekt und Mündigkeit als zentrale Bezugspunkte – Baustein 1

»Was heute als Bildungskrise offenbar wird«, bemerkte Theodor W. Adorno (1973, S. 168) zu Beginn der 1960er Jahre,

> »ist weder bloß Gegenstand der pädagogischen Fachdisziplin, die unmittelbar damit sich zu befassen hat, noch von einer Bindestrichsoziologie – eben der der Bildung – zu bewältigen. Die allerorten bemerkbaren Symptome des Verfalls von Bildung, auch in der Schicht der Gebildeten selber, erschöpfen sich nicht in der nun bereits seit Generationen bemängelten Unzulänglichkeit des Erziehungssystems und der Erziehungsmethoden. Isolierte pädagogische Reformen allein, wie unumgänglich auch immer, helfen nicht. Zuweilen mögen sie, im Nachlassen des geistigen Anspruchs an die zu Erziehenden, auch in argloser Unbekümmertheit gegenüber der Macht der außerpädagogischen Realität über jene, eher die Krise verstärken. Ebenso wenig reichen isolierte Reflexionen und Untersuchungen über soziale Faktoren, welche die Bildung

beeinflussen und beeinträchtigen, über deren gegenwärtige Funktion, über die ungezählten Aspekte ihres Verhältnisses zur Gesellschaft (...). Was aus Bildung wurde und nun als eine Art negativen objektiven Geistes (...) sich sedimentiert, wäre aus dem Begriff von Bildung abzuleiten.«

Die Analyse hat an Aktualität kaum verloren und findet auch nicht erst momentan in dezidiert erziehungswissenschaftlichen Reflexionen eine Spiegelung. Schon Ende der 1970er Jahre führt so etwa Andreas Flitner aus, dass

> »die Erziehungswissenschaft ihre Handlungsrelevanz immer wieder verfehlt, weil sie sich in der wissenschaftlichen Durcharbeitung ihrer Probleme zu leicht und zu schnell solchen Wissenschaften (...) ausgeliefert hat, die selber keine handlungsorientierten Wissenschaften sind und sein wollen oder die ein ganz anderes Verhältnis zum Handeln haben, indem sie sich etwa an dem Modell ‚Grundlagenforschung und Anwendung' oder an dem Modell ‚Diagnose und Therapie' orientieren« (Flitner 1978, S. 187).

Die besondere Kontur der Kinder- und Jugendarbeit konstituiert ihre Eigenständigkeit als Feld, ausgewiesene Angebote der sozialpädagogischen Bildung mit Kindern und Jugendlichen zu ermöglichen. Die vielfältigen formellen, non-formalen und informellen Bildungsangebote der Kinder- und Jugendarbeit werden in unterschiedlichen Mischungsverhältnissen moduliert u. a. im Hinblick auf ihre Orte (z. B. Jugendhaus, Bauspielplatz, Straße), Settings (Jugendverband, Ferienfreizeit, Internationale Jugendbegegnung) oder themenspezifisch ausgewiesen (z. B. als Demokratie-, Medien- und Umweltbildung, als gender- und migrationssensible, politische oder rassismuskritische Bildung). Darüber hinaus sind Konzepte zu erkennen, die die Kinder- und Jugendarbeit als integralen Bestandteil einer kommunalen Infrastruktur definieren und so die Kinder- und Jugendarbeit im Ensemble einer kommunalen Bildungslandschaft verortet sehen wollen (vgl. Scherr & Thole 1998; Müller 1998; vgl. auch die Beiträge in Rauschenbach, Düx & Züchner 2002; Lindner, Thole & Weber 2003; Lindner 2006, 2008; Fehrlen & Koss 2009; Coelen & Gusinde 2011; Bollweg & Otto 2011; Hafeneger 2013; Bollweg, Coelen, Buchna & Otto 2020).

Weitgehend durchgesetzt und akzeptiert hat sich inzwischen ebenfalls die strukturelle Unterscheidung zwischen formalen, non-formalen und informellen Feldern des Erwerbs von Bildung und des Lernens. Das Schulsystem, der Bereich der beruflichen und hochschulischen Qualifizierung und strukturierte, mit anerkannten Zertifikaten abschließende Weiterbildungen können gemäß dieser Differenzierung dem Feld der formalen Bildung zugeordnet werden. Als Bildungs- und Lernfelder der vornehmlich non-formalen Bildung sind die Praxen der Sozialen Arbeit, beispielsweise in den Kindertageseinrichtungen, in der Kinder- und Jugendarbeit oder in den familien-, kinder- und jugendbezogenen Handlungsfeldern, und in der erwachsenenorientierten Fort- und Weiterbildung zu identifizieren. Informelle Bildungsprozesse realisieren sich dieser Unterscheidung nach beispielsweise in familialen Zusammenhängen und jugendlichen Gleichaltrigenkulturen.

Bildungsprozesse in und über informelle und non-formal gerahmte Praxen sind strukturell in den Alltag eingelagert. Sie bieten Lern- und Erfahrungsfelder, die das formal strukturierte Bildungssystem nicht vorhält oder aufgrund seiner selektiven Grundstruktur nicht vorhalten kann. Die Relevanz der hier angeeigneten kulturellen und sozialen Ressourcen für die Entwicklung von Lebensbewältigungs- und Lebensgestaltungskompetenzen, die Formierung von Lebensstilpräferenzen und von biografischen Lebenskonzepten sowie deren Nachhaltigkeit wird häufig ebenso unterschätzt wie deren Bedeutung für das erfolgreiche Absolvieren von schulischen Bildungs- und berufsbezogenen Qualifizierungskarrieren.

Diese Ideen über die Möglichkeiten von Bildung werden insbesondere prominent von Albert Scherr (u. a. 1996, 1997, 2013) diskutiert. Subjektivität, der in dieser Konzeption stark gemachte Begriff, ist immer soziale Subjektivität und befasst sich damit, wie einzelne Individuen ihr Leben vor dem Hintergrund biografischer und gesellschaftlicher Lebenssituationen und Lebenslagen führen, welche Möglichkeiten, aber auch welche Beschränkungen sie dabei zu vergegenwärtigen haben: Indem der Subjektbegriff eine kritische Position zu Macht, Herrschaft und Ungleichheit einnimmt, ist er mit dem Anliegen nach Emanzipation eng verbunden. Für das »Bildungsprojekt« Kinder- und Jugendarbeit ist das insofern von Relevanz:

> »Bildungsprozesse zum Subjekt gelingen in dem Maße, wie Jugendliche dazu befähigt werden, sich selbst und ihre gesellschaftlichen Lebensbedingungen zu begreifen. Subjektbildung ist in dem Sinne konstitutiv nicht nur organisierte Selbstreflexion, sondern zugleich politische Bildung« (mit dem Ziel) »Jugendliche zur aktiven Gestaltung ihrer Lebensverhältnisse zu befähigen, was selbstverständlich auch politische Partizipation impliziert« (Scherr 1996, S. 221).

Bildung am Subjekt zu orientieren, heißt auch, die Bedingungen des Aufwachsens in modernen Gesellschaften kritisch zu reflektieren, um die Potenziale, aber auch die Grenzen eines Projektes der sozialpädagogischen Bildung ausloten zu können (vgl. Thole & Sauerwein 2020). In Anlehnung an Mollenhauer bezeichnet Scherr »Mündigkeit« als Grundprinzip einer pädagogischen Theorie, bewertet diese jedoch zugleich skeptisch, weil »die gesellschaftlichen Rahmenbedingungen sich in einer Weise verändert haben« und aus heutiger Perspektive naives Vertrauen in den Konnex von Vernunft, Bildung, Mündigkeit und Emanzipation« (Scherr 2006, S. 101) nicht mehr undiskutiert möglich zu sein scheint.

Mündigkeit wird inzwischen in sehr unterschiedlicher Form als pädagogisches Ziel adressiert. Durchaus nachvollziehbar wird unter anderen in den französischen Diskursen darauf verwiesen, dass das Reklamieren von Mündigkeit zugleich immer auch bedeutet, nicht nur an selbstbestimmte Formen der Lebensführung zu erinnern, sondern auch die damit gegebenen Macht- und Herrschaftsstrukturen implizit und verdeckt mit thematisiert werden (vgl. Rieger-Ladich 2002). Über Mündigkeit zu reden ist also nicht nur überaus voraussetzungsvoll, sondern über sie zu reden, ohne zugleich die strukturellen Macht- und Herrschaftsverhältnisse zu reflektieren, desavouiert die Idee von Mündigkeit und verhindert, Bildung auch als einen emanzipativen Prozess zu diskutieren.

Nicht ausführlicher für das Bildungsverständnis der Kinder- und Jugendarbeit dargestellt werden an dieser Stelle die Ansätze der poststrukturalistischen Diskussion (vgl. u. a. Wimmer 2019; Ricken, Casale & Thompson 2019), auch weil diesen ein mindestens kontroverses Subjektverständnis zugrundeliegt. So betont etwa Norbert Ricken (2020) unter Verweis auf die Begriffe der »Subjektivierung« oder der »Subjektivation« eine unabschließbare, sozial konstituierte Prozesshaftigkeit des Selbst. Die darüber ermöglichten erziehungswissenschaftlichen Diskurse wird die Kinder- und Jugendarbeit nicht unbedingt sofort und grundsätzlich verändern, allerdings könnte die Adressierung des Subjekts (vgl. Alkemeyer, Budde & Freist 2013) im Kontext einer sozialpädagogischen Idee von Bildung präziser gefasst werden.

Dimensionen und Bereiche einer bildungsbezogenen Kinder- und Jugendarbeit – Baustein 2

Bildung ist und bleibt, wie bereits erwähnt, ein traditionsreicher wie komplexer, vielleicht sogar sperriger Begriff, der in den letzten zwei Jahrzehnten synchron mit seinem Bedeutungsgewinn vielleicht sogar nochmals an Unschärfe gewann. Die potentiellen und strukturell vorgehaltenen Bildungsofferten der Sozialen Arbeit und mithin auch der außerschulischen Kinder- und Jugendarbeit können als kulturelle, soziale und identitätsbezogene Bildung (vgl. Abb. 9.1) gefasst werden. Wird dieser Bestimmung gefolgt, dann können die über die Kinder- und Jugendarbeit initiierten Bildungsprozesse verstanden werden als

- »kulturelle Reproduktion«,
- »soziale Integration« und
- »Sozialisation«.

»Kulturelle Reproduktion« wäre dann verbunden mit der Aufgabe, Projekte zu initiieren, die dazu beitragen, das kulturelle Erbe einer Gesellschaft generationell sowohl zu sichern wie auch unter den jeweils gegebenen gesellschaftlichen Umständen weiterzuentwickeln. »Soziale Integration« hätte die Ermöglichung von Prozessen des gesellschaftlichen Zusammenhalts mittels politischer Bildung und

Abb. 9.1: Bildungsdimensionen und Reproduktionsleistungen der Sozialen Arbeit im Feld der non-formalen Bildung (*)

Strukturelle Komponenten / Reproduktionsprozesse	Soziale und kulturelle Welten: Kultur	Gesellschaft	Persönlichkeit
Kulturelle Reproduktion »Kulturelle Bildung«	Überlieferung, Kritik, Erwerb von kulturellem Wissen (Sinnverlust)	Erneuerung legitimationswirksamen Wissens (Legitimationsentzug)	Reproduktion von Bildungswissen (Orientierungs- und Erziehungskrisen)
Soziale Integration »Soziale Bildung«	Immunisierung eines Kernbestandes von Wertorientierungen (Verunsicherungen der kollektiven Identität)	Koordinierung von Handlungen über intersubjektiv anerkannte Geltungsansprüche (Anomie)	Reproduktion von Mustern sozialer Zugehörigkeit (Entfremdung)
Sozialisation »Identitätsbildung«	Enkulturation (Traditionsabbruch)	Wertinternalisierung (Motivationsentzug)	Persönlichkeitsentwicklung (Psychopathologien)

(*) Die Abb. knüpft an das Modell der Ausdifferenzierung von Lebenswelt von Jürgen Habermas (1981, Band 2, S. 217 f) an. Die Hinweise in den Klammern des Neunfelderschemas notieren Störungen und Risiken in den jeweiligen Dimensionen. Eine Abkopplung von Traditionen und Überlieferungen kann so beispielsweise Sinnverlust, eine Störung der Vermittlung von Bildungswissen und Krisen in den Erziehungsverhältnissen bedingen.

Quelle: Eigene Darstellung

Demokratie-Lernen anzuregen und »Sozialisation«, also »soziales Lernen«, hätte Prozesse der Persönlichkeitsentwicklung über subjektives oder selbstreflexives Lernen zu initiieren. In den non-formalen Bildungskontexten können somit Fähigkeiten erworben werden, »die als Persönlichkeitsmerkmale – verstanden als habitualisierte Fähigkeiten zur Erzeugung von Verhalten und damit als Persönlichkeitspotenziale – es dem Menschen erlauben, mit neuen und/oder problematischen Situationen umzugehen« (Grunert 2006, S. 11) und die Erkenntnis- und Handlungsmodi im Selbst- und Weltbezug weiter grundlegen und vielleicht bisherige Modi kritisch anfragen und neu modellieren. Insbesondere das Implodieren identitätsstiftender Milieus könnte so beispielsweise auch aus der Perspektive der Kinder- und Jugendarbeit thematisiert werden, ohne zugleich naiv dem diagnostizierten Verlust an sozialem Zusammenhalt mit Maßnahmen der »künstlichen Installierung« von »Gemeinschaften« respektive »sozialpädagogische Milieubildungen« zu beantworten. Es geht also nicht um die triviale Inszenierung und Stabilisierung von sozialen Milieus, sondern um die bewusste Anleitung der Kinder und Jugendlichen zur kritischen Durchdringung und reflexiven Bearbeitung ihrer lebensweltlichen Kontexte und der hier favorisierten und gelebten Lebensformen. Projekte der Kinder- und Jugendarbeit zeigen somit Distanz gegenüber tendenziell selbst- und fremdzerstörerischen Interaktionsformen. Das Anregen von Lebensbewältigungsfähigkeiten impliziert die Initialisierung von Prozessen der kritischen Betrachtung des ritualisierten Alltags und die Unterstützung bei der Wahrnehmung von Partizipationsrechten.

Insgesamt stellt die sozialpädagogische Kinder- und Jugendarbeit in ihren verschiedenen Arbeitsfeldern erstens Bildungsszenarien für Kinder und Jugendliche bereit, die in ihren lebensweltlichen Zusammenhängen keine oder keine ausreichende affektive, zuneigende Unterstützung und Anerkennung erfahren. Zweitens stellen die Projekte der Kinder- und Jugendarbeit Bildungsarrangements zur Verfügung, die andere Kontexte nicht vorweisen, und die Heranwachsende aus den verschiedensten Milieus nutzen können, um ihre Welt- und Selbstsichten zu erweitern. Die Bildungssettings können dazu animieren, Lebensbewältigungs- und Lebensgestaltungsformen zurückzugewinnen bzw. neu zu aktivieren und präsentieren zudem Bildungsanlässe, die dazu anregen, die subjektiven Selbstreflexionsfähigkeiten und die Welterkenntnispotentiale zu fundieren und zu qualifizieren. Hier wird die Aneignung von – insbesondere sozialem und kulturellem – Wissen und Können ermöglicht, aber und darüber hinaus jedoch auch die Positionierung zu Formen des Lernens, zu der Idee von Leistung und Karriereplanung, Erfolg und Misserfolg mitgeprägt und so werden grundlegende Qualifikationen ausgebildet, die auch für die Platzierung auf dem Arbeitsmarkt nicht unwesentlich sind (vgl. Grunert 2005, S. 17). In der allgemeinen Bildungsdebatte werden die so erworbenen Fähigkeiten allerdings unterbewertet – auch weil es bislang nicht gelungen ist, sie als exklusiv in diesem diffusen, informell wie non-formal geregelten Räumen erworbene Kompetenzen auszuweisen (vgl. Thole & Höblich 2008).

Inhaltliche Kernorientierungen einer bildungsorientierten Kinder- und Jugendarbeit – Baustein 3

Die bisherigen Ausführungen zur theoretisch-konzeptionellen Neuverortung der Kinder- und Jugendarbeit setzen die Frage auf die Agenda, ob und welche Inhalte durch die Angebote und Projekte der Kinder- und Jugendarbeit mit Priorität bedacht werden können. Angeregt ist damit ein Nachdenken bezüglich der normativen Ziele der Kinder- und Jugendarbeit. Die Formulierung einer aktuellen, konsistenten, überzeugenden und darüber hinaus auch noch zukunftsweisenden Perspektive ist sicherlich ebenso heikel wie unsicher. Darum wissend, wird unter Beachtung der vorliegenden Entwürfe vorgeschlagen, für die Kinder- und Jugendarbeit:

- Menschenrechte,
- Demokratie und
- Capabilities

als wechselseitig aufeinander bezogene, zentrale inhaltliche Bezugspunkte anzusehen. Die drei Begriffe akzentuieren die Formen von sozialer, kultureller und persönlichkeitsbezogener Bildung, also die Bildung, die in den Projekten und Angeboten der Kinder- und Jugendarbeit zentral zu initiieren möglich ist. Zudem ermöglichen sie, Ziele der Agenda 2030 für nachhaltige Entwicklung aufzugreifen und diese in der pädagogischen Praxis orientierend heranzuziehen. Demokratie, Menschenrechte und die Capabilities wurden in den bisherigen Theorien der Kinder- und Jugendarbeit zwar implizit thematisiert, nicht jedoch zentral adressiert. Herausforderungen wie der rechtspopulistische Nationalismus, Rassismus und die Missachtung des »Anderen«, wie die Ausgrenzung und Bekämpfung »anderer«, als »fremd« etikettierter Lebensformen sowie die jüngeren Migrationsbewegungen, Fragen nach der Kontur sozialer Ungleichheiten, der Neuordnung der Geschlechter und der generationalen Ordnung sowie die Herausforderungen, die mit der Herstellung von Anerkennung und Gerechtigkeit in einer Gesellschaft, die durch soziale, kulturelle und ökonomische Polarisierungen gekennzeichnet ist, einhergehen, könnten über die drei Kategorien aufgegriffen werden (vgl. Abb. 9.2).

Abb. 9.2: Konzeptionelle und inhaltliche Kernorientierungen einer bildungsorientierten Kinder- und Jugendarbeit

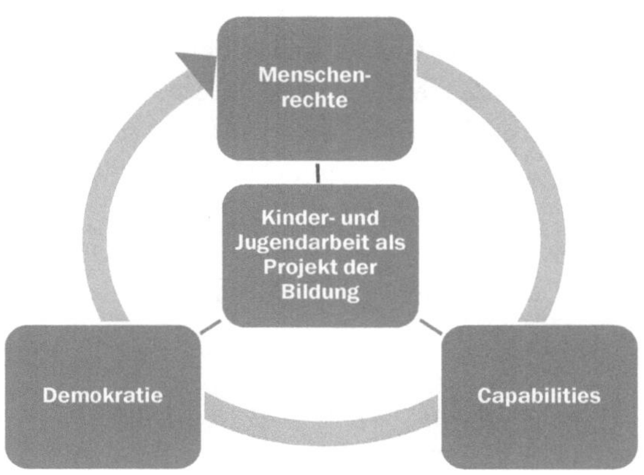

Quelle: Eigene Darstellung

Wenn den genannten Fragen und Entwicklungen nicht lediglich zynisch, ohnmächtig, fatalistisch oder resignierend begegnet werden soll, dann scheinen die drei Kategorien sich zu empfehlen, konzeptionell, aber auch handlungspraktisch in der Kinder- und Jugendarbeit aufgegriffen zu werden:

- *Menschenrechte*, als sicherlich umstrittenes wie entwicklungsoffenes, normatives und universelles, jedenfalls »kontroverses Diskursfeld« (Scherr 2020b), können zunächst als eine alternativlose Grundlage der menschlichen Würde, der individuellen Selbstbestimmung, der menschlichen Zivilisation und des menschlichen Zusammenlebens angesehen werden. Diese Qualität wird deutlich in den ersten beiden Artikeln der Allgemeinen Erklärung der Menschenrechte:

In Artikel 1 wird ausgeführt, dass »alle Menschen (...) frei und gleich an Würde und Rechten geboren« sind. »Sie sind mit Vernunft und Gewissen begabt und sollen einander im Geiste der Brüderlichkeit begegnen«. Und im zweiten Artikel wird präzisiert: »Jeder hat Anspruch auf alle in dieser Erklärung verkündeten Rechte und Freiheiten, ohne irgendeinen Unterschied, etwa nach Rasse, Hautfarbe, Geschlecht, Sprache, Religion, politischer oder sonstiger Anschauung, nationaler oder sozialer Herkunft, Vermögen, Geburt oder sonstigem Stand. Des Weiteren darf kein Unterschied gemacht werden auf Grund der politischen, rechtlichen oder internationalen Stellung des Landes oder Gebietes, dem eine Person angehört, gleichgültig ob dieses unabhängig ist, unter Treuhandschaft steht, keine Selbstregierung besitzt oder sonst in seiner Souveränität eingeschränkt ist.«

Seit ihrer Verkündung im Jahr 1948 sind die Menschenrechte in etlichen Zusatzabkommen und Proklamationen konkretisiert und regionalisiert worden, wobei insbesondere die Diskriminierungsverbote spezifiziert wurden (Rasse, Hautfarbe, Geschlecht, Sprache, Religion, politische und sonstige Überzeugungen) und z. B. in Art. 21 der Charta der Grundrechte der Europäischen Kommission formuliert wurden. Menschenrechte können im Kontext der Kinder- und Jugendarbeit beispielsweise als Motor für politische Ermächtigungshandlungen mithin als politisches Kampfmittel verstanden werden, denn

»Menschenrechte als politische Rechte zu verstehen, bedeutet dass Menschenrechte die Ansprüche sind, deren Erfüllung Menschen zum politischen Handeln befähigt« (Martinsen 2019, S. 10).

Damit die Menschenrechte weg von ihrer idealisierenden Normativität in den Alltag von Kindern und Jugendlichen thematisiert und umgesetzt werden können, braucht es neben politischem Engagement von sozialpädagogischen Fachkräften »auch das individuelle Bemühen um eine gute Lebensführung« und »es braucht funktionierende Netze der Gemeinschaft und eine Kultur der Zivilität« (Hilpert 2019, S. 284).

- In engem Zusammenhang mit den Menschenrechten ist die Prämisse der *Demokratie* zu sehen, die gleichermaßen für Freiheit, Emanzipation und individuelle sowie kollektive Selbstbestimmung/Selbstregierung steht. Vor dem Hintergrund der Unterscheidung von Demokratie als Herrschaftsform, als Regierungsform und als Lebensform (Himmelmann 2016) kann Demokratie (vgl. Rancière 2011) als eine

»spezifische Praxis der Partizipation aufgefasst werden, deren Vollzug Logiken und Bedeutungsmuster bestehender Herrschafts- und Regierungsstrukturen» durchbricht, wenn »Individuen bereit sind, sich selbst als handelnde Akteur*innen zu begreifen und einen politischen Raum zu eröffnen« (Martinsen 2019, S. 9).

Auch wenn die Demokratie immer wieder Deformationen ausgesetzt ist, unter Legitimations- und Veränderungsdruck steht, so sind es gerade die aktuellen Konstellationen gesellschaftlicher Verunsicherungen und Gewissheitsverluste, welche Demokratie als expliziten »Modus der gemeinsamen Einrichtung einer Welt« (Flügel-Martinsen 2020, S. 13) neu aktualisieren. Demokratie ist damit der ausdrückliche und wiederum »alternativlose« Modus, um in einer freiheitlich emanzipativen Weise und unter den Bedingungen von Differenz ohne Herrschaft (vgl. Allen 2020) miteinander umzugehen. In besonderer Weise herausgefordert ist eine Gesellschaft in dem Bemühen, Demokratie auch als künftige Regierungs- und Umgangsform nachfolgender Generationen abzusichern, denn mit Oskar Negt ist, »Demokratie (...) die anstrengendste und verletzlichste Gesellschaftsform, die wir kennen. (...) Demokratie ist die einzige staatlich verfasste Gesellschaftsform, die in ständig erneuerter Kraftanstrengung gelernt werden muss« (Negt 2010, S. 511).
Für die Mitherstellung und generationsübergreifende Gewährleistung demokratischer Kontinuität unter den Bedingungen von Freiwilligkeit ist die Kinder- und Jugendarbeit über ihre besonderen konzeptionellen Ansätze der sozialpädagogischen Demokratiebildung prädestiniert.

- *Capabilities* formulieren allgemein neue und konkrete Formen der Umsetzungen von Gerechtigkeit und einem guten Leben in Menschenwürde. Auf Basis ökonomischer Analysen und der gerechtigkeitstheoretischen Idee des indischen Ökonomen Amartya Sen sowie den ethischen Prämissen der US-amerikanischen Philosophin Martha C. Nussbaum wünscht der Capability Ansatz Menschen dabei zu unterstützen, ihre eigenen Ressourcen- bzw. Chancenstrukturen herauszubilden und zu nutzen. Intendiert ist, ein Modell bereit zu stellen, das ermöglicht, Partizipationschancen der Menschen bezüglich ihrer Handlungs- und Daseinsweisen im Kontext ihrer sozialen, kulturellen und materiellen Lebensbedingungen zu maximieren und folglich das Wohlergehen zu gewährleisten. Gelingendes Leben wird vor diesem Hintergrund nicht ausschließlich als ein individueller, sondern als sozialer Entwurf begriffen. Capabilities formulieren Möglichkeitsspielräume, um »die realen Freiheiten der Subjekte, sich für – oder gegen – die Realisierung von unterschiedlichen Kombinationen« (Ziegler & Otto 2020, S. 1756) gesellschaftlicher Funktionsweisen, also von Angeboten, zu entscheiden. Die Capabilities formulieren Prämissen, die, wenn sie denn realisiert werden, Menschen eine gute Lebensführung ermöglichen (Nussbaum 1999, S. 62). Bemerkenswert ist, dass in diesem Konzept auch Fragen von Umwelt, Natur und Ökologie berücksichtigt werden. Eingebunden in die Capabilities ist die Idee von Bildung »als Prozess der Gewährleistung von Handlungsbefähigung, als Schaffung neuer Handlungsmöglichkeiten, neuer Möglichkeitsräume« (Ziegler & Otto 2020, S. 1745). Indem auch Entscheidungs- und Partizipationsfähigkeit als Bildungsaufgaben verstanden werden, verschränken sich damit das Leitmotiv der Emanzipation mit dem politischen Mandat der Sozialen Arbeit (vgl. Röh 2013, S. 190).

Obwohl die hier *genannten drei Prämissen* unterschiedlichen Diskursen entstammen, können sie im Kontext einer Kinder- und Jugendarbeit als Inhalte von Bildung herangezogenen und handlungspraktisch operationalisiert werden. Wie beispielsweise die Menschenrechte zu ihrer konkreten politischen Umsetzung der Demokratie bedürfen, so bedarf umgekehrt die Demokratie der Menschenrechte. Und eine Konkretisierung der Capabilities sowie soziale, ökonomische wie kulturelle Projekte, die deren Realisierung anstreben, beinhalten Elemente von Menschenrechten und Demokratie. Weitere Konkretisierungsoptionen können sich beispielsweise durch die Liste von Befähigungen von Nussbaum ergeben. Der Capabilities-Ansatz stellt das Subjekt, also die Akteur*innen respektive die Adressat*innen in den Mittelpunkt. Eine hierauf basierende Kinder- und Jugendarbeit könnte dazu beitragen, den Sichtweisen, Teilhabechancen und dem »subjektiven Wohlbefinden« von Kindern und Jugendlichen größere Beachtung zu schenken. Der Capabilities-Ansatz ist damit explizit mit Fragen der Menschenrechte verbunden und in diesem Zusammenhang sogar ergänzend und konkretisierend erforderlich, zumal die Menschenwürde und Menschenrechte zwar umfassende normative Ansprüche erheben, aber in ihrer konkreten Umsetzung oft vage bleiben müssen. Alle *drei Prämissen* sind miteinander verflochten, gleichen ihre internen Schwachstellen wechselseitig aus, stützen und ergänzen sich und ermöglichen Kindern und Jugendlichen, Zugehörigkeit zu den Projekten der Kinder- und Jugendarbeit herzustellen und Anerkennung zu erfahren.

Die Herstellung dieser Zugehörigkeit und das darüber ermöglichte Erleben von Gemeinsamkeit erfordert von den Kindern und Jugendlichen ein aktives, kommunikatives Engagement. Von den Pädagog*innen erfordert dies eine Sensibilität für die differenten Formen und Prozeduren der Konstitution dieses »Sich-Einfindens« und die sich erst darüber herstellenden Modalitäten der Suche nach Gemeinsamkeit und der diesbezüglich erforderlichen Transformationen. Die Phänomene des Übergangs – die Herstellung von Zugehörigkeit und Gemeinschaft – stellen in der Kinder- und Jugendarbeit damit keineswegs nur Epiphänomene dar, die von einem »eigentlichen« Kerngeschäft zu unterscheiden wären. Vielmehr ist die Gestaltung jener Phänomene selbst, wie es die Herstellung von »Zugehörigkeit« zeigt, wesentlicher Bestandteil dessen, was Kinder- und Jugendarbeit in seiner Heterogenität performativ konstituiert. Die Arenen der Kinder- und Jugendarbeit (vgl. Cloos u. a. 2009) beinhalten einen heimlichen Lehrplan, der die Herstellung von Zugehörigkeit von der performativen Herstellung von Gemeinschaft in Peergroups abgrenzt (vgl. u. a. auch Schmidt 2004) und doch, wenn auch auf einer anderen Ebene, Erfahrungen von Anerkennung ermöglicht. Erfahren Kinder und Jugendliche in ihren lebensweltlichen Zusammenhängen keine oder keine ausreichende Unterstützung und Anerkennung, denen sie beispielsweise zur Bewältigung von Risiken und Krisen bedürfen, wird ihnen also emotionale Zuwendung – »Liebe« – nicht zuteil, ist die Kinder- und Jugendarbeit ebenso zum Handeln aufgerufen wie in den Fällen, wo grundlegende soziale Rechte, Gerechtigkeit einzelnen Menschen, Gruppen oder Milieus vorenthalten werden oder soziale und kulturelle Netzwerke und lebensweltliche Kontexte sich so unsicher und instabil präsentieren, dass gesellschaftliche Solidarität und Zusammenhalt Prozesse der Desintegration, Ausgrenzung und Marginalisierung hervorrufen.

Für die theoretischen Orientierungen auch einer modernen Kinder- und Jugendarbeit, die sich der Unterstützung der Subjekte bei Gewinnung oder Wiederherstellung ihrer Autonomie in der Lebensgestaltung verpflichtet fühlt, weist der Begriff der Anerkennung auf eine Verbindung zwischen dem Individuum und gesellschaftlichen Phänomenen und Strukturen hin. Die möglicherweise schwierigen Identitätskonstruktionen, die erschwerten Bedingungen der Subjekt-Bildung, das Leid des Einzelnen können so in Verbindung zu Missachtungserfahrungen in intersubjektiven Bezügen und gesellschaftlichen Ungleichheitsstrukturen verstanden werden. Insbesondere vor dem Hintergrund der Beobachtung, dass sich am »unteren Rand« der Gesellschaft dynamisch neue Spaltungen herausbilden und die Kontur der »klassischen« Problem- und Ungleichheitslagen verschärfen (vgl. Groh-Samberg 2005), erhält diese Perspektive Bedeutung.

Institutionalisierte, formal wie non-formal organisierte Bildungsprozesse können das Erleben von Anerkennungsprozessen ermöglichen. Die aktivierten Formen der Anerkennung müssen dabei nicht unbedingt die partiell doch recht problematischen Formen der Aktivierung von Anerkennung in den einzelnen sozialen Welten reproduzieren (vgl. Honneth 2003; Scherr 1998). Sie können – und sollten – in einer nicht affirmativen Form Beispiele und Gegenentwürfe für andere, sozial ausbalancierte Weisen der Aufrufung von Anerkennung favorisieren. Beispielsweise kann es in Bezug auf xenophobisch, rechtsnational orientierte Jugendliche nicht darum gehen, die dort akzeptierten und tolerierten menschheitsfeindlichen, selbst- und fremdzerstörerischen Formen des Respekts zu duplizieren. Diesen Formen sind humanere, sozial gerechtere, nicht über Stigmatisierung und Ausgrenzung gesteuerte Weisen der Herstellung von Anerkennung gegenüberzustellen.

Erfolgreiche und gelungene Initiierungen von Bildung kommunizieren Anerkennung als Modus ihrer Intention, Subjekte dabei zu unterstützen, autonome

Lebensführungs- und Lebensgestaltungsfähigkeiten zu erobern und weiter auszugestalten (vgl. Scherr 1998; Schoneville & Thole 2009). Dabei ist darauf hinzuweisen, dass Anerkennung konzeptionell keineswegs nur positive Bestätigung und Wertschätzung per se meint, sondern eingewoben ist in komplexe Prozesse der Subjektivierung, wie zum Beispiel einer subtilen Dialektik von Anerkennung und Unterwerfung (Balzer & Ricken 2010; Ricken 2013). Doch auch Bildungsprozesse, die sich nicht von dem Projekt der Ermöglichung von Mündigkeit abkoppeln, sind keineswegs entbunden von den existierenden Ambivalenzen moderner Gesellschaften. Die Unterstützung des Erwerbs von Bewältigungs- und Gestaltungskompetenzen kann den Subjekten einerseits zwar den Gewinn von mehr Autonomie und Potentialen der Selbstgestaltung ermöglichen. Der Gewinn realisiert sich aber zu dem Preis, andererseits und zugleich die Subjekte in die Modalitäten der vorherrschenden, zweckrationalen Vergesellschaftungsformen einzubinden und so die vorgefundene gesellschaftliche Ordnung zu stabilisieren. Im Schatten des Autonomiegewinns produziert Bildung somit immer auch Integration in und Anpassung an die bestehenden, Ungleichheit erzeugenden gesellschaftlichen Verhältnisse – mit anderen Worten: Wie gut und gekonnt, »erfolgreich« und wirksam die Initiierung von Bildung sich auch verwirklicht, sie ist und bleibt in die zweckrationale, doppelspurige Grammatik der Aufklärung eingebunden – doch die Hoffnung bleibt, denn nur mit einem kritisch ausgerichteten, auf die Veränderung von Wirklichkeit hoffenden Bildungsprojekt korrespondiert bekanntermaßen das »Interesse an Emanzipation« (vgl. Mollenhauer 1968, S. 1).

Potenziale und Bedingungen einer bildungsorientierten Kinder- und Jugendarbeit – Baustein 4

In Ergänzung der zuvor referierten Überlegungen und der vorliegenden Theorien und Konzeptionen können schließlich einige Dimensionen hervorgehoben werden, die als Ansprüche an eine bildungsorientierte, reflexive Kinder- und Jugendarbeit, gleichermaßen als Orientierungsrahmen für die Entwicklung einer solchen unhintergehbar erscheinen sowie die schon genannten Kerninhalte Demokratie, Menschenrechte und Capabilities ergänzen:

(1) Der *biographische »Sinn« der Kinder- und Jugendarbeit muß den Heranwachsenden und den Netzwerken und Stakeholdern erkennbar sein*: Eine zeitgemäße Kinder- und Jugendarbeit hat dem Variantenreichtum der Kinder- und Jugendphase mit einem entritualisierten und professionellen beziehungsweise fachlich begleiteten Dienstleistungsangebot zu entsprechen. Die aktuellen Jugendfreizeit- und medienstudien belegen nachdrücklich, dass Jugendliche – aber auch Kinder – heute nicht mehr linear auf ein klar umrissenes Interessenfeld oder einen Freizeitort orientiert sind. Jugendliche Frei-

zeitorte wie der Sportverein oder der Jugendverband, das Freizeitheim, die Jugendkunstschule oder die Ballettschule werden heute primär als Dienstleistungsorte, und immer weniger als fokussierende Zentren für darüberhinausgehende Aktivitäten und Interessen genutzt. Und: Kinder und Jugendliche lernen heute schon früh, zwischen fachlich anspruchsvollen, professionell gestalteten und dilettantischen Freizeit- und Bildungsangeboten zu unterscheiden. Sie wissen und lernen ab- und einzuschätzen, was ihnen diese oder jene, auch außerschulische Aktivität biographisch »bringt« oder »kostet«. Der Sinn und die Bedeutung des Sich-Einlassens muss zumindest für den Weg durch die Jugendzeit und Kindheit identifizierbar sein. Mit anderen Worten: Die gesellschaftliche Akzeptanz der freizeit-, bildungs- und erholungsbezogenen Pädagogik wird zukünftig noch stärker als augenblicklich davon abhängen, ob und inwieweit es gelingt, Kindern und Jugendlichen zu ermöglichen, den Gebrauchswert der Kinder- und Jugendarbeit für den Weg durch die eigene Biographie zu erkennen – mit anderen Worten: Das Engagement muss sich erkennbar, aber jenseits bloßer Utilitarismen für die Kinder und Jugendlichen »lohnen«.

(2) *Kinder- und Jugendarbeit sollte sich als variantenreiches, bildungsorientiertes, aber auch Freude und Spaß vermittelndes Dienstleistungsangebot präsentieren*: Angesichts sich verändernder Lebens- und Freizeitinteressen von Kindern und Jugendlichen ist heute in Bezug auf die Standorte, die Bestandsdauer und den Typus von sozialpädagogischen Kinder- und Jugendeinrichtungen neben Kontinuität und Verbindlichkeit eine höhere Variabilität und »Typenvielfalt« gefordert. Gegenüber den »klassischen« Einrichtungen sollte eine deutlich ausgedehntere Bandbreite von unterschiedlichen Einrichtungsmodellen zukünftig gefördert werden – und auch solche, die die Lücke zwischen schulischen und sozialpädagogischen Bildungs- und Freizeitangeboten zu schließen vermögen. Mehr als gegenwärtig sind aber vielleicht auch mehr Einrichtungstypen wie kleinere Kultur- und Kreativitätszentren, Abenteuer- und Bauspielplätze, Spielhäuser oder Kulturpädagogische Dienste zu unterstützen, mit Angeboten, die es Kindern und Jugendlichen ermöglicht, sich produktiv zu vergegenwärtigen, am besten sogar noch in einer Form, die für andere sichtbar ist.

(3) *Kooperationen, Vernetzungen und synergetische Effekte nutzen*: Zwischen den diversen Trägern und Angebotsformen, Trägern und Einrichtungen fehlt eine die Stärken der Projekte jeweils nutzende und die Schwächen einzelner Einrichtungen ausgleichende Kooperation. Konkurrenzängste und Bedenken, in kooperativen Angeboten und Projekten das eigene institutionelle und inhaltliche Profil zu sehr zu verwässern oder aber den Partner durch das eigene Engagement zu sehr aufzuwerten, aber auch Unsicherheiten darüber, wo mögliche Kooperationspartner zu finden sind, was sie konzeptionell vorhaben und wie gemeinsam getragene Projekte organisiert und öffentlich

»verkauft« werden können, verhindern bislang, dass Kooperationen zwischen unterschiedlichen Trägern der außerschulischen Pädagogik, der Jugendhilfe insgesamt, sowie zwischen schulischen, außerschulischen und kommerziellen Veranstaltern und zwischen Projekten der Kinder- und Jugendarbeit vermehrt anzutreffen sind.
Ergebnis der Kooperationen könnte sein, neben und unter Einbeziehung der bestehenden und erhaltenswerten Angebote neue und andere Produktions-, Ausdrucks- und Kommunikationsformen in den Feldern der pädagogischen Arbeit mit Kindern und Jugendlichen anzuregen: Erstrebenswert ist ein kooperierendes, um das Können seiner Partner wissendes, im Modulsystem (Baukastenprinzip) aufgefächertes, mit einem gemeinsamen Veranstaltungs- und Projektprogramm werbendes, schulische wie außerschulische Angebote integrierendes kommunales Netzwerk »Kinder- und Jugendarbeit«. Darüber hinaus könnten sich auch Möglichkeiten ergeben, Doppelangebote und konkurrierende Projekte in einzelnen Regionen und Kommunen dazu zu bewegen, ihre Ressourcen neu abzustimmen und über Vernetzungs- und Kooperationsprojekte erweitert zu sehen.
Für eine intensivierte Förderung von Kooperationen kinder- und jugendpädagogischer Projekte spricht auch, dass es heute nicht mehr generell zur Mentalität von Kindern und Jugendlichen gehört, sich auf die Mitgliedschaft in nur einem Jugendverband zu konzentrieren, eine spezielle Kinder- und Jugendfreizeiteinrichtung zu besuchen, an den Angeboten nur einer kulturellen Arbeitsgemeinschaft oder nur einer sozialen Initiative teilzunehmen. Eine offensive Kinder- und Jugendarbeit hat diese Neuorientierungen von Kindern und Jugendlichen zu bedenken und den Wandlungen entsprechende Formen der Kooperation und der Vernetzung zu entwickeln, auch mit anderen Bildungsträgern und Jugendhilfebereichen wie Schulen, Kindertageseinrichtungen und Volkshochschulen. Auch unter finanziellen Aspekten spricht einiges für derartige kooperative Verbundsysteme, ist doch die wirtschaftliche Effektivität von synergetischen Projekten insgesamt in der außerschulischen Pädagogik bisher unbekannt. Angemessene Kooperationsressourcen sind diesbezüglich erforderlich, denn Kooperationen können ohne diese nicht aufgebaut, ausgeweitet, vertieft, gepflegt und weiterentwickelt werden.

(4) *Ungleichheitssensibilität – Soziale Ungleichheiten, Benachteiligungen und Diskriminierungen offensiv bearbeiten*: Wie in den voran gegangenen Kapiteln diskutiert, stehen die theoretischen und konzeptionellen Ziele einer gerechtigkeitsorientierten Kinder- und Jugendarbeit in dichter Korrespondenz zu Ungleichheiten und Diskriminierungen aller Art. Die seit Jahren mit lakonisch-ermüdender Regelmäßigkeit veröffentlichten Nachrichten, Studien und Forschungen (vgl. Autorengruppe Bildungsberichterstattung 2018; Der Paritätische Gesamtverband 2019; Deutscher Bundestag 2017c; BAG KJS 2018), die von einer kaum stattfindenden bzw. kaum erfolgreichen Armuts-

bekämpfung künden, bilden dabei nur eine Hintergrundfacette. Die Kinder- und Jugendarbeit richtet sich immer auch an Kinder und Jugendlichen, die gemeinhin unter dem Label der so genannten »schwachen Interessen« (von Winter & Willems 2000; Toens & Benz 2019) firmieren. Die politisch vielfach und beharrlich verbreitete notorische Ignoranz, Verleugnung und Abwiegelung von Armut, Diskriminierung und Benachteiligungen im zynischen Narrativ eines Landes, »in dem wir gut und gerne leben« erschwert eine konsequente Bearbeitung von Fragen sozialer Ungleichheit. Die Projekte der Kinder- und Jugendarbeit sollten sich fordern, Armut und andere Benachteiligungen offensiv und selbstbewusst zu thematisieren, soziale Gerechtigkeit einfordern und ihre eigenen Potenziale als Ressource der Lebensbewältigung und Lebensgestaltung dabei aktivieren. Und so bleibt es dringend geboten, immer wieder aufs Neue und konkret zu überlegen und zu bedenken, in welcher Form die initiierten sozialpädagogischen Formate Fragen der sozialen und anderer Ungleichheit thematisieren und damit auch politisieren können. Der Sozialpädagogik fehlt es in vielen Orten an geschlechter-, lebenslagen- und in besonderer Weise an altersdifferenzierten Angeboten. Aus diesen Gründen ist die intersektional reflektierte Öffnung der Kinder- und Jugendarbeit insbesondere für Kinder- und Jugendliche mit Behinderungen erforderlich[117] sowie eine offensive »transkulturelle«, »postmigrantische« inklusive beziehungsweise intersektionale, soziale wie kulturelle Kinder- und Jugendarbeit zu initiieren.

Die genannten strukturellen Potentiale und Bedingungen können praktisch umso ausgewiesener umgesetzt werden, je reflektierter erinnert wird, dass sozialpädagogisches Tun stets und unumgänglich mit politischem Denken und Handeln verbunden ist (Lindner 2010, 2012) Forderungen nach »Machtkritik« und »machtkritischer Reflexion« bleiben aber ohnmächtig, wenn sie nicht auch in konkrete Politikfähigkeit überführt werden. Um die eigenen Anliegen erfolgswirksam in die jeweiligen politischen Arenen zu überführen, müssen diese zunächst einmal erschlossen und analysiert werden. Das hierzu erforderliche Kompetenzportfolio aus Interessenvertretung, Politikberatung und Politikgestaltung ist komplex und bedarf der nachhaltigen Verankerung in Konzepte wie auch in die alltäglichen sozialpädagogischen Handlungsvollzüge. Die adressierten Fähigkeiten meinen jedoch mehr und anderes als eine oberflächliche Technik der cleveren Interessensvermarktung, die stets die Spürnase am nächstmöglichen Trend bzw. Fördertopf hat, um die je gefragten Keywords in der Antragslyrik zu

117 Dass eine solche Ausrichtung ihrerseits der Strategie, der Rahmenbedingungen, Voraussetzungen und Ressourcen bedarf, erläutert Gunda Voigts (2019) wie auch ein Diskussionspapier der AGJ (2019).

bedienen. Vielmehr wäre eine solche Politikfähigkeit zu grundieren durch ein reflexives Verständnis des Politischen als Teil der Gestaltung des Sozialen. Mit einer solchen Politikfähigkeit verbunden ist nicht zuletzt eine reflexive Wissens- und Konfliktbereitschaft und -fähigkeit, die nicht schon beim ersten Stirnrunzeln der/des nächsten Vorgesetzten einknickt und untertänig die normative Kraft des Dienstweges bedient. Den Akteuren der Kinder- und Jugendarbeit wäre hier die Orientierung an einer Haltung anzuempfehlen, welche »die Kunst beherrscht, zwischen heroischem Handeln und postheroischem Aushandeln, Durchhalten und Durchhangeln, Selbstermächtigung und Dezentrierung (...) virtuos hin- und herzuspringen« (Bröckling 2018).

In dem Spannungsfeld aus theoretischer und empirischer Grundierung ist die Kinder- und Jugendarbeit aufgefordert, politische Präsenz zu beweisen und sich u. a. aktiv in die Sozial- und Jugendhilfeplanung einzumischen, die Interessen und Anliegen der Kinder und Jugendlichen vorzutragen und diese auch zu motivieren, ihre Anliegen selbst zu artikulieren. Allerdings kann die Kinder- und Jugendarbeit keine Alternative für Problemlösungen anderer gesellschaftlicher Subsysteme darstellen: Ökonomische, soziale und politische Destabilisierungen können durch Projekte in der Kinder- und Jugendarbeit nicht kompensiert werden. Die Grenzen der Kinder- und Jugendarbeit zu sehen und zu benennen heißt allerdings nicht, Ansprüche zu reduzieren und in Resignation zu verfallen.

Unabdingbar für die Fortschreibung der Kinder- und Jugendarbeit ist die Entwicklung und Durchführung von Forschungsvorhaben – die an vielen Stellen in dieser Einführung erkennbaren Lücken sind nur über eine Intensivierung von Forschungsbemühungen zu schließen. Ebenso notwendig wie wünschenswert scheint eine qualitätssichernde, projektbezogene Evaluation der Kinder- und Jugendarbeit (vgl. Corsa, Lindner & Pothmann 2018). Darüber hinaus ist kontinuierlich zu überlegen, inwieweit die einzelnen Projekte der Kinder- und Jugendarbeit als Bereiche der Kinder- und Jugendhilfe mit anderen kommunalen Strukturplanungen vernetzt werden können. Eine breit angelegte kommunale Kinder- und Jugendhilfeplanung könnte Entwicklungsräume für die Abstimmung und Zusammenarbeit von Trägern der Kinder- und Jugendarbeit stabilisieren.

9.3 Anerkennung, Autonomie und »Mündigkeit«

Die demografischen Veränderungen sowie die Infragestellung der Kinder- und Jugendarbeit angesichts des Ausbaus von schulischen Ganztagsangeboten sind Entwicklungen, die die sozialpädagogische Infrastruktur der Kinder- und Jugendarbeit nachdrücklich herausfordern. Angesichts dieser Herausforderungen wird die gesellschaftliche Akzeptanz der freizeit-, bildungs- und erholungsbezogenen Pädagogik mit Kindern und Jugendlichen zukünftig noch stärker als bislang davon bestimmt, ob und inwieweit es gelingt, Kindern und Jugendlichen – und, damit verbunden, auch weiteren Akteuren aus Zivilgesellschaft, Wirtschaft und Verwaltung sowie Politiker*innen – zu ermöglichen, den Gebrauchswert der Kinder- und Jugendarbeit für den Weg durch die Biografie zu erkennen. Die Zukunft der Kinder- und Jugendarbeit wird somit wesentlich auch davon abhängen, wie es ihr gelingt, zunächst Kindern und Jugendlichen ein attraktives Aktionsfeld anzubieten, das ihnen ermöglicht, Erfahrungen von Zugehörigkeit und Anerkennung zu erleben, die ihnen anderorts so nicht ermöglicht werden. So gesehen ist sie Teil jenes »Kitts«, der die Gesellschaft zusammenhält und zugleich unverzichtbares Funktionselement einer modernen Gesellschaft, in der das gelingende Aufwachsen aller Kinder und Jugendlichen sich verbindet mit deren Integration wie auch der Vorbereitung und Einübung zukünftiger Verantwortung für eine gerechte demokratische Gesellschaft.

Aufgrund ihrer Konzepte, Maximen und Handlungsgrundlagen kommt der Kinder- und Jugendarbeit im Gefüge pädagogischer Institutionen eine spezifische und besondere Funktion, bisweilen auch eine besonders fragile Rolle zu. Bis auf Weiteres und weithin ist sie jedoch das einzige institutionell gesicherte und staatlich geförderte pädagogische Handlungsfeld, in dem Kinder und Jugendliche jenseits der Dominanz Erwachsener eigenständig Bildungs-, Aneignungs- und Erfahrungsräume gestalten und nutzen können. Die Pädagogik der Kinder- und Jugendarbeit beruht nicht zuletzt auf einer vorbehaltlosen Akzeptanz und Wertschätzung von Kindern und Jugendlichen; und während eine solche Anerkennung junger Menschen in allen anderen Bereichen der Gesellschaft stets mit Erwartungen, Gegenleistungen und, poststrukturalistisch gesprochen, Adressierungen und Unterwerfungen verbunden ist, markiert Kinder- und Jugendarbeit auch hierbei wiederum eine Ausnahme, indem im Rahmen ihrer Projekte potentiell Anerkennung *ohne* Unterwerfung erfahren werden kann. Die gesellschaftliche Bedeutung gerade einer solchen Pädagogik der Freiheit und ihrer Potenziale wird jedoch noch nicht durchgehend gesehen und gewürdigt.

Die Kinder- und Jugendarbeit kann sich aber gegenüber den anderen Projekten und Angeboten des Sozial- und Bildungssystems keineswegs als das grundsätzlich kritischere und humanere Bildungsangebot präsentieren. Sie ist – erstens – ebenso wie die anderen Segmente des Sozial- und Bildungssystems eingebunden und Mitträger der Modalitäten der Herstellung und Stabilisierung sozialer Ungleichheiten und damit auch von Ungerechtigkeiten. Und keineswegs ist sie – zweitens – entbunden von den Ambivalenzen, mit denen die Initiierung von Bildungsprozessen in modernen, kapitalistischen Gesellschaften konfrontiert ist. Die Unterstützung des Erwerbs von Bewältigungs- und Gestaltungskompetenzen ermöglicht den Subjekten einerseits den Gewinn von mehr Autonomie und Potentialen der Selbstgestaltung. Dieser Gewinn realisiert sich aber zu dem Preis, andererseits und zugleich die Subjekte in die Modalitäten der vorherrschenden, zweckrationalen Vergesellschaftungsformen einzubinden und so diese zusätzlich zu stabilisieren.

Qualifizierung der Selbst- und Weltdeutungskompetenzen und der Möglichkeiten, sich sozial zu verorten, also die praktische Umsetzung des Programms von Bildung, beinhaltet auch eine kritische Reflexion der Lebensformen (vgl. Jaeggi 2014), der Thematisierungs- und Deutungsweisen, die Kinder und Jugendliche situativ aktualisieren, um sich und die Welt zu verstehen und zu ordnen. Nicht alle Sichtweisen sind frei von menschenverachtenden, inhumanen Attribuierungen. Rassistische und sexistische, antisemitische und xenophobe, nationalistische, rechtsnationale und völkische Selbst- und Weltdeutungen durchziehen die Sprachspiele von nicht wenigen Kindern und Jugendlichen. Die Kinder- und Jugendarbeit ist ein Ort und bietet Räume, diese im Kern dem Katalog gruppenbezogener Menschenfeindlichkeit entstammenden Argumentationen nicht zu ignorieren oder zu belächeln, sondern sie zu kritisieren und mit humanen Denk- und Sprachformen situations- und anlassbezogen zu konfrontieren.

Geschichtsvergessen und bestenfalls naiv ist es, diese Äußerungen mit einer Erinnerung an den klassischen Tugendkatalog zu begegnen (vgl. Thole & Ziegler 2018). Die zu beobachtende Praxis, Tugenden wie Sauberkeit und Ordnung, Tapferkeit und Disziplin, Pünktlichkeit und Anstand, Mäßigkeit und Glaube oder Mut und Respekt zu revitalisieren, um Kindern und Jugendlichen Orientierung zu geben, ignoriert die Komposition gesellschaftlicher Wirklichkeit und moderner Mentalitäten. Ignoriert bleibt erstens, dass gute Gründe dafür sprechen, von der Präsentation verbindlicher Werte als Leitkategorien abzusehen, nicht weil diese vielleicht nicht mehr zu begründen sind, sondern weil deren Vielzahl und komplexe Modellierung dafür votiert, sie gemeinsam mit den Heranwachsenden auszuhandeln. Zweitens stehen die dann oft als wesentlich zitierten Tugenden wie Pünktlichkeit, Mäßigung, Disziplin und Ordnung in den gesellschaftlich gegenwärtig hegemonial gefeierten Werten wie Authentizität, Kreativität, Autonomie und Sichtbarkeit nicht durchgängig im Einklang. Aktualisiert werden zudem so Orientierungen, die im Kern als konservativ-autoritär, vielleicht sogar nationalistisch-autoritär anzusehen sind, also solche, die Sicht- und Denkweisen sowie Sprachspiele aufrufen, die rechtspopulistisch motiviert oder zu vereinnahmen sind. Diese tragen nicht dazu bei, das Projekt einer Kinder- und Jugendarbeit zu stärken, die Menschenrechte, Demokratie und die Capabilities als zentrale Ziele adressiert und damit intendiert, jenes zu evozieren, was immer noch verbunden ist mit dem Begriff »Mündigkeit«.

Zum Weiterlesen – Literaturhinweise

Cloos, P., Köngeter, S., Müller, B., & Thole, W. (2009). *Pädagogik der Kinder- und Jugendarbeit*. Wiesbaden: Springer VS.

Kiesl, D., Scherr, A., & Thole, W. (Hrsg.) (1998). *Standortbestimmung Jugendarbeit. Theoretische Orientierungen und empirische Befunde*. SchwalbachTs.: Wochenschau.

Thole, W., & Pothmann, J. (2020). Pädagogische Akteure im außerunterrichtlichen Feld. In P. Bollweg, J. Buchna, Th. Coelen & H.-U. Otto (Hrsg.), *Handbuch Ganztagsbildung* (S. 1397–1410). Wiesbaden: Springer VS.

Thole, W. (2020). Problematische Ablehnungskonstruktionen. Sozialstaat, Gemeinschaft und Erziehung in rechtspopulistischen Sprachspielen und Rhetoriken. *Sozial Extra*, 44 (2), 107–111.

Gumz, H., Rohde, J., & Thole, W. (2019). *Bildungslandschaften und Kulturelle Bildung*. Verfügbar unter https://www.kubi-online.de/artikel/bildungslandschaften-kulturelle-bildung: https://doi.org/10.25529/92552.496 [Zugriff 15. 04. 2021].

Thole, W., Lindner, W., & Pothmann, J. (2021). Kinder- und Jugendarbeit als sozialpädagogisches Bildungsprojekt. *deutsche jugend* 1, 7–16.

Literaturverzeichnis und Quellen

Abels, H. (1993). *Jugend vor der Moderne. Soziologische und psychologische Theorien des 20. Jahrhunderts.* Opladen: Leske + Budrich.

Abraham, A. (2015). »Da fahr' ich aus der Haut.« Der Körper als Identitätsbildung im Jugendalter. In R. Gräfe, M. Harring & M. D. Witte (Hrsg.), *Körper und Bewegung in der Jugendbildung. Interdisziplinäre Perspektiven* (S. 44–53). Schneider: Hohengehren.

Aden-Grossmann, W. (2016). *Geschichte der sozialpädagogischen Arbeit an Schulen: Entwicklung und Perspektiven von Schulsozialarbeit.* Wiesbaden: Springer VS.

Adorno, Th. W. (1973). *Ästhetische Theorie.* Frankfurt a. M.: Suhrkamp.

AeJ (Arbeitsgemeinschaft evangelische Jugend) (2016). Willkommen – wie geht das? *deutsche jugend,* 64 (4), 179–180.

AGJ (Arbeitsgemeinschaft für Kinder- und Jugendhilfe) (2014). *Stellungnahme der Arbeitsgemeinschaft für Kinder- und Jugendhilfe – AGJ zur Vorbereitung des XX. Hauptgutachtens der Monopolkommission gemäß § 44 Abs. 1 Satz 1 GWB.* Berlin: AGJ.

AGJ (Arbeitsgemeinschaft für Kinder- und Jugendhilfe) (2019). *Inklusion in der Jugendarbeit. 10 Jahre UN-BRK – ein Blick auf die Entwicklungen in der und Erwartungen an die Jugendarbeit.* Berlin.

AGJ (Arbeitsgemeinschaft für Kinder- und Jugendhilfe) (2020). *Guter Ganztag?! Rechtsanspruch auf Ganztagsbetreuung im Grundschulalter mit Qualität verbinden.* Berlin: Stellungnahmen und Positionen.

AGJF (Arbeitsgemeinschaft Jugendfreizeitstätten Sachsen e. V.) (2002). CORAX: *»Ein/e kompetente/r Jugendarbeiter/in braucht … «– Fachtagung zum Kompetenzprofil Jugendarbeit auf Burg Hohnstein.* Chemnitz.

AGJJ (Arbeitsgemeinschaft für Jugendpflege und Jugendfürsorge) (1955). *Das Heim der offenen Tür.* München.

AGOT NRW (Arbeitsgemeinschaft Offene Türen e. V.) (2018). *Lobbyarbeit in der Offenen Kinder- und Jugendarbeit. Eine Arbeitshilfe zur Durchsetzung politischer Interessen vor Ort.* Düsseldorf.

Ahlheim, R., Hülsemann, W., Kapczynski, H., & Kappeler, M. (1971). *Gefesselte Jugend. Fürsorgeerziehung im Kapitalismus.* Frankfurt a. M.: Suhrkamp.

Ahlrichs, R. (2018). *Demokratiebildung im Jugendverband: Grundlagen – empirische Befunde – Entwicklungsperspektiven.* Weinheim: Beltz Juventa.

Ahrens, D. (2009). Jenseits medialer Ortlosigkeit: Das Verhältnis von Medien, Jugend und Raum. In. C. Tully (Hrsg.), *Multilokalität und Vernetzung. Beiträge zur technikbasierten Gestaltung jugendlicher Sozialräume.* (S. 27–40). Weinheim & München: Beltz Juventa.

Akerman, R., Vorhaus, J., & Brown, J. (2011). *The Wider Benefits of Learning* (Part 3: Learning, Life Satisfaction and Happiness). Gütersloh: Bertelsmann.

Albert, M., Hurrelmann, K., Quenzel, G., Schneekloth, U., & Leven, I. (2019). *Jugend 2019 – 18. Shell Jugendstudie.* Weinheim: Beltz.

Albrecht, P.-G., Eckert, R., Roth, R., Thielen-Reffgen, C., & Wetzstein, Th. (2007). *Wir und die anderen: Gruppenauseinandersetzungen Jugendlicher in West und Ost.* Wiesbaden: VS Verlag für Sozialwissenschaften.

Alkemeyer, T. (2015). Rhythmen, Resonanzen und Missklänge. Über die Körperlichkeit der Produktion des Sozialen im Spiel. In R. Gugutzer (Hrsg.), *body turn* (S. 265–293). Bielefeld: transcript.

Alkemeyer, T., Budde, G., & Freist, D. (Hrsg.) (2013). *Selbst-Bildungen. Soziale und kulturelle Praktiken der Subjektivierung.* Bielefeld: transcript.

Allen, D. (2020). *Politische Gleichheit. Frankfurter Adorno-Vorlesungen 2017.* Berlin: Suhrkamp.

Althaus, M. (2011). *Kontaktnetze und Gespräche im Lobbying.* Auszug. In Instrumente des Lobbying. MS/ unveröff. Lehrbrief.

Althaus, M. (2017). Grundsätze der Politikberatung für die kommunale Jugendlobby. In W. Lindner & W. Pletzer (Hrsg.), *Kommunale Jugendpolitik* (S. 252–269). Weinheim & Basel: Beltz Juventa.

Aly, G. (1977). »*Wofür wirst Du eigentlich bezahlt?*«. Berlin: Rotbuch.

Amos, J. (2016). (Bildungs)Regime. In P. Mecheril (Hrsg.), *Handbuch Migrationspädagogik* (S. 45–58). Weinheim & Basel: Beltz.

Andresen, S., Neumann, S. & Kantar Public Deutschland (Hrsg.) (2018). *Kinder in Deutschland 2018. 4. World Vision Kinderstudie*. Weinheim: Beltz.

Antonio Amadeu Stiftung (2011). *Die Theorie in der Praxis. Projekte gegen Gruppenbezogene Menschenfeindlichkeit*. Berlin: Eigenverlag.

Arbeitsstelle »Kulturelle Bildung in Schule und Jugendarbeit NRW« (Hrsg.) (2010). *Offene Jugendarbeit und Kulturelle Bildung. Impulse für Profilbildung, Partnerschaften und Projekte*. Düsseldorf: Eigenverlag.

Arbeitsstelle »Kulturelle Bildung in Schule und Jugendarbeit NRW« (2016). Kulturelle Bildung in der Offenen Kinder- und Jugendarbeit. Düsseldorf: Eigenverlag.

Arnoldt, B., & Züchner, I. (2020). Kooperationsbeziehungen von Ganztagsschulen mit außerschulischen Trägern. In P. Bollweg, J. Buchna, Th. Coelen & H.-U. Otto (Hrsg.), *Handbuch Ganztagsbildung* (S. 1083–1096). Wiesbaden: Springer VS.

Ascher, P. (1971). *Jugendarbeit in der Krise*. Paderborn: Schöningh.

Aßmann, G., & Winkler, G. (1987). *Zwischen Alex und Marzahn. Studie zur Lebensweise in Berlin*. Berlin: Dietz.

Aumüller, J. (2014). *Forschung zu rechtsextrem orientierten Jugendlichen. Eine Bestandsaufnahme von Ursachen, Gefährdungsfaktoren und pädagogischen Interventionen*. Berlin: BIKnetz.

Autorengruppe Bildungsberichterstattung (2008). *Bildung in Deutschland. Ein indikatorengestützter Bericht mit einer Analyse zu Übergängen im Anschluss an den Sekundarbereich I*. Bielefeld: Bertelsmann-Verlag.

Autorengruppe Bildungsberichterstattung (2012). *Bildung in Deutschland 2012. Ein indikatorengestützter Bericht mit einer Analyse zur kulturellen Bildung im Lebenslauf*. Bielefeld: Bertelsmann-Verlag.

Autorengruppe Bildungsberichterstattung (2018). *Bildung in Deutschland 2018. Ein indikatorengestützter Bericht mit einer Analyse zu Wirkungen und Erträgen von Bildung*. Bielefeld: wbv.

Autorengruppe Kinder- und Jugendhilfestatistik (2019). *Kinder- und Jugendhilfereport 2018. Eine kennzahlenbasierte Analyse*. Opladen: Barbara Budrich.

Autorengruppe Kinder- und Jugendhilfestatistik (2021). *KJH-Report extra 2021*. Dortmund: Eigenverlag.

Autorenkollektiv am Psychologischen Institut (1971). *Schülerladen Rote Freiheit*. Frankfurt a. M.: Fischer.

Baacke, D. (1980). Der sozialökologische Ansatz zur Beschreibung und Erklärung des Verhaltens Jugendlicher. *deutsche jugend*, 28 (11), 493-505.

Baacke, D. (1985). *Einführung in die außerschulische Pädagogik*. Weinheim & München: Beltz Juventa.

Baacke, D., & Heitmeyer, W. (Hrsg.) (1985). *Neue Widersprüche. Jugendliche in den 80er Jahren*. Weinheim & München: Beltz Juventa.

Baader, M. S., Eßer, F., & Schröer, W. (Hrsg.) (2014). *Kindheiten in der Moderne*. Frankfurt a. M.: Campus.

BAG KJS (Bundesarbeitsgemeinschaft Katholische Jugendsozialarbeit) (2018) (Hrsg.). *Monitor Jugendarbeit*. Düsseldorf: Eigenverlag.

BAGLJÄ (2017). *Appell an die Hochschulen und Universitäten: Jugendarbeit studieren. Zum Verschwinden eines genuinen sozialpädagogischen Arbeitsfeldes an Hochschulen und Universitäten*. Empfehlung Nr. 127; Beschluss vom Nov. 2016. Verfügbar unter http://www.bagljae.de/content/empfehlungen/ [Zugriff 13. 04. 2021].

Balzer, N., & Ricken, N. (2010). Anerkennung als pädagogisches Problem. Markierungen im erziehungswissenschaftlichen Diskurs. In A. Schäfer & C. Thompson (Hrsg.), *Anerkennung* (S. 35–87). Paderborn: Schöningh.

Banner, G. (1986). *Kann man eine Kommunalverwaltung wie eine Firma führen?* Maastricht: k. A.

Baudrillard, J. (1982). *Der symbolische Tausch und der Tod.* München: Matthes & Seitz.

Bauer, R., Dahme, H.-J., & Wohlfahrt, N. (2012). Freie Träger. In W. Thole (Hrsg.), *Grundriss Soziale Arbeit. Ein einführendes Handbuch* (4. Aufl., S. 813–829.). Wiesbaden: VS Verlag für Sozialwissenschaften.

Bauer, W. (1991). *JugendHaus. Geschichte, Standort und Alltag Offener Jugendarbeit.* Weinheim & Basel: Beltz Juventa.

Bäumler, G. (1929). Die sozialpädagogische Erzieherschaft und ihre Ausbildung. In H. Nohl & L. Pallat (Hrsg.), *Handbuch der Pädagogik* (Band 5., S. 209–226). Langensalza: Beltz.

Bayerischer Jugendring (2014). *Fachkräfte in der Kinder- und Jugendarbeit. Empfehlungen zur Qualifikation der Fachkräfte in der Kinder- und Jugendarbeit Empfehlungen des Bayerischen Jugendrings nach § 85 Abs. 2 SGB VIII für die Jugendämter in Bayern.* München.

Bayerischer Jugendring (2016). *Arbeitsprofil Gemeindejugendpfleger/-innen: Aufgaben und Rahmenbedingungen der Tätigkeit von Jugendpfleger/-innen in kreisangehörigen Städten, Märkten und Gemeinden Bayerns.* München: BJR

Beck, U. (1986). *Risikogesellschaft. Auf dem Weg in eine andere Moderne.* Frankfurt a. M.: Suhrkamp.

Beck, U. (1993). *Die Erfindung des Politischen. Zu einer Theorie reflexiver Modernisierung.* Frankfurt a. M.: Suhrkamp.

Beck, U. (Hrsg.) (1997). *Kinder der Freiheit.* Frankfurt a. M.: Suhrkamp.

Beck, U., & Beck-Gernsheim, E. (Hrsg.) (1994*). Riskante Freiheiten. Individualisierung in modernen Gesellschaften.* Frankfurt a. M.: Suhrkamp.

Beck, U., & Bonß, W. (Hrsg.) (1989). *Weder Sozialtechnologie noch Aufklärung? Analysen zur Verwendung sozialwissenschaftlichen Wissens.* Frankfurt a. M.: Suhrkamp.

Beck, U., & Holzer, B. (2004). Reflexivität und Reflexion. In U. Beck & C. Lau (Hrsg.), *Entgrenzung und Entscheidung: Was ist neu an der Theorie reflexiver Modernisierung?* (S. 165–192). Frankfurt a. M.: Suhrkamp.

Beck, U., Giddens, A., & Lash, S. (1996). *Reflexive Modernisierung – Eine Kontroverse.* Frankfurt a. M.: Suhrkamp.

Becker-Lenz, R., & Müller, S. (2008). Der professionelle Habitus und seine Bildung in der Sozialen Arbeit. *Neue Praxis,* (1), 25–41.

Begemann, M.-C., Bleck, C., & Liebig, R. (Hrsg.) (2019). *Wirkungsforschung zur Kinder- und Jugendhilfe: Grundlegende Perspektiven und arbeitsfeldspezifische Entwicklungen.* Weinheim & Basel: Beltz Juventa.

Beher, K. (2004). Das Arbeitsfeld der Kinder- und Jugendarbeit. In K. Beher & Gragert (Hrsg.), *Aufgabenprofile und Qualifikationsanforderungen in den Arbeitsfeldern der Kinder- und Jugendhilfe. Tageseinrichtungen für Kinder, Hilfen zur Erziehung, Kinder- und Jugendarbeit, Jugendamt* (S. 273–342). München: dji.

Beher, K., & Gragert, N. (2004). *Aufgabenprofile und Qualifikationsanforderungen in den Arbeitsfeldern der Kinder- und Jugendhilfe. Tageseinrichtungen für Kinder, Hilfen zur Erziehung, Kinder- und Jugendarbeit, Jugendamt.* München: dji.

Beher, K., Liebig, R., & Rauschenbach, Th. (1998). *Das Ehrenamt in empirischen Studien – ein sekundäranalytischer Vergleich.* Stuttgart: Kohlhammer.

Behrens, P. (1931). Die Betreuung der erwerbslosen Jugendlichen als besondere Aufgabe des Jugendamtes. Maßnahmen zur Betreuung der erwerbslosen Jugend. *Rheinische Jugend,* 19 (1), 19–29.

Benecke, J. (2020). *Außerschulische Jugendorganisationen: eine sozialisationstheoretische und bildungshistorische Analyse.* Weinheim & Basel: Belz Juventa.

Benjamin, W. (1977). *Illuminationen – ausgewählte Schriften.* Frankfurt a. M.: Suhrkamp.

Benner, D. (1987). *Allgemeine Pädagogik.* Weinheim u. Basel: Juventa.

Benner, D., & Brüggen, F. (2004). Bildsamkeit/Bildung. In: D. Benner & J. Oelkers (Hrsg.), *Historisches Wörterbuch der Pädagogik (*S. 174-215). Weinheim u. Basel: Beltz.

Bergkessel, P. (1981). *Die Arbeits- und Lebenssituation sozialpädagogischer Fachkräfte in der Jugendarbeit.* Düsseldorf (MS-Druck).

Berndt, F., & Drügh, H. (Hrsg.) (2009): *Symbol. Grundlagentexte aus Ästhetik, Poetik und Kulturwissenschaft.* Frankfurt a.M.: Suhrkamp.

Berndt, C., Kalisch, C., & Krüger, A. (Hrsg.) (2016). *Räume bilden -pädagogische Perspektiven auf den Raum.* Bad Heilbrunn: Klinkhardt.

Bernfeld, S. (1927). Das Massenproblem in der sozialistischen Erziehung. *Sozialistische Erziehung,* 7, 5–7 & 33–36.

Berngruber, A., Gaupp, N., & Lüders, C. (2020). Jugendlich, erwachsen oder doch »dazwischen«? Die biografische Selbstwahrnehmung junger Menschen im Kontext der Debatte um emerging adulthood. *Diskurs Kindheits- und Jugendforschung,* 4, 385–400.

Bernhard, A, Rothermel, L., & Rühle, M. (Hrsg.) (2018). *Handbuch kritische Pädagogik: eine Einführung in die Erziehungs- und Bildungswissenschaft.* Weinheim & Basel: Beltz Juventa.

Bettmer, F. (2012). Die öffentlichen Träger der Sozialen Arbeit. In W. Thole (Hrsg.), *Grundriss Soziale Arbeit. Ein einführendes Handbuch* (4. Aufl., S. 795–812). Wiesbaden: VS Verlag für Sozialwissenschaften.

Betz, G. (2017). Hybride Phänomene als Spielfelder des Neuen. Wissenssoziologische Überlegungen am Beispiel Hybrider Events. In N. Burzan & R. Hitzler (Hrsg.), *Theoretische Einsichten: Im Kontext empirischer Arbeit* (S. 89–102). Wiesbaden: Springer VS.

Betz, T. (2006). »Gatekeeper« Familie – Zu ihrer allgemeinen und differenziellen Bildungsbedeutsamkeit. *Diskurs Kindheits- und Jugendforschung,* 1 (2), 181–195.

Biebricher, Th. (2018). *Geistig-moralische Wende: die Erschöpfung des deutschen Konservatismus.* Berlin: Matthes & Seitz.

Bierhoff, B. (1974). *Zur Begründung einer kritisch-emanzipativen Theorie und Praxis der Arbeit mit Jugendlichen.* Lollar & Gießen: Andreas Achenbach.

Bierhoff, B. (1981). Theorieansätze zur außerschulischen Jugendbildung und Jugendarbeit. In H. Wollenweber (Hrsg.), *Außerschulische Jugendbildung und Jugendarbeit* (S. 135–161). Paderborn: Schöningh.

Bierhoff, B. (1983). *Außerschulische Jugendarbeit.* Schwerte: Hubert Freistühler.

Bietz, J. (2015). Bewegung als Bildungsdimension im Jugendalter. In R. Gräfe, M. Harring & M. D. Witte (Hrsg.), *Körper und Bewegung in der Jugendbildung* (S. 54–66). Baltmannsweiler: Schneider.

Biewers-Grimm, S. (2020). *Qualitätskonstruktionen. Zur Verarbeitung divergierender Qualitätsanforderungen in der Jugendarbeit* (2. Aufl.). Weinheim & Basel: Beltz Juventa.

Bitzan, M., & Daigler, C. (2001). *Eigensinn und Einmischung: Einführung in Grundlagen und Perspektiven parteilicher Mädchenarbeit.* Weinheim: Beltz.

Bloch, E. (Hrsg.) (1977). *Prinzip Hoffnung. Gesamtausgabe* (Bd. 5). Frankfurt a. M.: Suhrkamp.

Bloch, E. (1972). *Das antizipierte Bewusstsein.* Frankfurt a. M.: Suhrkamp.

Blum, D. (1908). *Fürsorge für die normale, volksschulentlassene, männliche Jugend* (Schriften des deutschen Vereins für Armenpflege und Wohltätigkeit 86). Leipzig: Duncker & Humblot reprints.

Blumenreich, U., Kröger, F., Pfeiffer, L., Sievers, N., & Wingert, C. (2019). *Neue Methoden und Formate der soziokulturellen Projektarbeit.* Bonn: Institut für Kulturpolitik der Kulturpolitischen Gesellschaft e. V.

BMAS (Bundesministerium für Arbeit und Soziales) (2017). *Lebenslagen in Deutschland. Der 5. Armuts- und Reichtumsbericht der Bundesregierung.* Berlin: Eigenverlag.

BMFSFJ (Bundesministerium für Familie, Senioren, Frauen und Jugend) (2017). *Freiwilliges Engagement junger Menschen. Sonderauswertungen des Vierten Deutschen Freiwilligensurveys.* Berlin: Eigenverlag.

BMWi (Bundesministerium für Wirtschaft und Energie) (2014). *Zukunftsprojekt Kinder- und Jugendtourismus.* Berlin: Eigenverlag.

Bock, K., Grabowsky, S., Sander, U., & Thole, W. (Hrsg.) (2013). *Jugend.Hilfe.Forschung.* (Grundlagen der sozialen Arbeit, Bd. 31). Baltmannsweiler: Schneider-Verlag Hohengehren.

Bock, K., Grunert, C., Pfaff, N., & Schröer, W. (Hrsg.) (2020). *Erziehungswissenschaftliche Jugendforschung. Ein Aufbruch.* Wiesbaden: Springer VS.

Bockhorst, H., Reinwand-Weiss, V.-I., & Zacharias, W. (Hrsg.) (2012). *Handbuch kulturelle Bildung.* München: kopead.

Boetticher, A. v., & Münder, J. (2019a). § 74 Förderung der freien Jugendhilfe. In J. Münder, T. Meysen & T. Trenczek (Hrsg.), *Frankfurter Kommentar zum SGB VIII: Kinder und Jugendhilfe* (S. 863–879, Rn. 1–55). Baden-Baden: Nomos.

Boetticher, A. v., & Münder, J. (2019b). § 77 Vereinbarungen über die Höhe der Kosten. In J. Münder, T. Meysen & T. Trenczek (Hrsg.), *Frankfurter Kommentar zum SGB VIII: Kinder und Jugendhilfe* (S. 889–894, Rn. 1–18). Baden-Baden: Nomos.

Bogumil, J. (2008). Evaluation kommunaler Verwaltungsmodernisierung. In R. Fisch, A. Müller & D. Beck (Hrsg.), *Veränderungen in Organisationen: Stand und Perspektiven* (S. 325–350). Wiesbaden: Springer VS.

Bogumil, J., & Holtkamp. L. (Hrsg.) (2016). *Kommunale Entscheidungsstrukturen in Ost- und Westdeutschland. Zwischen Konkordanz- und Konkurrenzdemokratie.* Wiesbaden: Springer VS.

Bogumil, J., Grohs, S., & Kuhlmann, S. (2006). Ergebnisse und Wirkungen kommunaler Verwaltungsmodernisierung in Deutschland – Eine Evaluation nach zehn Jahren Praxiserfahrung. *Politische Vierteljahreszeitschrift*, (Sonderheft 37), 151–184.

Böhm, S. (2001). Subjektorientierte Bildung des Subjekts. Anmerkungen zur Form, in der die Theorie der Jugendarbeit entwickelt wird. *deutsche jugend*, 49 (9), 384–388.

Böhnisch, L. (1989). Jugend im ländlichen Raum. In U. Klemm & K. Seitz (Hrsg.), *Das Provinzbuch. Kultur und Bildung auf dem Lande* (S. 67–77). Bremen: Edition Con.

Böhnisch, L. (1992). *Sozialpädagogik des Kindes- und Jugendalters.* Weinheim & München: Beltz Juventa.

Böhnisch, L. (1997). Die Großstadtjugend und der sozialpädagogische Diskurs der 20er Jahre. In C. Niemeyer (Hrsg.), *Grundlinien historischer Sozialpädagogik.* (S. 227–238). Weinheim & München: Juventa.

Böhnisch, L. (1998). Grundbegriffe einer Jugendarbeit als »Lebensort«. In L. Böhnisch, M. Rudolph & B. Wolf (Hrsg.), *Jugendarbeit als Lebensort. Jugendpädagogische Orientierungen zwischen Offenheit und Halt* (S. 155–166). Weinheim & München: Beltz Juventa.

Böhnisch, L. (2018). *Sozialpädagogik der Lebensalter: eine Einführung.* Weinheim & Basel: Beltz Juventa.

Böhnisch, L., & Münchmeier, R. (1987). *Wozu Jugendarbeit? Orientierungen für Ausbildung, Fortbildung und Praxis.* Weinheim & München: Beltz Juventa.

Böhnisch, L., & Münchmeier, R. (1990). *Pädagogik des Jugendraumes.* Weinheim & München: Beltz Juventa.

Böhnisch, L., & Schröer, W. (1997). Die Großstadtjugend. *Zeitschrift für Pädagogik*, 43 (5), 835–840.

Böhnisch, L., & Winter, R. (1990). *Pädagogische Landnahme: Einführung in die Jugendarbeit des ländliches Raums.* Weinheim & München: Beltz Juventa.

Böhnisch, L., Dickerhoff, U., & Grieser, M. (1974). Vom Eingriffs- und zum Erziehungsgesetz? Zum Referentententwurf eines Jugendhilfegesetzes. *Zeitschrift für Pädagogik*, 20 (4), 587–594.

Böhnisch, L., Gängler, H., & Rauschenbach Th. (Hrsg.) (1991). *Handbuch Jugendverbände.* Weinheim: Juventa.

Böhnisch, L., Münchmeier, R., & Sander, E. (1976). Probleme und Chancen der Jugend heute. *Vorgänge*, 15, 67–74.

Böhnisch, L., Rudolph, M., & Wolf, B. (Hrsg.) (1998). *Jugendarbeit als Lebensort.* Weinheim & München: Beltz Juventa.

Bohnsack, R. (1995). *Auf der Suche nach Gemeinsamkeit.* Opladen: Leske + Budrich.

Bohnsack, R. (1998). Rekonstruktive Sozialforschung und der Grundbegriff des Orientierungsmusters. In D. Siefkes, P. Eulenhöfer, H. Stach & K. Städtler (Hrsg.), *Sozialgeschichte der Informatik. Kulturelle Praktiken und Orientierungen* (S. 105–121). Wiesbaden: Springer VS.

Bohnstedt, H. (1914). *Jugendpflegearbeit.* Leipzig & Berlin: B. G. Teubner.

Böllert, K. (Hrsg.) (2018). *Kompendium Kinder- und Jugendhilfe.* Wiesbaden: Springer VS.

Bollig, C., & Huber, K. (2020). Digitalisierung in der Mobilen Jugendarbeit. In: LAG Mobile Jugendarbeit/Streetwork Baden-Württemberg (Hrsg.). *Praxishandbuch Mobile Jugendarbeit.* (S. 373–388). Berlin: Frank & Timme.

Bollig, C., & Keppeler, S. (2015). Virtuell-aufsuchende Arbeit in der Jugendsozialarbeit. In N. Kutscher, T. Ley & U. Seelmeyer, U. (Hrsg.), *Mediatisierung (in) der Sozialen Arbeit* (S. 94–114). Hohengehren: Schneider.

Bollweg, P. (2018). Bildungslandschaft. In K. Böllert (Hrsg.), *Kompendium Kinder- und Jugendhilfe* (S. 1161–1180). Wiesbaden: Springer VS.

Bollweg, P., & Otto, H.-U. (Hrsg.) (2011). *Räume flexibler Bildung: Bildungslandschaft in der Diskussion*. Wiesbaden: Springer VS.

Bollweg, P., Coelen, Th., Buchna, J., & Otto, H.-U. (Hrsg.) (2020). *Handbuch Ganztagsbildung*. Wiesbaden: Springer VS.

Bölsche, J. (2008). *Kampf um die Kiddies*. Verfügbar unter https://www.spiegel.de/lebenundlernen/schule/jugendzentren-kampf-um-die-kiddies-a-593856.html [Zugriff 12. 04. 2021].

Braches-Chyrek, R., & Fischer, J. (Hrsg.) (2018). *Handlungsmethoden der Sozialen Arbeit*. Baltmannsweiler: Schneider.

Brand, K.-W., Büsser, D., & Rucht, D. (1983). *Aufbruch in eine andere Gesellschaft: neue soziale Bewegungen in der Bundesrepublik*. Frankfurt a.M.: Campus.

Braun, K.-H., Wetzel, K., Dobesberger, B., & Fraundorfer, A. (Hrsg.) (2005). *Handbuch Methoden der Kinder- und Jugendarbeit. Studien zur pädagogischen Entwicklungsforschung und Qualitätssicherung*. Wien & Münster: LIT.

Braun, T., Fuchs, M., & Zacharias, W. (Hrsg.) (2015). *Theorien der Kulturpädagogik*. Weinheim & Basel: Beltz Juventa.

Breitenbach, E., & Kausträter, S. (Hrsg.) (1998). »Ich finde, man braucht irgendwie eine Freundin«. *Zeitschrift für Sozialisationsforschung und Soziologie der Erziehung*, 18 (4), 389–402.

Brenner, G. (1996). Die Entwicklung der Jugendarbeit im Spiegel der Zeitschrift »deutsche jugend«. In W. Lindner (Hrsg.), *1964 – 2004: Vierzig Jahre Kinder- und Jugendarbeit in Deutschland*. (S. 47–64). Wiesbaden: Springer VS.

Brenner, G. (2012). Kommunale Jugend(hilfe)politik: das Beispiel Mönchengladbach. *deutsche jugend*, 60 (6), 259–268

Brenner, G., & Hafeneger, B. (Hrsg.) (1996). *Pädagogik mit Jugendlichen*. Weinheim & München: Beltz Juventa.

Brenner, G., & Niesyto, H. (Hrsg.) (1993). *Handlungsorientierte Medienarbeit*. Weinheim & München: Beltz Juventa.

Brenner, G., & Waldmann, K. (1994). *Eingriffe gegen Umweltzerstörung*. Weinheim & München: Beltz Juventa.

Breyvogel, W. & Bremer, H. (Hrsg.) (2020). *Die Pfadfinderinnen in der deutschen Jugendkultur. Von der Gründung über die Eingliederung in den BDM zur Koedukation und Genderdebatte*. Wiesbaden: Springer VS.

Breyvogel, W. (Hrsg.) (1991). *Piraten, Swings und Junge Garde. Jugendwiderstand im Nationalsozialismus*. Bonn: Dietz.

Bröckling, B. (2011). »Eine Frage der Persönlichkeit?« Das Qualifikations- und Kompetenzprofil der Mitarbeiterinnen und Mitarbeiter in Einrichtungen der Offenen Kinder- und Jugendarbeit aus Sicht ihrer Adressaten. *deutsche jugend*, 59 (6), 259–264.

Bröckling, U. (2007). *Das unternehmerische Selbst – Soziologie einer Subjektivierungsform*. Frankfurt a. M.: Suhrkamp.

Bröckling, U. (2017). *Gute Hirten führen sanft: über Menschenregierungskünste*. Frankfurt a. M.: Suhrkamp.

Bröckling, U. (2018). Ich, postheroisch. *Zeitschrift für Ideengeschichte*, 12 (3), 21–32.

Bröckling, U., Dries, C., Leanza, T., & Schlechtriemen, T. (Hrsg.) (2015). *Das Andere der Ordnung: Theorien des Exzeptionellen*. Weilerswist: Velbrück.

Bronfenbrenner, U. (1976). *Ökologische Sozialisationsforschung*. Stuttgart: Klett.

Brücher, B. (1981). Außerschulische Jugendbildung und Jugendarbeit im Spiegel der Fachliteratur. In H. Wollenweber (Hrsg.), *Außerschulische Jugendbildung und Jugendarbeit* (S. 181–209). Paderborn: Schöningh.

Brüggemeier, F.-J., & Niethammer, L. (1978). Schlafgänger, Schnapskinos und schwerindustrielle Kolonie. In J. Reulecke & W. Weber (Hrsg.), *Fabrik, Familie, Feierabend* (S. 135–174). Wuppertal: Peter Hammer.

Bruner, C. F., & Dannenbeck, C. (2002). *Freiwilliges Engagement bei Jugendlichen. Eine qualitative Studie zu Erfahrungen, Motivlagen und Unterstützungsbedarf verbandsmäßig organisierter Jugendlicher in ausgewählten Jugendverbänden und Jugendgemeinschaften des Kreisjugendring München-Stadt.* München.

Bruner, C. F., & Dannenbeck, C. (2003). Freiwilliges Engagement bei Jugendlichen. Jugendliche aus Münchner Jugendverbänden schildern ihre Erfahrungen. *deutsche Jugend,* 51 (1), 18–24.

Brunner, K. (1909). Die Bekämpfung der Schundliteratur. In *Gegen die Schundliteratur.* Verhandlungen und Beschlüsse der 39. Hauptversammlung der Gesellschaft für Verbreitung von Volksbildung am 3. und 4. Oktober 1909 in Dortmund. Berlin, S. 52-91.

Bublitz, H. (2015). Sehen und Gesehenwerden – Auf dem Laufsteg der Gesellschaft. Sozial- und Selbsttechnologie des Körpers. In R. Gugutzer (Hrsg.), *Body turn: Perspektiven der Soziologie des Körpers und des Sports* (S. 341–362). Bielefeld: transcript.

Büchner, P. (1990). Aufwachsen in den 80er Jahren. In P. Büchner, H.-H. Krüger & L. Chisholm (Hrsg.), *Kindheit und Jugend im interkulturellen Vergleich* (S. 79–93). Opladen: Barbara Budrich.

Büchner, P., & Brake, A. (2006). *Bildungsort Familie.* Wiesbaden. VS Verlag.

Bund der Jugendfarmen und Aktivspielplätze e. V. (Hrsg.) (2019). *Spielfalt – Inklusion auf pädagogisch betreuten Spielplätzen: Offene Spielräume für alle!* Stuttgart: Eigenverlag.

Bundesministerium für Familie, Senioren, Frauen und Jugend (BMFSFJ) (2019). *Statistik der Freiwilligendienste.* Berlin: Bundesanzeiger Verlagsgesellschaft.

Bundesvereinigung Soziokultureller Zentren e. V. (2019). *Was braucht's? Soziokulturelle Zentren in Zahlen 2019.* Berlin: Eigenverlag.

Bund-Länder-Kommission (1977). *Ergänzungsplan »Musisch-Kulturelle Bildung« zum Bildungsgesamtplan. Bund-Länder-Kommission für Bildungsplanung und Forschungsförderung* (2 Bde.). Stuttgart: Eigenverlag.

Burchard, A. (2016, 26. April). Generation Mainstream. *Der Tagesspiegel.*

Burmeister, J. (2012). Wozu (noch) Jugendarbeit? Jugendpolitische Rahmenbedingungen und Programme in Mecklenburg-Vorpommern seit 1990. In W. Lindner (Hrsg.), *Political (Re)Turn?* (S. 105–120). Wiesbaden: Springer VS.

Busche, M., Hartmann, J., Nettke, T., & Streib-Brzič (2018). *Heteronormativitätskritische Jugendbildung. Reflexionen am Beispiel eines museumspädagogischen Modellprojekts.* Bielefeld: transcript.

Buschmann, M. (2010). Kapuzenpulli meets Nadelstreifen – Die Kinder- und Jugendarbeit im Fokus von Wissenschaft und Wirtschaft (hrsg. v. Arbeitskreis G 5). Neuss: Landesjugendring NRW.

Busse, N. (2008). *Der Kinder- und Jugendzirkus als erlebnispädagogischer Lern- und Erfahrungsort.* Lüneburg: Verlag Ed. Erlebnispädagogik.

Butler, J. (1991). *Das Unbehagen der Geschlechter.* Frankfurt a.M.: Suhrkamp.

Calmbach, M., Borgstedt, S., Borchard, I., Thomas, P. M., & Flaig, B. B. (2016). *Wie ticken Jugendliche? Lebenswelten von Jugendlichen.* Wiesbaden: Springer VS.

Casale, R., Rieger-Ladich, M., & Thompson, C. (Hrsg.) (2020). *Verkörperte Bildung. Körper und Leib in geschichtlichen und gesellschaftlichen Transformationen.* Weinheim & Basel: Beltz Juventa.

Castro Varela, M. do Mar & Mecheril, P. (2010). Grenze und Bewegung. Migrationswissenschaftliche Klärungen. In Mecheril, P., Castro Varela, M. d. Mar, Dirim, I., Kalpaka, A., & Melter, C. (2010). *Bachelor/Master Migrationspädagogik.* (S. 23–53). Weinheim & Basel: Beltz.

Castro Varela, M. do Mar, & Jagusch, B. (2011). Möglichkeitsräume und Widerstandsstrategien. Überlegungen zu einer geschlechtergerechten und antirassistischen Jugendarbeit. In W. Scharathow & R. Leiprecht (Hrsg.), *Rassismuskritik: rassismuskritische Bildungsarbeit* (S. 266–282). Schwalbach i. Ts.: Wochenschau.

Certeau, de, M. (1988). *Kunst des Handelns.* Berlin: Merve.

Chassé, K. A., & Lindner, W. (2013). Kommunale Jugendhilfepolitik. In B. Benz, G. Rieger, W. Schönig & M. Többe-Schukalla (Hrsg.), *Politik Sozialer Arbeit. Bd. II: Handlungsfelder und Methoden* (S. 157–169). Weinheim & München: Beltz Juventa.

Cloos, P. (1998). Jugend als Avantgarde ihrer eigenen Abschaffung? *Sozialwissenschaftliche Literatur Rundschau*, 21 (36), 37–54.
Cloos, P., & Schulz, M. (2011). Forschende Zugänge zur Offenen Kinder- und Jugendarbeit. Methodologie und Methoden empirischer Forschung. In H. Schmidt (Hrsg.), *Empirie der Offenen Kinder- und Jugendarbeit* (S. 239–268). Wiesbaden: Springer VS.
Cloos, P., Köngeter, St., Müller, B., & Thole, W. (2007). *Die Pädagogik der Kinder- und Jugendarbeit.* Wiesbaden: Springer VS.
Coelen, T. (2020). Kommunale Jugendbildung. In P. Bollweg, J. Buchna, Th. Coelen & H.-U. Otto (Hrsg.), *Handbuch Ganztagsbildung* (S. 1287–1297). Wiesbaden: Springer VS.
Coelen, Th., & Gusinde, F. (Hrsg.) (2011). *Was ist Jugendbildung? Positionen – Definitionen – Perspektiven.* Weinheim & München: Beltz Juventa.
Coelen, Th., Heinrich, A., & Million, A. (Hrsg.) (2015). *Stadtbaustein Bildung.* Wiesbaden: Springer VS.
Corsa, M., Lindner, W., & Pothmann, J. (2018). Von der amtlichen Statistik bis zur Datenpolitik – Perspektiven für eine »Datenkultur« im Arbeitsfeld Kinder- und Jugendarbeit. In T. Rauschenbach, J. v. d. Gathen-Huy, K. Gosse & E. Sass (Hrsg.), *Kinder- und Jugendarbeit. Potenziale Erkennen. Zukunft gestalten* (S. 167–181). Dortmund: Eigenverlag.
Dahmen, S. (2020). Subjektivierung und Optimierung von Jugend in (sozial-) pädagogischen Aktivierungspraktiken. In B. Ritter & F. Schmidt (Hrsg.), *Sozialpädagogische Kindheiten und Jugenden* (S. 173–192). Weinheim & Basel: Beltz Juventa.
Daigler, C. (Hrsg.) (2018). *Profil und Professionalität der Jugendhilfeplanung.* Wiesbaden: Springer Fachmedien.
Damm, D. (1975). *Politische Jugendarbeit. Grundlagen, Methoden, Projekte.* München: Juventa.
Dausien, B. (2016). Rekonstruktion und Reflexion: Überlegungen zum Verhältnis von bildungstheoretisch und sozialwissenschaftlich orientierter Biographieforschung. In R. Kreitz, I. Miethe & A. Tervooren (Hrsg.), *Theorien in der qualitativen Bildungsforschung – Qualitative Bildungsforschung als Theoriegenerierung* (S. 19–46). Opladen: Barbara Budrich.
De Mause, L. (1979). *Hört ihr die Kinder weinen? Eine psychogenetische Geschichte der Kindheit.* Frankfurt a. Main: Suhrkamp.
Decker, O., & Brähler, E. (Hrsg.) (2020). *Autoritäre Dynamiken. Alte Ressentiments – neue Radikalität. Leipziger Autoritarismusstudie.* Gießen: Psychosozial-Verlag.
Decker, O., & Brähler, E. (Hrsg.) (2018). *Flucht ins Autoritäre. Rechtsextreme Dynamiken in der Mitte der Gesellschaft.* Gießen: Psychozial-Verlag.
Decker, O., Kiess, J., & Brähler, E. (Hrsg.) (2016). *Die enthemmte Mitte. Autoritäre und rechtsextreme Einstellung in Deutschland.* Gießen: Psychosozial-Verlag.
Dehn, G. (1919). *Großstadtjugend.* Berlin: Heymann.
Dehn, G. (1929a). Jugendpflege. In H. Nohl & L. Pallat (Hrsg.), *Handbuch der Pädagogik* (Bd. 5., S. 97–113). Langensalza: Beltz.
Dehn, G. (1929b). *Proletarische Jugend. Lebensgestaltung und Gedankenwelt der großstädtischen* Proletarierjugend. Berlin: Heymann.
Deimel, R. (2013). Abenteuerspielplätze. In U. Deinet & B. Sturzenhecker (Hrsg.), *Handbuch Offene Kinder- und Jugendarbeit* (S. 747–752). Wiesbaden: Springer VS.
Deinet, U. (1992). *Das Konzept »Aneignung« im Jugendhaus: neue Impulse für die offene Kinder- und Jugendarbeit.* Opladen: Barbara Budrich.
Deinet, U. (1999). *Sozialräumliche Jugendarbeit. Eine praxisbezogene Anleitung zur Konzeptentwicklung in der Offenen Kinder- und Jugendarbeit.* Opladen: Barbara Budrich.
Deinet, U., & Krisch, R. (2013). Mobile, aufsuchende Ansätze in der Offenen Kinder- und Jugendarbeit. In U. Deinet & B. Sturzenhecker (Hrsg.), *Handbuch Offene Kinder- und Jugendarbeit* (4. Aufl., S. 415–419). Wiesbaden: VS Verlag für Sozialwissenschaften.
Deinet, U., & Krisch. R. (2006). *Der sozialräumliche Blick der Jugendarbeit: Methoden und Bausteine zur Konzeptentwicklung und Qualifizierung.* Wiesbaden: Springer VS.
Deinet, U., & Sturzenhecker, B. (Hrsg.) (1996). *Konzepte entwickeln.* Weinheim & München: Beltz Juventa.

Deinet, U., & Sturzenhecker, B. (Hrsg.) (2005). *Handbuch Offene Jugendarbeit* (3., völlig überarbeitete und erweiterte Aufl.). Wiesbaden: Springer VS.

Deinet, U., & Sturzenhecker, B. (Hrsg.) (2013). *Handbuch Offene Jugendarbeit* (4., überarbeitete und aktualisierte Aufl.). Wiesbaden: Springer VS.

Deinet, U., Sturzenhecker, B., v. Schwanenflügel, L., & Schwerthelm, M. (Hrsg.) (2021). *Handbuch Offene Kinder- und Jugendarbeit.* Wiesbaden: Springer VS.

Delmas, N., & Scherr, A. (2005). Bildungspotentiale der Jugendarbeit. *deutsche jugend*, 53 (3), 105–119.

Der Paritätische Gesamtverband (Hrsg.) (2019). *30 Jahre Mauerfall – Ein viergeteiltes Deutschland. Der Paritätische Armutsbericht 2019.* Berlin: Eigenverlag.

Der Spiegel (1994). Die Eigensinnigen. Selbstporträt einer Generation. *Spiegel-Special*, November-Ausgabe.

Deutscher Bundesjugendring (1998). *Für mich und andere – ehrenamtlich in der Jugendarbeit.* Bonn: Eigenverlag.

Deutscher Bundesjugendring (2020). *Zum 16. Kinder- und Jugendbericht. Stellungnahme.* Berlin.

Deutscher Bundesrat (2021). *Gesetz zur Stärkung von Kindern und Jugendlichen (Kinder- und Jugendstärkungsgesetz – KJSG). Beschluss des Bundesrates.* Drucksache 319/21. Berlin.

Deutscher Bundestag (1990). *Bericht über die Bestrebungen und Leistungen der Jugendhilfe – Achter Jugendbericht – sowie Stellungnahme der Bundesregierung. Unterrichtung durch die Bundesregierung.* Drucksache 11/6576. Bonn: Eigenverlag.

Deutscher Bundestag (2005). *Zwölfter Kinder- und Jugendbericht. Bericht über die Lebenssituation junger Menschen und die Leistungen der Kinder- und Jugendhilfe in Deutschland. Drucksache 15/6014.* Bonn: Eigenverlag.

Deutscher Bundestag (2013). *14. Kinder- und Jugendbericht. Bericht über die Lebenssituation junger Menschen und die Leistungen der Kinder- und Jugendhilfe in Deutschland. Drucksache 17/12200.* Berlin: Eigenverlag.

Deutscher Bundestag (2017a). *15. Kinder- und Jugendbericht. Bericht über die Lebenssituation junger Menschen und die Leistungen der Kinder- und Jugendhilfe in Deutschland* (Bundestagsdrucksache 18/11050). Berlin: Eigenverlag.

Deutscher Bundestag (2017b). *Entwurf eines Gesetzes zur Stärkung von Kindern und Jugendlichen (Kinder- und Jugendstärkungsgesetz – KJSG). Drucksache 18/12330.* Berlin: Eigenverlag.

Deutscher Bundestag (2017c). *Stellungnahme der Kommission zur Wahrnehmung der Belange der Kinder (Kinderkommission) des Deutschen Bundestages zum Thema »Kinderarmut«. Kommissionsdrucksache 18/18.* Berlin: Eigenverlag.

Deutscher Bundestag (2019). *14. Sportbericht der Bundesregierung* (Bundesdrucksache 19/9150). Berlin: Eigenverlag.

Deutscher Bundestag (2020). *16. Kinder- und Jugendbericht. Bericht über die Lebenssituation junger Menschen und die Leistungen der Kinder- und Jugendhilfe.* Drucksache 19/24200. Berlin: Eigenverlag.

Deutscher Bundestag (2021). *Entwurf eines Gesetzes zur Stärkung von Kindern und Jugendlichen (Kinder- und Jugendstärkungsgesetz – KJSG).* Drucksache 19/26107. Berlin: Eigenverlag.

Deutscher Verein für öffentliche und private Fürsorge (2009). *Empfehlungen des Deutschen Vereins zur Weiterentwicklung Kommunaler Bildungslandschaften.* Berlin: Eigenverlag.

Dewe, B., & Stüwe, G. (2016). *Basiswissen Profession: zur Aktualität und kritischen Substanz des Professionskonzeptes für die Soziale Arbeit: in memoriam Wilfried Ferchhoff.* Weinheim & Basel: Beltz Juventa.

Dewe, B., Ferchhoff, W., & Radtke, F.-O. (Hrsg.) (1992). *Erziehen als Profession.* Opladen: Barbara Budrich.

DJI (Deutsches Jugendinstitut) (2020). *The European Discussion on Youth Work 2015-2020* (Verfasser*innen: F. Hoffman-van de Poll, M. Pelzer, S. Riedle & A. Rottach). München: Eigenverlag.

Dohmen, G. (2001). *Das informelle Lernen. Die internationale Erschließung einer bisher vernachlässigten Grundform menschlichen Lernens für das lebenslange Lernen aller.* Bonn: BMBF, Referat Öffentlichkeitsarbeit.

Dohmen, G. (2016). Das informelle Lernen. In M. Harring, M. Witte & T. Burger (Hrsg.), *Handbuch informelles Lernen* (S. 52–60). Weinheim & Basel: Beltz Juventa.
Drücker, A., Fuß, M., & Schmitz, O. (2014). Eine Einführung. In Dies. (Hrsg.), *Kinder- und Jugendreisepädagogik. Potenziale – Forschungsergebnisse – Praxiserfahrungen* (S. 13–22). Schwalbach i. Ts.: Wochenschau.
Dudek, P. (2009). *»Versuchsacker für eine neue Jugend«: Die Freie Schulgemeinde Wickersdorf 1906-1945.* Bad Heilbrunn: Klinkhardt.
Dudek, P. (2012). *»Er war halt genialer als die anderen«. Biografische Annährungen an Siegfried Bernfeld.* Gießen: Psychosozial-Verlag.
Dünne, J., Günzel. S., & Doetsch, H. (2018) (Hrsg.) *Raumtheorie: Grundlagentexte aus Philosophie und Kulturwissenschaften* (9. Aufl.). Frankfurt a. M.: Suhrkamp.
Düx, W. (2018). Zivilgesellschaftliches Engagement. In K. Böllert (Hrsg.), *Kompendium Kinder- und Jugendhilfe* (S. 179–197). Wiesbaden: Springer VS.
Düx, W., & Sass, E. (2005). Lernen in informellen Kontexten. *Zeitschrift für Erziehungswissenschaft, 7* (4), 394–411.
Düx, W., Prein, G., Sass, E., & Tully, C. J. (2009). *Kompetenzerwerb im freiwilligen Engagement. Eine empirische Studie zum informellen Lernen im Jugendalter* (2. Aufl.). Wiesbaden: Springer VS.
Düx, W., Rauschenbach, Th., & Züchner, I. (2002). *Strukturprobleme und Entwicklungsmöglichkeiten der Kinder- und Jugendarbeit.* Münster: Votum.
Ebrem, I. E., & Krieger, U. A. (2018). Optionen der pädagogischen Bearbeitung von Antimuslimischem Rassismus. In K. Möller & F. Neuscheler (Hrsg.), *»Wer will die hier schon haben?«* (S. 213–222). Stuttgart: Kohlhammer.
Eckert, R., Reis, C., & Wetzstein, T. A. (2000). *»Ich will halt anders sein wie die anderen«. Abgrenzung, Gewalt und Kreativität bei Gruppen Jugendlicher.* Opladen: Leske + Budrich.
Eggers, M. M. (2012). Diversität als neues Möglichkeitsfeld. Diversität als Motor der Neustrukturierung im Verhältnis der (feministischen) Mädchenarbeit zur (kritischen) Jungenarbeit. In B. Bütow & C. Munsch (Hrsg.), *Soziale Arbeit und Geschlecht. Herausforderungen jenseits von Universalisierung und Essentialisierung* (S. 229–245). Münster: Westfälisches Dampfboot.
Ehrenberg, A. (2012). *Das Unbehagen in der Gesellschaft.* Frankfurt a. M.: Suhrkamp.
Eloth, V. F. P. (2012). Nanopsychologie. In W. Thole, D. Höblich & S. Ahmed (Hrsg.), *Taschenwörterbuch Soziale Arbeit* (S. 202-202). Bad Heilbrunn: Klinkhardt.
Engel, J., & Jörissen, B. (2019). Unsichtbare Sichtbarkeiten. Kontrollverlust und Kontrollphantasmen in öffentlichen und jugendkulturellen Digitalisierungsdiagnosen. In Th. Alkemeyer, N. Buschmann & Th. Etzemüller (Hrsg.), *Gegenwartsdiagnosen Kulturelle Formen gesellschaftlicher Selbstproblematisierung in der Moderne* (S. 549–568). Bielefeld: transcript.
Engelhardt, C., & Formann, C. (2004). *Förderung der Jugendarbeit und der Jugendsozialarbeit in den Bundesländern. Umsetzung der §§ 11-14 SGB VIII. Information des Parlamentarischen Beratungs- und Gutachterdienstes des Landtags NRW.* 13/1090. Landtag NRW, 13. Wahlperiode. O.O. 2004.
Erben, F., & Waldmann, K. (2013). Bildung für nachhaltige Entwicklung. In B. Hafeneger (Hrsg.), *Handbuch außerschulische Jugendbildung. Grundlagen, Handlungsfelder, Akteure* (Reihe Politik und Bildung, Bd. 60,2. erg. und überarb. Aufl., S. 259–272). Schwalbach i. Ts.: Wochenschau-Verlag.
Erhorn, J. & Schwier, J. (Hrsg.) (2015). *Die Eroberung urbaner Bewegungsräume. Sport Bündnisse für Kinder und Jugendliche.* Bielefeld: transcript.
Ette, O., & Wirth, U. (2014). Nach der Hybridität: Zukünfte der Kulturentwicklung. Einleitung. In O. Ette & U. Wirth (Hrsg.), *Nach der Hybridität: Zukünfte der Kulturentwicklung* (S. 7–12). Berlin: Walter Frey.
Expertengruppe Offene Jugendarbeit (2009). Jugendhäuser als Verstärker von Gewalt? Kritische Anmerkungen zu einer Studie von Christian Pfeiffer. *deutsche jugend,* 57 (1), 7–15.
Faltermaier, M. (1983a). Zum Verhältnis von Theorie und Praxis: Wozu macht und braucht man eine Theorie der Jugendarbeit? In M. Faltermaier (Hrsg.), *Nachdenken über Jugendarbeit. Zwischen den fünfziger und achtziger Jahren* (S. 225–229). München: Juventa.

Faltermaier, M. (1983b). Zur Einführung Jugendarbeit nach Diktatur und Krieg. In: M. Faltermaier (Hrsg.), *Nachdenken über Jugendarbeit. Zwischen den fünfziger und achtziger Jahren* (S. 11–25). München: Juventa.

Faltermaier, M. (1983c). Zur Ortsbestimmung: Wohin gehört die Jugendarbeit? In M. Faltermaier (Hrsg.), *Nachdenken über Jugendarbeit. Zwischen den fünfziger und achtziger Jahren.* (S. 350–355). München: Juventa.

Farin, K. (2011). *Jugendkulturen in Deutschland.* Bonn: Bundeszentrale für politische Bildung.

Fauser, K., Fischer, A., & Münchmeier, R. (2006). *Jugendliche als Akteure im Verband. Ergebnisse einer empirischen Untersuchung der Evangelischen Jugend* (Band 1). Opladen & Farmington Hills: Verlag Barbara Budrich.

Fauser, K., Fischer, A., & Münchmeier, R. (2008). *Jugendliche als Akteure im Verband: Ergebnisse einer empirischen Untersuchung der Evangelischen Jugend* (2. durchges. Aufl.). Opladen: Barbara Budrich.

Fehrlen, B. (1985). *Theorie der Jugendarbeit. 30 Jahre Konzeptionsdebatte.* Ammerbuch: VBF.

Fehrlen, B., & Koss, T. (2009). *Bildung im Alltag der Offenen Kinder- und Jugendarbeit.* Tübingen: tbt-Verlag.

Feil, C. (2003). *Kinder, Geld und Konsum. Die Kommerzialisierung der Kindheit.* Weinheim & München: Juventa.

Felisch, P. (1918). *Wesen und Aufgaben der Jugendpolitik.* Berlin: Herrmann Bouffet Verlag der Jugendlese.

Fengler, J., & Erberle, T. (Hrsg.) (2019). *Erlebnispädagogik. Themenheft 33 d. Zentr.f. Empirische Pädagogische Forschung.* Landau: Universität Koblenz-Landau.

Fimpler, T., & Hannen, P. (2016). *Kernaufgaben der Offenen Jugendarbeit. Auseinandersetzung mit Selbstverständnis und eigenständiger Legitimation.* Wiesbaden: Springer VS.

Fischer, C. (2002). *»Das gehört jetzt irgendwie zu mir«. Mobilisierung von Jugendlichen aus den neuen Bundesländern zum Engagement in einem Umweltverband. Eine Fallstudie der BUNDjugend.* Dissertation Chemnitz.

Flitner, A. (1978). Eine Wissenschaft für die Praxis? In *Zeitschrift für Pädagogik*, 24. Jg. (2), 183-193.

Flügel-Martinsen, O. (2020). *Radikale Demokratietheorien zur Einführung.* Hamburg: Junius.

Forschungsprojekt MABEV (2017). *Metaanalyse, Bestandsaufnahme & Evaluation des Auf- und Ausbaus Lokaler Bildungsnetze (LoBiN), Tübingen* (Beauftragung durch das Ministerium für Soziales und Integration des Landes Baden-Württemberg). Stuttgart.

Fregin, S., & Schoppe, L. (2020). Aufsuchende Arbeit im (halb-)öffentlichen Raum. In: Landesarbeitsgemeinschaft Mobile Jugendarbeit/Streetwork Baden-Württemberg e. V. (Hrsg.), *Praxishandbuch Mobile Jugendarbeit* (S. 405-416). Berlin: Frank & Timme.

Frei, N. (2018). *1968: Jugendrevolte und globaler Protest.* München: dtv Verlagsgesellschaft.

Friedrich, P. (1989). *Die »Lücke«-Kinder: zur Freizeitsituation von 9- bis 14jährigen.* Weinheim: Beltz.

Fries, R., Kalwar, T., & Pöttinger, I. (Hrsg.) (2016). *Doing politics: politisch agieren in der digitalen Gesellschaft.* München: kopead.

Fuchs, E. (1909/1912). *Illustrierte Sittengeschichte* (Bd. 1–6.). München: Langen.

Fuchs, M., & Goldoni, M. (2013). Konzeptuelle Zugänge zur Nutzung von Facebook in der Offenen Jugendarbeit. In O. Steiner & M. Goldonie (Hrsg.), *Kinder- und Jugendarbeit 2.0. Grundlagen, Konzepte und Praxis einer medienbezogenen Sozialen Arbeit mit Heranwachsenden* (S. 117–133). Weinheim & Basel: Juventa.

Fülbier, P., & Münchmeier, R. (Hrsg.) (2001). *Handbuch Jugendsozialarbeit. Geschichte, Grundlagen, Konzepte, Handlungsfelder, Organisation* (2 Bde.). Münster: Votum.

Funk, H., & Lösch, H. (1980). *Freizeit im Alltag von Jugendlichen. Erfahrungen und Analysen.* München: Juventa.

Füssl, K.-H. (1995). Erziehung im Umbruch. *Zeitschrift für Pädagogik*, 41 (2), 225–243.

Gadow, T., & Pluto, L. (2014). Jugendverbände im Spiegel der Forschung. Forschungsstand auf der Basis empirischer Studien seit 1990. In M. Oechler & H. Schmidt (Hrsg.), *Empirie der Kinder- und Jugendverbandsarbeit. Forschungsergebnisse und ihre Relevanz für die Entwicklung von Theorie, Praxis und Forschungsmethodik* (S. 101–192). Wiesbaden: Springer VS.

Gaedicke, V., & Antes, W. (2020). *Jugendstudie Baden-Württemberg 2020. Die Ergebnisse von 2011 bis 2020 im Vergleich und die Stellungnahme des 13. Landesschülerbeirats.* Baltmannsweiler: Schneider Verlag Hohengehren.

Gaiser, W., & Gille, M. (2012). Soziale und politische Partizipation. In T. Rauschenbach & W. Bien (Hrsg.) *Aufwachsen in Deutschland. AID:A – Der neue DJI-Survey* (S. 136–158). Weinheim & Basel: Beltz.

Galuske, M. (1998). Jugend ohne Arbeit. Das Dilemma der Jugendberufshilfe. *Zeitschrift für Erziehungswissenschaft*, 1 (4), 535–560.

Galuske, M. (^{2}2000): Methoden der Sozialen Arbeit. Weinheim & München: Beltz Juventa.

Gängler, H. (1995). Staatsauftrag und Jugendreich: Die Entwicklung der Jugendverbände vom Kaiserreich zur Weimarer Republik. In Th. Rauschenbach, Ch. Sachße & Th. Olk (Hrsg.), *Von der Wertgemeinschaft zum Dienstleistungsunternehmen* (S. 175–200). Frankfurt a. M.: Suhrkamp.

Ganzer, O. (1912): Die Jugendpflege. Leipzig: Teubner.

Gedrath, V., & Schröer, W. (2002). Die Sozialgesetzgebung und die Soziale Arbeit im 20. Jahrhundert. Erläuterungen am Beispiel der Kinder- und Jugendhilfe. In W. Thole (Hrsg.), *Grundriss Soziale Arbeit* (S. 863–882) Wiesbaden: Springer VS.

Geidel, R. (1979). Einige Probleme der Herausbildung von Initiativen auf kulturell künstlerischem Gebiet. In Pädagogische Hochschule N. K. Krupskaja Halle (Hrsg.), *Erziehung der Pioniere und FDJ-Mitglieder zu gesellschaftlicher Aktivität.* Halle a. d. S.: Eigenverlag.

Geißler, K. A., & Hege, M. (1995). *Konzepte sozialpädagogischen Handelns.* Weinheim & München: Beltz Juventa.

Gerdes & Koch (1914). *Unsere Jugend. Ausstellungskatalog.* Essen: Eigendruck.

Gerlach, E., & Brettschneider, W.-D. (2013). *Aufwachsen mit Sport. Befunde einer 10-jährigen Längsschnittstudie zwischen Kindheit und Adoleszenz.* Aachen: Meyer & Meyer.

Giesecke, H. (1971). *Die Jugendarbeit.* München: Juventa.

Giesecke, H. (1975). *Einführung in die Pädagogik.* München: Juventa.

Giesecke, H. (1981). *Vom Wandervogel zur Hitlerjugend.* Weinheim & München: Beltz Juventa.

Giesecke, H. (1984). Wozu noch Jugendarbeit. *deutsche Jugend*, 32 (10), 443–449.

Giesecke, H. (1992). *Pädagogik als Beruf: Grundformen pädagogischen Handelns.* 3. Aufl. Weinheim u. München: Juventa.

Giesecke, H. (1993). *Politische Bildung. Didaktik und Methodik für Schule und Jugendarbeit.* Weinheim & München: Beltz Juventa.

Giesecke, H. (1995). Wozu ist die Schule da? *Neue Sammlung*, 35 (3), 93–104.

Giesecke, H. (1998). Auf der Suche nach einer Theorie der Jugendarbeit - zur Erinnerung an Klaus Mollenhauer. *neue praxis*, 28 (5), 441–448.

Gille, C., Jagusch, B., & Poetsch, S. (2020). *Die Neue Rechte in der Sozialen Arbeit in NRW. Soziale Arbeit*, 20 (4), 138–145.

Glaser, M., Langner, J., & Schuhmacher, N. (2018). Rechtsextremismus und gewaltorientierter Islamismus. In K. Möller & F. Neuscheler (Hrsg.), *»Wer will die hier schon haben?«. Ablehnungshaltungen und Diskriminierung in Deutschland* (S. 223–241). Stuttgart: Kohlhammer.

Göhlich, M. (2016). *Raum als pädagogische Dimension. Theoretische und historische Perspektiven.* In C. Berndt, C. Kalisch & A. Krüger (Hrsg.), *Räume bilden – pädagogische Perspektiven auf den Raum* (S. 36–50). Bad Heilbrunn: Klinkhardt.

Goldthorpe, H. J. (2003). Globalisierung und soziale Klasse. In W. Müller & St. Scherer (Hrsg.*), Mehr Risiken – Mehr Ungleichheit? Abbau von Wohlfahrtsstaat, Flexibilisierung von Arbeit und die Folgen* (S. 31–62). Frankfurt a. M. &New York: Campus.

Golenia, M., & Neuber, N. (2010). Bildungschancen in der Kinder- und Jugendarbeit. Eine Studie zum informellen Lernen im Sportverein. In N. Neuber (Hrsg.), *Informelles Lernen im Sport. Beiträge zur allgemeinen Bildungsdebatte* (S. 189–209). Wiesbaden: Springer VS.

Gomolla, M., & Radkte, F.-O. (2009) *Institutionelle Diskriminierung. Die Herstellung ethnischer Differenz in der Schule.* Wiesbaden: VS Verlag für Sozialwissenschaften.

Göppel, R. (2011). Erwachsen werden. Der pubertierende Körper aus bio-psycho-sozialer Perspektive. In Y. Niekrenz & M. D. Witte (Hrsg.), *Jugend und Körper. Leibliche Erfahrungswelten* (S. 23–40). München: Juventa.

Gosse, K. (2020). *Pädagogisch betreut. Die offene Kinder- und Jugendarbeit und ihre Erziehungsverhältnisse im Kontext der (Ganztags-)Schule.* Wiesbaden: Springer VS.
Gräfe, R., Harring, M., & Witte, M. D. (Hrsg.) (2015). *Körper und Bewegung in der Jugendbildung. Interdisziplinäre Perspektiven.* Baltmannsweiler: Schneider.
Graff, U., Kolodzig, J., & Johann, N. (2016). Bildungsqualitäten genderpädagogischer Angebote der Jugendarbeit. In U. Graff, J. Kolodzig & N. Johann (Hrsg.), *Ethnographie - Pädagogik - Geschlecht* (S. 17–37). Wiesbaden: Springer VS.
Gräser, M. (1995). *Der blockierte Wohlfahrtsstaat. Unterschichtjugend und Jugendfürsorge in der Weimarer Republik.* Göttingen: Vandenhoeck & Ruprecht.
Grauer, G. (1973). *Jugendfreizeitheime in der Krise.* Weinheim & Basel: Beltz Juventa.
Grohs, S. (2019). *Was tun bei schlechter Haushaltslage? Oder: Ungefähr 10 Argumente gegen die Schuldenbremse* (Unveröff. Ms im Rahmen des Projekts ›JES! mit PEP vor Ort‹). Mainz: Landesjugendamt Rheinland-Pfalz.
Groh-Samberg, O. (2005) Zur Aktualität der sozialen Frage. Trendanalysen sozialer Ausgrenzung 1984-2004. *WSI-Mitteilungen*, 58 (11), 616–623.
Groschopp, H. (1991). Kulturpolitikstrukturen in der DDR. *Mitteilungen aus der kulturwissenschaftlichen Forschung*, (29), 36–61.
Grotlüschen, A. (2015). *Jugendverbandsstudie – Jugendverbände als eigenständige und kompensatorische Bildungsorte.* Abschlussbericht zum BMBF-Forschungsprojekt. Universität Hamburg.
Grunert, C. (2005). Kompetenzerwerb von Kindern und Jugendlichen in außerschulischen Sozialisationsfeldern. In Sachverständigenkommission Zwölfter Kinder- und Jugendbericht (Hrsg.), *Kompetenzerwerb von Kindern und Jugendlichen im Schulalter. Materialien zum Zwölften Kinder- und Jugendbericht* (Bd. 3, S. 9–95). München: Deutsches Jugendinstitut.
Grunert, C. (2006). Bildung und Lernen – ein Thema der Kindheits- und Jugendforschung? In T. Rauschenbach, W. Düx & E. Sass (Hrsg.), *Informelles Lernen im Jugendalter. Vernachlässigte Dimensionen im der Bildungsdebatte* (S. 15–35). Weinheim: Juventa.
Grunert, C. (2012). *Bildung und Kompetenz. Theoretische und empirische Perspektiven auf außerschulische Handlungsfelder.* Wiesbaden: Springer VS.
Grunert, C., & Krüger, H.-H. (2006). *Kindheit und Kindheitsforschung in Deutschland Forschungszugänge und Lebenslagen.* Opladen: Barbara Budrich.
Grunert, C., Bock, K., Pfaff, N., & W. Schröer (Hrsg.) (2020). *Erziehungswissenschaftliche Jugendforschung. Ein Aufbruch.* Wiesbaden: Springer VS.
Grütter, S. (2015). Erfolgreiche Kontaktaufnahme: Das ideale Anschreiben an politische Entscheidungsträger. *IFK – Der Verbandsstratege*, (3). 5–7.
Gstettner, P. (1981). *Die Eroberung des Kindes durch die Wissenschaft.* Reinbek b. Hamburg: Rowohlt.
Gugutzer, R. (Hrsg.) (2015). *body turn: Perspektiven der Soziologie des Körpers und des Sports.* Bielefeld: transcript.
Gumz, H., & Thole, W. (Hrsg.) (2021, i. E.). *Bildung in lokalen Räumen. Empirische Befunde, theoretische Rahmungen, politische Herausforderungen.* Wiesbaden: Springer VS.
Günther, R. (2018). Anmerkungen zum Profil der Jugendhilfeplanung im ländlichen Raum aus Praktikersicht. In C. Daigler (Hrsg.), *Profil und Professionalität der Jugendhilfeplanung* (S. 189–201). Wiesbaden: Springer VS.
Günzel, S. (2019). Philosophie. Eine disziplinäre Positionierung zum Sozialraum. In F. Kessl & Ch. Reutlinger (Hrsg.), *Handbuch Sozialraum* (S. 87–108). Wiesbaden: Springer VS.
Habermas, J. (1981). *Theorie des kommunikativen Handelns.* Bd 2. Frankfurt a.M.: Suhrkamp.
Habermas, J. (1985). *Die neue Unübersichtlichkeit.* Frankfurt a. M.: Suhrkamp.
Hafeneger, B. (1990). Da *wirst Du nicht alt! Älterwerden in der Jugendarbeit.* Frankfurt a. M.: Suhrkamp.
Hafeneger, B. (1992). *Jugendarbeit als Beruf. Geschichte einer Profession in Deutschland.* Opladen: Barbara Budrich.
Hafeneger, B. (2013). Kernelemente des professionellen Kompetenzprofils Jugendarbeit. *deutsche jugend*, 61 (10), 423–433.
Hafeneger, B. (Hrsg.) (1997). *Handbuch politische Jugendbildung.* Schwalbach i. Ts.: Wochenschau.

Hafeneger, B. (Hrsg.) (2013). *Handbuch Außerschulische Jugendbildung* (2. erg. u. üb. Aufl.). Schwalbach i. Ts.: Wochenschau.

Hafeneger, B., & Widmaier, B. (2014). *Vielfalt – Kontroverse – Aktion: Einblicke in non-formale politische Bildung.* Schwalbach i. Ts.: Wochenschau.

Hafeneger, B., & Widmaier, B. (Hrsg.) (2014). *Wohin geht die Reise? Diskurse um die Zukunft der non-formalen politischen Bildung.* Schwalbach i. Ts.: Wochenschau.

Hafeneger, B., Unkelbach, K., & Widmaier, B. (Hrsg.) (2019). *Rassismuskritische politische Bildung: Theorien – Konzepte – Orientierungen.* Frankfurt a. M.: Wochenschau.

Hamburger, F. (1982). *Ehrenamtliche Mitarbeiter in der Jugendarbeit.* Weinheim & Basel: Beltz Juventa.

Hamburger, F. (2012a). *Einführung in die Sozialpädagogik.* Stuttgart: Kohlhammer.

Hamburger, F. (2012b). *Abschied von der Interkulturellen Pädagogik. Plädoyer für einen Wandel sozialpädagogischer Konzepte.* Weinheim & München: Beltz Juventa.

Hamburger, F. (2015). *Das pädagogische Prinzip Interkulturalität.* In A. Thimmel & Y. Chehata (Hrsg.), *Jugendarbeit in der Migrationsgesellschaft* (S. 27–44). Schwalbach i. Ts.: Wochenschau.

Hamburger, F. (2016). Sozialpädagogik. In P. Mecheril (Hrsg.), *Handbuch Migrationspädagogik* (S. 449–464). Weinheim & Basel: Beltz Juventa.

Harring, M., & Burger, T. (2013). Zugänge zu informeller Bildung im Kontext jugendlicher Freizeit – Befunde einer quantitativen und qualitativen Untersuchung. In *Diskurs Kindheits- und Jugendforschung*, 8 (4), 437–449.

Harring, M., Böhm-Kasper, O., Rohlfs, C., & Palentien, Ch. (2010) (Hrsg.). *Freundschaften, Cliquen und Jugendkulturen. Peers als Bildungs- und Sozialisationsinstanzen.* Wiesbaden. Springer VS.

Harring, M., Witte, M., & Burger, T. (2016). *Handbuch informelles Lernen.* Weinheim: Beltz Juventa.

Hasenclever, Ch. (1965). Zur Neuordnung der sozialpädagogischen Ausbildungswege. *deutsche jugend*, 13 (6), 259–265.

Hasse, J. (2015). *Was Räume mit uns machen – und wir mit ihnen: eine kritische Phänomenologie des Raumes.* 2. Aufl. Freiburg & München: Verlag Karl Alber.

Heckmair, B. (2018). Hirnforschung und Konstruktivismus – zu den Grundlagen erlebnispädagogischen Lernens. In B. Heckmair & W. Michl (Hrsg.), *Erleben und Lernen. Einführung in die Erlebnispädagogik* (S. 12–16). München: Reinhardt.

Heckmair, B., & Michl, W. (2018). *Erleben und Lernen. Einführung in die Erlebnispädagogik* (8. üb. Aufl.). München: Reinhardt.

Heider, G., Laßmann, M., & Rotis, K. P. (1995). *Synergien im Stau. Postprofessionelles Risikomanagement beim Funktionsübergang vom flüssigen zum stockenden Verkehr.* Lengwil (CH): Libelle Verlag.

Heim, R. (2011). Bildung – auch im außerschulischen Sport? In N. Neuber (Hrsg.), *Informelles Lernen im Sport* (S. 253–266). Wiesbaden: Springer VS.

Hein, Th., & Lichtblau, Q. (2019). Was sie wollen. *Süddeutsche Zeitung*, 122, 11.

Heitmeyer, W. (2012). *Deutsche Zustände.* Frankfurt a. M.: Suhrkamp.

Heitmeyer, W., & Hangan, J. (Hrsg.) (2002). *Internationales Handbuch der Gewaltforschung.* Wiesbaden: VS Verlag für Sozialwissenschaften.

Heitmeyer, W., & Olk, Th. (Hrsg.) (1990). Das Individualisierungs-Theorem. Bedeutung für die Vergesellschaftung von Jugendlichen. In W. Heitmeyer & Th. Olk (Hrsg.), *Individualisierung von Jugend* (S. 11–34). Weinheim & München: Beltz Juventa.

Held, G. (2018). *Hautfarbe oder Herkunft? Egal. Es geht um die Gemeingüter! Achse des Guten.* Verfügbar unter https://www.achgut.com/artikel/wenn_migration_zum_angriff_auf_die_gemeingueter_wird [Zugriff 09. 04. 2021].

Hellfeld, M., & Klönne, A. (1985). *Die betrogene Generation. Jugend im Faschismus.* Köln: Pahl-Rugenstein.

Helsper, W., Böhme, J., Kramer, R.-T. & Lingkost, A. (2001). *Schulkultur und Schulmythos. Rekonstruktion zur Schulkultur.* Opladen: Leske + Budrich.

Hemprich, K. (1914). *Handbuch und Wegweiser für die Arbeit der Jugendpflege.* Osterwieck & Leipzig: Zickfeldt.

Herrenknecht, A. (1977). *Provinz-Leben. Aufsätze über politisches Neuland.* Hamburg: Jugend u. Politik.

Herrmann, F. (2018). Jugendhilfeplanung. In K. Böllert (Hrsg.), *Kompendium Kinder- und Jugendhilfe* (S. 1045–1065). Wiesbaden: Springer VS.

Herrmann, U. (1991). Jugendbewegung. In L. Böhnisch, H. Gängler, & Th. Rauschenbach (Hrsg.), *Handbuch der Jugendverbände* (S. 32–41). Weinheim & München: Beltz Juventa.

Herrmann, U. (Hrsg.) (2006). *»Mit uns zieht die neue Zeit ...« : der Wandervogel in der deutschen Jugendbewegung.* Weinheim & Basel: Beltz Juventa.

Hess, G., Ilg, W., & Weingardt, M. (2004). *Kompetenzprofile. Was Professionelle in der Jugendarbeit können sollen und wie sie es lernen.* Weinheim & München: Beltz Juventa.

Hessischer Jugendring (2017). *Dass sich etwas ändert und sich was ändern kann. Ergebnisse der LSBT*Q-Jugendstudie »Wie leben schwule, bisexuelle und trans*Jugendliche in Hessen?«* Wiesbaden: Eigenverlag.

Heuner, U. (Hrsg.) (2010). *Klassische Texte zum Raum.* Berlin: Parodos.

Heydorn, H.-J. (1973]). Zum Widerspruch im Bildungsprozess. In H. J. Heydorn, *Ungleichheit für alle: zur Neufassung des Bildungsbegriffs.* (S. 269-281). Frankfurt am Main: Syndikat.

Heydorn, H.-J. (1998 [1973]). Blinde Unterwerfung. In H. J. Heydorn, *Philosophische Schriften.* 1939 – 1974. (S. 231-240). Vaduz: Topos.

Hilpert, K. (2019). *Ethik der Menschenrechte – zwischen Rhetorik und Verwirklichung.* Paderborn: F. Schöningh.

Himmelmann, G. (2016). *Demokratie lernen: als Lebens-, Gesellschafts- und Herrschaftsform. Ein Lehr- und Arbeitsbuch* (4. Aufl.). Schwalbach i. Ts.: Wochenschau.

Hirtsiefer, H. (Hrsg.) (1930). *Jugendpflege in Preußen.* Eberswalde: Arrival.

Hitzler, R., & Pfadenhauer, M. (2004). *Unsichtbare Bildungsprogramme? Zur Entwicklung und Aneignung praxisrelevanter Kompetenzen in Jugendszenen. Expertise zum 8. Kinder- und Jugendbericht der Landesregierung NRW.* Düsseldorf: Ministerium für Schule, Jugend und Kinder des Landes NRW.

Hitzler, R., Bucher, Th., & Niederbacher, A. (2001). *Leben in Szenen: Formen jugendlicher Vergemeinschaftung heute.* Opladen: Leske + Budrich.

Hodek, J. (1977). *Musikalisch-pädagogische Bewegung zwischen Demokratie und Faschismus.* Weinheim & Basel: Beltz Juventa.

Hoernle, E. (1929/1969). *Grundfragen proletarischer Erziehung.* Frankfurt a. M.: März Verlag.

Hoffmann, D. (2011). Mediatisierte Körper. Die Dominanz der Bilder und ihre Bedeutung für die Selbstakzeptanz des Körpers. In Y. Niekrenz & M. D. Witte (Hrsg.), *Jugend und Körper. Leibliche Erfahrungswelten* (S. 191–207). Weinheim: Beltz Juventa.

Hollstein-Brinkmann, H., & Knab, M. (Hrsg.) (2016). *Beratung zwischen Tür und Angel: Professionalisierung von Beratung in offenen Settings.* Wiesbaden: Springer VS.

Holtkamp, L. (2007). Perspektiven der Haushaltskonsolidierung und das Neue Steuerungsmodell. In J. Bogumil, L. Holtkamp, L. Kißler, S. Kuhlmann, Ch. Reichard, K. Schneider & H. Wollmann (Hrsg.), *Perspektiven kommunaler Verwaltungsmodernisierung – Praxiskonsequenzen aus dem Neuen Steuerungsmodell* (S. 45–53). Berlin: edition sigma.

Holzkamp, K. (1983). *Grundlegung der Psychologie.* Frankfurt a.M.: Campus.

Honneth, A. (2003): *Kampf um Anerkennung. Zur moralischen Grammatik sozialer Konflikte.* Frankfurt a. M.: Suhrkamp.

Hornstein, W. (1965). Die Schwierigkeit, eine Theorie der Jugendarbeit zu entwerfen. *deutsche jugend,* 13 (5), 219–227.

Hornstein, W. (1971). Bildungsplanung ohne sozialpädagogische Perspektiven. *Zeitschrift für Pädagogik,* 17, 285–414.

Hornstein, W. (1979). Jugendprobleme/ Jugendforschung. *Zeitschrift für Pädagogik,* 25 (5), 671–830.

Hornstein, W. (2006). Wenn Bildung großgeschrieben wird. Jugendarbeit im Zeichen der Bildungsreform der 1970er Jahre und angesichts der »PISA«-Debatte. In W. Lindner (Hrsg.), *1964 – 2004: Vierzig Jahre Kinderund Jugendarbeit in Deutschland* (S. 31–46). Wiesbaden: Springer VS.

Huber, S. (2014). *Zwischen den Stühlen: mobile und aufsuchende Jugendarbeit im Spannungsfeld von Aneignung und Ordnungspolitik.* Wiesbaden: Springer VS.

Hübner, A. (2010). *Freiwilliges Engagement als Lern- und Entwicklungsraum. Eine qualitative Studie im Feld der Stadtranderholungsmaßnahmen.* Wiesbaden: Springer VS.

Hubweber, N. (2013). Die öffentliche Finanzierung der Offenen Kinder- und Jugendarbeit. In U. Deinet & B. Sturzenhecker (Hrsg.), *Handbuch Offene Kinder- und Jugendarbeit* (4. Aufl., S. 673–683). Wiesbaden: Springer VS.

Humboldt, v. W. (1790/1986). Theorie der Bildung des Menschen. Bruchstück I. Klassische Problemformulierungen. In H.-E. Tenorth (Hrsg.), *Allgemeine Bildung: Analysen zu ihrer Wirklichkeit. Versuche über ihre Zukunft* (S. 32–38). Weinheim: Beltz Juventa.

Humboldt, W. v. (1792/1960). Ideen zu einem Versuch, die Grenzen der Wirklichkeit des Staates zu bestimmen. In A. Flitner & K. Giel (Hrsg.), *Werke in fünf Bänden.* Darmstadt: Wissenschaftliche Buchgesellschaft.

Hußmann, A., Wendt, H., Bos, W., Bremerich-Vos, A., Kasper, D., Lankes, E.-M., McElvany, N., Stubbe, T. C., & Valtin, R. (2017). *IGLU 2016. Lesekomepetenzen von Grundschulkindern im internationalen Vergleich.* Münster und New York: Waxmann. Als PDF verfügbar unter https://www.kmk.org/fileadmin/Dateien/pdf/PresseUndAktuelles/2017/IGLU_2016_Berichtsband.pdf [Zugriff 15. 04. 2021].

IDA-NRW (Hrsg.) (2016). *Kinder- und Jugendarbeit zu rassismuskritischen Orten entwickeln. Anregungen für die pädagogische Praxis.* Düsseldorf: Eigenverlag.

IFK (IFK- Berlin: Institut für Kommunikation) (Hrsg.) (2013). *Der Verbandstratege. Themenheft 3: Lobbying: Fach- und Hintergrundgespräche.* Berlin: Eigenverlag.

IJAB (Fachstelle für Internationale Jugendarbeit der Bundesrepublik Deutschland e.V.) (Hrsg.) (2019). *Forum Jugendarbeit international. Internationale Jugendarbeit – Zugänge, Barrieren und Motive.* Bonn: Eigenverlag.

Ilg, W., & Dubski, J. (2015). *Wenn einer eine Reise tut: Evaluationsergebnisse von Jugendfreizeiten und internationalen Jugendbegegnungen.* Schwalbach i. Ts.: Wochenschau-Verlag.

Ilg, W., Heinzmann, G., & Cares, M. (2014). *Jugend zählt! Ergebnisse, Herausforderungen und Perspektiven aus der Statistik 2013 zur Arbeit mit Kindern und Jugendlichen in den Evangelischen Landeskirchen Baden und Württemberg.* Stuttgart: buch + musik Verlag.

Isengard, B. (2005). Freizeitverhalten als Ausdruck sozialer Ungleichheiten oder Ergebnis individualisierter Lebensführung? Zur Bedeutung von Einkommen und Bildung im Zeitverlauf. *Kölner Zeitschrift für Soziologie und Sozialpsychologie,* 57 (2), 254–277.

Jaeggi, R. (2014). *Kritik der Lebensformen.* Berlin: Suhrkamp.

Jänisch, A., & Schneekloth, U. (2013). Die Freizeit: vielfältig und bunt, aber nicht für alle Kinder. In S. Andresen, K. Hurrelmann & TNS Infratest Sozialforschung (Hrsg.), *Kinder in Deutschland 2013. 3. World Vision Kinderstudie* (S. 135–167). Weinheim: Beltz.

Jann, W. (2018). Neues Steuerungsmodell. In S. Veit (Hrsg.), *Handbuch zur Verwaltungsreform* (S. 127–138). Wiesbaden: Springer VS.

Jöde, F. (1918). Durch Arbeit. In F. Jöde (Hrsg.), *Musikalische Jugendkultur.* Hamburg: k. A.

Jordan, E., Maykus, St., & Stuckstätte, E. C. (2012). *Kinder- und Jugendhilfe. Einführung in Geschichte und Handlungsfelder, Organisationsformen und gesellschaftliche Problemlagen* (3. Aufl.). Weinheim & Basel: Beltz Juventa.

Josties, E., & Menrath, S. K. (2018) (Hrsg.). *Kulturelle Jugendbildung in Offenen Settings. Praxis, Theorie und Weiterbildung.* München: kopead.

JuBri – Forschungsverbund Techniken jugendlicher Bricolage (Hrsg.) (2018). *Szenen, Artefakte und Inszenierungen. Interdisziplinäre Perspektiven.* Wiesbaden: Springer VS.

Kaiser, B. (2020). *Solidarischer Patriotismus.* Schnellroda: Antaios Verlag.

Kaiser, Y., Spenn, M., Freitag. M., Rauschenbach, T., & Corsa, M. (Hrsg.) (2013). *Handbuch Jugend – Evangelische Perspektiven.* Opladen: Barbara Budrich.

Kammerer, B. (2017). Spielplätze. In D. Kreft & I. Mielenz (Hrsg.), *Wörterbuch der Sozialen Arbeit* (8. Aufl., S. 973–978). Weinheim & Basel: Beltz Juventa.

Kammerer, B. (2018). Juggendhilfeplanung »Offene Kinder- und Jugendarbeit in Nürnberg (I)«. *deutsche jugend,* (7/8), 301–307.

Kammerer, B., & Prölß, R. (2012). Kinder- und Jugendarbeit in Nürnberg. In W. Lindner (Hrsg.), *Political (Re)Turn? Impulse zu einem neuen Verhältnis von Jugendarbeit und Jugendpolitik* (S. 137–157). Wiesbaden: Springer VS.

Kamp, P. (2015). *Bundesverband der Jugendkunstschulen und kulturpädagogischen Einrichtungen e. V.* Verfügbar unter http://www.bjke.de/index.php?id=494 [Zugriff 12. 04. 2021].

Kamp, P., & Nierstheimer, J. (2012). Alle Künste unter einem Dach – Jugendkunstschule als konzeptioneller Rahmen. In H. Bockhorst, V.-I. Reinwand & W. Zacharias (Hrsg.), *Handbuch Kulturelle Bildung* (S. 674–679). München: kopead.

Kant, I. (1976/77). Über Pädagogik. In Werkausgabe, Bd. XII (hrsg. Von W. Weischedel, S. 699). Frankfurt a. M.: Suhrkamp.

Kauffenstein, E. (2014). Feministische Mädchenarbeit als Bewegung (weiter-) denken. In E. Kauffenstein & B. Vollmer-Schubert (Hrsg.), *Mädchenarbeit im Wandel. Bleibt alles anders?* (S. 15–26). Weinheim & Basel: Beltz Juventa.

Kauffenstein, E., & Vollmer-Schubert, B. (Hrsg.) (2014). *Mädchenarbeit im Wandel. Bleibt alles anders?* Weinheim & Basel: Beltz Juventa.

Kaufmann, G. (1940). *Das kommende Deutschland. Die Erziehung der Jugend im Reich Adolf Hitlers.* Berlin: Junker und Dünnhaupt.

Kaupp, A., & Höring P. C. (Hrsg.) (2019). *Handbuch Kirchliche Jugendarbeit.* Freiburg: Herder.

Kegler, B. (2020). *Soziokultur in ländlichen Räumen: die kulturpolitische Herausforderung gesellschaftsgestaltender Kulturarbeit.* München: kopaed.

Kentler, H. (1964). Versuch 2. In C. W. Müller, H. Kentler, K. Mollenhauer & H. Giesecke (Hrsg.), *Was ist Jugendarbeit? Vier Versuche zu einer Theorie.* München: Juventa.

Kentler, H., Leithäuser, Th., & Lessing, H. (1969). *Jugend im Urlaub.* Weinheim: Beltz.

Keppeler, S., Bollig, C., & Reuting, M. (2020). Mobile Jugendarbeit. Eine aktuelle Standortbestimmung des Konzeptes. In: Landesarbeitsgemeinschaft Mobile Jugendarbeit/Streetwork Baden-Württemberg e. V. (Hrsg.), *Praxishandbuch Mobile Jugendarbeit* (S. 47–90). Berlin: Frank & Timme.

Kessl, F., & Reutlinger, C. (2007). *Sozialraum. Eine Einführung.* Wiesbaden: Springer VS.

Kessl, F., & Reutlinger, C. (2013). Bildungsräume – ein Konzept zur Analyse urbaner Spielräume. In F. Kessl & C. Reutlinger (Hrsg.), *Urbane Spielräume: Bildung und Stadtentwicklung.* Wiesbaden: Springer VS.

Ketter, V. (2014). Jugendarbeit im Kontext von Web 2.0: eine medienpädagogische Praxisforschungsstudie (Hochschulschrift). Ludwigsburg: Päd. Hochschule Ludwigsburg.

Keupp, H. (1992). Verunsicherungen. Risiken und Chancen des Subjekts in der Postmoderne. In Th. Rauschenbach & H. Gängler (Hrsg.), *Soziale Arbeit und Erziehung in der Risikogesellschaft.* (S. 165–185). Neuwied & Kriftel: Luchterhand.

Keupp, H. (1999). *Identitätskonstruktionen. Das Patchwork der Identitäten in der Spätmoderne.* Reinbek: Rowohlt.

Kiesel, D., Scherr, A., & Thole, W. (Hrsg.) (1998). *Standortbestimmung Jugendarbeit. Theoretische Orientierungen und empirische Befunde.* Schwalbach i. Ts.: Wochenschau.

Kimmich, C.-B. (2019). »Play works!« Schlüssel-Erfahrungen für Ausgeschlossene. Wie internationale Jugendbegegnungen spielend Zugänge mit benachteiligten Jugendlichen schaffen. In JAB 2019 (Hrsg.), *Forum Jugendarbeit international. Internationale Jugendarbeit – Zugänge, Barrieren und Motive. (S. 217-231)* Bonn: Eigenverlag.

Kindt, W. (Hrsg.). *Dokumentation der Jugendbewegung* (Bd. 3., S. 525–555). Düsseldorf & München: k. A.

King, V. (2011). Der Körper als Bühne adoleszenter Konflikte. In Y. Niekrenz & M. D. Witte (Hrsg.), *Jugend und Körper. Leibliche Erfahrungswelten* (S. 79–92). Weinheim: Beltz Juventa.

Kleinsorge, M., & Nordt, S. (2012). »Was meinst Du, woher Deine Heterosexualität kommt?« Anregungen zum Umgang mit dem Thema »Sexuelle Vielfalt« in der Jugendarbeit am Beispiel eines Fortbildungsmoduls für die Juleica-Ausbildung. *deutsche jugend*, 60 (12), 385–392.

Klomann, V., & Frieters-Reermann, N. (2017). Freiräume: Lebenselixier für Kinder und Jugendliche Wie kann die außerschulische Kinder- und Jugendarbeit diese ermöglichen? *Offene Spielräume*, (1), 3–9.

Klönne, A. (1991). Zur Traditionspflege nicht geeignet. In W. Breyvogel (Hrsg.), *Piraten, Swings und Junge Garde. Jugendwiderstand im Nationalsozialismus* (S. 295–310). Bonn: Dietz.

Knecht, G., & Guthmann, K. (2014). Kulturelle Bildung beim Spielmobil: Angebote und Vernetzung in lokalen Bildungslandschaften. In V. Kelb (Hrsg.), *Gut vernetzt?!: Kulturelle Bildung in lokalen Bildungslandschaften: mit Praxiseinblicken und Handreichungen zur Umsetzung* (S. 217–225). München: kopaed.

Knecht, G., & Lusch, B. (2011). *Spielen Leben Lernen. Bildungschancen durch Spielmobile*. München: Kopead Verlags GmbH.

Knoblich, T. J. (2018). *Programmformeln und Praxisformen von Soziokultur: Kulturpolitik als kulturelle Demokratie*. Wiesbaden: Springer VS.

Knoll-Krist, D. H. (1985). *Profis im Jugendhaus: Identitätsprobleme zwischen Alltagsrealität und Utopie*. Stuttgart: Edition Cadre.

Koebner, Th., Janz, R.-P., & Trommler, F. (Hrsg.) (1985). *»Mit uns zieht die neue Zeit«. Der Mythos Jugend*. Frankfurt a. M.: Suhrkamp.

Kohler, U. (2005). Statusinkonsistenz und Entstrukturierung von Lebenslagen. Empirische Untersuchung zweier Individualisierungshypothesen mit Querschnittsdaten aus 28 Ländern. In *Kölner Zeitschrift für Soziologie und Sozialpsychologie*, 57 (2), S. 230-253.

Kolland, D. (1979). *Die Jugendmusikbewegung*. Stuttgart: k. A.

Koller, H.-C. (2018). *Bildung anders denken. Einführung in die Theorie transformatorischer Bildungsprozesse* (2. akt. Aufl.). Stuttgart: Kohlhammer.

Kommunale Gemeinschaftsstelle für Verwaltungsvereinfachung (KGSt) (1991). *Dezentrale Ressourcenverantwortung. Überlegungen zu einem neuen Steuerungsmodell*, KGSt-Bericht Nr. 12/91. Köln: Eigenverlag.

Kommunale Gemeinschaftsstelle für Verwaltungsvereinfachung (KGSt) (1993). *Das neue Steuerungsmodell. Begründungen. Konturen. Umsetzungen*, KGSt-Bericht Nr. 5/93. Köln: Eigenverlag.

König, G. (2012). Kinder- und Jugendmuseen und Museen als Orte für alle Generationen. In H. Bockhorst, V.-I. Reinwand & W. Zacharias (Hrsg.), *Handbuch Kulturelle Bildung* (S. S.669–671). München: kopead.

Krafeld, F. J. (1984). *Geschichte der Jugendarbeit*. Weinheim & Basel: Beltz Juventa.

Krafeld, F. J. (1998). Lebensweltorientierte Jugendarbeit und Akzeptanz. Grundbezüge und Methoden des Konzepts der »Akzeptierenden Jugendarbeit«. In D. Kiesel, A. Scherr & W. Thole (Hrsg.), *Standortbestimmung Jugendarbeit. Theoretische Orientierungen und empirische Befunde* (S. 65–77). Schwalbach i. Ts.: Wochenschau.

Krafeld, F. J. (2004). *Grundlagen und Methoden aufsuchender Jugendarbeit*. Wiesbaden: Springer VS.

Kratz, D., & Schefold, W. (2013). Hilfe per Gutschein. In K. Bock, S. Grabowsky, U. Sander & W. Thole (Hrsg.), *Jugend.Hilfe.Forschung* (S. 192–210). Baltmannsweiler: Schneider-Verlag Hohengehren.

Krause, S. (2012). *Lebensqualität von Kindern in Deutschland unter dem Aspekt des möglichen Einflusses sozialer Ungleichheit*. Theorie und Praxis Nr. 9. Friedrichsdorf: World Vision. Als PDF verfügbar unter https://www.worldvision.de/sites/worldvision.de/files/pdf/TP9_Lebensqualit%C3%A4t_KinderD_SK.pdf [Zugriff 15. 04. 2021].

Kreft, D. C., & Müller, C. W. (Hrsg.) (2019). *Methodenlehre in der Sozialen Arbeit. Konzepte, Methoden, Techniken* (3. üb. Aufl.). München: Reinhardt.

Krieger, W., & Mikulla, J. (1994). *Offene Jugendarbeit und die Krise der Moderne*. Berlin: VWB.

Krinninger, D., & Müller, H.-R. (2012). Hide and Seek. Zur Sensibilisierung für den normativen Gehalt empirisch gestützter Bildungstheorie. In I. Miethe & H.-R. Müller (Hrsg.), *Qualitative Bildungsforschung und Bildungstheorie* (S. 57–75). Opladen: Barbara Budrich.

Krisch, R., & Schröer, W. (Hrsg.) (2020). *Entgrenzte Jugend – Offene Jugendarbeit. ›Jugend ermöglichen‹ im 21. Jahrhundert*. Weinheim & Basel: Beltz Juventa.

Krohe-Ammann, A., & Lohner, E. M. (2011). *Genderpädagogik*. Verfügbar unter http://www.gender-bw.de/fachpositionen/genderpaedagogik.html (Zugriff n. Liermann 2016, S. 119 [Zugriff 20. 03. 2014]).

Kron, Th. (Hrsg.) (2015). *Hybride Sozialität – soziale Hybridität*. Weilerswist: Velbrück Wissenschaft.

Krug, M., & Riehle, E. (2019). *SGB VIII Kinder- und Jugendhilfe. Kommentar und Rechtssammlung* (3 Bände, Loseblatt). Köln: Luchterhand.

Krüger, H.-H. (1987). Jugend und Jugendopposition im Dritten Reich. In K.-I. Flessau (Hrsg.), *Erziehung im Nationalsozialismus* (S. 9–23). Köln: Böhlau.

Krüger, H.-H. (1994). »Wie Ernst Thälmann treu und kühn«. In H.-H. Krüger & W. Marotzki (Hrsg.), *Pädagogik und Erziehungsalltag in der DDR* (S. 275–294). Opladen: Leske + Budrich.

Krüger, H.-H. (Hrsg.) (1985). *»Die Elvis-Tolle, die hatte ich mir unauffällig wachsen lassen«*. Opladen: Leske + Budrich.

Krüger, H.-H., & Keßler, C. (2014). Frühe kulturelle und sportliche Karrieren von Jugendlichen und der Stellenwert von Peerkulturen. *Diskurs Kindheits- und Jugendforschung,* 9 (4), 467–480.

Krüger, H.-H., Grunert, C., & Bruning, A. (2018). Jugend und Bildung. In R. Tippelt & B. Schmidt-Hertha (Hrsg.), *Handbuch Bildungsforschung.* Wiesbaden: Springer VS.

Krüger, H.-H., Köhler, S.-M., & Zschach, M. (2007). Peergroups von Kindern und schulische Bildungsbiographien. *Diskurs Kindheits- und Jugendforschung,* 2 (2), 201–218.

Krüger, H.-H., Köhler, S.-M., & Zschach, M. (2011) *Teenis und ihre Peers – Freundschaftsgruppen, Bildungsverläufe und soziale Ungleichheit.* Opladen: Barbara Budrich.

Krüger, M., & Neuber, N. (Hrsg.) (2011). *Bildung im Sport. Beiträge zu einer zeitgemäßen Bildungsdebatte.* Wiesbaden: Springer VS.

Kühn, C. (2014). Räumliche Settings gestalten. In F. Arlt, K. Gegorz & A. Heimgartner (Hrsg.), *Raum und offene Jugendarbeit.* Wien, Berlin & Münster: LIT.

Kunkel, P. C. (2001). *§ 79 SGB VIII – Leitnorm oder Norm light?* In Diskussionspapiere/Fachhochschule Kehl, Hochschule für Öffentliche Verwaltung, Nr. 2001-1. Kehl. Verfügbar unter http://193.197.34.225/ZHEAF/diskussionspapiere/2001-01.pdf [Zugriff 12. 04. 2021].

Kunkel, P. C. (2015). Freie Träger – Partner oder Auftragnehmer des öffentlichen Trägers? In M. R. Textor, I. Becker-Textor, P. Büttner & S. Rücker (Hrsg.), *SGB VIII Online-Handbuch.* Verfügbar unter https://www.sgbviii.de/files/SGB%20VIII/PDF/S137.pdf [Zugriff 30. 03. 2021].

Kurth, B.-M. (2018). KiGGS-Welle 2 – Erste Ergebnisse aus Querschnitt und Kohortenanalysen. *Journal of Health Monitoring,* 3 (1), 1–151. Als PDF verfügbar unter https://www.rki.de/DE/Content/Gesundheitsmonitoring/Gesundheitsberichterstattung/GBE-DownloadsJ/Journal-of-Health-Monitoring_01_2018_KiGGS-Welle2_erste_Ergebnisse.pdf?__blob=publicationFile [Zugriff 15. 04. 2021].

Kurzke, C. (2012). Sozialarbeit vs. Handwerk. Erfahrungen mit der Kinder- und Jugendarbeit sowie -politik in Sachsen. In W. Lindner (Hrsg.), *Political (Re)Turn? Impulse zu einem neuen Verhältnis von Jugendarbeit und Jugendpolitik* (S. 121–136). Wiesbaden: Springer VS.

Lahner, A. (2011). *Bildung und Aufklärung nach PISA.* Wiesbaden: Springer VS.

LAG Mobile Jugendarbeit Streetwork Baden-Württemberg (Hrsg.) (2020). *Praxishandbuch Mobile Jugendarbeit/Streetwork Baden-Württemberg e.V.* Berlin: Frank & Timme.

Land Steiermark – A6 Bildung und Gesellschaft, FA Gesellschaft – Referat Jugend (Hrsg.) (2018). *Jugendarbeit: Bildung zur Selbstbildung: Versuch einer interdisziplinären Auseinandersetzung.* Graz: Eigenverlag.

Landesjugendring Niedersachsen (2018). *Juleica Praxisbuch Q*: Queere Vielfalt in der Jugendarbeit.* Hannover: Eigenverlag.

Lange, K., Müller, B., & Ortmann, F. (1980). *Alltag des Jugendarbeiters.* Neuwied & Darmstadt: Luchterhand.

Latour, B. (2007). *Eine neue Soziologie für eine neue Gesellschaft: Einführung in die Akteur-Netzwerk-Theorie.* Frankfurt a. M.: Suhrkamp.

Lattke, H. (1957). Die Ausbildung hauptamtlicher Jugendhelfer an einer Schule für Soziale Arbeit. *deutsche jugend,* 5 (6), 303–307.

Lehmann, S. (2018). *Jugendpolitik in der DDR.* Baden-Baden: Nomos.

Lemmerer, A. (2019). *Jugendarbeit als Pflichtaufgabe? Aktuelle Konflikte zwischen Fachbehörden und Kommunalaufsicht* (MA-Arbeit). Speyer: Deutsche Universität für Verwaltungswissenschaften.

Leontjew, A. N. (1973): *Probleme der Entwicklung des Psychischen.* Frankfurt a. M.: Athenäum.

Lessing, H. (1986). *Lebenszeichen Jugend. Kultur, Beziehung und Lebensbewältigung im Jugendalter.* Weinheim & München: Beltz Juventa.

Lessing, H., & Liebel, M. (1975). *Jugend in der Klassengesellschaft. Marxistische Jugendforschung und antikapitalistische Jugendarbeit.* München: Juventa.

Levi, G., & Schmitt, J.-C. (Hrsg.) (1997. *Geschichte der Jugend* (2. Bd.). Frankfurt a. M.: S. Fischer.

Lichau, K., & Wulf, C. (2012). Arbeit am Sinn. Anthropologie der Sinne und Kulturelle Bildung. In H. Bockhorst, V.-I. Reinwand & W. Zacharias (Hrsg.), *Handbuch Kulturelle Bildung* (S. 41–46). München: kopead.

Liebel, M. (1974). Überlegungen zum Praxisverständnis antikapitalistischer Jugendarbeit. In H. Lessing & M. Liebel (Hrsg.), *Jugend in der Klassengesellschaft* (S. 161–179). München: Juventa.

Liebel, M. (2020). Jugendarbeit als solidarische Praxis. In W. Thole, L. Wagner & D. Stederoth (Hrsg.), *»Der lange Sommer der Revolte«* (S. 135-142). Wiesbaden: Springer VS.

Liebig, R. (2012). Effekte der Kinder- und Jugendarbeit. Konzeptionelle Überlegungen und erste Befunde. In B. Kammerer (Hrsg.), *Zahlen, Daten, Fakten – Wissen und Wirkungen (in) der Kinder- und Jugendarbeit.* Nürnberg: emwe.

Liermann, R. (2016). Genderpädagogik in außerschulischen und schulischen Kontexten. In U. Graff, K. Kolodzig & N. Johann (Hrsg.), *Ethnographie - Pädagogik – Geschlecht. Projekte und Perspektiven aus der Kindheits- und Jugendforschung* (S. 99–120). Wiesbaden: Springer VS.

Lindner, B. (1991). Jugend und Freizeit/Medien. In W. Friedrich & H. Griese (Hrsg.), *Jugend und Jugendforschung in der DDR* (S. 99–115). Opladen: Leske + Budrich.

Lindner, W. (1996). *Jugendprotest seit den fünfziger Jahren. Dissens und kultureller Eigensinn.* Opladen: Leske + Budrich.

Lindner, W. (2003). Prävention – Magie und Myths oder: Des Kaisers neue Kleider. *Kind, Jugend und Gesellschaft: Zeitschrift für Kinder- und Jugendschutz*, 48 (3), 82–85.

Lindner, W. (2006). Genug ist nicht genug. Zwölf Anmerkungen zu Stand und Perspektiven der Kooperation von Jugendarbeit und (Ganztags-)Schule. *deutsche jugend*, 54 (7 & 8), 303–310.

Lindner, W. (Hrsg.) (2006). *1964 – 2004: Vierzig Jahre Kinder- und Jugendarbeit in Deutschland.* Wiesbaden: Springer VS.

Lindner, W. (Hrsg.) (2008). *Kinder- und Jugendarbeit wirkt.* Wiesbaden: Springer VS.

Lindner, W. (2010). Verwahrlosung der Jugendpolitik – (Re)Politisierung der Jugendarbeit.: Epistemische und politische Robustheit als neue Leitkategorien. *deutsche jugend*, 58 (4), 159–166.

Lindner, W. (2012a) *Political (Re)Turn? Impulse zu einem neuen Verhältnis von Jugendarbeit und Jugendpolitik.* Wiesbaden: Springer VS.

Lindner, W. (2012b). *Reflexivität in Lobbying und Medienstrategien für die Kinder- und Jugendarbeit.* In W. Lindner (Hrsg.), *Political (Re)Turn? Impulse zu einem neuen Verhältnis von Jugendarbeit und Jugendpolitik* (S. 241–263). Wiesbaden: Springer VS.

Lindner, W. (2012c). Kinder- und Jugendkulturarbeit. In W. Thole, D. Höblich & S. Ahmed (Hrsg.), *Taschenwörterbuch Soziale Arbeit* (S. 161). Wien: utb.

Lindner, W. (2014a). *Pädagogische Praktiken: Arrangieren.* Stuttgart.

Lindner, W. (2014b). Arrangieren: der didaktische Kern der Jugendarbeit. *deutsche jugend*, 62 (1), 10–18.

Lindner, W. (2016). Mit Daten Politik machen? Mit Daten Politik machen! Jugendberichterstattung und Jugendbefragungen als Instrumente (kommunaler) Jugendpolitik. *deutsche jugend*, (2), 67–76.

Lindner, W. (2017a). Der 15. Kinder- und Jugendbericht: Mehr als ein leeres Alibi? Wenn auf Worte keine Taten folgen. *Sozial Extra*, 41 (3), 49–51.

Lindner, W. (2017b). (Kommunale) Jugendpolitik - ein Zwischenstopp. In W. Lindner & W. Pletzer (Hrsg.), *Kommunale Jugendpolitik* (S. 10–24). Weinheim & Basel: Beltz Juventa.

Lindner, W. (2018). Eigenständige Jugendpolitik: In den Ländern initiiert – in den Kommunen verankert. *deutsche jugend,* (3), 101–102.

Lindner, W. (2021, i. E.). Das Bildungsverständnis der Kinder- und Jugendarbeit. In H. Gumz & W. Thole (Hrsg.), *Lokale Bildungslandschaften im empirischen Blick.* Wiesbaden: Springer VS.

Lindner, W., & Neu, R. (2021). Zur Implementation kommunaler Jugendpolitik. Zweiter Aufschlag. *deutsche jugend*, (3), 116–125.

Lindner, W., Thole, W., & Weber, J. (Hrsg.) (2003). *Kinder- und Jugendarbeit als Bildungsprojekt.* Opladen: Barbara Budrich.

Linnemann, T., Wojchiechowicz, A. A., & Yiligin, F. (2016). Vom Defizitblick über Differenzdenken zur Machtkritik – Ein Blick auf pädagogische Konzepte in der Migrationsgesellschaft. *IDA-NRW*, 65–71.

Lohmar, U. (1955). Zielsetzung und Wirklichkeit im »Heim der offenen Tür«. *deutsche jugend*, 3 (9), 403–412.

Lohrenscheidt, C. (2018). Menschenrechtsbildung. In I. Gogolin (Hrsg.), *Handbuch Interkulturelle Pädagogik* (S. 247–250). Bad Heilbrunn: Klinkhardt.

Loos, C., & Wiesner, R. (2015). § 85 Sachliche Zuständigkeit. In R. Wiesner (Hrsg.), *SGB VIII. Kinder- und Jugendhilfe: Kommentar* (5. überarb. Aufl., S. 1462–1469, Rn. 1–34). München: Beck.

Lorbeer, M. (2015). *Kindermuseen- und Museumspädagogik*. Verfügbar unter www.kubi-online.de/artikel/kindermuseen-museumspaedagogik [Zugriff 09. 04. 2021].

Lorig, P., & Vogelsang, W. (2011). Jugendkulturen und Globalisierung. *Diskurs Kindheits- und Jugendforschung*, 6 (4), 369–384.

Lowinski, F. (1994). Die Werkstatt e. V. in Düsseldorf. In W. Thole & S. A. Kolfhaus (Hrsg.), *Bunt und vielfältig. Kinder- und Jugendkulturarbeit in Nordrhein-Westfalen* (S. 130). Unna: k. A.

Lüders, C., & Peyk, S. (2013). Die Förderung der Jugendverbände durch den Kinder- und Jugendplan des Bundes. Entwicklung, Effekte und Begründungen. *Recht der Jugend und des Bildungswesens*, 61 (1), 60–71.

Lüdtke, H. (1972). *Jugendliche in organisierter Freizeit*. Weinheim & Basel: Beltz Juventa.

Lüers, U. (1979). Zur allseits organisierten und kontrollierenden Jugendarbeit? *Sozialmagazin*, 4 (6), 46–57.

Lyotard, J.-F. (1986). *Das postmoderne Wissen*. Köln: Passagen.

Maase, K. (1992). *BRAVO Amerika*. Hamburg: Junius.

Mack, W. (2020). Bildungslandschaften. In P. Bollweg, J. Buchna, T. Coelen & H.-U. Otto (Hrsg.), *Handbuch Ganztagsbildung* (S. 1311–1322). Wiesbaden: VS Verlag.

Mackert, J. (Hrsg.) (2004). *Die Theorie sozialer Schließung Tradition, Analysen, Perspektiven*. Wiesbaden: Springer VS.

Mählert, U., & Stephan, G.-R. (1996). *Blaue Hemden – Rote Fahnen*. Opladen: Barbara Budrich.

Mairhofer, A. (2019). Die Finanzierung der offenen Kinder- und Jugendarbeit. *neue praxis*, 4, 304–330.

Mairhofer, A., Peucker, C., Pluto, L., & Santen, v., E. (2019). Offene Jugendarbeit goes Ganztagsschule? *Offene Jugendarbeit*, (2), 21–26.

Maizière, Th. de (2019). *Regieren; Innenansichten der Politik*. Freiburg. Br.: Lambertus.

Marotzki, W. (1990). *Entwurf einer strukturalen Bildungstheorie: biographietheoretische Auslegung von Bildungsprozessen in hochkomplexen Gesellschaften*. Weinheim: Beltz Juventa.

Martinsen, F. (2019). *Grenzen der Menschenrechte. Staatsbürgerschaft, Zugehörigkeit, Partizipation*. Bielefeld: transcript.

Marx, K., & Engels, F. (1931). *Marx-Engels-Gesamtausgabe*. Berlin: Akademie Verlag.

Marx, K., & Engels, F. (1968). *Marx-Engels-Gesamtausgabe*. Berlin: Dietz-Verlag.

Mauss, M. (1989). Soziologie und Anthropologie. Frankfurt a.M.: Fischer.

May, M. (1998). Jugendarbeit und Soziale Milieus. Plädoyer für eine neue Emanzipationspädagogik. In D. Kiesel, A. Scherr & W. Thole (Hrsg.), *Standortbestimmung Jugendarbeit. Theoretische Orientierungen und empirische Befunde* (S. 79–102). Schwalbach i. Ts.: Wochenschau.

May, M. (2016). *Sozialraum: Der passende Begriff für alle möglichen Problemstellungen*. Verfügbar unter https://www.sozialraum.de/sozialraum-der-passende-begriff-fuer-alle-moeglichen-problemstellungen.php [Zugriff 23. 04. 2021].

May, M. (2019). Kinder- und Jugendarbeit als sozialraumbezogenes Handlungsfeld. In F. Kessl & Ch. Reutlinger (Hrsg.), *Handbuch Sozialraum* (S. 435–454). Wiesbaden: Springer VS.

Maykus, St., & Schone, R. (Hrsg.) (2010). *Handbuch Jugendhilfeplanung Grundlagen, Anforderungen und Perspektiven* (3. Aufl.). Wiesbaden: Springer VS.

McLuhan, M. (1971). *Krieg und Frieden im globalen Dorf*. Düsseldorf: Econ.

Mecheril, P. (2003). *Politik der Unreinheit. Ein Essay über Hybridität*. Wien: Passagen.

Mecheril, P. (2018). *Gibt es ein transnationales Selbstbestimmungsrecht? Bewegungsethische Erkundungen*. Verfügbar unter http://www.dgfe2018.de/mecheril.html [Zugriff 30. 04. 2021].

Medick, H. (1980). Spinnstuben auf dem Dorf. In G. Huck (Hrsg.), *Sozialgeschichte der Freizeit* (S. 19–50). Wuppertal: Peter Hammer.
Medienpädagogischer Forschungsverbund Südwest (2018) *KIM-Studie 2018 Kindheit, Internet, Medien. Basisuntersuchung zum Medienumgang 6- bis 13-Jähriger.* Stuttgart: Eigenverlag.
Merchel, J. (2012). Profil der Jugendhilfeplanung zur Herausbildung einer »Eigenständigen Jugendpolitik« im kommunalen Bereich: Praxis und Handlungsoptionen der Jugendhilfeplanung in Jugendämtern. (unter Mitarbeit von Adam Khalaf). In Bundesjugendkuratorium (Hrsg.), *Stellungnahme des Bundesjugendkuratoriums. Neuaktivierung der Jugendhilfeplanung: Potenziale für eine kommunale Kinder- und Jugendpolitik* (S. 19–76). München: dji.
Meuschel, S. (1992). *Legitimation und Parteiherrschaft in der DDR.* Frankfurt a. Main: Suhrkamp.
Meyer, T. (2020). Aufsuchende Ansätze der Jugendarbeit – Arbeitsformen, theoretische Grundlagen und Vorgehensweisen. In T. Meyer & R. Patjens (Hrsg.), *Studienbuch Kinder- und Jugendarbeit* (S. 197–252). Wiesbaden: Springer VS.
Meyer, T., & Patjens, R. (Hrsg.) (2020). *Studienbuch Kinder- und Jugendarbeit.* Wiesbaden: Springer VS.
Meyer, T., & Rahn, S. (2020). Jugendzentren, Jugendhäuser, Jugendtreffs und Co – Jugendfreizeit- und Jugendbildungseinrichtungen. In T. Meyer & R. Patjens (Hrsg.), *Studienbuch Kinder- und Jugendarbeit* (S. 65–114). Wiesbaden: Springer VS.
Meysen, T., Beckmann, J., Reiß, D., & Schindler, G. (2014). *Recht der Finanzierung von Leistungen der Kinder- und Jugendhilfe. Rechtlicher Rahmen und Perspektiven im SGB VIII.* Baden-Baden: Nomos Verlagsgesellschaft.
Michl, W. & Seidel, H. (2018) (Hrsg.), *Handbuch Erlebnispädagogik.* München: Reinhardt.
Michl, W. & Seidel, H. (2018). Erlebnis und Pädagogik. In W. Michl & H. Seidel (Hrsg.), *Handbuch Erlebnispädagogik* (S. 17–19). München: Reinhardt.
Mindermann, F., Schmidt, V. & Wippler, M (2012). Bildungslandschaften gestalten – Chancengerechtigkeit ermöglichen. In P. Bleckmann & V. Schmidt (Hrsg.), *Bildungslandschaften. Mehr Chancen für alle* (S. 9–17). Wiesbaden: Springer VS.
Mitterauer, M. (1986). *Sozialgeschichte der Jugend.* Frankfurt a. M.: Suhrkamp.
Möding, N., & Plato, A. (1986). Siegernadeln. Jugendkarrieren in BDM und HJ. In Deutscher Werkbund e. V. (Hrsg.), *Schock und Schöpfung* (S. 292–301). Darmstadt & Neuwied: Luchterhand.
Mollenhauer, K. (1964). Versuch 1. In C. W. Müller (Hrsg.), *Was ist Jugendarbeit? Vier Versuche zu einer Theorie.* (S. 89–118). München: Juventa.
Mollenhauer, K. (1982). Jugendarbeit. *aej Studientext*, 21.
Mollenhauer, K. (1998). »Sozialpädagogische« Forschung. Eine thematisch-theoretische Skizze. In Thomas Rauschenbach & Werner Thole (Hrsg.), *Sozialpädagogische Forschung. Gegenstand und Funktionen, Bereiche und Methoden.* Weinheim/München: Juventa, S. 29–46.
Mollenhauer, K., (1968). *Jugendhilfe – Soziologische Materialien.* Heidelberg: Quelle & Meyer.
Möller, K. (1988). *»... an den Bedürfnissen und Interessen ansetzen! «. Zur Grundlagendiskussion in der Jugend- und Erwachsenenbildung.* Opladen: Barbara Budrich.
Möller, K. (2014). Programme gegen Rechtsextremismus – zwischen Projektitis und Nachhaltigkeit. In W. Schubarth (Hrsg.), Nachhaltige Prävention von Kriminalität, Gewalt und Rechtsextremismus. Beiträge aus Wissenschaft und Praxis (S. 201–228). Potsdam: Universitätsverlag.
Möller, K. (2017). »Gruppenbezogene Menschenfeindlichkeit« (GMF) oder Pauschalisierende Ablehnungskonstruktionen (PAKOs)? Welches Konzept führt wissenschaftlich und praktisch wohin? In Landeszentrale für Politische Bildung Baden-Württemberg (Hrsg.), *Gruppenbezogene Menschenfeindlichkeit und Rassismuskritik* (S. 23–41). Stuttgart: Medienküche.
Möller, K., & Neuscheler, F. (Hrsg.) (2018). *»Wer will die schon hier haben?« Ablehnungshaltungen und Diskriminierungen in Deutschland.* Stuttgart: Kohlhammer.
Möller, K., & Schumacher, N. (2014). *Soziale und pädagogische Arbeit mit rechtsextrem affinen Jugendlichen* (hrsg. v. d. Kontaktstelle BIKNetz). Berlin: BIKNetz.
Möller, K., & Schumacher, N. (2015). *Eckpunkte und Elemente eines landesweiten Aktionsplans gegen Gruppenbezogene Menschenfeindlichkeit (GMF) in Baden-Württemberg – eine Expertise.* Esslingen: k. A. Verfügbar unter https://sozialministerium.baden-wuerttemberg.de/fileadmin/redak-

tion/m-sm/intern/downloads/Downloads_Kinder-Jugendliche/ZPJ_Expertise-GMF_Sept_2015.pdf [Zugriff 12. 04. 2021].

Möller, K., Grote, J., Nolde, K., & Schumacher, N. (2016a). *»Die kann ich nicht ab!« Ablehnung, Diskriminierung und Gewalt bei Jugendlichen in der (Post-)Migrationsgesellschaft.* Wiesbaden: Springer VS.

Möller, K., Grote, J., Nolde, K., & Schumacher, N. (2016b). Mit KiSSeS gegen PAKOs – Wie die pädagogische Praxis mit pauschalisierenden Ablehnungshaltungen umgehen kann. *deutsche jugend*, 67 (9), 387–397.

Mücke, Th. (2018). Pädagogische Handlungsansätze zur Deradikalisierung im Arbeitsfeld des religiös begründeten Extremismus. In K. Möller & F. Neuscheler (Hrsg.), *»Wer will die hier schon haben?«. Ablehnungshaltungen und Diskriminierungen in Deutschland* (S. 242–257). Bonn: bpb.

Mühlmann, T., & Pothmann, J. (2018). Die Kinder- und Jugendarbeit und ihre Statistik: Vom Suchen und Finden. *KomDat Jugendhilfe*, (1), 26–31.

Mühlmann, T., & Pothmann, J. (2019a). Kinder- und Jugendarbeit. In Autorengruppe Kinder- und Jugendhilfestatistik (Hrsg.), *Kinder- und Jugendhilfereport 2018. Eine kennzahlenbasierte Analyse* (S. 103–122). Opladen: Barbara Budrich.

Mühlmann, T., Pothmann, J., & Kopp, K. (2015). *Wissenschaftliche Grundlagen für die Evaluation des Bundeskinderschutzgesetzes. Bericht der wissenschaftlichen Begleitung der Kooperationsplattform Evaluation Bundeskinderschutzgesetz.* Dortmund: Eigenverlag. Verfügbar unter http://www.forschungsverbund.tu-dortmund.de/fileadmin/Files/Aktuelles/Publikationen/Wissenschaftliche_Grundlagen_Eval_BKiSchG_Bericht_AKJStat_2015.pdf [Zugriff 09. 04. 2021].

Mühlmann, T., Pothmann, J., & Volberg, S. (2019). *Entwicklungslinien der Offenen Kinder- und Jugendarbeit. Befunde der 7. Strukturdatenerhebung zum Berichtsjahr 2017 für Nordrhein-Westfalen. Teil I: Ergebnisse* (unter Mitarbeit von Armin Bembennek, Martina Leshwange und Katja Müller). Dortmund, Köln & Münster: Forschungsverbund Deutsches Jugendinstitut/Technische Universität Dortmund. Verfügbar unter http://www.forschungsverbund.tu-dortmund.de/fileadmin/user_upload/2019-09-24_Strukturdatenerhebung_2017_Teil_I_Ergebnisse.pdf [Zugriff 09. 04. 2021].

Mühlmann, Th., & Pothmann, J (2019b). Statistik der Kinder- und Jugendarbeit – Potenziale noch nicht ausgeschöpft. *KOMDat*, 22 (1), 1–8.

Müller, B. (1989). *Auf'm Land ist mehr los. Jugendpflege in kleinstädtischen und ländlichen Gemeinden.* Weinheim & München: Juventa.

Müller, B. (1993). Außerschulische Jugendbildung oder: Warum versteckt Jugendarbeit ihren Bildungsanspruch? *deutsche jugend*, 41 (7 & 8), 310–320.

Müller, B. (1998a). *Qualitätsprodukt Jugendhilfe.* Freiburg i. Br.: Lambertus.

Müller, B. (1998b). Entwurf einer mehrdimensionalen Theorie der Jugendarbeit. In D. Kiesel, A. Scherr & W. Thole (Hrsg.), *Standortbestimmung Jugendarbeit. Theoretische Orientierungen und empirische Befunde* (S. 37–64). Schwalbach i. Ts.: Wochenschau.

Müller, B. (2006). *Was ist Aufgabe einer Theorie der Jugendarbeit? Kommentierung von Hermann Gieseckes »Versuch 4«.* In W. Lindner (Hrsg.), *1964 – 2004: Vierzig Jahre Kinderund Jugendarbeit in Deutschland* (S. 109–199). Wiesbaden: Springer VS.

Müller, B. (2017). *Sozialpädagogisches Können: ein Lehrbuch zur multiperspektivischen Fallarbeit* (8. üb. und erw. Aufl.). Freiburg i. Br.: Lambertus.

Müller, B., & Ortmann, F. (1980). An wessen Bedürfnis orientiert sich Jugendarbeit. In K. Lange, B. Müller & F. Ortmann (Hrsg.), *Alltag des Jugendarbeiters* (S. 31–71). Neuwied & Darmstadt: Luchterhand.

Müller, B., Schmidt, S., & Schulz, M. (2005). *Wahrnehmen können. Jugendarbeit und informelle Bildung.* Freiburg i. Br.: Lambertus.

Müller, C. (2005). *Sozialpädagogik als Erziehung zur Demokratie.* Bad Heilbrunn: Klinkhardt.

Müller, C. W. (1964). Versuch 1. In C. W. Müller (Hrsg.), *Was ist Jugendarbeit? Vier Versuche zu einer Theorie.* München: Juventa.

Müller, C. W. (1964). *Was ist Jugendarbeit? Vier Versuche zu einer Theorie.* München: Juventa.

Müller, C. W. (1988). *Wie Helfen zum Beruf wurde. Bd. 1. Eine Methodengeschichte der Sozialarbeit 1883–1945.* Weinheim & Basel: Beltz Juventa.

Müller, M. (1990). *Jugendfreizeit in der DDR.* In G. Burkart (Hrsg.), *Sozialisation im Sozialismus* (S. 70–76). Weinheim: Beltz Juventa.
Müller-Schöll, A. (1957). Die Ausbildung der ehrenamtlichen Mitarbeiter. *deutsche jugend*, 5 (9), 511–515.
Münchmeier, R. (1992). Institutionalisierung pädagogischer Praxis am Beispiel der Jugendarbeit. *Zeitschrift für Pädagogik*, 38 (3), 369–384.
Münchmeier, R. (1995). Die Vergesellschaftung von Wertgemeinschaften. In Th. Rauschenbach, C. Sachße & Th. Olk (Hrsg.), *Von der Wertgemeinschaft zum Dienstleistungsunternehmen* (S. 201–227). Frankfurt a. M.: Suhrkamp.
Münchmeier, R. (1998). Jugend als Konstrukt. Zum Verschwimmen des Jugendkonzepts in der »Entstrukturierung« der Jugendphase - Anmerkungen zur 12. Shell-Jugendstudie. *Zeitschrift für Erziehungswissenschaft*, 1 (1), 103–118.
Münchmeier, R., Otto, H.-U., & Rabe-Kleberg, U. (Hrsg.) (2002). *Bildung und Lebenskompetenz.* Wiesbaden: Springer VS.
Münder, J., Meysen, T., & Trenczek, T. (2019). *Frankfurter Kommentar SGB VIII. Kinder- und Jugendhilfe* (8. Aufl.). Baden-Baden: Nomos.
Nachtwey, O. (2016). *Die Abstiegsgesellschaft.* Frankfurt a. M.: Suhrkamp.
Nachtwey, R. (1987). *Pflege, Wildwuchs, Bricolage. Ästhetisch-kulturelle Jugendarbeit.* Opladen: Leske + Budrich.
Nahrstedt, W. (1990). Soziokultur à la carte. Bestandsaufnahme und Perspektiven soziokultureller Zentren (hrsg. v. Institut für Freizeitwissenschaft und Kulturarbeit e. V., Bd. 14.). Bielefeld.
Naudascher, B. (1990). *Freizeit in öffentlicher Hand. Behördliche Jugendpflege in Deutschland von 1900-1980.* Düsseldorf.
Neckel, S. (2008). *Flucht nach vorn: Die Erfolgskultur der Marktgesellschaft.* Frankfurt a. M. & New York: Campus.
Negt, O. (2010). *Der politische Mensch. Demokratie als Lebensform.* Göttingen: Steidl Verlag.
Neu, R., Steinberg, V., & Lindner, W. (2016). Learning to fly: Jugendarbeit macht Jugendpolitik. Ausgewählte Evaluationsergebnisse des PEP-Projektes. *deutsche jugend*, (7 & 8), 314–324.
Neuber. N. (2011). Bildungspotenziale im Kinder- und Jugendsport – Perspektiven für einen zeitgemäßen Bildungsbegriff. In M. Krüger & N. Neuber (Hrsg.), Bildung im Sport - Beiträge zu einer zeitgemäßen Bildungsdebatte (S. 143-161). Wiesbaden: Springer VS.
Neumann-Braun, K., & Richard, B. (Hrsg.) (2005). *Coolhunters. Jugendkulturen zwischen Medien und Markt.* Frankfurt a. M.: Suhrkamp.
Niegisch, H. G. (1988). Die Pädagogische Hochschule »N. K. Krupskaja Halle«. *Wissenschaftliche Zeitschrift der Pädagogischen Hochschule »N. K. Krupskaja Halle-Köthen«*, (1), 3–10.
Niekrenz, Y. (2013). Leib, Körper, Bildung. In B. Hafeneger (Hrsg.), *Handbuch Außerschulische Jugendbildung* (2. erg. u. üb. Aufl., S. 487–502). Schwalbach i. Ts.: Wochenschau.
Niekrenz, Y., & Witte, M. D. (Hrsg.) (2011). *Jugend und Körper. Leibliche Erfahrungswelten.* Weinheim & München: Beltz Juventa.
Niemeyer, C. (1997). *Grundlinien historischer Sozialpädagogik.* Weinheim & München: Juventa.
Niemeyer, C. (2003). *Sozialpädagogik als Wissenschaft und Profession. Grundlagen, Kontroversen, Perspektiven.* Weinheim: Beltz Juventa.
Niemeyer, C. (2010). *Klassiker der Sozialpädagogik. Einführung in die Theoriegeschichte einer Wissenschaft.* Weinheim: Beltz Juventa.
Niess, W. (1984). *Volkshäuser, Freizeitheime, Kommunikationszentren.* Hagen: Eigenverlag.
Nikles, B. (2018). Erzieherischer Kinder- und Jugendschutz. In K. Böllert (Hrsg.), *Kompendium Kinder- und Jugendhilfe* (S. 771–782). Wiesbaden: Springer VS.
Nikles, B. W., Roll, S., & Umbach, K. (2013). *Kinder- und Jugendschutz. Eine Einführung in Ziele, Aufgaben und Regelungen.* Opladen, Berlin & Toronto: Barbara Budrich.
Nohl, H. (1927). *Jugendwohlfahrt. Sozialpädagogische Vorträge.* Leipzig: Quelle & Meyer.
Nohl, H. (1928). Die Jugend und der Alltag. *Die Erziehung*, 213–225.
Nohl, H. (1965). Die Ausbildung der Sozialpädagogik durch die Universität. In C.-L. Furck, G. Geißler, W. Klafki & E. Siegel (Hrsg.), *Aufgaben und Wege der Sozialpädagogik. Vorträge und Aufsätze von Herman Nohl* (S. 71–76). Weinheim: Beltz Juventa.

Nonninger, S. (2017). Kommunale Jugendpolitik im Jugendhilfeausschuss. Möglichkeiten und Grenzen für das jugendpolitische Agieren. In W. Lindner & W. Pletzer (Hrsg.), *Kommunale Jugendpolitik* (S. 232–251). Weinheim & Basel: Beltz Juventa.

Nussbaum, M. C. (1999). *Gerechtigkeit oder Das gute Leben.* Frankfurt a. M.: Suhrkamp.

Nussbaum, M. C. (2015). *Fähigkeiten schaffen. Neue Wege zur Verbesserung menschlicher Lebensqualität.* Freiburg & München: Verlag Karl Alber.

Olk, Th. (1987). Jugend und Jugend(hilfe)politik – Repression durch Nichthandeln? In G. Neubauer & Th. Olk (Hrsg.), *Clique – Mädchen – Arbeit. Jugend im Brennpunkt von Jugendarbeit und Jugendforschung.* (S. 197–221). Weinheim & München: Beltz Juventa.

Olk, Th. (1991). Jugendverbände und Neokorporatismus. In L. Böhnisch, H. Gängler & Th. Rauschenbach (Hrsg.), *Handbuch der Jugendverbände* (S. 132–144). Weinheim: Juventa.

Otto, H.-U. (1998). Kampf dem Wahlkampf oder wider dem machtpolitischen Mißbrauch des Sozialen. *neue praxis*, 28 (5), 323–324.

Otto, H.-U. (2018). Profession. In K. Böllert (Hrsg.), *Kompendium Kinder- und Jugendhilfe* (S. 1251–1257). Wiesbaden: Springer VS.

Otto, H.-U., & Merten, R. (Hrsg.) (1993). *Rechtsradikale Gewalt im vereinten Deutschland.* Opladen: Leske + Budrich.

Otto, H.-U., & Ziegler, H. (Hrsg.) (2008). *Capabilities – Handlungsbefähigung und Verwirklichungschancen in der Erziehungswissenschaft.* Wiesbaden: VS Verlag für Sozialwissenschaften.

Overwien, B. (2016). Informelles Lernen – Ein historischer Abriss. In M. Harring, M. Witte & T. Burger (Hrsg.), *Handbuch informelles Lernen* (S. 41–51). Weinheim: Beltz Juventa.

Paffrath, F. H. (2017). *Einführung in die Erlebnispädagogik* (2. üb. Aufl.) Augsburg: Ziel Verlag.

Paffrath, F. H. (2018). Zu theoretischer Konzeption und interdisziplinärem Kontext der Erlebnispädagogik. In W. Michl & B. Heckmair (Hrsg.), *Erleben und Lernen* (S. 20–22). München: Reinhardt.

Pagel, F. (1911). Die Fürsorge für die schulentlassene Jugend. *Die Jugendfürsorge*, (9), 513–566.

Patjens, R. (2017). *Förderrechtsverhältnisse im Kinder- und Jugendhilferecht*, Wiesbaden: Springer VS.

Patjens, R., & Hetler, I. S. (2020). Jugendverbände. In T. Meyer & R. Patjens (Hrsg.), *Studienbuch Kinder- und Jugendarbeit* (S. 115–138). Wiesbaden: Springer VS.

Perl, D., & Heese, A. (2008). Mehr als nur ein schöner Urlaub: Langzeitwirkungen von internationaler Jugendarbeit auf die Persönlichkeitsentwicklung der TeilnehmerInnen. In W. Lindner (Hrsg.), *Kinder- und Jugendarbeit wirkt* (S. 67–79). Wiesbaden: Springer VS.

Peucker, C., Pluto, L., & van Santen, E. (2019). *Status Quo Jugendringe. Bundesweite empirische Befunde.* München: DJI.

Peukert, D J. K. (1987). *Jugend zwischen Krieg und Krise. Lebenswelten von Arbeiterjungen in der Weimarer Republik.* Köln: Bund-Verlag.

Peukert, D. J. K. (1986a). *Grenzen der Sozialdisziplinierung. Aufstieg und Krise der deutschen Jugendfürsorge von 1878 bis 1932.* Köln: Bund-Verlag.

Peukert, D. J. K. (1986b). Alltagsleben und Generationserfahrungen von Jugendlichen in der Weimarer Republik. In D. Dowe (Hrsg.), *Jugendprotest und Generationskonflikt* (S. 139–150). Bonn: Verlag Neue Gesellschaft.

Pfadenhauer, B. (2011). *Das Wunsch- und Wahlrecht der Kinder- und Jugendhilfe.* Wiesbaden: VS Verlag für Sozialwissenschaften.

Picot, S. (2001). Jugend und freiwilliges Engagement. In S. Picot (Hrsg.), *Freiwilliges Engagement in Deutschland. Ergebnisse der Repräsentativbefragung zu Ehrenamt Freiwilligenarbeit und bürgerschaftlichem Engagement. Frauen und Männer, Jugend, Senioren, Sport* (S. 111–208). Stuttgart, Berlin & Köln: Kohlhammer.

Pieper, J., Schneider. U., & Schröder, W. (2020). *Gegen Armut hilft Geld. Der Paritätische Armutsbericht 2020.* Verfügbar unter https://www.der-paritaetische.de/publikationen/gegen-armut-hilft-geld-der-paritaetische-armutsbericht-2020/ [Zugriff 12. 04. 2021].

Pingel, A. (2018). Jugendsozialarbeit. In K. Böllert (Hrsg.), *Kompendium Kinder- und Jugendhilfe* (Bd. 1, S. 737–754). Wiesbaden: Springer VS.

Plato, A. von. (1983). »Ich bin mit allen gut ausgekommen«. Oder: war die Ruhrarbeiterschaft in politische Lager zerspalten? In L. Niethammer (Hrsg.), *»Die Jahre weiß man nicht, wo man die heute hinsetzen soll«. Faschismuserfahrungen im Ruhrgebiet* (S. 31–66). Bonn & Berlin: Dietz.

Pluto, L., & Santen, E. v. (2019). Freiwilliges Engagement in der Offenen Kinder- und Jugendarbeit – Schattendasein eines weitverbreiteten Phänomens. Ursachen, Folgen und Handlungsbedarf. *deutsche jugend*, 67 (7 & 8), 305–312.

Pogundke, A. (1991). Eine Chance für Jugendverbände. In H. Gotschlich (Hrsg.), *Kinder und Jugendliche aus der DDR. Jugendhilfe in den neuen Bundesländern* (S. 209–220). Berlin: k. A.

Pohl, A., Reutlinger, C., Walther, A., & Wigger, A. (Hrsg.) (2019). *Praktiken Jugendlicher im öffentlichen Raum – Zwischen Selbstdarstellung und Teilhabeansprüchen*. Wiesbaden: Springer VS.

Pohlkamp, I. (2014). Queer-feministische Mädchen_arbeit als normativitätskritische Pädagogik. In E. Kauffenstein & B. Vollmer-Schubert (Hrsg.), *Mädchenarbeit im Wandel* (S. 145–168). Weinheim: Beltz Juventa.

Pohlkamp, I. (2019). Mädchenarbeit heute?! Queer-feministische und intersektionale Perspektiven in und auf Mädchen_arbeit. In LAG Mädchenarbeit NRW (Hrsg.), *Handreichung: Mädchen*arbeit reloaded Qualitäts- und Perspektiventwicklung (queer)feministischer und differenzreflektierter Mädchen*arbeit* (S. 10–16). Wuppertal: Landesarbeitsgemeinschaft Mädchenarbeit in NRW e. V.

Pothmann, J. (2008). Aktuelle Daten zu Stand und Entwicklung der Kinder- und Jugendarbeit- eine empirische Analyse. In W. Lindner (Hrsg.), *Kinder- und Jugendarbeit wirkt* (S. 21–36). Wiesbaden: VS Verlag für Sozialwissenschaften.

Pothmann, J. (2011). Möglichkeiten und Grenzen quantitativer Forschung auf Basis amtlicher Daten. Vermessungen für die (Offene) Kinder- und Jugendarbeit am Beispiel der Kinder- und Jugendhilfestatistik. In H. Schmidt (Hrsg.), *Empirie der Offenen Kinder- und Jugendarbeit* (S. 269–286). Wiesbaden: VS Verlag für Sozialwissenschaften.

Pothmann, J. (2017). Kinder- und Jugendarbeit – ein erster Blick in die neue Statistik. *KomDat Jugendhilfe*, 20 (1), 7–11.

Pothmann, J. (2019a). Kinder- und Jugendhilfeausgaben 2018: Entschleunigung des Anstiegs, aber 50 Mrd.-Marke genommen. KomDat Jugendhilfe, (3), 5–8.

Pothmann, J. (2019b). Angebote der Internationalen Jugendarbeit – Vergewisserungen und Irritationen auf Basis amtlicher Daten. *IJAB 2019*, 112–126.

Pothmann, J. (2020). Kinder- und Jugendarbeit – Stief- oder Sorgenkind der Statistik? In P. Cloos, B. Lochner & H. Schoneville (Hrsg.), *Soziale Arbeit als Projekt. Konturierungen von Disziplin und Profession* (S. 365–376). Wiesbaden: Springer VS.

Pothmann, J., & Rauschenbach, Th. (2010). Finanzierung der Jugendbildung jenseits von Schule und Beruf. In H. Barz (Hrsg.), *Handbuch Bildungsfinanzierung* (S. 261–272). Wiesbaden: Springer VS.

Pothmann, J., & Thole, W. (1999). Abbau im »Westen« – Wachstum im »Osten«. *deutsche jugend*, 47 (4), 169–179.

Pothmann, J., & Thole, W. (2005). Zum Befinden eines »Bildungsakteurs«. Beobachtungen und Analysen zur Kinder- und Jugendarbeit. *deutsche jugend*, 53 (2), 68–75.

Pothmann, J., & Thole, W. (2020). Pädagogische Akteur*innen im außerunterrichtlichen Feld. In P. Bollweg, J. Buchna, Th. Coelen, & H.-U. Otto (Hrsg.), *Handbuch Ganztagsbildung* (2. Aufl., S. 1397–1410) Wiesbaden: Springer VS.

Pothmann, J., & Thole, W. (2021). Die Mitarbeiter*innen in der Offenen Kinder- und Jugendarbeit. In U. Deinet, B. Sturzenhecker, L. von Schwanenflügel & M. Schwerthelm (Hrsg.), *Handbuch Offene Kinder- und Jugendarbeit* (5. komplett überarbeitete und erneuerte Auflage, S. 111-123). Wiesbaden: Springer VS.

Prengel, A. (1995). *Pädagogik der Vielfalt: Verschiedenheit und Gleichberechtigung in interkultureller, feministischer und integrativer Pädagogik*. Opladen: Leske + Budrich.

Prinzing, M. (2019). Eingeboren? Oder nur eingewandert ins Digitale? Warum die Abkehr vom Mythos einer Generation von Digital Natives Voraussetzung einer verantwortungsorientierten Bildungs- und Gesellschaftspolitik ist. In I. Stapf, M. Prinzing & N. Köberer (Hrsg.), *Aufwachsen mit Medien - Zur Ethik mediatisierter Kindheit und Jugend.* (S. 281–296) Baden-Baden: Nomos.

Projektgruppe (Hrsg.) (1988). »*Was wir wollen ist eine Lösung für die gesamte deutsche Jugend*«. Leinfelden: Verlag Burkhard Fehrlen.

Projektgruppe »Rückgrat!« (2017). *Mit Rückgrat gegen PAKOs! Eine Step by Step-Anleitung für die Jugendarbeit zur Gestaltung und Selbstevaluation von Angeboten gegen Pauschalisierende Ablehnungskonstruktionen*. Esslingen & Hamburg: Drucktechnik Altona.

Rasche, C., & Herrmann, K. (2019). Freizeit, Medien, Sport. In D. Sturzbecher, B. Bredow & M. Büttner (Hrsg.), *Wandel der Jugend in Brandenburg* (S. 87–112). Wiesbaden: Springer VS.

Rauschenbach, T., Borrmann, S., Düx, W., Liebig, R., Pothmann, J., & Züchner, I. (2010). *Lage und Zukunft der Kinder- und Jugendarbeit in Baden-Württemberg*. Stuttgart: Landeszentrale für politische Bildung Baden-Württemberg.

Rauschenbach, T., Düx, W., & Sass, E. (Hrsg.) (2006). *Informelles Lernen im Jugendalter. Vernachlässigte Dimensionen im der Bildungsdebatte*. Weinheim: Juventa.

Rauschenbach, Th. & Züchner, I. (2012). Theorie der Sozialen Arbeit. InW. Thole (Hrsg.), *Grundriss Soziale Arbeit* (4. Aufl., S. 151–174). Wiesbaden: Springer VS.

Rauschenbach, Th. (1991a). Fachkräfte in der Jugendhilfe. Bilanz einer vernachlässigten Erfolgsgeschichte. In R. Wiesner & W. H. Zarbrock (Hrsg.), *Das neue Kinder- und Jugendhilfegesetz (KJHG) und seine Umsetzung in die Praxis* (S. 401–428). Köln: Heymanns.

Rauschenbach, Th. (1991b). Jugendarbeit in Ausbildung und Beruf. In L. Böhnisch, H. Gängler, & Th. Rauschenbach (Hrsg.), *Handbuch Jugendverbände: eine Ortsbestimmung der Jugendverbandsarbeit in Analysen und Selbstdarstellungen* (S. 615–630). Weinheim & München: Juventa.

Rauschenbach, Th. (1991c). Jugendverbände im Spiegel der Statistik. In L. Böhnisch, H. Gängler & Th. Rauschenbach (Hrsg.), *Handbuch Jugendverbände: eine Ortsbestimmung der Jugendverbandsarbeit in Analysen und Selbstdarstellungen* (S. 115–131). Weinheim & München: Juventa.

Rauschenbach, Th. (1999). *Das sozialpädagogische Jahrhundert. Analysen zur Entwicklung Sozialer Arbeit in der Moderne*. Weinheim & München: Juventa.

Rauschenbach, Th. (2005). Jugend – ein blinder Fleck der Politik? Herausforderungen für ein Zukunftsprojekt. In *Internationaler Bund (Hrsg.), Chance zum Aufbruch. Öffentliche Veranstaltung zur Mitgliederversammlung am 3. Juni in Köln* (S. 16–26). Frankfurt a. M.: Eigenverlag.

Rauschenbach, Th. (2009). *Zukunftschance Bildung. Familie, Schule und Jugendhilfe in neuer Allianz*. Weinheim & München: Juventa.

Rauschenbach, Th. (2010). Kinder- und Jugendarbeit in neuer Umgebung. Ambivalenzen, Herausforderungen, Perspektiven. In M. Leshwange & R. Liebig (Hrsg.), *Aufwachsen offensiv mitgestalten. Impulse für die Kinder- und Jugendarbeit* (S. 17–50). Essen: Klartext.

Rauschenbach, Th. (2015). Lebensweltorientierung + Bildung = Alltagsbildung? Zumutungen und Annäherungen für die Sozialpädagogik. In K. Grundwald & H. Thiersch (Hrsg.), *Praxishandbuch Lebensweltorientierte Soziale Arbeit. Handlungszusammenhänge und Methoden in unterschiedlichen Arbeitsfeldern* (S. 537–546). Weinheim & Basel: Beltz Juventa.

Rauschenbach, Th. (2018). Kinder- und Jugendarbeit 2016 – Potenziale erkennen, Zukunft gestalten. In Th. Rauschenbach, J. v. d. Gathen-Huy, K. Gosse & E. Sass (Hrsg.), *Kinder- und Jugendarbeit. Potenziale Erkennen – Zukunft Gestalten* (S. 15-29). Dortmund: Eigenverlag.

Rauschenbach, Th., & Borrmann, S. (Hrsg.) (2013). Arbeitsfelder der Kinder- und Jugendarbeit. Weinheim & Basel: Beltz Juventa.

Rauschenbach, Th., & Gängler, H. (Hrsg.) (1992). *Soziale Arbeit und Erziehung in der Risikogesellschaft*. Neuwied, Kriftel & Berlin: Luchterhand.

Rauschenbach, Th., & Pothmann, J. (2011). Wie viel Bildung benötigt, wie viel Bildung verträgt Jugendarbeit? In D. Grein (DBJR) (Hrsg.), *Lokale Bildungslandschaften. Schriftenreihe* (Nr. 50, S. 63–69). Berlin: Eigenverlag.

Rauschenbach, Th., & Schilling, M. (1997). *Die Kinder- und Jugendhilfe und ihre Statistik. Band I: Einführung und Grundlagen*. Neuwied: Luchterhand.

Rauschenbach, Th., & Treptow, R. (1984). Sozialpädagogische Reflexivität und gesellschaftliche Rationalität. Überlegungen zur Konstitution sozialpädagogischen Handelns. In S. Müller, H.-U. Otto, H. Peter & H. Sünker (Hrsg.), *Handlungskompetenz in der Sozialarbeit/Sozialpädagogik II. Theoretische Konzepte und gesellschaftliche Strukturen* (S. 21–71). Bielefeld: AJZ.

Rauschenbach, Th., & Züchner, I. (2006). Was ist eigentlich mit der Jugend? Zu »gefühlten« und gemessenen Lagen der Jugend. In T. Badawia, H. Luckas & H. Müller (Hrsg.), *Das Soziale gestalten. Über Mögliches und Unmögliches in der Sozialpädagogik* (S. 199–223). Wiesbaden: VS Verlag für Sozialwissenschaften.

Rauschenbach, Th., Düx, W., & Züchner, I. (Hrsg.) (2002). *Jugendarbeit im Aufbruch. Selbstvergewisserungen, Impulse, Perspektiven.* Münster: Votum.

Rauschenbach, Th., v.d. Gathen-Huy, J., Gosse, K., & Sass, E. (Hrsg.) (2018). *Kinder- und Jugendarbeit. Potenziale Erkennen - Zukunft Gestalten.* Dortmund: Eigenverlag.

Reckwitz, A. (2003). Grundelemente einer Theorie sozialer Praktiken: Eine sozialtheoretische Perspektive. *Zeitschrift für Soziologie*, 32, 282–301.

Reckwitz, A. (2008a). Praktiken und Diskurse. Eine sozialtheoretische und methodologische Relation. In H. Kalthoff, S. Hirschauer & G. Lindemann (Hrsg.), *Theoretische Empirie – Zur Relevanz qualitativer Forschung* (S. 188–209). Frankfurt a. M.: Suhrkamp.

Reckwitz, A. (2008b). *Unscharfe Grenzen – Perspektiven der Kultursoziologie.* Bielefeld: transcript.

Reckwitz, A. (2019). *Die Gesellschaft der Singularitäten.* Berlin: Suhrkamp.

Reckwitz, A. (2020). *Das hybride Subjekt. Eine Theorie der Subjektkulturen von der bürgerlichen Moderne zur Postmoderne* (überarbeitete Neuauflage). Berlin: Suhrkamp.

Reichwein, S., & Freund, Th. (1992). *Jugend im Verband: Karrieren, Action, Lebenshilfe.* Opladen: Leske + Budrich.

Richter, K. (1933). Vorwort zum Handbuch der Jugendpflege. In *Handbuch der Jugendpflege*, Heft 1 (S. III–IV). Eberswalde Berlin: Müller.

Ricken, N. (2013). Anerkennung als Adressierung. Über die Bedeutung von Anerkennung für Subjektivationsprozesse. In Th. Alkemeyer, G. Budde & D. Freist (Hrsg.), *Selbst-Bildungen. Soziale und kulturelle Praktiken der Subjektivierung* (S. 69–95). Bielefeld: transcript.

Ricken, N. (2020). Was heißt ›das Subjekt‹ denken? Bemerkungen zu einer Selbstbeschreibung (in) der Moderne. In F. Heß, L. Oberhaus & C. Rolle (Hrsg.), Subjekte musikalischer Bildung im Wandel. Sitzungsbericht 2019 der Wissenschaftlichen Sozietät Musikpädagogik. *Zeitschrift für Kritische Musikpädagogik*, 19, 19-36.

Ricken, N., Casale, R., & Thompson, C. (Hrsg.) (2019). *Subjektivierung. Erziehungswissenschaftliche Theorieperspektiven.* Weinheim & Basel: Beltz Juventa.

Rieger-Ladich, M. (2002). *Mündigkeit als Pathosformel. Beobachtungen zur pädagogischen Semantik.* Konstanz: UVK.

Ritter, B. (2020). Fallstricke eines Ideals jugendlicher Individuation. Annäherungen an eine gesellschaftstheoretische Bestimmung von Jugend und Sozialer Arbeit. In B. Ritter & F. Schmitt (Hrsg.), *Sozialpädagogische Kindheiten und Jugenden* (S. 94–121). Weinheim & Basel: Juventa.

RMinAmtsbl (1935): Neuordnung der staatlichen Jugendpflege. Berlin. Zitiert nach Hafeneger, B. (1992), *Jugendarbeit als Beruf.* Opladen: Leske + Budrich.

Röh, D. (2013). *Soziale Arbeit, Gerechtigkeit und das gute Leben.* Wiesbaden: Springer VS.

Rohde, J., & Thole, W. (2020). *Kulturell-ästhetische Bildungsprozesse in Jugendkunstschulen und kulturpädagogischen Projekten.* Wiesbaden: Springer VS.

Rohlfs, C., Harring, M., & Palentien, C. (Hrsg.) (2014). *Kompetenz-Bildung. Soziale, emotionale und kommunikative Kompetenzen von Kindern und Jugendlichen.* Wiesbaden: Springer VS.

Röll, F. J. (2009). Virtuelle und reale Räume. In U. Deinet (Hrsg.), *Methodenbuch Sozialraum* (S. 267–279). Wiesbaden: VS Verlag für Sozialwissenschaften.

Rösch, E. (2019). *Jugendarbeit in einem mediatisierten Umfeld. Impulse für ein theoretisches Konzept.* Weinheim & Basel: Beltz Juventa.

Rössner, L. (1967). *Offene Jugendbildung.* München: Juventa.

Roth, L. (1983). *Die Erfindung des Jugendlichen.* Weinheim: Juventa.

Roth, R., & Rucht, D. (Hrsg.) (2000). *Jugendkulturen, Politik und Protest. Vom Widerstand zum Kommerz?* Opladen: Leske + Budrich.

Rühle, O. (1977). *Illustrierte Kultur- und Sittengeschichte des Proletariats.* Gießen: Verlag Neue Kritik.

Samter, H. (1913). Die staatlichen Veranstaltungen zur Ausbildung und Fortbildung von Jugendpflegern. In F. Duensing (Hrsg.), *Handbuch der Jugendpflege.* Langensalza: Beltz, S. 844–853.

Sander, K., & Hanses, A. (2013). Biographische Selbst-Verortung als Partizipationsstrategie sozial benachteiligter Jugendlicher. In K. Bock, S. Grabowsky, U. Sander & W. Thole (Hrsg.), *Jugend.Hilfe.Forschung.* (S. 173–191). Baltmannsweiler: Schneider-Verlag Hohengehren.

Sandring, S., Helsper, W., & Krüger, H.-H. (2014) (Hrsg.). *Jugend. Theoriediskurse und Forschungsfelder.* Wiesbaden: Springer VS.

Santen, v. E., Pluto, L., & Seckinger, M. (2017). Rolle und Funktion von Jugendringen in der kommunalen Jugendpolitik. Empirische Hinweise. In W. Lindner & W. Pletzer (Hrsg.), *Kommunale Jugendpolitik* (S. 161–175). Weinheim & Basel: Beltz Juventa.

Sauerwein, M. (2018a). Veränderungen der Jugendarbeit in Zeiten der Ganztagsschule. *Sozial Extra,* 42 (6), 52–54.

Sauerwein, M. (2018b). Partizipation in der Ganztagsschule – vertiefende Analysen. *Zeitschrift für Erziehungswissenschaften,* 62 (6), 830–855.

Schad, U. (2019). Menschenrechtsbildung in Offener Jugendarbeit und Schule aus zeitgeschichtlicher Perspektive. *deutsche jugend,* 67 (3), 121–130.

Schäfer, A. (2015). Körper- und Bewegungspraktiken in der offenen Kinder- und Jugendarbeit – eine sozialisationstheoretische Perspektive. In R. Gräfe, M. Harring & M. D. Witte (Hrsg.), *Körper und Bewegung in der Jugendbildung. Interdisziplinäre Perspektiven* (S. 197–207). Schneider: Hohengehren.

Schäfer, A. (2018). *Einführung in die Erziehungsphilosophie.* Weinheim & Basel: Beltz.

Schäfer, K., & Weitzmann, G. (2019a). § 11 Jugendarbeit. In J. Münder, T. Meysen & T. Trenczek (Hrsg.), *Frankfurter Kommentar SGB VIII. Kinder- und Jugendhilfe* (8. Aufl., S. 198–212, Rn. 1–41). Baden-Baden: Nomos.

Schäfer, K., & Weitzmann, G. (2019b). § 12 Förderung der Jugendverbände. In J. Münder, T. Meysen & T. Trenczek (Hrsg.*), Frankfurter Kommentar SGB VIII. Kinder- und Jugendhilfe* (8. Aufl., S. 212–216, Rn. 1–17). Baden-Baden: Nomos.

Schäfer, K., & Weitzmann, G. (2019c). § 15 Landesrechtsvorbehalt. In J. Münder, T. Meysen & T. Trenczek (Hrsg.), *Frankfurter Kommentar SGB VIII. Kinder- und Jugendhilfe* (8. Aufl., S. 235–237, Rn. 1–4). Baden-Baden: Nomos.

Schäfer, S. (2019). Jugendverbände zwischen Jugendarbeit und politischem Handeln. Herausforderungen jugendpolitischer Selbstorganisation. *deutsche Jugend,* 67 (4), 160–169.

Schäfer, S. (2021). *Internationale Jugendarbeit und politische Theorie. Diskurse und Perspektiven.* Schwalbach i. Ts.: Wochenschau Verlag.

Scharathow, W., & Leiprecht, R. (Hrsg.) (2011). *Rassismuskritik* (Band 2: Rassismuskritische Bildungsarbeit). Schwalbach i. Ts.: Wochenschau.

Schäuble, B., & Scherr, A. (2011): Politische Bildungsarbeit und Antisemitismus bei Jugendlichen. In W. Scharathow & R. Leiprecht (Hrsg.), *Rassismuskritik* (Band 2: Rassismuskritische Bildungsarbeit, S. 283–299) Schwalbach i. Ts.: Wochenschau-Verlag.

Schefold, W. (1995). Das schwierige Erbe der Einheitsjugend. Jugendverbände zwischen Aufbruch und Organisationsmüdigkeit. In Th. Rauschenbach, Ch. Sachße & Th. Olk (Hrsg.), *Von der Wertgemeinschaft zum Dienstleistungsunternehmen* (S. 404–426). Frankfurt a. M.: Suhrkamp.

Scherr, A. (1995). Jugend im Diskurs der Sozialpädagogik. *neue praxis,* (2), 182–188.

Scherr, A. (1996). Bildung zum Subjekt. Ideen für eine zeitgemäße emanzipatorische Jugendarbeit. *deutsche jugend,* 44 (5), 215–222.

Scherr, A. (1997). *Subjektorientierte Jugendarbeit. Eine Einführung in die Grundlagen emanzipatorischer Jugendpädagogik.* Weinheim & München: Juventa.

Scherr, A. (1998). Subjektivität und Anerkennung. Grundzüge einer Theorie der Jugendarbeit. In D. Kiesel, A. Scherr & W. Thole (Hrsg.), *Standortbestimmung Jugendarbeit. Theoretische Orientierungen und empirische Befunde* (S. 147–163). Schwalbach i. Ts.: Wochenschau-Verlag.

Scherr, A. (2001). Professionalisierung der Jugendarbeit. Anmerkungen zum Stand und zu den Perspektiven der Diskussion. *deutsche jugend,* 49 (9), 389–392.

Scherr, A. (2003). Jugendarbeit als Subjektbildung. Grundlagen und konzeptuelle Orientierungen jenseits von Prävention und Hilfe zur Lebensbewältigung. In W. Lindner, W. Thole, & J. Weber (Hrsg.), *Kinder- und Jugendarbeit als Bildungsprojekt* (S. 87–102). Opladen: Leske + Budrich.

Scherr, A. (2006). Mündigkeit als Grundprinzip einer pädagogischen Theorie der Jugendarbeit? Anmerkungen zu Klaus Mollenhauers Versuch 3. In W. Lindner (Hrsg.), *1964 – 2004: Vierzig Jahre Kinder- und Jugendarbeit in Deutschland. Aufbruch, Aufstieg und neue Ungewissheit* (S. 95–102). Wiesbaden: VS Verlag für Sozialwissenschaften.

Scherr, A. (2013). Subjektorientierte Offene Kinder- und Jugendarbeit. In U. Deinet & B. Sturzenhecker (Hrsg.), *Handbuch Offene Kinder- und Jugendarbeit* (S. 297–308). Wiesbaden: Springer VS.

Scherr, A. (2015). Wie weiter mit der Rassismuskritik? Perspektiven einer Bildungsarbeit gegen Diskriminierung und Nationalismus. In M. Detzner, A. Drücker & S. Seng (Hrsg.), *Rassismuskritik. Versuch einer Bilanz über Fehlschläge, Weiterentwicklungen, Erfolge und Hoffnungen. Erweiterte Dokumentation der Fachtagung zum 25-jährigen Jubiläum des Informations- und Dokumentationszentrums für Antirassismusarbeit (IDA e. V.) am 27. und 28. November 2015 in der Berliner Stadtmission* (S. 65–70). Düsseldorf: Düssel-Druck & Verlag GmbH.

Scherr, A. (2016). Menschenrechte. In P. Mecheril (Hrsg.), *Handbuch Migrationspädagogik* (S. 508–521). Weinheim: Beltz.

Scherr, A. (2018a). Jugendarbeit als Menschenrechtsbildung? Überlegungen zu den Perspektiven einer programmatischen Reorientierung. *deutsche jugend*, 66 (6), 250–225.

Scherr, A. (2018b). Prävention. In K. Böllert (Hrsg.), *Kompendium Kinder- und Jugendhilfe* (S. 1013–1027). Wiesbaden: Springer VS.

Scherr, A. (2020a). Was bedeutet Soziale Arbeit für ungleiche und heterogene Jugenden, und was bedeuten ungleiche und heterogene Jugenden für die Soziale Arbeit? In B. Ritter & F. Schmidt (Hrsg.), *Sozialpädagogische Kindheiten und Jugenden* (S. 74–93). Weinheim & Basel: Juventa.

Scherr, A. (2020b). Menschenrechte: ein kontroverses Diskursfeld. *Sozial Extra*, 44, 328–333.

Scherr, A., & Thole, W. (1998). Jugendarbeit im Umbruch. Stand, Problemlagen und zukünftige Aufgaben. In D. Kiesel, A. Scherr & W. Thole (Hrsg.), *Standortbestimmung Jugendarbeit. Theoretische Orientierungen und empirische Befunde* (S. 9–35). Schwalbach i. Ts.: Wochenschau-Verlag.

Schindler, G., & Smessart, A. (2019). § 72 Mitarbeiter, Fortbildung. In J. Münder, T. Meysen & T. Trenczek (Hrsg.), *Frankfurter Kommentar SGB VIII. Kinder- und Jugendhilfe* (8. Aufl., S. 841–848, Rn. 1–29). Baden-Baden: Nomos.

Schirach, v. E., & Rinklebe, U. (2018). *Kindermuseen als Museen der Subjekte. Reflexionen vor dem Erfahrungshintergrund des Berliner MACHmit!Museums.* Verfügbar unter https://www.kubi-online.de/artikel/kindermuseen-museen-subjekte-reflexionen-vor-dem-erfahrungshintergrund-des-berliner-machmit [Zugriff 09. 04. 2021].

Schleiermacher, F. (1826/1957). *Die Vorlesungen aus dem Jahre 1826.* (Nachschriften). Pädagogische Schriften I. Unter Mitwirkung von Theodor Schulze hrsg. Von Erich Weniger. Düsseldorf u. München: Küpper.

Schmid, H., & Wiesner, R. (2006a). Die Kinder- und Jugendhilfe und die Föderalismusreform (Teil 1). *Kindschaftsrecht und Jugendhilfe,* 1 (9), 392–396.

Schmid, H., & Wiesner, R. (2006b). Die Kinder- und Jugendhilfe und die Föderalismusreform (Teil 2). *Kindschaftsrecht und Jugendhilfe,* 1 (10), 449–454.

Schmid, H., & Wiesner, R. (2006c). Die Kinder- und Jugendhilfe und die Föderalismusreform. In AGJ (Hrsg.), *Auswirkungen der Föderalismusreform auf die Kinder- und Jugendhilfe* (S. 96–129). Berlin: AGJ.

Schmidt, F. (2020). Pädagogisch-anthropologische Differenzierungen und Grenzziehungen. Methodologische Überlegungen einer Theorie und Empirie sozialpädagogischer Kindheit und Jugenden. In B. Ritter & F. Schmitt (Hrsg.), *Sozialpädagogische Kindheiten und Jugenden* (S. 53–73). Weinheim & Basel: Juventa.

Schmidt, H. (Hrsg.) (2011). *Empirie der Offenen Kinder- und Jugendarbeit.* Wiesbaden: VS Verlag für Sozialwissenschaften.

Schmincke, I. (2011). Bin ich normal? Körpermanipulationen und Körperarbeit. In Y. Niekrenz & M. D. Witte (Hrsg.), *Jugend und Körper. Leibliche Erfahrungswelten* (143–154). Weinheim u. München: Juventa.

Schneekloth, U. (2006). Politik und Gesellschaft: Einstellungen, Engagement, Bewältigungsprobleme. In Shell Deutschland Holding (Hrsg.), *Jugend 2006. Eine pragmatische Generation unter Druck* (S. 103–145). Frankfurt a. M.: Fischer Verlag.

Schneekloth, U. (2010). Jugend und Politik: Aktuelle Entwicklungstrends und Perspektiven. In Shell Deutschland Holding (Hrsg.), *Jugend 2006. Eine pragmatische Generation behauptet sich* (S. 129–165). Frankfurt a. M.: Fischer Verlag.

Schoneville, H., & Thole, W. (2009). Anerkennung – ein unterschätzter Begriff in der Sozialen Arbeit? Einführung in den Schwerpunkt »Im Blickpunkt: Anerkennung«. *Soziale Passagen*, 1 (2), 133–145.

Schrapper, C. (2009). Die Gruppe als Mittel zur Erziehung – Gruppenpädagogik. In C. Edding & K. Schattenhofer (Hrsg.), *Alles über Gruppen. Theorie, Anwendung, Praxis*, (S. 186–210). Weinheim & Basel: Beltz Juventa.

Schröder, A. (1991). *Jugendgruppe und Kulturwandel. Die Bedeutung von Gruppenarbeit in der Adoleszenz.* Frankfurt a. M.: Brandes & Apsel.

Schröder, E. (1981). Ortungen von außerschulischer Jugendbildung und Jugendarbeit im Gesamtsozialisationsfeld. In H. Wollenweber (Hrsg.), *Außerschulische Jugendbildung und Jugendarbeit* (S. 35–49). Paderborn: Schöningh.

Schröder, S. (2017). Sich dumm stellen. Inszenierungen von Leistungsunfähigkeit. In C. Bünger, R. Mayer, B. Hoffarth & S. Schröder (Hrsg.), *Leistung – Anspruch und Scheitern. Wittenberger Gespräche IV* (S. 167-190). Halle: Martin-Luther-Universität Halle-Wittenberg.

Schröteler-von Brandt, H., Coelen, Th., Zeising, A., & Ziesche, A. (Hrsg.) (2014). *Raum für Bildung. Ästhetik und Architektur von Lern- und Lebensorten.* Berlin: transcript.

Schultz, C. (1912). *Die Halbstarken.* Leipzig: Paul Eger.

Schwier, J. (2015). Repräsentationen des Trendsports. Jugendliche Bewegungskulturen, Medien und Marketing. In R. Gugutzer (Hrsg.), *body turn. Perspektiven der Soziologie des Körpers und des Sports* (S. 321–339). Bielefeld: transcript.

Schwier, J. (2015b). Sportbündnisse. Vom BMX Girls Camp bis zur Rampenbau Schule. In J. Erhorn & J. Schwier (Hrsg.), *Die Eroberung urbaner Bewegungsräume SportBündnisse für Kinder und Jugendliche* (S. 247–267). Bielefeld: transcript.

Schwier, J., & Dillmann, D. (2015). Jugendarbeit und Medienpraxis im Feld des Trendsports. In J. Erhorn & J. Schwier (Hrsg.), *Die Eroberung urbaner Bewegungsräume. SportBündnisse für Kinder und Jugendliche* (S. 195–216). Bielefeld: transcript.

Seckinger, M., Pluto, L., Peucker, C., & Gadow, T. (2009). *DJI – Jugendverbandserhebung Befunde zu Strukturmerkmalen und Herausforderungen.* München: DJI.

Seckinger, M., Pluto, L., Peucker, C., & Santen. E. (2016). *Einrichtungen der offenen Kinder- und Jugendarbeit. Eine empirische Bestandsaufnahme.* Weinheim & Basel: Beltz Juventa.

Seel, M. (2014). *Aktive Passivität. Über den Spielraum des Denkens, des Handelns und anderer Künste.* Frankfurt a. M.: Fischer.

Seidenfaden, F. (1958). *Die musische Erziehung in der Gegenwart und ihre geschichtlichen Quellen und Voraussetzungen.* Münster: M. Kramer.

Shell Deutschland Holding (Hrsg.) (2006). *Jugend 2006. Eine pragmatische Generation unter Druck.* Frankfurt a. M.: Fischer.

Shell Deutschland (Hrsg.) (2010). *Jugend 2010.* Frankfurt a. M.: Fischer.

Shell Deutschland (Hrsg.) (2015). *Jugend 2015.* Frankfurt a. M.: Fischer.

Siegfried, D. (2006). *Time is on my side. Konsum und Politik in der westdeutschen Jugendkultur der 60er Jahre.* Göttingen: Wallstein Verlag.

Siegfried, D. (2018). *1968 in der Bundesrepublik: Protest, Revolte, Gegenkultur.* Ditzingen: Reclam-Verlag.

Silbereisen, R. K., Vaskovic, L. A., & Zinnecker, J. (1996). *Jungsein in Deutschland. Jugendliche und junge Erwachsene 1991 und 1996.* Opladen: Leske + Budrich.

Simon, S., & Thole, W. (2021, i. E.). Die braune Melange »konservativ-revolutionärer« Erziehung. In J. Sehmer, S. Simon, J. Ten Elsen & F. Thiele (Hrsg.), *recht extrem? Dynamiken in zivilgesellschaftlichen Räumen.* Wiesbaden: Springer VS.

Simon, T. (2013). Offene Kinder- und Jugendarbeit in den neuen Bundesländern. In U. Deinet & B. Sturzenhecker (Hrsg.), *Handbuch Offene Kinder- und Jugendarbeit* (S. 549–557). Wiesbaden: VS Verlag für Sozialwissenschaften.

Simon, T., Suerkemper, A., Koss, T., & Fehrlen, B. (Hrsg.) (1999). *Offene Jugendarbeit. Entwicklungen, Praxis, Perspektiven.* Leinfelden: tb-Verlag.

Simonson, J., & Romeu Gordo, L. (2016). Qualifizierung im freiwilligen Engagement. In J. Simonson, C. Vogel & C. Tesch-Römer (Hrsg.), *Freiwilliges Engagement in Deutschland. Der Deutsche Freiwilligensurvey 2014* (S. 349–369). Wiesbaden: VS.

Smith, M. (2001). *Developing Youth Work.* Verfügbar unter https://infed.org/developing-youth-work-chapter-3-definition-tradition-and-change-in-youth-work/ [Zugriff 26. 02. 2021].

SMS (Sächsisches Staatsministerium für Soziales und Verbraucherschutz) (2014). *Vierter Sächsischer Kinder- und Jugendbericht. Lebenssituation und Perspektiven junger Menschen unter besonderer Beachtung des ländlichen Raums – Impulse für die Weiterentwicklung der Kinder- und Jugendhilfe.* Dresden: Eigenverlag.

Soremski, R. (2011). »Ich hab für meine Freizeit so was von gar keine Zeit.« Zur Frage der Vereinbarkeit von außerschulischer und schulischer Freizeit. In R. Soremski, M. Urban & A. Lange (Hrsg.), *Familie, Peers und Ganztagesschule.* (S. 205–216) Weinheim & Basel: Beltz.

Spiegel, H. v., & Sturzenhecker, B. (Hrsg.) (2018). *Methodisches Handeln in der Sozialen Arbeit: Grundlagen und Arbeitshilfen für die Praxis* (6. durchges. Aufl.). München: Ernst Reinhardt Verlag.

SRH (Sächsischer Rechnungshof) (2015). *Jahresbericht 2015.* Leipzig: Eigenverlag. Verfügbar unter https://www.rechnungshof.sachsen.de/JB2015-Band_I.pdf [Zugriff 09. 04. 2021].

Statistische Ämter des Bundes und der Länder. Statistik der Kinder- und Jugendhilfe (2019). *Teil II.: Angebote der Jugendarbeit 2019.* Verfügbar unter https://statistik.hessen.de/sites/statistik.hessen.de/files/m_ki_ju_hi_II_2019.pdf [Zugriff 15. 03. 2021].

Statistisches Bundesamt (1977/ 1985/ 1988/ 1992/ 1994/ 1996/ 1997). *Einrichtungen und tätige Personen in der Jugendhilfe 1974, 1982, 1986, 1990, 1991, 1994.* Wiesbaden & Stuttgart: Eigenverlag.

Statistisches Bundesamt (1985/ 1990/ 1994/ 1995/ 1998a). *Fachserie 13: Sozialleistungen. Reihe 6.2: Maßnahmen der Jugendarbeit im Rahmen der Jugendhilfe 1982, 1988, 1992, 1996.* Stuttgart: Eigenverlag.

Statistisches Bundesamt (1995/ 1998b). *Fachserie 13: Sozialleistungen. Reihe 6.4: Ausgaben und Einnahmen der öffentlichen Jugendhilfe 1992, 1996.* Stuttgart: Eigenverlag.

Statistisches Bundesamt (2019). *Bildungsfinanzbericht 2019. Im Auftrag des Bundesministeriums für Bildung und Forschung der Ständigen Konferenz der Kultusminister der Länder in der Bundesrepublik Deutschland.* Wiesbaden: Eigenverlag.

Statistisches Bundesamt (2019). *Statistiken der Kinder- und Jugendhilfe. Angebote der Jugendarbeit.* Wiesbaden: Statistisches Bundesamt.

Stecklina, G., & Wienforth, J. (2016). Impulse für die Jungenarbeit – Synopse und Ausblick. In G. Stecklina & J. Wienforth (Hrsg.), *Impulse für die Jungenarbeit. Denkanstöße und Praxisbeispiele* (S. 276–304). Weinheim & Basel: Beltz Juventa.

Steiner, O. & Goldoni, M. (Hrsg.) (2013). *Kinder- und Jugendarbeit 2.0. Grundlagen, Konzepte und Praxis einer medienbezogenen Sozialen Arbeit mit Heranwachsenden.* Weinheim & Basel: Juventa.

Steiner, O. (2013). Soziale Arbeit und kritische Medientheorie. Zur Grundlegung einer medienbezogenen Kinder- und Jugendarbeit. In O. Steiner & M. Goldonie (Hrsg.), *Kinder- und Jugendarbeit 2.0. Grundlagen, Konzepte und Praxis einer medienbezogenen Sozialen Arbeit mit Heranwachsenden* (S. 18–41). Weinheim & Basel: Juventa.

Stets, W. (1931). Maßnahmen zur Betreuung der Erwerbslosen Jugend. *Rheinische Jugend,* 19 (1), 1–10.

Stolz, H.-J. (2010). Ein bisschen Aufbruch. *DJI-Bulletin,* 91, 8–10.

Struck, J., & Wiesner, R. (2015a). § 11 Jugendarbeit. In R. Wiesner (Hrsg.), *SGB VIII. Kinder- und Jugendhilfe: Kommentar* (5. überarb. Aufl., S. 261–271, Rn. 1–28). München: Beck.

Struck, J., & Wiesner, R. (2015b). § 12 Förderung der Jugendverbände. In R. Wiesner (Hrsg.), *SGB VIII. Kinder- und Jugendhilfe: Kommentar* (5. überarb. Aufl, S. 271–27, Rn. 1–17). München: Beck.

Struck, J., & Wiesner, R. (2015c). § 14 Erzieherischer Kinder- und Jugendschutz. In R. Wiesner (Hrsg.), *SGB VIII. Kinder- und Jugendhilfe: Kommentar* (5. überarb. Aufl., S. 289–294, Rn. 1–12). München: Beck.

Struck, J., & Wiesner, R. (2015d). § 15 Landesrechtsvorbehalt. In R. Wiesner (Hrsg.), *SGB VIII. Kinder- und Jugendhilfe: Kommentar* (5. überarb. Aufl., S. 271–27, Rn. 1–17). München: Beck.

Struck, J., & Wiesner, R. (2015e). § 83 Aufgaben des Bundes, Bundesjugendkuratorium. In R. Wiesner (Hrsg.), *SGB VIII. Kinder- und Jugendhilfe: Kommentar* (5. überarb. Aufl., S. 1440–1448, Rn. 1–26). München: Beck.

Struck, N. (2018). Wann ist Planung Steuerung? Profilierungsnotwendigkeiten und Anfragen an das Selbstverständnis von Jugendhilfeplanung aus der Sicht der freien Träger. In C. Daigler (Hrsg.), *Profil und Professionalität der Jugendhilfeplanung* (S. 77–92). Wiesbaden: Springer VS.

Stuckert, M., Rohde, J., Züchner, I., & Thole, W. (2018). *Jugendkunstschulen und kulturpädagogische Projekte als Orte der Bildung: Zentrale Befunde eines Forschungsprojektes.* Verfügbar unter https://www.kubi-online.de/artikel/jugendkunstschulen-kulturpaedagogische-projekte-orte-bildung-zentrale-befunde-eines [Zugriff 12. 04. 2021].

Studie zur Entwicklung von Ganztagsschulen (StEG)-Konsortium (Hrsg.) (2016). *Ganztagsschule: Bildungsqualität und Wirkungen außerunterrichtlicher Angebote.* Frankfurt am Main: DIPF.

Sturzenhecker, B. (1996). Reflexivität ist gefordert. Zur professionellen Kompetenz in der offenen Jugendarbeit. *Der pädagogische Blick*, 4 (4), 159–170.

Sturzenhecker, B. (2007). Zum Milieucharakter von Jugendverbandsarbeit. *deutsche Jugend*, 55 (3), 112–119.

Sturzenhecker, B. (2014). Anspruch, Potential und Realität von Demokratiebildung in der Jugendverbandsarbeit. In M. Oechler & H. Schmitt (Hrsg.), *Empirie der Kinder- und Jugendarbeit* (S. 225–236). Wiesbaden: Springer VS.

Sturzenhecker, B. (2015). Sich Einmischen in Raumkonflikte mit Kindern und Jugendlichen Konzepte und Praxis Offener Kinder- und Jugendarbeit. In R. Kemper & C. Reutlinger (Hrsg.), *Umkämpfter öffentlicher Raum. Herausforderungen für Planung und Jugendarbeit* (S. 63–82). Wiesbaden: Springer VS.

Sturzenhecker, B., & Deinet, U. (2018). Kinder- und Jugendarbeit. In Böllert, K. (Hrsg.), *Kompendium Kinder- und Jugendhilfe.* (Bd. 1., S. 693–712). Wiesbaden: Springer VS.

Sturzenhecker, B., & Lindner, W. (Hrsg.) (2004). *Bildung in der Kinder- und Jugendarbeit: vom Bildungsanspruch zur Bildungspraxis.* Weinheim & München: Juventa.

Stützel, K. (2019). *Jugendarbeit im Kontext von Jugendlichen mit rechten Orientierungen. Rekonstruktiv-praxeologische Perspektiven auf professionelles Handeln.* Wiesbaden: Springer VS.

Sudmann, H. (1981). Jugendpolitik in der Bundesrepublik Deutschland. In H. Wollenweber (Hrsg.), *Außerschulische Jugendbildung und Jugendarbeit* (S. 75–91.). Paderborn: Schöningh.

Swoboda, H. (1974). Wir werden Dir helfen. *päd extra*, (22), 6–12.

Tageszeitung (TAZ) (1997). Wir liegen konsequent daneben. Tageszeitung, (S. 13). Verfügbar unter https://taz.de/Wir-liegen-konsequent-immer-daneben/!1394357/? [Zugriff 15. 04. 2021].

Tammen, B. (2019). § 79 Gesamtverantwortung. In J. Münder, T. Meysen & T. Trenczek (Hrsg.), *Frankfurter Kommentar zum SGB VIII: Kinder und Jugendhilfe* (S. 935–943, Rn. 1–28). Baden-Baden: Nomos.

Templin, D. (2015). *Freizeit ohne Kontrollen: die Jugendzentrumsbewegung in der Bundesrepublik der 1970er Jahre.* Göttingen: Wallstein.

Thiersch, H. (2008). Bildung und Sozialpädagogik. In A. Henschel, R. Krüger, C. Schmitt & W. Stange (Hrsg.), *Jugendhilfe und Schule* (S. 25–38). Wiesbaden: Springer VS.

Thimmel, A. & Chehata, Y. (Hrsg.) (2015). *Jugendarbeit in der Migrationsgesellschaft. Praxisforschung zur Interkulturellen Öffnung in kritisch-reflexiver Perspektive.* Schwalbach i. Ts.: Wochenschau-Verlag.

Thimmel, A. & Friesenhahn, G. G. (2015). Reflexive Interkulturalität und Internationalität als Rahmungen für die Bildungsarbeit mit Jugendlichen. In A. Thimmel & Y. Chehata (Hrsg.), *Jugendarbeit in der Migrationsgesellschaft* (S. 95–107). Schwalbach i. Ts.: Wochenschau.

Thimmel, A. (2013). Internationale Jugendbegegnungen. In U. Deinet & B. Sturzenhecker (Hrsg.), *Offene Kinder- und Jugendarbeit* (S. 483–487). Wiesbaden: Springer VS.

Thimmel, A. (2018). Kinder- und Jugendhilfe in Europa. In K. Böllert (Hrsg.), *Kompendium Kinder- und Jugendhilfe* (S. 1667-1690). Wiesbaden. Springer VS.

Thimmel, A. (2020). Jugendbildungsarbeit in Europa. In P. Bollweg, J. Buchna, T. Coelen & H.-U. Otto (Hrsg.), *Handbuch Ganztagsbildung* (S. 1219-1232). Wiesbaden: VS Verlag.

Thole, W. (1990). Mitarbeiter in der Offenen Jugendarbeit. Zwischen Engagement und Frustration. *deutsche jugend*, 38 (11), 483–490.

Thole, W. (1991). *Familie – Szene – Jugendhaus. Alltag und Subjektivität einer Jugendclique*. Opladen: Leske + Budrich.

Thole, W. (1993). Sterntaler, der Wirt zu Jericho, Kuno und die Gesellen des Packan. Handlungsformen und Handlungstypen sozialpädagogischer Hilfe. *Sozialpädagogik – Zeitschrift für Mitarbeiter*, 35 (5), 222–233.

Thole, W. (1994). *Kinder- und Jugendkulturarbeit in NRW: Landesbericht*. Düsseldorf & Unna: LKD Verlag.

Thole, W. (1995a). Kinder- und Jugendarbeit: Freizeitzentren, Jugendbildungsstätten, Aktions- und Erholungsräume. In H.-H. Krüger & Th. Rauschenbach (Hrsg.), *Einführung in die Arbeitsfelder der Erziehungswissenschaft* (S. 107–125). Opladen: Leske + Budrich.

Thole, W. (1995b). Stichworte zu einigen Fragen und Problemen Sozialer Arbeit. *Sozialmagazin*, 20 (2), 35–48.

Thole, W. (1997). Jugendarbeit – ein Stiefkind der Statistik. In Th. Rauschenbach & M. Schilling (Hrsg.), *Die Kinder- und Jugendhilfe und ihre Statistik. Band II: Analysen, Befunde und Perspektiven* (S. 279–320). Neuwied: Luchterhand.

Thole, W. (2000). *Die Kinder- und Jugendarbeit. Einführung in die außerschulische Pädagogik*. Weinheim & München: Juventa.

Thole, W. (2004). Kinder- und Jugendarbeit beobachten. Ein sozialpädagogisches Handlungsfeld im Visier der Forschung. In W. Helsper, u. a. (Hrsg.), *Schule und Jugendforschung zum 20. Jahrhundert* (S. 262–282). Wiesbaden: VS Verlag für Sozialwissenschaften.

Thole, W. (2010). Jugend, Freizeit, Medien und Kultur. In H.-H. Krüger & C. Grunert (Hrsg.), *Handbuch Kindheits- und Jugendforschung* (2., aktual. u. erw. Aufl., S. 727–763). Wiesbaden: VS Verlag für Sozialwissenschaften.

Thole, W. (2011). Bildung – theoretische und konzeptionelle Überlegungen. In B. Hafeneger (Hrsg.), *Handbuch Außerschulische Bildung* (S. 67–86). Schwalbach i. Ts.: Wochenschau.

Thole, W. (2012). Die Soziale Arbeit – Praxis, Theorie, Forschung und Ausbildung Versuch einer Standortbestimmung. In W. Thole (Hrsg.), *Grundriss Soziale Arbeit* (4. Aufl., S. 19–70). Wiesbaden: Springer VS.

Thole, W. (2013). Die Kinder- und Jugendarbeit ist ein Bildungsprojekt. Ein nochmaliges Plädoyer anlässlich der Etablierung ganztägiger Bildungslandschaften. *deutsche jugend*, 61(1), 11-16.

Thole, W. (2016). Non-formales und informelles Lernen in der Kinder- und Jugendhilfe. In M. Harring, M. Witte & T. Burger (Hrsg.), *Handbuch informelles Lernen* (S. 439–459). Weinheim: Beltz Juventa.

Thole, W., & Cloos, P. (1997). MitarbeiterInnen in Jugendkunstschulen und kulturpädagogischen Einrichtungen der außerschulischen Pädagogik. In W. Thole & P. Cloos (Hrsg.), *Kultur-Pädagogik studieren* (S. 143–172). Hildesheim: Olms.

Thole, W., & Herrmann, C. (2018). Interdisziplinäre Grundlegungen der Kinder- und Jugendhilfe. In K. Böllert (Hrsg.), *Kompendium Kinder- und Jugendhilfe* (S. 1375–1396). Wiesbaden: Springer VS.

Thole, W., & Höblich, D. (2014). »Freizeit« und »Kultur« als Bildungsorte – Kompetenzerwerb über non-formale und informelle Praxen von Kindern und Jugendlichen. In C. Rohlfs, M. Harring & Ch. Palentien (Hrsg.), *Kompetenz-Bildung. Soziale, emotionale und kommunikative Kompetenzen von Kindern und Jugendlichen* (S. 83–112). Wiesbaden: Springer VS.

Thole, W., & Kolfhaus, St. (1994). *Bunt und vielfältig. Stand und Entwicklung der Kinder- und Jugendkulturarbeit in Nordrhein-Westfalen*. Unna & Düsseldorf: LKD-Verlag.

Thole, W., & Krüger, H.-H. (1993). *Jugend, Freizeit und Medien. Expertise 2 zum 1. Bericht Kinder- und Jugendkulturarbeit in NRW*. Unna: LKD-Verlag.

Thole, W., & Küster, E.-U. (2002). »Wenn Jugendarbeit zum Beruf wird«. Die Qualifikationsfrage der Kinder- und Jugendarbeit. In Th. Rauschenbach, W. Düx & I. Züchner (Hrsg.), *Jugendarbeit im Aufbruch. Selbstvergewisserungen, Impulse, Perspektiven* (S. 159–180). Münster: Votum.

Thole, W., & Küster-Schapfl, E.-U. (1996). Erfahrung und Wissen. Deutungsmuster und Wissensformen von Diplom-PädagogInnen und SozialpädagogInnen in der außerschulischen Kinder- und Jugendarbeit. *Zeitschrift für Pädagogik*, 42 (6), 831–851.

Thole, W., & Küster-Schapfl, E.-U. (1997). *Sozialpädagogische Profis. Beruflicher Habitus, Wissen und Können von PädagogInnen in der außerschulischen Kinder- und Jugendarbeit.* Wiesbaden: VS Verlag für Sozialwissenschaften.

Thole, W., & Sauerwein, M. (2020. Aufwachsen heute. Bildung und die Potenziale der Kinder- und Jugendarbeit. In Land Steiermark (Hrsg), Jugendarbeit: Potenziale und Perspektiven (S. 135-153). Graz: Verlag für Jugendarbeit.

Thole, W., & Schildknecht, L. (2020). »Ich bin nicht Teil von etwas« – Biographische Wege von Jugendlichen. Zur Konstruktion von Selbstoptimierungsnarrationen. In K. Bock, C. Grunert, N. Pfaff & W. Schröer (Hrsg.), *Erziehungswissenschaftliche Jugendforschung. Ein Aufbruch* (S. 185–208). Wiesbaden: Springer VS.

Thole, W., & Simon, S. (2021, i. E.). Der Kältestrom des »solidarischen Patriotismus«. Über nationalkonservativen Neoliberalismus und nationalistisch getönte »Kapitalismuskritik« – sozialpolitische Narrative der neuen Rechten. In C. Gille, B. Jagusch & Y. Chehata (Hrsg.), *Die extreme Rechte in der Sozialen Arbeit. Grundlagen, Arbeitsfelder, Handlungsmöglichkeiten.* Weinheim & Basel: Beltz Juventa.

Thole, W., & Ziegler, H. (2018). Soziale Arbeit als praktische Kritik der Lebensformen. Überlegungen zu einer nicht auf Soziale Probleme verengten Konzeption Sozialer Arbeit. *Soziale Passagen*, 10, 7–8.

Thole, W., Lindner, W., & Pothmann, J. (2021). Kinder- und Jugendarbeit als sozialpädagogisches Bildungsprojekt. *deutsche jugend*, 1, 7-16.

Thole, W., Wegener, C., & Küster, E.-U. (2005). *Professionalisierung und Studium: die hochschulische Qualifikation für die Kinder- und Jugendarbeit. Befunde und Reflexionen.* Wiesbaden: VS Verlag für Sozialwissenschaften.

Thomas, A., Chang, C., & Abt, H. (2007). *Erlebnisse, die verändern. Langzeitwirkungen der Teilnahme an internationalen Jugendbegegnungen.* Göttingen: Vandenhoeck & Ruprecht.

Tillich, P. (1962). *Symbol und Wirklichkeit.* Göttingen: Vandenhoeck & Ruprecht.

Tillmann, A. (2004). Medienaneignung als Raumbildungsprozess. In U. Deinet & C. Reutlinger (Hrsg.), Tätigkeit – Aneignung – Bildung (S. 273–284). Wiesbaden: Springer VS.

Toens, K., & Benz, B. (Hrsg.) (2019). *Schwache Interessen. Politische Beteiligung in der Sozialen Arbeit.* Weinheim & Basel: Beltz Juventa.

Tophoven, S., Lietzmann, T., Reiter, S., & Wenzig, C. (2018). *Aufwachsen in Armutslagen. Zentrale Einflussfaktoren und Folgen für die soziale Teilhabe* (hrsg. von Institut für Arbeitsmarkt- und Berufsforschung). Gütersloh: Bertelmann Stiftung. Verfügbar unter https://www.bertelsmann-stiftung.de/fileadmin/files/Projekte/Familie_und_Bildung/Studie_WB_Aufwachsen_in_Armutslagen_2018.pdf [Zugriff 13. 04. 2021].

Trede, W. (2018). Was muss und was kann Jugendhilfeplanung leisten. In C. Daigler (Hrsg.), *Profil und Professionalität der Jugendhilfeplanung* (S. 219–234). Wiesbaden: Springer VS.

Treptow, R. (2001). Kultur und Soziale Arbeit: gesammelte Beiträge. Münster: Votum.

Treptow, R. (2012). *Kulturelle Bildung für benachteiligte Kinder- und Jugendliche.* Verfügbar unter https://www.kubi-online.de/index.php/artikel/kulturelle-bildung-benachteiligte-kinder-jugendliche

Tully, C. (Hrsg.) (2009). *Multilokalität und Vernetzung. Beiträge zur technikbasierten Gestaltung jugendlicher Sozialräume.* Weinheim & München: Beltz Juventa.

Tully, C. J., & Wahler, P. (2004). Erlebnislinien zu außerschulischen Lernen. In P. Wahler, C. J. Tully & C. Preiß (2004). *Jugendliche in neuen Lernwelten.* (S. 189–212). Wiesbaden: VS Verlag für Sozialwissenschaften.

Verband deutscher Musikschulen (VdM). *Mitgliedschulen im VdM*. Verfügbar unter https://www.musikschulen.de/musikschulen/fakten/vdm-musikschulen/index.html [Zugriff 12. 04. 2021].

Voigts, G. (2017). »Wohin geht´s mit der Kinder- und Jugendarbeit?«. *deutsche jugend*, 65 (8), 303–315.

Voigts, G. (2018). Immer früher? Immer jünger? Kinder in der Kinder- und Jugendarbeit. In Th. Rauschenbach, J. von der Gathen-Huy, K. Gosse, & E. Sass (Hrsg.), *Kinder- und Jugendarbeit. Potenziale erkennen. Zukunft gestalten* (S. 209–227). Dortmund: Forschungsverbund DJI/ Technische Universität Dortmund.

Voigts, G. (2019). Inklusive Gestaltungsstrategien in der Offenen Kinder- und Jugendarbeit. *deutsche jugend*, 67 (7 & 8), 331–338.

Voigts, G. (2020). *Gestalten in Krisenzeiten: »Der Lockdown ist kein Knock-Down!« Erste Ergebnisse einer empirischen Befragung von Einrichtungen der Offenen Kinder- und Jugendarbeit in Hamburg in geschlossenen Zeiten* (Stand: 30.06.2020).

von der Gathen-Huy, J., Pothmann, J., & Schramm, K. (2013). Ein Feld macht sich sichtbar(er) – Vorschläge für die Neukonzeption eines Erhebungskonzeptes der amtlichen Statistik für die Kinder und Jugendarbeit. *deutsche jugend*, 61 (9), 390–398.

Vötterle, K. (1952). In letzter Stunde. *Hausmusik*, (2).

Wabnitz, R. (2014). Rechtskommentar zu § 11. In R. Wabnitz, G. Fieseler & M. Schleicher (Hrsg.), *GK-SGB VIII. Gemeinschaftskommentar zum SGB VIII. Loseblattwerk* (57. AL Stand Dezember 2014, Rn. 1-22). Neuwied: Luchterhand.

Wagner, B. (2001). Soziokultur West – Soziokultur Ost. *Aus Politik und Zeitgeschichte (APUZ)*, 51 (11), 3–6.

Wagner, G. (2015). Welche Rolle kann wissenschaftliche Evidenz in der (wissenschaftlichen) Politikberatung sinnvollerweise spielen? In P. Weingart & G. Wagner (Hrsg.), *Wissenschaftliche Politikberatung im Praxistest* (S. 189–216). Weilerswist: Velbrück Wissenschaft.

Wahl, W. (2014). Erlebnispädagogik zwischen Inszenierung und Kontrolle. In: A. Ferstl, M. Scholz & C. Thiesen (Hrsg.), *Erlebnispädagogik: quo vadis?* (S. 13-25). Augsburg: Ziel.

Wandervogel (1912). *Zeitschrift des Bundes für Jugendwanderungen*, 7.

Wehrlen, B., & Reutlinger, C. (2019). Sozialgeographie. Eine disziplinäre Positionierung zum Sozialraum. In F. Kessel & C. Reutlinger (Hrsg.), *Handbuch Sozialraum* (S. 23–33). Wiesbaden: Springer VS.

Weicht, I., & Weicht, Th. (1991). Kulturelle Jugendarbeit in der DDR. Problemlagen vor der Wende. *Mitteilungen aus der kulturwissenschaftlichen Forschung*, 29, 79–86.

Weigle, P. (1907). *Nützliches und Schädliches auf dem Arbeitsgebiete der Jugendvereine*. Barmen: k. A.

Weinert, F. E. (Hrsg.) (2001). *Leistungsmessung in Schulen*. Weinheim & Basel: Beltz.

Weingart, P., & Wagner, G. G. (Hrsg.) (2015). *Wissenschaftliche Politikberatung im Praxistest*. Weilerswist: Velbrück.

Weitzmann, G. (2009). Leistungserbringung und Finanzierung in der Jugendarbeit. In Deutscher Bundesjugendring (Hrsg.), *Förderung der Jugendarbeit. Das System verstehen und Entwicklungen kennen* (S. 6–21). Berlin: Eigenverlag.

Wellmer, A. (1985). *Zur Dialektik von Moderne und Postmoderne: Vernunftkritik nach Adorno*. Frankfurt a. M.: Suhrkamp.

Welsch, W. (1995). *Vernunft: die zeitgenössische Vernunftkritik und das Konzept der transversalen Vernunft*. Frankfurt a. M.: Suhrkamp.

Welsche, M. (2013). Die Bedeutung von Sport und Bewegung für sozial benachteiligte junge Menschen – eine subjektorientierte Perspektive. In M. Welsche (Hrsg.), *Sport und soziale Arbeit in der Zivilgesellschaft* (S. 42–53). Hamburg: Feldhaus, Ed. Czwalina.

Welser, S. (2017). *Fraktale Vielfalt zwischen Pädagogik und Politik. Eine rekonstruktive Studie zu handlungsleitenden Orientierungen in der Mädchenarbeit*. Wiesbaden: Springer VS.

Wendt, P. U. (2010). *Mit Wirkung!: zur Nachhaltigkeit von Jugendarbeit im ländlichen Raum*. Marburg: Schüren.

Wendt, P. U. (2016). »In der Politik ist das jetzt angekommen«. Teilhabeorientierte Jugendarbeit in ländlichen Großgemeinden und Kleinstädten. *deutsche jugend*, 66 (3), 111–121.

Wendt, P. U. (2017). »... dass, wenn die Jugendlichen was sagen, dass dann auch Gewicht hat«: Teilhabe als Thema der Jugendpolitik. In W. Lindner & W. Pletzer (Hrsg.), *Kommunale Jugendpolitik* (S. 192–214). Weinheim & Basel: Beltz Juventa.

Wendt, W.-R. (1991). Jugendverbände im Kaiserreich. In L. Böhnisch, H. Gängler & Th. Rauschenbach (Hrsg.), *Handbuch Jugendverbände. Eine Ortsbestimmung der Jugendverbandsarbeit in Analysen und Selbstdarstellungen* (S. 42–49). Weinheim & München: Juventa.

Wensierski, von H.-J. (1999). Jugendarbeit. In K. A. Chasse & H.-J. von Wensierski (Hrsg.), *Praxisfelder der Sozialen Arbeit. Eine Einführung* (S. 33–48). Weinheim & München: Juventa.

Werthmanns-Reppekus, U. (2013). Mädchenarbeit. In Th. Rauschenbach & S. Borrmann (Hrsg.), *Arbeitsfelder der Kinder- und Jugendarbeit* (S. 34–51). Weinheim & Basel: Beltz Juventa.

Wetzstein, T., Erbeldinger, P. I., Hilgers, J., & Eckert, R. (2005). *Jugendliche Cliquen.* Wiesbaden: VS Verlag für Sozialwissenschaften.

Widersprüche Redaktion (Hrsg.) (2015). Sozialraum ist die Antwort. Was war nochmal die Frage? *Widersprüche. Zeitschrift für sozialistische Politik im Bildungs-, Gesundheits- und Sozialbereich,* (135).

Wiesner, R., & Schlüter, B. (2016). *Jugendarbeit in Berlin stärken - Gesetzliche Standards und eine bessere Finanzierung. Vorschlag für eine Änderung des Gesetzes zur Ausführung des Kinder- und Jugendhilfegesetzes (AGKJHG)* Berlin-Gutachten. Hamburg.

Wiesner, R., & Wiesner, R. (2015a). § 1 Recht auf Erziehung, Elternverantwortung, Jugendhilfe. In R. Wiesner (Hrsg.), *SGB VIII. Kinder- und Jugendhilfe: Kommentar* (5. überarb. Aufl., S. 89–100, Rn. 1–42). München: Beck.

Wiesner, R., & Wiesner, R. (2015b). § 8 Beteiligung von Kindern und Jugendlichen. In R. Wiesner (Hrsg.), *SGB VIII. Kinder- und Jugendhilfe: Kommentar* (5. überarb. Aufl., S. 147–159, Rn. 1–46). München: Beck.

Wiesner, R., & Wiesner, R. (2015c). § 9 Grundrichtung der Erziehung, Gleichberechtigung von Mädchen und Jungen. In R. Wiesner (Hrsg.), *SGB VIII. Kinder- und Jugendhilfe: Kommentar* (5. überarb. Aufl., S. 212–221, Rn. 1–40). München: Beck.

Wiesner, R., & Wiesner, R. (2015d). § 72a Tätigkeitsausschluss einschlägig vorbestrafter Personen. In R. Wiesner (Hrsg.), *SGB VIII. Kinder- und Jugendhilfe: Kommentar* (5. überarb. Aufl., S. 1288–1305, Rn. 1–51). München: Beck.

Wiesner, R., & Wiesner, R. (2015e). § 77 Vereinbarungen über die Höhe der Kosten. In R. Wiesner (Hrsg.), *SGB VIII. Kinder- und Jugendhilfe: Kommentar* (5. überarb. Aufl., S. 1342–1347, Rn. 1–15). München: Beck.

Wiesner, R., & Wiesner, R. (2015). § 79 Gesamtverantwortung, Grundausstattung. In R. Wiesner (Hrsg.), *SGB VIII. Kinder- und Jugendhilfe: Kommentar* (5. überarb. Aufl., S. 1401–1409, Rn. 1–21). München: Beck.

Wimmer, M. (2019). *Posthumanistische Pädagogik.* Paderborn: Verlag Ferdinand Schöningh.

Winkler, M. (1988). *Eine Theorie der Sozialpädagogik.* Stuttgart: Klett-Cotta.

Winkler, M. (2018a). Sozialpädagogik als Grundlage der Kinder- und Jugendhilfe. In K. Böllert (Hrsg.), *Kompendium Kinder- und Jugendhilfe* (S. 1355–1374). Wiesbaden: Springer VS.

Winkler, M. (2018b). Pädagogisches Handeln. In A. Bernhard, L. Rothermel & M. Rühle (Hrsg.), *Handbuch Kritische Pädagogik* (S. 149–166). Weinheim & Basel: Beltz.

Winter, T. v., & Willems, U. (Hrsg.) (2000). *Politische Repräsentation schwacher Interessen.* Opladen: Leske + Budrich.

Wisser, U., Siebel, C., & Wicke, H.-G. (2012). Impulse aus Europa für die Jugendpolitik und Jugendarbeit in Deutschland. In W. Lindner (Hrsg.), *Political (Re)Turn?* (S. 57–73). Wiesbaden. Springer VS.

Wolfert, S., & Leven, I. (2019). Freizeitgestaltung und Internetnutzung. In M. Albert, K. Hurrelmann & G. Quenzel (Hrsg.), *Jugend 2019. 18. Shell Jugendstudie* (S. 213–246). Weinheim: Beltz.

Wolfert, S., & Pupeter, M. (2018). Freizeit: Hobbys und Mediennutzung. In S. Andresen, S. Neumann, S. & Kantar Public Deutschland (Hrsg.), *Kinder in Deutschland 2018. 4. World Vision Kinderstudie* (S. 95–125). Weinheim: Beltz.

Wortmann, J. (2019). Interessenvertretung junger Menschen: Potenziale der Jugendarbeit. In K. Toens & B. Benz (Hrsg.), *Schwache Interessen? Politische Beteiligung in der Sozialen Arbeit* (S. 159–174). Weinheim & Basel: Beltz Juventa.

Wyneken, G. (1914). *Was ist »Jugendkultur«?* München: Verlag von Georg C. Steinicke.

Zacharias, W. (2013). *Pluralität und Praxisvielfalt.* Verfügbar unter https://www.kubi-online.de/artikel/pluralitaet-praxisvielfalt-kultureller-bildung [Zugriff 23. 04. 2021].

Zacharias, W. (2015). Zur Entstehung und Begründung der neuen Kulturpädagogik. In T. Braun, M. Fuchs & W. Zacharias (Hrsg.), *Theorien der Kulturpädagogik.* (S. 44–71). Weinheim & Basel: Beltz Juventa.

Zajonc, O., & Pilz, G. A. (2014). Wenn Sport als Mittel eingesetzt wird. Sport bezogene Soziale Arbeit zwischen Sportvereinen und kommunaler Kinder- und Jugendarbeit. In D. Kuhlmann (Hrsg.), *Sport, soziale Arbeit und Fankulturen: Positionen und Projekte.* (S. 63–76). Hildesheim: Arete Verlag.

Zaminer, A., & Bethmann, B. E. (2018). Mobile, aufsuchende Arbeit mit geflüchteten Kindern und Jugendlichen – Ein Projekt des Jugend- und Kindermobils JuKiMob. *Offene Jugendarbeit,* (1), 48–52.

Zankl, P. (2019). Fort- und Weiterbildung in der Offenen Kinder- und Jugendarbeit. Bedeutung und empirische Befunde. *deutsche jugend,* 67 (7 & 8), 313–321.

Zehetner, L., & Schneider, S. (2016). Vorhang auf, Perspektivwechsel! Bericht über eine bereichernde Begegnung zwischen Jugendzentrum und Theater. In Arbeitsstelle »Kulturelle Bildung in Schule und Jugendarbeit NRW« (Hrsg.), *Werkbuch.07: Kulturelle Bildung in der Offenen Kinder- und Jugendarbeit* (S. 46–49). Remscheid: Eigenverlag.

Zeiher, H. (1983). Die vielen Räume der Kinder. In U. Preuss-Lausitz (Hrsg.), Kriegskinder, Konsumkinder, Krisenkinder. (S.176-194). Weinheim: Beltz.

Zick, A. (2018). Menschenfeindliche Vorurteile. In K. Möller & F. Neuscheler (Hrsg.), *»Wer will die schon hier haben?« Ablehnungshaltungen und Diskriminierungen in Deutschland.* (S. 53–74). Stuttgart: Kohlhammer.

Zick, A., & Klein, A. (2014). *Fragile Mitte – Feindselige Zustände. Rechtsextreme Einstellungen in Deutschland.* Bonn: Dietz.

Zick, A., Küpper, B., & Krause, D. (2016). *Gespaltene Mitte – Feindselige Zustände. Rechtsextreme Einstellungen in Deutschland 2016.* Bonn: J.H.W. Verlag.

Ziegler, H. (2018). Capabilities Ansatz. In K. Böllert (Hrsg.), *Kompendium Kinder- und Jugendhilfe* (S. 1321–1353). Wiesbaden: Springer VS.

Ziegler, H., & Otto, H.-U. (2020). Bildung als emanzipatorische Befähigung. In P. Bollweg, J. Buchna, Th. Coelen & H.-U. Otto (Hrsg.), *Handbuch Ganztagsbildung* (S. 1745–1761). Wiesbaden: VS Verlag für Sozialwissenschaften.

Ziehe, Th. (1985). Vorwärts in die 50er Jahre? Lebensentwürfe Jugendlicher im Spannungsfeld von Postmoderne und Neokonservatismus. In D. Baacke & W. Heitmeyer (Hrsg.), *Neue Widersprüche.* Weinheim & München: Juventa.

Ziehe, Th. (1994). Jugend, Alltagskultur und Fremdheiten. In O. Negt (Hrsg.), *Die zweite Gesellschaftsreform 27 Plädoyers* (S. 258–275). Göttingen: Steidl.

Zilch, D. (1992). Die FDJ – Mitgliederzahlen und Strukturen. In Jugendwerk der Deutschen Shell (Hrsg.), *Jugend '92* (S. 61–80). Opladen: Leske + Budrich.

Zinnecker, J. (1986). Jugend im Raum gesellschaftlicher Klassen. Neue Überlegungen zu einem alten Thema. In W. Heitmeyer (Hrsg.), *Interdisziplinäre Jugendforschung. Fragestellungen, Problemlagen, Neuorientierungen* (S. 99–132). Weinheim & München: Juventa.

Züchner, I., & Arnold, B. (2011). Schulische und außerschulische Freizeit- und Bildungsaktivitäten. In N. Fischer, H. G. Holtappels, E. Klieme, Th. Rauschenbah, L. Stecher & I. Züchner (Hrsg.), *Ganztagsschule: Entwicklung, Qualität, Wirkungen* (S. 267–289). Weinheim & Basel: Beltz Juventa.

Zwerschke, M. (1963). *Jugendverbände und Sozialpolitik. Zur Geschichte der deutschen Jugendverbände.* München: Juventa Verlag.

Inhaltsverzeichnis